Bernhard Lang

HEILIGES SPIEL

Bernhard Lang

HEILIGES SPIEL

Eine Geschichte
des christlichen Gottesdienstes

Verlag C. H. Beck München

Titel der englischen Originalausgabe:
Sacred Games. A History of Christian Worship.
1997 Yale University Press.

Mit 60 Abbildungen

Die Deutsche Bibliothek – CIP-Einheitsaufnahme

Lang, Bernhard:
Heiliges Spiel : eine Geschichte des christlichen Gottesdienstes /
Bernhard Lang. – München : Beck, 1998
Einheitssacht.: Sacred games ⟨dt.⟩
ISBN 3 406 44075 4

ISBN 3 406 44075 4

Satz: Fotosatz Janß, Pfungstadt
Druck und Bindung: Freiburger Graphische Betriebe
Gedruckt auf säurefreiem, alterungsbeständigem Papier
(hergestellt aus chlorfrei gebleichtem Zellstoff)
Printed in Germany

Inhalt

Fünftes Spiel: Sakrament
Die Begegnung mit Christus beim Herrenmahl

Sechstes Spiel: Geistliche Ekstase
Das Wirken des Heiligen Geistes in Zungenrede, Prophetie und Heilung

Epilog: Göttliche Milde – göttliche Majestät
Der nahe und der unnahbare Gott

Anhang

Vorwort

> Was also ist das Richtige? Gewisse Spiele muß man zum eigentlichen Inhalt seines Lebens machen, nämlich Opfer, Gesänge und Tänze, so daß man sich in die Lage bringt, die Götter sich geneigt zu machen. ... Jedermann also, Mann wie Frau, muß diesem Ziele nachstreben und die schönsten Spiele zum eigentlichen Inhalt seines Lebens machen, ganz im Gegensatz zu der jetzt herrschenden Denkweise.[1]
> *Platon*

> [Kultisches Handeln] ist ein heiliges Spiel, unentbehrlich für das Wohl der Gemeinschaft, trächtig von kosmischer Einsicht und sozialer Entfaltung, aber es ist immer ein Spiel.[2]
> *Johan Huizinga*

Als ich die Sixtinische Kapelle im Vatikan besuchte, um Michelangelos Fresken nach ihrer Restaurierung zu sehen, fesselte mich die zentrale Szene an der Decke. In ein Gewand gehüllt schwebt der bärtige Schöpfer in der Luft und streckt seinen Arm mit kraftvoller Geste nach Adam aus, einem nackten Mann, der, soeben geschaffen, gerade zum Leben erwacht. Wie träumend zu Gott aufblickend, hebt Adam seinen Arm und streckt ihn seinem Schöpfer entgegen. Ihre Blicke treffen einander, ihre Hände berühren sich fast. Gott und Mensch werden als ursprünglich und ewig aufeinander bezogene Wesen dargestellt. Seit seiner Fertigstellung im Jahre 1512 schlug das Fresko die Betrachter in seinen Bann. Es gilt als eines der bedeutendsten Kunstwerke, die jemals geschaffen wurden. Die von Michelangelos Gemälde überwölbte Halle bildet aber nicht nur eine touristische Attraktion, sondern dient auch dem katholischen Gottesdienst, der hier regelmäßig gefeiert wird. Nachdenkliche Besucher wissen, daß die Feier der Messe dieselbe Struktur aufweist wie Michelangelos Bild. Auch im christlichen Kult treffen sich göttlicher und menschlicher Blick. Indem sie Gottesdienst feiern, strecken die Gläubigen den Arm aus, und Gottes Arm erwartet sie schon. «Sucht die Nähe Gottes; dann wird er sich euch nähern», heißt es im Neuen Testament (Jak. 4,8). In der Liturgie streben göttliche und menschliche Hand einander zu und berühren sich fast.

Bei Katholiken, Protestanten, Orthodoxen und Pfingstlern besteht der Gottesdienst aus einer Reihe von rituellen Handlungen, deren Vielfalt den Betrachter zunächst verwirrt. Die Liturgie scheint nichts von der großartigen Einfachheit und Strenge zu haben, die wir an Michelangelos Kunst bewundern. Die Gläubigen beten, hören einer Predigt zu, singen, machen Musik oder lauschen dieser, nehmen ein wenig Speise zu sich, und bisweilen sieht man sie sogar weinen oder tanzen. Manchmal scheint das Mahl den Höhepunkt zu bilden, manchmal ist die an die Gemeinde gerichtete Predigt das Wichtigste. Oft lösen sich mehrere Kulthandlungen ab, so daß die ein- bis zweistündige oder sogar den ganzen Sonntagvormittag in Anspruch nehmende Feier in ihrem Verlauf bald von einer, bald von einer anderen und bald von einer dritten Handlung getragen wird. Eine genauere Untersuchung dieser Abfolge ergibt, daß der christliche Kult auf einer begrenzten Anzahl sich wiederholender Handlungen beruht, die das Rückgrat all dessen ausmachen, was in der Liturgie sonst noch geschieht. Drei Handlungen sind unschwer erkennbar: Die Gläubigen tragen Gott ihre Bitten vor und wenden sich an ihn wie an einen anwesenden Herrn – das ist das Gebet; ihnen wird etwas Brot und Wein (oder Traubensaft) gereicht – das ist die Eucharistie oder das Abendmahl; ein einzelner, gewöhnlich der Leiter der Feier, hält eine Rede – die sogenannte Predigt. Aber es gibt noch weitere Kulthandlungen, die, dem erstmaligen Besucher vielleicht entgehend, als grundlegende Bestandteile der Feier gelten können.

Die vorliegende Studie unterscheidet sechs kultische Grundgestalten, die als Lobpreis, Gebet (Bittgebet), Predigt, Opfer, Sakrament und geistliche Ekstase bezeichnet werden. Der Sinn des christlichen Gottesdienstes entfaltet sich in diesen sechs liturgischen Grundgestalten, die alle im kultischen Leben der vor- und außerchristlichen Antike wurzeln: Das ist die zentrale These des vorliegenden Buches. Dementsprechend gliedert sich das Buch in sechs Kapitel. Jedes Kapitel ist einem der «heiligen Spiele» gewidmet, entfaltet seine religiöse Bedeutung, seinen antiken und biblischen Ursprung und verfolgt seine Geschichte bis in die Gegenwart. Dabei werden die klassischen Gottesdienstformen der Vergangenheit ebenso ausführlich berücksichtigt wie die heute gebräuchlichen.

Wenn wir die rituellen Grundgestalten des Gottesdienstes als sechs *heilige Spiele* bezeichnen, können wir uns auf den antiken Philosophen Platon und den großen Kulturhistoriker Johan Huizinga berufen, deren Worte wir als Motti der Untersuchung vorangestellt haben. Immer wieder haben Theologen und Ethnologen den Spielcharakter des religiösen Kults hervorgehoben:

> Romano Guardini, katholischer Theologe: «[Der Kult] wird im höheren Sinn ein Kindesleben, in dem alles Bild ist, Reigen und Lied. ... [Das liturgische Leben] hat mit dem der Kunst das eine gemeinsam: es ist frei von Zweck, dafür aber voll tiefsten Sinnes. Vor Gott ein Spiel zu treiben, ein Werk der Kunst – nicht zu schaffen, sondern zu sein, das ist das innerste Wesen der Liturgie. Daher auch die erhabene Mischung von tiefem Ernst und göttlicher Heiterkeit in ihr.»[3]

> Adolf E. Jensen, Ethnologe: «Die Kulte sind Spiele.»[4]

> Claude Lévi-Strauss, Ethnologe: «Das Ritual geht von der Annahme einer Asymmetrie zwischen profan und sakral, Gläubigen und Priestern, Toten und Lebenden, Initiierten und Nicht-Initiierten usw. aus. Das rituelle ‹Spiel› will alle Teilnehmer auf die Gewinnseite bringen.»[5]

Der christliche Kult ist ausgesprochen reichhaltig und vielfältig, ein Spiel, das sich aus mehreren Spielen aufbaut.

Gesungener oder gesprochener Lobpreis (I) steht gewöhnlich am Beginn des christlichen Gottesdienstes. Dabei wird Gutes über Gott gesagt und ihm für seine Hilfe gedankt. Im Buch der Psalmen besaßen die Juden eine Sammlung von Liedern, die sie «Lobgesänge» nannten. Die Christen bedienten sich dieses Buches und griffen die Gattung des Lobpreises mit Begeisterung auf. Das Bittgebet (II) teilt Gott die Anliegen der Gemeinde mit. In den meisten Religionen üblich, ist es auch regelmäßiger Bestandteil des christlichen Kults. Während Lobpreis und Bittgebet in der Religionsgeschichte geläufig sind, gilt das nicht für die Predigt (III). Wie die Heilige Schrift im antiken Judentum entstanden und in der Synagoge gepflegt, ist die Predigt als rituelle Grundgestalt Juden und Christen gemeinsam, während sie in der Geschichte anderer Religionen selten begegnet. Belehrung und Ermahnung sind geläufige Ziele der von einem Priester oder Pastor vorgetragenen christlichen Predigt. Die Gabe an Gott vollzieht sich im geistigen Akt des Opfers (IV). Diese Handlung wird als geistige, «unblutige» Form dessen verstanden, was antike Religionen in blutiger Form praktizierten, wenn sie Tiere schlachteten und diese als Gabe einer Gottheit darbrachten. Das Sakrament (V), das die meisten christlichen Gemeinden regelmäßig feiern, ist ein rituelles Mahl. Es wurzelt in der Magie, einer weiteren, verbreiteten rituellen Grundgestalt der Antike. Wie die Christen das Opfer ihren eigenen Bedürfnissen anpaßten, so verfuhren sie auch mit der Magie. Die Ekstase (VI) fristete jahrhundertelang ein Schattendasein im Christentum; im 20. Jahrhundert von der Pfingstbewegung wiederentdeckt, kann sie heute als Kennzeichen charismatischer Gottesdienste gelten. In der Antike wurde der griechische Gott Dionysos von Frauen durch wilde, ekstatische Tänze geehrt. Andere Kulte kannten vergleichbare Rituale. Auch Christen griffen diese kultische Grundgestalt auf, wobei sie Trancen und andere ekstatische Erscheinungen als sichtbare Zeichen für die Anwesenheit des göttlichen Geistes in der Gemeinde verstanden.

Mit Ausnahme der religionsgeschichtlich gesehen verhältnismäßig jungen Predigt weisen die rituellen Grundgestalten ein hohes Alter auf und sind weltweit verbreitet. Opfer und ekstatische Rituale scheinen zu den ältesten, schon in der Frühgeschichte der Menschheit gepflegten religiösen Handlungen zu gehören. Die vom Christentum verwendete rituelle Sprache trägt daher universale Züge. Aber wie es keine wirklich universale Sprache gibt, so existiert auch das rituelle Idiom nur in spezifischer, historisch bestimmter, lokaler Gestalt. Daher spielt die allgemeine Religionsgeschichte in unserer Darstellung nur selten eine Rolle. Untersucht werden vielmehr die rituellen Handlungen in ihrer christlichen Gestalt, wohl wissend, daß manche Elemente auch in außerchristlichen Religionen vorkommen und von vielen Menschen verstanden werden. Wie alle Bereiche des kulturellen Lebens hat die Liturgie der Christen ebenfalls Anteil am gemeinsamen Erbe der Menschheit.

Das Schreiben einer Geschichte des Kults ist mit vielen Schwierigkeiten verbunden. Für die Frühzeit, besonders für das 1. Jahrhundert n. Chr., sind die überlieferten Quellen spärlich und schwer verständlich. Die Erforschung des frühen Christentums befindet sich in einer erregenden Phase der Entdeckung und Neubeschreibung. Selbst der Inhalt neuester Handbücher ist oft schon überholt oder gilt unter Fachleuten als fraglich. Im Mittelpunkt der Debatte steht die Gestalt Jesu. Nur wenige Interpretationen erfreuen sich allgemeiner Zustimmung. Morton Smith (gest. 1991), Bruce Chilton und Margaret Barker – Gelehrte und Freunde, die mich in Fragen des Neuen Testaments berieten – stimmen darin überein, daß die Fachwelt in der Vergangenheit die rituelle Seite der Tätigkeit Jesu unterschätzt hat. Ein Ergebnis des Gesprächs mit ihnen ist mein Versuch, die rituelle Welt Jesu und seiner frühen Anhänger in neuer Weise darzustellen. So schlage ich beispielsweise vor, die heiligsten Worte des christlichen Kults – «Dies ist mein Leib, dies ist mein Blut» – aus dem Jerusalemer Tempel herzuleiten. Ich verstehe sie als Echo einer Formel, welche die Priester beim Darbringen von Tieropfern gesprochen haben. Das Vaterunser läßt sich besser begreifen, wenn wir es nicht von Jesus herleiten, dessen Anhänger es später als «Gebet des Herrn» verstanden, sondern von Johannes dem Täufer. Solche Deutungen sind allerdings gewagt. Da sie bis zu einem gewissen Grad auf Vermutungen beruhen, werden sie nicht von allen Lesern akzeptiert werden. Vielleicht ist es dem Leser hilfreich, etwas über mein Verhältnis zu Morton Smith zu erfahren. Als ich die Arbeit am *Heiligen Spiel* begann, stand ich im Bann des Buches *Jesus der Magier* (1978, deutsch 1981), in dem mein amerikanischer Freund seine Sicht über den historischen Jesus zusammengefaßt hatte. Später wurde mir zunehmend deutlich, daß Smith trotz seiner überragenden Sachkenntnis die Magie zu negativ bewertet hatte. Je länger ich mich in die Geschichte der «Thaumaturgie» und der «Theurgie» vertiefte, um so mehr entdeckte ich ihre großartige Spiritualität.

Bei einem so umfassenden Thema wie der Geschichte des Gottesdienstes stellt die Deutung historischer Einzelerscheinungen das größte Problem dar. Es galt, möglichst viele Quellen und Ansätze zu finden, die zur Deutung beitragen und diese veranschaulichen. Ich folgte dem freundlichen Rat von Colleen McDannell und Michel Meslin, mich auf dem Gebiet der Volkskultur umzusehen. Wie aus einigen Abbildungen im vorliegenden Buch zu ersehen ist, fiel ihr Rat auf fruchtbaren Boden. Ein mit Mary Douglas geführtes Gespräch half mir, den charismatischen Gottesdienst und seine Wandlungen besser zu verstehen. Zu meiner Überraschung erwies sich der Rückgriff auf den Neuplatonismus als besonders lohnend. Die mit dem Namen Plotin verknüpfte Renaissance des platonischen Denkens begeisterte die Gebildeten des 3. Jahrhunderts und stieg zur wichtigsten Philosophie der Spätantike auf. Die neuplatonische Schule hatte mit dem Christentum vieles gemeinsam: Sie war von der Existenz eines höchsten, letztlich unerkennbaren Gottes (des «Einen») überzeugt; sie glaubte an andere Götter, die, vom Einen verschieden, der menschlichen Welt näherstehen und dem Menschen freundlich gesonnen sind; sie lehrte die Nützlichkeit und sogar Notwendigkeit kultischer Handlungen. Wie Judentum und Christentum besaß der Neuplatonismus heilige Bücher – die Schriften Platons und in ihrer späteren Entwicklungsphase auch die *Chaldäischen Orakel.* Tatsächlich können bedeutende christliche Theologen – Origenes, Augustinus, Pseudo-Dionysos – auch als Vertreter der neuplatonischen Philosophie gelten. Die Nähe von Christentum und Neuplatonismus rechtfertigt es, neuplatonische Lehren zur Erhellung einiger Aspekte des christlichen Kults heranzuziehen. Was Augustinus über das Opfer schrieb, fand eine enge Parallele im Werk des Salustius, eines heidnischen Denkers des 4. Jahrhunderts. Die Neuplatoniker praktizierten eine Art heilige Magie, die sogenannte Theurgie, die in ihrem Ziel den christlichen Sakramenten entspricht: die Gegenwart eines Gottes herbeizuführen, mit dem sich der Gläubige verbindet. Die fortschreitende Angleichung des frommen Menschen an Gott beschrieben die Neuplatoniker mit den drei Stadien von Läuterung, Erleuchtung und Vereinigung. Oft haben Christen den asketischen und mystischen Weg zur Vollkommenheit als einen solchen dreistufigen Prozeß geschildert. Mehrfach greife ich auf diese Vorstellung zurück. So erweist sich das neuplatonische Schema für das Verständnis der verschiedenen Ziele christlicher Predigt als nützlich, denn moralische Ermahnung «reinigt», Belehrung «erleuchtet» und Einladung zum Glauben führt zur «Vereinigung» mit Christus oder Gott. Als die geistigen Führer der spätantiken Kultur nach einer neuen Grundlage des religiösen Lebens suchten, sahen sie sich nicht vor die Wahl zwischen Mithraskult und Christentum gestellt, wie im 19. Jahrhundert Ernest Renan annahm. Zur Wahl standen vielmehr heidnischer Neuplatonismus und neuplatonisches Christentum. Da die christliche Liturgie in der Zeit ihrer Entstehung und ersten Ausgestaltung unter neuplatonischem Einfluß stand, vermag diese spätantike Philosophie auch dem modernen Historiker wichtige Einsichten zu vermitteln.

In einer umfassenden Geschichte des Kults spielt naturgemäß nicht nur dessen Frühzeit eine Rolle; auch der Gegenwart kommt große Bedeutung zu. Von der Möglichkeit, am christlichen Gottesdienst teilzunehmen, machen heute manche Gläubigen kaum mehr Gebrauch, während andere regelmäßig und sogar mit Begeisterung zur Kirche gehen. Besonders in Amerika und der sogenannte Dritten Welt haben Pfingstgemeinden großen Zulauf. Dagegen klagen europäische Kirchengemeinderäte, Bischöfe und Synoden über das immer geringer werdende Interesse am Gottesdienst. Allerdings hängt die Bedeutung des Gottesdienstes nicht allein von der Zahl derer ab, die ihn am Sonntagvormittag besuchen. Das Herz des Religionshistorikers schlägt überall, wo Menschen, einer großen, Jahrhunderte alten Tradition verpflichtet, in Gebet, Gesang und kultischer Handlung Gemeinschaft mit einer anderen, höheren und göttlichen Welt suchen. Davon kann der Religionshistoriker eine faszinierende Geschichte erzählen, eine Geschichte, die eine ähnliche Herausforderung darstellt wie die Kunst Michelangelos: Sie zieht uns an, blendet unsere Sinne, überschüttet uns mit Rätseln und beglückt uns mit ihrer Schönheit. «Das Spiel», schrieb Huizinga, «hat eine gewisse Neigung, schön zu sein.»[6]

Der Weg von der Idee zum vorliegenden Werk wäre ohne Freunde und Helfer beschwerlicher und vielleicht sogar ungangbar gewesen. Deshalb ein

Wort des Dankes an Edeltrud Büchler, Peter Dinzelbacher, Mary Douglas, Werner Dresken, Annelene Fenger, Sabine Heiser, Friedrich Möbius, Rolf Pöhler, Matthias Romann, Anke Schüttfort, Denise Sokolowski und Christoph Uehlinger. Gerne erwähne ich auch die Augustiner-Chorfrauen des Michaelsklosters in Paderborn, die sich in selbstloser Weise für Interviews zur Verfügung stellten. Von den ausländischen Forschungsinstituten, in denen ich arbeiten durfte, nenne ich besonders die Bibliothèque de l'Histoire des Religions an der Sorbonne, Paris, und das Holy Spirit Research Center der Oral Roberts University in Tulsa, Oklahoma. Besonderer Dank gilt Gia Toussaint. Schon für die englische Erstausgabe des Buches hat sie ihr historisches Fachwissen zur Verfügung gestellt. Für die vorliegende deutsche Ausgabe übernahm sie die Redaktion, bei der ihr neben Monika Rack auch meine bewährten Helfer Peter Thaddäus Lang und Adelheid Schlott zur Seite standen. Ihnen allen danke ich herzlich.

Überblick: Sechs heilige Spiele

Damit auch der eilige Leser dem vorliegenden Text ohne Mühe folgen kann, soll einleitend ein kurzer Überblick über seinen Inhalt eingerückt werden.

Der christliche Gottesdienst, wie er hier untersucht wird, läßt sich als menschliche Handlung verstehen, die sich allein auf das Göttliche bezieht, gemeinschaftlich und öffentlich vollzogen wird und sich in den sechs Grundgestalten (oder «heiligen Spielen») von Lobpreis, Gebet, Predigt, Opfer, Sakrament und geistlicher Ekstase entfaltet.

Obwohl *Lobpreis* manchmal als das Ziel des Gottesdienstes dargestellt wird, bildet er auch ein selbständiges Element der Liturgie. Bei den Heiden wie bei den Juden der Antike ist Gotteslob ein fester Bestandteil des Kults. In den biblischen Psalmen lassen sich drei Grundformen erkennen: (1) Danklieder, in denen ein einzelner öffentlich berichtet, wie ihm Gott in einer Notlage geholfen hat; (2) Loblieder, die Gottes Großtaten für sein Volk besingen; die erwähnten Taten fügen sich zu einer umfassenden Heilsgeschichte zusammen; (3) Anbetungshymnen, in denen Engel oder Menschen Gottes überragende Größe, seine Majestät und Macht verehren, ohne besondere, den Menschen gewährte Gunsterweise zu erwähnen. Das jüdische (alttestamentliche) Buch der Psalmen wurde zu einem Buch der Kirche, und so wurden die drei Grundformen des Lobpreises in der langen Geschichte des christlichen Kults immer wieder von neuem entfaltet. Als Anbetungshymnen der katholischen Messe sind das Gloria und das Sanctus oft vertont worden, zum Beispiel von Haydn und Mozart. Das Singen von Lobliedern fand eine Heimstatt in den Klöstern, wo Mönche und Nonnen täglich viel Zeit darauf verwenden, Psalmen und neutestamentliche Lieder wie das Magnificat zu rezitieren. Wie die christliche Existenz überhaupt, so beruht auch das Leben in klösterlicher Gemeinschaft auf einer heiligen, in diesen Liedern memorierten Geschichte. Neben die Liedfassungen des Gotteslobes trat in neuerer Zeit eine wichtige, sich der Prosa bedienende Form. Oft legen Laien vor der Gemeinde Zeugnis von Gottes Handeln in ihrem Leben ab, um so ihren göttlichen Helfer zu preisen. Das öffentliche Zeugnisgeben läßt sich bis zu den Puritanern und Freikirchen des 17. Jahrhunderts zurückverfolgen. Unter dem Einfluß der Methodisten griffen evangelistische Prediger, Adventisten, Mormonen, Anhänger der Christian Science und andere Gruppen diesen Brauch im 19. Jahrhundert wieder auf. Gegenüber reiner Tradition wird persönliche Erfahrung wiederentdeckt und erzählt. Als demokratischer, sich klerikaler Kontrolle entziehender Brauch entspricht das Zeugnisgeben dem Ideal allgemeiner aktiver Beteiligung am Gottesdienst. Es handelt sich um eine spezifisch moderne Form von Lobpreis.

Das von der Gemeinde oder für sie gesprochene öffentliche *Bittgebet* hat zwei Wurzeln. Die eine liegt im regelmäßigen Opfer, das, von einem Bittgebet begleitet, für das allgemeine Wohlergehen dargebracht wird. Die andere Wurzel ist die in Krisenzeiten abgehaltene Gebetsversammlung. Als das antike Judentum das öffentliche Gebet in der Synagoge schuf, verband sich die regelmäßige Gebetspraxis mit dem Bewußtsein, in einer Krisenzeit zu leben. Daher stand eine einzige Bitte im Vordergrund: der Wunsch nach Wiederherstellung des jüdischen Staates. Mit dem Vaterunser, das wir Johannes dem Täufer (statt Jesus) zuschreiben, findet die Bitte um das Reich Gottes (d. h. den jüdischen Staat) Eingang ins Christentum. Als Jesus – und mit ihm die Jesusbewegung – das Gebet übernahm, verschob sich die Bedeutung von nationalen zu mehr privaten, individuellen Anliegen, in Übereinstimmung mit Jesu Interesse an der Befreiung einzelner Menschen vom Bann der Dämonen. Nicht nur im Vaterunser läßt sich dieses exorzistische und damit magische Interesse erkennen; es beherrscht auch das «im Namen Jesu» gesprochene, frei formulierte Gebet, bei dem Jesu zauberkräftiger Name an die Bitte angefügt wird. Stets haben Christen ihr Gebet an Gott gerichtet; aber sie versäumen es nie, «durch Jesus Christus» zu bitten. Jesus ist gleichzeitig Fürsprecher bei Gott und die unmittelbare Macht, die mit seinem Namen verbunden ist.

Schon in biblischer Zeit haben sich Christen mit der Verheißung des Gebets beschäftigt und gefragt, ob Gott ihre Bitten wirklich erhört. Das Neue Testament, die liturgische Überlieferung und die Theologie geben darauf jeweils ihre eigene unverkennbare Antwort. Eine sorgfältige Lektüre der biblischen Aussagen führt zu der Erkenntnis, daß nur dem Vaterunser die Erhörung bedingungslos verheißen wird. Anderen Gebeten wird Erfolg nicht unbedingt garantiert; vielmehr hängt in ihrem Fall alles vom Glauben des Beters und vom Willen Gottes ab. Indem sie möglichst allgemein formulierte Bitten bevorzugt, weicht die Liturgie der Frage nach der Erhörung geschickt aus. Eine weitere Strategie besteht darin, daß Gebete innerhalb des Gottesdienstes selbst liturgische Antworten erhalten: Sünden werden durch das Wort des Priesters vergeben, Segensworte versichern der Gemeinde göttliches Wohlwollen. Wenn sich Theologen mit dem Problem des Gebets beschäftigen, befassen sie sich gewöhnlich mit göttlicher Vorsehung und Vorherbestimmung des menschlichen Schicksals und raten zur Zurückhaltung. Da Gott meist zurückhaltend und ohne Aufsehen zu erregen handelt, sollte man nicht allzu oft ein Wunder erwarten. Nur selten scheint Gott dramatisch in den Gang der Dinge einzugreifen. Vor allem amerikanische Theologen des 20. Jahrhunderts entwickeln eine andere Sicht vom Wirken Gottes. Sie wollen nicht mehr darüber nachdenken, wie Gott auf menschliche Bitten reagiert, sondern interessieren sich für die menschliche Gebetserfahrung und stellen damit den betenden Menschen in das Zentrum des Interesses. Den Ausgangspunkt bietet die von William James gemachte Beobachtung, daß das Gebet, abgesehen von seinen sonstigen Wirkungen, seelische Kräfte freisetzt, Mut erzeugt und eine optimistische Lebenseinstellung fördert.

Das intellektuelle Ritual, bei dem das gesprochene Wort vorherrscht, besteht aus Lesungen der Heiligen Schrift und der *Predigt*. Im Neuen Testament läßt der Bericht des Lukas erkennen, wie frühe Christen und vielleicht sogar Jesus selbst durch eine neue, ungewohnte Botschaft den traditionellen Gottesdienst der Synagoge störten und die Gemeinden spalteten. Als die Kirche ihre Liturgie des Wortes durch zwei Jahrtausende hindurch entfaltete, bildeten sich drei große Grundformen der Predigt heraus: die Lehrpredigt, die Moralpredigt und die Glaubenspredigt, wobei jede eine andere Seite der christlichen Botschaft besonders hervorhebt. Prediger wie Origenes im dritten und Karl Barth im 20. Jahrhundert verstanden sich in erster Linie als Lehrer, die den Bibeltext erklären und auslegen. Das Heilswissen darlegend, wollten sie zur Erlösung ihrer Zuhörerschaft beitragen. Andere Kanzelredner, vor allem Katholiken, bevorzugten die Moralpredigt, denn ein ewiges Heil kann es nur für jene Menschen geben, die ihr Leben nach der Ethik ausrichten, die in der Bibel gelehrt, erklärt oder vorausgesetzt wird. Seit Gregor dem Großen (ca. 600 n. Chr.) fühlten sich viele Prediger als Ärzte, deren Rat moralische, soziale und geistige Krankheit zu heilen vermag. Im 20. Jahrhundert hat der Amerikaner Harry Emerson Fosdick die therapeutische Predigt besonders erfolgreich gepflegt. Seine Predigttätigkeit wurde durch offene Sprechstunden ergänzt, die an die katholische Einzelbeichte erinnern. Für eine dritte Gruppe von Theologen entscheidet weniger die Moral als vielmehr der Glaube über das Heil des Menschen; daher muß jeder Kirchenbesucher zum Akt des Glaubens geführt werden. In der Zeit der Reformation blieb Martin Luthers Glaubenspredigt beispiellos. Erweckungs- und Bekehrungsprediger jeglicher Couleur, von Jonathan Edwards und John Wesley im 18. bis zu Billy Graham im 20. Jahrhundert, haben dasselbe Ziel verfolgt: «laue» Christen in solche zu verwandeln, die sich aus ganzem Herzen zu Christus bekennen.

Wir beschäftigen uns zwar in erster Linie mit den Predigern und ihren Zielen; gelegentlich gerät aber auch die Zuhörerschaft in den Blick, die auf die Verkündigung unterschiedlich reagiert. Manchmal schläft sie einfach. Die Geschichte des Kirchenschlafs beginnt im Neuen Testament und erreicht in William Hogarths satirischer Kunst ihren Höhepunkt.

Der in der Religionsgeschichte tief verwurzelte Begriff des *Opfers* hat die christliche Frömmigkeit allgemein, vor allem aber die Theorie und Praxis des Gottesdienstes nachhaltig geprägt. Ein Opfer darbringen bedeutet, Gott eine Gabe zu geben und mit der Gabe sich selbst. Wie Bruce Chilton und Hartmut Gese bin ich davon überzeugt, daß das Abendmahl *ursprünglich* – und nicht nur in späterer theologischer Spekulation – ein Opfer darstellt. Nachdem es ihm nicht gelungen war, die im Tempel von Priestern dargebrachten und von Laien gestifteten Tieropfer zu reformieren, begann Jesus, einen unblutigen Opferritus außerhalb des Tempels zu praktizieren. Dabei wurden Brot und Wein Gott als Ersatz für den Leib und das Blut des Opfertieres angeboten. Die Worte «Das ist mein Leib» und «Das ist mein Blut» begleiteten eine Darbringungsgeste, wie sie vermutlich schon das im Tempel präsentierte Opfer begleitet hatten. Nach den Evangelien soll Jesus das unblutige Opfer im Rahmen eines mit seinen Jüngern gefeierten Abendmahls eingesetzt haben. Das Abendmahl wird in den Evangelien als Passamahl dargestellt, kann jedoch nach dem Urteil nahezu aller Fachleute kein solches gewesen sein. Vielleicht hat es ein derartiges Abendmahl nie gegeben.

Wie Jesus, so beteiligten sich auch die frühen Christen bald nicht mehr am jüdischen Opferkult. Zweifellos wurde diese Entwicklung durch eine Theologie erleichtert, die in Jesu Tod selbst ein Opfer erblickte (wobei Jesu Opfer als das letzte blutige Opfer galt, das weder wiederholt noch ergänzt werden mußte). Dazu trug auch der Niedergang des jüdischen Opferwesens nach der Zerstörung des Tempels im Jahre 70 n. Chr. bei. Dennoch fuhren die Christen fort, im Zusammenhang mit ihren eucharistischen Feiern vom Opfer zu sprechen, denn sie brachten Gott die Gaben dar, welche die gute Schöpfung hervorbringt (so etwa bei Irenäus von Lyon). Die vorliegende Untersuchung beschäftigt sich vor allem mit den beiden klassischen theologischen Auffassungen über die Eucharistie. Die erste, repräsentiert durch Cyprian von Karthago, Augustinus von Hippo und Jean-Jacques Olier von Paris, sieht die Eucharistie als die hervorragende Möglichkeit für die Gläubigen, sich der Selbsthingabe Christi an den Vater anzuschließen. Während diese Auffassung noch von einigen Theologen der Gegenwart vertreten wird, ist die zweite These heute mehr Ziel der Kritik als Gegenstand der Lehre. In ihrer mittelalterlichen, am besten durch den Spätscholastiker Gabriel Biel von Tübingen vertretenen Gestalt betont dieses zweite Modell nicht die Hingabe an Gott, sondern den Empfang einer göttlichen Gegengabe: Wenn in der Messe an Christi Kreuzesopfer erinnert wird, öffnet Gott den durch Christi Kreuzestod erworbenen Gnadenschatz und schenkt dem Priester und den Gläubigen seine Gnade.

Obwohl ursprünglich ein Opfer, wurde das Abendmahl bald als ein *Sakrament* verstanden. Im Umkreis antiker magischer Praxis kam es zu einem neuen Verständnis, das erst jüngst von Gelehrten wie Morton Smith wiederentdeckt und gewürdigt wurde. Obwohl dies in den Ohren heutiger Christen fremd und sogar blasphemisch klingen mag, waren Jesus und seine frühen Anhänger durchaus mit magischen Künsten vertraut. In der Welt Jesu dienten magische Riten nicht nur dem Eigennutz derer, die sie für sich und insgeheim praktizierten; sie standen auch im Mittelpunkt gemeinschaftlicher Mysterienkulte. Die Evangelien selbst machen das Abendmahl zu einer Mysterienfeier und legen ihm eine magische Bedeutung bei. Wie in den Tagen des Mose das Passablut, so galt auch jetzt in den Tagen der frühen Christenverfolgung das heilige Mahl als ein wirksames Schutzmittel. Während die magische Bedeutung von Brot und Wein in den synoptischen Abendmahlsberichten eher verdeckt bleibt, tritt sie bei Paulus und im Johannesevangelium klar zutage. Im christlichen Gottesdienst als heilige Speise und heiliger Trank genossen, wurden Brot und Wein zu Trägern übernatürlicher Kraft. Die Eucharistie läßt sich mit der antiken Theurgie vergleichen, wie sie beispielsweise von den neuplatonischen Philosophen Jamblich und Proklos praktiziert wurde; in der Welt der Spätantike stellt das christliche Sakrament keinen Fremdkörper dar. Die einschlägigen Kapitel skizzieren die klassischen Abendmahlslehren der orthodoxen Kirchen (Pseudo-Dionysius, Nikolaus Kabasilas), des Katholizismus (Thomas von Aquin) und der Reformation (Luther, Calvin). In der Gegenwart lassen sich zwei gegenläufige Strömungen erkennen. Während die «Minimalisten» eine sakramentale Wirkung praktisch ablehnen (Paul Althaus, Karl Rahner, Matthew Fox), erneuern andere die magische Sicht. Sie ergänzen ihr esoterisches Weltbild durch einen an die antiken Mysterien erinnernden Sakramentalismus (Teilhard de Chardin und besonders Rudolf Steiner).

Im 20. Jahrhundert befinden sich die beiden bedeutendsten Jesuiten – Rahner und Teilhard – in zwei unterschiedlichen theologischen Lagern. Als Mystiker hält Teilhard nicht viel vom cartesianischen Rationalismus seiner französischen Heimat. Der Rationalist Rahner hingegen steht der deutschen Mystik fern.

In der christlichen Gemeinde, die Paulus in der griechischen Stadt Korinth gründete, gab es Enthusiasten, deren *ekstatisches Ritual* zumindest einige Merkmale mit dem Dionysoskult teilte: Bewegung, Lärm, Teilnahme von Frauen, Erregung und die fast greifbar scheinende Gegenwart Christi, von dem die Gemeinde «besessen» ist. Die magische Speise von Brot und Wein dient als Träger des göttlichen Geistes, den die Gläubigen mit Christus identifizieren. Christi Herrschaft, ausgeübt durch «besessene» Männer und Frauen, äußert sich in besonderen Gaben, von denen die Zungenrede (Glossolalie) und das Verkünden prophetischer Botschaften die auffälligsten sind. Obwohl die spätere Entwicklung ruhigeren und geordneteren Gottesdienstformen den Vorzug gab, macht sich die ekstatische Gestalt am Rand der Großkirchen immer wieder bemerkbar. Zu Beginn des 20. Jahrhunderts tauchte sie plötzlich in Gestalt der mächtigen, sich rasch über das ganze Christentum ausbreitenden Pfingstbewegung auf, deren Anfänge sich in den zeitgenössischen Schriften von Frank Bartleman verfolgen lassen. Außer ihren biblischen Wurzeln beschäftigen uns auch die afrikanischen Beziehungen der christlichen Ekstase. Als Erben ihrer afrikanischen Vorfahren waren die Schwarzen Nordamerikas für kultische Trance besonders aufgeschlossen und trugen zur Entstehung, Ausgestaltung und Verbreitung charismatischer Gottesdienstformen entscheidend bei.

Der Vergleich zwischen dem Gottesdienst heutiger Pfingstgemeinden und seinen biblischen Vorläufern und Vorbildern ist höchst aufschlußreich. Das in Korinth gefeierte ekstatische Ritual ging unter und wurde schließlich durch andere Gottesdienstformen ersetzt, insbesondere durch intellektuelle Rituale, in deren Mittelpunkt die Schriftlesung steht. Dagegen haben die Pfingstkirchen Mittel und Wege gefunden, ihren ekstatischen Gottesdienst und die ihn hervorbringende Begeisterung beizubehalten. Sie ersetzten ihn nicht durch andere Formen, sondern verwandelten ihn durch «Veralltäglichung» (Max Weber) in eine stets wiederholbare Feier. Rhythmische Instrumentalmusik, gemeinsames, oft durch Solisten und Chor angeführtes Singen und das aufrüttelnde Wort eines Predigers schaffen eine emotionalisierte Atmosphäre, die ekstatische Erscheinungen wie Zungenrede und Prophetenwort ermöglicht. Zwar mag die veralltäglichte Ekstase etwas von der ursprünglichen Spontaneität eingebüßt haben, aber Ernsthaftigkeit und Inbrunst fehlen ihr nie. Die Pfingsterfahrung hat nichts an Anziehungskraft verloren. Nach wie vor führt sie viele Menschen zum Gottesdienst zusammen und ermutigt manche, sich zu prophetischen Gruppen zusammenzuschließen und vielleicht sogar selbst empfangene prophetische Botschaften im Gottesdienst öffentlich bekanntzugeben.

Als ich die hier zusammengefaßten Kapitel niederschrieb, wurde mir bewußt, daß das Verständnis des Gottesdienstes von zwei grundlegenden, aber ganz unterschiedlichen Vorstellungen geprägt ist. Nach der einen Auffassung erscheint Gott als der ferne, hieratisch entrückte, majestätische König, dem die Gläubigen mit großem, feierlichem Zeremoniell und dem Bekunden von Ehrfurcht begegnen. Andere dagegen stellen sich Gott als einen liebenden, mütterliche Züge tragenden Vater vor, mit dem sie eine persönliche Beziehung aufnehmen können. Der Epilog geht diesen beiden Erfahrungen nach und erörtert sie aus der Sicht der vergleichenden Religionswissenschaft, der Kirchengeschichte, der Psychologie und der Kunstgeschichte. Im ganzen Buch, nicht nur im Schlußkapitel, dienen bildliche Darstellungen – Buchmalerei und Holzschnitt, Gemälde und Fotografie, Karikatur und Andachtsbild – dazu, das heilige Spiel des christlichen Gottesdienstes zu erhellen.

ERSTES SPIEL

Lobpreis

Singen und Zeugnisgeben
als dankende Verkündigung von Gottes Taten

Kommt, laßt uns jubeln vor dem Herrn und zujauchzen dem Fels unseres Heils! Laßt uns mit Lob seinem Angesicht nahen, vor ihm jauchzen mit Liedern! Denn der Herr ist ein großer Gott. (Ps 95,1–3)

Buch der Psalmen

Die Menschen, die Gott in dieser Welt nicht loben, werden in Ewigkeit stumm bleiben.[1] *Jan van Ruusbroec (ca. 1340–1380)*

Nach dem Glauben können wir nichts Größeres tun als Gott loben und ehren und seinen Namen preisen, predigen, singen und auf allerlei Weise erheben und großmachen. (...) So ist nun das erste Werk (...): Gott in allen seinen Wohltaten loben. Das sind aber so unendlich viele, daß dieses Loben und Danken billigerweise weder Unterlaß noch Ende haben soll.[2]

Martin Luther, 1520

1. Über den Lobpreis

Die Götter oder Gott zu preisen bedeutet, etwas Gutes über sie zu sagen und so ihren Ruhm zu mehren. Mit Lob und Dank begegnet der Mensch in den meisten Religionen jenen ihm geneigten Wesen, von deren Wohlwollen sein eigenes Wohl abhängt. Lobpreis ist ein so geläufiger Bestandteil des antiken Kults, daß wir ihn als eine rituelle Grundgestalt bezeichnen können.

Mit Absicht sprechen wir von «Lob und Dank». Da es uns um eine Grundgestalt speziell *antiker* Religion geht, aus deren Mutterboden der christliche Gottesdienst erwuchs, läßt sich zwischen Lobpreis und Dank nicht unterscheiden. Anders als in modernen Sprachen kennen das biblische Hebräisch und das antike Griechisch diesen Unterschied nicht. Die beste Erklärung dafür stammt von Claus Westermann:

> Es ist niemals der Tatsache ein Gewicht beigemessen worden, daß es im Hebräischen für «danken» keine Vokabel gibt! Zu erklären ist das Vorbeigehen an dieser Tatsache nur damit, daß wir so selbstverständlich in dem polaren Rhythmus von Dank und Bitte, von «bitte!» und «danke!» leben, und niemand auf den Gedanken kommt, diese Begriffe seien nicht allgemein menschlich, seien nicht selbstverständlich immer dagewesen, gehörten nicht zu den Voraussetzungen des menschlichen Miteinanders ebenso wie zu denen des Gegenübers von Gott und Mensch. Wir sind genötigt, uns eine Welt vorzustellen, in der wohl das Bitten eine durchaus wesentliche und beachtenswerte Rolle spielt, wo aber der Gegenpol des Bittens nicht primär das Danken, sondern das Loben ist. Und dieses Loben ist ein so starker, lebendiger und weiter Begriff, daß er unser «danken» in sich faßt; das Danken ist hier noch ganz drinnen im Loben.[3]

In den biblischen Sprachen, denen ein eigener Ausdruck für «danken» fehlt, läßt sich nicht «danke» sagen. Will sich ein hebräisch oder griechisch sprechender Mensch bei einem anderen für eine Gunst bedanken, dann sagt er so etwas wie «Ich preise dich.»[4] Dementsprechend tun sich Übersetzer mit der Wiedergabe bestimmter Ausdrücke schwer. «Ich danke dir, Herr, in Ewigkeit; denn du hast das alles vollbracht», schreibt die Einheitsübersetzung. Die Zürcher Bibel läßt den Psalmisten sagen: «ich will dich immerdar preisen, denn du machst es wohl» (Ps 52,11). Gelegentlich kommt der Übersetzer nicht umhin, beide Ausdrücke nebeneinander zu gebrauchen, etwa wenn der Psalmist die Pilgerscharen einlädt, Gottes Tempel zu betreten: «Tretet mit Dank durch seine Tore ein! Kommt mit Lobgesang in die Vorhöfe seines Tempels!» (Ps 100,4 EÜ).

Lobpreis gehört zum Kult

Im ersten Buch von Homers *Ilias* lesen wir von einem Dankopfer, das Chryses darbringt, als seine vom Feind entführte Tochter wohlbehalten zurückgekehrt ist. Homer schreibt nicht nur vom Gebet, dem Schlachten von Tieren und dem sich anschließenden fröhlichen Mahl, sondern auch vom Lobgesang: «Argos' blühende Männer feierten, schöne Päane singend, Apollons Macht.»[5] In dem Drama *Die Schutzflehenden* von Aischylos bittet der Chor den Göttervater Zeus, es der Stadt Argos nie an kultischen Feiern fehlen zu lassen: «Fromm erschalle das Lied der Sänger an den Altären. Stimme, der Laute gewohnt, entfließe keuschesten Lippen.»[6] Obwohl Platon den Lobpreis herabsetzt, entbehrt seine Beschreibung nicht der Anschaulichkeit:

> Wenn eine Behörde ein Opfer darbringt, stellt sich nicht nur ein Chor ein, sondern eine ganze Anzahl von Chören, die sich nicht etwa fern von den Altären aufstellen, sondern unmittelbar daneben und durch ihr unwürdiges Auftreten das Opfer entweihen, indem sie durch ihre Worte, Rhythmen und rührseligen Weisen die Gemüter der Hörer aus der Fassung bringen. Wer die opfernde Gemeinde am ehesten und am stärksten zu Tränen rührt, der trägt den Preis davon.[7]

Lobpreis hat seinen Ort am Altar, der Stätte, an der die Menschen den Göttern ihre Opfer darbringen. Eine typisch griechische Form des Lobpreises, der Päan, wurde zur Kithara (einem Saiteninstrument) von einem Chor gesungen.[8] Der Chor sang nicht nur, sondern führte auch gemessenen Schrittes einen Tanz auf. Manchmal stimmten alle Anwesenden in den Refrain «*iê paian*» (Heil dir, Päan!) ein, der auf den Ursprung des Päans im Kult eines Gottes namens Paian zurückweisen mag. Aelius Aristides (117–180 n. Chr.), der lange Zeit im sanatoriumartigen Heiligtum des Asklepios in Pergamon weilte, dichtete Päane zum Lobpreis von Apollon, Asklepios, Hekate, Pan, Athena und anderen Gottheiten.[9] Während seines Aufenthalts in Pergamon (etwa 144–147) unterhielten er und seine Freunde einen Knabenchor zur öffentlichen Aufführung seiner Dichtungen. In den inschriftlich und literarisch überlieferten Päanen läßt sich deren Dreiteilung erkennen. Auf eine an die Anwesenden gerichtete Aufforderung zum Lobpreis folgt die Erzählung der mythischen Geschichte der geehrten Gottheit; dieser Bericht bildet als das Hauptstück den eigentlichen Lobpreis. Zum Schluß bittet der Päan für das Wohl der Anwesenden und des Staates. Tatsächlich handelt es sich bei den ältesten bekannten Musiknoten der Geschichte um Noten für Päane. Sie wurden in Stein gemeißelt in Delphi gefunden und stammen aus dem 2. Jahrhundert n. Chr.

In der Antike wurden Rituale entweder von einer größeren Gemeinschaft oder nur von einer kleinen Gruppe, etwa im Familienverband, gepflegt. Dementsprechend können wir zwischen öffentlichem und privatem Gotteslob unterscheiden. Während uns die Quellen über den privaten Lobpreis wenig Auskunft geben, ist uns vom öffentlichen Gotteslob ein recht deutliches Bild überliefert. In einer antiken Schrift, dem biblischen Buch der Chronik, bildet das öffentliche Gotteslob sogar eines der wichtigsten Themen.[10] Um 400 v. Chr. entstanden, erzählt es die Geschichte Israels als die eines Volkes, dessen Leben im Kult Jahwes im Jerusalemer Tempel sein Ziel und seine Vollendung findet. Dementsprechend geben nationale Ereignisse stets Anlaß für ein großes Kultfest. Insgesamt bildet die Geschichte des Tempels den Rahmen der ganzen Darstellung.

Nach Auffassung des Chronikbuches geht der Tempelkult auf vier große Gründergestalten zurück: auf die judäischen Könige David, Salomo, Hiskija und Joschija. David schenkte Israel ein kultisches Zentrum, indem er die «Bundeslade», ein altes Ritualobjekt, nach Jerusalem überführte; Salomo erbaute den Tempel und weihte ihn ein; Hiskija und Joschija reformierten den Kult. Unter den vier Gründern gilt David als der wichtigste, denn er gründete ein Orchester mit Harfen, Lyren, Trompeten und Zimbeln und außerdem einen Chor, der das tägliche Opfer begleitete. Außerdem schuf er einen Stand von viertausend Leviten; aus diesen sollten sich Musikanten und Sänger rekrutieren. Der Sängerberuf wurde innerhalb der Familie weitergegeben und war zunftmäßig organisiert. Ein Levit war Mitglied einer Familie, die traditionsgemäß gewisse Handlungen übernahm, die nicht von Priestern vollzogen wurden, aber denen rituelle Bedeutung zukam. Hiskija vollendete die von David gegründete Organisation dadurch, daß er dem Chor die Aufführung von Psalmen vorschrieb, die vermutlich in einer neu zusammengestellten, als Repertoire dienenden Sammlung standen.[11] Dem modernen Historiker gilt das alles als zweifelhaft. Was der Chronist beschreibt, sind keinesfalls die historischen Anfänge der Tempelmusik, sondern, in idealisierter Gestalt, die Zustände seiner eigenen Epoche. Das angebliche Aufleben der davidischen Einrichtungen in den Zeiten Hiskijas und Joschijas scheint mehr über die Ideale des Chronisten zu verraten als über den wirklichen Hergang weit zurückliegender Ereignisse. Immerhin könnte Hiskija tatsächlich eine Liedersammlung in Auftrag gegeben haben – die erste Ausgabe des Buches der Psalmen.

Das Buch der Chronik gibt den Text eines dem Lobpreis dienenden Liedes wieder, fügt erklärende Bemerkungen hinzu und nennt den genauen Ort seiner Aufführung innerhalb des Gottesdienstes.

Am Jerusalemer Tempel bestand der öffentliche Kult aus der Schlachtung und vollständigen Verbrennung eines Lamms an jedem Morgen und Abend. Der Tempelchor begleitete nicht den gesamten Vorgang der Darbringung des Opfers. Er sang weder zur Schlachtung noch zur Ausschüttung des Blutes am Fuß des Altars. Der Chor begleitete lediglich den letzten Teil des Opfers, die Verbrennung. Er setzte ein, wenn der Leib des Tieres auf den Scheiterhaufen gelegt wurde, und verstummte, wenn das Tier zu Asche zerfallen war. Offenbar befand sich der Chor ganz in der Nähe des Opferfeuers, denn das Verbrennen des Tieres und der begleitende Gesang sollten Teile einer einzigen Kulthandlung bilden.

Die Sänger sollen «Jahwe loben, denn seine Huld währt ewig» (1 Chr 16,41; vgl. 2 Chr 5,13; 20,21). Dieser Ausdruck spielt offenbar auf den Refrain eines

Liedes an, das der Sängerchor vortrug. Der Refrain ist nicht nur in den Psalmen belegt, sondern auch in dem einzigen Lied, das der Chronist in sein Werk aufnahm. Hier sind einige Zeilen aus diesem langen Hymnus:

> Dankt Jahwe! Ruft seinen Namen an!
> Macht unter den Völkern seine Taten bekannt!
> Singt von ihm und spielt von ihm,[12]
> verkündet alle seine Wunder! (...)
> Als sie [unsere Vorfahren] noch gering waren an Zahl,
> nur wenige und fremd im Land,
> und noch zogen von Volk zu Volk,
> von einem Reich zum andern,
> da ließ er sie von niemand bedrücken,
> wies ihretwegen Könige zurecht:
> «Tastet meine Gesalbten nicht an,
> tut meinen Propheten nichts zuleide!»
> Singt von Jahwe, alle Länder der Erde!
> Verkündet sein Heil von Tag zu Tag! (...)
> denn groß ist Jahwe und hoch zu preisen,
> mehr zu fürchten als alle Götter. (...)
> Danket Jahwe, denn er ist gütig,
> denn seine Huld währt ewig. (1 Chr 16,8ff.)

Die Sängerschaft preist Jahwe, indem sie berichtet, wie er in der Vergangenheit sein erwähltes Volk, die Israeliten, vor deren Feinden beschützte. Im nächsten Abschnitt werden wir sehen, daß der Bericht über erfahrene Hilfe das Gotteslob ausmacht.

Wie ohne weiteres erkennbar, bezieht sich der Hymnus nicht unmittelbar auf das priesterliche Opfer. Die Sängerschaft wendet sich nicht an Jahwe mit der Bitte um Annahme der Opfergabe oder mit der Bitte um Segen für die opfernden Priester. Der Hymnus ist kein Bestandteil des Opfers, sondern soll dieses ergänzen. Wir verstehen den Zusammenhang vielleicht besser, wenn wir uns vor Augen halten, daß die Darbringung der Opfergabe auf dem Altar Jahwe herbeiruft; er gilt als anwesend, wenn die Flammen das Brandopfer verzehren. Eine genauere Lektüre des gesamten rituellen Zusammenhangs läßt eine vierfache menschliche Antwort auf die kultische Gegenwart Jahwes erkennen: (1) die Sängerschaft singt ein Loblied; (2) diesem fügen sie eine Bitte um Sammlung des Volkes aus der Diaspora bei; (3) dann antwortet die anwesende Menge mit «Amen» und Worten des Lobpreises, wobei sie vermutlich die letzten Worte des Hymnus wiederholt («Ja, er ist gütig, ja, seine Huld währt ewig») oder einfach laut «Halleluja» ruft; (4) zum Schluß werfen sich die Gläubigen vor Gott nieder.[13] Mit dieser demütigen Geste endet die Feier.

Als kunstvoll gestaltete poetische Texte sind die biblischen Kultlieder aus sorgfältig gewählten Worten und Wendungen aufgebaut. Ein für den Kult bestimmter Text muß, wie alles zum Gottesdienst gehörende, einen liturgischen Stil aufweisen. Dafür eignet sich Poesie besser als Prosa. «Die Worte und Wendungen der Gebete und Danksagungen sollen nicht übereilt, oberflächlich und plebejisch sein, sondern schön und wohlgesetzt; sonst würden wir Gott nicht nach Kräften ehren», meinte schon Thomas Hobbes. Es sei nur vernünftig, dies «in Versen und mit Musik zu tun, unter Einsatz von Gesang und Instrumenten.»[14]

Der oft das Opfer begleitende Lobpreis besaß einen festen Platz im antiken Kult. Aber Lobpreis gab es auch als eigenständige kultische Handlung, etwa als Ersatz für ein Tieropfer oder, ganz allgemein, als Antwort auf Gottes Gegenwart.

Die Vorrangstellung des Lobpreises

Nachdem wir uns mit Lobpreis als einer Grundgestalt des antiken Kults beschäftigt haben, können wir fragen, wie er sich zu anderen Formen kultischen Redens verhält. Antike und moderne Äußerungen zeigen, welch hoher Wertschätzung sich der Lobpreis erfreut; er scheint anderen Gebetsäußerungen weit überlegen. In der Antike haben manche Heiden dem Lob der Götter den Vorrang vor dem Bittgebet eingeräumt. Einer von ihnen, der Philosoph Epiktet (ca. 60–140 n. Chr.), duldet keinen Zweifel in der Sache. «Wäre uns der Sinn dafür aufgegangen, würden wir dann, gemeinsam und einzeln, etwas anderes tun, als Gott zu lobsingen, zu preisen und seine Wohltaten aufzuzählen?» Der griechische Philosoph beschreibt, wie solches Verhalten aussähe:

> Sollte man nicht beim Pflügen, beim Graben, beim Essen einen Lobgesang auf Gott singen: Groß ist Gott, der uns das Werkzeug zum Bebauen der Erde gegeben hat! Groß ist Gott, der uns Hände gegeben hat, der uns mit Mund und Magen geschaffen hat! Der gemacht hat, daß wir wachsen, ohne es zu merken, daß wir auch im Schlaf atmen! So sollten wir bei jeder Tätigkeit singen.

Epiktets Rede endet mit einer Aufforderung: «Ich bin ein vernünftiges Geschöpf: Ich muß Gott loben. Das ist mein Werk. Ich will es verrichten und dieses Amt behalten, solange es mir vergönnt ist. Auch euch fordere ich auf, in dieses Lied einzustimmen.»[15] Die antike Philosophie bildet also ein geistiges Klima, in dem der Lobpreis gedeihen kann.

Epiktets Bevorzugung des Lobpreises findet ihr unerwartetes Echo in Voltaires *Philosophischem Wörterbuch*. Im Artikel «Gott» mokiert sich der Aufklärungsphilosoph über die Wortklaubereien und Spitzfindigkeiten der Theologen und stellt diese der gesunden Auffassung eines heidnischen Barbaren gegenüber. Befragt, was er denn nun in Gegenwart von Frau und Kindern, Verwandten und Sklaven zu seinem Gott sage, hat Voltaires Dondindac sofort eine an Epiktet erinnernde Antwort parat: «Ich danke ihm für das Gute, dessen ich mich erfreue, und sogar für das Übel, durch das er mich prüft. Aber ich hüte mich davor, ihn um irgend etwas zu bitten. Er weiß ja besser als wir, was uns fehlt. Außerdem möchte ich ihn nicht um schönes Wetter bitten, wenn mein Nachbar gerade um Regen betet.»[16] Für Voltaire und seine Zeit war der einfache Lobpreis, wie ihn Dondindac pflegte, die aufgeklärte Alternative zur Erfindung immer neuer theologischer Definitionen.

Schon in den frühen Quellen über den christlichen Gottesdienst kommt dem Lobpreis besondere Bedeutung zu. Allerdings vermischte man zunächst Bittgebet und Lobpreis miteinander, wobei die Bevorzugung des Lobpreises keineswegs feststand. Die Evangelien, die das Vaterunser enthalten, scheinen sogar von einer höheren Schätzung des Bittgebets durch Jesus selbst auszugehen. Das Vaterunser bittet um das tägliche Brot und um Vergebung der Schuld. Nach einem Gleichnis Jesu ist die demütige Bitte des Zöllners («Gott, sei mir Sünder gnädig») besser als der hochmütige Lobspruch des Pharisäers («Gott, ich danke dir, daß ich nicht wie andere Menschen bin, die Räuber, Betrüger und Ehebrecher», Lk 18,11ff.). Der Pharisäer dankt, der Zöllner bittet. Das Dankgebet verkommt allzu rasch zu Angeberei und Selbstbespiegelung. Tatsächlich hat Jesus nicht nur das Bittgebet nachdrücklich empfohlen, sondern sogar mit einer Verheißung versehen: «Bittet, dann wird euch gegeben» (Mt 7,7). Dennoch hat sich die jesuanische Bevorzugung des Bittgebets nicht durchgesetzt. Schon innerhalb des Neuen Testaments läßt sich eine deutliche Verschiebung zugunsten des Lobpreises feststellen. Keinem Leser der Paulusbriefe entgeht der Nachdruck, den der Apostel auf das Gotteslob legt. «Ich danke Gott jederzeit euretwegen für die Gnade Gottes, die euch in Jesus Christus geschenkt wurde», schreibt er an die Gemeinde von Korinth (1 Kor 1,4). Die meisten Paulusbriefe beginnen mit einer entsprechenden Danksagung. Bei Origenes, der im 3. Jahrhundert genaue Anweisungen zum Gebet gibt, genießt der Lobpreis klaren Vorrang. Aufgrund verstreuter Angaben der Heiligen Schrift kommt er zur Auffassung, ein Gebetsgottesdienst müsse aus folgenden Teilen bestehen: Lobpreis Gottes, Danksagung, Sündenbekenntnis mit Bitte um Vergebung, Bitte um Gottes Gaben, Lobpreis.[17] Der Gott, Christus und dem Heiligen Geist geltende Lobpreis, am Anfang und Ende stehend, rahmt den gesamten Gottesdienst ein. Bei der Danksagung soll aller göttlicher Wohltaten gedacht werden – solcher, die einer Vielzahl von Menschen erwiesen wurden und solcher, die vom einzelnen erfahren wurden. Damit ist klar ersichtlich, daß für Origenes Lob und Dank die erste Stelle einnehmen.

Christliche Theologen haben sich wiederholt über die Vorrangstellung des Lobpreises geäußert und dafür verschiedene Gründe namhaft gemacht. Die Gründe können rhetorischer oder schöpfungstheologischer Art sein, oder in der geistlichen Entwicklung des Beters begründet liegen.

Das rhetorische Argument für die Vorrangstellung ist am leichtesten zu verstehen, da es nicht religiöser, sondern allgemein menschlicher Natur ist. «Die Menschen sollen stets zuerst Gott preisen und dann ihre Bitten vorbringen», heißt es im Talmud.[18] Der Lobpreis macht Gott geneigt, den Menschen Gehör zu schenken. Luther sagt es noch deutlicher: «Die erste Eigenschaft eines guten Gebets ist, daß es Gott dankt und die erhaltenen Wohltaten mit Herz und Mund bekennt. (...) Das wird in der Rhetorik Bewerbung um Gunst *(captatio benevolentiae)* genannt, und diese geschieht am besten durch Lob und Dank.»[19]

Steht der Gedanke an Gott als majestätischem Schöpfer im Vordergrund, ergibt sich ein weiteres Argument für die Vorrangstellung des Lobpreises. Indem er Gott preist, erkennt der Mensch nicht nur Gottes Überlegenheit an, sondern auch die eigene, unwürdige Geschöpflichkeit. Schon Johannes Calvin hielt diesen Gedanken in seinem *Unterricht in der christlichen Religion* fest: «Wenn einer sich vor Gott hinstellt um zu beten, so soll er sich jedes Gedankens an eigenen Ruhm entschlagen, soll jeden Wahn eigener Würdigkeit ablegen, kurz, alle Zuversicht auf sich selber fahren lassen und in solcher Verwerfung seiner selbst alle Ehre Gott allein geben.»[20] Besonders deutlich äußert sich Peter Brunner: «Anerkenntnis seines Herrseins heißt aber Unterwerfung, die zugleich Verehrung ist, und Verehrung, die zugleich Danksagung und Lobpreis ist. (...) Anbetung des Schöpfers in Unterwerfung, Verehrung, Danksagung und Lobpreis ist die Urgestalt des Gottesdienstes, durch die der Mensch seinem Menschsein als Geschöpf gerecht wird. (...) Wo solche Anbetung des Schöpfers in einer korporativen Gestalt geschieht, da geschieht Gottesdienst.»[21] Lobpreis besteht im Anerkennen von Gottes Herrschaft und im Bekennen der menschlichen Geschöpflichkeit; auf beidem beruht demzufolge der wahre Gottesdienst.

An letzter Stelle ist noch ein mystischer Grund für die Vorrangstellung des Lobpreises zu nennen. Der im geistlichen Leben fortgeschrittene Mensch fühlt sich Gott zunehmend näher und sieht sich immer mehr im Bann der göttlichen Majestät. Im Angesicht dieser Majestät werden menschliche Bitten unwichtig. Sie verblassen, um schließlich ganz zu verstummen. Dann zählt nur noch Gott allein, dem der Beter mit Anbetung, Preis und Dank begegnet. Verglichen mit dem Bittgebet ist die «demütige Verherrlichung» die höhere und reinere Art der Kommunikation mit Gott.[22] Sie ist freilich nur dem Menschen möglich, der sich als Mönch oder Nonne vom weltlichen Leben verabschiedet, um in der Einsamkeit das Bittgebet aus seinem Leben zu streichen, so daß nur noch der Dank bleibt – vor allem der Dank für geistliche Güter.[23]

Die angeführten Zeugnisse dürfen nicht den Eindruck erwecken, als sei der Lobpreis oder dessen Überlegenheit über das Bittgebet ein geläufiges Thema theologischer Reflexion. Äußerungen über den Lobpreis sind in der theologischen Literatur eher selten anzutreffen. Als natürlicher Bestandteil des gottesdienstlichen Lebens bedarf der Lobpreis keiner besonderen Unterstützung durch gelehrte Theorien. Christen haben stets Gott mehr gepriesen als über das Wesen des Lobpreises nachgedacht. Tatsächlich gab es wenig Anlaß, sich über das Thema besondere Gedanken zu machen. Daß Gott gepriesen werden soll, galt stets als selbstverständlich. Die Menschen beteiligten sich am gottesdienstlichen Lobpreis von Kindheit an; niemand mußte dazu überredet werden. Trotz der Spärlichkeit ausgeführter Gedanken gibt es natürlich verborgene, unentwickelte Theologien des Lobpreises. Wir finden sie verstreut in theologischen Handbüchern, Anleitungen zum Gebet, in Predigten und natürlich vor allem in der Bibel und im Gottesdienst selbst.

2. Die Grundformen des Gotteslobes in den Psalmen

Nach Auffassung der Bibel gilt Lobpreis eher Gott als den Menschen. Anders als in den Sagen der Völker bleibt kaum Raum für Lobpreis von Helden und Heldentaten. Weder Abraham noch Josef, Mose oder Josua sind Helden. Selten wird ein Mensch ob seiner Taten gerühmt oder belohnt. «Keiner ist ihm vergleichbar», heißt es einmal von Mose (Dtn 34,11), und ein gewisser Otniël erhält die Tochter des Richters Kaleb für die Eroberung einer Stadt zur Frau.[24] Aber diese Texte stehen vereinzelt da, so isoliert wie der Lobpreis des – männlichen und weiblichen – Körpers im Hohenlied. Erst im 2. Jahrhundert v. Chr. fingen die biblischen Autoren unter dem Einfluß griechischer Kultur an, von menschlichen Ruhmestaten zu sprechen und Gedichte auf biblische Gestalten zu verfassen. Die schöne Judit wird gerühmt, weil sie den Judenfeind Holofernes zunächst mit ihren Reizen verführt, um ihn hernach zu ermorden.[25] Den Hasmonäerführern Judas und Simon werden Gedichte gewidmet, weil sie ihr Volk von der Fremdherrschaft befreit haben.[26] Und Jesus Sirach läßt in einem langen Gedicht alle Großen der Geschichte Israels in einer gewaltigen Prozession an seinen Lesern vorüberziehen.[27] Obwohl das Frühjudentum den Lobpreis von Menschen kennt und zuläßt, spüren wir noch eine deutliche Zurückhaltung gegenüber allem menschlichen Heldentum. Wer Judit preist, muß an erster Stelle den Gott Israels nennen: «Meine Tochter, du bist von Gott, dem Allerhöchsten, mehr gesegnet als alle anderen Frauen auf der Erde. Gepriesen sei der Herr, unser Gott, der Himmel und Erde geschaffen hat. Durch seine Hilfe ist es dir gelungen, dem Anführer unserer Feinde den Kopf abzuschlagen» (Jdt 13, 18). Oder, knapper, im Magnificat: «Siehe, von nun an preisen mich selig alle Geschlechter. Denn der Mächtige hat Großes an mir getan, und sein Name ist heilig» (Lk 1,48–49). So bleibt auch hier die Regel gültig: Gott wird mehr gepriesen als menschliches Heldentum, und Menschen werden nur dann gelobt, wenn ihr Tun auf göttliche Initiative zurückgeht.

Der Lobpreis Gottes oder der Götter ist in der antiken religiösen Literatur nicht ungewöhnlich. Eine biblische Schrift macht das Gotteslob zu ihrem Hauptthema: das Buch der Psalmen. Eine sorgfältige Lektüre dieses Buches zeigt, was es in der antiken Welt bedeutete, einen Gott zu preisen. Die Christen trennten sich zwar vom Judentum, nicht aber vom Buch der Psalmen; sie behielten die Praxis des Gotteslobes bei.

Die Psalmen sind in vieler Hinsicht ein rätselhaftes Buch. Weder über die Zeit ihrer Zusammenstellung noch über das Alter der 150 in diesem Buch stehenden Lieder oder ihren Gebrauch im kultischen Leben Israels läßt sich Sicheres sagen. Zwar werden viele Psalmen König David zugeschrieben, aber die Kritiker sind sich heute einig, daß nur wenige der Lieder im 10. Jahrhundert v. Chr. entstanden sein dürften. Manche scheinen Stimmungen und Motive wiederzugeben, die ins 2. Jahrtausend v. Chr., das heißt in vorisraelitische Zeit gehören. Andere setzen das Frühjudentum des 4. oder 3. Jahrhunderts v. Chr. voraus, die Zeit also, in der die Psalmen schon eine Sammlung bildeten.

Trotz unserer Unkenntnis ihrer Entstehungsgeschichte vermitteln uns die Psalmen einen Einblick in das religiöse Leben und Denken Israels. Stets bereit, zugunsten seines Volkes oder seiner Frommen einzugreifen, erscheint Jahwe hier nicht als philosophische Abstraktion, sondern als lebendiger Gott. Die Menschen erfuhren seine aktive Gegenwart in der Natur, in der Geschichte ihres Volkes und im Leben des einzelnen. Für die Israeliten mußte deshalb der Gottesdienst im Gotteslob gipfeln. Dieses konnte in der Danksagung für erhaltene Wohltaten bestehen, im rühmenden Erzählen von Gottes großen Taten in der Geschichte oder auch in der Anbetung der göttlichen Majestät. Wenn wir in die Welt des biblischen Gotteslobes eindringen wollen, müssen wir uns mit seinen drei Grundformen vertraut machen: dem Danklied, dem erzählenden Hymnus und dem anbetenden Hymnus.

Das Danklied

Die erste und grundlegende Form des Gotteslobes ist die individuelle Abstattung von Dank für persönlich erfahrene göttliche Hilfe. Im 30. Psalm hören wir die Stimme eines Menschen, der in Not war. In seiner Verzweiflung rief er Jahwe um Hilfe an. Tatsächlich wird die Hilfe gewährt. Begleitet von seinen Freunden geht er nun in Freude zum Tempel, um Jahwe seinen Dank zu bekunden. Seine Dankesfeier gipfelt in einem fröhlichen Lied – eben diesem Psalm, in dem er seine Geschichte erzählt und Jahwes Rettungstat feiert.

Nach allgemeiner Ansicht sind die Danklieder Teil eines umfassenden Rituals. Offenbar begleiteten sie ein in Anwesenheit einer feiernden Gemeinde dargebrachtes Dankopfer. Hierzu gehörten das Schlachten zumindest eines Lammes oder einer Ziege, das Verbrennen bestimmter Innereien sowie das Besprengen des Altars mit dem Blut des Tieres. Zu einem festgelegten Zeitpunkt wurde schließlich der Dankpsalm gesungen, entweder vom opfernden Laien selbst oder vielleicht auch von einem eigens dazu bestellten Sänger. Das Fleisch des Tieres wurde sogleich zubereitet und verzehrt. Am Dankopfer teilzunehmen bedeutete nicht nur, dem Sänger zuzuhören, sondern auch in dessen Lobpreis einzustimmen. Und natürlich beteiligten sich alle geladenen Gäste am Verzehr des Opfertiers.

Psalm 30 kann uns als Beispiel eines Dankpsalms dienen. Bereits die erste Zeile dieses Liedes ist instruktiv, denn schon zu Beginn nennt der Sänger den Grund für die Danksagung: «Ich will dich rühmen, Jahwe, denn du hast mich aus der Tiefe gezogen und läßt meine Feinde nicht über mich triumphieren.» In dieser ersten Zeile sagt der Psalmist eigentlich alles, was er sagen will: Ich preise Jahwe, und ich tue dies aus einem ganz bestimmten Grund, und dieser ist das helfende Eingreifen Gottes. Der Lobpreis besteht in nichts anderem als im Nennen des Grundes für das Gotteslob. In dem, was folgt, erzählt der Sänger seine Geschichte. Er hatte sich in Harmonie mit Gott gefühlt, hatte geglaubt, er lebe in größter Sicherheit. Eines Tages aber begann Jahwe, sein Antlitz zu verbergen, und da war es um die Sicherheit des Beters geschehen. In seiner Not wandte er sich an Jahwe mit einem Gebet:

Zu dir, Jahwe, flehte ich um Hilfe,
ich flehte meinen Herrn um Gnade an:
«Was nützt dir mein Blut, wenn ich begraben bin?
Kann der Staub dich preisen, deine Treue verkünden?
Höre mich, Jahwe, sei mir gnädig!
Jahwe, sei du mein Helfer!»

Das Ergebnis ist rasch berichtet: «Jahwe, mein Gott, ich habe zu dir geschrien, und du hast mich geheilt. Jahwe, du hast mich herausgeholt aus dem Reich des Todes, aus der Schar der Todgeweihten mich zum Leben gerufen.» Der arme Mensch sah sich bereits in der Unterwelt (Scheol), als Jahwe ihn rettete und ihn von einer schlimmen Krankheit oder einem anderen Übel befreite. Daher kann er jetzt zum Tempel gehen und sein Danklied singen:

Du hast mein Klagen in Tanzen verwandelt,
hast mir das Trauergewand ausgezogen
und mich mit Freude umgürtet.
Darum singt dir mein Herz und will nicht verstummen.
Jahwe, mein Gott, ich will dir danken in Ewigkeit.

Das Trauergewand ist nicht nur bildlich gemeint. Wahrscheinlich hat der Notleidende andere, seinen Gott eingeschlossen, durch das Tragen eines groben Gewandes auf seine Not aufmerksam gemacht. Auch der Hinweis auf den Tanz soll nicht nur eine Stimmung andeuten. Der Sänger fordert die feiernde Gemeinde auf, mit Gesang und Tanz an seinem Lobpreis teilzunehmen:

Singt und spielt Jahwe, ihr seine Frommen,
preist seinen heiligen Namen!
Denn sein Zorn dauert nur einen Augenblick,
doch seine Güte ein Leben lang.
Wenn man am Abend auch weint,
am Morgen herrscht wieder Jubel.

Hier bestätigt sich, daß die Einladung zum Lobpreis mit der Angabe eines Grundes versehen wird («denn»). Und wiederum sehen wir, daß die Angabe des Grundes den Lobpreis darstellt. In dem angeführten Beispiel versteht der Sänger, dessen Geschick sich gewandelt hat, die Lehre: Gottes Zorn ist von kurzer Dauer. Indem er diese Einsicht öffentlich in seinem Lied verkündet, preist er Jahwe.

Psalm 30 enthält alle Bestandteile eines typischen Dankgebets: den Bericht über eine Notlage, den an Gott ergehenden Hilferuf, das helfende Eingreifen

Gottes, die Darstellung des Ganzen als Ausdruck und Inhalt des Danks und nicht zuletzt die Aufforderung an andere, in den Lobpreis einzustimmen. Jahwe wird gepriesen, indem eine Geschichte erzählt wird. Wie jemand einen anderen Menschen lobt, indem er von dessen Taten berichtet, so preist der Israelit seinen Gott, indem er bezeugt, wie dieser in sein Leben eingegriffen hat. Dank sagen heißt Gottes Hilfe bezeugen.

Der erzählende Hymnus

Während das Danklied von Gottes Hilfe für einen einzelnen Menschen handelt, wollen wir den Bericht über Jahwes herrliche Taten in der Schöpfung und in Israels Heilsgeschichte als «erzählenden Hymnus» bezeichnen. Ein Beispiel dafür ist Psalm 117, ein Lied von bemerkenswerter Kürze:

> Lobet Jahwe [Halleluja], alle Völker,
> preist ihn, alle Nationen!
> Denn mächtig waltet über uns seine Huld,
> die Treue Jahwes währt in Ewigkeit.
> Lobet Jahwe [Halleluja]!

Wie im Danklied, so fehlt auch im erzählenden Loblied nicht die Begründung für das Lob. Jahwe wird gepriesen, «denn mächtig waltet über uns seine Huld». Und wie im Danklied, so liegt auch hier das Wesen des Lobpreises in der Angabe des Grundes. Die Menschen werden aufgefordert, Gott zu preisen, indem sie singen: «Mächtig waltet über uns seine Huld, die Treue Jahwes währt in Ewigkeit.» Die Begriffe «Huld» und «Treue» (oder, wie wir sagen würden: Solidarität) fassen zusammen, wie Jahwe gehandelt hat und weiterhin handeln wird. Natürlich können die Psalmisten Gottes Handeln auch im einzelnen schildern und angeben, in welcher Weise Gott in Israels Geschick eingegriffen hat; oder sie erzählen, wie Gott für seine ganze Schöpfung sorgt.

Psalm 105, um ein weiteres Beispiel zu nennen, berichtet Israels oder, genauer gesagt, Jahwes Heilsgeschichte. Nach einer Einleitung über den Bund, den Gott mit Abraham geschlossen hat, singt der Psalmist vom Schicksal Josefs, von seinem Verkauf in die Sklaverei und seinem Aufstieg zum königlichen Minister. Dann erwähnt er den Wettkampf des Mose mit den Zauberern des Pharao, die Flucht der Israeliten aus Ägypten und die Führung in ein neues Land, das sie besitzen sollten. In einem anderen Lied schlägt der Sänger einen Bogen von der Schöpfung zu Gottes Heilshandeln in der Geschichte: «Danket Jahwe ... der den Himmel geschaffen hat ... der die Erde über den Wassern gegründet hat ... der die großen Leuchten gemacht hat ... der die Erstgeburt der Ägypter schlug ... und Israel herausführte aus ihrer Mitte» (Ps 136, 1.5–11). Die in der feierlichen Erzählung genannten göttlichen Taten bilden das Gerüst der Heilsgeschichte Israels, wie sie in den narrativen Teilen des Alten Testaments, besonders im Pentateuch und im Buch Josua wiedergegeben ist. Während die Prosaerzählung die heilige Geschichte ausführlich darbietet und mit vielen Details ausschmückt, nennt der Psalm nur die großen Themen, die jedem Sänger und jedem Zuhörer bekannt sind. Gott wird gepriesen, indem erzählt wird, wie er an seinem Volk gehandelt hat und fernerhin handeln wird. Seine ruhmreichen Taten reißen nicht ab. In einem prophetischen Gotteswort erklärt Gott den Sinn seines Handelns selbst: «Ich lasse in der Steppe Wasser fließen und Ströme in der Wüste, um mein Volk, mein erwähltes, zu tränken. Das Volk, das ich mir erschaffen habe, wird meinen Ruhm verkünden» (Jes 43,20–21). Im Lobpreis finden Gottes Taten ihr Ziel und ihre Erfüllung.

Eine andere Gruppe von Psalmen verlagert den Schwerpunkt von Israel auf die Schöpfung und die Menschheit allgemein, denn Gott führt nicht nur sein Volk durch die Geschichte, sondern sorgt auch für die ganze Welt. Die Psalmisten beschreiben beispielsweise, wie Gott Menschen und Tieren ihre Nahrung schenkt. «Er bedeckt den Himmel mit Wolken, spendet der Erde Regen und läßt Gras auf den Bergen sprießen. Er gibt dem Vieh seine Nahrung, gibt den jungen Raben, wonach sie schreien», heißt es einmal (Ps 147,8–9). «Du läßt das Gras wachsen für das Vieh, auch Pflanzen für den Menschen, der sie anbaut, damit er Brot gewinnt von der Erde und Wein, der das Herz des Menschen erfreut, damit sein Gesicht von Öl glänzt und Brot das Menschenherz stärkt», heißt es an anderer Stelle (Ps 104,14–15). Gott, der alles sieht, ist der Helfer der Schwachen und der Richter der Bösen. «Jahwe stützt alle, die fallen, und richtet alle Gebeugten auf. ... Alle, die ihn lieben, behütet Jahwe, doch die Frevler vernichtet er» (Ps 145,14.20). Nicht nur Jahwes Handeln in der Geschichte Israels, sondern auch seine regelmäßige Sorge für die ganze Schöpfung muß zu seinem Ruhm berichtet und gepriesen werden. Und wiederum gilt: im Lobpreis finden Gottes Taten ihr Ziel und ihre Erfüllung.

Gott zu preisen bedeutet, von seinen Taten und Vorzügen im Rahmen heiliger Feiern zu berichten. Einen einschlägigen Bericht liefert das Buch der Chronik. In den Tagen von König David, so heißt es dort, wurde die Bundeslade, ein Symbol für Jahwes Gegenwart, in festlicher Prozession nach Jerusalem gebracht, und zwar «unter großem Jubelgeschrei und unter dem Klang des Widderhorns, unter dem Lärm von Trompeten und Zimbeln, beim Spiel von Harfen und Zithern», wozu David auch «hüpfte und tanzte» (1 Chr 15,28–29). Fügen wir noch das Klatschen[28] und das Schwenken von laubumflochtenen Stäben und Palmzweigen[29] hinzu, dann ergibt sich ein vollständiges Bild von lautem Jubel, Musik, Bewegung und Tanz. In der biblischen Zeit ging ein Fest stets mit fröhlichem Lärm einher. Nachdem die Bundeslade ihren Platz im Heiligtum auf dem Zionsberg erhalten hatte, wurden Jahwes Großtaten in einem herrlichen Hymnus gefeiert, dessen Wortlaut dem 105. Psalm entspricht.[30] Die Überführung der Lade nach Jerusalem galt als ein so wichtiges Ereignis, daß man sie mit einem jährlichen Fest begangen zu haben scheint, wobei der Psalm rezitiert wurde. Auch andere Feste boten die Gelegenheit, Jahwes Taten zu besingen, vor allem das Passafest. In jedem Frühjahr als großes Nationalfest begangen, sollte es an Jahwes Befreiung des Volkes aus ägyptischer Knechtschaft erinnern. Die Feier von Jahwes Großtaten hatte einen festen Platz in Israels kultischem Leben.

Die Aufforderung zum Lobpreis bildet einen festen Bestandteil des erzählenden Hymnus. Psalm 117 etwa beginnt und endet mit einer Aufforderung, in das Lob des Sängers oder des aufführenden Chores einzustimmen. Im jubelnden Halleluja-Ruf verschmelzen die Aufforderung zum Lobpreis und der Lobpreis selbst zu einem einzigen Wort: «Preiset Jahwe!» In diesem Lied ergeht die Einladung zum Lobpreis an einen größeren Kreis als nur derjenigen, die anwesend sind und des Sängers Ruf hören: «Lobet Jahwe, alle Völker, preist ihn, alle Nationen!» Die Einladung gilt nicht nur den Israeliten, sondern auch den Heidenvölkern, wie Luther richtig bemerkt: der Psalmist macht «aus Heiden und Juden einerlei Volk unter einem Gott, ohne alles Gesetz und ohne Mose, allein durch Loben und Preisen».[31] Die hebräische Rhetorik erlaubt es dem Redner oder Sänger, eine Gruppe anzusprechen, die ihn gar nicht hören kann. Die Propheten richteten ihre Gottesworte oft an das Volk Israel als Ganzes, obwohl ihnen nur eine kleine Schar zuhörte. Wenn der Prophet sagt, «Höre dieses Wort, Haus Israel» (Am 5,1), dann bezieht sich die Anrede auf die intendierte, nicht die reale Zuhörerschaft. Sänger und Propheten wenden sich an alle, denen eine Botschaft gilt, nicht nur an die zufällig Anwesenden.

Vielleicht dürfen wir noch einen Schritt weitergehen und vom missionarischen Charakter des Lobpreises sprechen. Die Aufforderung des Psalmisten zum Gotteslob zielt nicht nur auf das *augenblickliche* Einstimmen der Menschen in das Lob, sondern darauf, daß sie eine ständige Beziehung mit dem Schöpfer eingehen. «Im Loben Gottes findet die universale und auf Bekehrung ausgerichtete Seite des Alten Testaments ihren deutlichsten Ausdruck», erklärt Patrick Miller. «Man könnte sogar von einem missionarischen Ziel reden; doch ist an keine bewußte Proselytenmacherei zu denken, die dem Volk Israel neue Mitglieder zuführen will.»[32] Wie nahe die Aufforderung zum Lobpreis an missionarische Werbung kommt, läßt sich im Neuen Testament beobachten, wo Paulus das Wort des Psalmisten zitiert, um seine Missionstätigkeit unter den Heiden zu rechtfertigen: «Lobt den Herrn, alle Heiden.»[33] Jedoch bleibt der Unterschied zwischen der Aufforderung zum Lobpreis und der Mission stets bestehen, denn der Lobhymnus ist weniger an Israel als an Gott interessiert; nicht Israels, sondern Gottes Ehre soll anerkannt und gemehrt werden.

Der anbetende Hymnus

Unsere Lektüre der Psalmen hat die pragmatische, gleichsam irdische Motivation des Lobpreises hervorgehoben. Lobpreis verstehen wir als Antwort auf eine göttliche Tat, als Dank und Anerkennung. Menschen, die Gott loben, haben ein bleibendes Interesse an ihm als Beschützer, Helfer und Wohltäter. Dennoch dürfen wir eine weitere Seite des Lobpreises nicht vernachlässigen: die nicht pragmatische, nicht den eigenen Vorteil suchende Spielart, die aus reiner Verehrung und Anbetung besteht. Diese Art des Lobpreises hörte der Prophet Jesaja im 8. Jahrhundert v. Chr. In einer Vision in Jahwes Thronsaal versetzt, hörte er die Serafim, Gottes Thronwächter. Den göttlichen Thron umschwebend, riefen sie wie aus einem Mund: «Heilig, heilig, heilig ist Jahwe der Heerscharen. Von seiner Herrlichkeit ist die ganz Erde erfüllt» (Jes 6,3).[34] Das war offenbar alles, was der Prophet vernahm. Anders als menschliches Singen bestand die serafische Liturgie nur aus dieser einen, kraftvollen Akklamation.

Auch im 29. Psalm finden wir eine solche Akklamation, die der himmlische Hof einem Gott darbringt, dessen Macht sich in Donner, Sturm und Erdbeben zeigt. Die Mitglieder des Hofstaats bekunden der göttlichen Majestät ihre Verehrung:

> «Bringt dar Jahwe, ihr Himmlischen,
> bringt dar Jahwe die Ehre seines Namens,
> werft euch nieder vor Jahwe in heiligem Schmuck!» (...)
> In seinem Palast rufen alle: «[Ihm die] Ehre!»

Weder in Psalm 29 noch in der Vision Jesajas sind es Menschen, die Gott preisen; in beiden Fällen sind es himmlische Wesen, die ihn in seinem Heiligtum oder Thronsaal anbeten und verherrlichen. Zu dieser göttlichen Welt haben die Menschen gewöhnlich keinen Zutritt; nur ausnahmsweise wird einem Propheten, einem Schamanen oder einem Seher der Zutritt für einen kurzen Augenblick gewährt.

Anders als das Danklied und der erzählende Hymnus ist das anbetende Lied nicht von irdischem, menschlichem Interesse geleitet. Eine Begründung für den Lobpreis entfällt ganz oder wird durch einen einfachen Hinweis auf Gott als den Schöpfer ersetzt. Allgemeiner, unspezifischer Lobpreis bezieht sich nicht auf eine unvollkommene Welt, in der Gott dem Armen zu Hilfe eilt; vielmehr kommt eine heitere, schöne Welt in den Blick, deren Harmonie als von Gott getragen gefeiert wird. Diese ideale Welt ist vom Echo der Engelsstimmen erfüllt: «Heilig, heilig, heilig ist Jahwe der Heerscharen. Von seiner Herrlichkeit ist die ganz Erde erfüllt.» Der Himmel bildet die Mitte des Kosmos, und von der Mitte aus strahlen «Ehre» und «Heil» *(schalom)* auf die Erde. Einem Spiegel gleich reflektiert die Erde das göttliche Licht – daher Jesajas Hinweis auf die «Kraft» und den «Schalom», den Jahwe seinem Volk stiftet (Ps 29,11).[35]

Wer bediente sich in der Zeit des Alten Testaments solcher anbetenden Hymnen? Und zu welchen Gelegenheiten? Jüdische Manuskripte aus biblischer Zeit, in Qumran am Toten Meer gefunden und 1985 veröffentlicht, ermöglichen uns zumindest eine partielle Antwort. Die amerikanische Forscherin Carol Newsom hat aus Manuskriptfragmenten einen Zyklus von Hymnen rekonstruiert, den sie «Lieder des Sabbatopfers» nennt. Offenbar gehören sie zu einer von priesterlichen Mitgliedern der Qumrangemeinde gefeierten Liturgie. Diese Gemeinde hatte sich vom Jerusalemer Tempel getrennt, da sie dessen Priestertum für ungesetzlich und korrumpiert erachtete. Dem Opferkult des Tempels fernbleibend, fanden sie Trost in einer höheren Form des Gottesdienstes: Sie ahmten Engel nach und schlossen sich deren himmlischer Verehrung des Schöpfers an. In diesem Gottesdienst wurden nicht Opfer, sondern im Himmel von Engeln und auf Erden von Priestern gesungene Lieder dargebracht. Eines der Fragmente läßt sich wie folgt wiedergeben: «Die Kerubim fallen vor ihm nieder und lobpreisen. Wenn sie sich erheben, hört man eine leise göttliche Stimme (...), dann heben sie ihre Flügel mit tosendem Jubel.»[36] Wie jeder, der den Psalm 29 rezitiert oder Gott ein dreifaches «Heilig» singt, so reihen sich auch die Priester der Qumrangemeinde in den Jubelgesang der Engel ein.

Die Menschen in Qumran haben die liturgische Anbetung nicht erfunden. Die meisten einschlägigen Texte der Bibel lassen den gottesdienstlichen Zusammenhang der Anbetung noch erkennen. Die Himmelswesen von Psalm 29 feiern Jahwes Gegenwart nicht nur in der Natur, sondern auch im himmlischen Tempel. Jesaja sah Gott im himmlischen Thronsaal, der gleichzeitig als Tempel bezeichnet wird: «Im Todesjahr des Königs Usija sah ich Jahwe. Er saß auf einem hohen und erhabenen Thron. Der Saum seines Gewandes füllte den Tempel aus» (Jes 6,1). Vor dem Thron auf dem Boden liegend, konnte der Prophet nur den Saum des göttlichen Gewandes erblicken. Offenbar handelt es sich hier um die Erfahrung einer kultischen Theophanie, dem Erscheinen Gottes am Kultort. Anbetung stellt die liturgische Antwort auf die Theophanie dar. Der pragmatische Lobpreis dagegen bildet die Antwort auf ein außerliturgisches Erscheinen Gottes – seine Präsenz im Schicksal des einzelnen oder in der Geschichte des Volkes. «Das alte Israel lebte von zwei Grundweisen der Offenbarung Jahwes: der Epiphanie, dem Kommen Jahwes an den Ort, an dem sein Volk in Not war und es um sein Kommen und Eingreifen flehte, und in der Theophanie, in der Gott sich an einem heiligen Ort offenbarte, an dem er dann kultisch verehrt wurde.»[37] Den von Claus Westermann vorgeschlagenen Sprachgebrauch aufgreifend, können wir sagen: Anbetung bildet die sachgemäße Antwort auf Gottes theophanische Gegenwart.

Der Unterschied zwischen dem Lobpreis eher abstrakter göttlicher Eigenschaften und Prädikate – wie Heiligkeit, Güte, Herrschaft, Väterlichkeit einerseits – und dem Dank für Gottes konkretes Eingreifen in menschliches Schicksal andererseits ist den Theologen keineswegs entgangen. Johannes Chrysostomus, ein Bischof des 4. Jahrhunderts, erläuterte ihn durch den Gebrauch zweier unterschiedlicher Begriffe: Hymnen und Psalmen.[38] Der hymnische Lobpreis – den wir Anbetung nannten – gilt ihm als ewig, frei von allem Menschlichen und in den Mund himmlischer Mächte gehörend. «Psalmen» dagegen (unsere Danklieder und erzählenden Hymnen) bleiben der Erde verbunden und von menschlicher Erfahrung gesättigt. Einen ähnlichen Versuch begrifflicher Erfassung finden wir bei dem Puritanertheologen Jonathan Edwards. «Die Gnade Gottes mag auf zweifache Weise angenehm erscheinen», heißt es bei ihm; «entweder als *bonum utile*, nämlich als Gut für mich, das meinen eigenen Interessen entgegenkommt und meiner Selbstliebe entspricht; oder als *bonum formosum*, als in sich selbst schönes Gut, das zur moralischen und geistigen Vollkommenheit der göttlichen Natur gehört.»[39] Während die «wahren Heiligen» das transzendente *bonum formosum* preisen, schätzen die meisten Christen die Güte Gottes, die sie in ihrem Leben erfahren. Solange die Menschen auf der Erde leben – und leiden –, wird der pragmatische Lobpreis der Psalmisten ihr Gebet bestimmen.

Die Herkunft der Lieder

Ein genaues Studium der von uns betrachteten Psalmen führt uns zu den verschiedenen Geisteshaltungen, die ihnen zugrunde liegen. Das *Danklied* entspringt der persönlichen Frömmigkeit von Menschen, die sich in einer Notlage an Gott wenden und ihn nach erhaltener Hilfe rühmen. Hier spricht ein einzelner mit «meinem Gott» und preist ihn als «mein Hirte» oder «meine Zuflucht und meine Burg, mein Gott, dem ich vertraue» (Ps 30,3; 23,1; 91,2). Der *erzählende Hymnus* entstammt kaum demselben Milieu. Dichter und Priester aus dem Umkreis der nationalen israelitischen Religion und des staatlichen Kults schufen die Lieder, die Israels Heilsgeschichte, angefangen von der Erschaffung der Welt und der Erwählung des Volks bis hin zur Befreiung aus der ägyptischen Knechtschaft besingen. Hier wird von Gott als König, Richter, Krieger, Schöpfer und Helfer gesprochen, also von einer mächtigen und majestätischen Gestalt. Das Bild wird von Jahwes Königtum beherrscht – siehe Psalm 145,1: «Ich will dich rühmen, mein Gott und König.» Oder Psalm 98,6: «Zum Schall der Trompeten und Hörner jauchzt vor Jahwe, dem König!»

Der von uns so genannte *anbetende Hymnus* führt in eine andere Welt. Er scheint prophetischen Ursprungs zu sein. Schamanen und Propheten wie Jesaja reisen im Trancezustand in den Himmel und lauschen dort dem Gesang der Engel. Zurückgekehrt berichten sie das Gehörte und überwältigen ihre Zuhörer mit Schilderungen von Klängen überirdischer Schönheit. In seiner Untersuchung der antiken Gebetssprache verwies Eduard Norden auf das Fehlen des abstrakten Lobpreises bei den Griechen und Römern; diese Völker übernahmen das anbetende Gotteslob erst unter dem Einfluß orientalischer Religionen. Norden findet die Heimat des anbetenden Gotteslobes bei Ägyptern, Babyloniern und Israeliten und führt es auf die Begabung dieser Völker für abstraktes Denken und mystisches Erleben zurück. Nordens Gegenüberstellung zwischen dem abstrakten und dem pragmatischen Lobpreis verdient es, wörtlich angeführt zu werden: «Dort Abstraktionsvermögen ... hier Verweilen im Konkreten, ein Sichgenügenlassen an der Fülle göttlicher Aktionen, eine Neigung zu lebendiger Veranschaulichung des Göttlichen. Dort das Sein, hier die Erscheinung; dort Theorie, hier Deskription; dort die göttliche Welt als Vorstellung, hier als Wille und Tat.»[40] Auf der einen Seite zur Anbetung führende Mystik und Meditation, auf der anderen Seite das rühmende Erzählen von einem willensstarken und tatenfrohen Gott.

Unser modernes, analytisches Denken neigt dazu, die drei Formen des Gotteslobes streng zu unterscheiden und sogar als miteinander unvereinbar zu erklären. In der Bibel bilden sie jedoch eine natürliche Einheit. Wie wir gesehen haben, fehlt einigen antiken Sprachen ein eigenes Wort für «danken»;

daher erscheinen *lobpreisen* und *danken* nicht als verschiedene Handlungen. Sie sind identisch. Wenn sich im heutigen Israel jemand bedankt und *toda* sagt, bedient er sich des biblischen Wortes für Lobpreis. So führt uns die Sprache selbst auf die Einheit von Lob und Dank. Aber es gibt noch andere als sprachliche Hinweise auf diese Einheit.

Ein Blick in die Geschichte der Religion Israels kann uns Aufschluß darüber geben, wie die drei Gattungen des Gotteslobes miteinander verknüpft wurden. Hinter der offiziellen, monotheistischen Religion des Alten Testaments haben Historiker eine ältere, polytheistische Schicht entdeckt. Wir stoßen auf eine Stufe, auf welcher Israel die Vorstellungswelt und den Kult seiner altorientalischen Umwelt fraglos teilte. Wenn wir von der polytheistischen Eigenart der vorkanonischen Religion Israels ausgehen, sehen wir ohne weiteres, wie sich die drei Formen des Gotteslobes ursprünglich an drei verschiedene Götter richteten. Das Danklied des einzelnen galt auf dieser Stufe dem «persönlichen Gott», verstanden als Schutzgenius des Individuums. In Not und Verzweiflung auf seinen Gott oder seine Göttin vertrauend, erfreute sich der einzelne dessen oder deren Hilfe. Der Gott, dessen Großtaten für das Volk rühmend erzählt wurden, war eine andere Gestalt. Hier können wir an Israels Staats- und Volksgott denken, dessen Verehrung nicht privater Natur war, sondern Aufgabe größerer gesellschaftlicher Institutionen wie Stamm oder Staat. Der nicht pragmatische, absolute Lobpreis richtete sich an einen anderen Gott oder eine Gruppe von Göttern, die sich von den persönlichen Göttern ebenso unterscheidet wie vom Staatsgott. Der anbetende Hymnus galt ursprünglich dem majestätischen Schöpfergott, der von seiner himmlischen Wohnstatt aus die Welt regiert. Im Falle des 29. Psalms dürfen wir uns einen Gott vorstellen, der über Natur, Wetter, Regen und Wind waltet.

Der uns überlieferte Bibeltext kennt die Unterscheidung dieser drei Arten von Göttern nicht mehr. Der monotheistische Glaube fügte sie in einem kühnen Gewaltstreich zu einer einzigen Gestalt zusammen, so daß dem Nationalgott die Rollen des persönlichen Gottes und des Schöpfers zuwuchsen. Die in der Bibel geforderte Rechtgläubigkeit richtet allen Dank und Lobpreis an den einen und einzigen Gott. Zwar sind noch einige Spuren polytheistischen Glaubens nachweisbar, aber die Förderer des Monotheismus haben alles getan, die vor-orthodoxe Religion zu unterdrücken und ihre Spuren zu verwischen. Indem sie dem Bibeltext seine endgültige Gestalt gaben, brachten sie eine Entwicklung zum Abschluß, die mindestens bis zu Hosea im 8. Jahrhundert v. Chr. zurückreicht, zu einem Propheten, dessen Forderung nach ausschließlicher Verehrung des Nationalgottes jene Richtung begründen half, die heutige Gelehrte als die «Jahwe-allein-Bewegung» bezeichnen. Diese Bewegung unterstützte die prophetische Forderung und bereitete so den Übergang zum Monotheismus vor. In den Psalmen finden sich noch mancherlei Spuren der vorkanonischen polytheistischen Religion Israels, doch wer heute die Psalmen im Gottesdienst gebraucht, denkt nicht mehr an diese Vorgeschichte. Er lobt und preist den einen und einzigen Gott, den Schöpfer der Welt, den Helfer des einzelnen und den Retter des Volkes Israel.

Das alttestamentliche Buch der Psalmen, von dem wir nur eine kleine Anzahl von Liedern betrachtet haben, enthält neben Lobpreisungen auch Bittgebete. Zu Beginn des Psalters scheinen Bitte und Klage, obgleich gelegentlich mit Lobpreis vermischt, durchaus vorzuherrschen. Gegen Ende der Sammlung tritt der Lobpreis immer deutlicher hervor, um schließlich das Bild ganz zu beherrschen. Jene, die dem Psalter seinen hebräischen Namen *tehillim* («Preisungen») gaben, verstanden die Gesamtheit von Israels Gebet, einschließlich der vielen Klagepsalmen und der belehrenden und meditativen Lieder als eine einzige, großartige Symphonie des Gotteslobes. Der Buchtitel *tehillim* erklärt dem Leser, daß ihn Lobpreis erwartet; einem an den Beginn gesetzten Notenschlüssel gleich, bestimmt er die Tonart und den Klang der gesamten Aufführung. «Überall im Buch der Psalmen», erklärt James Stewart, «selbst in der tiefsten Klage, hat man das Gefühl, auf einem Vulkan des Lobpreises zu gehen, der jederzeit bereit ist, in Dankbarkeit sein Feuer zu Gott emporzuwerfen. Gegen Ende des Buches erhebt sich die Flamme ganz deutlich aus dem Rauch: Nun ist alles Lob, nichts als Lob.»[41] Für den biblischen Menschen findet der Gottesdienst seinen Höhepunkt im Lobpreis. Mit dem Buch der Psalmen erbten die frühen Christen ein Buch des Gotteslobes. Obwohl nur wenige Christen die hebräische Ursprache dieser Schrift verstanden, gebrauchten sie alle die alte Aufforderung zum Lobpreis: Halleluja («preiset Jahwe»), ein Wort, das als Jubelruf in die christliche Sprache einging.[42] Die Christen benutzten die Psalmen in griechischer Übersetzung, schufen ihre eigenen lateinischen Fassungen und bedienten sich des Psalters im Gottesdienst wie zur privaten Erbauung. Auch für sie wurden die Psalmen zu einer Quelle des Gotteslobs.

Geschätzt und gesungen von zwei Religionen, dem Judentum und dem Christentum, bilden die Psalmen eine «heilige Brücke» (Eric Werner) über den Graben, der sie bald trennen sollte.[43] Die christlichen Kirchen benützen die Psalmen und andere poetische Texte des Alten Testaments im Gottesdienst und betrachten sie als Schule des Gebets. Daher kann es nicht überraschen, daß christliches Gotteslob sich der Ausdrucks- und Denkformen des Psalters bedient. Und natürlich besaß und besitzt der Psalter selbst eine unangefochtene Stellung in der christlichen Liturgie. Zwar liegt die frühe Geschichte des Psalmengebrauchs im Dunkeln, doch lassen sich drei Phasen deutlich erkennen: (1) Im alten Israel entstanden viele Lieder für den Vortrag im Kult. (2) Im 1. Jahrhundert scheinen weder Juden noch Christen in Tempel, Synagoge und Kirche viel Gebrauch vom Psalter gemacht zu haben; man las diese Schrift eher zu Hause zur persönlichen Erbauung. (3) Später haben sowohl Christen als auch Juden die Psalmen allmählich wiederentdeckt und in ihren regelmäßigen Gottesdienst eingeführt, die Christen vielleicht schon im ausgehenden 2., die Juden im 6. Jahrhundert.

3. Christliches Gotteslob in Theorie und Praxis

Mit dem jüdischen Buch der Psalmen erbte das Christentum nicht nur Lieder und Hymnen, sondern auch die «Grammatik» des Gotteslobes. Gott wird gepriesen, wenn von seinen Großtaten in der Geschichte berichtet wird, wenn einzelne von seiner Führung persönliches Zeugnis ablegen und wenn die Gemeinde in den feierlichsten Augenblicken ihres Gottesdienstes in die anbetenden Hymnen der Engelchöre einstimmt. Wir können den erzählenden Hymnus, das Zeugnisablegen und die hymnische Anbetung als die drei Grundgestalten des christlichen Gotteslobes bezeichnen. Im Laufe der Jahrhunderte haben die Gläubigen diese Formen zu einer reichen und anspruchsvollen Kultur ausgestaltet. Die Klöster gaben dem erzählenden Hymnus eine feste Heimat in einer ehrwürdigen Institution, protestantische Laien entdeckten den Wert des persönlichen Glaubenszeugnisses, und Musiker schufen manche ihrer klassischen, ausgereiftesten Werke für die hymnische Anbetung in der katholischen Messe. In diesem Kapitel werden wir uns den Chorfrauen des St. Michaelsklosters in Paderborn anschließen, evangelischen Christen bei ihrem Zeugnisgeben vor der Gemeinde zuhören und mit Mozart eine Messe besuchen.

Das Rezitieren der Großtaten Gottes im Michaelskloster in Paderborn

Seinem alttestamentlichen Vorbild entsprechend bezieht sich das christliche Gotteslob auf die großen Taten Gottes der biblischen Heilsgeschichte und zählt diese auf. Das Ereignis, mit welchem das Alte Testament seinen heilsgeschichtlichen Bericht gewöhnlich abschließt, ist die Gabe des Landes an das Gottesvolk. Die Christen haben diesen Bericht erweitert. Nach dem Neuen Testament soll der Christ Gott preisen, indem er von dessen Tun berichtet. Die Gläubigen werden aufgefordert, «die großen Taten dessen zu verkünden, der euch aus der Finsternis in sein wunderbares Licht gerufen hat» (1 Petr 2,9). Geistliche Autoren berufen sich oft auf diesen Schrifttext. Die Aufgabe des Gottesdienstes wird dann in «der öffentlichen Verkündigung der *mirabilia Dei* [der wunderbaren göttlichen Taten]»[44] oder «der freudigen Verkündigung seiner Heilstaten»[45] in Lob und Dank gesehen. «In ihrem Gottesdienst geht es der Kirche darum, Gottes große Taten in Jesus Christus zu verkündigen und zu rühmen.»[46] Oder, in einer anderen Formulierung: die Liturgie «erinnert uns an die machtvollen Taten Gottes in Christus. Daran erinnert, sind wir eingedenk, und gedenkend feiern wir.»[47]

Welche wunderbaren Heilstaten werden nun im Gottesdienst gepriesen? Es gibt liturgische Texte, die Gottes Taten manchmal sogar recht ausführlich aufzählen. Als Beispiel kann ein Text dienen, der aus der katholischen Messe stammt:

> Wir preisen dich, heiliger Vater, denn groß bist du, und alle deine Werke künden deine Weisheit und Liebe. Den Menschen hast du nach deinem Bild geschaffen und ihm die Sorge für die ganze Welt anvertraut. Über alle Geschöpfe sollte er herrschen und allein dir, seinem Schöpfer, dienen. Als er im Ungehorsam deine Freundschaft verlor und der Macht des Todes verfiel, hast du ihn dennoch nicht verlassen, sondern voll Erbarmen allen geholfen, dich zu suchen und zu finden. Immer wieder hast du den Menschen deinen Bund angeboten und sie durch die Propheten gelehrt, das Heil zu erwarten. So sehr hast du die Welt geliebt, heiliger Vater, daß du deinen eingeborenen Sohn als Retter gesandt hast, nachdem die Fülle der Zeiten gekommen war. Er ist Mensch geworden (...).[48]

Mit Schöpfung, Gottes Bund (mit Abraham und Mose) und der Verkündigung der Propheten beginnend, gipfelt dieser Überblick über die Heilsgeschichte in der Sendung des Gottessohnes. Wie im Alten Testament, so ist auch hier der Bericht selbst das Gotteslob: der Dank für Gottes ständiges Angebot, die gefallene Menschheit zu erlösen. Das angeführte Beispiel eines heilsgeschichtlichen Überblicks dient als Einleitung der Eucharistie. Schon in der Frühzeit des Christentums war dieser narrative Lobpreis üblich. Man findet ihn beispielsweise in der Didache, einer Kirchenordnung aus dem 2. Jahrhundert, wo er nach der Kommunion gesprochen wird.[49] Bezeichnenderweise erhielt die Eucharistie ihren Namen von eben solcher Gebetsform, denn «Eucharistie» bedeutet nichts anderes als «Danksagung».

Ähnliche Überblicke über die Heilsgeschichte haben die Gestalt von Glaubensbekenntnissen und werden von der ganzen Gemeinde gesprochen:

> Ich glaube an Gott, den Vater, den Allmächtigen, den Schöpfer des Himmels und der Erde, und an Jesus Christus, seinen eingeborenen Sohn, unsern Herrn, empfangen durch den Heiligen Geist, geboren von der Jungfrau Maria, gelitten unter Pontius Pilatus, gekreuzigt, gestorben und begraben, hinabgestiegen in das Reich des Todes, am dritten Tage auferstanden von den Toten, aufgefahren in den Himmel; er sitzt zur Rechten Gottes, des allmächtigen Vaters: von dort wird er kommen, zu richten die Lebenden und die Toten. Ich glaube an den Heiligen Geist, die heilige katholische Kirche, Gemeinschaft der Heiligen, Vergebung der Sünden, Auferstehung der Toten und das ewige Leben.[50]

Weit davon entfernt, nur Zusammenfassungen des Glaubensinhalts oder kleine Katechismen zu sein, werden solche Texte als Gotteslob verstanden. Peter Brunner hat ihre Bedeutung und ihren Stimmungsgehalt gut erfaßt: «Gott hat eingegriffen, Gott hat an uns gehandelt. Wir bekennen und bezeugen, was er an uns und für uns getan hat. Das Bekenntnis ist die öffentliche preisende Anerkennung der Heilstat Gottes, des Werkes Christi, der Neuschöpfung des Geistes. Es ist daher getragen von der Freude der Geretteten, es enthält Rettungsjubel.»[51]

1a Das Stundengebet (1). Mehrmals am Tage versammeln sich katholische Nonnen und Mönche, um Gebete zu rezitieren, Psalmen zu singen und geistlicher Lesung zuzuhören. Jeden Tag verbringen sie fast zwei Stunden beim Stundengebet (Chorgebet). Unlängst, vor der Liturgiereform der 1970er Jahre, verbrachte man im Chor noch bis zu sechs Stunden täglich. Michaelskloster, Paderborn, 1995.

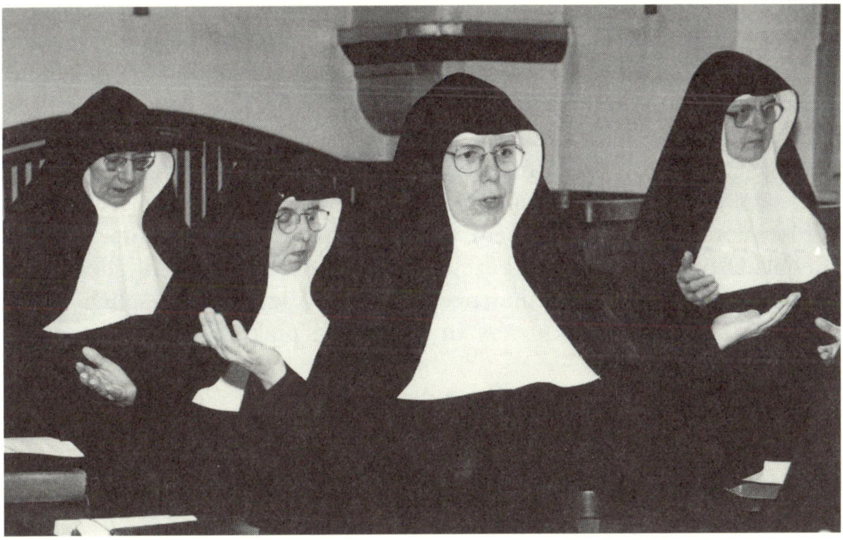

1b Das Stundengebet (2). Die deutschen Augustiner-Chorfrauen schließen das Abendgebet (die Vesper) mit dem Vaterunser ab. Dieses Gebet sprechen sie mit ausgebreiteten Armen und offenen Händen, einer altkirchlichen, bei ihnen kürzlich eingeführten Geste. Michaelskloster, Paderborn, 1995.

Der Hinweis auf Gottes Heilstaten ist oft sehr knapp und will Gottes Plan in der Geschichte nur in Erinnerung rufen. Das zugrunde liegende Muster läßt sich nahezu beliebig erweitern und entfalten. Die Aufzählung mag zehn Druckseiten füllen wie in der Liturgie der *Apostolischen Konstitutionen*[52] des 4. Jahrhunderts und kann sogar noch viel länger sein. Tatsächlich bestimmt die Heilsgeschichte den gesamten Festkreis, der das liturgische Jahr oder Kirchenjahr genannt wird. Der Zyklus beginnt mit den vier als Advent bezeichneten Wochen; sie gedenken der Erwartung des Messias und des Auftretens Johannes des Täufers, des Vorläufers Jesu. Diese erste Zeit endet mit Weihnachten, dem Fest der Geburt Christi. Einige Wochen später beginnt ein neuer Abschnitt mit einer Buß- und Fastenzeit, die auf die Karwoche vorbereitet. Der die Karwoche eröffnende Palmsonntag ist dem festlichen Einzug Christi in Jerusalem gewidmet. Am Donnerstag (Gründonnerstag) der Karwoche wird die Einsetzung des Abendmahls begangen, am Freitag (Karfreitag) die Kreuzigung Jesu. Die Karwoche findet ihren Höhepunkt in der am Samstag gefeierten Osternacht und am Ostersonntag, dem Tag der Auferstehung Christi. Auf Ostern folgen im Abstand mehrerer Wochen die Feiertage, die Jesu Himmelfahrt und das Ausgießen des göttlichen Geistes auf die Gemeinde (Pfingsten) begehen. Als der Benediktinerabt Prosper Guéranger (1805–1875), einer der Begründer der gottesdienstlichen Erneuerungsbewegung in der katholischen Kirche, vom Lobpreis als einem Grundzug der Liturgie sprach, dachte er vor allem an den Kreis der zu Ehren Christi und der Heiligen gefeierten Feste und deren Höhepunkt, das Osterfest.[53] Seiner Auffassung nach hat das Kirchenjahr seinen Ursprung, sein Ziel und seine innere Gestalt im jubelnden Lobpreis.

Zwar wird ein heilsgeschichtlicher Überblick nicht in jedem Gottesdienst vorgetragen, aber in Anspielungen und Andeutungen ist die Heilsgeschichte stets gegenwärtig. Gottes Heilstaten tragen alles Gebet und allen Lobpreis; sie bilden dessen Grundlage und Rahmen. In der Sprache der Linguistik und der Literaturwissenschaft könnte man sie als die Tiefenstruktur und den grundlegenden Intertext der meisten Gottesdienstformen bezeichnen. Jedoch gibt es eine Form des institutionalisierten Gebets, in der heilsgeschichtliches Erzählen vorherrscht und diesem sogar ausschließlich gewidmet wird: das früher als Offizium («Pflicht») bezeichnete Stunden-, Tagzeiten- oder Chorgebet. Anhand der Feier des Stundengebets, wie es heute noch täglich von den Chorfrauen des Michaelsklosters in Paderborn praktiziert wird, kann dies deutlich werden.

An einem gewöhnlichen Werktag versammeln sich die Augustiner-Chorfrauen des St. Michaelsklosters fünfmal zur Feier des Stundengebets im Chor ihrer Kirche (Abb. 1a und 1b). Die Zeiten sind wie folgt festgesetzt:

6.00– 6.20 Uhr	Morgengebet («Laudes»)
6.50– 7.00	Terz
15.00–15.25	Lesehore
18.05–18.30	Abendgebet («Vesper»)
20.15–20.30	Nachtgebet («Komplet»)

Zwischen Laudes und Terz wird die Messe gefeiert. Die katholischen Schwestern verbringen jeden Tag etwa eine Stunde und vierzig Minuten im Chor, um in der heiligen Schrift zu lesen, Psalmen zu rezitieren oder zu singen und Gebete zu sprechen.

Eine Glocke kündigt die Gebetszeit an. Einzeln oder in kleinen Gruppen betreten die Schwestern schweigend die Kapelle. Sie tragen ihren traditionellen langen, schwarzen Habit, das Haar verborgen unter einem einfachen weißen Schleier, der auch ihren Hals bedeckt. Die Vesper beginnt. Ein Gong lädt sie ein, sich im Chorgestühl zu erheben, wo sie in zwei Reihen einander gegenübersitzen. Ein Gebet wird gesprochen. Eine Schwester liest den anderen von einem Pult aus vor. Nun singen oder sprechen alle – etwa zwanzig Frauen – gemeinsam. Es folgt die Rezitation eines Psalms im gregorianischen Wechselgesang, wobei sich zwei Chöre jeweils mit einer Zeile abwechseln. Immer wieder beugen die Chorfrauen das Haupt und singen «Ehre sei dem Vater und dem Sohn und dem Heiligen Geist. Wie im Anfang, so auch jetzt und alle Zeit und in Ewigkeit. Amen». Alles wiederholt sich mehrmals mit nur geringer Abweichung. Schließlich endet die Vesper. Rasch verlassen die Frauen den Chor, das Haupt vor einer Marienstatue verneigend und zum Altar hin die Knie beugend.

Dem uninformierten Besucher erscheint die Liturgie der Chorfrauen als eine endlose, wirre Folge von Lesungen, Gebeten, Liedern und Rezitationen. Erst ein genaues Studium der von den Schwestern gebrauchten Bücher erschließt die sorgfältige Anordnung, die einfache und doch tiefe Logik und die Theologie des Stundengebets. Nahezu alles, was gesprochen oder gesungen wird, ist der Heiligen Schrift entnommen. Drei Elemente lassen sich erkennen: biblische *Lesungen*, zumeist in Prosa und stets von einer dafür bestimmten Chorfrau vorgetragen; *Psalmen*, die von zwei Chören entweder im Wechsel gesprochen oder gesungen werden; nicht im Psalter stehende *biblische Lieder* (Cantica). Diese Grundbestandteile bilden den Großteil dessen, was gelesen, rezitiert und gesungen wird. Sie lassen auch die Logik und Theologie des Stundengebets erkennen.

Die biblischen Lesungen sind zumeist kurze, zwei oder drei Verse umfassende Ermahnungen. Nur in der Lesehore am Nachmittag wird ein längerer Abschnitt vorgelesen, gewöhnlich ein ganzes Kapitel. Die Lesungen vermitteln den Schwestern das Wissen um die Geschichte Gottes mit den Menschen, wie sie vom Alten zum Neuen Testament führt, von der Schöpfung zum Jüngsten Gericht, von der Verheißung zur Erfüllung, von Adam und Abraham zu Jesus und Paulus. Die Lesung breitet die Heilsgeschichte in allen ihren Einzelheiten feierlich aus. Aus dem Alten Testament sind «jene Teile ausgewählt, die zum Verständnis der Heilsgeschichte und zur Förderung der Frömmigkeit besonders wichtig sind».[54] Wie die einschlägige liturgische Gesetzgebung erklärt, sind die Lesungen so angeordnet, daß das Prinzip der Heilsgeschichte klar hervortritt: «Gott offenbart sich im Laufe der Lebensgeschichte des Volkes, das er Schritt für Schritt führt und erleuchtet.»[55] Die Lesungen geben dem gesamten Stundengebet eine feste heilsgeschichtliche Grundlage. Die Lesung, sei sie kurz oder lang, erinnert stets an den größeren Zusammenhang der Bibel und ihrer heiligen Geschichte.

Obwohl die Chorfrauen ihre Lesehore nachmittags halten, ist sie in den liturgischen Büchern vor dem Morgengebet zu finden. Ganz gleich zu welcher Tageszeit man sich den Lesungen widmet, als biblisches Wort Gottes genießen sie Vorrang, und alles, was folgt, ist eine freudige Feier und ein Lobpreis dieses Wortes. Die ideale Abfolge von Schriftlesung und Lobpreis offenbart den wahren Charakter des Stundengebets als Antwort auf die in der Schrift berichteten Heilstaten Gottes.

Jeden Tag singen oder rezitieren die Schwestern zwölf Psalmen (oder Teile von Psalmen), die so gewählt sind, daß der ganze Psalter in einem Monat gelesen wird. Es ist jedoch jeden Tag derselbe Psalm, den die Chorfrauen als ersten rezitieren:

> Kommt, laßt uns jubeln vor dem Herrn
> und zujauchzen dem Fels unsres Heiles!
> Laßt uns mit Lob seinem Angesicht nahen,
> vor ihm jauchzen mit Liedern!
> Denn der Herr ist ein großer Gott,
> ein König über allen Göttern.
> In seiner Hand sind die Tiefen der Erde,
> sein sind die Gipfel der Berge.
> Sein ist das Meer, das er gemacht hat,
> das trockene Land, das seine Hände gebildet.
> Kommt, laßt uns niederfallen, uns vor ihm verneigen,
> laßt uns niederknien vor dem Herrn, unserm Schöpfer.
> (Ps 95,1–6)

Im weiteren, hier nicht angeführten Wortlaut des Psalms findet sich ein Hinweis auf eine Episode der biblischen Geschichte: den Aufstand der Israeliten gegen Mose in der Wüste. Dadurch ergibt sich eine Brücke zur heilsgeschichtlich orientierten Lesehore. Die entscheidende Aufgabe des Psalmensingens aber bleibt, fortwährend in neuen Variationen Lobpreis an Lobpreis zu fügen. Auch Psalmen, deren Wortlaut nicht unmittelbar Lob und Dank beinhaltet, werden in das Lob mit einbezogen; das geschieht durch die sogenannte Doxologie, die jedem Psalm angefügt wird: «Ehre sei dem Vater und dem Sohn und dem Heiligen Geist. Wie im Anfang, so auch jetzt und alle Zeit und in Ewigkeit. Amen.»

Den dritten, stets vorhandenen Bestandteil bilden die Cantica. Zwei von diesen biblischen Liedern werden täglich gesungen und gelten den Chorfrauen als besonders wichtig: das Benedictus beim Morgengebet und das Magnificat beim Abendgebet.[56] Während die Psalmen an gewöhnlichen Wochentagen gesprochen (und nicht gesungen) werden, pflegen die Chorfrauen die beiden Cantica als den Höhepunkt ihres Lobpreises stets zu singen. Diese Lieder preisen Gottes erneute Heilsinitiative:

> Gepriesen sei der Herr, der Gott Israels!
> Denn er hat sein Volk besucht und ihm Erlösung geschaffen;
> er hat uns einen starken Retter erweckt
> im Hause seines Knechtes David. (...)
> Er hat das Erbarmen mit den Vätern an uns vollendet
> und an seinen heiligen Bund gedacht,
> an den Eid, den er unserm Vater Abraham geschworen hat;
> er hat uns geschenkt, daß wir, aus Feindeshand befreit,
> ihm furchtlos dienen in Heiligkeit und Gerechtigkeit
> vor seinem Angesicht all unsre Tage.
> *Benedictus* (Lk 1,68–75)

Während das Benedictus Gott ob einer einzigen Tat preist – die Sendung eines «starken Retters»-, enthält das Magnificat eine ganze Liste des Rühmens würdiger göttlicher Werke:

> Meine Seele preist die Größe des Herrn,
> und mein Geist jubelt über Gott, meinen Retter.
> Denn auf die Niedrigkeit seiner Magd hat er geschaut. (...)
> Er erbarmt sich von Geschlecht zu Geschlecht
> über alle, die ihn fürchten.
> Er vollbringt mit seinem Arm machtvolle Taten:
> Er zerstreut, die im Herzen voll Hochmut sind.
> Er stürzt die Mächtigen vom Thron
> und erhöht die Niedrigen.
> Die Hungernden beschenkt er mit seinen Gaben
> und läßt die Reichen leer ausgehn.
> Er nimmt sich seines Knechts Israel an
> und denkt an sein Erbarmen,
> das er unsern Vätern verheißen hat,
> Abraham und seinen Nachkommen auf ewig.
> *Magnificat* (Lk 1,46–55)

Beide Gesänge beziehen sich auf die alttestamentliche Verheißung: «Er denkt an sein Erbarmen, das er unsern Vätern verheißen hat, Abraham und seinen Nachkommen auf ewig»; «er hat an seinen heiligen Bund gedacht, an den Eid, den er unserm Vater Abraham geschworen hat». Mit dem Kommen des Erlösers hat die Heilsgeschichte ihren Höhepunkt erreicht.

Aufmerksame Leser des Lukasevangeliums haben immer wieder auf den merkwürdigen Gegensatz zwischen dem idyllischen Kontext dieser Lieder und ihrem Wortlaut hingewiesen. Im Magnificat feiert Maria die angekündigte Geburt ihren Sohnes Jesus, und im Benedictus besingt Zacharias die bald erfolgende Geburt Johannes des Täufers. Der Wortlaut der Lieder spricht allerdings eine ganz andere Sprache. Nicht die Geburt künftiger Propheten, sondern die Feier bereits errungener militärischer Siege steht im Mittelpunkt. Die Hymnen erinnern mehr an den militanten Nationalismus des jüdischen

Aufstands als an die Milde Christi. Von dieser Erkenntnis angeregt, hat die Forschung keine Mühe gescheut, Herkunft und Hintergrund der beiden Cantica ausfindig zu machen. Historisch scheinen sie fast zwei Jahrhunderte älter zu sein als das Christentum, und was sie feiern, ist tatsächlich ein militärisches Ereignis und nicht die Geburt eines Heilbringers. Sie sind «eine Art jüdische Marseillaise».[57] Der gefeierte Held ist offenbar einer der Führer des erfolgreichen jüdischen Aufstands (ca. 166–141 v. Chr.) gegen die seleukidische Herrschaft über Palästina, vermutlich Simon, der für sein Volk politische Unabhängigkeit erkämpft und ein neues jüdisches Staatswesen geschaffen hat. Die beiden Lieder blieben offenbar in national denkenden Kreisen lebendig und fielen auch nicht der Vergessenheit anheim, als Palästina in römische Hände geriet (63 v. Chr.). Offenbar im Kreis um Johannes den Täufer gepflegt, nahmen sie den Sieg über das nunmehr herrschende Römische Reich vorweg und wollten so dessen Sturz beschleunigen. Die Anhänger des Täufers griffen in den Text des Benedictus ein und machten Johannes zum unmittelbaren Vorläufer der politischen Befreiung Israels. Manche der alten Handschriften legen das Magnificat in den Mund von Elisabeth, der Mutter des Täufers (statt in den Mund Marias, der Mutter Jesu) und verraten so den ursprünglichen Zusammenhang.

Einzelne Chorfrauen mögen über eine gewisse Kenntnis der ursprünglichen Bedeutung von Magnificat und Benedictus verfügen. Josef Ernst, Professor am Priesterseminar des Ortes und für die Schwestern eine Autorität in Fragen der Bibelauslegung, hat dem Thema ein Buch gewidmet. Dennoch spielt für die Frauen der historische Hintergrund der Lieder keine Rolle. Ihrem Gefühl nach beziehen sich die beiden Lieder auf spirituelle, nicht auf militärische Ereignisse und feiern die Geburt des Täufers und die Menschwerdung Christi. Psalmengesang verbindet sich hier mit der Erzählung der Heilsgeschichte. Eine an Gott gerichtete Bitte fehlt ganz; als reiner Lobpreis feiern die Lieder die Sendung Jesu und des Täufers (Benedictus) sowie die Erwählung Marias (Magnificat) als bedeutende Heilstaten Gottes. Wie jedes Gebet sind auch Benedictus und Magnificat als «eine Verherrlichung Gottes» zu verstehen, «die sich aus der freudigen Verkündigung seiner Heilstaten ergibt: Der Mächtige hat Großes an mir getan, und sein Name ist heilig!» (Lk 1,49)[58]

Die Chorfrauen widmen sich nicht nur der Feier des Stundengebets mit großem Ernst, sie beschäftigen sich auch eingehend mit dessen Theologie und Bedeutung für das geistliche Leben. Dabei stützen sie sich auf Bücher aus ihrer Klosterbibliothek, aber auch auf das in Notizen festgehaltene Wissen, das sie im Studium oder durch Vorträge erworben haben. Nach der Bedeutung des Chorgebets befragt, verschwand eine der jüngeren Chorfrauen des Michaelsklosters, Schwester Angelika, in ihrem Arbeitszimmer. Wenig später kam sie zurück, eifrig in ihren Notizen blätternd. Die verschiedenen «Tagzeiten», findet sie dort, erinnern an bestimmte Ereignisse der Heilsgeschichte. Das Morgengebet (Laudes) bezieht sich auf die Auferstehung Christi, wobei die aufgehende Sonne als Symbol für dieses Ereignis gilt. Beim Abendgebet (Vesper) wie bei der morgendlichen Feier des Konventsamts wird der Feier des

Abendmahls Jesu gedacht, so daß der Tag durch morgendliches Konventsamt und abendliches Gedenken einen eucharistischen Rahmen erhält. Das Nachtgebet (Komplet) ruft jene Stunde ins Gedächtnis, in der sich Jesus in Erwartung seines Leidens zum Gebet in den Garten Getsemani zurückzog.

Zwar mögen solche Gedanken die fromme Betrachtung der Klosterfrauen anregen, aber in den Liedern und Texten des Stundengebets finden sie wenig Anhalt. Wenn die Paderborner Chorfrauen bestimmte Tageszeiten mit heilsgeschichtlichen Ereignissen verbinden, schöpfen sie aus einer altkirchlichen[59] und mittelalterlichen Tradition, die tief in der monastischen Frömmigkeit wurzelt. Die *Legenda aurea*, von Jacobus von Voragine im 13. Jahrhundert zusammengestellt, faßt die damals schon ehrwürdige Überlieferung wie folgt zusammen. Eine Kirche wird geweiht, erklärt der Erzbischof von Voragine,

> damit dort das Lob Gottes gesungen werde. Dies geschieht zu den sieben kanonischen Tagzeiten [der mittelalterlichen Klöster], nämlich Matutin, Prim, Terz, Sext, Non, Vesper und Komplet. Wenn auch Gott zu allen Stunden des Tages zu loben ist, so mag doch unsere Schwachheit dazu nicht ausreichen; daher wurde verordnet, daß man zu diesen besonderen Stunden Gott besonders lobe, zumal sie größere Vorzüge als andere besitzen. Denn um Mitternacht, wenn die Matutin gesungen wird, wurde Christus geboren; um dieselbe Zeit wurde er auch gefangengenommen und von den Juden verspottet. Zur nämlichen Stunde beraubte er das Totenreich [seiner Gefangenen]. (...) Auch erhob er sich vom Tode frühmorgens vor Beginn des Tages und erschien zur ersten Stunde. Um Mitternacht soll der Herr zum Gericht kommen. (...) So sagen wir denn in dieser Stunde [in der Matutin] dem Herrn Lob, um ihm für seine Geburt zu danken, für seine Gefangennahme und für die Befreiung der Urväter aus dem Totenreich; auch harren wir seiner Ankunft mit Sorge. Dazu fügt man noch das Morgenlob [Laudes], denn Gott hat früh am Morgen die Ägypter im Meer versenkt, die Welt erschaffen und erstand vom Tode. So sagen wir dem Herrn in dieser Stunde Lob dafür, daß wir im Meer dieser Welt nicht mit den Ägyptern versinken, und wir danken ihm für die Erschaffung der Welt und für seine Auferstehung.[60]

Die *Legenda aurea* verknüpft jede der Gebetszeiten mit einer Vielzahl biblischer Ereignisse. Die Heilsgeschichte ist den Mönchen und Nonnen so vertraut und gegenwärtig, daß sie immer wieder neue Verknüpfungen entdecken. Wie tief das mittelalterliche Denkmuster christliches Bewußtsein auch heute noch bestimmt, läßt sich an dem protestantischen Theologen Dietrich Bonhoeffer zeigen. Als er in den 1930er Jahren Richtlinien für das Gebet in Gemeinschaft lebender evangelischer Christen entwarf, griff er auf die alte monastische Überlieferung zurück. «In der Frühe des Ostermorgens ging Christus als Sieger aus dem Grabe hervor. (...) Die Frühe des Morgens gehört der Gemeinde des auferstandenen Christus. Beim Anbruch des Lichtes gedenkt sie des Morgens, an dem Tod, Teufel und Sünde bezwungen darniederlagen, und neues Leben und Heil den Menschen geschenkt ward.»[61] Wie die monastische Tradition aller

Zeiten, so bestimmt auch Bonhoeffer das gemeinsame Morgengebet als Dank für das neue Leben, das mit Christi Auferstehung ans Licht trat.

Vor der Zeit der liturgischen Reformen der 1960er Jahre pflegten geistliche Schriftsteller und Ordensregeln zweierlei Gruppen von Gläubigen zu unterscheiden. Die eine Gruppe bestand aus den Verheirateten, die ein weltliches Leben führen und einen Beruf ausüben. Die andere Gruppe war die der Unverheirateten, die ihr Leben Gott widmen und vielleicht einer karitativen Tätigkeit nachgehen, indem sie Kinder erziehen, Kranke pflegen oder sich um Arme kümmern. Wer zur zweiten, weitaus kleineren Gruppe der Gläubigen gehört, ist nach dem kanonischen Recht zum Stundengebet verpflichtet. Als Priester und Ordensleute feiern sie das Chorgebet stellvertretend für die ganze Kirche.[62] Ihre Aufgabe ist es, «in ihrem [der Kirche] Namen das Lob Gottes zu singen, ihm zu danken und mit ihm über die verschiedenen Angelegenheiten des Reiches Gottes und der Ewigkeit zu verhandeln», heißt es in der aus dem Jahr 1933 stammenden Ordensregel der Paderborner Chorfrauen.[63] Ihr Leben der Liturgie widmend, erscheinen die Ordensgemeinschaften als lebendige Gebetsmühlen, die sich stellvertretend für eine Welt bewegen, die ihrem profanen Geschäft nachgeht und sich wenig um die Pflicht des Gotteslobes kümmert. Hat nicht der Herr selbst Schwester Gertrud von Helfta (gest. 1302) darum gebeten, den Psalm «Lobet den Herrn, alle Völker» (Ps 117) 365mal zu beten, um die Nachlässigkeit anderer auszugleichen?[64] Der im Kloster gepflegte Lobpreis bildet – nach der Auffassung eines geistlichen Autors des 19. Jahrhunderts – auch einen Ausgleich für jene weltlichen Stimmen, die nie aufhören, Gott oder Christus zu beleidigen.

Franz von Sales, ein Bischof und Heiliger des 17. Jahrhunderts, hat die Aufgabe der Ordensleute durch ein besonders phantasievolles Bild veranschaulicht. Er verglich sie mit Vögeln, die, in einen Käfig gesperrt, ihren Herrn mit Gesang erfreuen. «Die Seelen, die sich in die Klöster gesperrt haben, tun es den kleinen Vögeln gleich: Sie unterhalten ihren Herrn mit den Melodien ihres Gesangs.»[65] Zumindest in Klosterpredigten konnte man das Stundengebet als Unterhaltung Gottes auffassen. Dabei deutet der Begriff des Käfigs die katholische Arbeitsteilung an: Während die Weltleute ihren weltlichen Geschäften nachgehen, sind die Ordensfrauen für das Gotteslob zuständig.

Die neueren geistlichen Autoren und die Chorfrauen des Michaelsklosters wollen von dem Gedanken eines besonderen klösterlichen Auftrags zum Gotteslob nichts mehr wissen. Mit einem Reformdekret bestehen sie darauf, daß «das Lob der Kirche weder von seinem Ursprung noch von seiner Eigenart her den Klerikern oder Mönchen vorbehalten, sondern Sache der ganzen christlichen Gemeinde ist».[66] Daher sollen sich Ordensfrauen nicht verpflichtet fühlen, ihr Gotteslob im Verborgenen zu üben; vielmehr sollen sie die Aufgabe wahrnehmen, «das Gebet der Gemeinschaft anzuberaumen und zu leiten».[67] In der Praxis bedeutet dies, daß das Chorgebet der Ordensfrauen öffentlich ist und jeder, der möchte, sich daran beteiligen kann. Als Ideal gilt, daß die ganze örtliche Christengemeinde das Stundengebet zumindest als Morgen- und Abendgebet gemeinsam vollzieht.

Die Regel der Augustiner-Chorfrauen enthält in ihrer revidierten Fassung von 1986 den Wunsch, «daß auch Menschen, die nicht zu unserer Ordensgemeinschaft gehören, aktiv (...) an unserem Stundengebet teilnehmen».[68] Deshalb werben die Chorfrauen des Michaelsklosters manchmal für ihr Stundengebet mit einem Plakat, das in den Kirchen der Stadt und am Schwarzen Brett der theologischen Abteilung in der Universität zu sehen ist. Allerdings folgen nur wenige der Einladung. Gelegentlich gibt es einzelne Besucher der Vesper (wie den Verfasser des vorliegenden Buches), die den wohlklingenden Stimmen der Chorfrauen lauschen. Sonntags mag sich die Besucherzahl erhöhen, doch an Werktagen bleiben die Schwestern gewöhnlich unter sich. Nur manchmal schließt sich ihnen eine ältere Dame an, eine ehemalige Lehrerin des benachbarten klösterlichen Gymnasiums. Der Mangel an Interesse entmutigt die Chorfrauen allerdings nicht, denn sie sehen sich als Teilnehmerinnen eines universalen Gotteslobs. Schon die *Apostolische Überlieferung* des 3. Jahrhunderts weiß um die kosmische Bedeutung des Gebets. Um Mitternacht, so heißt es dort, sollen die Christen ihren Schlaf unterbrechen,

> denn die Alten, denen wir die Überlieferung verdanken, haben uns gelehrt, daß zu dieser Stunde die ganze Schöpfung für einen Augenblick stillsteht, um ihren Herrn zu loben. Sterne, Bäume, Gewässer halten inne, das ganze Heer der Engel, die ihm dienen, zusammen mit den Seelen der [verstorbenen] Gerechten, loben Gott zu dieser Stunde.[69]

Einige der älteren Schwestern erinnern sich an das Buch eines französischen geistlichen Autors, der im Anschluß an solche Überlieferung auf die kosmische Bedeutung des Stundengebets hinweist.[70] Im Himmel hört das Gotteslob der triumphierenden Kirche niemals auf. Im Fegefeuer betet die leidende Kirche ohne Unterlaß. Auf Erden wird die kämpfende Kirche von jenen vertreten, die im Stundengebet das universale Gotteslob vollenden. Mit weltlichen Augen betrachtet, scheinen die siebenundzwanzig Chorfrauen und ihre einzige Novizin in den Wind zu singen. Die kosmische, universale Dimension ihres Gotteslobes bestärkt sie jedoch und verleiht ihrem Singen Macht und Bedeutung. Indem sie das Stundengebet vollziehen, fühlen sie sich einer größeren Gemeinschaft zugehörig – der wahrhaft universalen Kirche.

Die Schwestern – gebildete Frauen, von denen einige am Gymnasium des Klosters unterrichten – wissen sehr wohl um die lange Geschichte des Tagzeitengebets. Die meisten von ihnen haben die jüngste Entwicklung dieser Geschichte selbst erlebt. Nach dem 2. Vatikanischen Konzil wurde das lateinische Offizium durch das volkssprachliche Stundengebet ersetzt. Die lateinische Sprache selbst läßt etwas vom ehrwürdigen Alter des Offiziums erahnen.

In der Geschichte des Gottesdienstes wissen wir oft wenig über die Anfänge bestimmter Einrichtungen und Bräuche. Auch die Anfänge des gemeinsamen Gotteslobes liegen im Dunkeln. Zu Beginn des 3. Jahrhunderts galt das gemeinsame Morgengebet der gesamten Gemeinde als Ideal. Die schon erwähnte *Apostolische Überlieferung* ermahnt die Gläubigen, jeden Morgen die Versammlung zu besuchen.[71] Gleichwohl läßt das Dokument des 3. Jahrhunderts erkennen, daß nicht alle glaubten, dafür Zeit zu haben. Die Morgenversammlung verband das Gotteslob mit der Glaubensunterweisung durch einen Prediger, aber beides ließ sich auch zu Hause verrichten, wobei die private Lektüre die Predigt ersetzte. Im Jahre 313 – ein Jahrhundert nach der *Apostolischen Überlieferung* – hören wir bei Bischof Eusebius von der liturgischen Pracht der Morgenandacht. «Es ist gewiß kein geringes Zeichen von Gottes Macht», schreibt der berühmte Historiker und Berater des Kaisers Konstantin, «daß in der ganzen Welt in den Kirchen Gottes bei Sonnenaufgang und in den Abendstunden Hymnen, Lobgesänge und wahrhaft göttliche Wonnen Gott dargebracht werden. Gottes Wonnen sind nämlich die Hymnen, die überall in seiner Kirche morgens und abends emporgesandt werden.»[72] In Bischofskirchen wie der in Caesarea in Palästina, wo Eusebius das Bischofsamt bekleidete, versammelten sich einige der Gläubigen frühmorgens und spätnachmittags. Täglich pflegte man Gott mit Psalmen und Hymnen zu preisen. Anders als es noch die *Apostolische Überlieferung* vorgeschrieben hatte, fand die Gebetsversammlung allerdings nicht nur einmal, sondern *zweimal* täglich statt.

Mit großer Begeisterung widmeten sich viele der frühen Christen dem Gotteslob. Um das Jahr 400 erwähnt Johannes Chrysostomus einen Großgrundbesitzer und Landadligen, der sich seine eigene Kapelle baute, wohin er sich morgens und abends auf einer Sänfte bringen ließ. «Wie angenehm, das Haus Gottes betreten zu können und zu wissen, daß du es selbst errichtet hast. Wie angenehm, die Sänfte zu besteigen und, nach dem Genuß frischer Luft, bei den Abend- und Morgenhymnen anwesend zu sein.»[73] Jedoch gehörte der Besuch der Kirche nicht nur zu den Freuden des Landlebens; auch dem Leben in der Stadt vermochte er einen besonderen Reiz und Rhythmus zu verleihen. Als die adlige Spanierin Egeria um 380 die Stadt Jerusalem besuchte, fand sie dort nicht weniger als fünf tägliche Feiern, bei denen gesungen wurde. Schon vor Tagesanbruch versammelten sich die Gläubigen und begannen mit dem Lobpreis; mit dem Morgengrauen zogen sie in die nun geöffnete Kirche ein und sangen das Morgenlob.[74] Auch zur Mittagszeit kamen sie zusammen, dann am Nachmittag noch einmal um drei Uhr und um vier Uhr. Außer den Priestern war auch stets der Bischof anwesend, so daß durch Gebet und bischöflichen Segen jede Feier einen offiziellen Charakter erhielt. Als Wallfahrtsort zog Jerusalem viele Menschen, vor allem Mönche und Nonnen, an und bildete so vermutlich eine Ausnahme. Die Fünfzahl der Gebetszeiten weist jedoch auf eine Tendenz: Gemeinsames Gebet wurde zunehmend häufiger gefeiert und begann, an Orten wie Jerusalem den Tag des Bischofs, des Klerus, der Mönche und sogar einiger in der Nähe der Kirche wohnenden Laien zu bestimmen.

Warum gab es immer mehr tägliche Gebetsversammlungen? Zumindest Menschen, die einer bestimmten Arbeit nachgehen, lassen sich ungern unterbrechen. Den Christen des 4. Jahrhunderts indes schien die paulinische Anweisung «betet ohne Unterlaß» keineswegs so undurchführbar wie uns

(1 Thess 5,17). Obwohl die Christen ihr immerwährendes Gebet auch zu Hause praktizieren konnten, bevorzugten sie das öffentliche Gebet. Seine vorgegebenen Formen erleichterten es, der Aufforderung des Paulus nachzukommen.[75]

Später erhielt das System der täglichen Gebetsversammlungen die Bezeichnung «Divinum Officium»; heute wird von Stundengebet, Chorgebet oder Stundenliturgie gesprochen. Die verschiedenen Tageszeiten, zu denen man sich traf, erhielten besondere Namen. Das Gebet vor Tagesanbruch erhielt den Namen *Vigil*, die erste Versammlung am Morgen nannte man *Matutin* oder *Laudes*, die Feier des späten Nachmittags die *Vesper*, und so fort. Einige dieser Bezeichnungen sind noch heute üblich.

Das Chorgebet, wie es in größeren Kirchen und Kathedralen gefeiert wird, hat eine wechselvolle Geschichte, gezeichnet von Zeiten des Niedergangs und der Erneuerung. Beides hängt nicht nur vom Zeitgeist, sondern auch von der Lebensform der Christen ab. Bilden sich Formen intensiven Zusammenlebens, dann besteht Aussicht auf eine Belebung des gemeinsamen Gotteslobes. In *einem* Milieu war diese Bedingung stets erfüllt, und daher blieb das Chorgebet dort lebendig: im Mönchtum. Die um 530 entstandene Regel des heiligen Benedikt macht den Mönchen das Chorgebet zur Pflicht. Benediktiner – und viele Ordensmänner und -frauen, deren Regel der Benedikts verwandt ist – kommen gewöhnlich achtmal am Tage in dem «Chor» genannten Teil ihrer Kirche zusammen, um das Offizium zu singen oder zu rezitieren.[76] Benedikt selbst gab genaue Anweisungen für das Chorgebet, das er *opus Dei* oder *opus divinum* nannte: «das Werk Gottes». Er bestimmte auch, daß «nichts dem Dienste Gottes vorgezogen werde» *(nihil operi Dei praeponatur)*.[77] Diesem «Werk» gehören jeden Tag zwischen vier und fünf Stunden. Der Rest des Tages wird mit geistlicher Lesung und Handarbeit verbracht. Um den Vorrang des Gotteslobs zu sichern, beginnt und endet der Tag mit dem Singen von Psalmen. Alles Rezitieren und Singen geschah in lateinischer Kirchensprache.

Im Mittelpunkt des benediktinischen Offiziums stehen die Psalmen. In der Frühzeit sang ein Vorsänger einen Psalm, während die Gemeinschaft zuhörte und dem Wort Gottes lauschte. Die Anwesenden mögen einen Refrain oder einen Halleluja-Ruf nach jedem Vers eingeschoben haben, ihre wesentliche Aufgabe war jedoch das Zuhören. Das frühe Offizium der Mönche bestand im Kern aus schweigender Meditation. Die Psalmen lieferten der frommen Betrachtung den Inhalt. Die Mönche hörten dem Psalmvortrag zu, erwogen den Inhalt und beteten um die Gnade geistlichen Wachstums. Auf diese Weise war das Offizium eine asketische Übung im Dienste persönlicher Heiligung. Nur allmählich entdeckten die Mönche die eigene Aussage der einzelnen Psalmen, die ja oft die des Gotteslobes ist. So gaben sie die Trennung zwischen dem Vorsänger und der zuhörenden Gemeinde auf. Von nun an sangen *alle* Gläubigen die Psalmen, nicht nur ein Vorsänger. Die Gemeinschaft teilte sich in zwei Chöre, um abwechselnd jeweils einen Psalmvers zu singen.[78]

Während in der Frühzeit nur der Vorsänger stand und die anderen saßen und zuhörten, standen nun alle und sangen. Das jedem Psalm angefügte Gebet entfiel und wurde durch eine trinitarische Doxologie, ein Wort des Lobpreises ersetzt: «Ehre sei dem Vater und dem Sohn und dem Heiligen Geist. Wie im Anfang, so auch jetzt und alle Zeit und in Ewigkeit. Amen.» Durch die Doxologie wird der den Psalmen innewohnende Charakter des Gotteslobes noch verdeutlicht. Dieser neue Zusatz schließt jeden Psalm mit einer einheitlichen Botschaft ab. Sie will sagen: Was immer die genaue Bedeutung des Wortlautes auch sein mag, das ist der Sinn – *Ehre sei dem Vater*, usw. Sollte der Wortlaut zu wenig Gotteslob enthalten, ergänzt die Doxologie den vermißten Lobpreis.

Doxologien wie jene, die den Psalmen angefügt werden, gehören zur ältesten christlichen Sprache des Gottesdienstes. Die *Didache* (eine Kirchenordnung des 2. Jahrhunderts) und viele Handschriften des Neuen Testaments (seit dem 5. Jahrhundert) fügen dem Vaterunser eine Doxologie an: «Denn dein ist das Reich und die Kraft und die Herrlichkeit in Ewigkeit. Amen.»[79] Offenbar spiegelt sich in dem Zusatz liturgischer Brauch. Die frühen Kopisten lebten mit der Liturgie und wenn sie einen Text kopierten, gaben sie ihm die Form, die ihnen aus dem Gottesdienst vertraut war. Solche Schlußformeln bildeten einen festen Bestandteil der sich entwickelnden und sich ein Repertoire fester Wendungen schaffenden Gebetssprache. Nach Auskunft des Origenes endet im 3. Jahrhundert jedes mit Bedacht formulierte Gebet mit einem «Lobpreis Gottes durch Christus im Heiligen Geist».[80]

Trotz ihrer Knappheit ist die trinitarische Doxologie ein bedeutungsschwerer Text. Neben ihrem liturgischen Gebrauch als Gebetsschluß diente sie einmal sogar dazu, in einem Lehrstreit eine bestimmte Auffassung wiederzugeben. Zwischen dem 4. und dem 6. Jahrhundert wurde der formelhafte Gebetsschluß zum theologischen Zankapfel: [81] Sollte man sagen (1) «Ehre sei Gott durch Christus im Heiligen Geist» oder (2) «Ehre sei dem Vater und dem Sohn und dem Heiligen Geist»? Die erste Formulierung ordnet Christus dem Vater unter; die zweite weist den drei göttlichen Personen denselben Rang zu. Zur Debatte standen also bestimmte Auffassungen der Gotteslehre. Die Christus dem Vater unterordnende Theologie wurde von den *Arianern*, die alle göttlichen Personen gleichstellende Lehre von den *Katholiken* vertreten. Obgleich die Katholiken mancherorts in der Minderzahl waren, setzte sich schließlich die katholische Form der Doxologie durch: «Ehre sei dem Vater und dem Sohn und dem Heiligen Geist. Wie im Anfang, so auch jetzt und alle Zeit und in Ewigkeit. Amen.» Dem Vater gleich, haben auch der Sohn und der Heilige Geist von Ewigkeit her existiert und werden ewig leben; ihnen kommt dieselbe Ehre wie dem Vater zu. Seit dem 3. Jahrhundert in griechischer und lateinischer Sprache belegt, werden doxologische Formeln auch heute noch von vielen Christen benutzt. Den Psalmengesang begleitend und an viele Gebete als eine Art abschließendes Siegel angefügt, dienen Doxologien als eine stete Erinnerung an den Lobpreis als das Ziel des Gebets. Ohne ein solches Siegel bliebe das Gebet unvollständig, und ohne die ständige Wiederholung der Doxologie verlöre die Liturgie ein wesentliches Leitmotiv, das alles gottesdienstliche Geschehen als einen einheitlichen Lobpreis erscheinen läßt.

Die Einführung und der ständige Gebrauch der Doxologie ist Zeichen eines neuen Verständnisses von Psalmodie. Die Psalmen wurden nicht mehr als Texte betrachtet, denen man zuhören soll. Vielmehr galten sie nun als hymnische Loblieder, welche die ganze Gemeinde singen sollte. Gewöhnlich achteten die Mönche und Nonnen darauf, auf welche Weise Gott gepriesen wird; aber es sind auch Ordensleute bekannt, die sich nur am Gesang beteiligten, ohne auf den Wortlaut zu achten.[82] Für sie war das Gotteslob, das den Sänger eng mit Gott verbindet, wichtiger als der genaue Sinn der einzelnen Lieder.

Im 9. oder 10. Jahrhundert war die Entwicklung des Offiziums zu einer reinen Liturgie des Gotteslobes abgeschlossen.[83] Zu dieser Entwicklung hatte nicht nur der Sinn der Ordensleute für die Liturgie beigetragen; auch das veränderte soziale Profil der Orden wirkte sich aus. Die prosperierenden Klöster zogen zunehmend junge Menschen aus adligen Familien an. Da die körperliche Arbeit den Laienbrüdern zufiel, bedurfte es für die an Handarbeit nicht gewöhnten adligen Priestermönche einer geistigen Beschäftigung. Nach einem Kommentator der Benediktregel bilden die geistliche Lesung und das Singen von Psalmen einen legitimen Ersatz für die Handarbeit.[84] So wurde das Kloster ein Ort der Lektüre, des Studiums und der stillen Betrachtung, aber auch des Psalmengesangs. Tatsächlich galt die Liturgie als die vornehmste Aufgabe des Klosters. «Die eigentliche und spezifische Aufgabe des Benediktiners, sein Beitrag, seine Mission ist die Liturgie», erklärt ein Abt. «Er legt sein Gelübde ab, um in der Kirche – der Gesellschaft des Gotteslobes – Gott zu preisen, und zwar in den Formen, die sie dafür vorschreibt.»[85] Das Kloster versteht sich als Palast oder Hof, in dessen Zentrum Gott als Herrscher steht. Das Chorgebet dient «als die tägliche Aufwartung und Ehrung, die der göttlichen Majestät geziemt». Da die Liturgie «die Krone des ganzen Mönchtums bildet», existiert der Ordensstand ausschließlich, um Psalmen zum Lob Gottes zu singen.[86]

Nicht damit zufrieden, nur die von der Regel geforderten 37 täglichen Psalmen zu rezitieren, sangen die Mönche oft noch zusätzlich 101 oder 138 Psalmen.[87] Oder sie organisierten eine *laus perennis*, ein immerwährendes Gotteslob, bei dem sich verschiedene Mönche ablösten, so daß täglich 450 Psalmen gesungen wurden, d.h. dreimal der gesamte Psalter.[88] Als Petrus Damiani im Jahre 1063 das Kloster Cluny in Frankreich besuchte, stellte er fest, daß «die Gebetszeiten so rasch aufeinander folgten, daß den Brüdern auch an langen Sommertagen kaum eine halbe Stunde zum Gespräch im Kreuzgang bleibt».[89] Obwohl solche Übertreibungen nur kurze Zeit das Leben einer kleinen Zahl mittelalterlicher Klöster beherrschte, belegen sie die Neigung, die Zeit des Gotteslobes eher auszudehnen als zu verkürzen.

Unabhängig davon, wieviel Zeit in mittelalterlichen Klöstern mit gemeinsamem Gebet verbracht wurde, ließ man nur gesunde, starke Menschen zum Chordienst zu.[90] Dieses Ideal physischer Stärke mag zwar auch etwas von den sportlichen Idealen des Adels widerspiegeln, aber es erklärt sich in erster Linie aus der Länge des Offiziums, das erhebliche Anforderungen stellte. Aus Barmherzigkeit wurde der Zutritt zum Hauptchorgestühl jenen untersagt, die während der langen Gebetszeiten nicht stehen konnten. Gichtbrüchige, Alte, Schwache, Lahme und solche, die sich auf Krücken stützen mußten, wurden nicht zugelassen; sie hatten ein eigenes, kleineres Chorgestühl in räumlicher Nähe, aber deutlich getrennt von dem der Gesunden. In Stille betend und betrachtend, lauschten sie dem Psalmengesang der anderen. Die Kraft der Gesunden, die einst der körperlichen Arbeit zugute kam, diente nun der Liturgie.

Längst ist der exzessive Psalmengesang aus den Klöstern verschwunden. Die Schwachen und Alten sind in das Hauptchorgestühl zurückgekehrt. Das offizielle katholische Stundengebet, unter Papst Paul VI. revidiert und in den 1970er Jahren eingeführt, schreibt Klerikern und Ordensleuten die tägliche Rezitation von nur 12 Psalmen vor, wobei der gesamte Psalter über einen Monat verteilt wird. Die Verringerung der Anzahl von Psalmen zeugt jedoch nicht von ihrer Abwertung. Aufgrund ihres hohen Alters, ihres angestammten Ortes in der Liturgie, ihrer lyrischen Schönheit und ihrer Singbarkeit erfreuen sich die Psalmen auch heute noch besonderer Schätzung.

Lobpreis in Prosa oder Vom Dank für Gebetserhörung zum puritanischen Bekehrungsbericht und freikirchlichen Zeugnisgeben

Wie wir gesehen haben, kennen nicht nur Ordensleute die lobpreisende Erzählung der Taten Gottes; sie gehört vielmehr zum Grundbestand jeder christlichen Liturgie. Gelegentlich wird die Erzählung durch den Dank der Gemeinde für Ereignisse ergänzt, die ihr Leben unmittelbar betreffen. Gott handelte nicht nur in biblischen Zeiten, sondern waltet auch noch heute. Das *Book of Common Prayer*, das traditionelle Gebetbuch der anglikanischen Kirche, enthält ein eigenes Kapitel mit Gebeten, in denen die Gemeinde Gott dankt «für Regen; für schönes Wetter; für eine reiche Ernte; für Frieden und Hilfe in Feindesnot; für die Wiederherstellung des öffentlichen Friedens im Land; für das Ende von Pest und anderer epidemischer Krankheit.» Wir mögen über die humorvolle englische Art schmunzeln, die den Dank für Regen vor den Dank für schönes Wetter stellt, aber wichtiger ist die Einsicht, die uns diese Aufzählung in das Leben des 17. Jahrhunderts gibt. Die Menschen lebten in einer Welt, die nicht nur durch einen von schweren Regenwolken verhangenen Himmel gekennzeichnet war, sondern auch von Krieg, Hungersnot und tödlicher Krankheit. Das betreffende Kapitel war im Jahre 1662 auf Wunsch der Puritaner in das Gebetbuch eingefügt worden.[91] Die Puritaner fühlten sich als «Israeliten», als Volk, mit dem Gott durch Dürre und Regen, durch Krieg und Frieden, durch Krankheit und Heilung spricht. Im 20. Jahrhundert wurde die Liste der Geschehnisse, für die Dankbarkeit angebracht ist, um mindestens ein weiteres Glied ergänzt: das vollendete Leben eines Menschen. Der anglikanische Gedenkgottesdienst wird manchmal als «Dankfeier für das Leben und Werk von N.» bezeichnet. Als die Gedenkfeier für die verstorbene Miss Rachel Pearse, Direktorin einer Mädchenschule, in St. Martin-in-the-Fields in

London gehalten wurde, dankten Lehrerkollegen und ehemalige Schülerinnen Gott für das Geschenk dieses Lebens.[92]

Während die Gemeinden zumeist für Ereignisse danken, die alle oder viele ihrer Mitglieder betreffen, macht sich im gottesdienstlichen Leben auch Individualismus bemerkbar. Außer dem gemeinsamen Gotteslob besteht seit frühester Zeit die Praxis persönlicher Danksagung in der Form eines vor der Gemeinde abgelegten Zeugnisses über Gottes Handeln. Heute ist solches Zeugnisgeben regelmäßiger Bestandteil des charismatischen und freikirchlichen Gottesdienstes. Der Pastor lädt christliche Laien ein, vor die Gemeinde zu treten und ein «Zeugnis» abzulegen. Sie sollen den Anwesenden sagen, was der Herr mit ihnen und für sie getan hat.

Das Wesen des Zeugnisgebens erschließt sich uns am besten durch den Vergleich von zwei Ereignissen, die sich am Rande eines antiken und eines frühneuzeitlichen Gottesdienstes abgespielt haben. Das erste Geschehnis führt uns in die Bischofskirche von Hippo in Nordafrika und in die Zeit Augustins. Im *Gottesstaat* erzählt er, wie Paulus und Palladia eine Nebenkapelle der Kirche aufsuchten, um in der Nähe der dort aufbewahrten Reliquien des heiligen Stephanus um Befreiung von einem «fürchterlichen Gliederzittern» zu beten. Tatsächlich trat die Heilung ein.[93] Das geschah an einem Ostersonntag in Anwesenheit der ganzen Gemeinde, die, als sie davon hörte, in lauten Jubel ausbrach, so daß die Kirche von Freudenrufen hallte: «Gott sei Dank! Gott sei Lob!» *(Deo gratias, Deo laudes!)* Augustinus ließ von dem Ereignis sofort einen schriftlichen Bericht anfertigen und hielt kurz darauf eine eigene Dankfeier.[94] Die Geheilten – Bruder und Schwester – standen vor der Gemeinde auf einem Podium, so daß «das ganze Volk beiderlei Geschlechts» sie sehen konnte, während der Bericht vorgelesen wurde. Wie zu erwarten, endet er mit einem Lobpreis.

Über das zweite Ereignis wissen wir aus einem Bericht, den eine spanische Jesuitenniederlassung des 16. Jahrhunderts regelmäßig an Ignatius von Loyola, ihren Gründer und Ordensgeneral, erstattete. Als Juan Bautista la Barma in ein Dorf reiste, um dort am Palmsonntag des Jahres 1553 zu predigen, kamen ihm die Bauern entgegen, um ihn zu begrüßen und mit ihm in ihr Dorf zu ziehen. Der Jesuit fühlte sich beklemmend an Jesus erinnert, dessen festlicher Einzug nach Jerusalem am nämlichen Tage begangen wurde. Geschickt brachte er es fertig, daß nicht er selbst, sondern Christus bejubelt wurde:

> Der Pater sagte: Da an diesem Tag [am Palmsonntag] die Stadt Jerusalem Jesus mit Jubel empfangen hatte, sollten auch sie den Herrn preisen. Jeder sollte die anderen auffordern, Christus wegen einer persönlich erhaltenen Segnung zu danken. Da hob der Pater an und sagte, sie sollten den Herrn loben, weil er ihn zum Ordensmann berufen habe. Ein anderer [forderte zum Lobe auf], da er ein schlimmer Sünder gewesen sei, dies aber erkannt habe und nun Gott dienen wolle. Ein weiterer [forderte zum Lobe auf], weil er ein Moro [Muslim] gewesen, jetzt aber zur wahren [christlichen] Einsicht gelangt sei. Der nächste [wollte, daß man Christus lobe], weil er dem Flu-

chen, der Gotteslästerung und der Sünde hingegeben war, während einer Krankheit jedoch zur Besinnung gekommen sei; jetzt, nach seiner Genesung, wolle er ihm [Christus] dienen. So zogen sie weiter, und jeder brachte allerlei unter vielen Tränen vor.[95]

In der Kathedrale von Hippo wurde Gott für eine Gebetserhörung gedankt, auf dem Weg in das spanische Dorf wurde Christus als Lenker individueller menschlicher Schicksale gepriesen. Im ersten Fall stand ein einzelnes Ereignis – eine als Wunder erlebte Heilung von Krankheit – im Vordergrund, im anderen Fall ein einschneidendes biographisches Ereignis. Zieht man weitere Quellen zur Geschichte des individuellen Gotteslobes heran, so wird deutlich, daß wir es hier mit zwei verschiedenen Mentalitäten zu tun haben, einer traditionellen und einer modernen. In der frühen Neuzeit beginnt sich das Interesse von der fallweisen Gebetserhörung auf die Bekehrung als biographische Lebenswende zu verschieben. Im Zeugnisgeben neuzeitlicher Christen fehlt zwar der Dank für die Gebetserhörung nicht, aber der Blick aufs ganze Leben tritt – zumindest zeitweise – deutlich hervor. In diese Richtung weist auch die Initiative des Jesuitenpredigers selbst: Er dankt Christus für die Berufung zum Priesteramt, also für etwas, was sein ganzes Leben betrifft, und nicht nur für eine einmalige Gebetserhörung (wie es die Bauern vielleicht von sich aus getan hätten).

Beide Weisen des Dankes – die Erzählung einer Gebetserhörung und der Berufungs- oder Bekehrungsbericht – lassen sich durch die Geschichte verfolgen. Die Belege für Lobpreis als Folge einer Gebetserhörung führen bis in die biblische Zeit zurück. Von den Dankfesten der einzelnen in den Tagen des Alten Testaments war bereits die Rede. Im Neuen Testament ist spontaner Lobpreis die regelmäßige Antwort auf Jesu Heilungen. Da legt Jesus zum Beispiel einer kranken Frau die Hände auf, und «im gleichen Augenblick richtete sie sich auf und pries Gott» (Lk 13,13; vgl. 18,43). Andere stimmen in den Lobpreis mit ein: «Da begannen alle Jünger freudig und mit lauter Stimme Gott zu loben wegen all der Wundertaten, die sie erlebt hatten» (Lk 19,37). Als Zeugen göttlichen Eingreifens werden die zufällig Anwesenden und Schaulustigen zu einer Gemeinschaft, die angesichts des mit eigenen Augen Gesehenen in Beifall ausbricht und Gottes Tun rühmt. Interessant ist, daß eine Evangelienstelle auch Jesus in das Lob miteinbezieht. Als ein Mann seiner Heilung von Aussatz gewahr wurde, kam er zu Jesus zurück: «Und er lobte Gott mit lauter Stimme. Er warf sich vor den Füßen Jesu zu Boden und dankte ihm» (Lk 17,15–16). Wie sein alttestamentliches Vorbild beruht auch christlicher Lobpreis auf einer besonderen Erfahrung. Neben der Dankesbekundung enthält der Lobpreis häufig eine pragmatische Komponente: Der Gläubige erwartet weitere Heilstaten, die nicht zuletzt durch das Gotteslob gesichert werden. Gott half nicht nur in der Vergangenheit; er hilft auch heute und wird es immer tun.

Aus allen Jahrhunderten läßt sich belegen, daß die Christen nie an Gottes Wirken in ihrem Leben zweifelten und nie müde wurden, Gott für Gebetserhörungen zu danken. Wie das Beispiel aus der Kathedrale Augustins zeigt, haben manche ihren Dank öffentlich ausgesprochen. Oft haben Christen es jedoch vorgezogen, ihren Dank ohne Öffentlichkeit auszudrücken. Gerne wenden sie sich an einen Heiligen als Schutzpatron, dem sie als Fürsprecher vertrauen und dem, nach Erfüllung ihrer Bitte, auch der Dank gilt. Sie gehen in eine Kirche oder Kapelle, wo sie eine Kerze entzünden oder Blumen vor eine Marienstatue stellen oder eine Münze in den Opferstock zu Füßen des heiligen Antonius werfen. Sie mögen auch der Gottesmutter Maria oder dem heiligen Patrick geweihte Wallfahrtsorte besuchen. Mitunter stiften sie sogar ein Bild, das in einer Kirche aufgestellt wird und gewöhnlich einen Schutzpatron oder eine Schutzpatronin zeigt. Die meisten traditionellen Wallfahrtsorte in Europa besitzen umfangreiche Sammlungen sogenannter *Exvotos*: Kleidungsstücke, verkleinerte Modelle geheilter Beine oder Füße, Finger und anderer Glieder, nach der Heilung nicht mehr gebrauchte Krücken und vieles mehr. Katholische Votivgaben sind wie ihre altgriechischen Vorbilder nichts anderes als Symbole übernatürlicher Hilfe und Heilung, die von allen, auch des Lesens unkundigen Betrachtern ohne weiteres verstanden werden. Die meisten Exvotos tragen keine Inschrift, manchmal jedoch sieht man einen einfachen Hinweis: «Danke» oder «merci mère». In amerikanischen Zeitungen sieht man heute noch Kleinanzeigen, die dem heiligen Judas Thaddäus («Saint Jude») danken. Auf diese Weise wird Gottes Wirken öffentlich bekannt gemacht und die Macht eines Heiligen gefeiert.

Während Katholiken bis heute die privaten Formen des Danks für Gebetserhörung vorziehen, haben Protestanten die öffentliche Dankfeier seit dem 18. Jahrhundert wiederentdeckt. Der Gedanke scheint auf Graf Zinzendorf zurückzugehen, einen der Väter des deutschen Pietismus. Seit 1727 feierte nicht nur Graf Zinzendorf in seinem eigenen Haus, sondern auch kleine Gruppen der von ihm gegründeten Brüdergemeine in Herrnhut (bei Dresden) ein Liebesfest. Graf Zinzendorf glaubte, damit einen urchristlichen Brauch zu erneuern. Die des öfteren wiederholte Feier begann mit einer gemeinsamen symbolischen Mahlzeit, bei der etwas Speise und Getränk gereicht wurden. Wichtiger als das Essen waren Gebet, Gemeinschaft und Gotteslob, wobei besonderer Wert auf persönliches Zeugnisgeben und die Danksagung gelegt wurde.[96] John Wesley lernte die Feier bei den Herrnhutern in Amerika und in Deutschland in den Jahren 1737 und 1738 kennen und zeigte sich davon beeindruckt. Als die von Wesley begründete methodistische Bewegung ihre eigenen Formen von liturgischem und gemeinschaftlichem Leben entwickelte, führte auch Wesley das Liebesfest ein. «Wir feierten ein glückliches Liebesfest in der Kirche [in London]», notierte er am 1. März 1761 in sein Tagebuch. «Viele unserer Brüder erzählten in einfacher, kunstloser Sprache, was Gott für ihre Seelen getan hat. Ich glaube, niemand nahm Anstoß, aber viele waren [im Glauben] gestärkt und getröstet.»[97] Wesley gab auch Anweisungen über die Durchführung des Liebesfestes: «Der eigentliche Inhalt des Liebesfestes ist das freie und formlose Gespräch, bei dem jeder Mann – und auch jede Frau – alles sagen darf, was zum Ruhme Gottes beitragen mag.»[98]

«Ich glaube, niemand nahm Anstoß.» Was einigen befremdlich erschienen sein mag, entwickelte sich zu einem festen, weithin geübten methodistischen Brauch. Einem frühen Bericht zufolge beginnen Liebesfeste «mit Lobpreis und Gebet. Kurz darauf werden etwas Brot und Wasser gereicht und man sammelt für die Armen. Die meiste Zeit, das sind gewöhnlich gegen zwei Stunden, gehört jenen, die sich dazu bereit finden, über ihre eigene Erfahrung der rettenden Gnade Gottes zu sprechen.»[99] Dabei konnte man die Zeugnisse von mehr als zwanzig Personen hören.[100] Den Höhepunkt stellten jene Zeugnisse dar, welche die Güte Gottes feierten. Bei den frühen Methodisten erfreuten sich die Liebesfeste großer Beliebtheit. Sie galten als «zumeist sehr angenehme, erbauliche und belebende Zeiten».[101]

Im Laufe des 19. Jahrhunderts nahm das Interesse am Zeugnisgeben bei den Herrnhutern und Methodisten allerdings immer mehr ab.[102] Zwar gab es Liebesfeste in manchen methodistischen Gemeinden noch in den 1960er Jahren, aber sie hatten längst ihre frühere Bedeutung verloren. Auch in den Brüdergemeinen sprach man nicht mehr von seinen religiösen Erlebnissen. Im selben Maße, wie die ursprüngliche Begeisterung schwand, fühlten sich viele unwohl bei dem Gedanken, über ihre persönlichsten Gefühle zu sprechen. Als Sache des Herzens sind religiöse Gefühle privat und lassen sich nicht ohne weiteres preisgeben. Die Menschen vergaßen, meint ein Methodist des 20. Jahrhunderts, daß ein Zeugnis «die Güte Gottes feiert, und nicht die Triumphe menschlicher Frömmigkeit».[103]

Während das Zeugnisgeben bei Herrnhutern und Methodisten abnahm, wurde es in manchen protestantischen Freikirchen zu einem festen Bestandteil des Gottesdienstes. Es entwickelte sich aus der Laienpredigt, die sich bis ins 17. Jahrhundert zurückverfolgen läßt. Als die biblische und theologische Ausbildung der Geistlichkeit verbessert wurde, galt die Laienpredigt zunehmend als problematisch. Um die Mitte des 19. Jahrhunderts neigten Baptisten wie John Knapp dazu, die Laienpredigt nur dann zuzulassen, wenn die Redner «erzählten, was Gott für ihre Seelen getan hat».[104] Diese Auffassung fiel besonders bei Frauen auf fruchtbaren Boden, denn diese liebten es, ihre Geschichte zu erzählen. Zu den ersten, die das Zeugnisgeben im regelmäßigen Gottesdienst pflegten oder es dort einführten, gehören drei Frauen: Phoebe Palmer (1807–1874), eine methodistische Erweckungspredigerin; Ellen White (1827–1915), die Leiterin und Prophetin der Adventisten; Mary Baker Eddy (1821–1910), die Begründerin der Christlichen Wissenschaft (Christian Science). Die informellen Treffen, die diese Frauen organisierten, boten die Möglichkeit, mit neuen Formen zu experimentieren. Schon in den 1830er Jahren lud Mrs. Palmer jeden Dienstagnachmittag zu einem Frauentreffen in ihre Wohnung in New York ein.[105] Später wurden auch Männer zugelassen. Mrs. Palmers Treffen waren als eine Mischung von gesellschaftlichem Ereignis, Gottesdienst, Fragestunde und Gespräch über geistliche Erfahrung gestaltet. Mrs. Palmer knüpfte an eine alte methodistische Einrichtung an: das sogenannte Gruppentreffen *(class meeting)*, das in der Frühzeit des Methodismus als wöchentliche, von Laien organisierte Zusammenkunft einer Ortsgruppe gepflegt wurde.[106] Zweifellos war Mrs. Palmer auch mit dem methodistischen Liebesfest und dessen erzählendem Gotteslob vertraut. Ihre Frauentreffen erweckten ehrwürdiges methodistisches Brauchtum zu neuem Leben. Das gilt auch für die entsprechende Einrichtung der Siebenten-Tags-Adventisten. Bevor Ellen White die Leitung der von ihr mitbegründeten Bewegung übernahm, war sie Mitglied einer methodistischen Kirche und hatte auf einem Frauentreffen über ihre Erfahrung der Liebe Christi gesprochen.[107] Später führte sie das Zeugnisgeben in den adventistischen Gottesdienst ein. Im Jahre 1851 meinte Mrs. White, die Sabbattreffen sollten dadurch «interessant» werden, daß die Teilnehmer selbst «kurze, pointierte Zeugnisse und Gebete» vortragen.[108] Wenn die Engel im Himmel ihr «heilig, heilig, heilig» Tag und Nacht wiederholen, warum sollte man sich davor scheuen, immer wieder dieselbe Geschichte zu erzählen? Sie führt dazu aus:

> Nicht alle machen dieselben Erfahrungen in ihrem religiösen Leben. So versammeln sich Menschen mit ganz unterschiedlicher Erfahrung und reden in einfacher und demütiger Sprache davon. Jeder, der den christlichen Weg geht, macht lebendige, neue und interessante Erfahrungen. Eine lebendige Erfahrung hat mit täglichen Prüfungen, Konflikten und Versuchungen zu tun, mit großer Anstrengung und mit errungenem Sieg, mit Frieden und Freude, die Jesus schenkt. Ein einfacher Bericht davon gibt Erleuchtung, Kraft und Wissen und kann anderen helfen, selbst Fortschritte im religiösen Leben zu machen. Der Gottesdienst soll für alle, die göttliche und himmlische Dinge lieben, interessant und belehrend sein.[109]

Zwar konnte Ellen White das Zeugnis als «Belehrung» bezeichnen und so dessen didaktische Seite hervorheben, aber ihr war der Gedanke nicht fremd, daß ein Zeugnis gleichzeitig «freudig und voll von Gotteslob» sein soll.[110] Die Adventisten sprechen deshalb vom «Lobgottesdienst».

Auch Mary Baker Eddy gab klare Anweisungen. Da die von ihr gegründete Kirche auf Geistheilung beruht, sind Erfolgsberichte wichtig für das Gewinnen neuer Mitglieder und für die Stärkung der Bekehrten im Glauben. In den 1890er Jahren führte Eddy ein wöchentliches «Erfahrungs- oder Zeugnistreffen» ein, auf dem die Gemeindemitglieder von ihrer Heilung berichteten. Öffentliches Zeugnis «erinnert nicht nur einfach an die erhaltenen Segnungen», sondern «ersteigt die Höhe des Lobpreises und führt die Wunder Jesu vor Augen, ‹der heilet alle deine Gebrechen› (Ps 103,3)».[111] Auch heute noch halten die Christlichen Wissenschafter Versammlungen am Mittwochabend, in denen Männer und Frauen von ihrer Heilung und ihrer Erfahrung mit Mary Baker Eddys Lehre berichten.

Gegen Ende des 19. Jahrhunderts hatte das Zeugnisgeben mehr oder weniger feste Formen angenommen und konnte von anderen religiösen Gruppierungen übernommen werden. Im 20. Jahrhundert wurde es zum festen Bestandteil des gottesdienstlichen Lebens der Pfingstkirchen, der charismatischen Christen, der Christlichen Wissenschafter, Adventisten, Mormonen und vieler Freikirchen. Wie wir gesehen haben, leitet sich der Brauch von den

Methodisten her, die wiederum auf die Praxis der Herrnhuter zurückgriffen. Bei der Schaffung oder Einführung dieser neuen Art des Gotteslobes dachte niemand an eine willkürliche Neuerung, denn öffentliches Gotteslob greift auf biblische Vorbilder zurück.

Zeugnisgeben, so sagten wir, tritt in zwei Grundformen auf: als Bericht von Gebetserhörung und als Bekehrungsbericht. Der vor der Gemeindeöffentlichkeit vorgetragene Bekehrungsbericht hat eine eigene, in der frühen Neuzeit beginnende Geschichte. An deren Beginn läßt sich, allerdings nur mit Einschränkung, der schon herangezogene Bericht über den Jesuiten Juan Bautista la Barma stellen, da dieser in der katholischen Frömmigkeitsgeschichte vereinzelt dasteht. Den modernen Typ der Danksagung für die Bekehrung haben die frühen Puritaner im 17. Jahrhundert entwickelt. Im 19. Jahrhundert lebte er in der amerikanischen Erweckungsbewegung wieder auf.

Die Anfänge des protestantischen biographischen Zeugnisgebens führen uns nach Neuengland zu den Puritanern der 1630er Jahre, die sich von der englischen Staatskirche getrennt hatten.[112] Um die Mitgliedschaft in der puritanischen Gemeinde mußte sich jeder eigens bewerben. Neue Mitglieder wurden über ihren Glauben befragt und verpflichtet, ihr geistliches Leben offenzulegen: ihren Kampf gegen die Sünde, ihre Berufung durch Gott und ihre allmähliche Bekehrung zum wahren Gottesglauben. Zunächst wurden die Bewerber nur von den Gemeindeältesten angehört und befragt. Bald entstand der Wunsch, diese Unterredungen der Gemeindeöffentlichkeit zugänglich zu machen, hatte doch schon Timotheus in den Tagen der Bibel «vor vielen Zeugen das gute Bekenntnis abgelegt» (1 Tim 6,12). So ergab es sich, daß man nach dem Gottesdienst am Sonntagnachmittag zuhören konnte, wenn neue Bewerberinnen und Bewerber ihre Geschichte erzählten – wobei Männer ihre Geschichte selbst vortrugen, während die Berichte von Frauen schriftlich eingereicht und vorgelesen und dann von ihnen bestätigt wurden. Die ganze Gemeinde durfte Fragen stellen und stimmte schließlich über die Aufnahme ab. Die Kirchenordnung («Platform of Church Discipline») des Jahres 1648 erklärte die Vorgehensweise und empfahl sie allen Gemeinden.[113]

Zumindest einige der männlichen Befragten machten gerne von der Möglichkeit Gebrauch, öffentlich zu sprechen. Sie nutzten die Gelegenheit, ihre «Berichte» *(relations)* als kleine Predigten vorzutragen. Mehr Vergnügen als das Reden bereitete natürlich das Zuhören, das, wie Cotton Mather im Jahre 1702 meinte, auf «nützlicher Neugier» beruhe.[114] Mather (1663–1728), ein Puritanertheologe von Rang und ein früher Historiker des amerikanischen Christentums, verteidigte die Praxis gegen jene, die ihr «Tyrannei» und «Grausamkeit» vorwarfen.[115] Er sah keinen Grund, von der «Platform of Church Discipline» abzuweichen, zu deren Autoren auch sein Großvater Richard Mather gehörte. «Nichts dient mehr der Ehre Gottes und dem Trost seines Volkes als die von guten Christen ausgesprochene Einladung: Kommet her, höret zu alle, die ihr Gott fürchtet; ich will erzählen, was er an meiner Seele getan hat [Ps 66,16].»[116] Cotton Mather bezog sich nur auf die öffentliche Aufnahme neuer Gemeindemitglieder, die jeweils eine Viertelstunde dauerte; aber wir hören auch von längeren und weniger förmlichen Veranstaltungen, sogenannten «Erfahrungstreffen» *(experience meetings)*, auf denen die Gläubigen ihre Geschichten austauschten.[117] Frühe Quellen belegen solche Treffen für die 1630er Jahre in Neuengland und für die 1650er Jahre in England. Das Anhören von «Berichten» über Gottes Handeln an einzelnen Menschen – von der Bekehrung bis zum Alltag – wurde zu einer beliebten Form frommer Unterhaltung. Die puritanischen Geistlichen hielten die Erlebnisberichte der Frommen oft schriftlich fest und ließen sie manchmal sogar drukken. So entstanden neue, mündliche und schriftliche Formen der öffentlichen Bekanntgabe von Gottes Wirken auf die Herzen der Gläubigen. Stets ist diese Bekanntgabe mit einem Lobpreis Gottes verbunden. Ein gewisser John Collins schloß in den 1650er Jahren seinen Bericht mit einer Danksagung ab, dessen Worte in vielen Lebensberichten der damaligen Zeit sinngemäß wiederkehren: «Daher preise ich mit großem, großem Dank seinen Namen.»[118]

Der puritanische «Bericht» sollte das 17. Jahrhundert nicht überleben. Noch 1679 verlangte die puritanische Reformsynode Amerikas von den Bewerbern nach wie vor «das Ablegen eines persönlichen öffentlichen Bekenntnisses von Glaube und Bekehrung», doch bestand sie bereits nicht mehr auf einem «Bericht über das Einwirken des Heiligen Geistes auf ihre Herzen».[119] Eine Generation später hielten Theologen wie Jonathan Edwards (1703–1758) den Vorgang für nicht schriftgemäß: «In der Bibel gibt es keinen Hinweis darauf, daß die Apostel oder frühe Amtsinhaber und Christen eine solche persönliche Berichterstattung verlangten.»[120] Diese Einsicht brachte den öffentlichen Bekehrungsbericht endgültig zu Fall.

Während das öffentliche Sprechen über die eigene religiöse Lebensgeschichte in der puritanischen Bewegung allmählich erlosch, sollte es in der amerikanischen Erweckungsbewegung wieder aufleben. Im Jahre 1825 führte der Erweckungsprediger Charles Finney das Zeugnisgeben von Laien in seinen Veranstaltungen ein, dabei zweifellos von dem Brauch der Methodisten angeregt, in deren Einflußbereich er damals tätig war.[121] Auch im Falle der «Zeltmissionen» und der «Lagertreffen» *(camp meetings)*, an denen sich Methodisten mit großer Begeisterung beteiligten, läßt sich methodistischer Einfluß nachweisen. Bei den Lagertreffen des frühen 19. Jahrhunderts versammelten sich Hunderte von Menschen. Diese Treffen fanden irgendwo draußen auf dem Land statt, wo die Teilnehmer in Zelten oder Hütten untergebracht wurden. Von Geistlichen und Laienhelfern betreut, verbrachten sie die Tage mit Singen und Predigthören. Die Predigt sollte das religiöse Bewußtsein stärken oder zum wahren Glauben an Christus bekehren. Die Tätigkeit der Geistlichen wurde durch Laienprediger und das Zeugnis von Neubekehrten unterstützt. Aus dem Jahre 1824 liegt uns der Bericht eines Methodistenpfarrers über ein Liebesfest vor, das in einem solchen Lager in Tennessee stattfand. Viele der zweihundert zum Fest zugelassenen Menschen «legten Zeugnis ab über die großen Taten, die Gott an ihnen getan hatte», wobei die Tränen der Zuhörer nicht ausbleiben konnten.[122] Beim «Ersten nationalen Lagertreffen amerikanischer Methodisten» (First National

Camp-Meeting of American Methodists), das 1867 in Vineland, New Jersey, stattfand, legten viele Laien ein Glaubenszeugnis ab, das in den gedruckten Bericht aufgenommen wurde.[123] Wenn in freikirchlichen und charismatischen Gottesdiensten der Gegenwart Laien ein Glaubenszeugnis ablegen, steht der Bekehrungsbericht oft neben der Erzählung von Gebetserhörung; wahrscheinlich wird die Erzählung von Gebetserhörung heute viel mehr gepflegt als der Bekehrungsbericht, zumal das alltägliche Leben immer neue Situationen hervorbringt, in denen Gebet benötigt und göttliche Hilfe erfahren werden mag. Männer und Frauen, Alte und Junge und sogar Kinder erzählen, wie sie zum Glauben an Christus gefunden haben, wie dieser ihr Leben umgestaltet hat und sie so von äußerer Kirchenmitgliedschaft zu echtem Glauben und persönlicher Überzeugung fanden. Sie sprechen auch davon, wie ihr Gebet Erhörung fand und der Herr ihnen in unerwarteter und unvorhersehbarer Weise beistand, oder auf welche Weise Gott ihr Leben in der vergangenen Woche oder im zurückliegenden Monat beeinflußt hat. Sogar Träume und Offenbarungen glauben sie von Christus erhalten zu haben. So verschieden die Zeugnisse in Stil und Inhalt auch sein mögen, sie lassen sich als autobiographische Berichte mit religiöser Deutung definieren. Ohne die religiöse Interpretation wäre der Bericht kein Glaubenszeugnis und deshalb in den Augen der Gemeinde für den Vortrag im Gottesdienst nicht geeignet. Die religiöse Färbung darf keinesfalls als künstlicher Zusatz verstanden werden. Wer ein Zeugnis gibt, ist von einem christlichen Bewußtsein durchdrungen und sieht daher die Welt mit religiösen Augen.[124] Ist eine Krise überstanden, so ist es der Herr, der geholfen hat. Hat ein Traum böse Mächte gezeigt, die wie Insekten in ein Haus eindringen, gilt dies als Hinweis auf Satans letzten Angriff vor der Wiederkunft Christi.[125] Was dem Außenstehenden als fromme, aber inhaltslose Rede erscheinen mag, beruht in Wirklichkeit auf fester Überzeugung und ist in der Mentalität der Gläubigen tief verwurzelt. Sie können ihre durch Bibel und christliches Zeugnis geprägten Wahrnehmungsmuster nicht ausschalten. In ihrem Bewußtsein fügen sich alle Geschichten, die sie jemals gehört oder gelesen haben, die biblischen wie die nichtbiblischen, zu einem einzigen Universum zusammen, zu einer Welt, in der Gott und böse Mächte ständig am Werk sind.

Zwar hat das Zeugnisgeben des einzelnen biblische Wurzeln, aber seine heutige Gestalt weist deutlich neuzeitliche, moderne Züge auf. Ihm liegt ein empirischer, erfahrungsbezogener Religionsbegriff zugrunde, eine Betonung des persönlichen Glaubens und eine *Do-it-yourself*-Haltung, verbunden mit einem demokratischen Verständnis von Gottesdienst. Für viele Christen bedeutet Glauben nicht nur das Fürwahrhalten dessen, was die Kirche glaubt und lehrt. Ihnen geht es um eine persönliche Beziehung zu Gott als dem fürsorgenden Vater. Mit ihm haben viele Puritaner und Methodisten einen persönlichen Vertrag geschlossen, den sie öffentlich ratifizieren, zum Beispiel im jährlich gefeierten methodistischen «Gottesdienst zur Erneuerung des Bundes mit Gott».[126] Der Bund verpflichtet den menschlichen Partner auf

Treue zum Herrn, während Gott väterliche Fürsorge, Schutz, Führung und sogar Wunder verspricht. Viele Christen lehnen es ab, die Predigt den ausgebildeten Spezialisten und die religiöse Erfahrung einer geistlichen Elite zu überlassen. Im Unterschied zum heilsgeschichtlichen Gotteslob setzt das Zeugnisgeben keine liturgische Ausbildung und kein besonderes Bibelstudium voraus; es ist weder auf einen Kirchenchor, noch auf Orchester, Orgel und vorgeschriebene Gebetstexte angewiesen. Jeder Gläubige, jeder Laie kann und soll ein öffentliches Glaubenszeugnis geben. Da keine besondere Ausbildung, Vorbereitung, Beauftragung oder Weihe benötigt wird, kann von der zwanglosen Ausübung des «allgemeinen Priestertums» aller Gläubigen im freien, nichtklerikalen Gottesdienst gesprochen werden. Die Auffassung der Reformation vom Priestertum aller verbindet sich mit dem demokratischen Ideal der Gleichheit aller Menschen und führt zu dem, was Catherine Albanese die «Glorifizierung der einfachen Leute» genannt hat.[127] Außerdem macht sich hier der moderne, demokratische Wille bemerkbar, das Spezialistentum durch die praktische Weisheit und das Augenmaß des Laien zu ergänzen. Ähnlich wie bei der Arbeit der Parlamente soll auch im Gottesdienst die Herrschaft der Experten (die Expertokratie) verhindert werden. So liegt die Gestaltung des Gottesdienstes nicht nur in den Händen eines ausgebildeten Leiters, der als Alleinunterhalter auftritt; vielmehr ist jeder mitverantwortlich und eingeladen, seinen Beitrag zu leisten. Schon im Neuen Testament heißt es bei Paulus: «Wenn ihr zusammenkommt, trägt jeder etwas bei: einer einen Psalm, ein anderer eine Lehre, der dritte eine Offenbarung; einer eine Zungenrede und ein anderer die Deutung» (1 Kor 14,26). Moderne, demokratische Formen des Gotteslobes stellen den vergessenen paulinischen Idealzustand wieder her.

Hymnische Anbetung oder Messe mit Mozart

Zeugnisgeben und heilsgeschichtlicher Bericht antworten auf Gottes Eingreifen zugunsten eines einzelnen Menschen oder des auserwählten Volkes; als pragmatisches Gotteslob haben sie ihren Ort auf der Erde. Die hymnische Anbetung dagegen ist im Himmel zu Hause. Obwohl Menschen der Zutritt zur göttlichen Welt gewöhnlich verwehrt bleibt, werden Seher ausnahmsweise für einen kurzen Augenblick zugelassen. Einer von ihnen war Johannes von Patmos, der im Buch der Offenbarung niederschrieb, was er gehört und gesehen hat. Er sah und hörte die Serafim. Diese den göttlichen Thron umstehenden Engel priesen ohne Unterlaß ihren Herrn, indem sie sangen: «Heilig, heilig, heilig ist der Herr, der Gott, der Herrscher über die ganze Schöpfung» (Offb 4,8; vgl. Jes 6,3). Nach dem Bericht des Johannes antwortet eine weitere Gruppe von Thronassistenten – vierundzwanzig Älteste – auf das dreifache «heilig». Sie werfen sich zu Boden und entledigen sich der priesterlichen Kronen, die sie tragen. Wer vor Gott steht, muß sich demütigen. Sich niederwerfend, singen die Ältesten: «Würdig bist du, unser Herr und Gott, Herrlichkeit zu empfangen und Ehre und Macht. Denn du bist es, der die Welt erschaffen hat, durch deinen Willen war sie und wurde sie erschaffen» (Offb 4,11). In der Gegenwart Gottes ist das Sich-Niederwerfen die angemessene Geste und das Singen von Lobpreis die sachgemäße Äußerung. Das Gotteslob liegt zwar in der Schöpfungstat begründet («denn du bist es, der die Welt erschaffen hat»), aber jeder Hinweis auf besondere, für den Menschen getane Handlungen fehlt. Das unterscheidet himmlisches von irdischem Lob.

Vorstellung und prophetisches Erleben der hymnischen Anerkennung von Gottes Herrschaft haben großen Einfluß gewonnen. Im theologischen Denken, in Texten und Liedern, die regelmäßig im Gottesdienst gebraucht werden, und nicht zuletzt in der Musik bestimmen sie bis heute die christliche Liturgie.

Der gebräuchlichste Anbetungshymnus ist das dreifache «Heilig», bei dem die Gläubigen in den Lobpreis der Serafim einstimmen. Vermutlich im 3. oder 4. Jahrhundert in die Liturgie eingeführt, ist dieser, lateinisch als Sanctus bekannte Hymnus Teil der meisten christlichen Liturgien geworden und wird oft sehr ausdrucksvoll intoniert.[128] Die Liturgie findet immer neue Worte, dieser einfachen Akklamation einen angemessenen majestätischen Rahmen zu geben. In der katholischen Messe kann das Sanctus wie folgt eingeleitet werden:

> In Wahrheit ist es würdig, dir zu danken, heiliger Vater. Es ist recht, dich zu preisen. Denn du allein bist der lebendige und wahre Gott. Du bist vor den Zeiten und lebst in Ewigkeit. Du wohnst in unzugänglichem Licht. Alles hast du erschaffen, denn du bist die Liebe und der Ursprung des Lebens. Du erfüllst deine Geschöpfe mit Segen und erfreust sie alle mit dem Glanz deines Lichtes. Vor dir stehen die Scharen der Engel und schauen dein Angesicht. Sie dienen dir Tag und Nacht, nie endet ihr Lobgesang. Mit ihnen preisen auch wir deinen Namen, durch unseren Mund rühmen dich alle Geschöpfe und künden voll Freude das Lob deiner Herrlichkeit: Heilig, heilig, heilig, Gott, Herr aller Mächte und Gewalten. Erfüllt sind Himmel und Erde von deiner Herrlichkeit. Hosanna in der Höhe. Hochgelobt sei, der da kommt im Namen des Herrn. Hosanna in der Höhe. (Römisches Meßbuch Pauls VI.)

Der Hymnus erreicht seinen Höhepunkt in der dreimaligen, an Gott gerichteten Akklamation des «Heilig». Die nachfolgenden, den Hymnus abschließenden Worte richten sich an Christus. Auch dieser wird gepriesen, jedoch nicht mit dem Lied der Engel, sondern den Rufen der Menge, die ihn bei seinem Einzug in Jerusalem bejubelte.[129] Wörtlich verstanden, bittet das hebräische «Hosanna» Christus um Erbarmen und um Befreiung von Übel; hier hat es jedoch, wie schon Augustinus bemerkt, die Bedeutung eines Jubelrufs angenommen.[130]

Neben dem Sanctus ist auch das *Gloria in excelsis* ein klassischer Anbetungshymnus der Liturgie. Zuerst im 5. Jahrhundert bezeugt, wird er auch heute noch vielfach gebraucht. Deutsche Protestanten kennen es in folgender Gestalt:

Ehre sei Gott in der Höhe
und Friede auf Erden bei den Menschen seines Wohlgefallens.
Wir loben dich, wir beten dich an,
wir preisen deine große Herrlichkeit.
Wir sagen dir Dank um deiner großen Ehre willen,
Herr Gott, himmlischer König,
Gott, allmächtiger Vater.
Wir loben dich, wir beten dich an,
wir preisen deine große Herrlichkeit.
Herr, eingeborner Sohn, Jesus Christus, du Allerhöchster.
Herr Gott, Lamm Gottes, ein Sohn des Vaters,
der du hinnimmst die Sünde der Welt,
erbarme dich unser.
Wir loben dich, wir beten dich an,
wir preisen deine große Herrlichkeit.
Du bist allein heilig.
Du bist allein der Herr,
du bist allein der höchste,
Jesus Christus, mit dem Heiligen Geist
in der Herrlichkeit Gottes des Vaters.[131]

Im christlichen Gottesdienst sind Anbetungshymnen mit der Feier der großen Heilstaten Gottes verbunden. Die biblische Geschichte von der Sendung des Gottessohnes durch den himmlischen Vater bildet den Rahmen. In diesen Kontext eingebettet, ergänzen die Hymnen die stets gegenwärtige Heilsgeschichte. Jedoch rahmt diese Geschichte die Hymnen nicht nur ein; sie kommt auch in ihnen selbst zum Ausdruck, so daß keine klare Abgrenzung zwischen heilsgeschichtlichem Gotteslob und Anbetung möglich scheint. Das Gloria beginnt mit einer Anbetung Gottes, dessen Glorie wie bei Jesajas serafischem Hymnus vom Himmel auf die Erde herabstrahlt. Nach einigen Zeilen verläßt das Gloria das Anbetungsthema, führt Ereignisse aus der Heilsgeschichte an und richtet eine Bitte an Christus (s. *kursiv* gedruckte Verse). Mit anderen Worten: Wie viele andere Hymnen, so verkörpert auch das Gloria nicht den reinen Typ des Anbetungshymnus. Aber der Umstand, daß liturgische Stükke wie das Gloria keine Anbetungshymnen darstellen, besagt nicht, daß in ihnen die Anbetung keine Rolle spielt. Wohl wird ein heutiger Leser den ganzen Hymnus als Einheit zu verstehen suchen, doch war das in der Vergangenheit nicht immer der Fall. Komponisten, die das Gloria vertonen, teilen den Text oftmals in kleinere Einheiten oder «Sätze» ein, wobei jede musikalische Einheit gesondert behandelt wird und eine eigene Bedeutung erhält. Diese Methode läßt sich mit dem Vorgehen jener Bibelleser vergleichen, die einen Paulusbrief nicht in einem Zug lesen, sondern ihn als eine Art Sammlung weiser Sprüche verstehen, die jeweils für sich betrachtet und bedacht werden können. Sich einer ähnlichen Methode bedienend, vertonen Komponisten den Anfang und den Schußteil des Gloria oft als anbetenden Hymnus.

Sanctus und Gloria erschöpfen das Repertoire des hymnischen Lobpreises bei weitem nicht. Jahrhundertelang haben christliche Liederdichter miteinander in der Schöpfung immer neuer Anbetungshymnen gewetteifert. Gerhard Tersteegens «Gott ist gegenwärtig» (1729), das in heute gebräuchlichen Gesangbüchern steht, mag als Beispiel dienen:

> Gott ist gegenwärtig. Lasset uns anbeten
> und in Ehrfurcht vor ihn treten.
> Gott ist in der Mitten. Alles in uns schweige
> und sich innigst vor ihm beuge.
> Wer ihn kennt, wer ihn nennt,
> schlag die Augen nieder.
> Kommt, ergebt euch wieder.
> Gott ist gegenwärtig, dem die Cherubinen
> Tag und Nacht gebücket dienen.
> Heilig! heilig! singen alle Engelchöre,
> wenn sie dieses Wesen ehren.
> Herr vernimm unsre Stimm,
> da auch wir Geringen
> unsre Opfer bringen.

Obwohl das anbetende Gotteslob in erster Linie eine Sache der liturgischen Praxis ist, haben Theologen dem Thema auch theoretische Überlegungen gewidmet. Die Erklärungen, die Johannes Chrysostomus im 4. Jahrhundert und Sicard von Cremona im 12. Jahrhundert gaben, wurden oft aufgegriffen. Nach Johannes Chrysostomus dürfen sich die Gläubigen den Engeln beim Sanctus anschließen, da «Christus die trennende Wand [zwischen Himmel und Erde] entfernt (...) und die beiden zu einem Reich zusammengefügt hat».[132] Nach Sicard von Cremona vereinigen sich «Engel und Menschen, um [im Sanctus] das Lob des Königs zu singen. Da es den Lobgesang der Engel darstellt, soll es mit kräftiger, schöner Stimme gesungen werden».[133] Sicard und seine Zeitgenossen des 12. Jahrhunderts waren mit dem Beifall vertraut, mit dem der König an seinem Hof begrüßt wurde. Sie verstanden das Sanctus als die himmlische Entsprechung der weltlichen *laudes regiae*, des «Königslobes». Das hymnische, anbetende Gotteslob, bei dem sich Engel und Menschen zu einem einzigen Chor vereinigen, hebt den Unterschied zwischen materiellen und geistigen Geschöpfen und damit von Himmel und Erde auf. Die Theologen waren von diesem Gedanken so begeistert, daß sie vom Lobpreis als der einzigen Beschäftigung im ewigen Leben sprachen. Mit besonderem Nachdruck vertritt Augustinus diesen Gedanken: «Wenn diese Zeit der Mühe von der Zeit der Ruhe abgelöst wird, dann wird das Gotteslob unsere einzige Beschäftigung sein. Dann wird unser Geschäft das Halleluja sein. (...) Dann wird unsere Speise das [Singen des] Halleluja sein, unser Getränk das Halleluja, unsere Ruhe das Halleluja, unsere ganze Freude das Halleluja, das heißt das Gotteslob.»[134] Im gottesdienstlichen Lobpreis bereiten sich die Gläubigen auf diese Zeit vor und nehmen das ewige Halleluja schon vorweg. Die Liturgie öffnet den Himmel und macht die Christen zu Bürgern einer anderen, höheren Welt. Wer sich an solchem Singen nicht beteiligt, schließt sich von dieser höheren Welt für alle Ewigkeit aus. «Die Menschen, die Gott in dieser Welt nicht loben, werden in Ewigkeit stumm bleiben», warnt der mittelalterliche Mystiker Jan van Ruusbroec.[135]

Die alten Hymnen werden noch heute gesungen. Allerdings hört man auch Stimmen, die sich über das Gotteslob kritisch äußern. Anbetung gilt als ein Begriff, der schwer verständlich und dem heutigen Menschen kaum vermittelbar ist. Er scheint einer feudalen, monarchischen und zumindest vormodernen Welt zu entstammen, einer Welt, in der Königen gehuldigt wird. «Kannst du dir etwas Idiotischeres als den christlichen Himmel vorstellen? Was für ein Gott soll das sein, der nichts anderes zu tun hat als Wesen zu erschaffen, die in alle Ewigkeit tagaus tagein sein Lob singen?» fragte der Philosoph Alfred North Whitehead (1861–1947) in einem Tischgespräch.[136] Dieser Gott hat die Gestalt «eines albernen orientalischen Despoten von barbarischer Eitelkeit». Der wahre Gott, meint Whitehead, bedarf keiner Huldigung, keines Beifalls, keiner Komplimente. Die Engel, nach der Tradition die Hauptträger der Anbetung, sind mindestens ebenso problematisch wie der despotische Gott, den der Philosoph kritisiert. Nach Auffassung der Naturwissenschaft und in der Vorstellung vieler Bevölkerungsschichten ist das Weltall nicht von Engeln und Dämonen bevölkert. Wie soll man sich die Anbetung vorstellen, wenn Engel nichts anderes als Wesen poetischer Vorstellungskraft sind? Wie können sich Gläubige solchen Wesen anschließen, die vielleicht gar nicht existieren?

Die religiösen Fragen und Zweifel heutiger Christen stellen eine große Herausforderung an die Theologie dar, werden von ihr doch Erklärungen und Antworten erwartet. Trotz ihrer biblischen Grundlage kann die traditionelle Deutung der Anbetung Gottes als Tätigkeit der Engel das hymnische Gotteslob der Kirche nicht mehr rechtfertigen. Der moderne Mensch scheint dem Gedanken der Verherrlichung Gottes entfremdet zu sein. Wenn der Lobpreis nicht mehr verstanden wird oder mit der modernen Weltauffassung nicht mehr vereinbar scheint, ist es an der Zeit, daß die Theologen das Thema neu durchdenken. Wie so oft bietet sich auch hier die Hilfe der Philosophie an, die seit langem als Magd der Theologie gilt. Als strenge intellektuelle Disziplin verspricht sie eine Rede von Gott, welche die kindlichen Anthropomorphismen überlieferter Gottesbilder hinter sich läßt. Nur wenn Gott als «Grund des Seins», als «unbedingtes Anliegen» oder «höchster Wert» erkannt wird, läßt sich ein Zugang zum wahren Wesen des Gotteslobes finden.

Nach Auffassung der theologischen und geistlichen Autoren des 20. Jahrhunderts anerkennt ein Lob den Wert einer guten Sache oder verdienten Persönlichkeit. Wenn nun Gott das auf der Wertskala am höchsten stehende Wesen ist, das wir uns vorstellen und bewundern können, dann verdient er auch das höchste Lob. Diese Schlußfolgerung hat vor allem Rudolf Otto (1896–1937) gezogen, der sonst eher Gottes irrationalen, sich in Gefühlen des numinosen Erschauerns zeigenden Charakter betonte. Gewöhnlich hielt es

Otto mit dem mittelalterlichen byzantinischen Liturgiker Nikolaus Kabasilas, denn auch dieser war von der sich menschlichem Verständnis entziehenden Macht Gottes überzeugt. «Nahen wir uns Gott», heißt es bei Kabasilas, «erkennen wir sofort die Unnahbarkeit und Macht und Größe seiner Herrlichkeit, und werden von Staunen und Furcht und ähnlichen Gefühlen erfüllt, die von selbst zum Lobpreis führen.»[137] Dennoch begreift Otto den Lobpreis als vollkommen rationalen Akt. Der liturgische Ruf «*tu solus sanctus*» (du bist allein der Heilige) ist nach Rudolf Otto

> ein Lobpreis, der nicht nur die Übergewalt stammelnd zugesteht, sondern zugleich ein über allen Begriffen Wertvolles anerkennen und rühmen will. Das so Gepriesene ist nicht bloß das schlechthin Mächtige, das seine Ansprüche macht und erzwingt, sondern das zugleich im eigenen Wesen das höchste Recht hat, höchsten Anspruch auf Dienst [geltend] zu machen, das gepriesen wird, weil es schlechthin preiswürdig ist. «Du bist würdig, zu nehmen Preis und Ehre und Gewalt [Offb 4,11].»[138]

Gott zu preisen ist nichts anderes als die logische Konsequenz der Erkenntnis seines wahren Wesens. Gott ist das höchste Gut.

Dieser etwas abstrakt bleibende Gedankengang gewinnt bei C. S. Lewis (1883–1964) größere Anschaulichkeit. Lewis verweist auf unsere natürliche Neigung zum Lob: Liebende loben ihren Partner, Leser ihren Lieblingsdichter, Spaziergänger die Landschaft, Spieler ihr Lieblingsspiel, Studenten den von ihnen bevorzugten Professor und so weiter. Und alle fordern andere auf, in ihr Lob einzustimmen: «Ist sie nicht reizend? War das nicht herrlich? Finden Sie das nicht großartig?»[139] Wichtiger noch, Lewis erinnert an die Frustration, die wir zumeist empfinden, wenn wir unsere Begeisterung keinem anderen mitteilen können. «Es ist zum Verzweifeln, wenn man einen neuen Schriftsteller entdeckt hat und keinem sagen kann, wie gut er ist; wenn man als Autofahrer nach einer Kurve plötzlich auf ein Bergtal von unerwarteter Schönheit stößt und nichts sagen darf, weil es die Reisegefährten so kalt läßt wie eine Konservenbüchse im Straßengraben.»[140] Das Lob drückt nicht nur die Freude aus, sondern gehört zu ihr selbst. Hochschätzung und Genuß vollenden sich im Lob.

Nach Lewis preisen Christen Gott in ungefähr derselben Weise wie Liebende ihren Partner lieben. Um das Wesen des Preisens wirklich zu begreifen, «müssen wir uns vorstellen, in einer vollkommenen Liebesbeziehung zu Gott zu stehen – liebestrunken und von einer unbändigen Freude überwältigt. Diesen Glückszustand zu verheimlichen und für uns zu behalten wäre unerträglich». Die Freude muß sich im Lob befreien. Wenn wir uns vorstellen, wie angestautes Glücksgefühl von uns ausströmt und dabei einen vollkommenen Ausdruck findet, dann gewinnen wir eine Vorstellung vom Gotteslob. «Unsere Freude und der Lobpreis, in dem sie sich äußert und befreit, können so wenig voneinander getrennt werden wie das Licht, das in einen Spiegel fällt, und der Glanz, den er verbreitet.»[141] Nicht nur ein Schriftsteller wie C. S. Lewis bedient sich gerne der Sprache der Erotik, wenn er das Gotteslob beschreibt; auch eine neuere Verlautbarung der katholischen Kirche nennt das Gebet der Gemeinde «die Stimme der Braut [d. h. der Kirche], die zum Bräutigam spricht».[142] Bei all seiner mystischen Psychologie und ausgefeilten Sprache verliert Lewis die Schwierigkeiten keineswegs aus dem Blick. Nur auf dem Gipfel mystischer Liebestrunkenheit könnte uns der Lobpreis ohne Mühe gelingen. Unter den Bedingungen des Alltags muß uns der Lobpreis daher oft als Pflichtübung erscheinen.

Der zu lobende Gott steht höher als seine geschichtlichen Taten. Heutige Theologen betonen die absolute Transzendenz Gottes. Gewiß preisen die Gläubigen Gottes geschichtliche Heilstaten und Gott selbst als den Urheber dieser Taten. Dennoch geht Gott nicht in seinen Taten auf. Gott ist mehr als sein Eingreifen in die Geschichte. *Deus semper maior*: Gott ist stets größer als das, was man von ihm zu sagen weiß. Die Liturgie «preist Gott selbst als den, der von Ewigkeit zu Ewigkeit derselbe ist. (...) Er wird gepriesen als der, der er ist in seiner ewigen Herrlichkeit, Heiligkeit, Macht, Kraft und Weisheit».[143] Die Gläubigen loben Gottes Heiligkeit nicht deshalb, weil er sie liebt und seinen Sohn sandte, sondern weil er schon an und für sich des Lobes und der Anbetung würdig ist. «Er wäre unseres Lobes selbst dann vollkommen würdig, wenn er beschlossen hätte, das ganze Menschengeschlecht wegen unserer Sünde und Auflehnung ohne Hoffnung auf Erlösung zu verdammen.»[144]

Bei der Anbetung übergehen die Gläubigen nicht nur Gottes heilsgeschichtliche Taten und ihre eigene Erfahrung von Gottes Vorsehung; sie blicken auch über die kleine Gottesdienstgemeinde und ihre begrenzten und vielleicht sogar konfessionellen Anliegen hinaus. Wahre Liturgie macht nach Kardinal Ratzinger nie die Gemeinde oder Gruppe zu ihrem Maß und Mittelpunkt; sie wird vielmehr an ihrer kosmischen, universalen Ausrichtung erkannt.[145] Indem sie Gott selbst preisen, treten die Menschen aus der Heilsgeschichte und den engen Grenzen sozialer Gruppen heraus und betreten eine andere Welt – die des Himmels.

Theologische Argumente mögen zwar zu einem besseren Verständnis der lobpreisenden Anbetung verhelfen, aber sie werden die Kritiker kaum überzeugen. Diese verstummen wohl erst, wenn sie der mächtigsten und zugleich liebenswürdigsten Verteidigung des Gotteslobes begegnen – der Musik. Im Frühmittelalter wandelte sich das Verhältnis der Christen zur Musik. Da Instrumente nicht mehr als zum heidnischen Kult gehörig galten, konnten sie auch im christlichen Gottesdienst Verwendung finden. Bezeichnenderweise wurden sie zuerst beim Sanctus eingesetzt.[146] Schon früher wurden Kaiser, Bischöfe und Päpste, ihren heidnischen Vorgängern gleich, mit Musik begrüßt, wenn sie sich öffentlich zeigten. Dabei wurde viel Lärm gemacht, man akklamierte im Sprechchor und ließ feierliche Orgeltöne erklingen.[147] Allmählich wurde Musik zum festen Bestandteil des Hofzeremoniells in Konstantinopel. Der päpstliche Hof in Rom sowie der fränkische Hof in Aachen folgten dem byzantinischen Vorbild. Bald diente Musik auch zur Unterhaltung höfischer Gäste. Im 8. oder 9. Jahrhundert wurden Instrumente erstmals im Gottesdienst eingesetzt, so daß Musik kein Vorrecht der weltlichen und kirchlichen Höfe mehr war. Vermutlich waren es benediktinische Klöster, welche die Orgel im 10. Jahrhundert in Westeuropa einführten, wie einem ausführlichen Gedicht von der 993 erfolgten Einweihung der Klosterkirche von Winchester (England) zu entnehmen ist. Um das Jahr 1300 besaßen alle größeren Kirchen Westeuropas eine Orgel und natürlich auch Musiker, die darauf spielen konnten. Allerdings sollte es noch einige Zeit dauern, bis Instrumente auch zur Unterstützung eines Sängerchors eingesetzt wurden. Zunächst dienten Orgel und Altarglocken hauptsächlich dazu, Gott beim Sanctus – dem dreifachen «heilig» der Messe – mit frohem Schall zu ehren.

Später waren die kirchlichen Musiker nicht mehr damit zufrieden, das Sanctus nur mit akklamatorischem Jubel zu begleiten. Als anspruchsvollere Musik für die Messe entwickelt wurde, haben Komponisten gerade das Sanctus unter den verschiedenen Hymnen der Messe besonders hervorgehoben. Die festlichste Musik für die Messe sind die Kompositionen für Chor, Solosänger und Orchester, die im Rahmen des katholischen Hochamts im Zeitalter des Barock entstanden und einen festen Bestandteil der barocken liturgischen Kultur darstellen. Ganz gleich, ob man an kirchlichen Hochfesten donnernde Paukenschläge bevorzugte oder eher langsame, getragene Klänge einsetzte, Komponisten und Musiker gaben ihr Bestes, die Musik der Engel einer frommen und entzückten Zuhörerschaft nahezubringen.

Kompositionen für die Messe erreichten ihre höchste Qualität und Vielfalt im Werk von Joseph Haydn (1732–1809), Wolfgang Amadeus Mozart (1756–1791) und Ludwig van Beethoven (1770–1826). Die vielen von Haydn und Mozart komponierten Messen und die beiden einschlägigen Kompositionen von Beethoven gehören nicht nur zu deren besten und anerkanntesten Werken, sondern auch zu den größten Schöpfungen westlicher Musik.

Zwar haben die klassischen Komponisten die Eigenart der einzelnen Meßtexte sehr genau beachtet, aber sie bemühten sich auch um eine einheitliche musikalische Auffassung der Liturgie. Für sie wurde die *ganze* Messe, angefangen vom akklamatorischen Kyrie am Beginn, zu einer Feier von Sieg, Triumph und Herrlichkeit. Auch die «anbetenden» Sätze des Gloria sollten den festlichen Charakter der gesamten Komposition von vornherein verdeutlichen und festlegen. Um bei der *missa solemnis*, dem Hochamt, einer Stimmung von Herrlichkeit und Majestät Ausdruck zu verleihen, setzte Mozart oft Trompeten, Posaunen und Pauken ein, Instrumente, deren Gebrauch im Salzburger Dom bereits üblich war, besonders beim Sanctus.[148] «In jeder Messe bildet das Sanctus den feierlichsten Moment», erklärt ein Musikhistoriker. Im Blick auf Mozart fügt er hinzu: «Das ausdruckslose C, das in den meisten Messen den Grundton angibt, erhebt diesen Teil ins Unpersönliche und Überzeitliche. Statuarisch prächtig wird die Majestät Gottes angebetet. Vielfach unterstreichen Trompeten, Pauken und eine gestoßene Violinbegleitung die solenne Art der Anbetung.»[149] Mozart unterscheidet deutlich zwischen den langsamen, majestätischen Stimmen der Engel beim Sanctus und den menschlichen Stimmen des darauf folgenden Hosanna, das mit seiner explodierenden Freude einen schnelleren Satz erforderte. Er stellt seine musikalische Genialität in den Dienst beider Welten. Von der ruhigen Anbetung zum Allegro jubelnden Lobpreises fortschreitend, unterstreicht er den Gegensatz von Himmel und Erde und verbindet doch beide. Was immer die Texte im einzelnen ausdrücken mögen, die Musik läßt den Wortlaut als bedeutungslos erscheinen, denn in ihr verschmilzt alles zu einer gewaltigen Geste von Lobpreis und demütiger Verehrung.

Die klassischen Messen wurden in der Regel für den Salzburger Dom (Mozart in den 1770er Jahren) und für die Residenz des ungarischen Fürsten Esterházy in Eisenstadt (Burgenland) geschrieben, wo Haydn 1796–1802 und Beethoven 1807 tätig war. Während ein Bischof oder Priester, umgeben von großer Assistenz, die Messe am Hochaltar zelebrierte, führten Chor und Orchester die Komposition auf, gewöhnlich auf der Empore im hinteren Teil der Kirche. Mitwirkende waren etwa zwanzig Sänger und Solisten sowie ein Orchester von ungefähr fünfzehn Instrumentalisten mit Geige, Violoncello, Kontrabaß, Orgel, Posaune, Fagott, Horn und Pauke.[150] In der Kultur des Spätbarock entstanden und zum prunkvollen, verspielten Stil der Kirchen passend, spiegeln die Orchestermessen den erzbischöflichen und fürstlichen Geschmack ihrer Zeit wider.

Damals gaben die Gegner der Orchestermessen einer einfacheren Liturgie den Vorzug. Dem pädagogischen Gedankengut der Aufklärung verpflichtet, trat der österreichische Kaiser Joseph II. für einen volkssprachlichen Gottesdienst mit Gemeindegesang ein. Die Liturgie, meinte er, solle dem Volk ethische Werte vermitteln und nicht einer Elite Kunstgenuß bieten. Eine erste kaiserliche Verordnung untersagte im Jahre 1754 den Gebrauch von Trompeten und Pauken in der Kirchenmusik; 1782 wurde die Aufführung von Orchestermessen zwar nicht verboten, aber stark eingeschränkt. Ein Jahrzehnt lang wurde keine Kirchenmusik mehr komponiert. Erst nach dem Tode des Kaisers im Jahre 1790 trat eine Änderung ein. Orchester und Chöre kehrten in die Kirchen zurück. Innerhalb und außerhalb der Donaumonarchie wurden die Meßkompositionen gedruckt und fanden große Verbreitung. «Ich habe diese Messe wiederholt in einer katholischen Kirche ziemlich gut ausführen hören», schrieb ein Kritiker über Haydns Paukenmesse; der Artikel erschien 1803 in der *Allgemeinen musikalischen Zeitung* von Leipzig.[151]

In Österreich und andernorts wurde die liturgische Prachtentfaltung jedoch weiterhin angegriffen. Reformen zugeneigte Autoren wünschten sich eine Liturgie, die das einfache, fromme Herz anspricht; außerdem sollten vorhandene Mittel nicht für Musik verschwendet werden, sondern den Armen zugute kommen. Aber mit dieser Sicht waren katholische Apologeten keineswegs einverstanden: Solange die Schönheit und Pracht der liturgischen Gewänder, der Beleuchtung und der Musik größer ist als die von Hof und Theater, vermag sie vom wahren Herrn der Welt zu künden. Die Apologeten hätten dem Historiker James White ohne weiteres zugestimmt, wenn er meint, die Künstler des Barock hätten die Kirche als «den Thronsaal Gottes» nicht nur sichtbar, sondern auch hörbar mit festlichem Klang ausschmücken wollen.[152] Gott musikalisch zu huldigen, fiel keineswegs aus dem Rahmen der allgemeinen Kultur, sondern erschien ihnen als angemessenes Verhalten. Solange die adligen Kritiker der barocken Musikkultur Tausende von Gulden ausgaben, um ihre Damen mit Schmuck auszustatten, blieb ihre Forderung nach einer schmucklosen Liturgie unglaubwürdig. «So lange aber die höchste Pracht bey den Menschen das Zeichen der höchsten Hochachtung bleibet (...) so lange gestehet auch ihr mir zu, daß die katholische Kirche mit Recht, zum Zeichen der höchsten Hochachtung gegen Gott, sich der höchsten Pracht beym Gottesdienst gebrauche.»[153] Im Jahre 1791 veröffentlicht, geben diese Zeilen die Meinung vieler Musikliebhaber wieder, deren Geschmack die in der Aufklärung wurzelnde Forderung nach belehrender Liturgie überlebte. Tatsächlich sollte die barocke Musik nicht nur die Zeit der Aufklärung, sondern auch die französische Revolution und die gesamte alte höfische Kultur Europas überleben.

Aufwendige Musik wurde nicht erst im 18. Jahrhundert angegriffen und von katholischen Apologeten verteidigt. Bereits im 17. Jahrhundert war es im deutschen Luthertum zu einer ähnlichen Auseinandersetzung gekommen. Im Jahre 1661 veröffentlichte ein in Rostock tätiger lutherischer Pastor eine Schrift zur Förderung des Gesangs der Gemeinde. Die *Wächterstimme aus dem verwüsteten Zion* – so nannte Theophilus Großgebauer (1627–1661) sein Buch – lehnte die barocke Prachtentfaltung im protestantischen Gottesdienst ab. Derzeit «haben – leider! – Organisten, Cantoren, Kunst-Pfeiffer und Musicanten, mehrenteils ungeistliche Leute, das Regiment in den Stadt-Kirchen. Die spielen, singen, streichen, klingen nach ihrem Wohlgefallen».[154] Vor allem die Orgel ist ihm ein Dorn im Auge: «Da sitzet der Organist, spielet und zeiget seine Kunst: daß eines Menschen Kunst gezeiget werde, soll die ganze Gemeine Jesu Christi da sitzen und hören den Schall der Pfeiffen; darüber wird die Gemeine schläfrig und faul: etliche schlaffen; etliche schwatzen.»[155] Indem der Virtuose zugelassen wird, bleibt die Gelegenheit zur Belehrung ungenutzt; denn gerade die Analphabeten könnten «durch die Gesänge der Gemeine fein gelehrte werden».[156] Großgebauer will zwei Anliegen miteinander verbinden: Belehrung und Erbauung. Als Volksbildner liegt ihm an der Vermittlung von Glaubenswissen an die Gemeinde, aber als früher Pietist legt er gleichzeitig Wert auf eine fromme Stimmung.

Großgebauers Meinung blieb nicht unwidersprochen. Ein anderer Lutheraner, Hector Mithobius, legte die aristokratische Sicht der Barocktheologen dar und verteidigte sie gegen den Angriff. Nach Mithobius' *Psalmodia Christiana* (1665) soll Kirchenmusik kein didaktisches Ziel verfolgen, da sie sich in erster Linie an Gott und nicht an die Gemeinde richtet. An der Spitze des hierarchischen Universums der *Psalmodia Christiana* thront der von Engeln umgebene und von diesen unablässig gepriesene Gott. Neben den Engeln war König David im Alten Testament der vornehmste Musiker. Wie in biblischen Zeiten, so erwartet Gott auch heute, in einer seiner Majestät entsprechenden Weise verherrlicht zu werden. Der Vergleich Gottes mit einem irdischen Monarchen, dem sein Hof mit aufwendiger Musik huldigt, ist für Mithobius

2 Irdische und himmlische Musik. Der Stich aus dem 17. Jahrhundert zeigt Orgel und Musiker auf der Empore einer Kirche (unten), die von Musikern begleitete alttestamentliche Bundeslade (Mitte) und eine Szene aus dem neutestamentlichen Buch der Offenbarung, wo Engel und Heilige das Lamm Gottes anbeten (oben). Nur ausgebildete Musiker können sich den himmlischen Chören anschließen, deren Gotteslob niemals endet. In den Dienst der Propaganda für protestantische Kirchenmusik gestellt, soll die Kunst den einfachen Gemeindegesang entwerten. Deutscher Stich, 1665.

schlagend: Auch Gott muß mit allen zur Verfügung stehenden Mitteln geehrt werden. Wie man einem Könige zu Ehren die allerprächtigste Musik aufzuführen pflegt, «so sol man viel tausend mahl mehr alle Kunst, Witz, Sinn, Vernunft und Verstand zu der Music des Königs aller Könige (...) anwenden».[157] Alle Formen anspruchsvoller Musik sind von Berufsmusikern auf dem höchstmöglichen Niveau darzubieten. Das Titelbild der *Psalmodia Christiana* (Abb. 2) verleiht dieser Sicht beredten Ausdruck. Die auf der Empore spielenden Musiker sind von den Engeln im Himmel oben und von David in der Bildmitte nicht allzu weit entfernt; dagegen kommt der im unteren Bildregister dargestellten Gemeinde keine besondere Bedeutung zu. Gottes Hofmusik kann nur von ausgebildeten Fachleuten dargeboten werden: In diesem Punkt waren sich viele Lutheraner und Katholiken der Barockzeit einig.

Die Auseinandersetzung fand weder im Zeitalter des Barock noch später ein Ende. Auch heute noch stehen sich Befürworter von Orchestermusik und Anhänger des Gemeindegesangs gegenüber. Im England des 18. Jahrhunderts war der Gemeindegesang in der aristokratischen Staatskirche eher verpönt. Man hatte zwar nichts gegen den schlichten Gesang gereimter Psalmen, aber nichtbiblische Lieder und vor allem die eingängigen Melodien der Methodisten galten als unfein. Als Förderer des Gemeindegesangs standen die Gebrüder Wesley am Rande und der Liederdichter Isaac Watts (1674–1748) außerhalb der englischen Staatskirche.[158] Im viktorianischen England hatten beide Seiten ihre Anhänger,[159] und so ist es auch noch heute – in Deutschland nicht anders als in der englischsprechenden Welt.[160] Obwohl sich heute fast alle Kirchenleitungen für die Pflege des Gemeindegesangs einsetzen, gibt es noch Traditionalisten, für die liturgische Würde und Schönheit nur durch einen richtigen Chor und ein Orchester mit ausgebildeten Musikern zu erreichen ist. «Richtiges Gotteslob», so glauben sie insgeheim, kommt nicht aus der Kirchenbank. Beide Seiten stimmen nur in einem Punkt überein: hymnische Anbetung bildet einen festen Bestandteil des Gottesdienstes und soll durch Musik unterstützt werden.

4. Schluß: Gotteslob und Mentalität

Christliches Gotteslob schöpft aus der langen, in den Psalmen niedergelegten Erfahrung Israels, aus der Heilsgeschichte beider Testamente, aber auch aus dem Leben selbst; deshalb ist es reich und von großer Vielfalt. Im Dank und Lobpreis der Christen schließen sich Menschen und Engel zusammen, individuelle, zeitgenössische Erfahrung vermischt sich mit biblischen Geschichten, Abraham und Christus erscheinen einander nicht fremd. In dieser Sinfonie lassen sich drei verschiedene Philosophien des Gotteslobes erkennen, denen drei verschiedene Mentalitäten zugrunde liegen.

Pragmatisch veranlagte Christen bevorzugen den pragmatischen, von eigener Erfahrung geprägten Lobpreis. Sie leben in einer Welt, die von – natürlichen wie übernatürlichen – Feinden bevölkert wird, und sehen sich ständig Angriffen ausgesetzt sowie von Konflikten, Not und Elend heimgesucht. Doch sie hoffen und erwarten, daß Gott zu ihren Gunsten eingreift. Manche mögen skeptisch sein, aber die meisten sind so stark religiös veranlagt, daß sie mit Gottes unmittelbarer, alltäglicher Fürsorge rechnen. Das fromme Bewußtsein hält nichts von der rationalistischen Auffassung, nach welcher Gott die Welt wie ein Uhrwerk geschaffen hat, um sie danach sich selbst zu überlassen. Im Gotteslob bedenken die Frommen ihre Lebenserfahrung und entdecken immer neue Spuren von Gottes verborgenem Handeln und seinen Wohltaten. Der Gott, dem sie vertrauen, beachtet das Scherflein der Witwe und sorgt sich um jedes Haar auf dem Haupte der Gläubigen. So dient der Gottesdienst der Stärkung und Erbauung des frommen Bewußtseins.

Die Gläubigen, die dem heilsgeschichtlichen Gotteslob zuneigen, besitzen eine ganz andere Mentalität. Religion verstehen sie als große Tradition, deren heilige Geschichte gelernt und von jedem persönlich angeeignet werden muß. Sie mögen Gottes Tun auch in ihrem eigenen Leben spüren, doch im Schicksal der Völker und Staaten, besonders der Geschichte des biblischen Israel, steht es ihnen deutlicher vor Augen. Die biblische Geschichte ist ihnen vertraut. Ihrer Bibelkenntnis verdanken sie es, daß sie sich in einer auf Abrahams Berufung, die Befreiung aus der ägyptischen Knechtschaft, die Gabe des gelobten Landes oder die Auferstehung Christi anspielenden Liturgie nicht fremd fühlen. Von ganzem Herzen feiern sie die heilsgeschichtlichen Ereignisse in Prosa, Hymnus und Lied. Die Erwähnung dieser Ereignisse «erklärt nach der Art eines Glaubensbekenntnisses, daß Gott auch uns bei seinem Handeln gemeint hat und wir davon berührt werden».[161] Gottes Handeln steht an erster Stelle und muß zuerst zur Sprache kommen; dagegen nimmt dessen Bedeutung für den heutigen Menschen den zweiten Rang ein. Mit anderen Worten: was zählt, ist allein Gottes Tun. Christen müssen lernen, von sich selbst ganz abzusehen und sich weniger wichtig zu nehmen. Wer von Gott nur in Bezug auf sein eigenes Leben sprechen möchte, erscheint als egozentrisch, als ein Mensch, der sich nur um sich selbst und sein eigenes kleines Leben kümmert. Im persönlichen Lobpreis, so argumentiert ein Kritiker, «löst man sich aus dem Zusammenhang der objektiven geschichtlichen Offenbarung Gottes heraus und gibt sich nur subjektiven und momentanen Gefühlen hin. Man verfällt in einen nur leicht mit christlicher Sprache verbrämten Existentialismus».[162]

Anders als die von persönlichem Gefühl bestimmte Danksagung des einzelnen bleibt das heilsgeschichtliche Gotteslob objektiv und unabhängig von der augenblicklichen Stimmung der Gläubigen. Das Singen der christlichen Gemeinde gründet darauf, heißt es bei Friedrich Hofmann, «daß bestimmte Tatsachen der Heilsgeschichte einfach feststehen und ihr gelten, unabhängig von den vielen persönlichen Schicksalen. (...) Deshalb kann man hier von einem objektiven Grund des fröhlichen Singens sprechen. Das Singen soll fröhlicher Dank für diese objektiven Tatsachen sein.»[163] Ein amerikanischer Autor teilt diese Ansicht: «Auch dann, wenn der Gottesdienstteilnehmer niedergeschlagen ist und keine besondere Lust zu feierlicher Gottesverehrung verspürt, wird er dazu angehalten, erhobenen Hauptes die ‹anderswo› geschehenen ‹mächtigen Taten Gottes› zu betrachten.»[164] Gott handelt nach seinem Willen, ohne uns zu fragen gleichsam «über unsere Köpfe hinweg». Sein Tun bleibt daher oftmals unergründlich. «Was er [Gott] in Jesus Christus für die ganze Welt und so auch für uns getan hat», bleibt uns hier und jetzt verborgen, meint der reformierte Theologe Karl Barth; erst nach dem Tode, im Jenseits, fällt der Schleier.[165] Gegenstand des Lobpreises hat daher die Sendung des Gottessohnes zu sein; um subjektive Wahrnehmung oder Ausdruck einer augenblicklichen Stimmung kann es nicht gehen. Nach Barth scheint eine persönliche, individuelle Danksagung überhaupt erst im Jenseits möglich.

Offenbar können sich manche Christen mit der von Friedrich Hofmann hervorgehobenen «Objektivität» von Gottes Heilstaten nicht recht anfreunden. Ihnen liegt mehr, was wir das pragmatische Gotteslob nannten: ein von persönlicher Erfahrung geprägter Lobpreis. Eugen Drewermann, ein umstrittener katholischer Priester und Psychotherapeut, hat sich gegen das gemeinsame Stundengebet im Kloster ausgesprochen: Hier würden altorientalische Lieder – die Psalmen – als tote Worte rezitiert, deren Sinn den Beteiligten entginge. Statt persönliche, zärtliche Gebetssprache zu pflegen, seien Ordensleute und Priester zum Stundengebet verpflichtet, dessen «Sinn darin liegt, bis in den letzten Winkel des Herzens die Gefühle, die Gedanken, die eigenen Worte fortzunehmen, bis nichts mehr übrigbleibt als eine Ansammlung fertiger Riten, immer richtiger Gedanken und standardisierter Redewendungen.»[166] Echtes Gebet müßte aus dem eigenen Leben erwachsen und sich aus der eigenen, unmittelbaren Sprache speisen. Vielleicht läßt sich hier an eine Beobachtung des englischen Soziolinguisten Basil Bernstein erinnern.[167] Bernstein hat genauer erforscht, in welcher Weise die Zugehörigkeit zu einer bestimmten sozialen Klasse oder Schicht die Sprache eines Menschen bestimmt. Tatsächlich lassen sich bestimmte Eigenschaften schichtspezifischer Sprache angeben. Angehörige der einfachen Arbeiterschicht, aber auch solche der aristokratischen Oberschicht bedienen sich einer ähnlichen Sprachform. Diese ist stark stilisiert, neigt zur Wiederholung und bedient sich fester Wendungen, deren Bedeutung unausgesprochen und implizit bleibt. Der Sinn wird von den Mitgliedern der betreffenden Schicht ohne weiteres verstanden. Dagegen bevorzugt die Mittelschicht eine Sprache mit immer neu nuancierten Ausdrucksweisen, die nichts unausgesprochen läßt und ein Höchstmaß an Beweglichkeit und Individualität erreicht. Diese Sprache soll jedem verständlich sein. Die Menschen der Mittelschicht lieben den Kontakt und die Verständigung mit allen. Beziehen wir diese Einsicht auf Drewermanns Kritik formalisierter Gebetsriten, so erkennen wir den Aufstand eines Intellektuellen der Mittelschicht, der sich auf dem Gebiet der Religion, wie auf allen anderen Gebieten des Lebens, für Beweglichkeit, Individualität und Spontaneität einsetzt und die festen Formen der Tradition ablehnt. In der Fachsprache der Soziolinguistik könnte man sagen: Er zieht den beweglicheren, Gefühle ausdrückenden elaborierten Code dem steifen, der Tradition verpflichteten restringierten Code vor und steht daher allen festgelegten Texten reserviert gegenüber.

In der Kirchenlieddichtung läßt sich immer wieder die Bevorzugung entweder des Dank- oder des Anbetungsmotivs beobachten. In einer Studie über englische Gesangbücher des 19. und 20. Jahrhunderts unterscheidet Lionel Adey eine gelehrt-liturgische und eine volkstümlich-fromme Liedtradition. Die gelehrte Tradition bezieht sich vor allem auf die objektiven Ereignisse dessen, was Adey den christlichen Mythos nennt: Geburt, Leben und Tod Christi und die Sendung des Heiligen Geistes. Die volkstümlichen Lieder dagegen singen mehr von der Bürde und Last des Lebens, von der Liebe des einzelnen zum Erlöser und von göttlicher Fürsorge im alltäglichen Leben. Von den beiden Arten neigt die eine dazu, «maßlos und egozentrisch zu werden, die andere formalistisch und bis zur Gefühlskälte zurückhaltend. Naturgemäß ist die erstere Art typisch für den volkstümlichen Gottesdienst, wie er in der methodistischen Kirche oder im Freien gefeiert wurde, während die zweite Art die Liturgie in Kathedrale, College, aber auch in einfachen, von Gutsherren beherrschten Dorfkirchen bestimmte».[168] Nachdem sich beide Traditionen im ausgehenden 19. Jahrhundert in England und Amerika miteinander verbunden hatten, traten sie in der Folgezeit wieder auseinander. In der Gegenwart ist der Gegensatz noch deutlicher: Pfingstkirchen pflegen den volkstümlichen Stil, während in den anderen Kirchen der liturgische Stil vorherrscht.

Eine dritte Gruppe – Menschen mit liberalen Neigungen und romantischem Interesse an Natur, Kunst und Ästhetik – schätzt den Schauer und die Faszination des Göttlichen, wie er im reinen, himmlischen, allem Irdischen enthobenen Gotteslob zum Ausdruck kommt. Sie gleichen den königlichen Verehrern des altägyptischen Sonnengottes Aton, die (jedenfalls nach der Interpretation Sigmund Freuds), der Schönheit ihrer Hymnen ganz hingegeben, alles weltliche Geschäft vernachlässigten und nicht wahrnahmen, wie sich das ägyptische Reich aufzulösen begann.[169] Wie der byzantinische Theologe Nikolaus Kabasilas sind sie der Meinung, daß wir in der Liturgie «von uns selbst und unseren Interessen ganz absehen und Gott um seiner selbst willen, wegen seiner Macht und Herrlichkeit preisen».[170] Ihr tägliches Leben mag gestört und belastet sein, aber sie fühlen sich zur Welt der hymnischen Anbetung hingezogen: einer organischen, harmonischen, von Gottes Herrlichkeit erfüllten Welt. Sie fühlen sich angesprochen von einer Liturgie, in der wie beim Sanctus die Schranke zwischen Himmel und Erde aufgehoben ist. Nach ihrer Auffassung soll der Gottesdienst in einer idealen, kulturell anspruchsvollen Umgebung stattfinden und vom Klang heiliger Hymnen, imposantem Orgelklang und vielleicht auch vom süßlichen Geruch des Weihrauchs bestimmt sein. In einer solchen Atmosphäre werden die Gläubigen der bedrängenden, chaotischen Alltagswelt enthoben. In den Worten von Reinhard Raffalt, einem katholischen Orgelvirtuosen: «Die einzige Möglichkeit, den chaotischen Strudel dieser Welt aufzuhalten, scheint mir im Neuerschaffen von Schönheit zu liegen, deren einziges Ziel die Verherrlichung Gottes ist.»[171] Manche Christen fliehen in die Welt liturgischer Schönheit und werden durch Lobpreis gerettet.

Oftmals sind christliche Liturgien vielseitig genug, um die verschiedenen Arten des Gotteslobes zu vereinen und so jeden Geschmack zu befriedigen; mitunter jedoch entwickeln sich die gottesdienstlichen Stile zu selbständigen liturgischen Gestalten. So dürfte eine kirchenmusikalische Aufführung gewöhnlich der «Liturgie der Engel» entsprechen. Gottesdienste, in denen Schriftlesungen oder Psalmengesang eine tragende Stellung zukommt, werden in der Regel vom Gedanken der Heilsgeschichte beherrscht sein. In manchen Kirchen gibt es eigene Veranstaltungen, in denen das Zeugnisgeben im Vordergrund steht. Häufig sind Gottesdienste insgesamt und sogar ihre Bestandteile keineswegs ausschließlich einem einzigen Grundgedanken verpflichtet. Ein zeitgenössisches englisches Lied besingt Gottes Tun, angefangen von der Erschaffung der Welt bis zu Menschwerdung, Leben, Tod und Auferstehung Jesu; allerdings wird die Abfolge heilsgeschichtlicher Strophen durch einen eingeschobenen Refrain reiner Anbetung unterbrochen:

> Lord, I praise you because of who you are
> not just for all the mighty deeds you have done.
> Lord, I worship you because of who you are,
> you're all the reason that I need to voice my praise.[172]
>
> [Herr, ich preise dich, weil du bist, wer du bist,
> und nicht nur wegen deiner großen Werke.
> Herr, ich ehre dich, weil du bist wer du bist:
> mein Lob braucht keinen anderen Grund als dich selbst.]

Der Gottesdienst, wie er tatsächlich gefeiert wird, nimmt auf unsere begriffliche Unterscheidung zwischen verschiedenen Formen des Gotteslobes keine

Rücksicht, sondern vermischt und verbindet diese in immer neuen Spielarten. Alle Formen des Gotteslobes gehören zusammen und bilden eine einzige großartige Sinfonie.

Der an Gott gerichtete Lobpreis eröffnet den christlichen Gottesdienst. Eine andere Form der Anrede Gottes, die niemals fehlt, blieb in unserer Darstellung bislang außer Betracht: das *Bittgebet*. Diesem gilt das nun folgende Kapitel.

ZWEITES SPIEL

Gebet

Die Bitte um Gottes Hilfe

Amen, Amen, ich sage euch: Was ihr vom Vater erbitten werdet, das wird er euch in meinem Namen geben. (Joh 16,23) *Jesus*

Ein Christenmensch soll in der Messe alles das, wovon er fühlt, daß es ihm fehlt oder er es zuviel hat, sich vornehmen und es offen vor Gott ausschütten, mit Weinen und Winseln, so klagend er nur kann, wie vor seinem treuen Vater, der bereit ist, ihm zu helfen.[1] *Martin Luther, 1520*

Try prayer power.[2] *Norman Vincent Peale, 1952*

1. Über das Bittgebet

In den meisten Religionen sprechen die Gläubigen mit den für sie unsichtbaren Göttern und bitten um Schutz und Hilfe. Die große Macht der Götter und ihr Walten in der Natur läßt erwarten, daß sie auch in menschliches Schicksal eingreifen. In der antiken Welt galt Gebet als eine gewöhnliche, fast alltägliche Sache. Es wurde zuversichtlich und in Erwartung göttlicher Antwort vollzogen. Gewiß hatten die Götter manchmal ihre Gründe, den menschlichen Wünschen nicht zu entsprechen, aber oftmals «funktionierte» das Beten. Weil die Christen, als sie ihren Gottesdienst schufen, sich ohne Scheu der antiken Formen bedienten, müssen wir zuallererst klären, wie die Menschen der alten Welt beteten. Im einzelnen gilt es, folgenden drei Fragen nachzugehen: Wer betet? Worum werden die Götter gebeten? Wie helfen sie? Zitate aus jüdischen und heidnischen Gebetstexten können helfen, diese Fragen zu beantworten und die Stellung des Gebets in Gottesdienst und Alltag der Antike zu verstehen.

Wer betet?

> [Bsp. 1] Jahwe ließ das Kind (...) schwer krank werden. David suchte Gott wegen des Knaben auf und fastete streng; und wenn er hineinkam, lag er die Nacht über auf der Erde. (2 Sam 12,15–16)

> [Bsp. 2] Herr und Gott, König, Gott Abrahams, verschone dein Volk! Denn sie blicken voll Haß auf uns und wollen uns ins Verderben stürzen; sie sind darauf aus, uns zu vernichten. (Est LXX 4,17)

König David, so wird erzählt, hatte ein uneheliches Kind von einer in der Nachbarschaft des Palastes lebenden verheirateten Frau. Und, schlimmer noch, er ließ ihren Ehemann töten, um die Frau in den eigenen Harem aufzunehmen. Nach der Geburt des Knaben wurde dieser schwer krank. David jedoch liebte das Kind und hoffte, es werde überleben. So fastete er, legte ein Trauergewand an, schlief auf dem Boden und bat Gott inständig um die Heilung des Knaben. Indem er sein Gebet durch traditionelle Demutsbezeugungen unterstützte, hoffte er auf Gottes Barmherzigkeit. Da David aber gesündigt hatte, fand sein Gebet keine Erhörung; das Kind starb. Das erste Gebet unserer Reihe ist der spontane Akt eines einzelnen, der Gott in einer Notlage um Hilfe anruft. Das zweite Beispiel gehört in einen ganz anderen Zusammenhang. Das Esterbuch, eine Novelle aus dem 4. oder 3. Jahrhundert v. Chr., erzählt von einem Erlaß des persischen Königs, «alle Juden, jung und alt, auch Kinder und Frauen, am gleichen Tag (...) zu erschlagen, zu ermorden und auszurotten und ihren Besitz zu plündern». Als Mordechai, ein einflußreicher

Jude, davon erfuhr, zerriß er seine Kleider wie es Brauch war, erhob lautes Klagegeschrei und rief seine in derselben Stadt lebenden Glaubensgenossen zusammen. Altem Brauch entsprechend wurde das Gebet durch Gesten demütiger Selbsterniedrigung unterstützt: Man fastete, legte Trauerkleidung an, wälzte sich in Asche, klagte und enthielt sich des Gebrauchs von Salbe. Durch diese Maßnahmen glaubte man, Gott zur Gebetserhörung bewegen zu können. «Ein Fasten abhalten» bedeutete, eine öffentliche Gebetsversammlung zu veranstalten. Man traf sich gewöhnlich im Jerusalemer Tempel; war dies nicht möglich, so wies die Gebetsrichtung auf den Tempel (wie die Muslime noch heute ihr Gebet nach Mekka richten). Eine alte, vielleicht aus dem 6. Jahrhundert v. Chr. stammende Anweisung führt folgende Anlässe für Gebetsversammlungen an: wenn ein Feind eine jüdische Stadt belagert; beim Auszug in den Krieg; wenn der Regen ausbleibt; wenn Hungersnot im Lande herrscht oder dieses von Pest, Getreidebrand, Heuschrecken und Ungeziefer heimgesucht wird; wenn das Heer eine Niederlage einstecken muß; wenn Jahwe das Volk bestraft und dessen Feinden erlaubt, es in ein fremdes Land zu verschleppen.[3]

Wie aus den Beispielen 1 und 2 ersichtlich, gehört das Bittgebet in eine Krisenzeit: einer zu erwartenden oder schon bestehenden Notlage. Der Zustand göttlichen Segens gilt als normal, und unter normalen Umständen bedarf es daher keines Gebets. Aber sobald eine Notsituation eintritt, sorgen Gebet und Bußübung für die Wiederherstellung des derzeit empfindlich gestörten Zustandes. Eine Krise muß durch eine rituelle Geste beantwortet werden, und öffentliches, gemeinsames Gebet gilt als angemessene – und Erfolg versprechende – Maßnahme. Sobald Gott das Gebet erhört und das verlorene Glück wiederhergestellt oder die Gefahr gebannt hat (indem etwa der persische König des Esterbuches seinen Erlaß zurücknimmt), besteht für das Gebet kein Bedarf mehr. Mit einer Krise verknüpft, hat das Gebet einen bestimmten Anlaß und ist beendet, sobald die Krise überwunden ist.

Beim ersten Beispiel handelt es sich um ein privates und individuelles, beim zweiten um ein öffentliches, gemeinschaftliches Gebet. Der von Leid heimgesuchte Einzelne oder die bedrängte Gemeinschaft bedient sich des Gebets.

Worum wird gebetet?

Die Situation, in der gebetet wird, ist im Fall der Beispiele 1 und 2 dieselbe: Gott soll in einer Notlage zügig Abhilfe schaffen. In einer Notsituation vorgebrachtes Gebet kommt wahrscheinlich auch heute noch am häufigsten vor. In der alten Welt aber war nicht jedes Gebet mit der Erwartung einer sofortigen göttlichen Hilfe verbunden. Das folgende Beispiel zeigt eine andere Möglichkeit:

> [Bsp. 3] Bringe wieder unsere Richter wie vordem und unsere Ratsherren wie zu Anfang, und sei König über uns, du allein. (Achtzehngebet, palästinische Fassung)[4]

Diese noch heute in der Synagoge gesprochene Bitte ist einem der ältesten jüdischen Gebete entnommen. Anders als die Gebete 1 und 2 entspringt es nicht einer akuten, lebensbedrohenden Notlage, sondern weist auf eine langfristige Unzufriedenheit mit dem nationalen Geschick. Nach der Zerstörung der Stadt Jerusalem durch die Babylonier im Jahre 586 v. Chr. wurden Klage- und Bußfeiern abgehalten, bei denen man um die Wiederherstellung des Staates flehte: «Sklaven herrschen über uns, niemand entreißt uns ihren Händen. (...) Erneuere unsere Tage, damit sie werden wie früher» (Klgl 8,10.21). «O Gott, erlöse Israel aus all seinen Nöten!» (Ps 22,25) Das jüdische Volk hat sich von der damals erlittenen Niederlage nie mehr ganz erholt und kam vor dem 20. Jahrhundert nur selten in den Genuß politischer Unabhängigkeit. So wurde das Gebet um die Wiederherstellung des jüdischen Staates durch die Jahrhunderte gepflegt. Während die Gebete 1 und 2 in einer lebensbedrohenden Lage um sofortige Hilfe bitten, liegt dem 3. Gebet die Hoffnung zugrunde, irgendwann in der Zukunft werde die seit langem bestehende Situation verminderten, unerfüllten Lebens ein Ende haben. Sowohl die sofortige Hilfe als auch die Befreiung aus allgemeinem Elend erfordern ein dramatisches Eingreifen Gottes. Aber damit ist die Grammatik des Gebets noch nicht erschöpft, denn es gibt Gebete, die keinen sichtbaren, dramatischen Eingriff Gottes erbitten. Gott kann auch ganz anders handeln:

> [Bsp. 4] Wecke der Flammen Brunst nie in Pelasgos' Stadt. (...) Mögen dem teuren Volk nie Seuchen die Stadt verheeren. (...) Reifende Frucht im Feld, jedes zu seiner Zeit, zeitige Zeus zur Reife, mehr' in den Triften umher segnend der Herden Gedeihn. (Aischylos, *Die Schutzflehenden)*[5]

Der Frauenchor der *Schutzflehenden* von Aischylos (ca. 490 v. Chr.) fleht zu Zeus um Schutz und Segen für die Stadt Argos. Dieses Gebet ist zwar einem Schauspiel entnommen, aber wir wissen aus anderen antiken Quellen, daß sich die Menschen der griechischen Polis zum Gebet versammelten, um göttliches Wohlwollen für ihre Stadt zu erbitten. Eine auf das Jahr 196 v. Chr. datierte Inschrift aus Magnesia am Mäander (Kleinasien) unterrichtet uns über ein jährliches Fest, an dem Priester und Priesterinnen, neun Knaben und neun Mädchen, Soldaten, Beamte, der Leiter des Stadtrats und ein «öffentlicher Opferdarbringer» mitwirkten. Zeus wurde ein Opfer dargebracht und man betete «für das Wohlergehen von Stadt und Land, die Frauen und Kinder und alle Einwohner von Stadt und Land, um Frieden und Wohlstand und Ertrag von Getreide und allen anderen Früchten des Feldes und der Besitztümer».[6] Die Athener hatten ein ähnliches staatliches Gebet, das die Bitte enthielt: «Laß es regnen, laß es regnen, lieber Zeus, auf die Felder der Athener und die Fluren.»[7] Öffentliches Gebet fand im Tempel unter Mitwirkung von Priestern statt, folgte einem vorgeschriebenen Ritual und war stets von einer Opferdarbringung begleitet.[8] (Privates Gebet dagegen erforderte nie die Assistenz von Priestern.) Bei den Juden verhielt es sich nicht anders; auch sie kannten das öffentliche Gebet in Tempel und Synagoge. Ein altes, noch heute gebräuchliches jüdisches Gebet enthält folgende Bitte: «Segne uns, Herr unser

Gott, dieses Jahr zum Guten bei allen Arten seiner Gewächse (...) und gib Tau und Regen auf den Erdboden, sättige die Welt aus den Schätzen deiner Güter und gib Segen auf das Werk unserer Hände.»[9]

> [Bsp. 5] Gott, sei mir gnädig (...) tilge meine Frevel nach deinem reichen Erbarmen! Wasch meine Schuld von mir ab, mach mich rein von meiner Sünde! (...) Lauterer Sinn im Verborgenen gefällt dir, im Geheimen soll Weisheit mich leiten. (...) Erschaffe mir, Gott, ein reines Herz. (Ps 51,3–4.8.12)

Gebet 4 und seine angeführten Entsprechungen bitten Gott um greifbare, materielle Segensgüter für die Gemeinschaft, während Gebet 5 ausschließlich nach geistigen Gütern verlangt. Nach Auffassung der modernen Kommentatoren muß der Psalm einem kultischen Zusammenhang entstammen, bei dem sich ein einzelner einer rituellen Reinigung unterzog. Ein Priester besprengte den Büßer mit einem in Wasser oder Blut getauchten Wedel aus Ysopblättern und erfüllte so die Bitte des Psalmisten. Der Wortlaut läßt nicht mehr erkennen, bei welcher Gelegenheit ein solches Ritual durchgeführt wurde. Denkbar wäre die Thronbesteigung des Königs, denn zu diesem Zeremoniell gehörte offenbar das Gebet des neuen Herrschers um Weisheit.[10] Es könnte sich jedoch auch um eine jährliche Bußfeier handeln, bei welcher der König die Sünden des Volkes auf sich nahm und sich dieser Last rituell entledigte.[11] Oder – um noch eine letzte Vermutung anzuführen – der Psalm gehört zu einem häuslichen Bußzeremoniell, das, von einem Heiler durchgeführt, die Heilung eines Kranken einleiten sollte. Was immer der Anlaß gewesen sein mag, eines ist deutlich: der Beter fleht um die Herstellung einer besonderen Gottesbeziehung, die rituelle Reinheit zur Voraussetzung hat. Die in den Zustand der Reinheit versetzte Person steht Gott näher und ist ihm sozusagen ähnlicher als zuvor. Gott vermag die Gabe der Weisheit – die geistige Fähigkeit zur Herrschaft – nur einem Menschen zu verleihen, der darauf vorbereitet wurde. Daß es solche Bitten um Weisheit gab, lehrt uns König Salomos Gebet: «Verleih deinem Knecht ein hörendes Herz, damit er dein Volk zu regieren und das Gute vom Bösen zu unterscheiden versteht» (1 Kön 3,9). Ein ähnliches Gebetsanliegen äußerte etwa 300 v. Chr. der griechische Philosoph Kleanthes: «O Zeus, Allgeber (...) Nimm von dem Menschengeschlecht der Sinnenlust trübe Verblendung, reiß aus dem Herzen sie aus, o Vater, und laß es Weisheit erlangen, kraft derer du selber gerecht das Weltall regierest.»[12] Unter den christlichen Theologen der Antike vertrat Klemens von Alexandrien dieselbe Auffassung: Der Weise betet nur um geistige Güter.[13]

In der Antike gab es eine jüdische Gruppe, die auf das Gebet um geistige Güter besonderen Wert legte: die Gemeinde von Qumran, deren Schriftrollen nach dem Zweiten Weltkrieg in der Nähe des Toten Meeres gefunden wurden. In einem vielleicht jährlich abgehaltenen Erneuerungsgottesdienst bekannten die Mitglieder der Gemeinde ihre Sünden: «Wir haben uns vergangen, wir haben gesündigt, wir und unsere Väter vor uns» (usw.), worauf die Priester mit einem Segen antworteten: «Er segne dich mit allem Guten und bewahre dich vor allem Bösen. Er erleuchte dein Herz mit Verstand des Lebens und begnade dich mit ewigem Wissen.»[14] Sobald die Sünde bekannt und vergeben ist, kann Weisheit als göttliche Gabe gewährt werden. Im Liederbuch (Hodayot) der Gemeinde kehrt derselbe Gedankengang wieder: «Ich weiß, daß keiner gerecht ist außer dir! Ich bitte dich inständig durch den Geist, den du mir gegeben hast: vollende deine Huld an deinem Knecht auf ewig, reinige mich durch den Geist deiner Heiligkeit und führe mich in deinem Wohlgefallen huldvoll zu dir.»[15] Ein genaues Studium der Qumranschriften führt zu der überraschenden Entdeckung, daß die Mitglieder der Sekte keine andere Art des Bittgebets kannten als diese.[16] Nach ihrer Auffassung hat Gott das Schicksal seiner Erwählten von Anfang an festgelegt, so daß alles unabänderlich nach Gottes vorgefaßtem Plan verläuft. Daher ist es sinnlos, Gott zu bitten, seinen Ratschluß zu ändern. Nur der Bitte um Zuwachs von Weisheit kann Gott nachkommen, ohne seinen Plan zu ändern.

In der alten Welt gingen manche Philosophen noch weiter, indem sie zur Bitte um Reinigung und Erleuchtung noch eine weitere, kühnere Bitte hinzufügten. Die neuplatonische Philosophie sah in der Vereinigung mit dem Göttlichen das höchste, durch theurgisches Gebet zu erstrebende Ziel. Im 5. Jahrhundert n. Chr. beschrieb Proklos die verschiedenen Stufen der Annäherung an die Götter.[17] Der Beter kann immer höhere Sprossen einer geistigen Leiter erklimmen, die zu den Göttern führt. Ist die höchste Sprosse erreicht, dann steht der Beter in einer bleibenden Verbindung mit der göttlichen Welt und hat Teil am göttlichen Licht. Zwar lehnt Proklos das Gebet um die für das Leben notwendigen materiellen Güter wie Regen und Gesundheit oder auch um Schutz vor Gefahren nicht ab, aber er macht doch deutlich, daß theurgisches Gebet die höchste, dem Philosophen angemessenste Form darstellt. Später, im Mittelalter, haben christliche Mystiker in der Nachfolge des Proklos theurgisches Gebet geübt, um zu Christus oder Gott aufzusteigen.[18] Auch in der jüdischen Mystik klingt dieser Gedanke nach; so in Leo Baecks *Wesen des Judentums* (1905): «Das Gebet will uns mit Gott allein sein lassen, es ist dazu bestimmt, uns, von dem Kreise der Menschen fort, zu Gott hinzuführen. Mitten in der Welt will es uns eine Abgeschiedenheit geben. Auch im menschenvollen Gotteshaus sollen wir die Einsamkeit suchen, auch dort mit uns und unserem Gotte zusammen sein.»[19]

Ein Vergleich der verschiedenen Bitten – Flehen um Befreiung aus drängender Not oder dauerndem Elend, um Segen und geistige Güter – kann uns deren unterschiedlichen Charakter noch einmal klar vor Augen führen. Der *Gegenstand der Bitten* selbst ist jeweils ein anderer. Die im Perserreich lebenden Juden bitten um sofortige Hilfe in einer lebensbedrohenden Krise. Die Bitten um ein segensreiches Jahr, um Vergebung von Schuld und die Befreiung von Fremdherrschaft und Errichtung eines jüdischen Staates werden zwar oft mit einem ähnlichen Nachdruck ausgesprochen, aber ihnen fehlt die Dringlichkeit, die das in Todesangst gesprochene Gebet auszeichnet. Gebete um Hilfe und Befreiung bitten um das Eintreten ganz bestimmter, oftmals wunderbarer

Ereignisse, die als von Gott verursacht gelten. Das Gebet um Segen dagegen bezieht sich auf das unsichtbare, regelmäßige Walten Gottes in der Natur.[20] Aufgrund seines undramatischen, ruhigen, steten und verborgenen Charakters bleibt Gottes segnendes Tun oftmals unbemerkt. Ein weiterer Unterschied bezieht sich auf *Regelmäßigkeit und Unregelmäßigkeit.* Die Bitte um Segen, geistige Güter und Beendung des Elends erfolgt wiederholt und regelmäßig, etwa jährlich oder öfter, und nicht nur in Zeiten akuter Bedrohung; solches «liturgische Gebet» gilt als bleibende Pflicht der Glaubensgemeinschaft und der mit dem Kult beauftragten Spezialisten. Schließlich ist die jeweils charakteristische *Sprache* als drittes Unterscheidungsmerkmal zu nennen. In höchster Not gesprochenes Gebet findet seine Worte eher spontan als das Gebet um Segen, Befreiung und Vergebung. Liturgisches, wiederholtes Gebet schafft sich mehr oder weniger feste Formen. Es besteht aus einem Repertoire standardisierter Bitten, die sich eher auf allgemeines Wohlergehen und geistige Güter beziehen als auf genau angegebene, dringende Anliegen.

Unabhängig von Wohlergehen oder Not einer Gemeinschaft praktiziertes Gebet ist vermutlich sehr alt und mag schon in der Frühzeit der Menschheit zu den Riten gehört haben, mit denen Gruppen die Fruchtbarkeit ihrer Tiere und Felder zu sichern und zu verbessern suchten. In alttestamentlicher Zeit mag es ein vielleicht jährliches Gebet für das Wohlergehen des Königs gegeben haben. Häufigeres, etwa wöchentliches oder tägliches Gemeindegebet kannten jedoch weder die alten Israeliten noch die anderen Völker der alten Welt. Erst in frühjüdischer Zeit, der Spätzeit des Alten Testaments, finden sich Spuren eines regelmäßigen Gemeindegebets, und zwar allein im Judentum und keiner anderen Religion des Mittelmeerraumes. Innerhalb des Judentums scheinen kleine, radikale Gruppen des 1. Jahrhunderts n. Chr. diese Einrichtung gepflegt zu haben, zum Beispiel die Essener, deren an das Mönchtum erinnernde Lebensform gemeinsames Morgen- und Abendgebet ermöglichte.[21] Der Liturgiehistoriker Joseph Heinemann nennt das regelmäßige Gebet «eine echte und eigenständige jüdische Schöpfung». Vor ihrer Entwicklung innerhalb der rabbinischen Synagoge habe es diese Grundgestalt des Gottesdienstes überhaupt nicht gegeben. In anderen antiken Religionen «war regelmäßiger Gebetsgottesdienst völlig unbekannt; Gebet kannte man nur als Beiwerk anderer ritueller Akte oder als Mittel, auf das man in außergewöhnlichen Umständen zurückgriff. Im Wortlaut festgelegtes Gebet, das als solches den ganzen Gottesdienst ausmachte, war in der Antike eine auffällige Neuerung, die Christen und Muslime von den Juden übernommen haben.»[22] Das liturgische Gebet entstand wie die Synagoge, die es pflegte, in vorchristlicher Zeit. Als nach der Zerstörung des Jerusalemer Tempels in den Jahren 70 und 135 n. Chr. andere Kultformen nicht mehr praktiziert werden konnten, nahm es an Bedeutung gewaltig zu. Das Gebet ersetzte das archaische Tieropfer und stieg zu einem der Hauptbestandteile des jüdischen Gottesdienstes auf. Auch für die christliche Liturgie wurde es zum Vorbild.

Wie hilft Gott?

Nicht anders als heutige Menschen erwarteten auch die Beter der Antike, von Gott erhört zu werden. Gott, so hoffen sie, werde gewiß helfen, Wohltaten spenden und Wünsche erfüllen. Es gilt nun zu untersuchen, wie die antiken Menschen sich göttliches Handeln vorgestellt haben. Dabei können wir von einem Psalmwort ausgehen:

> [Bsp. 6] Jahwe, mein Gott, ich habe zu dir geschrien, und du hast mich geheilt. (Ps 30,3)

In einem Danklied anerkennt der Psalmist die von Gott erhaltene Hilfe: Durch göttliches Eingreifen erholte er sich und wurde wieder gesund. Der 30. Psalm berichtet zwar nicht die Art und Weise des göttlichen Eingriffs, aber wir dürfen wohl annehmen, daß es sich nicht um eine Wunderheilung handelte. Nach seiner Genesung dankt der Sänger seinem Herrn. Der Gläubige weiß, daß ihm sein Gott oftmals auf verborgene Weise beisteht und besondere Gunst erweist. Gott sorgt für seine Geschöpfe auf vielfältige Art, die nur ihm selbst und einigen seiner Gläubigen bekannt sind. Solches göttliches Handeln mag als «kleines» Wunder bezeichnet werden, als «kleines» thaumaturgisches Ereignis (nach griechisch *thauma*, «staunenerregendes Ereignis, Wunder»). Dagegen bezieht sich der folgende Bericht auf ein «großes» Wunder, ein überraschendes und dramatisches göttliches Handeln:

> [Bsp. 7] Die Ägypter behandelten uns schlecht, machten uns rechtlos und legten uns harte Fronarbeit auf. Wir schrien zu Jahwe, dem Gott unserer Väter, und Jahwe hörte unser Schreien und sah unsere Rechtlosigkeit, unsere Arbeitslast und unsere Bedrängnis. Jahwe führte uns mit starker Hand und hoch erhobenem Arm, unter großen Schrecken, unter Zeichen und Wundern aus Ägypten. (Dtn 26,6–8)

Als Teil eines im Kult gebrauchten heilsgeschichtlichen Bekenntnisses nennt dieser Text Gottes «Zeichen und Wunder», jene wunderbaren Ereignisse der Exodussage. Gott verwandelte das lebensspendende Wasser des Nils in Blut, suchte Mensch und Tier mit der Pest heim und schuf schließlich einen Durchgang durch das Schilfmeer, so daß die Israeliten entkommen konnten, während ihre Verfolger im sich wieder schließenden Meer umkamen. In einem Gebet um Befreiung von der Fremdherrschaft heißt es bei Jesus Sirach: «Erneuere die Zeichen, wiederhole die Wunder, zeig die Macht deiner Hand (...) Schlag ab das Haupt der Fürsten Moabs» (Sir 36,6.12). Vermutlich haben die Alten mit dem Geschehen derart eindrucksvoller Wunder nicht oft gerechnet. Der Glaube an Gottes unbemerktes, verborgenes Handeln lag ihnen sicherlich näher. Eher als im äußeren Geschehen erwarteten die antiken Heiden und Juden das wunderbare Erscheinen einer Gottheit in Träumen und Visionen. Dann spricht der Gott oder die Göttin mit dem Beter und gewährt das Erbetene. In der Sage von König Salomo wird davon berichtet:

> [Bsp. 8] «Verleihe deinem Knecht ein hörendes Herz, damit er dein Volk zu regieren und das Gute vom Bösen zu unterscheiden versteht. Wer könnte sonst dieses mächtige Volk regieren?» Es gefiel Jahwe, daß Salomo diese Bitte aussprach. Daher antwortete ihm Gott: «(...) Ich werde deine Bitte erfüllen. Sieh, ich gebe dir ein weises und verständiges Herz.» (...) Da erwachte Salomo und merkte, daß es ein Traum war. (1 Kön 3,9–12.15)

Salomos Gebet um Weisheit wurde nicht nur erhört; Gott selbst erschien ihm im Traum und teilte ihm die Gewährung der Bitte mit. Nicht wenige Kommentatoren meinen, Salomo müsse einen solchen Traum erwartet haben, denn er hatte ihn nicht in Jerusalem, sondern in Gibeon. Vermutlich hatte er in einem Tempel geschlafen, dem Ort, an dem solche Traumvisionen erlebt werden konnten. Religionshistoriker nennen den heiligen Schlaf «Inkubation». In den 140er Jahren n. Chr. lebte der griechische Redner Aelius Aristides zwei Jahre als «Inkubant» im Heiligtum des Asklepios in Pergamon in Kleinasien. Dort erschien ihm der Gott, um ihm immer wieder neue Anweisungen zur Behandlung seiner asthmatischen Beschwerden zu geben.[23] Die Priester der Antike verstanden es, Menschen zum Erleben von Visionen und heiligen Träumen anzuleiten. Ihre Kunst wurde unter dem Namen «Theurgie» (göttliches Tun) bekannt. So lassen sich bei Gebetserhörungen theurgische (Bsp. 8) und wunderhafte (oder thaumaturgische) unterscheiden. Bei den Wundern läßt sich außerdem zwischen «kleinen» (Bsp. 6) und «großen» (Bsp. 7) differenzieren.

In dieser Welt theurgischer und thaumaturgischer Erwartungen entstand auch das christliche Gebet. Wie wir sehen werden, teilten die Gläubigen nicht nur die Hoffnungen von Heiden und Juden; sie brachten ihrem Gott auch dieselben Bitten vor.

2. Das Vaterunser: Ursprung und Wandel eines politischen Gebets

Im Gottesdienst der Gegenwart ist das Vaterunser das bekannteste und am häufigsten gesprochene Gebet. Wenn sich Christen zu Gebet, Predigt oder Eucharistie versammeln, versäumen sie es nie, das Vaterunser zu sprechen. Es bildet einen festen Bestandteil jeder Liturgie. Der Wortlaut ist den meisten Christen von Kindheit an vertraut. Nachdem sie jahrhundertelang verschiedene Fassungen benutzten, einigten sich deutsche Katholiken und Protestanten im Jahre 1967/68 auf folgende Fassung, eine traditionelle Wiedergabe des griechischen Textes, der im Matthäusevangelium steht:

Vater unser im Himmel,
geheiligt werde dein Name.
Dein Reich komme.
Dein Wille geschehe, wie im Himmel so auf Erden.
Unser tägliches Brot gib uns heute.
Und vergib uns unsere Schuld,
wie auch wir vergeben unsern Schuldigern.
Und führe uns nicht in Versuchung,
sondern erlöse uns von dem Bösen. (Mt 6,9–13)

Die Einheitsübersetzung (1979), die gebräuchlichste unter den neueren deutschen Bibelübersetzungen, bedient sich einer etwas weniger archaischen und vielleicht philologisch genaueren Sprache. Unter den weniger wörtlichen, den Sinn aber besser treffenden Wiedergaben ist die der Guten Nachricht Bibel (1997) hervorzuheben. Hier ist der Wortlaut beider Übertragungen:

Matthäus 6,9–13 (Einheitsübersetzung)

Unser Vater im Himmel,
dein Name werde geheiligt,
dein Reich komme,
dein Wille geschehe,
wie im Himmel, so auf der Erde.
Gib uns heute das Brot, das wir brauchen.
Und erlaß uns unsere Schulden,
wie auch wir sie unseren Schuldnern erlassen haben.
Und führe uns nicht in Versuchung,
sondern rette uns vor dem Bösen.

Matthäus 6,9–13 (Gute Nachricht Bibel)

Unser Vater im Himmel!
Mach deinen Namen groß in der Welt.
Komm und richte deine Herrschaft auf.
Verschaff deinem Willen Geltung,
auf der Erde genauso wie im Himmel.
Gib uns, was wir heute zum Leben brauchen.
Vergib uns unsere Schuld,
wie auch wir allen vergeben haben,
die an uns schuldig geworden sind.
Laß uns nicht in die Gefahr kommen, dir untreu zu werden,
sondern rette uns aus der Gewalt des Bösen.

Weder die im Gottesdienst gebräuchliche Fassung noch die in Bibelübersetzungen vorliegenden Wiedergaben machen das Vaterunser zu einem leicht verständlichen Text. Nach der Bedeutung gefragt, werden die meisten Christen keine genaue Erklärung geben können. Nur eine einzige Bitte scheint unmittelbar verständlich zu sein: «Unser tägliches Brot gib uns heute.» Der Wortlaut der anderen Bitten ist zwar bekannt, erscheint aber nur als eine Aneinanderreihung frommer Wendungen. Der bekannteste Gebetstext ist gleichzeitig der unverständlichste. Die Worte des Vaterunsers werden heute selten von jemandem gebraucht, der sich in einem persönlichen Anliegen an Gott wendet.

Unsere Untersuchung beginnt mit einem Blick auf den ursprünglichen und vielleicht überraschenden Sinn, den das Vaterunser im Judentum des 1. Jahrhunderts und in der frühen Jesusbewegung hatte. Wir stoßen hier auf politische und therapeutische Bedeutungen, die den heutigen Kirchgänger ebenso befremden wie erstaunen. Schließlich weisen wir auf den bemerkenswerten Umstand hin, daß das Gebet in nachbiblischer Zeit schon bald nicht mehr verstanden wurde.

Erste These: Das Vaterunser ist ein jüdisches, zum regelmäßigen Gebrauch bestimmtes Gebet; es bittet um nationale Befreiung

Das Vaterunser ist vor dem Hintergrund des jüdischen Gebets im 1. Jahrhundert n. Chr. zu sehen. Mindestens zwei Gebete lassen die typischen Anliegen der damaligen Zeit erkennen sowie den Wortlaut, in welchem man sie zum Ausdruck brachte. Es handelt sich um das sogenannte Achtzehngebet und die «Große Liebe». Das letztgenannte Gebet lautet:

> Mit großer Liebe hast du uns geliebt, Ewiger, unser Gott, großes, reiches Erbarmen hast du uns erwiesen. Unser Vater, unser König, um unserer Väter willen, die auf dich vertraut und die du Satzungen des Lebens gelehrt, schenke uns Gnade und belehre uns! (...) Gib in unser Herz zu begreifen und zu verstehen, zu hören, zu lernen, zu hüten, zu erfüllen und zu erhalten alle Worte des Forschens in deiner Lehre in Liebe. (...) Weihe unser Herz, deinen Namen zu lieben und zu fürchten, auf daß wir niemals zuschanden werden. Denn auf deinen heiligen Namen, den großen und furchtbaren, vertrauen wir. (...) Bring uns in Frieden heim von den vier Enden der Erde und führe uns aufrecht in unser Land. Denn Gott, der Heil schafft, bist du, und uns hast du erwählt aus allen Völkern und Zungen und uns deinen großen Namen nahegebracht für immer in Wahrheit, dir zu danken und dich in Liebe einzig zu preisen. Gepriesen seist du, Ewiger. Du hast dein Volk Israel in Liebe erwählt.[24]

Dieses wortreiche und Wiederholungen nicht scheuende Gebet spiegelt die Anliegen der Gelehrten wider, die mit dem Versammlungshaus (der Synagoge) und dem Lehrhaus verbunden waren. In diesen beiden für Studium, Gottesdienst und Lehre bestimmten Einrichtungen beteten die Männer um die Fähigkeit des Lernens und Forschens. Das Gebet der Synagoge jedoch bittet, darin den im Tempelgottesdienst gesungenen Psalmen ähnlich, um die Wiederherstellung des jüdischen Staates oder, in der Sprache der «Großen Liebe», um das Ende der Diaspora durch die Rückführung aller Juden in ihre Heimat (was natürlich die Wiedererrichtung des Staates voraussetzt).

Vom Achtzehngebet gibt es verschiedene Versionen. Nicht alle der achtzehn Bitten werden für ursprünglich, aus dem 1. Jahrhundert stammend, gehalten. Es besteht allerdings kein Zweifel, daß das zentrale Anliegen stets die Wiederherstellung Israels als Staat war. Eine alte Fassung gibt der 11. Bitte folgende Gestalt: «Bring wieder unsere Richter wie vordem und unsere Ratsherren wie zu Anfang. Und sei allein du König über uns. Gelobt seist du, Ewiger, der Gerechtigkeit liebt.»[25] Während es in der «Großen Liebe» vor allem um Forschung und Schriftgelehrsamkeit geht (und nur nebenbei um Politik), setzt das Achtzehngebet den Nachdruck eindeutig auf die Politik.[26] Etwa die Hälfte der Bitten sind staatspolitischer Natur. Offenbar war die Hoffnung auf Wiederherstellung des jüdischen Staates vor allem in aristokratischen Priesterkreisen beheimatet, die sich in der Führungsrolle eines neuen jüdischen Gemeinwesens sahen. Als Hauptgegner des Judentums galt das Römische Reich. Auf den Zusammenbruch der römischen Herrschaft, so glaubte man, werde die Errichtung des Gottesreiches folgen, und eben darum bittet das Achtzehngebet.

Diese Erwartung hat sich nicht erfüllt. Wir stoßen an dieser Stelle auf das Paradox des jüdischen Gebets. Man betet zwar zu Gott, «der die Gebete erhört» (Ps 65,2 und die 15. Bitte des Achtzehngebets), weiß aber gleichzeitig, daß mit sofortiger Erhörung nicht zu rechnen ist. Das Danielbuch erlaubt uns einen Blick in das Herz jener Beter, deren Logik uns so schwer begreiflich erscheint. Auch die Androhung der Todesstrafe durch den sie verfolgenden König von Babel läßt die Juden ihrem Gott gegenüber nicht treulos werden; sie wollen ihrem Gott auch dann die Treue bewahren, wenn er ihr Leben nicht schont.[27] Die Juden nahmen es hin, daß ihr Gebet um persönliche und nationale Befreiung unerhört blieb. Sie beteten beharrlich weiter und waren gleichzeitig bereit, sich dem Willen Gottes zu fügen.

Obwohl die Politik im Achtzehngebet den größten Raum einnimmt, werden die Anliegen des Alltags nicht vergessen. Man betet auch um Erkenntnis des göttlichen Gesetzes, Vergebung von Sünden, ausreichenden Regen und reiche Ernte. Politische Anliegen wechseln mit solchen der Religion und solchen des Bauern – bei einer Bevölkerung, die in Palästina vom Ackerbau lebte, überrascht diese Mischung nicht.

Das älteste Gebet, das die gewöhnlich in der frühen Synagoge vorgebrachten Anliegen widerspiegelt, wurde nicht vom Judentum, sondern vom Christentum überliefert: das Vaterunser. Es kann nicht deutlich genug gesagt werden, daß es sich hierbei um ein rein jüdisches Gebet handelt, das nichts spezifisch Christliches enthält. Fast jede im Vaterunser enthaltene Wendung begegnet uns auch in der Gebetssprache der Synagoge: die Vateranrede in der «Großen Liebe», die Bitte um das Kommen des Gottesreiches sowohl in der «Großen Liebe» wie im Achtzehngebet, die Vergebungsbitte wiederum im Achtzehngebet, und so fort. In diesem Kontext gesehen, erscheint das Vaterunser als ein für den öffentlichen Gottesdienst der Synagoge bestimmtes Gebet, das Gott um die Befreiung Israels von seinen Feinden und die Wiederherstellung des jüdischen Staates – des «Reiches Gottes» – bittet.

Zweite These: Das Vaterunser stammt von Johannes dem Täufer und war mit der Taufe verbunden

Zu welchem Zeitpunkt das Vaterunser entstand und wer seinen Wortlaut schuf, ist unbekannt. Aus geprägten Wendungen der jüdischen Gebetssprache zusammengesetzt, weist es kaum Bezüge zur besonderen Jesustradition auf.[28] Die Art seiner Weitergabe und sein Gebrauch im frühen Christentum lassen eher an Johannes den Täufer als an Jesus denken. Johannes, so heißt es bei Lukas, soll seine Jünger ein Gebet gelehrt haben; indem Jesus seine Jünger das Vaterunser lehrte, folgt er dem Vorbild des Täufers.[29] Nichts spricht gegen die Annahme, daß es sich hier nicht um zwei verschiedene Gebete handelt, sondern um ein und dasselbe Gebet, eben das Vaterunser.[30] Da Jesus vor seinem eigenen, unabhängigen Auftreten in der Täuferbewegung tätig gewesen zu sein scheint, vermutlich als der Lieblingsschüler des Täufers, würde es keineswegs überraschen, wenn er dasselbe Gebet lehrt. Ebenso wie die Christen die Taufe von Johannes übernahmen, könnten sie sich auch den Wortlaut des in der Täuferbewegung gebrauchten Gebets zu eigen gemacht haben.

Die Täuferbewegung sah in Johannes einen neuen Propheten Elija, von dem erwartet wurde, er werde «alles wiederherstellen» (Mk 9,12). Diese etwas geheimnisvoll klingende Wendung bezieht sich auf die Wiederherstellung des jüdischen Staates.[31] In Vorwegnahme dieses Ereignisses sang die Bewegung bereits ein Siegeslied: Gott stößt die Hohen – die Römer und die Herodianer – vom Thron und erhöht die Niedrigen, nämlich das jüdische Volk. Das ursprünglich von Elisabeth, der Mutter des Täufers (und nicht von Maria, der Mutter Jesu) gesungene Magnificat läßt sich besser verstehen, wenn wir es mit Paul Winter und anderen Gelehrten dem Kreis um Johannes den Täufer zuschreiben.[32] Genau diese politische Erwartung bildet den Schlüssel zum Verständnis des Vaterunsers.

Johannes scharte Menschen um sich und lud sie zum Vollzug eines besonderen religiösen Rituals ein, der sogenannten «Taufe». Es handelte sich um eine rituelle Reinigung oder, genauer, um eine innere, geistige Erneuerung, die in einer äußeren Waschung sichtbar gemacht wurde. Das antike Judentum hat seine Theologie und seine Bräuche stets aus der Heiligen Schrift abgeleitet, einem Buch, das nicht nur von Fachleuten studiert wurde, sondern allen durch Lesung im Gottesdienst und Übersetzung in die Volkssprache bekannt war. Auch die Taufe hat eine biblische Grundlage. Ein alttestamentlicher Text – ein Wort des Propheten Ezechiel – bot die Anregung zur Schaffung der Taufe. Ezechiel lebte im 6. Jahrhundert v. Chr. und wirkte unter den judäischen Verbannten in Babylonien. Er verkündete ihnen Jahwes Heilsansage:

> Meinen großen, bei den Völkern entweihten Namen, den ihr mitten unter ihnen entweiht habt, werde ich wieder heiligen. Und die Völker – Spruch des Herrn Jahwe – werden erkennen, daß ich Jahwe bin, wenn ich mich an euch als heilig erweise. (...) Ich gieße reines Wasser über euch aus, dann werdet ihr rein. Ich reinige euch von aller Unreinheit (...) Ich lege meinen Geist in euch und bewirke, daß ihr meine Gesetze befolgt. (Ez 36,23–27)

Um seines Rufes – seines heiligen Namens – willen wird Jahwe sein Volk erlösen. Er wird es aus der Babylonischen Gefangenschaft in seine Heimat in Palästina zurückführen. Sobald dies geschehen ist, haben die Völker keinen Grund mehr, über einen zweitrangigen Gott zu spotten, dem es nicht einmal gelingen will, sein eigenes Volk zu beschützen. Der Prophet ist aber durchaus der Meinung, daß die Judäer die Verschleppung ins Babylonische Exil verdient haben. Das ist die Strafe für die Sünde der Götzenverehrung und des Abfalls von seinem Gott. Jahwe läßt nun seinen Propheten die große Wende ankündigen. Jahwe wird eingreifen und sein Volk zurückführen. Aber der bevorstehenden Wende muß eine Reinigung des Volkes vorausgehen: eine Lustration, eine kultische Reinigung mit Wasser.

Der gefährdete Ruf Gottes und die Notwendigkeit einer «Reinigung» des Volkes spielen auch sonst in der Bibel eine Rolle. Daß Gottes Name oder Ruf an den seines Volkes geknüpft ist, begegnet zum Beispiel auch im Buch Josua: Wenn die Kanaaniter die Israeliten besiegen und deren Name getilgt wird, hat das auch für den Namen Jahwes Folgen.[33] Von der Notwendigkeit einer kultischen Reinigung war außer Ezechiel auch Deutero-Sacharja überzeugt, wie man dessen Voraussage entnehmen kann: «An jenem Tage [der Erlösung] wird für das Haus David und für die Einwohner Jerusalems eine Quelle fließen zur Reinigung von Sünde und Unreinheit» (Sach 13,1).

Bei Ezechiel und Deutero-Sacharja ist die mit Wasser erfolgende Reinigung nur ein Bild für Gottes unsichtbares Handeln. Sie bezeichnen damit nichts anderes als das Geben eines «neuen Herzens» und einer lauteren Gesinnung (Ez 36,26). Johannes der Täufer aber las die Prophetenschriften anders. Seiner Meinung nach muß es wirklich zu einer Reinigung mit Wasser kommen. Diese Lesart war im frühen Judentum durchaus verbreitet. Hundert Jahre nach Johannes finden wir sie bei Rabbi Akiba, der mit dem Ezechieltext die synagogale Einrichtung des rituellen Bades *(miqwe)* erläutert.[34] In der Taufpraxis des Johannes gilt Gott selbst als der Handelnde: Er besprengt sein Volk mit Wasser und reinigt es so von seinen Sünden. Man könnte auch sagen: Es handelt sich um einen Akt der Vorbildung oder «Vorahmung» eines nachfolgenden göttlichen Tuns; die johanneische Taufe «zur Vergebung der Sünden» lädt Gott ein, die von Johannes vorbereiteten Sünder nun auch seinerseits zu reinigen.

Offenbar hat sich Johannes als Vorläufer verstanden – nicht als Vorläufer Jesu, wie die spätere christliche Tradition meint, sondern als Vorläufer von Gott selbst, der das von Johannes begonnene Werk vollenden wird. «Es kommt einer, der stärker ist als ich», verkündete er; und der Stärkere ist kein anderer als ein König, der mit göttlicher Hilfe Israel wieder zu einem selbständigen

Staat verhilft (Lk 3,16). Daher die Ankündigung: «Kehrt um! Denn das Himmelreich ist nahe» (Mt 3,2). Die Johannestaufe ist der erste Akt im großen Drama der Erlösung, in dem Gott die Heiligkeit und den Ruf seines Namens dadurch verteidigt, daß er die politische Freiheit und Ehre seines Volkes wiederherstellt. Wie bei Ezechiel, so ist auch nach Auffassung des Täufers die Heiligung des göttlichen Namens mit der Heiligung Israels eng verknüpft.[35]

Bei der Johannestaufe wurde vermutlich der Name Gottes angerufen, und wir dürfen annehmen, daß Johannes «im Namen Gottes» taufte.[36] Er versah seine Anhänger mit einem unsichtbaren Zeichen, das sie als Mitglieder des wahren Israel kenntlich machte, sobald der jüdische Staat wiederhergestellt war. Er weihte sie zu Bürgern des neuen Reiches. Der Errichtung des Reiches Gottes wird ein großer Umsturz vorausgehen, bei dem alle heidnischen Reiche (nicht nur das römische) zusammen mit den untreuen Juden vernichtet werden. «Kehrt um! Denn das Himmelreich ist nahe. Ihr Schlangenbrut, wer hat euch denn gelehrt, daß ihr dem kommenden Gericht entrinnen könnt? Schon ist die Axt an die Wurzel der Bäume gelegt; jeder Baum, der keine gute Frucht hervorbringt, wird umgehauen und ins Feuer geworfen» (Mt 3,2.7.10). In den Wirren des Kriegs wird das bei der Taufe empfangene unsichtbare Zeichen als Schutzzeichen dienen, denn wenn die Engel Gottes das Römische Reich zerstören, werden die Getauften erkannt und verschont. Auch Ezechiel, an dessen Prophetie die Taufe anknüpft, kennt ein solches Schutzzeichen.[37]

Der Inhalt des Vaterunsers trifft sich mit den wesentlichen Anliegen von Johannes dem Täufer.

Die Evangelien überliefern zwei Fassungen des Vaterunsers: eine kürzere im Lukasevangelium und eine längere bei Matthäus. Die lukanische Fassung ist vermutlich älter und läßt die Theologie des Täufers deutlicher als der längere Text erkennen; beide lassen sich vor dem Hintergrund der Theologie des Johannes verstehen. In diesen Zusammenhang eingefügt, hat das Gebet einen natürlichen Klang und eine klar erkennbare Bedeutung. Wenn wir den täuferischen Hintergrund der einzelnen Gebetsbitten erläutern, werden wir auch auf Paraphrasen zurückgreifen, um die Bedeutung möglichst klar hervorzuheben.

Die beiden Fassungen des Vaterunsers (Einheitsübersetzung)

Lukas 11,2–4

Vater,
dein Name werde geheiligt.
Dein Reich komme.
[Einige Handschriften fügen ein: Dein heiliger Geist komme auf uns und reinige uns.]
Gib uns täglich das Brot, das wir brauchen.
Und erlaß uns unsere Sünden;
denn auch wir erlassen jedem, was er uns schuldig ist.
Und führe uns nicht in Versuchung.

Matthäus 6,9–13

Unser Vater im Himmel,
dein Name werde geheiligt,
dein Reich komme,
dein Wille geschehe,
wie im Himmel, so auf der Erde.

Gib uns heute das Brot, das wir brauchen.
Und erlaß uns unsere Schulden,
wie auch wir sie unseren Schuldnern erlassen haben.
Und führe uns nicht in Versuchung,
sondern rette uns vor dem Bösen.

(I) *Unser Vater (...) dein Name werde geheiligt.* In den ersten drei Bitten des Vaterunsers sind Gottes Name, sein Reich und sein Wille Subjekt von Handlungen, ohne daß der Handelnde selbst genannt wird. Die Kommentatoren denken einhellig an Gott als handelndes Subjekt: Gott wird gebeten, seinen Namen zu heiligen, sein Reich zu gründen und seinen Willen zu verwirklichen. Daher hat die *Gute Nachricht Bibel* (1997) recht, wenn sie die erste Bitte so wiedergibt: «Mach deinen Namen groß in der Welt.» Eine ausführlichere, etwas genauere Paraphrase kann lauten: Stelle die Heiligkeit deines Namens wieder her, indem du den Ruf derer wiederherstellst, die durch die Taufe des Johannes deinen Namen tragen. So verstehen wir auch, warum manche Handschriften die Bitte «dein Reich komme» durch die Bitte «dein heiliger Geist komme auf uns und reinige uns» (Lk 11,2 Handschriften) ergänzen.[38] Die Bitte um den Geist erläutert die Bitte um das Reich: Gott wird sein Reich aufrichten, indem er seinen reinigenden Geist sendet. Ezechiel, auf den Johannes der Täufer gewöhnlich zurückgreift, spricht sowohl von der Sendung des Geistes als auch von der Reinigung, allerdings ohne die beiden Handlungen miteinander zu verknüpfen.[39] Die Verknüpfung mag sich einem Jesajawort verdanken: Jahwe wird durch «den Geist des Gerichts und den Geist der Läuterung» Jerusalem reinigen, so daß, wer übrig bleibt, «heilig» genannt wird (Jes 4,3–4).

Warum wird Gott als Vater angesprochen? Die jüdische Gebetssprache kennt mehrere Möglichkeiten der Anrede Gottes; neben Vater auch Jahwe (in alten Texten), Gott, König und Herr. Die Vateranrede wird offenbar beim Gebet des einzelnen wie der Gemeinschaft in lebensbedrohenden Lagen bevorzugt. Der Priester Eleasar gebraucht sie, als eine Elefantenbrigade gegen die Juden Alexandrias marschiert; Jesus greift auf sie zurück, als er im Garten Getsemani vor seiner Verhaftung betet.[40] Geht es um Leben und Tod, dann wird Gott mit einem Verwandtschaftsbegriff angeredet. Das ist in einer Gesellschaft verständlich, in der die Verwandten die ersten – und oft die einzigen – Helfer in der Not darstellen. Im Hebräischen verbindet sich das Wort Vater mit dem Wort «Erlöser», einem Ausdruck, der den zur Hilfe verpflichteten männlichen Verwandten bezeichnet. Tatsächlich gibt es ein biblisches Gebet, das Gott als Vater und Erlöser anspricht und zudem die Juden als Gottes Namen tragendes Volk bezeichnet: «Du, Jahwe, bist unser Vater, ‹Unser Erlöser von jeher› wirst du genannt (...) Uns geht es, als wärest du nie unser Herrscher gewesen, als wären wir nicht nach deinem Namen benannt» (Jes 63,16.19). Die herkömmliche Gebetssprache läßt die Vateranrede in besonders dringlichen Fällen zu; im Vaterunser verleiht sie dem Flehen um nationale Befreiung besondere Dringlichkeit.

(II) *Dein Reich komme.* «Komm und richte deine Herrschaft auf», lautet die zutreffende Umschreibung in der *Guten Nachricht Bibel.* Noch deutlicher wäre: Stelle den unabhängigen jüdischen Staat wieder her! Das neue, bereits vom Propheten Ezechiel angekündigte jüdische Gemeinwesen wird das Reich Gottes sein. «Ihr werdet mein Volk sein, und ich werde euer Gott sein» (Ez

36,28). Gottes Königsherrschaft wird von seinem menschlichen Stellvertreter, einem König aus dem Geschlecht Davids, ausgeübt werden.[41] Der Ausdruck «Reich Gottes» ist so oft mißverstanden worden, daß es nötig ist, auf Fehldeutungen eigens einzugehen. In Verkennung des ursprünglichen Sinns wurde das Reich Gottes oft als ein weltumspannender Staat vorgestellt, der erst nach dem Ende der menschlichen Geschichte errichtet wird, als ein von Gott oder Christus auf wunderbare Weise selbst regiertes Gemeinwesen, das nicht von dieser Welt ist. An einen solchen Staat dachten Johannes der Täufer und sein Kreis gewiß nicht. Für sie war das Reich Gottes ein verhältnismäßig kleiner, von einem Menschen regierter Staat in Palästina. Die zweite Bitte verrät den eminent politischen Charakter der Predigt und der Hoffnung des Johannes.

An der kurzen und sehr knapp formulierten zweiten Bitte erkennen wir eine grundlegende Eigenart des Vaterunsers: die konzentrierte, auf alles Detail und jede Ausführung verzichtende sprachliche Gestalt, die sich vorwiegend kurzer, formelhafter Ausdrücke bedient. Von der bei Kommentatoren so beliebten herzlichen Unmittelbarkeit des an den lieben Vater gerichteten Gebets kann keine Rede sein. Es handelt sich um ein bewußt eingesetztes Stilmittel, denn jüdisches Gebet war auf den formelhaften, «restringierten» Sprachcode keineswegs festgelegt, sondern konnte auch auf die wortreichere, informelle und größere Unmittelbarkeit erzielende «elaborierte» Sprache zurückgreifen. Der Unterschied wird deutlich, wenn wir einzelne Vaterunserbitten mit Gebetsformulierungen aus dem Buch Jesus Sirach vergleichen:

Vaterunser	*Jesus Sirach*
Unser Vater – dein Reich komme.	Rette uns, du Gott des Alls, und wirf deinen Schrecken auf alle Völker! Schwing deine Hand gegen das fremde Volk, damit es deine mächtigen Taten sieht. (...) Beuge den Gegner, wirf den Feind zu Boden! (...) Sammle alle Stämme Jakobs, verteil den Erbbesitz wie in den Tagen der Vorzeit! (Sir 36,1–3.9.13.16)
Dein Name werde geheiligt.	Hab Erbarmen mit dem Volk, das deinen Namen trägt. (Sir 36,17)

Das im elaborierten Code formulierte Gebet ist wortreich und informell; es legt Wert auf Anschaulichkeit, die es unmittelbar verständlich macht. Dagegen ist die knappe Sprache des restringierten Codes wenig anschaulich und bisweilen rätselhaft. Wir spüren, daß das Vaterunser kein naives, aus einer augenblicklichen Stimmung entstandenes Gebet ist. Die kurzen Sätze müssen in gelehrten Kreisen um Johannes den Täufer entstanden sein. Jedes einzelne Wort dieses kurzen Textes ist bedeutungsschwer: «Wenn ihr betet, sollt ihr nicht plappern wie die Heiden, die meinen, sie werden nur erhört, wenn sie viele Worte machen» (Mt 6,7). Dieses Wort Jesu gibt eine alte Überzeugung der weisheitlichen Überlieferung wieder. «Mach wenig Worte» vor der göttlichen Majestät, empfiehlt schon Kohelet (Koh 5,1). In ähnlicher Weise rät auch Jesus Sirach zum sparsamen Gebrauch der Sprache beim Gebet;

indem sie Wiederholungen vermeidet, soll die Gebetssprache ebenso zurückhaltend sein wie die Sprache des Versammlungsredners.[42] Matthäus stellt Jesu Anweisung über das Gebet unmittelbar neben das Vaterunser; offenbar erkennt er dessen präzisen, formalen Gebrauch prägnanter Wortverbindungen. Das Vaterunser kennt keine leeren Phrasen wie das heidnische Gebet. Im griechischen Urtext des Neuen Testaments besteht das Vaterunser aus nur 57 (Matthäus) bzw. 38 (Lukas) Wörtern. Die Mahnung, nicht zu plappern wie die Heiden, mag den Stolz jener Juden widerspiegeln, welche die Kunst verstanden, kurze Gebete im «restringierten» Sprachstil zu verfassen.

(III) *Dein Wille geschehe.* «Verschaffe deinem Willen Geltung» ist die in der *Guten Nachricht Bibel* vorgeschlagene Fassung. Eine ausführlichere Umschreibung könnte lauten: Laß uns deinen Willen tun, denn es ist das einzige Gesetz deines Reiches! Im wiederhergestellten Gottesreich werden die Juden Gottes Willen erfüllen, wie Ezechiel deutlich angekündigt hat: «Ich lege meinen Geist in euch und bewirke, daß ihr meinen Gesetzen folgt und auf meine Gebote achtet und sie erfüllt» (Ez 36,27; vgl. 37,24). Der jüdische Historiker Flavius Josephus nannte Johannes den Täufer «einen gerechten Mann, der die Juden anhielt, der Tugend nachzustreben, gegen ihre Nächsten Gerechtigkeit und gegen Gott Frömmigkeit zu üben».[43] Die Erwähnung von Gottes Willen im Vaterunser mag mit der Moralpredigt des Täufers und vielleicht sogar mit seiner Kritik an der Ehescheidung von König Herodes Antipas (die ihn schließlich das Leben kostete) in Verbindung stehen. Gleichzeitig kann man in der dritten Vaterunserbitte das Echo eines alten Gebets der Synagoge sehen, der «Großen Liebe»: «Unser Vater, unser König! (...) Gib in unser Herz zu begreifen und zu verstehen, zu hören, zu lernen, zu hüten, zu erfüllen und zu erhalten alle Worte des Forschens in deiner Lehre.»[44]

(IV) *Gib uns heute (täglich) das Brot, das wir brauchen.* Das soll offenbar nichts anderes heißen als: Schenke uns eine reiche Ernte! Wenn wir bei unserer ezechielischen Lesart des Vaterunsers bleiben, dann können wir uns bei dieser Bitte auf Ezechiels Verheißung von allen Vorstellungen übertreffenden Ernten berufen: «Ich rufe dem Getreide zu [sagt Jahwe] und befehle ihm zu wachsen. Ich verhänge über euch keine Hungersnot mehr. Ich vermehre die Früchte der Bäume und den Ertrag des Feldes, damit ihr nicht mehr unter den Völkern die Schande einer Hungersnot ertragen müßt» (Ez 36,29–30). Das Land wird dabei in der Tat zu einem «Garten Eden» (V. 35). Die Erwähnung des «täglichen» Brots entstammt allerdings nicht der prophetischen Überlieferung, sondern spielt auf eine im Pentateuch erzählte Geschichte an. Auf seinen Wanderungen durch die Wüste ernährte Gott sein Volk mit täglichen Rationen von Manna, dem «Brot vom Himmel» (Ex 16,4). Wie im Alten Testament, so ist auch im Vaterunser das tägliche Brot eine reale, nicht nur eine geistige Speise.

Das Magnificat, das wir aus dem Kreis um den Täufer herleiten, kann uns ebenfalls einen Fingerzeig geben: «Die Hungernden beschenkt er mit seinen

Gaben und läßt die Reichen leer ausgehen» (Lk 1,53). Wird die vierte Bitte erhört, dann wird es für alle Hungernden eine reiche Ernte geben.

(V) *Und erlaß uns unsere Schulden (Sünden), wie auch wir sie unseren Schuldnern erlassen haben.* Vergib uns die Sünde des Götzendienstes und des Abfalls, wie auch wir denen vergeben, die uns besiegten und die uns auch jetzt noch bedrücken! Die Bedeutung der fünften Bitte ist unklar, solange die zu verzeihende Sünde nicht genau bestimmt ist. Stimmt unsere Annahme, daß das Vaterunser ein politisches Gebet ist, dann kann es sich bei der Sünde nur um eine politische, nationale Sünde oder vielmehr eine Anhäufung solcher Vergehen handeln. Die Sünden müssen eben jene sein, die zur Bestrafung mit der Zerstörung Jerusalems und der Verschleppung ins Babylonische Exil führten. Sobald Gott vergeben hat, kann die Rückkehr der Verbannten in ihre Heimat erfolgen. Tatsächlich gibt es im Alten Testament ein Gebet, das ausspricht, was das Vaterunser in verknappter Form wiedergibt: «Wenn dein Volk Israel von einem Feind geschlagen wird, weil es gegen dich gesündigt hat, und dann wieder zu dir umkehrt, deinen Namen preist und in diesem Haus [dem Jerusalemer Tempel] zu dir betet und fleht, so höre du es im Himmel! Vergib deinem Volk Israel seine Sünde; laß sie in das Land zurückkommen, das du ihren Vätern gegeben hast» (1 Kön 8,33–34). In ähnlicher Weise fleht Daniel, nachdem er die zur Verbannung führenden Sünden aufgezählt hat, Gott um kollektive Vergebung an: «Herr, erhöre! Herr, verzeih! Herr, vernimm das Gebet und handle! Mein Gott, auch um deiner selbst willen zögere nicht! Dein Name ist doch über deiner Stadt und deinem Volk ausgerufen» (Dan 9,19). Daniels Gebet bittet wie das Vaterunser um Vergebung und bezieht sich auf den Namen Gottes; beides gehört zur Sprache des politischen Gebets im Frühjudentum.

Daß die Gläubigen ihren Unterdrückern, also den Babyloniern, Griechen, Römern usw. verzeihen, galt offenbar als Bedingung für Gottes Vergebung. Die Botschaft des Johannes ist daher ihrem Wesen nach pazifistisch. Zwar erwartet der Täufer die baldige Bildung eines unabhängigen jüdischen Staates, aber der Gedanke an militärische Aggression liegt ihm fern. So konnten sich römische Steuereinnehmer (die «Zöllner» der Lutherbibel) von Johannes bedenkenlos taufen lassen und sahen darin keinen Widerspruch zu ihrer berufsmäßigen Kollaboration mit dem fremden Regime.[45] Später hat auch Jesus eine pazifistische Ethik vertreten: «Ihr habt gehört, daß gesagt worden ist: Auge für Auge und Zahn für Zahn. Ich aber sage euch: Leistet dem, der euch etwas Böses antut, keinen Widerstand, sondern wenn dich einer auf die rechte Wange schlägt, dann halt ihm auch die andere hin» (Mt 5,38–39).

Als Gott Israels Nachbarn aufgeboten hatte, sein Volk zu bestrafen und dessen Staat zu zerstören, kam es im 6. Jahrhundert v. Chr. zu Haß und Feindschaft zwischen Israel und seinen Gegnern, besonders den Babyloniern, Edomitern und Ammonitern. Wenn nun Gott seinem Volk wieder verzeiht und dessen Unabhängigkeit wiederherstellt, muß auch die Feindschaft zwischen Israel und seinen Nachbarvölkern enden. Die siebte Vaterunserbitte – «rette uns vor dem Bösen» oder «befreie uns von dem Bösen» – scheint an einen allgemeinen politischen Frieden und ein harmonisches Zusammenleben der Völker zu denken. Daß ein solcher Zustand vorstellbar war, zeigt ein in versöhnlicher Stimmung verkündetes prophetisches Gotteswort des Alten Testaments: «An jenem Tag wird Israel als drittes dem Bund von Ägypten und Assur beitreten, zum Segen für die ganze Erde. Denn Jahwe der Heerscharen wird sie segnen und sagen: Gesegnet ist Ägypten, mein Volk, und Assur, das Werk meiner Hände, und Israel, mein Erbbesitz» (Jes 19,24–25). Die Vision eines weltweiten Völkerbundes, dessen Glieder alle einem universalen Gottesreich angehören, setzt allgemeine Versöhnung und Racheverzicht voraus. Israel muß dem Wunsch entsagen, «Vergeltung zu vollziehen an den Völkern, an den Nationen das Strafgericht». «Ihre Könige mit Fesseln zu binden, ihre Fürsten mit eisernen Ketten, um Gericht über sie zu halten», ist zwar in den Psalmen noch Gegenstand politischer Phantasie, darf nun aber kein politisches Ziel mehr sein (Ps 149,7–8). Die Wendung «wie auch wir sie unseren Schuldnern erlassen» enthält demzufolge eine wichtige politische Vision.

Die neue vergebende Haltung gegenüber Israels traditionellen Feinden scheint der göttlichen Verzeihung vorauszugehen und diese vielleicht sogar «vorzuahmen», in ähnlicher Weise wie die Johannestaufe Gottes eigene Reinigung des Volkes «vorahmt». Der griechische Wortlaut legt nahe, daß das menschliche Handeln dem göttlichen vorauszugehen hat: «Erlaß uns unsere Schulden, wie auch wir sie unseren Schuldnern erlassen haben» (Einheitsübersetzung). Hat Israel seinen Feinden vergeben, dann «muß» Gott auch seinem Volk verzeihen – und dessen einstigen glorreichen Zustand wiederherstellen! Eine alte Quelle scheint einen Hinweis auf die wahre Bedeutung der Vergebung zu enthalten. Die Taufe des Johannes, so berichtet Josephus, sei «Gott dann angenehm, wenn sie nicht zur Beseitigung gewisser Verfehlungen angewandt wird, sondern zur Heiligung des Leibes, da die Seele schon durch ein gerechtes Leben gereinigt sei».[46] Offenbar ist dabei an eine bestimmte Reihenfolge gedacht: Zuerst kommt das gerechte Leben, dann die symbolische Reinigung, und schließlich folgt Gottes Vergebung der nationalen Sünden (die «Beseitigung gewisser Verfehlungen»), wobei der letztgenannte Akt mit der Wiederherstellung des jüdischen Staates zusammenfällt. Johannes vergibt keine Sünden, sondern bereitet das Volk auf ein göttliches Eingreifen vor.

(VI) *Führe uns nicht in Versuchung.* Unter «Versuchung» versteht man die Verlockung zum Bösen und zur Sünde. Die Bitte ist daher gleichbedeutend mit der Formulierung «stelle uns nicht auf die Probe». Was für eine Sünde ist gemeint? In diesem Fall können wir dem Buch Ezechiel offenbar keinen Hinweis entnehmen, wohl aber dem Pentateuch. Dort wird mehrfach davon berichtet, wie Gott sein Volk auf die Probe stellt.[47] Er setzt Israel bestimmten Gefahren und Herausforderungen aus, um seine Treue und Loyalität zu prüfen. Eine solche Prüfung zeichnet sich durch folgende Eigenschaften aus: Sie betrifft das Volk als ganzes, nicht nur einige wenige Menschen; es herrscht große Not; das Volk ist versucht, Gott untreu zu werden und anderen Göttern zu dienen oder, mit der kargen Nahrung der Wüste unzufrieden, zu den Fleischtöpfen Ägyptens zurückzukehren. Das von Israel in der Wüste erlittene Elend ist als Sage oder Volkserzählung anzusehen. Die historische, jedem Juden bekannte göttliche Prüfung ist die Babylonische Gefangenschaft. Im 6. Jahrhundert v. Chr. betraf dieses Ereignis das gesamte Volk; der Krieg hatte viele Leben gekostet; zahlreiche Menschen wurden nach Babylonien verschleppt; durch die ausbleibende göttliche Hilfe enttäuscht, waren die Juden versucht, den Glauben an ihren Nationalgott aufzugeben und sich anderen Göttern zuzuwenden, von denen sie mehr Hilfe erwarteten. Die dauernde Fremdherrschaft, die das Volk im eigenen Land erlebte, ist eine weitere, lang anhaltende Prüfung. Im Licht dieser Überlegungen kann die Vaterunserbitte nur bedeuten: Schicke uns keine weitere Zeit der Not, denn wir haben schon viele schwere Prüfungen erlebt.

(VII) *Rette uns vor dem Bösen.* Mach unserem Elend ein Ende! Die letzte Vaterunserbitte läßt sich als Echo einer Wendung verstehen, die aus einem Gebet des 2. Jahrhunderts v. Chr. stammt und zusammenfaßt, was von Gott erwartet wird: «Du rettest Israel aus aller Not», d. h. du allein kannst uns aus der Not der Fremdherrschaft retten (2 Makk 1,25). In Form von Bitten pflegte man diesen Gedanken an zahlreiche Gebete anzufügen. «O Gott, erlöse Israel aus all seinen Nöten» (Ps 25,22). Diese Nöte sind politischer Natur, und so bezieht sich auch die das Vaterunser abschließende Bitte auf die Befreiung von der Fremdherrschaft. Ähnliche Bitten stehen am Ende von Psalmen: «Hilf deinem Volk, und segne dein Erbe, führe und trage es in Ewigkeit» (Ps 28,9). «Jahwe, Gott der Heerscharen, richte uns wieder auf! Laß dein Angesicht leuchten, dann ist uns geholfen» (Ps 80,20). Und noch einmal: «Ach käme doch vom Zion Hilfe für Israel! Wenn Gott einst das Geschick seines Volkes wendet, dann jubelt Jakob, dann freut sich Israel» (Ps 53,6). Da die siebte Vaterunserbitte im Lukasevangelium fehlt, mag es sich um einen früh erfolgten Zusatz handeln, der dem jüdischen Gebetsstil entspricht.

Sollte das Vaterunser tatsächlich in der Täuferbewegung entstanden sein, dann erscheint auch das in diesen Kreisen gepflegte Fasten in einem neuen Licht. «Die Jünger des Johannes fasten und beten viel», berichtet Lukas (Lk 5,33). Fasten und Beten gehören zusammen und bilden die öffentliche rituelle Reaktion auf eine Krise, sei sie von der Natur (wie etwa eine Dürre) oder von Menschen (wie Fremdherrschaft oder Verfolgung) verursacht.[48] Vermutlich haben Johannes und sein Kreis in Erwartung des Gottesreiches das Fastenritual gepflegt. Wie die Taufe, so sollen auch Vaterunsergebet und Fasten das Kommen des großen Umschwungs in der politischen Geschichte des Judentums beschleunigen. Auch wenn Johannes nur selten öffentliche Fastenversammlungen abgehalten haben sollte, hat er vermutlich privates Fasten, an dem sich eigentlich alle Juden beteiligen sollten, als Teil einer kollektiven Kulthandlung verstanden. Die vielen individuellen Frömmigkeitsübungen schließen sich zu einem kollektiven Akt zusammen und lassen dieselbe Wirkung wie der öffentliche Gottesdienst erwarten: die Befreiung aus der Gewalt der Fremdherrscher und das Kommen des Gottesreiches.

Taufe und Gebet bilden eine Einheit. Im Gottesdienst folgen sie aufeinander: Die Taufe reinigt und bereitet den einzelnen auf die Teilnahme am Gottesreich vor. Danach schließt sich der Neugetaufte den anderen in ihrem Gebet um das Kommen des Reiches an. Wer aber sind die anderen? Einen wichtigen Hinweis entnehmen wir dem Werk des Kirchenlehrers Origenes. Johannes, meint er, habe das Gebet «im Geheimen» gelehrt, und «nicht allen, die sich taufen ließen, sondern nur jenen, die zusätzlich zur Taufe auch noch unterrichtet wurden.»[49] Offenbar gab es einen größeren Kreis der Getauften und einen engeren, exklusiven Kreis der eigentlichen, vom Meister belehrten Jünger. Diese Jünger, so müssen wir vermuten, praktizierten das vollständige Ritual mit der Abfolge von Fasten, Taufe und Gebet um das Kommen des Gottesreiches. Auch heute noch spüren wir etwas von der esoterischen Qualität, die dieses Gebet auszeichnet. Sein komplexer biblischer und theologischer Hintergrund verrät uns seine Herkunft aus elitären Gelehrtenkreisen. Das Vaterunser ist kein Gebet für die Massen, sondern eines für die wenigen.

Die *Didache* (Zwölfapostellehre), eine frühchristliche Quelle des 2. Jahrhunderts, kennt die gottesdienstliche Abfolge von Taufe und Vaterunser,[50] und auch im Neuen Testament meint man, sie zu finden.[51] Nach Paulus reden die neuen Mitglieder der Gemeinde erst nach der Taufe Gott in aramäischer Sprache als Abba, «Vater», an (Gal 4,6; Röm 8,15). Offenbar handelt es sich dabei um das erste Wort des Vaterunsers, denn Psalmen und Gebete (wie übrigens auch biblische Bücher) hatten keinen eigentlichen «Titel», sondern wurden mit ihrem ersten Wort bezeichnet. Ein weiteres Echo des Vaterunsers scheint der Bericht über die Taufe Jesu durch Johannes den Täufer zu bieten. Nach der rituellen Waschung betet Jesus und hört Gottes Stimme, die ihn seinen «geliebten Sohn» nennt (Lk 3,22). Offenbar verwandelt die Taufe den Fremden in einen Sohn, und als solcher kann er sich nun an Gott als seinen Vater wenden. Vermutlich haben nicht erst die frühen Christen die Abfolge von Taufe und Vaterunser geschaffen; es muß sie bereits bei Johannes dem Täufer gegeben haben. Anders gesagt: Das grundlegende Ritual der Täufergemeinde – die durch das Vaterunser abgeschlossene Taufe – hat sich im Christentum erhalten. In der Frühzeit seines Auftretens, als er selbst taufte,[52] mag Jesus außer der rituellen Waschung auch das damit verbundene Gebet gelehrt haben.

Die von Johannes dem Täufer und vielleicht auch von Jesus geleiteten, möglicherweise in kleinen Gruppen abgehaltenen Gottesdienste enthielten offenbar drei wichtige Bestandteile: die Ankündigung der Wiederherstellung des jüdischen Staates, der als «Gottesreich» bezeichnet wurde; die Taufe als Vorbereitung jener, die Bürger dieses Reiches werden sollten; die Rezitation des Vaterunsers als Bitte an Gott, das Reich bald kommen zu lassen. Taufe und Vaterunser wollten Gott dazu bewegen, eine große Schicksalswende für das jüdische Volk herbeizuführen. Dem Vaterunser fiel es zu, den himmlischen Vater zu bitten, die alten prophetischen Verheißungen zu verwirklichen. «Unser Vater im Himmel, erfülle für dein Volk Israel alles, was du durch deine Propheten verheißen hast.»

Dritte These: Das Vaterunser galt als Gebet, dessen Erhörung fest zugesagt und an keine Bedingungen geknüpft war

Im Lukasevangelium folgt unmittelbar auf den Vaterunsertext ein Abschnitt über Gebetserhörung. Jesus versichert, daß beharrliches Gebet zum Erfolg führt und daß es außer Beharrlichkeit keine Bedingungen für die Gebetserhörung gibt. Ein Abschnitt ist besonders aufschlußreich:

> Ist unter euch ein Vater, der seinem Sohn eine Schlange gibt, wenn er um einen Fisch bittet, oder einen Skorpion, wenn er um ein Ei bittet? Wenn nun schon ihr, die ihr böse seid, euren Kindern gebt, was gut ist, wieviel mehr wird der Vater im Himmel den Heiligen Geist denen geben, die ihn bitten. (Lk 11,11–13)

In der matthäischen Fassung weicht der Wortlaut geringfügig ab; am Schluß heißt es: «wieviel mehr wird euer Vater im Himmel denen Gutes geben, die ihn bitten» (Mt 7,11).

Das Vaterunser und der Abschnitt über die Verheißung des Gebets sind eng miteinander verknüpft: Beide sprechen von Gott als Vater, und beide erwähnen das Verzehren einer Speise. Bezieht man die in Handschriften überlieferte Lesart der lukanischen Fassung mit ein – «dein heiliger Geist komme auf uns und reinige uns» – dann beziehen sich beide auch auf den Heiligen Geist. Daraus läßt sich der Schluß ziehen, daß die Lehre über die Gebetsverheißung zur selben Gebetsbelehrung wie das Vaterunser gehört. Das Vaterunser zählt auf, worum die Gläubigen bitten, und die anschließend gegebene Erläuterung unterstreicht den Erfolg, der diesem Gebet beschieden sein wird. Wie sich ein Vater den Bitten seines Kindes nicht verschließen kann, so wird auch das Vaterunser erhört.[53] Wie der Wortlaut des Vaterunsers selbst, so mag auch die sich anschließende Lehre über den sicheren Gebetserfolg auf Johannes den Täufer (und nicht auf Jesus) zurückgehen.

Offenbar argumentiert hier Johannes der Täufer (oder, nach dem Text der Evangelien, Jesus) mit einem allgemein bekannten und einsichtigen Sachverhalt, denn daß Väter die Wünsche ihrer Kinder erfüllen, kann jedermann beobachten. Diese Art der Argumentation aufgrund einer Erfahrung ist für die biblische Weisheitsliteratur, besonders für das Buch der Sprichwörter, typisch. Allerdings scheint der Hinweis auf die Vater-Kind-Beziehung noch weitere Bedeutungen zu haben. Hinter dem weisheitlichen Argument scheint sich ein zweites, «schriftgelehrtes» zu verbergen, und im folgenden werden wir zu rekonstruieren versuchen, wie die Schriftgelehrten zur Überzeugung kamen, daß Gott das Vaterunser erhören müsse. Vermutlich richtete sich die weisheitliche Begründung an die allgemeine Zuhörerschaft frühchristlicher Prediger, während die schriftgelehrte Interpretation in den Kreisen der Theologen gepflegt wurde.

Die mit der Heiligen Schrift vertrauten Anhänger Johannes' des Täufers haben im Gleichnis vom bittenden Kind zweifellos eine zusätzliche, subtile Botschaft gefunden. Wenn das Vaterunser wirklich das Gebet der Söhne und Töchter Gottes ist, assoziieren schriftgelehrte Leser eine alttestamentliche Verheißung, die dem König Israels als dem Lieblingssohn Jahwes gegeben wurde: «Mein Sohn bist du. Heute habe ich dich gezeugt. Fordere von mir, und ich gebe dir (...)» (Ps 2,7–8). Der unscheinbare, demütige Wunsch des Kindes klingt wie ein Echo der vom neu inthronisierten König an Jahwe gerichteten Bitte; auch die Zusage der Gewährung läßt an die dem König gegebene Verheißung denken. Davon handeln mehrere alttestamentliche Stellen:

> [1] Fordere von mir, und ich gebe dir die Völker zum Erbe. (Ps 2,8)
>
> In Gibeon erschien Jahwe dem Salomo nachts im Traum und forderte ihn auf: [2] «Sprich eine Bitte aus, die ich dir gewähren soll!» (...) «Ich bin noch sehr jung (...) verleih daher deinem Knecht ein hörendes Herz, damit er dein Volk zu regieren (...) versteht.» (1 Kön 3,5.7.9)
>
> [3] So betete ich, und es wurde mir Weisheit gegeben; ich flehte, und der Geist der Weisheit kam zu mir. (Weish 7,7)

Im Neuen Testament handelt es sich offenbar um die «Demokratisierung» einer ursprünglich allein für den König geltenden Verheißung. Die in alter Zeit nur dem König am Tag seiner Inthronisierung gemachte Zusage der Erhörung von Bitten gilt nun immer und für alle Menschen. Die von der Königsbitte handelnden Texte des Alten Testaments weisen tatsächlich mehrere Beziehungen zum Vaterunser und der Gebetsverheißung auf: Die Bitte hat staatspolitischen Inhalt – sie ist der Wunsch nach Macht über Fremdvölker [Beleg 1] und nach weiser Herrschaft über die Untertanen des eigenen Volkes [2]; als Bittender sieht sich der König in der Rolle eines Kindes, das der Weisheit bedarf [2]; die Weisheit wird in neutestamentlicher Zeit oft mit dem Heiligen Geist in Verbindung gebracht, so daß sich eine Beziehung zur lukanischen Vaterunserbitte um den Geist ergibt [3]. Diese Bitten werden nun, «demokratisch» von allen Söhnen und Töchtern des himmlischen Vaters ausgesprochen, der neuen Situation des Gottesvolkes angepaßt. Das Wichtigste aber ist nicht die Bitte, sondern die der Heiligen Schrift entnommene Verheißung, daß diese auch erhört wird.

In der Bibel ist die göttliche Zusage einer Gebetserhörung nicht auf das alte Inthronisierungsritual und die Königssage beschränkt. Auch einige der Propheten sprachen davon, daß Israels Gebet erhört wird. Ein von Ezechiel stammendes oder ihm zugeschriebenes Gotteswort verheißt nicht nur die Zunahme der von Krieg und Verschleppung verringerten Bevölkerungszahl; es ermächtigt das Volk auch dazu, dieses Anliegen zum Gegenstand des Gebets zu machen. «So spricht der Herr Jahwe: Ich werde mich vom Haus Israel bitten lassen, für sie auch das zu tun: Ich werde die Menschen vermehren wie eine Schafherde» (Ez 36,37). Oder Jeremia: «Wenn ihr mich ruft, wenn ihr kommt und zu mir betet, so erhöre ich euch. (...) Ich wende euer Geschick und sammle euch aus allen Völkern und von allen Orten, wohin ich euch versprengt habe – Spruch Jahwes» (Jer 29,12.14). Die Bitte um ein Zunehmen der jüdischen Bevölkerung und die Wiederherstellung des davidischen Königreiches ist daher legitim und kann sich auf Gottes Verheißung berufen. Zwar beziehen sich manche öffentlichen Gebete ausdrücklich auf die Heilige Schrift (so das Achtzehngebet), aber meist bleiben die Schriftbezüge unausgesprochen, um nur von den Gelehrten erkannt zu werden. «Dein Reich komme»: Im jüdischen Gottesdienst des 1. Jahrhunderts von Johannes dem Täufer oder einem seiner Anhänger gesprochen, scheint dieses Gebet tatsächlich um die Zunahme der Bevölkerung und die Wiederherstellung des Staates zu bitten. Für die Schriftgelehrten des 1. Jahrhunderts hat der Ausdruck «Reich Gottes» eine genaue politische Bedeutung, die sich aus den angeführten biblischen Texten ergibt.

Die dem Vaterunser gegebene Erhörungsverheißung versteht die betende Gemeinschaft – Israel – als Kind, vermutlich als königliches Kind, dessen Bitte Gott mit Gewißheit gewähren wird. Die keinen Zweifel zulassende Verheißung scheint eher auf Johannes den Täufer als auf Jesus zurückzugehen. Sinnvoll ist die Verheißung nur, wenn sie sich auf das Vaterunser bezieht, das zu Gott um die Wiederherstellung des unabhängigen jüdischen Staates fleht. Johannes und sein Kreis zweifeln nicht daran, daß Gott dieser Bitte bald entsprechen wird.

Vierte These: In der Jesusbewegung bekam das Vaterunser einen anderen Sinn

Jesus der Heiler und Johannes der Täufer unterscheiden sich in vielfacher Hinsicht. Johannes hat keine Wunder gewirkt, wohl aber Jesus.[54] Wir wissen nicht, ob Jesus innerhalb der Täuferbewegung als Dämonenaustreiber wirkte oder ob er seine diesbezügliche Begabung erst nach dem Tode seines Meisters, Johannes, entdeckte. Er entwickelte eine eigenständige Theologie, die nicht mehr auf der Lehre des Täufers beruhte, sondern auf eigener exorzistischer Erfahrung. Für Jesus und die meisten seiner Anhänger nahm der Ausdruck «Reich Gottes» eine neue Bedeutung an. Nach der Auffassung Johannes des Täufers setzt das Kommen des Gottesreiches die Auflösung des Römischen Reiches und andere weltpolitische Ereignisse voraus, die eine Wiedererrichtung des jüdischen Staates ermöglichen. Als Jesus (vermutlich nach dem Tode des Täufers) mit seiner Verkündigung und Tätigkeit eine neue Richtung einschlug, erwartete er das Kommen des Reiches in einer anderen, eher individuellen als politischen Weise. Während Johannes offenbar eine wiederhergestellte, «geheilte» Nation als Gottesreich erwartete, richtete sich das Interesse Jesu auf die soziale und physische Heilung einzelner Menschen.[55] Die Versöhnung mit Gott trat in den Vordergrund, während das nationale Anliegen fast vollständig verschwand. Das Reich Gottes ist gegenwärtig, wenn Kranke durch Austreibung von Krankheitsgeistern geheilt werden. Geistheilungen und Austreibungen böser Geister stehen im Mittelpunkt von Jesu Tätigkeit. «Das Reich Gottes ist zu euch gekommen», sagt er zu Anhängern wie zu Kritikern seiner Tätigkeit, d. h. es ist im Akt der Heilung selbst sichtbar geworden (Lk 11,20; 17,20–21). Seinen Jüngern gibt er den Auftrag: «Heilt die Kranken (...) und sagt den Leuten: Das Reich Gottes ist zu euch gekommen» (Lk 10,9). Natürlich kann es dem Exorzisten nicht immer gelingen, das Reich Gottes sichtbar zu machen; dennoch ist es eine erfahrbare Wirklichkeit. Während Johannes der Täufer nach großen politischen, das ganze jüdische Volk betreffenden Ereignissen Ausschau hielt, glaubte Jesus an einen Gott, dessen Herrschaft sich in der Heilungserfahrung einzelner Menschen zeigt. Nach Ausweis der Apostelgeschichte wurde in der frühen Gemeinde die Frage erörtert, ob nach Jesu Tod «für Israel das Reich wiederhergestellt» werde oder ob seine Jünger mit der Kraft ihres Meisters, der magischen *dynamis* ausgestattet werden, um sein Werk fortzuführen; letzteres ist der Fall (Apg 1,6–8). In magischen Handlungen wirkt Gott selbst und übt durch sie seine Herrschaft aus: Das ist der Kern der Lehre über das Reich Gottes und vermutlich ein Teil dessen, was die frühe Gemeinde das «Geheimnis des Reiches» nannte (Lk 8,10). Die beiden unterschiedlichen Auffassungen vom Gottesreich – die politische und die magische – erlauben es uns, von zwei verschiedenen Bedeutungen des Vaterunsers zu sprechen. Während Johannes um das Kommen eines jüdischen Staates bittet, richtet sich der Blick Jesu auf exorzistische Ereignisse. So können wir zwischen einem täuferischen, politischen Gebet und einem jesuanischen, magischen unterscheiden.

Ein Blick auf die sogenannte «Antrittspredigt» Jesu im Lukasevangelium mag uns den Unterschied zwischen der Botschaft Jesu und der des Täufers verdeutlichen. In der Schriftlesung, auf die sich Jesu Predigt bezieht, spricht ein alttestamentlicher Prophet von seiner göttlichen Sendung: Der Herr «hat mich gesandt, damit ich den Gefangenen die Entlassung verkünde und den Blinden das Augenlicht; damit ich die Zerschlagenen in Freiheit setze» (Lk 4,18). Johannes hätte vermutlich über die Gefangenen und deren Befreiung in einem neuen, politisch unabhängigen Gottesreich gepredigt. Die Gefangenen sind die unter Fremdherrschaft leidenden Juden, das Gottesreich ist ihr neuer Staat. Jesus, wie ihn Lukas beschreibt, spricht nicht über Gesellschaft und Staat, sondern von den einzelnen, die etwa als Blinde das Augenlicht wieder erhalten oder als Lahme sich wieder ihrer Glieder bedienen können. Sein Vorbild ist der alttestamentliche Prophet Elija, der als Träger des göttlichen Geistes einer armen Witwe geholfen und einen kranken Ausländer geheilt hat.

Bekanntlich wird das johanneische Gebet Jesus zugeschrieben. Jesus selbst mag es zumindest in der Frühzeit seines Wirkens gebraucht und gelehrt haben – in der Zeit, als er noch in der Täuferbewegung tätig war und deren Theologie teilte. Die kurzen Gebetsbitten des Vaterunsers konnten später mit einer neuen Bedeutung versehen werden, einer Bedeutung, die Jesu exorzistischer Praxis und den sittlichen, unpolitischen Inhalten seiner Verkündigung besser entsprachen. Die neue Bedeutung war allerdings nicht völlig neu, denn das

Vaterunser selbst war in einem von Magie geprägten Milieu entstanden. Der Weg von der magischen Taufhandlung zu Jesu Heilungsmagie war offenbar nicht weit. So können wir davon ausgehen, daß zumindest einige der Vaterunserbitten im magischen Sinne verstanden wurden.

(I) *Unser Vater im Himmel, dein Name werde geheiligt* (d. h. heilige deinen Namen). Gott im Gebet Vater zu nennen, war der Gebetssprache des 1. Jahrhunderts nicht fremd. Offenbar gab es eine Gruppe, die diese Anrede bevorzugte: die wunderwirkenden Frommen in Galiläa.[56] Sie betrachteten sich als «Söhne», die Gott nahestanden und ihn als ihren «Vater» anreden durften. So hielt sich Choni der Kreiszieher für einen «Sohn der Familie» Gottes; als Familienmitglied konnte er seinen himmlischen Vater um allerlei Gunsterweise bitten, zum Beispiel um Regen.[57] Choni äußerte seine Bitten, während er in einem magischen Kreis stand, den er auf den Boden gezeichnet hatte. Jesus stand offenbar in der Tradition dieser galiläischen Wundertäter. Vor diesem Hintergrund ist die von ihm gebrauchte, auch außerhalb des Vaterunsers belegte Vateranrede verständlich.

Jesus hat die Gottessohnschaft nicht für sich allein beansprucht. Auch seine Anhänger und Freunde galten als Söhne und Töchter des himmlischen Vaters. Einige von ihnen verließen sogar ihre Familien, schlossen sich Jesus an und teilten seine Heimatlosigkeit. Sie gehörten zu einer neuen «Familie», einem Haushalt, an dessen Spitze Gott selbst als der Vater stand. Als Heiler mag Jesus gesehen haben, daß sich manche Menschen nur dann ihrer dämonischen Besessenheit (oder, modern gesprochen, psychischen Belastung) entledigen können, wenn sie das pathogene Milieu ihrer Familie verlassen. Die neue, den einen Vater verehrende Gemeinschaft der Brüder und Schwestern bot ihnen eine Ersatzfamilie und ein Zuhause.[58] Indem sie Gott als «Vater» anredeten, versicherten sie sich ihrer neuen sozialen und emotionalen Situation.

Die Erwähnung des «Namens» Gottes läßt sich ohne weiteres von der Magie her verstehen, denn in dieser gilt der göttliche Name als zauberkräftig. Der Exorzist und Zauberer handelt im Namen Gottes. Ist sein Tun – etwa eine Heilung – erfolgreich, preist man den Namen. Durch den Heiler wirkend heiligt Gott seinen eigenen Namen oder, anders gesagt, verschafft diesem Ruhm und Anerkennung. In der Magie bedeutet «heiligen» nichts anderes als «die Macht des göttlichen Namens durch Wunder unter Beweis stellen und ihn so berühmt machen».[59]

Es gibt noch eine weitere Möglichkeit, die erste Vaterunserbitte zu verstehen. Vielleicht haben sich Jesus und seine frühen Anhänger noch an die Beziehung von Vaterunser und Taufe erinnert. Jesus mag die Taufe wie Johannes als eine Handlung verstanden haben, die zur Heiligung des göttlichen Namens beiträgt. Er verstand den Zusammenhang jedoch nicht mehr staatspolitisch, sondern bezog ihn auf den einzelnen Menschen. Jesus legte Wert auf Heiligung und Heilung des einzelnen. Der Vergleich mit dem Propheten Elija drängt sich förmlich auf: Dieser alttestamentliche Prophet hat den syrischen

Hauptmann Naaman durch siebenmaliges Untertauchen – also eine Taufe – im Jordan von einer Hautkrankheit geheilt.[60]

«Geheiligt werde dein Name»: Cyprian von Karthago, einer der ersten, von dem wir einen Kommentar zum Vaterunser besitzen, hat auf die Beziehung dieser Vaterunserbitte zur Taufe eigens hingewiesen. Wenn wir um die Heiligung des göttlichen Namens bitten, so führte er aus, dann müssen wir wissen, daß es Gott selbst ist, der heiligt, und zwar heiligt er uns durch die Taufe. «Ihr seid reingewaschen, seid geheiligt, seid gerecht geworden im Namen Jesu Christi, des Herrn, und im Geist unseres Gottes», schrieb Paulus (1 Kor 6,11). Der durch die Taufe und das Tragen des göttlichen Namens erlangte Stand der Heiligkeit muß allerdings durch Gottes ständiges Eingreifen gesichert werden. «Geheiligt werde dein Name (...) Wir bitten und flehen darum, daß wir als in der Taufe Geheiligte in dem verharren, was wir zu sein begonnen haben. Und darum beten wir Tag für Tag, denn uns tut tägliche Heiligung not, damit wir, die wir tagtäglich sündigen, unsere Sünden durch beständige Heiligung wieder reinwaschen.»[61] Nach Cyprian besteht zwischen der Heiligkeit der Gläubigen und der Heiligkeit Gottes ein enger Zusammenhang. Mit göttlicher Hilfe können die Gläubigen die in der Taufe erworbene Reinheit und Freiheit vom Makel der Sünde täglich erneuern. Cyprians nur angedeuteter Gedankengang erschließt sich, wenn wir bedenken, daß der Taufritus den Taufbewerber im Namen Gottes heiligt. Indem Gott den Getauften beisteht, ihre Heiligkeit zu erlangen oder zu erneuern, trägt Gott zur Heiligung seines eigenen Namens bei. «Nicht als ob wir Gott wünschten, er möge durch unsere Gebete geheiligt werden, sondern weil wir Gott darum bitten, daß sein Name in uns geheiligt werde.»[62] Cyprian kannte offenbar noch das, was wir als einen der Schlüssel zum ursprünglichen Sinn des Vaterunsers verstehen.

(II) *Dein Reich komme* (d. h. übe deine Königsherrschaft aus). Während Johannes der Täufer und seine Zeitgenossen vom Gottesreich als einer künftigen politischen Größe sprachen und es mit dem wiederhergestellten jüdischen Staat gleichsetzten, sieht Jesus das Reich in der Gegenwart auf unpolitische Weise verwirklicht. Seine Gleichnisse deuten die apokalyptische Erwartung des Täufers um und verstehen sie magisch. Weil das magische, geistige Reich Heilung, Schutz und Leben schon in der Gegenwart ermöglicht, tritt die Erwartung eines künftigen politischen Reiches in den Hintergrund. Das magische Gottesreich zeichnet sich durch drei Eigenschaften aus: Es ist gegenwärtig, nicht zukünftig; seine Macht zeigt sich nicht in politischer Herrschaft, sondern in den kurzen Augenblicken göttlichen Eingreifens bei der Heilung von Besessenheit und anderer dämonischer Leiden. Die Geheilten, denen neue Lebensmöglichkeit geschenkt wurde, dürfen sich als Bürger des Gottesreiches begreifen. Unter den frühen christlichen Autoren hat nur Lukas den magischen Charakter des Gottesreiches unmißverständlich hervorgehoben. Nur er überliefert das Jesuswort: «Wenn ich die Dämonen durch den Finger Gottes austreibe, dann ist das Reich Gottes schon zu euch gekommen» (Lk 11,20). Gott herrscht, wo Dämonen, mit Wort und Gesten des Exorzisten konfrontiert, den Leib eines leidenden Menschen verlassen. So wird die Bitte um das Kommen des Reiches zu einer Bitte um göttliche Hilfe beim Kampf gegen dämonische Mächte. Interessanterweise spricht bereits ein alttestamentlicher Psalm vom göttlichen Eingreifen zugunsten eines leidenden, auch von bösen Geistern bedrängten Menschen als einem Akt königlicher Machtausübung.[63] In Psalm 22 kommt die antike Mentalität deutlich zum Ausdruck: Sobald der persönliche Gott (der dem christlichen Schutzengel entspricht) seinen Schützling verläßt, treiben Dämonen ihr Unwesen. Übt er seine Herrschaft wieder aus, verlieren die bösen Geister ihre Macht und müssen fliehen. Als magischer Heiler stellt Jesus den einzelnen leidenden Menschen unter Gottes Schutz und bringt ihm das Gottesreich. Dieses Reich läßt sich als von Jesus gestiftete, entdämonisierte Zone beschreiben.

(III) *Dein Wille geschehe, wie im Himmel, so auf der Erde.* Gott wird gebeten, seinen Willen zu verwirklichen. Diese Bitte scheint mit der vorigen gleichbedeutend zu sein, denn auch hier wird die Verwirklichung der Herrschaft Gottes angesprochen. Die frühe Jesusbewegung könnte dem Satz eine weitere Bedeutung beigelegt haben: die Erklärung des Verzichts auf den eigenen Willen und die Annahme des von Gott bestimmten Geschicks. Jesus selbst betete: «Vater, wenn du willst, nimm diesen Kelch [des Leidens] von mir! Aber nicht mein, sondern dein Wille soll geschehen» (Lk 22,42). Wenn Gott seine Herrschaft nicht nur im Himmel, sondern auch auf der Erde ausübt, können Krankheiten und Dämonen schwinden; doch liegt es in Gottes Wille, wenn die Mächte des Bösen noch eine Zeitlang regieren. Im Sinne dieser Deutung lassen sich die beiden Bitten wie folgt umschreiben: «Übe deine Königsherrschaft aus; aber nicht mein, sondern dein Wille geschehe.»

(IV) *Gib uns heute das Brot, das wir brauchen.* Bei Jesus selbst und unter seinen ersten Anhängern hatte diese Bitte wahrscheinlich einen vornehmlich weltlichen Sinn. Als Menschen ohne regelmäßiges Einkommen aus beruflicher Arbeit waren sie auf Unterstützung und Gastfreundschaft von Freunden und reichen Gönnern angewiesen. Durch sie schenkt Gott das tägliche Brot. In den Worten von Morton Smith: «Die Bitte ‹Gib uns heute das Essen, das uns bis zum folgenden Tag reicht› stellt uns mitten in das ganz irdische Leben eines wohnsitzlosen Schaustellers – eines Magiers, eines Heiligen oder wie immer man ihn nennen will –, der jeden Tag von dem lebt, was er von seinem Publikum in der nächsten Kleinstadt erhält, die er besucht.»[64] An dieser Stelle können wir auf die von uns bereits eingeführte Unterscheidung zwischen der Bitte um konkrete Befreiung aus einer Notlage und einer Bitte um Segen zurückgreifen. Die Bitte des Täufers um tägliches Manna läßt sich als Bitte um ein Rettungswunder verstehen, denn er wünscht sich das Ende der Unterdrückung durch die Römer und die Errichtung eines jüdischen Staats. Jesus hingegen bittet nur um den täglichen Segen des mütterlich sorgenden Gottes – obwohl auch seiner Bitte eine gewisse Dringlichkeit zugrunde liegen mag. Für den wandernden Gottesmann lag das tägliche Brot nicht selbstverständlich bereit, sondern mußte, wie Smith meint, jedesmal von neuem erbettelt werden.

(V) *Erlaß uns unsre Schulden, wie auch wir sie unseren Schuldnern erlassen haben.* Jesus und Johannes bestimmen die Schulden, die von Gott und den Menschen vergeben werden sollen, auf verschiedene und sogar gegensätzliche Weise. Bei Johannes steht die Politik im Vordergrund; seine Predigt zielt offenbar vorrangig auf die göttliche Verzeihung der nationalen, kollektiven Sünde des Abfalls von Gott. Er fordert von den einzelnen Menschen zwar die Orientierung an traditionellen sittlichen Werten,[65] aber an der Verzeihung individueller Sünden hat er weniger Interesse. Im Gegensatz zu Johannes betont Jesus eine andere Form der Vergebung. Er stellt den einzelnen in den Vordergrund. Dieser wird nicht «gesellschaftlich» als Glied eines Volkes und einer nationalen Sündengeschichte gesehen, sondern «gemeinschaftlich» als einzelner, in allerlei persönliche Beziehungen eingebundener Mensch. Gegenseitiges Verzeihen unter den Menschen bringt zerbrochene oder gestörte Beziehungen wieder in Ordnung und trägt zur «Heilung» von Lebensgeschichten und Gemeinschaften in ähnlicher Weise bei, wie Exorzismen Krankheiten heilen. Wenn Menschen untereinander vergeben, vergibt auch Gott die Sünden der einzelnen.

(VI) *Führe uns nicht in Versuchung.* Die Zeit der Versuchung oder Prüfung (griechisch *peirasmós)* läßt sich als Zeit besonderer dämonischer Angriffe verstehen. Böse Geister suchen nicht nur dem einzelnen zu schaden, sondern auch sein exorzistisches Tun wirkungslos zu machen. In diesem Zusammenhang sei daran erinnert, daß in der frühen christlichen Gemeinde von *jedem* Gläubigen erwartet wurde, daß er Wunder wirken und Heilungen vollziehen kann.[66] Aber man wußte um besondere Prüfungen, die den Exorzisten erwarten, Prüfungen, die am Leben Jesu abzulesen sind. Ein dämonisches Wesen, genannt «der Versucher» *(ho peirazôn)*, hatte Jesus aufgefordert, ihn als seinen Herrn und Geisthelfer anzuerkennen und mit seiner Hilfe bestimmte Wunder zu wirken, zum Beispiel Steine in Brot zu verwandeln (Mt 4,1–11).[67] Jesus widerstand der Versuchung, die von ihm mit Gottes Hilfe praktizierte «weiße Magie» durch die satanische schwarze Magie zu ersetzen. In einer derartigen geistigen Krise, die offenbar zu jedem Exorzistenleben gehört, soll Gott selbst den Magier vor Schaden und Abfall von Gott bewahren. Das ist das Anliegen der Gebetsbitte. Die *Gute Nachricht Bibel* hat diesen Sinn richtig erfaßt, wenn sie umschreibt: «Laß uns nicht in Gefahr kommen, dir untreu zu werden.»

(VII) *Errette uns von dem Bösen* (oder: befreie uns von dem bösen Dämon). Auch hier bezieht sich die Bitte nicht auf das Volk Israel als Ganzes, sondern auf persönliche Errettung aus Not, Unglück, Krankheit und dämonischem Angriff. Im griechischen Urtext wie in der deutschen Übersetzung bleibt die Bitte zweideutig: ist «das Böse» oder «der Böse» gemeint? In einer verbreiteten frühchristlichen Tradition gilt das «Böse» als *der* Böse, als Satan oder der Teufel; so etwa bei Origenes, Tertullian und Cyprian.[68] In den Oden Salomos, einer Sammlung christlicher Lieder aus der Zeit um 100 n. Chr., findet sich ein Echo der Vaterunserbitte; dort heißt es: «Wegen deines Namens werde ich erlöst werden vom bösen (Dämon).»[69] Verschiedene englische und französische Bibelübersetzungen haben sich für ein solches dämonologisches Verständnis entschieden: «Save us from the evil one» (Revised English Bible, 1989), «Délivre nous du Mauvais» (Bible de Jérusalem, 1973). Trifft diese Deutung zu, dann liegt ein dualistisches Weltbild vor, in dem der Mensch zwischen Gott und dem bösen Geist steht. Unter der Herrschaft des Teufels leidend, sehnt er sich nach der Befreiung durch Gott, die der Exorzist vollzieht.

Zum Schluß unserer kurzen Erläuterung der einzelnen Vaterunserbitten ist noch einmal auf die Ungewißheit jeder Deutung dieses Gebets hinzuweisen. Die Kürze und die verschlüsselte Sprache bilden für den Theologen wie für den Religionsgeschichtler eine bleibende Herausforderung. Unsere erste Lesart, die den Text Johannes dem Täufer zuschreibt, ist in großer Nähe zum Wortlaut entwickelt; doch muß die Deutung ein Versuch bleiben, denn unsere Kenntnis der Täuferbewegung und ihrer Theologie bleibt in vielem unsicher. Noch weniger gesichert scheint uns die Lesart des Vaterunsers, die wir für die frühe Jesusbewegung zu rekonstruieren versuchten; auch sie bewegt sich im Rahmen von Vermutungen. Dennoch kommt den von uns vorgeschlagenen Lesarten eine große Plausibilität zu, da sie dem rätselhaften Wortlaut einen verständlichen Sinn abgewinnen.

Fünfte These: Das Vaterunser gehört zur traditionellen, nicht zur utopischen Religion

Wenn auch manche Einzelheit der Interpretation unsicher bleibt, so ist doch deutlich, welches Weltverständnis dem Vaterunser zugrunde liegt. Die «täuferische» wie die «jesuanische» Lesart lassen dieselbe, in den alten Kulturen der Mittelmeerwelt verbreitete, «traditionelle» Mentalität erkennen. Sie läßt sich am besten durch den Vergleich mit einer anderen Mentalität charakterisieren, die Jonathan Smith die «utopische» nannte.[70] Nach dem Weltbild der traditionellen Religion hat ein Gott (oder haben Götter) die zunächst chaotische Welt in einen geordneten Zustand gebracht. Die damit etablierte Weltordnung ist ihrem Wesen nach unveränderlich. Gleichwohl wird die Welt ständig von Unglück heimgesucht. Der traditionellen Religion gelten Natur und menschliches Leben, Gesellschaft und Staat als zerbrechliche, instabile Größen. Durch Erdbeben, Überschwemmung und Dürre, Hungersnot und Pest, feindlichen Überfall, Niederlage im militärisch ausgetragenen Konflikt, Unterdrückung der Armen usw. bedrohen sowohl dämonische Mächte als auch die Menschen selbst die geordnete Welt. Mythische Erzählungen handeln von einem kosmischen Kampf und erklären, wie ein göttlicher Krieger die Chaosmächte niederhält und dadurch das Überleben der Welt ermöglicht. Die Welt muß ständig wieder der uranfänglich etablierten Ordnung angeglichen werden. Dieser Kampf findet kein Ende, denn nach jeder Niederlage erholen sich die Mächte der Finsternis, um von neuem anzugreifen. Dem Antagonismus zwischen göttlicher Ordnungsmacht und widergöttlichem Chaos entspricht ein gesellschaftlicher Antagonismus. Das Böse begegnet in mannigfachen Verkleidungen in Gesellschaft, Geschichte und persönlichem Leben. Um der Gesellschaft das Überleben zu sichern, bedarf es stets eines regelnden und helfenden Eingreifens seitens göttlicher und menschlicher Akteure; auch mögen beide – Gott und Mensch – zusammenwirken. Nicht selten sucht die traditionelle Religion dem Bösen und Schlechten durch Thaumaturgie Herr zu werden.[71] Durch Ausschalten der gewöhnlichen, den Gang der Dinge regelnden Gesetze sollen bestimmte aktuelle Nöte des einzelnen behoben werden. Solche Wunder sind an Person und Ort gebunden und werden durch Magie erzeugt. Der Erfolg tritt unmittelbar ein; eine Wiederholung der magischen Handlung ist möglich, wenn auch nur in ähnlich gelagerten Fällen. Gewöhnlich dient die Thaumaturgie der Heilung von Krankheit, aber sie spendet auch Trost, stellt einen früheren, heilvollen Zustand wieder her, vermittelt Zuversicht, verhindert Unglück und schützt auf gefahrvollen Reisen. Manchmal verspricht sie sogar Leben nach dem Tod. Zu diesem Weltbild gehört eine Religion der Heilung und Heiligung, deren Ziel es ist, alles aus der Ordnung Geratene wieder zu ordnen. Korrektur, Reinigung und Heilung stellen den idealen, uranfänglichen Zustand der Dinge wieder her, so daß an einem bestimmten Ort oder in einem bestimmten Land – zum Beispiel in Palästina – ein gesunder sozialer und politischer Körper entstehen oder der menschliche Körper wieder gesunden kann.

Jonathan Smith stellt die traditionelle Religion, die er als ortsgebunden charakterisiert – er nennt sie «lokativ» –, der «utopischen» gegenüber. Zwar sehen beide Formen die Welt kosmischen Konflikten ausgesetzt. Aber wie anders werden die Konflikte gedeutet! In der utopischen Religion verliert der kosmische Konflikt seinen festen, dauerhaften Rahmen. Für sie ist das Weltgefüge alles andere als stabil und unveränderlich. Es ist ständig in Bewegung, und zwar auf ein letztes Ziel hin, so daß schließlich, nach vielen Konflikten, ein endgültiger, konfliktfreier Zustand erreicht wird: Kosmos ohne Chaos. Der grundlegende Mythos dieser Religion erzählt von einer künftigen Zeit. Der höchste Gott, der jetzt mit den Mächten des Chaos im Streit liegt, wird dereinst die Finsternis besiegen. Da es dabei zur endgültigen Vernichtung aller gottwidrigen Mächte kommt, kann so die vollständig gute und niemals mehr gefährdete Ordnung erreicht werden. Damit gelangt die Welt an ihren bleibenden Endzustand. Wie die griechische Bezeichnung «utopisch» («ortlos») anzeigt, ist der konkrete Ort des Geschehens ohne Bedeutung. Während die traditionelle Religion einer lokalen Beschränkung unterliegt, ist das utopische Weltbild universal ausgerichtet. Örtlich begrenzte Korrektur, Reinigung und Heilung haben darin keine Bedeutung. Es wird vielmehr ein weltumspannender Zusammenbruch erwartet, aus dem sich eine neue Ordnung erhebt, die überall und immer Bestand haben wird: im Himmel oder auf der Erde oder in beiden Bereichen gleichermaßen.

In der Bibel finden wir neben der traditionellen auch die utopische Weltauffassung. Johannes der Täufer und Jesus gehören beide dem traditionellen Typ an, den sie in verschiedenen Spielarten – sei es politisch oder magisch – vertreten. Ihr Interesse richtet sich auf die Wiederherstellung des jüdischen Staates in Palästina und die Heilung kranker Menschen. Bei Paulus und im Buch der Offenbarung läßt sich ein solches Anliegen nicht mehr feststellen. Sie haben kein Interesse daran, ein aus den Fugen geratenes politisches und soziales System wieder zu ordnen. Das lokale Projekt ersetzen sie durch ein universales. Paulus will sich aus der Welt zurückziehen und in den Himmel zu Christus aufsteigen. Das Buch der Offenbarung beschreibt den universalen Kampf zwischen Gott und den Mächten der Finsternis und erwartet Gottes endgültigen Sieg. Die apokalyptische Vision hat sich erfüllt, wenn alle Heiligen ihren Herrn im neuen Jerusalem preisen.

Mit seiner Bitte um politische Befreiung (Johannes der Täufer) oder exorzistische Heilung (Jesus) bringt das Vaterunser typische Anliegen der traditionellen Religion zum Ausdruck. Im späteren Christentum konnte dem Gebet jedoch eine «utopische» Bedeutung beigelegt werden. Wer erwartet, Gott werde die Mächte des Bösen endgültig vernichten, der wird die Bitten «dein Reich komme» und «rette uns vor dem Bösen» auf die Errichtung der weltweiten, ewigen Herrschaft Gottes beziehen. Die Erwartung vom Ende allen Übels, wie wir sie bei Paulus und im Buch der Offenbarung finden, hat auf das Verständnis des Vaterunsers von der frühen Kirche bis heute einen großen Einfluß ausgeübt. Aber ursprünglich stand das Gebet weder bei dem Täufer noch bei Jesus im Banne der utopischen Mentalität. Jesus mag zwar gehofft haben, die jüdische Gesellschaft als ganze zu heilen, aber an mehr als einen vorläufigen Triumph über das Böse scheint er niemals gedacht zu haben. Er blieb ein lokaler Heiler.

Sechste These: In nachbiblischer Zeit beteten die Christen zwar das vollständige Vaterunser, betonten aber nur bestimmte Bitten

Zweifellos haben die christlichen Gemeinden seit frühester Zeit das Vaterunser gekannt und in ihrem Gottesdienst gebraucht. Aber nicht überall wurde es im selben Maße geschätzt. Nur zwei der vier Evangelien – Matthäus und Lukas – überliefern den Wortlaut, wobei sie unterschiedliche Fassungen bieten. Vielleicht haben manche Gemeinden das Gebet überhaupt nicht gekannt oder es nicht mehr regelmäßig gebetet. Leider ist den frühchristlichen Quellen über den Gebrauch des Vaterunsers im Gemeindegottesdienst nichts zu entnehmen. Erst um die Mitte des 3. Jahrhunderts gibt uns Cyprian darüber Aufschluß.[72] Das Studium der frühen Quellen offenbart einen sonderbaren Sachverhalt: Das Vaterunser war zu einem Gebet geworden, das den verschiedenen Bitten unterschiedliches Gewicht einräumte. Bestimmte Teile wurden in der Liturgie hervorgehoben, während andere zwar ausgesprochen wurden, in ihrer Bedeutung jedoch verblaßten. Sie wurden gleichsam «ausgeblendet».

Der Grundgedanke des selektiven Vaterunsergebrauchs durch Betonung einer einzelnen Bitte läßt sich anhand der Mönchsregel des heiligen Benedikt (ca. 550 n. Chr.) erläutern. Das Vaterunser gehörte zu den exponierten Gebeten der Mönche; einige Bitten waren privilegiert. Benedikt gab folgende Anweisung:

> Matutin und Vesper [Morgen- und Abendgebet] dürfen auf keinen Fall zu Ende gehen, ohne daß der Obere am Schluß das ganze Gebet des Herrn so spricht, daß alle es hören, und zwar wegen der Dornen, das heißt wegen der Streitigkeiten, die [unter den Mönchen] leicht entstehen. Dadurch, daß die Brüder die Bitte aussprechen «Vergib uns, wie auch wir vergeben», gehen sie die Verpflichtung ein, sich von solcher Schuld zu reinigen.[73]

Obwohl der volle Wortlaut des Vaterunsers gesprochen wird, liegt die Betonung auf einer einzigen Bitte: «Vergib uns, wie auch wir vergeben.» Die übrigen Bitten bleiben aber nicht unausgesprochen, denn die Liturgie verändert den Wortlaut des Vaterunsers nie durch Verkürzung. Wie die meisten Völker der alten Welt, besonders die Römer, glaubt auch die Kirche an Wert und Wirkung festgelegter Gebetsformeln.[74] Die meisten Liturgien setzen das Vaterunser nicht anders ein als die Regel des heiligen Benedikt: Sie betonen eine oder zwei Bitten und vernachlässigen die übrigen. Gewöhnlich werden die Bitten um Vergebung, tägliches Brot und Erlösung vom Bösen hervorgehoben. Gelegentlich steht auch die Vateranrede im Vordergrund.

Wird das Vaterunser als Kommuniongebet eingesetzt, dann liegt der Nachdruck auf den Bitten um Vergebung und tägliches Brot.[75] In der Zeit Augustins – um 400 n. Chr. – hat die ganze Gemeinde das Vaterunser zwischen der eucharistischen Wandlung und der Kommunion gesprochen.[76] Nach einer Predigt des Augustinus (oder Pseudo-Augustinus, denn die Zuschreibung ist unklar) bedürfen alle Kommunionempfänger der göttlichen Vergebung; ohne diese könnten sie die heilige Speise nicht würdig empfangen.[77] Diese traditionelle Ansicht findet sich auch in der offiziellen Einleitung des römischen Meßbuchs von Papst Paul VI. (1970), wo es heißt, im Vaterunser «bitten wir um (...) das eucharistische Brot (...) und um Befreiung von Sünden, damit das Heilige wirklich Geheiligten [Menschen] gereicht werde».[78]

Eine weitere Betonung liegt auf der letzten Vaterunserbitte: der Bitte um Erlösung. Nach der Konsekration von Brot und Wein treten der katholische Priester und die Gemeinde in folgenden Dialog:

Priester:	Lasset uns beten, wie der Herr uns zu beten gelehrt hat.
Gemeinde:	Vater unser im Himmel (...) sondern erlöse uns von dem Bösen.
Priester:	Erlöse uns, Herr, allmächtiger Vater, von allem Bösen und gib Frieden in unseren Tagen. Komm uns zu Hilfe mit deinem Erbarmen und bewahre uns vor Verwirrung und Sünde, damit wir voll Zuversicht das Kommen unseres Erlösers Jesus Christus erwarten.
Gemeinde:	Denn dein ist das Reich und die Kraft und die Herrlichkeit in Ewigkeit. Amen. (Römisches Meßbuch Pauls VI., 1970)

In diesem Falle greift der Priester die letzten beiden Vaterunserbitten auf («führe uns nicht in Versuchung – erlöse uns von dem Bösen»), umschreibt sie im elaborierten Sprachstil und «erbittet für die Gemeinde der Gläubigen die Befreiung von der Macht des Bösen».[79]

Der selektive Gebrauch des Vaterunsers in der katholischen Messe

Was gesprochen wird	*was betont wird*
Vater unser im Himmel,	Vater unser im Himmel,
geheiligt werde dein Name.	
Dein Reich komme.	
Dein Wille geschehe, wie im Himmel so auf Erden.	
Unser tägliches Brot gib uns heute.	Unser tägliches Brot gib uns heute.
Und vergib uns unsere Schuld,	Und vergib uns unsere Schuld,
wie auch wir vergeben unsern Schuldigern.	wie auch wir vergeben unsern Schuldigern.
Und führe uns nicht in Versuchung,	Und führe uns nicht in Versuchung,
sondern erlöse uns von dem Bösen.	sondern erlöse uns von dem Bösen.

In der christlichen Liturgie der nachbiblischen Zeit wird nicht selten auch der Vateranrede des Gebets besondere Bedeutung beigemessen. Im Hippo des ausgehenden 4. Jahrhunderts, der Bischofsstadt des heiligen Augustinus, erhielten die Taufbewerber ihre Unterweisung während der vierzig Tage vor Ostern.[80] Im Mittelpunkt der Unterweisung standen zwei Texte, deren Kenntnis obligatorisch war: das apostolische Glaubensbekenntnis und das Vaterunser, denn diese fassen die Lehre der Apostel und die Lehre Christi zusammen. In der Osternacht wurden die Katechumenen getauft. In der anschließenden Messe beteten sie mit der ganzen Gemeinde zum ersten Mal das Vaterunser. Dieses war ein privilegiertes Gebet und durfte nur von den Getauften gesprochen werden. Nach den *Apostolischen Konstitutionen*, einer Kirchenordnung des 4. Jahrhunderts, rezitierten die Neugetauften das Vaterunser bereits beim Verlassen des Taufbeckens.[81] In diesem Falle bildet das Vaterunser nicht nur einen festen Bestandteil des Taufritus, sondern stellt dessen Höhepunkt dar. Nur die Getauften galten als Kinder des himmlischen Vaters und durften ihn als «Vater» anreden.

Im 20. Jahrhundert hat sich der protestantische Theologe Rudolf Otto (1869–1937) für einen liturgischen Gebrauch des Vaterunsers ausgesprochen, der dessen erste Worte hervorhebt.[82] Der Gottesdienst, den er in der kleinen gotischen St. Jost-Kapelle in Marburg (Abb. 3) feierte, sollte nicht unvermittelt mit der Predigt abbrechen. Auf die Predigt folgte eine von ihm selbst entworfene «Anbetung». Dieser Schlußteil des Gottesdienstes bot dem Vaterunser einen sachgemäßen Rahmen. Der Vorsteher wies auf die Anwesenheit Gottes mit den Worten hin: «Der Herr ist in seinem heiligen Tempel. Es sei vor ihm stille alle Welt.» Dann kniete die Gemeinde schweigend nieder. Auf ein dreifaches Glockenzeichen erhoben sich alle und sprachen das Vaterunser.

3 Rudolf Ottos Kapelle. Diese gotische Kapelle aus dem 14. Jahrhundert steht in Marburg und bietet für knapp hundert Personen Platz. In den 1920er Jahren experimentierte hier Rudolf Otto mit «schweigendem Dienst». Der lutherische Verfasser von *Das Heilige* (1917) wollte der protestantischen Liturgie einen Sinn für das «Numinose» geben. In heiligem Schweigen sollte die Gemeinde die Gegenwart Gottes erfahren und Gott anbeten. St. Jost-Kapelle, Marburg.

In seiner Kapelle vermißte Otto ein sichtbares Zeichen für Gottes Anwesenheit. Sein Buch über die Erneuerung des Gottesdienstes enthält eine Zeichnung, die eine Vorstellung davon vermittelt, wie sich Otto ein solches Zeichen dachte. Ein Rundfenster sollte über dem Altar angebracht sein und die Inschrift «Vater unser» tragen (Abb. 4). Das Kreuz, das gewöhnlich auf dem Altar oder in dessen Nähe stand, schien für die Anbetung ungeeignet, denn es stellt den Sohn und nicht den Vater dar; dieser sollte ein eigenes Symbol erhalten.

Wird das Vaterunser nur gebetet, um Gott «Vater» zu nennen oder ihn um Vergebung und das eucharistische Brot zu bitten, dann liegt selektiver Gebrauch vor. Der christliche Kult kann noch einen Schritt weiter gehen und das Gebet so einsetzen, daß es nicht mehr als Bedeutungsträger auftritt. Das Rosenkranzgebet der Katholiken umfaßt die fünfzehnmalige Wiederholung des Vaterunsers. Innerhalb des Rosenkranzes verliert das Vaterunser jede prä-

4 Ein Ort des Gebets. Eine Zeit des Schweigens, gefolgt vom Sprechen des Vaterunsers sollte nach Rudolf Otto den Höhepunkt des Gottesdienstes bilden. Im Jahre 1925 ließ er eine Zeichnung von einem dafür geeigneten Chorraum anfertigen. Das runde Glasfenster mit der Inschrift «Vater unser» stellt die numinose Gegenwart Gottes dar; diesem Symbol soll sich die Gemeinde im Gebet zuwenden. Otto vermißte ein solches Symbol in der St. Jost-Kapelle. Rudolf Ottos ideale Kirche, von einem Grafiker skizziert, 1925.

zise Bedeutung; man mag es bestenfalls als einen an Gott gerichteten Gruß verstehen. Als heiliger Text schafft es eine heilige Atmosphäre. Auch der Protestantismus kennt solche, seinen wörtlichen Sinn vernachlässigende Verwendung des Vaterunsers.[83] Gewöhnlich gehen dem Vaterunser in der protestantischen Liturgie mehr oder weniger ausführliche Bitten um besondere Anliegen voraus; im anschließenden Vaterunser werden die Bitten der Gemeinde gleichsam «zusammengefaßt». Das Vaterunser gilt dabei nicht als eine selbständige Reihe von Bitten, sondern als eine heilige Formel, die dem Gemeindegebet größere Erhörungsgewißheit verleihen soll. Das Sprechen des Vaterunsers schafft eine sakrale Atmosphäre, die manche Gemeindemitglieder tief beeindruckt und ihrem Wunsch nach religiöser Erfahrung entgegenkommt. Friedrich Heiler (1892–1967), ein Katholik, der sich später der lutherischen Kirche anschloß und zu einem Vorkämpfer der liturgischen Erneuerung wurde, berichtet von einem solchen Erlebnis.[84] Als er zum ersten Mal einen protestantischen Gottesdienst besuchte, erschien ihm das Sprechen des Vaterunsers als der heiligste Augenblick. Während der Pfarrer das Gebet sprach, läuteten die Glocken der bayrischen Kirche, vermutlich in Nachahmung des katholischen Glockenläutens bei der eucharistischen Wandlung. Auf diese Weise konnte das Gebet seinen Eindruck nicht verfehlen.

Die Heiligkeit des Textes ließ ihn in den Augen einiger Theologen für Predigt und Unterweisung als ungeeignet erscheinen. «Vor Vaterunser-Predigten sei gewarnt um des hohen Anspruchs dieses täglich geübten Gebetes willen», heißt es bei Dietrich Bonhoeffer. «Man sollte das Vaterunser auch nicht katechetisch traktieren.»[85] Einmal erklärt, scheint der Wortlaut seine sakrale Aura einzubüßen.

Bei seinem liturgischen Gebrauch im christlichen Gottesdienst ist der ursprüngliche Sinn des Vaterunsers aus dem Blick geraten, wenn nicht sogar völlig verlorengegangen. Die politische und exorzistische Bedeutung, die der heute gebräuchlichste Gebetstext im Kreis um Johannes den Täufer und Jesus gehabt haben mag, ist aus dem Bewußtsein verschwunden. Je weiter sich das Gebet von seinem historischen und rituellen Ursprung entfernt, um so mehr entzieht es sich dem Verständnis, und man ist geneigt, ihm einen neuen Sinn beizulegen. In der Liturgie werden heute bestimmte, scheinbar verständliche Vaterunserbitten hervorgehoben, während die Bedeutung anderer Bitten in den Hintergrund tritt. Oft kommt es nur noch auf die sakrale und gleichzeitig traditionelle Aura des Vaterunsers an. Nur wer sich in die Geschichte des christlichen und sogar vorchristlichen Gottesdienstes vertieft, kann die verschlüsselte Botschaft des Vaterunsers verstehen, eine Botschaft, die sich letztlich nicht an Menschen, sondern an Gott richtet.

Als gottesdienstliches Gemeindegebet eingesetzt, hat das Vaterunser viel von seinem ursprünglichen Sinn verloren. Diesem Verlust steht jedoch ein Gewinn gegenüber: Das Gebet galt schon früh als eine kurze Zusammenfassung des christlichen Glaubens oder, in den Worten Cyprians, als «Kompendium der himmlischen Lehre» *(caelestis doctrinae compendium)*.[86] Die Kürze ist bewußt gewählt, «damit das Gedächtnis der Lernenden mit der himmlischen Lehre keine Mühe habe, sondern das für einen schlichten Glauben Notwendige schnell erlernen könne».[87] Das Vaterunser galt als Zusammenfassung der neutestamentlichen Botschaft in derselben Weise wie die Zehn Gebote das Alte Testament verkörpern: ein kurzer, leicht zu behaltender Text, der, einem großen Lehrer zugeschrieben, die Grundgedanken eines komplexen Traditions- und Lehrbestandes wiedergab. Dieser Idee sind bis heute alle elementaren Lehrbücher des christlichen Glaubens («Katechismen») verpflichtet: Indem sie Dekalog und Vaterunser erklären, legen sie den Grund zu einem jüdisch-christlichen Weltverständnis. Als Schriften, die erbauen und Grundwissen vermitteln wollen, enthalten Katechismen fast keine historische Information über den ursprünglichen Sinn des Vaterunsers als Gebet der frühen Jesusbewegung. Die Worte des Vaterunsers werden immer noch im Gottesdienst gebraucht, aber ihr Sinn – oder vielmehr ihr vorgeblicher Sinn – ist in die Glaubenslehre abgewandert.

3. Das christliche Gebet: Ursprung, Gestalt und Verheißung

Gebet wird nicht für jeden Anlaß neu in Worte gefaßt, sondern folgt häufig biblischen Vorbildern und richtet sich nach traditionellen Vorlagen in liturgischen Büchern. Das vorliegende Kapitel befaßt sich mit den Ursprüngen des christlichen Bittgebets in der neutestamentlichen Zeit, bringt Beispiele für die Formen des regelmäßigen liturgischen Gebets und gibt einen Überblick über die Hoffnungen und Erwartungen, die im Laufe der Geschichte daran geknüpft wurden.

Thaumaturgie und Theurgie: Die ursprüngliche Heimat des christlichen Gebets

Im Unterschied zum Vaterunser, das offenbar im Kreis um Johannes den Täufer entstand, ist der Anfang des christlichen Gebets bei Jesus selbst zu suchen. Die Evangelien enthalten zwei beispielhafte Szenen, in denen Jesus betet oder auf die Kraft des Gebets zurückgreift. In der ersten Szene begegnet uns Jesus als Wunderheiler, als «Thaumaturg». Seine Jünger haben an den magischen Kräften ihres Meisters Anteil, doch manchmal will es ihnen nicht gelingen, diese wirksam werden zu lassen. Einige Jünger, so wird berichtet, brachten es nicht fertig, einen epileptischen Knaben zu heilen, so daß Jesus selbst eingreifen mußte. Nach erfolgter Heilung um ihren Meister geschart, fragen sie ihn nach dem Grund ihres Versagens. Jesu Antwort lautet: «Weil euer Glaube so klein ist. (...) Wenn euer Glaube auch nur so groß ist wie ein Senfkorn, dann werdet ihr zu diesem Berg sagen: Rück von hier nach dort!, und er wird wegrücken. Nichts wird euch unmöglich sein» (Mt 17,20). Anders als sonst in der Bibel bedeutet «Glauben» hier nicht «die christliche Lehre annehmen», sondern «auf Gottes Wundermacht fest vertrauen». Einer anderen Überlieferung zufolge soll Jesus nicht auf fehlenden Glauben, sondern mangelhaftes Gebet hingewiesen haben: «Diese Art [von Schadensgeist] kann nur durch Gebet ausgetrieben werden» (Mk 9,29). Die zweite beispielhafte Szene spielt auf dem Ölberg, kurz vor der Verhaftung Jesu durch die Römer. Nach Lukas betet Jesus um Errettung aus der Not: «Vater, wenn du willst, nimm diesen Kelch [des Leidens und Todes] von mir! Aber nicht mein, sondern dein Wille soll geschehen» (Lk 22,42). Gott erfüllt diesen Wunsch nicht; statt dessen sendet er einen Engel, der ihn stärkt. Diese zweite Szene unterscheidet sich von der ersten, denn Jesus betet nicht für einen anderen Menschen, sondern für sich selbst. Es handelt sich nicht um eine thaumaturgische Situation; vielmehr erscheint ein Himmelswesen, das den Beter tröstet. Vielleicht hörte

Jesus, wie der Engel zu ihm sagte: «Fürchte dich nicht, du [von Gott] geliebter Mann! Friede sei mit dir! Sei stark und hab Vertrauen» (Dan 10,19, offenbar das alttestamentliche Vorbild der Szene). An antiken Sprachgebrauch anknüpfend, wollen wir die Bitte, auf die ein Himmelswesen visionär erscheint, als «theurgisches Gebet» bezeichnen. (Weiteres über Theurgie und Thaumaturgie in der Einleitung von Kap. V; s. unten, S. 315–321.)

Beide Arten von Gebet – das thaumaturgische mit dem Ziel der Heilung und das theurgische, bei dem ein die göttliche Antwort überbringender Engel erscheint – übten einen großen Einfluß auf die frühchristliche Gebetspraxis aus. Im Falle des thaumaturgischen Gebets können wir verfolgen, wie es sich zu einem geregelten Ritus entwickelte. Die einschlägige Anweisung über heilendes Gebet findet sich im Jakobusbrief:

> Ist einer von euch krank? Dann rufe er die Ältesten der Gemeinde zu sich; sie sollen Gebete über ihn sprechen und ihn im Namen des Herrn mit Öl salben. *Das gläubige Gebet wird den Kranken retten*, und der Herr wird ihn aufrichten. Wenn er Sünden begangen hat, werden sie ihm vergeben. Darum bekennt einander eure Sünden und betet füreinander, damit ihr geheilt werdet. Viel vermag das wirksame Gebet eines Gerechten. [Der alttestamentliche Prophet] Elija war ein Mensch wie ihr; er betete inständig, es sollte nicht regnen, und es regnete drei Jahre und sechs Monate nicht auf der Erde. Und er betete wieder; da gab der Himmel Regen, und die Erde brachte ihre Früchte hervor. (Jak 5,14–18)

Die Gemeindeältesten treten als Heiler auf. Zum Heilungsritual gehören die gewöhnlich am Anfang stehende Reinigung von Sünde[88] und Gebete oder Zaubersprüche, welche die Salbung des Kranken «im Namen des Herrn» begleiten. Ein sorgfältiges Studium des Rituals läßt in diesem einen älteren, vorchristlichen Brauch erkennen, den die Kirche sich durch Einfügung des Namens Jesu zu eigen machte. Ursprünglich war es offenbar nicht der Name Jesu, der das Wunder bewirkte, sondern das Anführen eines alttestamentlichen Vorbildes, nach welchem der Prophet Elija Regen erzeugen konnte.[89] Auch der Gebrauch von Öl verweist auf einen vorchristlichen Brauch. Nach jüdischem Volksglauben besaß das von einem Baum des Paradieses gewonnene «Öl des Lebens» eine außerordentliche Heilkraft. Nach der Vertreibung aus dem Paradies hatten die Menschen keinen Zugang zu diesem Öl mehr, aber jetzt, in der Endzeit, steht es wieder zur Verfügung.[90] Bezeichnenderweise ist der Erfolg «sakramentaler» Heilung nicht garantiert. Die Heilung wird nicht bedingungslos zugesagt. Wie in der vorstehend angeführten beispielhaften Szene hat nur das «*gläubige* Gebet» Erfolg, also das auf Gottes Wundermacht grenzenlos vertrauende Gebet.

«Viel vermag das wirksame Gebet eines Gerechten» (Jak 5,16). Dieser Überzeugung des Jakobusbriefs folgend, glauben viele Christen an die Fähigkeit besonders qualifizierter Männer und Frauen, durch ihr Gebet Wunder bewirken zu können. Solche Fähigkeit schrieb man den Heiligen zu ihren Lebzeiten zu, denn wie könnte Gott seinen besonderen Freunden einen Wunsch versa-

5 Das wirksame Gebet der Heiligen. Wenn Gebetserhörung auf Glaubenskraft beruht, muß das Gebet besonders frommer, heiligmäßiger Christen erfolgreich sein. Mittelalterliche Mirakelbücher, Heiligenlegenden und Predigten wissen viel davon zu erzählen. Dionysius (Denis), der nur in der Legende greifbare Missionar Galliens und erste Bischof von Paris im 3. Jahrhundert, soll in der Stadt Arles lediglich durch Gebet heidnische Idole zum Zerbersten gebracht haben. Französische Miniatur, ca. 1250.

gen? Die christliche Legende bietet eine Fülle einschlägiger Erzählungen. Unsere Abbildung des Bischofs, dessen Gebet heidnische Idole zum Zerbersten bringt, liefert ein besonders anschauliches Beispiel (Abb. 5).

Der Erfolg des thaumaturgischen Gebets beruht nicht nur auf dem Glauben, sondern auch auf der Erwähnung des Namens Jesu.[91] Das magische Judentum und seine christlichen Erben waren davon überzeugt, daß gewissen, mit dem Göttlichen verbundenen Namen sowie den Namen bestimmter Menschen der Vergangenheit eine besondere Zauberkraft innewohnt. Manche Zeitgenossen Jesu bedienten sich der magischen Kraft, die dem Namen Salomo zugeschrieben wurde. Die Legende wußte von Dämonen zu erzählen, die diesem großen König gehorchten; so glaubte man auch, daß sie dem gehorchen müßten, der sich der Zaubersprüche Salomos, seines Siegelrings oder Namens bedient. Josephus berichtet von einem Mann mit Namen Eleasar, dessen erfolgreichen Exorzismus er selbst erlebt haben will. Nachdem der böse Geist sein Opfer verlassen hatte, «beschwor er [den Dämon], nicht mehr in ihn [den Kranken] zurückzukehren. Dabei erwähnte er [den Namen] Salomos und rezitierte die [Zauber]sprüche, die jener verfaßt hatte.»[92] Die jüdische Tradition weiß von einem galiläischen Heiler namens Jakob, der im frühen 2. Jahrhundert einen von einer Schlange gebissenen Gelehrten «im Namen Jesu ben Pantera» geheilt haben soll;[93] es ist zwar unklar, ob Jesus (der hier seinen talmudischen Namen ben Pantera trägt) schon immer in diese Überlieferung gehört, aber die Erzählung ist ein weiteres Zeugnis für die große Bedeutung, die man seinem Namen beimaß. Im 1. Jahrhundert glaubten viele Juden an den Schutz der Taufe, ein auf Waschung beruhendes Reinigungsritual, das zuerst von Johannes dem Täufer und nach dessen Tod in dessen Namen durchgeführt wurde.[94] Andere bedienten sich der Namen Simon, Menander und Karpokrates von Alexandrien, d. h. der Namen bekannter Magier des 1. und 2. Jahrhunderts.[95] Christen wirkten ihre Wunder natürlich nicht im Namen Salomos, sondern im Namen Jesu; auch Taufe und Krankensalbung geschah unter Anrufung von Jesu Namen.[96] So lag es nahe, das Gebet an magische Handlungen anzugleichen und es im Namen Jesu zu sprechen. Der Name verbürgte Erfolg. Selbst Nichtchristen anerkannten die dem Namen Jesu zugeschriebene Macht. Nach dem Markusevangelium sollen sogar schon zu seinen Lebzeiten Exorzisten «im Namen Jesu» Dämonen ausgetrieben haben (Mk 9,38). Offenbar hatten die Christen nichts dagegen, daß sich auch andere seines Namens bedienten, sondern sahen darin eine Art Zugehörigkeit zu ihrer eigenen Bewegung. In der Spätantike verwendeten griechisch sprechende Exorzisten oft eine Vielzahl von Götternamen. Darunter findet sich gelegentlich neben dem «Gott Abrahams» und «Iao Sabaoth» auch der Name Jesu.[97]

Zur Zeit der Kirchenväter haben Theologen wie Origenes den magischen Gebrauch des Namens Jesu gekannt und verteidigt.[98] In Ägypten geboren und aufgewachsen und den Namen des heidnischen Gottes Horus tragend, lebte Origenes (d. h. Horigenes, «gezeugt von Horus») in einer Welt magischer Vorstellungen und Bräuche. Auf skeptische Anfragen zum Gebrauch des Jesusnamens antwortete Origenes einfach, daß «der Name unseres Jesus (...) vor aller Welt schon unzählige Dämonen aus den Seelen und Leibern ausgetrieben und seine wirksame Kraft an den Besessenen erwiesen hat».[99] Und dem Einwand, die Bezeichnung des höchsten Gottes mit griechischem, indischem oder ägyptischem Namen mache keinen Unterschied, hielt er entgegen, was jeder antike Magier gesagt hätte:

> Wenn wir in einer besonderen Untersuchung die Natur wirksamer Namen darlegen könnten (...) und wenn wir den Nachweis führen könnten, daß auch die sogenannte Magie nicht, wie die Schulen des Epikur und des Aristoteles meinen, in jeder Hinsicht ungereimt und nichtig, sondern eine sichere und wohlgeordnete Kunst ist, deren Regeln gleichwohl nur wenigen [Eingeweihten] bekannt sind, dann werden wir sagen dürfen, daß die Namen Sabaoth, Adonaï und alle anderen, die bei den Hebräern mit großer Sorgfalt überliefert werden, nicht für beliebige und gewordene Dinge gebildet worden sind. Vielmehr beziehen sie sich auf eine gewisse geheimnisvolle, den Schöpfer des Weltalls betreffende Theologie.[100]

Anders gesagt: Der Gebrauch der verschiedenen Namen des alttestamentlichen Gottes und des Jesusnamens liegt im Wesen der Magie begründet. Daß nur wenige mit dieser Wissenschaft vertraut sind, spricht nicht gegen ihren guten Sinn.

Nicht jeder ist fähig, thaumaturgisches und theurgisches Gebet erfolgreich zu praktizieren, denn dazu bedarf es einer besonderen Begabung. Für die Theurgie ist der Bericht über den Priester Zacharias aufschlußreich, der von einem Engel besucht wurde, als er innerhalb des Tempelgebäudes Dienst tat und ein Rauchopfer darbrachte.[101] Vielleicht ist theurgisches Gebet in Jerusalemer Priesterkreisen entstanden; diese erwarteten, daß sich Engel und andere Himmelswesen im Heiligtum offenbarten. Auch von Paulus wird berichtet, er habe eine Vision Christi gehabt, als er im Tempel betete; dabei habe ihn Christus beauftragt, Jerusalem zu verlassen und den Heiden zu predigen.[102] Allerdings zeigt uns Jesu Gebet auf dem Ölberg, daß theurgisches Gebet nicht an den Tempel gebunden war, sondern sich von seinem ursprünglichen Ort zu lösen begann. Auch andere, nicht nur Priester, konnten dieses Gebet praktizieren und seinen überwältigenden Erfolg erleben – mit der göttlichen Welt in Verbindung zu treten. Gelegentlich hinterließ der Kontakt mit der jenseitigen Welt sichtbare Spuren, denn wer mit Gott in Berührung kam, dessen Körper und besonders dessen Gesicht vermochte Licht auszustrahlen; so jedenfalls wird es von Mose und Jesus berichtet.[103] Beim theurgischen Kontakt wird das Gebet zwar nicht unbedingt erhört, so daß auf jeden Fall ein sichtbarer, thaumaturgischer Erfolgt einträte; aber der Beter erhält eine göttliche Antwort. Paulus bat um die Befreiung von den Angriffen eines bösen Geistes, der ihm in den Weg trat, als er sich in theurgischer Vision dem Thron Christi näherte.[104] Die Antwort, die er innerhalb der Vision erhielt, fiel negativ aus. Der «Stachel» wird bleiben; Paulus mußte Gottes unabänderlichen Willen akzeptieren. Wie Jesus, so wußte auch Paulus um die grundlegende Bedingung jeder Bitte um göttliche Hilfe: Ob Gott die Bitte erhört, hängt allein von seinem unergründlichen Ratschluß ab. Niemand kann sicher sein, daß sein Gebet erhört wird.

Bis jetzt wurden zwei Eigenschaften des theurgischen Gebets vorgestellt: Erstens wird das theurgische Gebet offenbar nur von besonders begabten Personen praktiziert, und zweitens hängt dessen Erhörung allein vom Willen Gottes ab. Auch wenn sich ein himmlisches Wesen zeigt, ist der Erfolg des Gebets dadurch nicht gesichert. Theurgisches Gebet «öffnet zwar ein Tor zwischen Erde und Himmel, aber was durch dieses Tor vom Himmel zur Erde kommen mag, das weiß allein Gott».[105] Vorrangig geht es darum, eine Verbindung mit Gott herzustellen oder eine bestehende Verbindung zu aktivieren, und nicht um die Gewährung einer Bitte. Eine weitere Eigenschaft theurgischen Gebets besteht darin, daß es auch gemeinschaftlich gepflegt werden kann. Die Evangelien zeigen uns Jesus als theurgischen Meister, der anderen ein mystisches Erlebnis der jenseitigen Welt vermittelt. Einmal zog er sich mit Petrus, Johannes und Jakobus zum Gebet auf einen Berg zurück; dort wurde ihnen allen eine Vision des Mose und des Propheten Elija zuteil.[106] Weniger wunderhaft wird ein anderes Ereignis geschildert: Durch theurgisches Gebet werden die Jünger zur Erkenntnis geführt, daß ihr Meister der Messias ist.[107] Bei solchen Anlässen ist die kleine, ein theurgisches Erlebnis erwartende Gruppe auf Fürbitte und Führung eines Theurgen – nämlich Jesus – angewiesen. Als ein Mensch, der in einem besonderen, einmaligen Verhältnis zu Gott steht, kann Jesus andere dazu anleiten, die göttliche Welt und ihre Offenbarung im Diesseits zu erleben.

Auch nach dem Tode Jesu waren seine Anhänger von der Kraft seiner Mittlerschaft überzeugt. Ein anschauliches Beispiel dafür findet sich in der Apostelgeschichte. Lukas berichtet von der Verhaftung der Apostel Petrus und Johannes durch jüdische Behörden. Die Heilung eines Lahmen hat ihnen einen Gefängnisaufenthalt eingebracht. Nicht die Heilung als solche galt als das Verbrechen, sondern der Umstand, daß sie sich dabei des Namens Jesu bedient hatten. Daraufhin wandten sich die Jerusalemer Christen mit inständigem Gebet an Gott:

> Herr, du hast den Himmel, die Erde und das Meer geschaffen und alles, was dazugehört. Du hast durch den Mund unseres Vaters David, deines Knechtes, durch den Heiligen Geist gesagt: Warum toben die Völker, warum machen die Nationen vergebliche Pläne? Die Könige der Erde stehen auf, und die Herrscher haben sich verbündet gegen den Herrn und seinen Gesalbten. Wahrhaftig, verbündet haben sich in dieser Stadt gegen deinen heiligen Knecht Jesus, den du gesalbt hast, Herodes und Pontius Pilatus mit den Heiden und den Stämmen Israels, um alles auszuführen, was deine Hand und dein Wille im voraus bestimmt haben. Doch jetzt, Herr, sieh auf ihre Drohungen und gib deinen Knechten die Kraft, mit allem Freimut dein Wort zu verkünden. Streck deine Hand aus, damit Heilungen und Zeichen und Wunder geschehen durch den Namen deines heiligen Knechtes Jesus. (Apg 4,24–30)

Christliches Gebet richtet sich nicht anders als jüdisches an Gott, den Schöpfer von Himmel und Erde. So heißt es «Gepriesen seist du, Herr (...) höchster Gott, Schöpfer des Himmels und der Erde» am Anfang des Achtzehngebets[108] oder, ausführlicher, in Mordechais Gebet in der griechischen Bibelübersetzung: «Herr, Herr, König, du Herrscher über alles! Deiner Macht ist das All unterworfen, und niemand kann sich dir widersetzen, wenn du Israel retten willst; denn du hast Himmel und Erde geschaffen und alles, was wir unter dem Himmel bestaunen» (Est LXX 4,17). Das christliche Gebet fügt einen Hinweis auf den Namen Jesu hinzu. «Der Name deines heiligen Knechtes Jesus»: Dieser Ausdruck erklärt, in wessen Namen die Apostel ihre Wunderheilungen wirken oder, mit anderen Worten, ihre thaumaturgischen Rituale durchführen. Jedoch scheint der Name Jesu noch auf eine weitere, theurgische Bedeutung zu weisen. Jesus wird offenbar auch als Fürsprecher und Mittler bei Gott angerufen, als der im Himmel «zur Rechten Gottes stehende» Herr (Apg 7,55). Durch die Fürsprache eines so mächtigen Mittlers ist Gott bereit, die Bitte zu gewähren. Daher offenbart sich die jenseitige Welt: «Als sie gebetet hatten, bebte der Ort, an dem sie versammelt waren, und alle wurden mit dem Heiligen Geist erfüllt, und sie verkündeten freimütig das Wort Gottes» (Apg 4,31). Hier handelt es sich um ein Gebet, dem ein bestimmter Anlaß zugrunde liegt; es ist kein Gebetsformular, das erneut verwendet werden soll. Nachdem Gott die Bitte der Gemeinde gewährt und Petrus und Johannes mit Mut zur Predigt erfüllt hat, gibt es keinen Grund, das Gebet zu wiederholen.

Gegen Ende des 1. Jahrhunderts beruhte das christliche Gemeindegebet bereits auf einem allgemein bekannten Repertoire gebräuchlicher Redewendungen und Themen. Das früheste Beispiel bildet ein sehr langer Text im ersten Klemensbrief, der heute den apostolischen Väterschriften zugerechnet wird. Nach manchen der frühen Bibelhandschriften wie zum Beispiel dem Codex Alexandrinus des 5. Jahrhunderts gehörte er zum Neuen Testament. Um das Jahr 96 n. Chr. in Rom entstanden, richtete sich der Brief an die zerstrittene Gemeinde von Korinth. Gegen Ende des Briefes fällt der Verfasser mitten im Satz in hymnische Sprache und redet Gott selbst an. Bezeichnenderweise endet der Brief mit Gotteslob, das jedoch «durch Jesus Christus» dargebracht wird. Auf diese Weise wird das Gebet nicht nur mit dem geläufigen jüdischen «Amen» als Siegel versehen, sondern auch mit dem Namen Jesu: «Der du allein vermagst, dies und noch größere Wohltaten unter uns zu tun: dich preisen wir durch den Hohenpriester und Beschützer unserer Seelen, Jesus Christus. Durch ihn gebührt dir die Herrlichkeit und die Majestät jetzt und von Geschlecht zu Geschlecht und von Ewigkeit zu Ewigkeit. Amen.»[109] Das von uns angeführte Gebet aus der Apostelgeschichte hat einen ganz ähnlichen Schluß; die betende Gemeinde hofft, daß Gott Wunder wirkt «durch den Namen deines heiligen Knechtes Jesus». Man fügt dem Gebet mit dem Namen Jesu eine Art «Siegel» oder «Markenzeichen» hinzu. In diesem Zusammenhang ist nur der Name relevant und nicht die das Gebet abschließende Wendung. Der Kolosserbrief, der um dieselbe Zeit wie der erste Klemensbrief entstanden sein dürfte, enthält eine Mahnung, den ganzen Gottesdienst – das Gebet ebenso wie die sakramentale Handlung – mit dem Namen Jesu zu kennzeichnen: «Alles, was ihr in Worten und Werken tut, geschehe im Namen Jesu, des Herrn. Durch ihn dankt Gott, dem Vater» (Kol 3,17).

Die frühen Christen richteten ihr Gebet regelmäßig an Gott und nicht an Jesus; dennoch galt ihnen Jesus als ein zweiter Gott. Für viele Juden des 1. Jahrhunderts war der Glaube an zwei Götter nichts Ungewöhnliches.[110] Gewiß kam dem einen Gott, dem himmlischen Vater und Schöpfer, die höchste Macht im Himmel und auf der Erde zu. Aber der Schöpfer hat einen Teil seiner Macht an ein zweites, ihm untergeordnetes Wesen abgegeben. Für diese Vorstellung konnte man sich auf das Buch Daniel oder das Buch der Weisheit berufen. Nach einer Vision Daniels hat der Schöpfer, hier «der Hochbetagte» genannt, einen mächtigen Engel mit entsprechenden Aufgaben betraut: «Ihm [dem Engel] wurden Herrschaft, Würde und Königtum gegeben. Alle Völker, Nationen und Sprachen müssen ihm dienen. Seine Herrschaft ist eine ewige, unvergängliche Herrschaft» (Dan 7,14). Das Buch der Weisheit kennt eine zweite Gottheit in weiblicher Gestalt und nennt sie Sophia. Den Christen galt Jesus als Inkarnation oder irdische Gestalt des danielischen Engels und der Sophia des Weisheitsbuches. Ihr Gebet richteten sie an Gott oder an die zweite göttliche Gestalt. Gewöhnlich wandten sie sich an Gott und schlossen ihr Gebet mit einem Hinweis auf Jesus Christus als die zweite göttliche Person.

Den frühen Christen galt Jesus als mächtigster Fürsprecher. Seine Funktion entspricht ungefähr der des «persönlichen Gottes» in den alten semitischen Religionen.[111] Im Zweistromland und bei den alten Hebräern handelt es sich dabei gewöhnlich um eine Gottheit niederen Ranges, jedoch mit Zutritt zum Thron der großen und mächtigeren Götter des Pantheons. Der persönliche Gott war Fürsprecher seines menschlichen Verehrers. Auch Christus «sitzt zur Rechten Gottes und tritt für uns ein» (Röm 8,34). Wenn der ungläubige Thomas den Auferstandenen mit den Worten «mein Herr und mein Gott» begrüßt, bedient er sich genau des Ausdrucks, den der Semit für seinen persönlichen Gott gebraucht: «mein Gott» (Joh 20,28). So läßt uns der unscheinbare Ausdruck «durch Jesus (Christus)» in ein komplexes religiöses Weltbild blicken, das eine lange Geschichte besitzt. Der kompromißlose Monotheismus des klassischen Judentums hat den persönlichen Gott mit dem einzigen Gott gleichgesetzt. Im Christentum haben sich ältere und komplexere Vorstellungen von der göttlichen Welt erhalten. Spuren dieser Welt finden sich gelegentlich in der hebräischen Bibel, zum Beispiel in den Psalmen, wo Jahwe als der Herrscher über ein Kollegium von Göttern gilt, deren Existenz nicht geleugnet wird.[112] Als ein göttliches Wesen, das menschliches Gebet zum Vater bringt und diesem die Erfüllung von Bitten empfiehlt, gehört Christus zu einer solchen komplexen göttlichen Welt, deren Pantheon nicht nur aus dem einzigen Gott und dessen dienstbaren Geistern, den Engeln, besteht. Immer wenn die Christen «durch Jesus» beteten, bezogen sie sich auf eine alte semitische Götterwelt, die für viele einen strengen Monotheismus pflegende Juden längst untergegangen war. Im Christentum aber lebte sie weiter und wurde erneuert.

Als persönlicher Gott konnte Jesus auch unabhängig vom Vater angerufen werden. In diesem Falle kam ihm die Rolle eines Schutzgeistes zu. Diese Vorstellung läßt sich aus der frühen Jesusüberlieferung gut verdeutlichen. Einige von Jesu Zeitgenossen warfen ihm vor, er bediene sich eines mächtigen Dämons als Helfer: «Er hat den Beelzebul; durch den obersten der Dämonen treibt er die Dämonen aus» (Mk 3,22). Nach dem Neuen Testament handelte Jesus stets im eigenen Namen und bediente sich nie eines Helfergeistes. Seine Anhänger verehrten den Geist Jesu als ihren Helfer und Schutzgeist, den sie auch unabhängig von Gott anrufen konnten. Daher galten die Christen als jene, «die den Namen Jesu anrufen».[113] Stephanus, der erste christliche Märtyrer, soll vor seinem Tod Jesus angerufen haben: «Herr Jesus, nimm meinen Geist auf» (Apg 7,59). Und es wird ergänzt, Stephanus habe «den Himmel offen» gesehen und «den Menschensohn zur Rechten des Gottes stehen» (V. 56). Im christlichen Weltbild steht der persönliche Gott stets dem Vater nahe. Mit Rudolf Bultmann dürfen wir vermuten, man habe zu Christus gewöhnlich «außerhalb der Liturgie im persönlichen Leben» gebetet.[114] Allerdings gibt es Ausnahmen von dieser Regel: Wenn jedes Mitglied der Gemeinde Jesus als persönlichen Gott anerkennt, warum sollten sie ihn dann nicht auch gemeinsam im Gebet anrufen? Gewöhnlich wurde das Bittgebet jedoch «im Namen Jesu» oder «durch Jesus Christus» an den Vater gerichtet.

Die beiden Konzeptionen – Jesus als Fürsprecher bei Gott und die seinem Namen innewohnende Kraft – verbinden sich im frühen Christentum ohne weiteres. Eine das Gebet abschließende Wendung wie «durch Jesus Christus» war zugleich Fürspracheformel und Beschwörungsformel. Es wurde sogar zu Jesus selbst «im Namen Jesu» gebetet, denn selbst wenn man Jesus anrief, sollte sein wunderwirkender Name nicht fehlen (Joh 14,14). Wie immer man sich das Wirken des Gebets vorstellte, es war letztlich Jesu Name, «der größer ist als alle Namen», der dem Gebet seinen Erfolg verlieh (Phil 1,9). Die moderne Forschung hat die von ihr verachtete Magie, die an die Macht von Namen glaubt, von der geschätzten Religion mit ihrem Glauben an die Fürsprache Jesu klar abzugrenzen versucht. Eine solche Abgrenzung kann sich zwar auf die Sprache antiker Religionspolemik berufen, aber in der Praxis waren Magie und Religion kaum zu unterscheiden.

Unsere Erörterung des Gebets im Neuen Testament bliebe ohne einen Blick auf ein bereits angesprochenes Thema unvollständig: die Verheißung des Gebets. Niemand betet ohne Hoffnung auf Erhörung. Wie wir gesehen haben, gaben sich die frühen Christen keinen Illusionen hin. Beim thaumaturgischen Gebet ist der Erfolg von der Glaubensstärke abhängig. Geschieht das Wunder nicht und bleibt z. B. ein Exorzismus erfolglos, so findet sich im mangelnden Glauben die Erklärung. Im Falle des theurgischen Gebets glaubt man fest an das Erscheinen eines Engels oder eine andere Form göttlicher Offenbarung. Gleichzeitig weiß man, daß die Erfüllung von Bitten vom unerforschlichen Ratschluß Gottes abhängt. Wenn das Neue Testament den Gebetserfolg anspricht, erwähnt es stets eine der beiden Bedingungen. Das deutlichste Beispiel ist die Geschichte von Jesu Verfluchung eines Feigenbaums. Von seinen Jüngern begleitet, näherte sich Jesus einem Feigenbaum, um von seinen Früchten zu essen. Da der Baum jedoch keine Früchte trug, verfluchte ihn der enttäuschte Meister und der Baum verdorrte «auf der Stelle». (Nach der Fassung des Markus entdeckten die Jünger den Erfolg des Fluches erst einen Tag später.) An diesen Bericht wird folgende, Jesus in den Mund gelegte Lehre angehängt: «Amen, das sage ich euch: Wenn ihr Glauben habt und nicht zweifelt, dann werdet ihr nicht nur das vollbringen, was ich mit dem Feigenbaum getan habe; selbst wenn ihr zu diesem Berg sagt: Heb dich empor und stürz dich ins Meer!, wird es geschehen. Alles, was ihr im Gebet erbittet, werdet ihr erhalten, wenn ihr glaubt» (Mt 21,21–22). Anders gesagt: Solange ein Magier an seine Fähigkeiten glaubt, kann er alles erreichen, was er will; hat er keinen Erfolg, so fehlt es ihm an Glauben.

Das Johannesevangelium kennt folgende, von Jesus selbst gegebene Verheißung: «Amen, amen, ich sage euch: Wer an mich glaubt, wird die Werke, die ich vollbringe, auch vollbringen, und er wird noch größere vollbringen, denn ich gehe zum Vater. Alles, um was ihr in meinem Namen bittet, werde ich tun, damit der Vater im Sohn verherrlicht wird. Wenn ihr mich um etwas in meinem Namen bittet, werde ich es tun» (Joh 14,12–14). Jesus sagt also, er werde Gebete erhören, denn er und der Vater sind eins. Obwohl die Verheißung sehr umfassend zu sein scheint, bezieht sie sich nach dem Zusammenhang wohl ausschließlich auf theurgisches Gebet. Die «Werke» der Jünger Jesu wären demnach die Kulthandlungen, bei denen der Vater visionär geschaut wird. Das geht aus der Bitte «Herr, zeig uns den Vater; das genügt uns» (14,8) hervor, die Jesus mit der angeführten Verheißung beantwortet. Im Johannesevangelium gilt die Zusage der Gebetserhörung nicht jedem Gläubigen, sondern lediglich einem kleinen Kreis von Jesu Jüngern, und sie bezieht sich auch nicht auf jede beliebige Bitte, sondern nur auf die Bitte um eine erfolgreiche Vision Gottes oder Christi (oder beider, denn beide sind eins). Wenn das Johannesevangelium die Zusage der Gebetserhörung andernorts wiederholt, bleibt dort der Sinn unverändert. Stets bezieht sie sich auf Jesu Verlassen der irdischen Welt und die bleibende Möglichkeit visionärer Erlebnisse. Nach seinem Tode können die Jünger nicht mehr auf die Anleitung durch ihren theurgischen Meister zurückgreifen, sondern müssen die rituelle Handlung selbst vollziehen: «Amen, amen, ich sage euch: Was ihr vom Vater erbitten werdet, das wird er euch in meinem Namen geben. Bis jetzt habt ihr noch nichts in meinem Namen erbeten. Bittet, und ihr werdet empfangen, damit eure Freude vollkommen werde» (Joh 16,23–24). Die Freude der Jünger wird vollkommen sein, wenn sie ihren Herrn in einer himmlischen Vision sehen.

Ein Jesuswort scheint für die Theologie des Gemeindegebets von besonderer Bedeutung zu sein. Es scheint, als würde Jesus die Erhörung von Gebeten bedingungslos zusagen: «Alles, was zwei von euch auf Erden gemeinsam erbitten, werden sie von meinem Vater erhalten. Denn wo zwei oder drei in meinem Namen versammelt sind, da bin ich mitten unter ihnen» (Mt 18,19–20). Man könnte meinen, es handle sich um eine Gebetsversammlung, bei der zwei oder drei Gläubige den Namen Jesu anrufen, damit Gott ihre Bitte erhöre. Jedoch ist ein anderes Verständnis dieses Jesuswortes angebracht. Von Duncan Derrett vorgeschlagen, geht es von derselben Voraussetzung aus, die wir bereits gemacht haben: Mit dem Gebet verbundene Verheißungen dürfen nicht aus dem Zusammenhang gerissen und verallgemeinert werden, da ihnen ein ganz spezifischer, kontextueller Sinn zukommt. Nach Derrett bezieht sich das Jesuswort nicht auf zwei oder drei Gläubige, die um ein Wunder bitten, sondern auf Älteste oder Beauftragte, die zusammenkommen, um im Namen Jesu über eine Streitsache zu entscheiden. Das Jesuswort bezieht sich demnach nicht auf das Gebet, sondern auf die Vollmacht zur verbindlichen, gleichsam vom Himmel besiegelten Entscheidung. Die «zwei oder drei», die sich versammeln, sind vermutlich Mitglieder eines Schlichtungsausschusses, dem je ein Vertreter der im Streit liegenden Parteien angehört. Können sie sich nicht einigen, wird ein Vertreter der Gemeinde als dritter hinzugezogen. Die nicht staatlich bestellten Schlichter und Friedensstifter «üben ein heiliges Amt aus. Wer sich dem christlichen Recht unterstellt, geht davon aus, daß die Schlichter, die er zum Teil selbst gewählt hat und die vielleicht noch durch einen Vertreter der Kirche ergänzt werden, als ein Kollegium im Namen Christi handeln. Daher wird er ihren Schiedsspruch als den Willen Christi annehmen.»[115] Wir nehmen Derretts rechtliche Deutung des Jesuswortes als zutreffend an. Das Wort «was zwei von euch auf Erden gemeinsam erbitten, werden sie von meinem Vater erhalten» darf nicht als uneingeschränkte Zusage der Gebetserhörung gelesen werden und hat daher auch keinen Platz in einer Lehre vom Gebet.[116]

Form und Verheißung des liturgischen Gebets

In der nachbiblischen Zeit nahm der christliche Gottesdienst immer festere Formen an. Gleichzeitig entfernte sich das Gebet aus seinem ursprünglichen thaumaturgischen und theurgischen Zusammenhang. Es wurde «liturgisch» und damit Teil einer regelmäßig gefeierten Liturgie, zu der weder die rituelle Heilung noch die Erwartung von Engelserscheinungen oder Gottesvisionen gehörte. Seine Form behielt das Gebet allerdings bei. Es bezieht sich weiterhin auf den Namen Jesu, wendet sich stets an den Vater, behält die Vorliebe für biblische Sprache bei und endet mit «Amen».

Der *Bezug zu Jesus* bleibt das wichtigste Kennzeichen des liturgischen Gebets. Gleichgültig, um welches Anliegen es sich handelt, wenden sich Christen an den Vater «durch Christus unsern Herrn» oder sie beten «im Namen Jesu». In den Erläuterungen dieser Gebetsformeln werden spezifisch magische Vorstellungen bewußt vermieden. Christus gilt als Mittler und Fürsprecher.[117] Manche Theologen legen der das Gebet abschließenden, den Namen Jesu nennenden Schlußformel keine große Bedeutung bei. Nach Schleiermacher besagt es lediglich, daß Christen im Sinne Jesu beten, d. h. sie machen das, worum sie bitten, zu einer Angelegenheit Jesu und des Gottesreiches.[118]

Auf die Bitte einiger Gläubigen äußerte sich Origenes ausführlich über die Anredeordnung des Gebets. Gebet, so meinte er, wende sich niemals an mehrere göttliche Personen gleichzeitig; in der Mehrzahl gehaltene Aufforderungen, wie «erzeigt Wohltaten» oder «helft», haben im christlichen Gottesdienst keinen Platz.[119] (Auch sonst in der Religionsgeschichte kommen an mehrere Götter gleichzeitig gerichtete Gebete selten vor.) Das Gebet wird «stets an den Gott und Vater aller» und nicht an Christus gerichtet. Dem antiken Rat zur rhetorischen Verlebendigung folgend, läßt Origenes Christus selbst zu Wort kommen: «Was betest du zu mir? Nur zu dem Vater darfst du beten, zu dem auch ich bete. Nichts anderes lernt ihr aus den heiligen Schriften.»[120] Die Meinung des Origenes hinderte die frühen Christen jedoch nicht, das Gebet an Jesus zu richten, wie es schon der heilige Stephanus in seiner Todesnot als Märtyrer getan hatte.[121] Die moderne Forschung kennt Beispiele für Gebete, die sich ursprünglich an Christus wandten, aber später als an Gott gerichtet aufgefaßt oder einfach umadressiert wurden; als ein solcher Text gilt das Sanctus.[122] Während die liturgische Praxis zunächst schwankt, haben Theologen seit der Zeit des Origenes es stets vorgezogen, das Gebet an Gott zu richten. In der westlichen Kirche kam es darüber zu einem Beschluß auf der Synode von Hippo Regius (393 n. Chr.): «Der Vater soll nicht anstelle des Sohnes und der Sohn nicht anstelle des Vaters im Gebet genannt werden; am Altar richtet sich das Gebet stets an den Vater.»[123] Nach Origenes und allen, die sich ihm anschlossen, soll das christliche Gebet theozentrisch und nicht christozentrisch ausgerichtet sein.

Gewöhnlich haben die Christen versucht, Gott in einer angemessenen Weise anzureden, vor allem durch die Verwendung schmückender Beiworte und Hinweise auf göttliche Wohltaten. Entsprechende Gebetseinleitungen finden sich bereits im Alten Testament, zum Beispiel in einem Gebet des Königs Hiskija:

Anrede mit schmückenden Beiworten	«Jahwe, Gott Israels, der über den Kerubim thront,
Hinweise auf Gottes Macht, seine Werke oder Verheißungen	du allein bist der Gott aller Reiche der Erde. Du hast den Himmel und die Erde gemacht. Wende mir dein Ohr zu, Jahwe, und höre!» (2 Kön 19,15–16)

Auf solche Gebetseröffnungen folgen die eigentlichen Bitten. Unter den Reformatoren des 16. Jahrhunderts hat sich besonders Luthers Freund Philipp Melanchthon mit der Form des Gebets beschäftigt. Entsprechende Abhandlungen und Mustertexte sammelte er in einem kleinen Handbuch, das er für die Geistlichkeit der Stadt Wittenberg zusammenstellte, aber auch in seinem großen Werk *Loci praecipui theologici* (Die Hauptthemen der Theologie, 1559). Nach Melanchthon soll das Gebet mit einer Anrufung und Charakterisierung Gottes sowie einem Hinweis auf Jesus als unseren Mittler beginnen. Ein Hinweis auf Gott als Schöpfer des Himmels und der Erde genüge nicht. Er meinte, *christliches* Gebet müsse unbedingt als solches erkennbar sein und sich vom Gebet der Heiden, Türken und Juden unterscheiden.[124] Alle Gebete Melanchthons beginnen mit einer ausführlichen, recht umständlichen Einleitung, die christliche Motive enthält. Das Modellgebet der *Loci praecipui theologici* beginnt wie folgt: «Allmächtiger, ewiger und lebendiger Gott, ewiger Vater unseres Herrn Jesus Christus! Du hast dich in deiner unermeßlichen Güte geoffenbart und von deinem Sohn, unserem Herrn Jesus Christus gesagt: Auf ihn sollt ihr hören. Zusammen mit deinem gleich ewigen Sohn, unserem Herrn Jesus Christus, und dem Heiligen Geist, der in die Apostel ausgegossen wurde, (bist du) Schöpfer und Erhalter aller Dinge! Weiser, gütiger, barmherziger, gerechter und starker (Gott)!»[125] Die dreimalige Nennung Jesu stellt den christlichen Charakter des sich nun anschließenden eigentlichen Gebetstextes sicher. Allgemeinen Formulierungen wie «Vater unser im Himmel» mißtrauend, empfiehlt Melanchthon, seine ausgetüftelte Gebetseinleitung auch dem Vaterunser voranzustellen.[126]

In den Gebetstexten, wie sie in den verschiedenen Kirchen gebräuchlich und manchmal auch vorgeschrieben sind, mag der einleitende Teil des Gebets recht knapp ausfallen. Oft heißt es lediglich «Herr Gott, himmlischer Vater». Aber auch ausführlichere Gebetseinleitungen sind nicht unüblich. Einige Beispiele:

> Allmächtiger Gott, der du in großen und gewaltigen Werken deine Herrlichkeit offenbarest und durch die Unmündigen und Geringen noch in ihrem Sterben Wunder tust. (Agende für evangelisch-lutherische Kirchen und Gemeinden 1960)[127]

> Gott, du bist unser Ziel. Du zeigst den Irrenden das Licht der Wahrheit und führst sie auf den rechten Weg zurück. (Römisches Meßbuch Pauls VI., 1970: 15. Sonntag im Jahreskreis)

> Gütiger Gott, du hast uns durch deinen Sohn erlöst und als deine geliebten Kinder angenommen. (Römisches Meßbuch Pauls VI., 1970: 23. Sonntag im Jahreskreis)

Diese Gebetseinleitungen wollen weniger den christlichen Charakter des Gebets betonen als eine feierliche Stimmung erzeugen. Gleichzeitig motivieren sie die sich anschließende, Gott vorgetragene Bitte. Und, noch wichtiger, sie dienen dazu, «die Antwort Gottes auf den Aufschrei unserer Seelen anzudeuten».[128] Oftmals wird das Bittgebet durch Hinweis auf Themen der Bibel mit der biblischen Geschichte selbst verwoben. Die Bitten erwachsen dann gleichsam aus der Schrift selbst.

Gebete mit ausführlicher Einleitung klingen antiquiert. Tatsächlich findet sich die entsprechende Gebetssprache bereits in der Antike, ohne freilich einheitliche Formen aufzuweisen. Offenbar hat das alte jüdische Gebet seinen Gott eher durch Aneinanderreihung seiner Eigenschaften charakterisiert, während die Griechen auf die Taten einer Gottheit hinzuweisen pflegten. Zwei Beispiele belegen den Unterschied:

> Du [Herakles] erschlugst die zweileibigen Söhne der Wolke, Pholus und Hylaeus, o Held. Das kretische Untier hast du getötet, am nemeischen Felsen den schrecklichen Löwen. Vor dir erbebten die stygischen Sümpfe, der Hüter des Orkus, der in der blutigen Höhle auf zernagtem Gebeine sich streckt (...) [Bitten folgen]. (Vergil)[129]

> Wende dein Ohr mir zu, erhöre mich, Jahwe! (...) Jahwe, du bist gütig und bereit zu verzeihen, für alle, die zu dir rufen, reich an Gnade. (Ps 86,1.5)

Während das erste Gebet die Taten des Halbgottes Herakles aufzählt, nennt das zweite die Eigenschaften des jüdischen Gottes. Das erste Gebet repräsentiert den griechischen Stil, der von dem römischen Autor Vergil nachgeahmt wurde; das zweite die semitische Gebetssprache.[130] Im Christentum finden wir beide Möglichkeiten, oftmals miteinander vermischt. Die christliche Gebetssprache steht im Erbe sowohl der Juden als auch der alten Griechen.

Während ihrer ganzen Geschichte hat die christliche Liturgie stets auf die *Sprache der Bibel* zurückgegriffen. Folgendes Beispiel ist einer lutherischen Agende aus dem Jahre 1960 entnommen: [131]

Gebet	*Bibelstelle*
Mach uns tüchtig, Opfer des Dankes und der Anbetung darzubringen dir und deinem Sohn,	Hebr 13,15
in welchem uns deine Freundlichkeit erschienen ist.	Tit 3,4
Laß dein Reich zu uns kommen	Mt 6,10

und auch die Heiden in aller Welt dein Licht schauen, daß wir mit ihnen und sie mit uns fröhlich seien in dem Glanze, den du über uns aufgehen lässest. Jes 60,3

Die neben das Gebet gestellten motivgebenden Bibelstellen sind in der Agende nicht angegeben. Es wird vorausgesetzt, daß Pfarrer und Gemeinde «bibelfest» sind und nicht nur den Satz «Laß dein Reich zu uns kommen» als die entsprechende Vaterunserbitte des Matthäusevangeliums erkennen.

Zwar sind am Ende des 20. Jahrhunderts formulierte Gebete zumeist nicht mehr so reich an biblischen Anspielungen und Wendungen, aber am Ideal wird festgehalten. Ein gutes Gebet muß biblisch klingen. Ein unerwarteter Zeuge für den Wert der Bibelsprache ist der berühmte englische Essayist Joseph Addison (1672–1719). In einem seiner vielen Beiträge zur Zeitschrift *The Spectator* pries er die hebräische Ausdrucksweise und hob die Mühelosigkeit hervor, mit welcher sich die biblische Dichtung ins Englische übersetzen läßt. Ein nicht in der Sprache der heiligen Schrift gehaltenes Gebet gilt ihm als «kalt und tot». Der einschlägige Abschnitt verdient es, im Wortlaut angeführt zu werden:

> Im Vergleich mit den Sprachen des Orients kommen die Europas schlecht weg. Sie sind kalt und blaß. Glücklicherweise verbinden sich hebräische Wendungen mit dem Englischen besonders anmutig und schön. Tatsächlich hat unsere Sprache durch die Aufnahme von Hebraismen aus der Poesie der heiligen Schrift viel gewonnen und ist eleganter geworden. Sie geben unserer Ausdrucksweise Kraft und Schwung, verleihen ihr Leben und Wärme, ermöglichen es uns, unsere Gedanken in eindrucksvolle Wendungen zu kleiden, die in unserer eigenen Tradition nicht vorkommen. Diese Sprechweise hat etwas so Pathetisches, daß sie oftmals den Geist erhitzt und das Herz in uns brennen läßt [Lk 24,32]. Selbst wenn es sich der elegantesten und höflichsten Redensarten unserer natürlichen Sprache bedient, bleibt das Gebet kalt und tot. Es fehlt ihm an Feierlichkeit, die sich nur durch Rückgriff auf die Sprache der Heiligen Schrift erzielen läßt. (The Spectator, 14. Juni 1712)[132]

Im frühen 18. Jahrhundert galt die King-James-Bibel noch nicht als ein besonderes sprachliches Kunstwerk. Auf Anregung von König James I. entstanden und 1611 veröffentlicht, wurde sie die Standardübersetzung der Kirche von England und aller englisch sprechenden Protestanten. Lange galt die Sprache als ungelenk. Erst Addison entdeckte ihre Schönheit.

Auch außerhalb der englisch sprechenden Welt erfreute sich eine biblisch gefärbte Sprache großer Beliebtheit. Die deutschen Protestanten schätzten die einfache, klare und anschauliche Ausdrucksweise der Lutherbibel. Als Friedrich Seiler (1733–1807) Grundsätze für das Verfassen liturgischer Texte aufstellte, verpflichtete er den protestantischen Klerus auf einen biblischen Stil, denn nur durch einen solchen lasse sich «Salbung und eine höhere Würde» erzielen.[133] Luthers Wortschöpfungen nebst seiner Sprache galten als kanonisch, wenn nicht als heilig.

Im 20. Jahrhundert hat das Gebet viel von seiner alten, mit biblischer Sprache gesättigten Ausdrucksweise verloren. Biblische Wendungen gelten als altmodisch, als merkwürdig klingende Sondersprache der Frommen, über die man sich mokiert. Die Sprache der Lutherbibel und der King-James-Bibel wird weithin als veraltet empfunden. Außerdem sind die Gläubigen nicht mehr so «bibelfest» wie frühere Generationen. Theologen wie der Presbyterianer Henry Sloane Coffin (1877–1954) beklagen das Fehlen solider Bibelkenntnis selbst bei regelmäßigen Kirchgängern. Coffin schlägt daher vor, auf den Gebrauch biblischer Anspielungen und Wendungen zu verzichten, wenn deren Sinn nicht ohne weiteres verständlich ist. Dennoch beharren Theologen und liturgische Richtlinien auf dem Gebrauch der Bibelsprache. Selbst Coffin, der Hebraismen gegenüber kritisch eingestellt ist, empfiehlt eine an der King-James-Bibel von 1611 geschulte Gebetssprache. Wie Addison ist er der Ansicht, daß es nicht nur historische Gründe gibt, auf das archaische Idiom zurückzugreifen, denn «glücklicherweise entspricht das biblische Denken und Sprechen weithin der heutigen Mentalität und kann diese treffend wiedergeben; die biblische Sprache besitzt etwas, was anderen Sprachen abgeht und den Menschen in eigentümlicher Weise berührt».[134] Im Jahre 1960 veröffentlichte Richtlinien der lutherischen Kirchen Deutschlands äußern sich ähnlich: «Bei der sprachlichen Gestaltung des freien Gebets ist zu beachten, daß in der evangelischen Kirche von Anfang an die deutsche Gebetssprache sich an der Luther-Bibel orientiert. Auch heute noch wird besonders aus dem Beten der Psalmen eine gute Gebetssprache erwachsen, die bei aller Freiheit und Gegenwartsnähe dem Gottesdienst angemessen ist.»[135] Nach wie vor gilt die traditionelle, biblisch gefärbte Gebetssprache als unverzichtbar, ja sogar als anziehend.

Gebete schließen mit «Amen». Vor seinem besonderen Gebrauch im Gottesdienst diente das Wort Amen – «ganz gewiß, jawohl» – zur Bekräftigung einer Aussage vor Gericht[136] und beim Militär.[137] Vielleicht leitet sich das hebräische Wort aus dem Altägyptischen her.[138] Wie Gott als Adressat, die Nennung Jesu Christi und die biblisch gefärbte Sprache, so bildet auch das Amen zu allen Zeiten einen festen Bestandteil des christlichen Gebets. Obwohl das von uns angeführte Gebet aus dem Klemensbrief des ausgehenden 1. Jahrhunderts in griechischer Sprache abgefaßt ist, schließt es mit dem hebräischen Wort «Amen». Allen Christen ist dieses Wort vertraut, das auch heute das Gebet abschließt. Griechisch sprechende Christen wie Klemens haben es von der griechischen Synagoge übernommen. Wo und in welcher Sprache Juden beteten – in den Synagogen Palästinas hebräisch und aramäisch, in der Diaspora meist griechisch – sie beschlossen ihr Gebet mit demselben traditionellen Wort. Sowohl das Wort als auch sein liturgischer Gebrauch finden sich bereits in der Bibel. Eine Szene aus dem Buch Nehemia kann uns die ursprüngliche Bedeutung des Wortes und seine gottesdienstliche Verwendung verdeutlichen. Als Vorsteher eines öffentlichen Gottesdienstes spricht der Priester Esra ein Gebet, das die Gemeinde beantwortet, indem alle die Arme heben und «Amen, amen» rufen (Neh 8,6). Amen drückt Zustimmung aus. Durch ihre Zustimmung macht sich die Gemeinde das Gebet zu eigen. Sie setzt gleichsam ihre Unterschrift unter das gesprochene Wort. Wie es dem Vorsteher zufällt, das Gebet vorzutragen, so fällt es der Gemeinde zu, es mit dem Amen abzuschließen. Übrigens kannte weder die antike Synagoge noch die frühe Kirche das gemeinsam gesprochene Gebet. Nur das Vaterunser bildete eine Ausnahme. Die Beteiligung der Gemeinde am öffentlichen Gottesdienst geschah durch die Einladung, das «Amen» zu sprechen. Der Kirchenvater Hieronymus berichtet einmal, daß das Amen in den Basiliken Roms wie ein himmlischer Donner klang.[139] Er weiß: Je weniger die einfachen Gläubigen ein fremd klingendes Wort verstehen, um so mehr lassen sie sich davon beeindrucken.[140]

Amen ist ein hebräisches Wort. Wie kamen die Christen aller Völker und Zungen dazu, es in ihre gottesdienstliche Sprache aufzunehmen? Dies erklärt sich aus der historischen Entwicklung: Die Kirche ging aus der Synagoge hervor und behielt deren Gebetsbräuche bei. Wenn ein einzelner in der Gemeinde des Paulus in Korinth ein Gebet sprach, wurde es von den Anwesenden mit Amen beantwortet.[141] Noch im 4. Jahrhundert, also lange nach der Trennung der christlichen von der jüdischen Religion, betrachteten manche Christen die Juden als die eigentlichen Meister der Gebetskunst und übernahmen nicht nur deren abschließendes Amen, sondern auch den kompletten Wortlaut mit allen Bitten. Das jüdische Gebetsgut blieb in seinem Grundbestand erhalten und wurde nur durch einen gelegentlichen Hinweis auf Jesus Christus ergänzt.[142] Als der christliche Philosoph Justin im 2. Jahrhundert seinen heidnischen Lesern (und vermutlich den Konvertiten) den Gottesdienst erklärte, äußerte er sich auch zum Gebrauch des Amen. Sobald der Vorsteher «die Bitten und das Dankgebet beendet hat, spricht das ganze anwesende Volk dazu ‹Amen›. Das Wort stammt aus dem Hebräischen und bedeutet: es möge geschehen».[143] Bei dieser lapidaren Bemerkung ließ Justin es bewenden. Weder begründet er den Gebrauch eines hebräischen Wortes noch weist er darauf hin, daß das Buch der Offenbarung Amen als Bezeichnung für Christus verwendet.[144] Offenbar war Justin wie viele der frühen Christen von dem hebräischen Wort und seinem fremdartigen, sakralen Klang fasziniert. Auch zwei Jahrhunderte nach Justin lesen wir bei Augustinus, Ausdrücke wie Amen und Halleluja würden nicht übersetzt, da ihrer fremden sprachlichen Gestalt eine «besonders heilige Autorität» *(sanctior auctoritas)* zukomme.[145] «Heilige Autorität» klingt harmlos, doch bedeutete sie für die Menschen der alten Welt gleichzeitig magische Kraft. In diesem Sinne führt eine zeitgenössische Quelle aus, daß die Völker des Ostens im Kult «nicht (leere) Worte, sondern kraftgeladene Laute» gebrauchen.[146] Auch «Amen» galt als kraftgeladener Laut, als Wort, das dem Gebet Wirksamkeit verleiht und böse Geister bannt.[147] Es hilft, die göttlichen Kräfte zu lenken und das Böse zu vertreiben, denn, wie es in einem christlichen Amulett-Text des 6. Jahrhunderts heißt, die Dämonen «fürchten das Amen und das Halleluja und das Evangelium des Herrn».[148] Im Christentum beschließt das Amen das Gebet. Auch die immer wieder durchgeführten Liturgiereformen haben das nicht geändert. Selbst die französischen und italienischen Katholiken, die manchmal *ainsi soit-il* und *così sia* als volkssprachliche Entsprechungen verwenden, haben den Gebrauch von Amen in der offiziellen Liturgie nie abgeschafft.

Wenn Christen zusammenkommen, um Gott ihre Bitten vorzutragen, erhoffen sie eine *göttliche Antwort*. Nach dem Amen wird Gottes Reaktion erwartet. Dabei hängt die Art und Weise der göttlichen Antwort von der Bitte ab. Die vielfältigen, im Gottesdienst vorgebrachten Bitten lassen sich in drei Gruppen einteilen: Es wird um aktuelle Hilfe gebetet, d. h. um dramatischen göttlichen Eingriff zugunsten der Gemeinde oder anderer; oder man bittet um rein geistige Güter wie zum Beispiel Erleuchtung durch den Heiligen Geist oder Vergebung von Sünden, d. h. die Wiederherstellung einer positiven Beziehung zwischen Gott und Menschen; oder die Bitte zielt auf göttlichen Gunsterweis, nämlich auf Frieden, Wohlstand, Glück, Schutz und Gesundheit. Den drei Arten von Bitten entsprechen drei Arten von göttlichem Handeln: Gott rettet, gewährt geistige Güter und segnet. Wird Rettung gewährt, ist an einzelne, oftmals wunderhafte Ereignisse zu denken, die in Raum und Zeit geschehen und Gott zugeschrieben werden. Bei Erleuchtung und Vergebung verändert sich die Beziehung zwischen Gott und Mensch. Dagegen zeigt sich Gottes Segen in den natürlichen Prozessen, durch die Gott seine Schöpfung steuert und erhält.

Von den drei Arten der Bitten erfordert die erste – die um Rettung und Befreiung – die sichtbarste und gleichsam greifbarste göttliche Antwort. Wenn eine Gemeinde in einer wirklichen und unmittelbaren Not betet und zum Beispiel in einer Zeit der Dürre um Regen bittet, dann muß die Antwort von den Wolken kommen: Erst wenn es wirklich regnet, kann das Gebet als erhört gelten. In diesem Fall ist das Gebet keineswegs nur ein frommer Akt, der sich am Sonntagmorgen in der Kirche vollzieht, sondern das Verlangen nach einem wirklichen Wunder. Die häufigste Bitte dieser Gebetskategorie ist die um die Heilung eines einzelnen von körperlichen Gebrechen und Krankheit. Tatsächlich begleitet solches Gebet die ganze Geschichte des Christentums. Ein eindrucksvolles historisches Beispiel liefern die Heilungsgottesdienste, in denen die Könige Englands und Frankreichs eine liturgische Funktion übernahmen. An besonderen Tagen, gewöhnlich am Karfreitag, berührte der König oder die Königin Epileptiker oder Menschen, die an Skrofeln litten, einer als «Königsübel» bekannten Hautkrankheit. Ein typisches, vom diensttuenden Priester gesprochenes Gebet hat folgenden Wortlaut: «Gott, segne dieses Werk. Gewähre diesen kranken Menschen, denen die Königin die Hände auflegt, Gesundheit durch Jesus Christus, unsern Herrn.»[149] In England wurde der königliche Heilungsgottesdienst noch im Jahre 1807 gefeiert, in Frankreich bis 1825, und kam dann außer Gebrauch. Jedoch betete man auch weiterhin um Heilung. Im 20. Jahrhundert lebte der Heilungsgottesdienst – nun ohne königliche Beteiligung – wieder auf, besonders in der Kirche von England und in amerikanischen Freikirchen.[150] In Krankengottesdiensten wird regelmäßig auf den Jakobusbrief Bezug genommen, der Krankensalbung empfiehlt. In dieser neutestamentlichen Schrift heißt es auch: «Viel vermag das wirksame Gebet eines Gerechten» (Jak 5,16). In Berichten über heutige Heilungsgottesdienste fehlt niemals der Hinweis auf mehr oder weniger sensationelle Erfolge. Wir hören etwa von einem Krebsgeschwür, das am Tag vor der Operation plötzlich verschwand. Aber es wird auch gesagt, Heilung erfolge nicht immer sogleich, sondern stelle sich zumeist nach und nach als Ergebnis von «beharrlichem, inständigem Gebet» ein.[151]

Nicht alle Christen, auch nicht alle Theologen, glauben an die Wundermacht des Gebets. Bei all seinem Glauben an die Verheißungen Christi blieb Martin Luther skeptisch gegenüber angeblich regelmäßigem Gebetserfolg. In seiner Stellungnahme zum Jakobusbrief äußerte er sich sehr zurückhaltend. Der dort erwähnten Krankensalbung sprach er sakramentalen Charakter und Wirksamkeit ab. «So hat Christus auch die Ölung nicht zum Sakrament eingesetzt (...); ebenso geschieht auch nicht mehr, was des Jakobus Worte angeben. Denn es ist zur damaligen Zeit ein Ritus gewesen, der die Kranken durch Wunderzeichen leiblich gesunden ließ, sofern sie im Glauben darum gebetet haben.»[152] Damals gab es also das Wunder der Heilung, heute aber nicht mehr! In Genf sah Johannes Calvin die Dinge ähnlich: In den Tagen des Jakobus besaß die Kirche die Gabe der Krankenheilung; aber «diese Gabe war zeitlich und damit vorübergehend, auch ist sie zu einem Teil sogleich durch die Undankbarkeit der Menschen hinfällig geworden».[153] Nach Luther und Calvin steht dem Pfarrer der nachapostolischen Zeit die Rolle des thaumaturgischen Heilers nicht mehr zur Verfügung. Je konkreter die Bitten einer Gemeinde sind und je leichter sich Gottes Erhörung nachprüfen läßt, um so vorsichtiger äußern sich viele Theologen – obwohl es natürlich viele gibt, die zuversichtlich bleiben und unerschütterlich auf Gottes Wundermacht vertrauen.[154]

Bitten um rein geistige Güter sind Bestandteil fast jedes Gottesdienstes und werden gewöhnlich als Gebet um Erleuchtung und Reinigung von Schuld, aber auch als Fürbitte für die Toten dargebracht. Die Bitte um Vergebung von Schuld oder Sünde steht in der Regel am Anfang des Gottesdienstes. Der Priester oder Prediger beantwortet das Gemeindegebet mit einem Zuspruch: «Im Namen des Vaters und des Sohnes und des Heiligen Geistes spreche ich euch frei, ledig und los von allen euren Sünden» *(Agende für evangelisch-lutherische Kirchen und Gemeinden*, 1993).[155] Der die Vergebung zusprechende Geistliche handelt als Bevollmächtigter Gottes, und das bedeutet, daß Gott hier und jetzt, während der Feier, selbst die Schuld vergibt. Dafür beruft sich die Kirche auf eine frühchristliche Überlegung, die der 1. Johannesbrief mitteilt: die an Gott gerichtete Bitte, einem Gemeindemitglied eine unbedeutende, leichte Sünde zu vergeben, werde von Gott erhört.[156] Vergebung ist ein ausschließlich liturgischer Akt: Sie «geschieht» im Verlauf der Liturgie und nicht erst nach dem Gottesdienst, außerhalb der Kirche (wie es etwa bei der Erhörung einer Bitte um Regen oder Heilung der Fall sein müßte). Oft geht der gottesdienstlichen Schriftlesung eine Bitte um Erleuchtung voraus. Gott soll durch seinen Heiligen Geist die Gemeinde befähigen, die Schriftlesung und die sich daran anschließende Predigt mit wahrem Verständnis aufzunehmen. Dafür ein Beispiel aus dem amerikanischen *Book of Common Worship* (1993): «Gott, unser Helfer, öffne unseren Verstand durch deinen Heiligen Geist, damit wir, wenn die Schrift gelesen und dein Wort verkündet wird, zu deiner Wahrheit geführt werden.» Im katholischen Gottesdienst wird regelmäßig um ein bestimmtes geistiges Gut für die Verstorbenen gebetet: um deren Aufnahme in die himmlische Herrlichkeit.[157] Sofern sie das Gebet für die Toten nicht ganz ablehnen, sind die Protestanten in dieser Sache sehr zurückhaltend. Im Jenseits richten sich Lohn und Strafe ausschließlich nach den im irdischen Leben begangenen Taten, die nunmehr unabänderlich sind. Daher, so meinen sie, sei Fürbitte für die Verstorbenen sinnlos und reine Zeitvergeudung. Im 16. Jahrhundert nannte sie Calvin eine «abartige Form von Gebet» *(perversus orandi mos)*.[158] Luther behandelte diese Frage moderater als der Reformator von Genf und schlug folgenden Gebetstext vor: «Lieber Gott, ist die Seele [des Verstorbenen] in dem Zustand, in dem ihr noch zu helfen ist, dann bitte ich, du wollest ihr gnädig sein.» Er fügte hinzu: «Und wenn du das ein- oder zweimal getan hast, dann laß es gut sein und befiehl sie [die Seele] Gott.»[159] Wie Luther selbst, so verzichtet der lutherische Gottesdienst gewöhnlich auf die Fürbitte für die Toten und überläßt diese der persönlichen Frömmigkeitsübung. In allen diesen Fällen, von der Vergebung der Sünden bis zur Aufnahme eines Verstorbenen in den Himmel, vermag die Gemeinde nicht nachzuprüfen, ob das Gebet auch wirklich erhört wurde. Ihr bleibt nichts anderes als gläubiges Vertrauen auf Gottes Großzügigkeit.

Bei der dritten Gruppe von Gebetsbitten – der um allgemeine Hilfe – kommen wir der nachprüfbaren, empirischen Realität etwas näher. Einige Beispiele: «Allmächtiger und ewiger Gott, (...) höre gnädiglich die Bitten deines Volkes und schenke uns Frieden in allen Tagen unseres Lebens» *(Book of Common Prayer*, 2. Sonntag nach Epiphanie). «Allmächtiger, ewiger Gott, lenke unser Tun nach deinem Willen und gib, daß wir im Namen deines geliebten Sohnes reich werden an guten Werken» (Römisches Meßbuch Pauls VI., 3. Sonntag im Jahreskreis). Wo in der englisch sprechenden Welt das ehrwürdige, mittelalterlicher Tradition verpflichtete[160] *Book of Common Prayer* noch gebraucht wird, pflegt man auch die sogenannte Litanei zu sprechen: «Es möge dir gefallen, alle, die zu Land oder zur See reisen, [am Leben] zu erhalten, ebenso alle schwangeren Frauen, alle kranken Menschen und alle kleinen Kinder. Erzeige dein Mitleid auch all jenen, die im Gefängnis oder in Gefangenschaft leben.» Solche Fürbitten bedienen sich meist einer vagen und allgemeinen Ausdrucksweise, so daß die Gemeinde kaum eine Möglichkeit hat, sich über die Erhörung Klarheit zu verschaffen. Gott gilt in diesem Zusammenhang als eine Macht, die ruhig und unauffällig hinter den Kulissen wirkt. Von der Gemeinde darauf angesprochen, mag er seine Fürsorge bestimmten leidenden Menschen zuwenden oder auf Bedürfnisse eingehen.

Ob Gott auf die ihm von der Gemeinde vorgetragenen Bitten um Schutz und Wohlstand wirklich eingeht, kann sich erst nach dem Gottesdienst im Alltag zeigen. Im Gottesdienst selbst wird jedoch regelmäßig Gottes Zusage auf Erhörung feierlich vorgetragen. Das geschieht in der Form des *Segens*, der am Ende des Gottesdienstes seinen Platz hat. Der katholische Priester beschließt die Messe mit den Worten: «Es segne euch der allmächtige Gott, der Vater und der Sohn und der Heilige Geist», wobei er mit der rechten Hand eine das Kreuz bezeichnende Geste ausführt. Die Gemeinde antwortet «Amen». Katholiken und Protestanten kennen auch feierlichere Formen wie zum Beispiel den Priestersegen des Alten Testaments, der in der Antike im Jerusalemer Tempel gesprochen wurde und noch heute in der Synagoge gebräuchlich ist. Auch diese Worte werden von einer entsprechenden Geste, der Erhebung beider Hände und deren Zuwendung zur Gemeinde begleitet:

> Der Herr segne euch und behüte euch.
> Der Herr lasse sein Angesicht über euch leuchten
> und sei euch gnädig.
> Er wende euch sein Antlitz zu
> und schenke euch seinen Frieden.
> Das gewähre euch der dreieinige Gott:
> der Vater und der Sohn und der Heilige Geist.
> (Römisches Meßbuch Pauls VI.)

«Der Herr lasse sein Angesicht über euch leuchten, er wende euch sein Antlitz zu»: Diesen Worten liegt offenbar die archaische Vorstellung der Sonne als Erscheinungsform von Israels Gott zugrunde.[161] Die alten Israeliten waren vom Durchbruch der Sonnenstrahlen aus dem Wolkendunkel beeindruckt; auch der Regenbogen offenbarte ihnen die göttliche Herrlichkeit. Die Sonne und ihr wohltuendes Licht galten als Zeichen von Gottes machtvoller Gegenwart und Segenskraft. In der Amarnazeit des alten Ägypten (14. Jahrhundert v. Chr.) finden wir einen vergleichbaren Vorstellungskreis. Damals ließ König Echnaton die Sonnenscheibe als die oberste Gottheit darstellen. Ihre Strahlen enden in Händen, welche ihn selbst und seine Familie mit zärtlicher Segensgeste berühren (Abb. 6). So scheint der den alten biblischen Segen sprechende Priester nichts anderes zu sagen als eben dies: Möge Gottes Gegenwart für euch so sichtbar sein wie die Sonne! Oder in der Sprache der Religionswissenschaft: Möget ihr einer niemals endenden Hierophanie teilhaftig werden!

Die Schlüsselbegriffe des Priestersegens sind Gottes Schutz («der Herr behüte euch», hebräisch *shamar*, «beschützen»), seine Gunst (hebräisch *hanan*, «freundlich sein») und sein Heil (hebräisch *schalom*, im deutschen etwas blaß mit «Frieden» wiedergegeben). Die drei hier gebrauchten Begriffe gipfeln in *schalom*, einem Wort, das Ganzheit, Fülle, Wohlergehen, Frieden und Sieg bezeichnet und so alles zusammenfaßt, was von ständigem göttlichem Schutz und Wohlwollen erhofft werden kann. Durch seinen *schalom* unterhält Gott eine gute Beziehung zu seinen Verehrern und schenkt ihnen alles, was sie zu ihrem Glück benötigen. Das biblische Kapitel, dem die heiligen Worte ent-

6 Der Sonnengott segnet die königliche Familie. Aton, der altägyptische Sonnengott, sendet seine in Hände auslaufenden Lichtstrahlen und segnet so Pharao Echnaton, Nofretete und deren Kinder. Auch der von den Priestern Israels gebrauchte Segensspruch bezog sich auf Gottes leuchtendes Antlitz, denn obgleich er nicht bildlich dargestellt wurde, galt der biblische Gott als ein sonnengleiches Lichtwesen. Der Segen des biblischen Priesters wird noch heute im christlichen Gottesdienst gesprochen: «Der Herr segne dich und behüte dich. Der Herr lasse sein Angesicht über dich leuchten und sei dir gnädig. Der Herr wende sein Angesicht dir zu und schenke dir Heil» (Num 6,24–26). Kalksteinrelief, Amarnazeit, Ägypten, um 1350 v. Chr.

nommen sind, gibt auch eine Deutung dessen, was beim Segnen geschieht: Der Priester legt Gottes Name auf die Gemeinde, woraufhin Gott selbst sie segnet.[162] Der Priester handelt stellvertretend für Gott. Indem er eine Art magische Verbindung zwischen dem Gottesnamen (Jahwe, als «der Herr» wiedergegeben) und den Menschen schafft, bereitet er Gottes eigenes Handeln vor.[163] Die von uns angeführte katholische Gestalt der Segensformel nennt den Gottesnamen nur zweimal; die hebräische Fassung dreimal: «Jahwe segne euch – Jahwe lasse sein Angesicht über euch leuchten – Jahwe wende euch sein Antlitz zu.» Wir erhalten einen Eindruck von der geheimnisvollen Kraft, die dem Gottesnamen Jahwe zugeschrieben wurde: Dreimal ausgesprochen, schützt er vor aller Gefahr. Auch nachdem der heilige Eigenname Gottes nicht mehr ausgesprochen und durch Ausdrücke wie «der Herr» ersetzt wurde, blieb er am Jerusalemer Tempel in Gebrauch. Zweimal täglich sprachen ihn die Priester, wenn sie das Volk beim Morgen- und beim Abendopfer segneten. Solange der Tempel bestand (bis 70 oder 135 n. Chr.), war er der Ort, an dem Gott seinen Namen wohnen ließ; es war der Ort, an dem sein Name allen Juden *schalom* vermittelte. In der Segensformel ersetzen die Christen den nicht ausgesprochenen Gottesnamen durch ihre eigene Fassung des vollständigen göttlichen Namens: der Vater, der Sohn und der Heilige Geist. Die drei Personen des christlichen Gottes lassen noch etwas vom magischen Glauben an die Wirksamkeit des dreimal ausgesprochenen göttlichen Eigennamens erkennen.

Der Segen beschließt den Gottesdienst. Die vielen, im Laufe der Feier vorgetragenen Bitten und Fürbitten scheinen im Segen ihre göttliche Antwort zu erhalten. Überhaupt scheint ein Gottesdienst unvollständig, wenn Gott auf die Bitten nicht sogleich in irgendeiner Weise eingeht. Neben der Erwartung, daß Gott bereits während der Liturgie ein Zeichen geben möge, erwarten die Gläubigen aber auch konkrete Wirkungen im realen Leben. Mit dem Problem der Gebetserhörung haben sich die Theologen aller Zeiten beschäftigt, und wir wollen nun einige der von ihnen gefundenen Lösungen betrachten.

Hat Gebet Erfolg? Zwei Antworten

Am Gebetsgeschehen sind stets zwei Partner beteiligt: Menschen tragen bestimmte Anliegen vor, Gott nimmt diese zur Kenntnis; ob er die Bitten erhört, liegt in seinem Ermessen. Theologen und Philosophen haben große Mühe darauf verwendet, eine genauere und anspruchsvollere Erklärung dafür zu finden, was beim Gebet geschieht. Sie betonen die Ungleichheit der beiden beteiligten Partner: Auf der einen Seite steht der allmächtige, allwissende, transzendente Gott, auf der anderen der schwache, in seiner Erkenntnis begrenzte Mensch, der jedoch über ein gewisses Maß von Gotteserkenntnis verfügt. Einige Denker heben die Majestät und Überlegenheit Gottes besonders hervor, während andere in ihrer Gebetstheologie von der menschlichen Gotteserfahrung ausgehen. Aus dem theozentrischen und dem anthropozentrischen Ansatz leitet sich jeweils eine andere Gebetstheorie ab.

Nach der *theozentrischen* Auffassung wird die Welt von einem allmächtigen Gott regiert. Gott, nicht Geschöpfe, bestimmen den Gang der Dinge. Im Rahmen einer solchen Vorstellung erscheint das Gebet als Paradox: Wenn Menschen beten und Gott ihr Gebet erhört, bedeutet das nicht, daß Gott seine Pläne geändert hat. Gebet um Regen ist unsinnig, denn Gott wird natürlich die Dürrezeit beenden, ganz gleich, ob ihn die Menschen darum angerufen haben oder nicht. So besehen erscheint Gebet als sinnlos und überflüssig. Die radikalste und vielleicht konsequenteste theozentrische Auffassung lehnt das Bittgebet als töricht und naiv ab; sie überläßt von vornherein alles Gott. Gott läßt sich nicht beeinflussen. Der Gebildete betet nicht, sondern nimmt sein Schicksal in stoischer Gelassenheit an. Dies ist die Empfehlung der Aufklärungsphilosophie, zu der sich etwa Voltaire in Frankreich und Immanuel Kant in Deutschland bekannten.[164] Wir wollen näher betrachten, wie drei theozentrische Theologen – Thomas von Aquin, Friedrich Schleiermacher und Norman Pittenger – versuchen, der Schlußfolgerung auszuweichen, Gebet sei überflüssig.

Wie alle Theologen des Mittelalters, so hatte auch Thomas von Aquin (1226–1274) von den Kirchenvätern, vor allem von Augustinus, einen unerschütterlichen Glauben an Gottes Vorherbestimmung übernommen.[165] Gott weiß alles, was in der Natur und der menschlichen Geschichte geschieht, im voraus und legt es fest. Was Gott bestimmt hat, ist unabänderlich und kann vom Menschen nicht beeinflußt werden. Aber Thomas war auch überzeugt, daß die Bibel recht haben muß, wenn sie von Gebetserhörung spricht. Die beiden Lehren – «Gott bestimmt alles nach seinem eigenen Willen» und «Gott erhört menschliches Gebet, d. h. er läßt den Gang der Welt vom Menschen beeinflussen» – scheinen einander zu widersprechen. Wie ist der Widerspruch von philosophischer Einsicht und biblischer Lehre aufzulösen? In seinem Werk *Von der Wahrheit (Quaestiones disputatae de veritate)* entwickelt Thomas seine Antwort anhand der Untersuchung einer Bibelstelle.[166] Nach dem Bericht der Genesis flehte Isaak zu Gott um einen Sohn, den die bislang unfruchtbare Rebekka gebären sollte; Gott «erhörte ihn und ließ Rebekka schwanger werden» (Gen 25,21). Gott mußte dabei seine Pläne keineswegs ändern, meint Thomas, denn er hat von Rebekkas Schwangerschaft bereits gewußt und diese in seinem Plan vorgesehen. Jedoch wollte Gott, daß Isaak bei der Verwirklichung des göttlichen Ratschlusses mitwirkt. Sein Gebet trägt zur Verwirklichung bei, ist jedoch nicht als eigentliche Ursache des Geschehens anzusprechen. Isaaks Gebet bewegt Gott nicht dazu, Wunder zu inszenieren, sondern dazu, ein natürliches Geschehen in Gang zu setzen. Gott wirkt durch die Kette natürlicher Ursachen. Für diesen Gedanken stützt sich Thomas auf das *Buch der Ursachen (Liber de causis)*, eine damals Aristoteles zugeschriebene, in Wirklichkeit aber erst im 10. Jahrhundert entstandene Schrift, welche die Lehre des Neuplatonikers Proklos (5. Jahrhundert) zusammenfaßt. Dieses Buch unterschied nicht nur zwischen Erstursache (d. h. Gott) und Zweitursachen, sondern führte über diese Unterscheidung hinaus. Die Zweitursachen bilden kein geschlossenes System, denn die Erstursache «hört nicht auf, das von ihr Verursachte» – nämlich die geschaffene Welt – «zu erleuchten» *(causa prima non cessat inluminare causatum suum)*.[167] Die Erstursache beeinflußt das von ihr Verursachte sogar stets stärker als Zweitursachen *(omnis causa primaria plus est influens super causatum suum quam causa universalis secunda)*.[168] Im neuplatonischen Denken gilt die Erstursache als viel mächtiger denn alle geschaffenen Ursachen; daher bleibt die Wirkung der Erstursache in den geschaffenen Dingen noch spürbar. Geschaffene Ursachen sind niemals völlig selbständig. Die neuplatonische Betonung der völligen Abhängigkeit der Welt von der Erstursache ermöglichte es Thomas, eine Lehre vom indirekten Eingreifen Gottes zu entwickeln.

Nach dem metaphysischen System des Thomas können Theologen zwar zugleich beten und an Gottes Vorherbestimmung glauben; aber dieses System hat auch seine Schwächen. Thomas kommt es nicht in den Sinn, danach zu fragen, ob die von den Gläubigen geäußerten Bitten vielleicht von Gott verursacht sein könnten. Norman Pittenger (1905–1997) hat sicher recht, wenn er Thomas als einen Menschen mit zwei Seelen betrachtet: Die eine ist die eines frommen Christen, der an Gott als ein lebendiges, handelndes, durch Gebet beeinflußbares Wesen glaubt; die andere ist die eines philosophischen Theologen, dessen theoretische Beschreibung Gottes im Widerspruch zu dem steht, wovon er in seinem tiefsten Herzen überzeugt ist und wonach er auch im Alltag handelt.[169]

Der reformierte Theologe Friedrich Schleiermacher (1768–1834) setzte sich mit zwei Problemen auseinander. Das erste bestand in der Unmöglichkeit, Gott zu beeinflussen, ein Problem, das schon Thomas von Aquin beschäftigt hatte. Er spricht von Gott als «dem unveränderlichen Wesen, in welchem kein neuer Gedanke, kein neuer Entschluß entstehen kann, seitdem er zu sich selbst sprach: es ist alles gut, was ich gemacht habe», also seit den Tagen der Schöpfung. «Was damals beschlossen ward, wird geschehen: dieser Gedanke muß uns mit unwiderstehlicher Gewißheit vor Augen treten.»[170] Die Ansicht, Gott könne umgestimmt werden, widerspricht Schleiermachers Überzeugung, «daß es kein Verhältnis der Wechselwirkung gibt zwischen Geschöpf und Schöpfer; und eine Theorie des Gebets, welche von einer solchen Annahme ausgeht, können wir (...) nur als einen Übergang [Rückfall] in das Magische erklären».[171] Wenn es keine Interaktion zwischen Gott und Mensch gibt und der Schöpfer schon alles Geschehen vorherbestimmt, dann ist Bittgebet sinnlos. Schleiermachers zweites theologisches Problem ist der Widerspruch zwischen der biblischen Verheißung von Gebetserhörung und der Tatsache, daß Christi Bitte um Verschonung vom Kreuzestod ohne Erhörung blieb. Wenn Christi Gebet ohne Erfolg blieb, wie können wir dann hoffen, Gott werde auf unsere Bitten eingehen?

Nach Schleiermacher soll das wahre christliche Gebet keine Bitten aussprechen, sondern demütige Ergebung in Gottes Willen bekunden. Nicht der Optimismus der biblischen Verheißungen, sondern die Demut Christi soll als Leitbild gelten. Gewiß, es muß erlaubt sein, Gott in kindlichem Vertrauen auch Bitten und Wünsche vorzutragen; jedoch soll diesen immer ein Wort der Ergebung in Gottes Willen hinzugefügt werden. Als Mustergebet gilt daher das von Jesu vor seinem Leiden im Garten Getsemani gesprochene Gebet: «Mein Vater, wenn es möglich ist, gehe dieser Kelch [des Leidens] an mir vorüber. Aber nicht wie ich will, sondern wie du willst» (Mt 26,39). Steht die Ergebung in Gottes Willen im Vordergrund, können Christen auf das Bittgebet ganz verzichten. Schleiermacher will den Gläubigen «nicht vorenthalten, daß es mir ein Zeichen größerer und aufrichtigerer Frömmigkeit zu sein scheint, wenn dieses bittende Gebet in unserm Leben nur selten vorkommt, und auch dann unser Gemüth nicht lange beschäftiget».[172] Das Bittgebet mag seinen Platz im persönlichen Gebet des einzelnen behalten, soll jedoch nicht Teil des öffentlichen Gottesdienstes sein. Wenn es nicht gelingt, unsere Gott vorgetragenen Wünsche «zu mäßigen, die heftige Begierde in stille Ergebung, die ängstliche Erwartung in fromme Gelassenheit zu verwandeln: so war es gar kein wahres Gebet, und es ist ein sicheres Zeichen, daß wir dieses wahren Betens noch gar nicht fähig sind.»[173]

Schleiermachers Empfehlung von stiller Resignation, ehrfurchtsvoller Zurückhaltung und gläubigem Annehmen des Schicksals verleiht seiner Theologie eine gewisse stoische Prägung. Seiner Auffassung nach sprach Jesus mit Gott nicht anders als ein Philosoph der Stoa. Die stoische Schule besaß jahrhundertelang zahlreiche Vertreter. Von Cicero und Seneca bis zu Spinoza glaubten sie an ein von Gott bestimmtes Schicksal, angesichts dessen es gilt, ruhigen und sogar heiteren Sinnes zu bleiben. Ruhe ist für den Stoiker eine stets zu wahrende Haltung. Schleiermacher scheint Jesus an Sokrates angeglichen zu haben, das große Vorbild der Stoa: Von der Stadt Athen zum Tode verurteilt, trank Sokrates den Giftbecher, unbeeindruckt von allen, die neben ihm weinten. Der Vergleich zwischen den beiden großen Gestalten ist nicht neu und läßt sich bis in die Zeit der Kirchenväter zurückverfolgen. Im 18. Jahrhundert wurde das Thema oft aufgegriffen. In Amerika empfahl beispielsweise Benjamin Franklin (1706–1790) Jesus und Sokrates als Vorbilder demütiger Lebenseinstellung.[174] Wenn Schleiermachers Bild von Jesus stoische Züge trägt, so steht es im Erbe einer alten Tradition.

Wenn wir Gottes unabänderlichen und oftmals unerforschlichen Willen in stoischer Gelassenheit annehmen sollen, wie steht es dann mit der biblischen Verheißung der Gebetserhörung? Schleiermacher übergeht dieses Thema. Er übergeht es ebenso, wie er die in den Evangelien berichteten Wunder in ihrer Bedeutung herunterspielt.[175] Als Jesus im Garten Getsemani betete, ereignete sich kein Wunder, und so haben auch die Christen keinen Anspruch auf das, was Gott seinem Sohn verweigerte. Vor Gott kommt den Gläubigen dieselbe Stellung wie Christus zu; zu glauben, Gott werde ihnen größere Privilegien als seinem Sohn gewähren, ist absurd.

Der neueste Versuch einer theozentrischen Gebetslehre stammt aus der sogenannten Prozeßtheologie und wurde von Norman Pittenger entwickelt. Die Prozeßtheologie stellt Gott in den Mittelpunkt ihres Denkens, aber sie lehnt es ab, an einen Gott zu glauben, der die gesamte Entwicklung der Natur und den Gang der Geschichte in allen Einzelheiten schon im voraus bestimmt und bereits am Tag der Schöpfung festgelegt hat. Einen solchen Gott gibt es nicht. Wie die Schöpfung selbst, die sein Wesen widerspiegelt, so ist auch Gott selbst in Bewegung. Für diese Auffassung beruft sich die Prozeßtheologie auf den Philosophen Alfred North Whitehead (1861–1947). Nach Whitehead ist Gott am schöpferischen Prozeß von Natur und Geschichte beteiligt und in gewisser Weise mit diesem Prozeß gleichzusetzen. Mitgestaltend und mitgestaltet, handelnd und erleidend, haben auch wir Menschen an diesem Prozeß Anteil. Das Gebet, meint Pittenger, helfe dem einzelnen und der Gemeinde, sich dem kosmischen Prozeß der Liebe anzuvertrauen und in diesen einzugehen, wobei Liebe nichts anderes als ein Name Gottes sei. Gebet ist in erster Linie «die bewußte Öffnung menschlichen Lebens (...) für die kosmische Liebe».[176] Einmal für die Liebe geöffnet, wird der Mensch Teil des Prozesses. «Wer in die göttliche Liebe aufgenommen ist, trägt durch sein Beten zur Bewegung dieser Liebe in der Welt bei. Er wird ein Liebender.»[177] Und wer im Liebesprozeß steht, kann diesen Prozeß durch sein Gebet verstärken und auch andere Menschen in ihn hineinziehen. «Wenn wir Fürbitte leisten», schreibt Pittenger, «dann bringen wir andere in das Kraftfeld unserer eigenen, bewußten Gottesbeziehung; auch leisten wir (...) einen kleinen Beitrag zur kosmischen Vermehrung des Guten.»[178] In Liebe miteinander verbunden, können Christen als «Mitarbeiter Gottes» tätig sein (2 Kor 6,1). Gott wirkt nun nicht mehr in Einsamkeit, denn alle mit ihm Verbundenen unterstützen den kosmischen Prozeß. Gemeinsames Gebet ist nicht etwa angemessen, weil dadurch mehr Menschen am Himmelstor anklopfen, sondern weil sich «mehr menschlicher Wille mit dem göttlichen Willen in Einklang bringt».[179] Gemeinsames Gebet fördert den kosmischen Prozeß.

Wenn Gebet den kosmischen Prozeß fördert, kann es dann den Lauf der Dinge beeinflussen und ändern? Robert Cooper, wie Pittenger ein Vertreter der Prozeßtheologie, empfiehlt das Prozeßdenken als «eine Gebetsphilosophie, nach der das Gebet wirklich Änderungen hervorbringt». Aber er warnt vor allzu großen Erwartungen. Er gibt zu, daß «der Beter, wie Gott selbst (..) nur in ganz wenigen Augenblicken seines Lebens die Entwicklung der Dinge bestimmen kann, und auch dann nur bis zu einem gewissen Grad».[180] Tatsächlich ist der Gott der Prozeßtheologie nicht allmächtig und daher nicht fähig, große Veränderungen zu bewirken. John Polkinghorne (geb. 1930), Physiker und Prozeßtheologe, erinnert in diesem Zusammenhang an die bleibende Verborgenheit des göttlichen Tuns. Gott handelt zwar, aber sein Tun «bleibt innerhalb des unvorhersehbaren Geschehens. Das Auge des Glaubens mag es wahrnehmen, aber es läßt sich nicht experimentell beweisen. Gewöhnlich erscheint es als glücklicher Zufall und nicht als bloßer Kraftakt».[181] Nicht bereit, wie Voltaire und Kant ganz auf das Gebet zu verzichten, sind die Prozeßdenker zu Kompromissen bereit. Offenbar nehmen sie an, daß der kosmische Prozeß auch ohne das Gebet funktioniert. Wie Thomas von Aquin und Schleiermacher weisen sie einen allzu optimistischen Glauben an Gebetserhörung in die Schranken und mahnen zur Zurückhaltung.

Das *anthropozentrische* Gebetsverständnis geht nicht von der Macht Gottes aus, sondern richtet den Blick auf das, was das Gebet beim betenden Menschen selbst bewirkt. Unabhängig von seiner Erhörung scheint das Gebet oft eine Art geistige Erfrischung zu vermitteln. Wir wollen dieser Erfahrung zuerst anhand von Zeugnissen der traditionellen katholischen Frömmigkeit (Ignatius von Loyola, Blaise Pascal) nachgehen und anschließend hören, was einige Autoren des 20. Jahrhunderts dazu sagen (William James, Norman Vincent Peale, Paul Tillich und andere).

Schon die frühchristliche Frömmigkeit wußte um die beruhigende und stärkende Wirkung des Gebets. Man hörte oder las, ein Engel habe Jesus vor seinem Leiden neue «Kraft» gespendet (Lk 22,43). Der ihn tröstende Engel vermittelte ihm den Mut, Leiden und Tod auf sich zu nehmen. Zusätzlich zur Erhörung von Bitten (oder als Alternative) vermag Gott «Tröstung» zu schenken, die das Herz mit süßer Empfindung und tiefer Freude erfüllt und nicht selten zu Tränen rührt. Die frühen Mönche betonen neben der inneren Stärkung besonders das überwältigende Gefühl der Freude. Johannes Cassianus, der im frühen 5. Jahrhundert das Mönchtum im südlichen Gallien einführte, berichtet von den häufigen Tränen seiner monastischen Lehrer. Der Gedanke an ihre Sünden löste Tränen aus, aber dann, «beim Kommen des Herrn» *(visitante Domino)*, fühlten sie eine so unbändige Freude, daß sie in lauten Jubel ausbrachen.[182] Religiöse Autobiographien, Werke über das Leben der Heiligen und Anleitungen zum geistlichen Leben berichten oftmals von solchen Wirkungen des Gebets. Nach seinem mittelalterlichen Biographen vergoß Franziskus von Assisi oft Tränen beim Gebet, um danach «nicht geringen Trost» und sogar «überwältigende Freude» zu verspüren.[183] Manche mittelalterliche Klöster führten über solche Erlebnisse Buch, und so erfahren wir von Nonnen, die während der Messe oder dem Stundengebet in Schluchzen und Tränen ausbrachen und von besonderen mystischen Erlebnissen berichteten; die entsprechenden Aufzeichnungen sollten frommer Erbauung dienen.[184] Im 18. Jahrhundert berichtet der englische Erbauungsschriftsteller William Law, ein Protestant, von der tröstenden Kraft des Gebets in ähnlicher Weise: «Wenn wir uns oft dem Gebet widmen, werden wir oftmals im geheimen ein großes, nur durch Gebet mögliches Glücksgefühl erleben. Gottes Gegenwart füllt unsere Seele mit der größten Freude, die noch nicht im Himmel lebende Wesen überhaupt ertragen können.»[185] Während diese Zeugnisse die Freude in den Mittelpunkt stellen, finden wir bei anderen eine größere Vielfalt von Empfindungen. Ignatius von Loyola zum Beispiel nennt «Mut und Kraft, Tröstungen, Tränen, Eingebungen und Ruhe»,[186] und Bischof Bossuet spricht von «einer wahren Freude, die das Herz stärkt» *(véritable plaisir qui fortifie le cur de l'homme)*.[187] Zuvor, im Spätmittelalter, hieß es bei Thomas von Kempen: «Die [göttliche] Tröstung verleiht dem Menschen die Kraft, die Widrigkeiten des Lebens besser zu ertragen» *(datur autem consolatio ut homo fortior sit ad sustinendum adversa)*.[188] Frömmigkeitsübungen werden also manchmal von angenehmen Gefühlen der Freude, Liebe und Ruhe begleitet. Die Gefühle können so stark sein, daß sie den Beter zu Tränen rühren. Wir haben es mit einer regressiven, selbstbezogenen, sentimentalen, weinerlichen und passiven Frömmigkeit zu tun, die als typisch weiblich galt. [189] Gelegentlich begegnen wir jedoch auch einer selbstbewußteren, damals als männlich bewerteten Frömmigkeit. In Beantwortung der Frage «Weshalb hat Gott das Gebet angeordnet?» verwies der französische Apologet Blaise Pascal nicht auf die ihm sonst so wichtige, gleichsam weibliche Vertrautheit mit dem «Gott Abrahams», sondern gab eine ausgesprochen männliche Antwort: «Um seinen Geschöpfen die Würde der Verursachung zu verleihen.»[190] Gebet ist demnach kraftgeladen und wirksam. Mit dem Gebet besteht der Gläubige das Leben und erobert die Welt. In unserer Sprache dürfen wir sagen: Hier stehen wir am Übergang vom theurgischen Gebet (das nur tröstet) zum thaumaturgischen Gebet (das äußere Wirkungen hervorruft).

Im 17. Jahrhundert ist Pascal noch ein Einzelfall. Aber seit dem ausgehenden 19. Jahrhundert bedienen sich die Beter zunehmend einer «männlichen» Sprache.[191] Weit davon entfernt, nur zu trösten, wird das Gebet immer mehr als Quelle von Mut, Kraft und Zielstrebigkeit erfahren. Für William James

(1842–1910), Philosoph an der Harvard University und Autor eines großen Werks über *Die Vielfalt der religiösen Erfahrung* (1902), ist die wohltuende Wirkung des Gebets eine Tatsache. Die von James ausgewerteten Quellen – Briefe, Tagebücher und in England und Amerika gesammelte persönliche Zeugnisse – lassen keinen Zweifel daran, daß das Reden mit Gott die Menschen glücklicher macht und ihnen bei der Bewältigung des Lebens hilft. Wenn jemand mit dem Schöpfer der Welt in Verbindung tritt, «dann verschwinden Furcht und Egoismus. Der sich einstellende Gleichmut macht die auf das Gebet folgenden Stunden zu einer Reihe schöpferischer Augenblicke. Mit einem Mal sind alle Türen geöffnet und alle Wege geebnet».[192] Gebet «bewirkt tatsächlich etwas – wie nichts anderes stärkt und erneuert es das Energiezentrum des einzelnen».[193] Wir «finden auf allen Stufen des Gebetslebens die Überzeugung, daß die Gemeinschaft mit Gott das Einfließen einer jenseitigen Kraft ermöglicht; sie befriedigt Bedürfnisse und wird in der irdischen Welt wirksam».[194] Diese Kraft wirkt heilend. «Wenn überhaupt etwas als medizinische Tatsache gelten kann», meint James, «dann dies: Gebet kann zur Heilung beitragen; daher sollte es der Arzt als therapeutische Maßnahme unterstützen».[195] Läßt sich die Heilkraft des Gebets näher beschreiben und ihr Einsatz auch im Rahmen einer naturwissenschaftlichen Theorie rechtfertigen? James glaubte, diese Frage bejahen zu können, wenn seine Auskunft auch vage bleibt. Er zögert zwar, die Quelle der Kraft als Gott zu bezeichnen, aber er gibt zu, daß es sich hier um ein Phänomen handelt, das die gewöhnlichen menschlichen Möglichkeiten übersteigt. Er spricht von «etwas Idealem, das in gewissem Sinne Teil unserer selbst ist, aber gleichzeitig nicht nur zu uns selbst gehört»,[196] nämlich dem Unbewußten, das größer ist als der einzelne und in Verbindung «mit einer größeren, uns wohlgesonnenen Macht» steht.[197] Bei seinen Lesern erweckt James den Eindruck, daß sein fester Glaube an die Kraft des Gebets nicht in einem ebenso unerschütterlichen Glauben an Gott wurzelt. Die Wirkung des Gebets gilt ihm offenbar als sicherer und wirklicher als die Existenz Gottes. Aber wie immer man über die metaphysischen Zusammenhänge auch denken mochte, Gebet war auch an der Schwelle zum 20. Jahrhundert möglich.

In seinen öffentlichen Äußerungen verteidigte James das Gebet, aber persönlich hatte er es längst aufgegeben. Als ihm ein zeitgenössischer Forscher einen Fragebogen vorlegte, beantwortete er die Frage «Beten Sie, und wenn ja, warum?» folgendermaßen: «Ich kann gar nicht beten – es käme mir komisch und unecht vor». Gleichzeitig gab er zu, er sei «dem Bereich des Idealen gegenüber aufgeschlossen» und interessiere sich sogar für «Jenseitiges».[198] Wichtig war ihm nicht eine bestimmte Metaphysik, sondern die Verbindung unseres idealen Ichs mit höheren Kräften; diese Verbindung kommt gewöhnlich durch traditionelle Religiosität und Gebet zustande und vermag Energien freizusetzen, die dem bewußten Ich unerreichbar bleiben.

Die anthropozentrische Sicht des Gebets, wie sie William James vorträgt, ist für das Denken des 20. Jahrhunderts typisch. Besonders Norman Vincent Peale (1898–1993) hat ihr zu einer weiten Verbreitung verholfen. Mit einer

Auflage von mehr als fünf Millionen Exemplaren gehört sein auch heute noch erhältliches Buch *Die Kraft des positiven Denkens (The Power of Positive Thinking*, 1952) zur beliebtesten Erbauungsliteratur unserer Zeit. «Die amerikanische Bibel der Selbsthypnose», wie sie abschätzig genannt wurde, erklärt dem Leser, daß Seelenruhe und eine optimistische Lebenseinstellung die Grundlage allen Erfolges bilden.[199] Peale ermutigt seine Leser, an sich selbst und ihre eigene Kraft zu glauben und dadurch Ängste und Minderwertigkeitsgefühle zu überwinden. Gleichzeitig läßt er keinen Zweifel an seinem tiefen christlichen Glauben. «Positives Denken» schließt das Beten ein und bildet sogar dessen Höhepunkt. Das Gebet vermag verborgene psychische wie göttliche Energiequellen zu erschließen. «Probleme lassen sich lösen, wenn das Gebet bis in dein Unbewußtes vordringt, den Sitz jener Kräfte, die über rechtes oder falsches Handeln entscheiden.»[200] Peale empfiehlt das Gebet als eine der erfolgversprechendsten geistlichen Techniken. Peales Geschichten, die den Erfolg der «Gebetskraft» veranschaulichen, handeln fast nur von Geschäftsleuten; um sicherzustellen, daß kein «weichliches» Bild von Religion entsteht, erzählt er von neunzehn Männern und nur von zwei Frauen. Gebet ist auch Männersache!

Als Methodist und späterer Pfarrer der reformierten Marble Collegiate Church in New York betrachtete sich Peale als Psychologe und Lehrer eines praktischen Christentums. Seine Zeitgenossen fanden seine Schriften auf dem Lebenshilferegal ihrer Buchhandlung und lasen seine Artikel im *Reader's Digest*. Zwar verweist Peale nur selten auf andere Werke, aber es besteht kein Zweifel darüber, daß er dem Gedankengut der «new thought»-Schule verpflichtet ist.[201] Diese philosophische Modeströmung propagiert seit dem ausgehenden 19. Jahrhundert ein «neues Denken», das Erfolg im Leben und sogar Heilung von Krankheit verspricht. Sie ist von der Macht menschlichen Denkens überzeugt. Sobald es das Unbewußte durchdringe und die in diesem schlummernden ungeahnten Kräfte wecke, schaffe gutes Denken eine neue Wirklichkeit. Peale scheint auch die Bücher von Florence Shinn (gest. 1940) geschätzt zu haben, einer fast unbekannten theosophischen Autorin, die in New York lebte und ihre Werke als Privatdrucke herausgab, zum Beispiel *Die geheime Pforte zum Erfolg (The Secret Door to Success*, 1940).[202] «New thought»-Bücher und das Werk von Shinn ließen Peale zum Anhänger einer Philosophie werden, die für ihn die praktische Seite des Christentums verkörperte. Dabei war Peale weder der erste noch der einzige Autor, der die Philosophie des «neuen Denkens» mit dem Christentum verband. Schon vor ihm hatte William Kenyon ein Buch mit dem Titel *Hinweisschilder auf der Straße des Erfolgs (Sign Posts on the Road to Success*, 1938) veröffentlicht, und nach ihm trat Kenneth Hagin mit *Vier Schritte zum erhörten Gebet (Four Steps to Successful Prayer*, 1980) hervor. Beide Schriften gehen weit über Peale hinaus, wenn sie behaupten, für den Beter sei «nichts mehr unmöglich».[203]

Die Kraft des positiven Denkens teilt das Schicksal aller «new thought»-Bücher: Sie werden von den Intellektuellen mit gemischten Gefühlen betrachtet. Fünfzig Jahre vor der Veröffentlichung von Peales Bestseller hatte William James die Überzeugung geäußert, «new thought» sei «der einzige ausgesprochen originelle Beitrag» Amerikas zur praktischen Philosophie.[204] Aber bei aller Bewunderung ihres Erfolgs im Alltagsleben verhehlte James nicht seine Abneigung gegen die unpräzise Sprache, in der die neue Philosophie vorgetragen wurde. Die in Großauflagen gedruckten Bücher sind «von einem verrückten Optimismus und so vage im Ausdruck, daß es für einen akademisch geschulten Geist fast unmöglich ist, das Zeug zu lesen».[205] Heute dürfte niemand mehr zögern, auch *Die Kraft des positiven Denkens* zu dieser «verrückten» Literatur zu zählen, deren Versprechungen unrealistisch sind. Peales Bücher wurden – und werden auch heute noch – von vielen gelesen. Präsident Richard Nixon bewunderte den Autor. In Theologenkreisen jedoch wurde die im Banne von «new thought» stehende Frömmigkeit nie ernst genommen. Die Männer, für die Peale schreiben wollte, lesen seine Bücher nicht. Ironischerweise finden Peales Schriften vor allem eine weibliche Leserschaft der Mittelschicht; mehr Frauen als Männer fühlen sich von seinen Geschichten, seinen Verheißungen, seiner intuitiven Denkweise und seiner Zeitschrift *Guideposts* angesprochen.[206]

Ob nun verrückt oder nicht, die volkstümliche «new thought»-Theologie vermag auf die erstaunlichsten Wirkungen der von ihr propagierten Gebetstechnik hinzuweisen. Wunderheilungen gelten ihr nicht als Ausnahme, und selbst ein kritischer Geist wie William James war von der gesundheitsfördernden Kraft des Gebets überzeugt. Auf welche Art und Weise wirkt aber das Gebet? Gewöhnlich wird auf die psychosomatische Natur vieler Krankheiten hingewiesen. Da Gesundheit eine Eigenschaft von Leib und Seele ist, betrifft auch Krankheit beide. Tatsächlich können viele Krankheiten psychische Ursachen wie Angst, Streß oder Trauer haben. Während sich die Medizin vornehmlich mit den körperlichen Symptomen befaßt, wirkt das Gebet vor allem auf die Psyche. Über den seelisch-körperlichen Mechanismus von Gebetsheilung existieren allerdings nur vage Vorstellungen. Wer an die Heilung glaubt und sich von einer Masse glaubender Kranker umgeben sieht, wie im katholischen Wunderort Lourdes in Frankreich, mag seine Heilung durch «Massensuggestion» begünstigen, wie Kurt Tucholsky in einer eindrucksvollen Reportage dargelegt hat.[207] Aber wie funktioniert Suggestion? Niemand scheint dies so recht zu wissen. Immerhin läßt sich darauf verweisen, daß die Selbsthypnose eine plausible Erklärung darstellt. Hypnose ist eine medizinische Technik, bei welcher der Patient in einen besonderen, schlafähnlichen psychischen Zustand gebracht wird. In diesem Zustand kann der hypnotisierende Arzt auf den Patienten einwirken und z. B. Schmerzen lindern oder Heilungen bei Hautkrankheiten erzielen. Trotz ihrer Entdeckung in der Zeit der Romantik ist die Hypnose heute eine auch in der Schulmedizin anerkannte, auf ihre Erfolge stolze Heiltechnik. Als Selbsthypnose praktiziert, kann sie auch vom Laien erlernt werden. Gebet wäre dann eine Art der Selbsthypnose (oder der Gruppenhypnose, wenn an gemeinsames Gebet im Gottesdienst gedacht wird). Warum Hypnose Erfolge erzielen kann, wird in der medizinischen Literatur kaum erörtert, doch hat die amerikanische Ethnologin Felicitas Goodman eine einschlägige Theorie ausgearbeitet.[208] Dabei geht sie nicht vom hypnotischen Zustand aus, sondern von Trance, einem damit verwandten veränderten Bewußtseinszustand. Goodman beobachtete, daß religiöse Rituale nicht nur die Stimmung der Teilnehmer beeinflussen, sondern sie viel tiefer treffen und sogar in Trance versetzen können. Im Trancezustand ist das gewöhnliche Bewußtsein ausgeschaltet und durch Ekstase und bis zur Erschöpfung führende Raserei ersetzt. Trance ist ein vorübergehender Zustand, denn nach einiger Zeit kehrt das gewöhnliche Bewußtsein zurück. Allerdings kann ein tiefgreifender Wandel stattgefunden haben, der einen veränderten Menschen mit neuen seelischen und sogar körperlichen Kräften hervorbringt. Der Wandel kann sogar die Heilung körperlicher Leiden mit sich bringen. Die Frage ist nun: Wie sind die Heilungserfolge von Trance zu erklären?

An dieser Stelle bezieht sich Goodman auf die Erforschung einer bestimmten psychischen Erkrankung, die unter dem Namen «multiple Persönlichkeitsstörung» *(multiple personality disorder)* bekannt ist. Die daran leidenden Patienten weisen nicht nur eine Persönlichkeit auf, sondern mehrere, die alle denselben Körper bewohnen. Jemand mag eine kriminelle Persönlichkeit besitzen, die für Verbrechen verantwortlich ist, und eine andere «normale», die nicht einmal um die Existenz der anderen Seite weiß. Kommt ein solcher Mensch mit dem Gesetz in Konflikt, so ist nicht Verurteilung durch den Richter, sondern psychiatrische Behandlung angebracht. In den 1950er Jahren erregte das Buch *Die drei Gesichter der Eva (The Three Faces of Eve)* viel Aufsehen und machte eine breite Leserschaft mit der multiplen Persönlichkeitsstörung bekannt.[209] Die Psychologen Corbett Thipgen und Hervey Cleckley berichteten über eine junge Frau, die drei verschiedene Persönlichkeitsbilder aufwies; im selben Körper wohnte die ruhige, etwas ängstliche Eva Weiß; die gescheite, frivole und stets unverantwortlich handelnde Eva Schwarz; und die reife, bedächtige Jane. Besonders auffällig waren bestimmte Krankheiten, die jeweils mit einer bestimmten Seite der Persönlichkeit verknüpft waren. So konnte die Haut von Eva Schwarz keine Nylonstrümpfe vertragen, aber sobald die Persönlichkeit von Eva Weiß hervortrat, war die Allergie verschwunden. Mit der vollständigen Unterdrückung von Eva Schwarz war auch die Allergie kuriert. Auf der Grundlage solcher Beobachtungen schlägt Goodman ein Modell zur Erklärung von Heilung durch Gebet und Trance vor. Krankheiten entstehen offenbar aufgrund einer Veranlagung, die vermutlich im Gehirn in Gestalt einer Art Landkarte gespeichert und durch diese gesteuert sind. Gelingt es, durch irgendeine Technik – Psychotherapie, Hypnose, Trance oder Gebet – diese Karte und damit das Persönlichkeitszentrum auf Dauer zu verändern, dann lassen sich auch mit der alten, problematischen «Gehirnkarte» verbundene Krankheiten ausschalten. Ähnliche Beziehungen zwischen Krankheiten und Bewußtseinszuständen sind in der Medizin bekannt. Man weiß etwa, daß bestimmte allergische Reaktionen bei bewußtlosen Menschen nicht eintreten. Patienten, die gegen Pferdeserum allergisch sind, können mit dieser Substanz im bewußtlosen Zustand ohne

Risiko behandelt werden.[210] Auch haben Forscher wiederholt herausgestellt, daß häufiger als vermutet ein Heilungserfolg nicht dem verabreichten Medikament, sondern der Tätigkeit des Gehirns zuzuschreiben ist, denn oftmals wird der Heilungsvorgang durch ein Placebo ausgelöst.[211] So umstritten der wissenschaftliche Wert von Goodmans Theorie auch sein mag, im Grunde bestätigt sie die «new thought»-Religion: Gebet kann erfolgreich sein und bildet – in den Worten Peales – eine «wissenschaftliche Methode für ein erfolgreiches Leben».[212]

Auf die Universitätstheologie hatte die Gebetstheorie der «new thought»-Bewegung keinen Einfluß. Einige Theologen haben jedoch eine verwandte Theorie entwickelt, die sich auf die Tiefenpsychologie Carl Gustav Jungs beruft. Im Anschluß an Jung verstehen sie Gott als einen Aspekt des inneren Selbst, der inneren Persönlichkeit. Dieser Aspekt darf aber nicht mit dem bewußten Ich gleichgesetzt werden, mit dem wir uns im gewöhnlichen Leben identifizieren. Gott ist als eine Art zweites Ich oder ein transzendenter Freund vorzustellen, der uns sein heiliges Wort zuspricht, wenn wir ernsthaft nachdenken und uns mit unserem Unbewußten auseinandersetzen. Nach den theologischen Jungianern wie Ann und Barry Ulanov und John Yungblut kann es ohne Gebet kein Reifen, keine Ganzheit und seelische Gesundheit geben. Nach Yungblut ist Gebet «vielleicht der beste Schlüssel, den der einzelne besitzt, um seelische Ganzheit und Gesundheit zu erlangen und seine besten Anlagen zur Entfaltung zu bringen».[213] Die Gebetslehre der Jungianer erinnert stark an die unteren Stufen des traditionellen mystischen Wegs, die von der Läuterung zur Erleuchtung (aber noch nicht zur mystischen Vereinigung mit Gott) führen.

Ann und Barry Ulanov haben eine Abhandlung über das «läuternde Gebet» geschrieben, das sie als unübertroffene geistliche Technik zur Bewältigung des Alltags verstehen. Indem der Mensch seine Wunden und Wünsche vor Gott bringt, werden diese gleichsam einem Reinigungsprozeß unterzogen. Das Gebet ist die «primäre Sprechform» der Seele: die Sprache, in der sie sich vor Gott mit ihrer eigenen Phantasie und ihren Wünschen auseinandersetzt. «Hier prüfen wir unsere Wünsche und werden von den Wünschen geprüft, von denen wir uns bestimmen lassen wollen.»[214] Der selbstkritische Akt der Prüfung ordnet und reinigt das Bewußtsein und hilft dem einzelnen, sich von manchen Illusionen und Bestrebungen zu befreien. Mit etwas Übung kann jeder sein inneres Leben ruhig und objektiv betrachten. Der eine mag eine erotische Phantasie haben, läßt sich von dieser aber nicht verführen. Vielleicht fühlt ein anderer die Wunde einer traumatischen Kindheitserfahrung, läßt sich aber von ihr nicht beherrschen. Oder man fühlt in sich den starken Wunsch, ein bestimmtes Ziel zu erreichen: «das größte Geschäft zu machen, das vollkommene Buch zu schreiben, die Wohnung ein für allemal in einen sauberen und ordentlichen Zustand zu bringen», aber man läßt sich von solchen Ambitionen nicht überwältigen.[215] «Das ist harte, schmerzliche Arbeit, die gleichwohl wichtig und lohnend ist.»[216] Nach Auffassung der Autoren kann solche Läuterung in uns ungeahnte Kräfte freisetzen. «Die uns durch das Gebet geschenkte Gnade (...) hat die Gestalt neuer Kraft; sie stärkt das Erinnerungsvermögen, öffnet uns zur Welt und befreit den Charakter von unangenehmen Fixierungen.»[217] Anders gesagt: durch Läuterung und Erleuchtung werden wir zu größerem Glück geführt.

Was Gott betrifft, so bleibt die Jungsche Psychologie so unbestimmt wie die Philosophie von William James. Auch John Yungblut und die Ulanovs können der Zweideutigkeit von Jungs Auffassung nicht entkommen. Ihr Meister will nichts über die Wirklichkeit Gottes selbst aussagen, sondern nur das in der menschlichen Seele lebende Gottesbild untersuchen, da nur dieses der Wissenschaft zugänglich sei. Das Gottesbild aber symbolisiere das Selbst, verstanden als die Ganzheit des Unbewußten. Sobald sich jemand erfolgreich mit dieser Ganzheit auseinandersetze, werde eine Kraft freigesetzt. Von der Psychologie als *libido* oder Liebe bezeichnet, helfe sie, seelische Ausgeglichenheit zu finden und das Leben zu meistern.[218] Dabei bieten sich zwei Deutungen der Läuterung und Erleuchtung an: eine religiöse und eine nichtreligiöse. Im Rahmen einer naturalistischen Weltanschauung erscheint das Gebet als eine psychohygienische Maßnahme, die mit Gott wenig zu tun hat. Gebet ist von Gott unabhängig. Obwohl die Ulanovs an der traditionellen religiösen Sprache festhalten, kommt ihre Analyse des Gebets als «primäre Sprechform» einer humanistischen, innerweltlichen Deutung sehr nahe. Für sie scheint Gott nichts anderes zu sein als eine Seite der menschlichen Psyche. Ein göttliches Wesen, das auf die Bitten der Geschöpfe eingeht, kommt nicht in den Blick. Die zweite, religiöse Deutung hat eine ganz andere Vorstellung dessen entwickelt, was beim Gebet geschieht. Beim Beten werden nicht etwa in der Seele selbst schlummernde Kräfte geweckt, sondern ein Weg wird beschritten, der zu einer jenseits unserer selbst liegenden göttlichen Kraftquelle führt. Nach dieser Sicht ist das Unbewußte nicht einer bisher unbenutzten inneren Batterie gleich, sondern entspricht eher einer Steckdose, die von außerhalb des Hauses gespeist wird. An Jung anknüpfende Theologen fühlen sich nicht berufen, das Rätsel des Gebets zu lösen, doch sind sie davon überzeugt, daß Beten sinnvoll ist und zumindest im Leben des einzelnen Früchte trägt.

Als letzter Vertreter einer anthropozentrischen Gebetsauffassung sei Paul Tillich (1886–1965) genannt. Im Jahre 1952, in dem auch Peales *Kraft des positiven Denkens* erschien, schrieb Tillich ein anspruchsvolles kleines Buch mit dem Titel *Der Mut zum Sein (The Courage to Be)*. Tillich war zwar als radikaler Denker und Gegner aller konservativen Theologen bereits bekannt, aber in dieser Schrift legte er einer philosophisch gebildeten Leserschaft seine radikalste Deutung des Christentums vor. Nach Auffassung von Amerikas führendem philosophischen Theologen vermittelt das Christentum wenn nicht Optimismus, so doch den Mut, inmitten einer von Angst, Zweifel und Sinnlosigkeit gekennzeichneten Welt das Wagnis des Lebens auf sich zu nehmen. Tillich sprach nicht oft vom Gebet und scheint sogar zugegeben zu haben, selbst nicht in der herkömmlichen Weise zu beten. Dennoch können wir dem *Mut zum Sein* entnehmen, wie er darüber dachte. Gebet, so meinte er, könne ein Weg sein, die Antwort auf die grundlegende, im 20. Jahrhundert schmerzlich erfahrene Form von Entfremdung, die Bedrohung durch existentielle Leere, zu finden. Die Sinnlosigkeit menschlicher Existenz und die inneren Widersprüche des traditionellen Gebets führen zu einer Art mystischer Erfahrung. Wer sich darüber Rechenschaft gibt, weiß «um den paradoxen Charakter jedes Gebets, in dem zu jemandem gesprochen wird, mit dem man nicht sprechen kann, weil es kein jemand ist; in dem an jemanden eine Bitte gerichtet wird, von dem man nichts erbitten kann, weil er gibt oder nicht gibt, ehe man ihn bittet; in dem man ‹Du› zu jemandem sagt, der dem Ich näher steht als das Ich sich selbst». Jede dieser Paradoxien «treibt das religiöse Bewußtsein zu einem Gott, der über dem Gott des Theismus steht.»[219] Zwar kann zu diesem «Gott über Gott» nicht in der üblichen Weise gebetet werden, aber es gibt eine Art mystische Vereinigung mit ihm, aus der Lebenskraft und Mut erwachsen. Tillich konnte sich sogar eine Kirche vorstellen, die keinen Wert mehr auf die rechte Lehre legt, sondern sich in eine therapeutische Gesellschaft verwandelt, die dem Menschen hilft, den mystischen Mut zu finden – den «Mut zum Sein».

Wie findet man diesen Mut? Tillich dachte wahrscheinlich an einsame Kontemplation. Deutsche Philosophen des Idealismus wie Friedrich Wilhelm Schelling (1775–1854) und David Friedrich Strauß (1808–1874), deren Denken Tillich bewunderte, hatten darüber geschrieben, wie «die Macht des Seins unmittelbar in der Kontemplation erfahren wird».[220] Nach Strauß lösen Stunden der Arbeit und Stunden der Betrachtung einander ab und verleihen dem Leben eine rhythmische Struktur. In der Kontemplation berühren wir den Grund des Seins mit allen unseren Wünschen und Nöten. Sie ist die Stunde, in der «wir uns mit all der Unruhe und Hitze», die von der Welt der Arbeit in uns ist, und «mit allen unsern Bedürfnissen und Wünschen in die kühlende Tiefe des einen Grundes aller Dinge versenken».[221]

Die vorstehenden Ausführungen zusammenfassend können wir sagen, daß die theologische und philosophische Erörterung des Gebets von zwei gegensätzlichen Ansichten beherrscht wird. Erhört Gott menschliches Gebet? Ja, lautet die Antwort derer, die einen anthropozentrischen Ansatz wählen, einen Ansatz, der von dem im Gebet erfahrenen Trost und der daraus geschöpften Kraft ausgeht. Nein oder selten, sagen die Denker, die Gottes Transzendenz und Überlegenheit betonen. Zwar machen die theozentrischen Denker manchmal Zugeständnisse und rechtfertigen so das Bittgebet. Einer von ihnen – Thomas von Aquin – entwarf sogar ein metaphysisches System, in dem eine Nische für das Gebet bleibt. Aber insgesamt ermutigen die theozentrischen Theologen nicht gerade zum Gebet. Die Grenzfälle sind Gott ohne Gebet (so bei Kant) und Gebet ohne Glaube an Gott (wofür Goodmans «natürliche» Erklärung ein Beispiel ist). Heute folgen die meisten christlichen Intellektuellen entweder Schleiermacher, der auf Bittgebet verzichtet, oder William James, der dessen Wert anerkennt.

4. Schluß: Die beiden Arten des gottesdienstlichen Gebets

Seit den Anfängen gab es zwei Arten von Gebet im christlichen Gottesdienst: das Vaterunser und «andere Gebete». Das Vaterunser ist eine Gebetsart, von der es nur ein einziges Beispiel gibt. Dagegen können von der anderen Art, die ich mangels eines besseren Ausdrucks als *christliches Gebet* bezeichne, beliebig viele Beispiele angeführt und formuliert werden. Nachdem wir das Vaterunser und das christliche Gebet getrennt untersucht haben, können wir sie nun miteinander vergleichen, Ähnlichkeiten und Unterschiede hervorheben und so das Wesen des Bittgebets bestimmen.

Eine *erste* Beobachtung bezieht sich auf den geschichtlichen Ursprung. Das Vaterunser ist ein jüdisches, kein christliches Gebet, denn es war schon vor der Bildung einer eigenen christlichen, sich von seiner jüdischen Mutterreligion lösenden Bewegung in Gebrauch. Weder Jesus (dem die Überlieferung den Gebetstext zuschreibt) noch Johannes der Täufer (in dem ich selbst den Urheber des Gebets vermute) sind, historisch gesehen, als Christen zu bezeichnen. Tatsächlich steht im Vaterunser kein einziges Wort, das gegen seine Verwendung in einer heutigen Synagoge spräche. Das christliche Gebet richtet sich wie das Vaterunser an Gott und schließt ebenso mit dem Amen. Zwar richtet sich christliches Gebet nur in Ausnahmefällen an Christus, aber es enthält stets einen Hinweis auf Jesus Christus, dessen Name als «Siegel» oder Markenzeichen den betreffenden Text als christlich ausweist. Der Name Christi kommt im Vaterunser nicht vor.

Zweitens ist das Vaterunser schwerer verständlich als ein christliches Gebet. Während das Vaterunser seinen altjüdischen Wortlaut unverändert beibehalten hat, bewahrten christliche Gebete nur selten eine gleichbleibende Form. In der Mehrzahl unterliegen sie Veränderungen und werden zeitgemäßer Sprache und Mentalität angepaßt. Ich halte das Vaterunser für ein nationales und politisches Gebet, dessen ursprünglicher Sinn im Christentum vermutlich schon früh verlorenging. Dagegen sollten christliche Gebete auch für den heutigen Kirchgänger unmittelbar verständlich sein. Seinem Wortlaut nach ist das Vaterunser den meisten Christen vertraut, der Inhalt bleibt jedoch schwer zugänglich. Im Gottesdienst gesprochen, wird der Text zur Formel, so daß die meisten Beter nicht wissen, worum sie eigentlich bitten.

Ein *dritter* Aspekt ist die Magie. In diesem Zusammenhang müssen wir noch einmal auf den Namen Jesu als «Siegel» oder «Markenzeichen» des christlichen Gebets zurückkommen. Ohne diesen Namen wäre das Gebet nicht christlich und damit verfehlt; es hätte keine Aussicht, von Gott erhört zu werden. Wie bei der Erörterung der Anfänge des christlichen Betens dargelegt, verleiht der Name Jesu dem Gebet seine Wirksamkeit. Der Glaube an die besondere Wirkung von Namen wurzelt in einem magischen Weltbild. Viele Christen der Gegenwart mag es befremden, im Zusammenhang mit Gebet von Magie und magischen Handlungen zu sprechen, denn solche Ausdrücke scheinen auf Aberglaube und primitiven Zauberkult zu verweisen. Für den Aufklärungsphilosophen Immanuel Kant war das Bittgebet ein gutes Beispiel für Aberglauben. Die moderne Theologie sieht in Jesus den Mittler, der menschliches Flehen zum Vater bringt, und vermeidet es, von Magie zu sprechen. Dennoch weist auch heutiges Beten noch – unbewußt – magische Züge auf. Eine Ausnahme bildet allerdings das Vaterunser, denn es enthält nicht den Namen Jesu. Offenbar garantierte in diesem Fall schon die Zuschreibung an Jesus die Wirksamkeit – in ähnlicher Weise wurden «wirksame Gebete» berühmten Männern wie dem Erzvater Jakob oder König Salomo in den Mund gelegt.[222] Abgesehen von der vermuteten ursprünglichen Beziehung zur Taufe und damit zu einer magischen Handlung fehlt dem Vaterunser jegliches offensichtliche magische Element.

Beide Arten von Gebet zeichnen sich durch Skripturalismus aus, und das führt uns zu einer *vierten* Beobachtung. Wie wir gesehen haben, folgt christliches Gebet bestimmten Regeln. Eine Regel schreibt die Verwendung des Namens Jesu vor. Nach einer anderen soll sich das Gebet stets an biblischer Sprache und biblischen Vorstellungen orientieren, so daß wir von einem grundlegenden Skripturalismus des Gebets sprechen können. Manche traditionellen Gebete sind mehr oder weniger deutlich von biblischer Sprache gesättigt. Besonders in der Vergangenheit mußte sich ein gutes Gebet biblischer Wendungen bedienen. Zwar klingt skripturalistisches Gebet heute recht altmodisch, aber dem skripturalistischen Prinzip kommt nach wie vor große Bedeutung zu. Weder jüdisches noch christliches Beten lassen sich ohne dieses Prinzip verstehen.

Skripturalismus beruht auf einer klassischen und verbindlichen Literatur. Zwischen dem 7. und 2. Jahrhundert v. Chr. entwickelte sich das Judentum zu einer Buchreligion, zu einer Religion also, die ihrem Kult und Glauben eine heilige Schrift zugrundelegt. Seit dieser Zeit beherrscht die Sprachweise der Heiligen Schrift alles theologische und erbauliche Reden und verleiht diesem seinen eigentümlichen, unverwechselbaren Ton. Die religiösen Führer bedienen sich keiner spontanen Sprache, sondern greifen bei schriftlicher und mündlicher Äußerung – bei der Fixierung von Gesetzen, in der Predigt, und natürlich auch beim Gebet – stets auf die biblische Ausdrucksweise zurück. Die Heilige Schrift bildet den Rahmen für jegliche Äußerung. Ohne eine hervorragende oder zumindest gute Bibelkenntnis lassen sich die Feinheiten einer Predigt oder eines Gebets nicht verstehen. Als Schriftgelehrter erforscht Jesus Sirach im 2. Jahrhundert v. Chr. «den verborgenen Sinn» von Schrifttexten; außerdem verfaßt er Gebete – zunächst zum eigenen Gebrauch, aber vermutlich auch für andere (Sir 39,3.5). Skripturalismus setzt Studium der Heiligen Schrift voraus und damit Menschen wie Jesus Sirach: in der Bibel bewanderte Männer. Zwar ist unbekannt, ob Johannes der Täufer und Jesus als Schriftgelehrte gelten können, aber wir wissen, daß alle Richtungen innerhalb des Frühjudentums und Christentums über Schriftkundige verfügten. Waren die Anführer nicht selbst in dieser Weise gebildet, dann konnten sie sich auf den Rat jener Männer stützen. So verfügten zum Beispiel Paulus und die Verfasser der Evangelien nicht nur über ein großes Maß an Bildung, sondern besaßen vor allem eine umfassende Schriftkenntnis. Die heiligen Schriften bildeten die Grundlage ihrer Theologie. Skripturalisten deuteten jedes Ereignis im Lichte der alten jüdischen Schriften und bestanden auf der strengen Anwendung aller Regeln und Gesetze, die in diesen niedergelegt sind. Ihrer Meinung nach «werden Himmel und Erde eher vergehen, als daß auch nur ein Iota [der kleinste Buchstabe] im Gesetz wegfällt» (Lk 16,17). Der Kreis um Johannes den Täufer teilte diese Auffassung. Der soeben angeführte Spruch aus dem Lukasevangelium scheint eine Grundüberzeugung der Täuferbewegung wiederzugeben.[223]

Der skripturalistische Charakter des Vaterunsers ist offenkundig. Aber auch christliche Gebete verraten nicht selten dieselbe Mentalität, wenngleich die Bibelsprache oft nur als stilistische Finesse oder schmückendes Beiwerk verwendet wird. Es ist möglich, christliche Gebete auch ohne ausdrückliche Verwendung skripturalistischer Sprache zu formulieren.

Wenn wir uns den mit dem Bittgebet verbundenen Hoffnungen und Erwartungen zuwenden, dann ist eine weitere – *fünfte* – Beobachtung festzuhalten. Auch in diesem Punkt unterscheiden sich Vaterunser und christliches Gebet. Während dem Vaterunser bedingungslose Erfüllung verheißen wird, bleibt das christliche Gebet ohne eine solche Zusage. Der Erfolg des christlichen Gebets hängt vom Glauben des Beters und dem Willen Gottes ab. Mangelt es an Glaubenskraft oder hat Gott die Ablehnung bereits im voraus beschlossen, dann bleibt alles Flehen unnütz. Aber da Christen zumeist weder an Gottes Vorherbestimmung der Geschichte und des einzelnen Lebens glauben, noch seinen Willen für unabänderlich halten, bedrängen sie ihn weiterhin mit ihren Wünschen. Interessanterweise beziehen sich theologische Erörterungen über Gebetserfolg stets auf das christliche Gebet, nicht jedoch auf das Vaterunser.

Eine *sechste* und abschließende Beobachtung betrifft den liturgischen Rahmen des Gebets. Der Gottesdienst neigt dazu, sich vom Leben abzusondern und eine eigene, in sich geschlossene, heilige Welt zu bilden. Die Außenwelt hat wenig Einfluß auf das, was in der Kathedrale geschieht. Wenn innerhalb dieser hermetischen Welt Bitten an Gott gerichtet werden, erhalten sie sofort eine liturgische Antwort. Die Liturgie neigt dazu, kein Gebet ohne Erhörung zu lassen und jedes Gebet ihrem liturgischen Narzißmus zu unterwerfen. Daher bevorzugt die Liturgie die Bitte um Gottes Segen und um geistige Güter wie Vergebung und Erleuchtung, während sie das Flehen um dramatischere Formen göttlichen Eingreifens tunlichst vermeidet. Die Geschichte des Vergebungsbegriffes ist ein gutes Beispiel für die vom liturgischen Narzißmus begünstigte Spiritualisierung. Wer sich in religiösen Fragen nicht auskennt, kann mit dem Begriff «Vergebung» nicht viel anfangen, und selbst die Gläubigen wissen wenig über seine Geschichte und seine präzise Bedeutung.

Nur die Geschichte dieses Begriffs kann uns dessen überraschende ursprüngliche Bedeutung lehren. In alttestamentlichen Krisenzeiten wie z. B. im Babylonischen Exil wurde Gott um Erbarmen und Vergebung angefleht, da die Verbannung als göttliche Strafe für ein Vergehen galt. Im ursprünglichen biblischen Kontext schließt Vergebung oft auch die Beendigung der von Gott verhängten Strafe mit ein – und das bedeutet im genannten Beispiel: das Ende des Babylonischen Exils. Die Bitte um Vergebung erwartet also ein konkretes, empirisch nachprüfbares Tun Gottes. Anders gesagt: wenn Gott vergibt, dann muß eine sichtbare Veränderung eintreten. Das von seiner Schuld freigesprochene Israel kann aus der Verbannung wieder in seine palästinische Heimat zurückkehren. In der christlichen Liturgie hat die Vergebung der Sünden ihre praktische Seite eingebüßt: Es geht nur noch um geistige Läuterung als Ansporn zum sittlichen Handeln. Der von seiner Schuld befreite Sünder bleibt zwar dort, wo er lebt, aber er darf in seine geistige Heimat bei Gott zurückkehren.

Während die Vergebung vergeistigt wurde und so nur ihren ursprünglich konkreten Charakter einbüßte, verloren andere Begriffe und sogar ganze Gebete ihre Bedeutung vollständig. Wie wir gesehen haben, wird das Vaterunser im Gottesdienst oft nur noch partiell wahrgenommen. Obwohl noch der gesamte Wortlaut gesprochen wird, scheinen nur noch bestimmte Teile sinnvoll (wie «unser tägliches Brot gib uns heute» als Kommuniongebet). Das Vaterunser behält hier nur einen Rest seiner eigentlichen Bedeutung.

Im Gebet wendet sich die christliche Gemeinde an Gott. Aber auch Gott selbst wendet sich an die Gläubigen, und zwar durch das *Wort* seiner Priester oder Prediger. Das ist das Thema des folgenden Kapitels.

DRITTES SPIEL

Predigt

Schriftlesung und Ansprache als Gottes Wort

Sie breiteten die Gesetzesrolle aus, um eine Entscheidung zu erhalten, so wie die fremden Völker ihre Götterbilder befragen. (1 Makk 3,48)

1. Makkabäerbuch

Selig, wer diese prophetischen Worte vorliest und wer sie hört. (Offb 1,3)

Offenbarung des Johannes

Der Gottesfürchtige halte es für einen großen Verlust, nicht zum Ort der Unterweisung zu gehen, besonders wenn er lesen kann oder wenn ein Lehrer kommt. Keiner von euch sei säumig in der Kirche, dem Ort, wo gelehrt wird. Dann wird dem, der spricht, gegeben, das zu sagen, was einem jeden nützt. Du wirst etwas hören, was du nicht weißt, und du wirst Nutzen haben von dem, was der Heilige Geist dir durch den Lehrer geben wird. Auf diese Weise wird dein Glaube durch das Gehörte gestärkt.[1]

Hippolyt, Apostolische Überlieferung (3. Jahrhundert)

Daß die christliche Kirche redet, katholisch und evangelisch, orthodox und liberal, anständig und weniger anständig, dieser große, wunderliche Lobgesang ist Tatsache. «Es predigt» in der Welt, so gewiß und so wahrnehmbar als «es regnet».[2]

Karl Barth

1. Über intellektuelles Ritual

Im alten Rom wurden Religion und heilige Riten auf Romulus' Nachfolger Numa Pompilius zurückgeführt.[3] Numa soll die Priester in den heiligen Bräuchen unterrichtet und sie beauftragt haben, ihr Wissen mündlich weiterzugeben. Nach der römischen Sage soll König Numa die priesterlichen Pflichten und Riten auch schriftlich festgehalten haben. Aber da er an den Wert von Büchern nicht glaubte, ließ er sie neben sich in einer Kiste bestatten. Vierhundert Jahre nach seinem Tod, so wird berichtet, habe ein heftiger Regen die Erde weggeschwemmt, so daß das Behältnis mit den Büchern zum Vorschein kam. Nach Einsichtnahme in die Schriften versicherte der beauftragte Prätor dem Senat unter Eid, der Inhalt eigne sich nicht zur Veröffentlichung. Die Bücher wurden verbrannt.

Im alten Israel galt Mose als der Religionsstifter. Wie Numa Pompilius soll auch er ein heiliges Buch verfaßt haben. Nach der biblischen Sage vertraute Mose die Schriftrolle vor seinem Tode den Priestern an.[4] Als die Schriftrolle mehrere Jahrhunderte später vom Oberpriester Hilkija im Jerusalemer Tempel aufgefunden wurde, brachte man sie sogleich zum König. Dieser leitete eine religiöse Reform ein, die mit einer öffentlichen Verlesung der ganzen mosaischen Schriftrolle begann.[5]

Was die Einzelheiten betrifft, so entsprechen die beiden Sagen sicher nicht dem geschichtlichen Hergang, doch spiegeln sich in den Erzählungen zwei historische Stellungnahmen zu heiligen Büchern. In einer Religion wie der römischen, wo Brauchtum und mündliche Überlieferung das kultische Leben regelten, bestand kein Bedarf an Aufzeichnungen. Dagegen gelangten schriftliche Dokumente in Israel zu immer größerer Bedeutung. Sie enthielten nicht nur kultische Vorschriften, sondern wurden auch in den Kult selbst einbezogen. Das Vorlesen eines heiligen Textes oder das Halten einer Predigt oder eine Kombination von beidem (wobei die Predigt den Text erklärt oder an ihn anknüpft) ist nur in wenigen Religionen üblich – zum Beispiel in Judentum und Buddhismus. Traditionelle Erzählungen begegnen in jeder Religion und werden zu bestimmten Gelegenheiten feierlich vorgetragen. Gewöhnlich gehören diese Erzählungen zum mündlichen Kulturgut: Sie werden durch Zuhören gelernt und vom Erzähler an daran interessierte Mitglieder der Gemeinschaft weitergegeben. Eine neue Entwicklung setzt ein, wenn mündliches Gut schriftlich festgehalten wird und schließlich innerhalb einer «Textgemeinschaft»[6] kanonisches Ansehen erlangt, d. h. innerhalb einer Gruppe von Menschen, deren gesellschaftliches Leben maßgeblich durch Texte, deren Ausleger und deren Deutung geprägt wird. Wird eine heilige Schrift zum Mittelpunkt einer Religion, darf sie mit Recht als «Buchreligion» bezeichnet werden.[7] Unter den alten Völkern des Mittelmeerraumes und des Vorderen Orients haben nur die Juden heilige Schriften zu Sammlungen vereinigt und ein Ritual entwickelt, das deren Verlesung, Übersetzung, Erklärung und homiletischen Entfaltung dient. «Alle anderen Gesetzgeber scheinen dies vergessen zu haben», meinte der antike jüdische Historiker Josephus.[8] Innerhalb des Judentums entstand das Christentum als eine selbständige Textgemeinschaft.

Das antike Judentum als Textgemeinschaft

Im Perserreich des 5. Jahrhunderts v. Chr. bildeten Volksgruppen örtliche Gemeinden, die durch historische Erinnerungen (gewöhnlich an einen Staat, den eine Großmacht zerstört hatte), eine gemeinsame Sprache sowie religiöse und kulturelle Bräuche zusammengehalten wurden. Eine solche Volksgruppe waren die Juden. In der Diaspora wie in Palästina waren sie vom Staat als Gruppe anerkannt und führten gewöhnlich als Bauern oder Handwerker ein unauffälliges Leben. Unter den jüdischen Führern gab es Gelehrte, die aus alten Quellen hebräische Lesewerke zusammenstellten, religiöses Brauchtum und Gesetz studierten und als Ratgeber und Weise geschätzt waren. Durch ihre Lehre erhielten die jüdischen Gruppen, in denen sie lebten, ein gewisses Maß an einheitlicher kultureller, religiöser und rechtlicher Prägung. Diese Gelehrten versuchten, ihren Einfluß auf jene Gruppen auszudehnen, in denen keine Weisen lebten. Einer von ihnen war Esra, der erste, den die Bibel als *sofer*, als «Schreiber» oder Schriftgelehrten bezeichnet. Esra, der Urenkel des Priesters Hilkija,[9] lebte in der persischen Diaspora und wollte unverfälschtes jüdisches Leben auch in anderen Gemeinden fördern. Diese selbstgewählte Aufgabe führte ihn nach Jerusalem. Mit dem «Gesetzbuch» im Gepäck – wahrscheinlich einer Fassung des Buches Deuteronomium, vielleicht auch des ganzen Pentateuchs – kam er in die alte Hauptstadt Judas, um dort die rechte jüdische Lebensweise zu lehren.[10]

Schon wenige Tage nach seiner Ankunft in Jerusalem (ca. 458 v. Chr.) hatte Esra eine Art charismatische Herrschaft errichtet. Ohne auf den heftigen Regen zu achten, versammelte er die Männer unter freiem Himmel. Mehr als einmal brachen seine Zuhörer in Tränen aus, wenn er redete und mahnte. Er ließ religiöse Feste feiern, die in Vergessenheit geraten oder völlig unbekannt waren. Esra verfügte über uneingeschränkte Autorität – er konnte sogar Ehen scheiden, die viele Männer mit nichtjüdischen Frauen geschlossen hatten. Dabei wurden die Namen der über hundert Schuldigen sorgfältig aufgezeichnet, wie uns die heute noch erhaltene Liste mitteilt. Besondere Aufmerksamkeit verdient die öffentliche Verlesung des Gesetzbuches. Um möglichst viele Menschen zu versammeln, wählte Esra als Ort den freien Platz vor einem der Stadttore und ließ dort eine hölzerne Tribüne errichten. Diese diente als Kanzel für den ersten «Wortgottesdienst», von dem wir in der Geschichte hören. Esras eigener Bericht ist in der Bibel überliefert:

> Esra öffnete das Buch vor aller Augen, denn er stand höher als das versammelte Volk. Als er das Buch aufschlug, erhoben sich alle. Esra pries Jahwe,

> den großen Gott; darauf antworteten alle mit erhobenen Händen: «Amen, amen!» Sie verneigten sich, warfen sich vor Jahwe nieder, mit dem Gesicht zur Erde. (...) Er las aus dem Buch, dem Gesetz Gottes, in Abschnitten vor und gab Erklärungen [?], so daß die Leute das Vorgelesene verstehen konnten. (...) Dann sagte Esra zu ihnen: (...) «Heute ist ein heiliger Tag zur Ehre Jahwes, eures Gottes. Seid nicht traurig und weint nicht!» Alle Leute weinten nämlich, als sie die Worte des Gesetzes hörten. (Neh 8,5–9)

Die Lesung dauerte «vom frühen Morgen bis zum Mittag», also vier oder fünf Stunden, wobei die Anwesenden aufmerksam zuhörten, denn «sie verstanden die Worte, die man ihnen verkündete» (Neh 8,3.12). Schließlich entließ Esra das Volk, aber nur, um es am folgenden Tag zu einer weiteren Lesung zu versammeln. So verging eine ganze Woche, bis das gesamte Buch vorgelesen worden war.

Wahrscheinlich hat Esra den in Jerusalem gefeierten Wortgottesdienst nicht erfunden, sondern diese aus Schriftlesung, Lobspruch und dem «Amen» der Gemeinde bestehende Liturgie aus der Diaspora mitgebracht, wo sie bereits längere Zeit bekannt war. Die Rührung der Zuhörer ist vermutlich darauf zurückzuführen, daß sie *den* Gottesdienst wieder erlebten, den sie vor ihrer Rückkehr aus Babylonien nach Jerusalem in der Fremde gefeiert hatten. Leider verlautet in Esras Bericht nichts über die Häufigkeit solcher Feiern; in der Diaspora hat man sie gewiß nicht nur alle sieben Jahre abgehalten, wie es das Buch Deuteronomium vorschreibt.[11] Das Deuteronomium läßt nicht erkennen, wie die öffentliche Lesung durchgeführt wurde, aber es verrät uns, wie die Idee als solche entstanden ist. Nach dem utopischen Gesetzesentwurf dieses Werkes soll Israel alle sieben Jahre weder säen noch ernten, sondern von seinen Vorräten leben. Im folgenden Sabbatjahr soll das sonst gefeierte Erntedankfest durch eine öffentliche Verlesung der Heiligen Schrift ersetzt werden. Wenn das Erntedankfest jedes siebten Jahres zum Schriftstudium «umfunktioniert» werden soll, so könnte das darauf verweisen, daß einige Juden bereits eine an jedem siebten Tag – dem Sabbat – stattfindende öffentliche Verlesung des Gesetzes kannten. Das ist allerdings nur eine Vermutung, denn die Anfänge der jüdischen Sabbatliturgie liegen im Dunkeln.

Kehren wir noch einmal zu Esras Bericht zurück, der eine auffällige Erscheinung des Wortgottesdienstes hervorhebt: die «Erklärung» *(meforasch)* des Gesetzes. Das hebräische Wort ist mehrdeutig und kann sich auf Übersetzung, Erklärung oder auch auf deutliche Aussprache beziehen.[12] Vermutlich hat Esra nicht gepredigt, wie es später in der Synagoge üblich wurde. Ein anderes, grundlegenderes Problem als die Erläuterung des Schrifttextes mußte zunächst gelöst werden. Die in Jerusalem lebenden Heimkehrer aus der Diaspora sprachen Aramäisch, eine Sprache, die sie in Babylonien angenommen hatten. Das Hebräische – die Sprache des Gesetzes und der Juden Palästinas – war ihnen nicht mehr geläufig. Offenbar hat Esra den hebräischen Text in die aramäische Volkssprache der Gemeinde ehemaliger Exulanten übersetzt. Die abschließende Bemerkung, daß die Zuhörer ein Fest feierten, «weil sie die Worte verstanden hatten», verrät den Stolz des dolmetschenden Gelehrten ebenso wie die Freude derer, die ihre Sprache öffentlich gewürdigt sahen. Die aramäische Volkssprache war nun in den Gottesdienst eingeführt.

Wie heutige Prediger, so dürfte auch Esra aus der Heiligen Schrift kaum vorgelesen oder übersetzt haben, ohne ein Wort der Ermahnung hinzuzufügen. Nach Claus Westermann hat die frühe Predigt in der Bibel Spuren hinterlassen.[13] Die Prediger scheinen ihre Zuhörer mit den Worten «Höre, Israel» angeredet zu haben (Dtn 6,4). Gewöhnlich erinnerte der Redner an Jahwes große Taten für das Volk: die Befreiung der Väter aus der ägyptischen Knechtschaft; die Vertreibung von Völkern, die größer waren als Israel; das Geschenk des von Milch und Honig fließenden Landes. Am Ende der Ansprache wurde die Gemeinde ermahnt, Jahwes Größe anzuerkennen: «Heute sollst du erkennen und dir zu Herzen nehmen: Jahwe ist der Gott im Himmel droben und auf der Erde unten, keiner sonst» (Dtn 4,39). Damit konnte der Prediger seine Ermahnung beenden; doch konnte er auch fortfahren und das Halten der göttlichen Gebote einschärfen: «Daher sollst du auf seine Gesetze und seine Gebote (...) achten, damit es dir und deinen Nachkommen gut geht und du lange lebst in dem Land, das Jahwe, dein Gott, dir gibt für alle Zeit» (Dtn 4,40). Gesetzliche, moralische und erbauliche Unterweisung miteinander vermischend, konnten die frühen Prediger stets mit dem Interesse ihrer Zuhörer rechnen. Sie ermahnten, stellten ein langes und glückliches Leben in Aussicht und scheuten sich nicht, den Zuhörern bereits Bekanntes zu wiederholen.

Ob nun von einer Predigt begleitet oder nicht, diente Esras öffentliche Lesung dazu, das jüdische Gesetz einzuschärfen. Am Tag nach dem ersten Wortgottesdienst scharten sich die Honoratioren um Esra, «um die Worte des Gesetzes weiter kennenzulernen» (Neh 8,13). Er bewegte sie dazu, das außer Gebrauch gekommene Laubhüttenfest wieder zu feiern. Später befaßten sich Esra und eine Gruppe führender Männer mit dem Problem der Mischehen.[14] Rechtsfragen kam in der Mission Esras große Bedeutung zu. In diesem Zusammenhang hatte das Gesetzbuch eine zweifache Funktion. Es diente nicht nur als Lehrbuch jüdischen Glaubens und Brauchtums, sondern auch als offiziell anerkanntes Gesetzbuch. Aus diesem Buch vorzulesen und Erläuterungen zu geben war daher ein offizieller Akt. Indem die Bevölkerung zuhörte und mit «Amen» ihre Zustimmung gab, bekräftigte sie ihre Zugehörigkeit zum jüdischen Volk. Mag er oft oder selten gefeiert worden sein, der Wortgottesdienst belehrte über Brauchtum und Gesetz und schärfte die Treue zu Gottes heiliger Überlieferung ein.

Wer führte die öffentliche Verlesung des Gesetzbuches ein? Die Forschung ist dieser Frage nachgegangen und hat versucht, die Geschichte öffentlicher Versammlungen und Lesungen nachzuzeichnen. Könnte Esra an einen verbreiteten, bereits in der Königszeit bestehenden Brauch angeknüpft haben? Einen solchen Brauch können wir höchstens vermuten, nicht aber aus den Quellen unmittelbar belegen. Während religiöser Feste könnten die Schriftkundigen die weithin aus Analphabeten bestehende Bevölkerung durch Lesungen aus ihren Sammlungen von Geschichten belehrt und unterhalten haben. Auf solche Sammlungen hätten spätere Gelehrte zurückgegriffen, als sie die Bibel schufen. Eine solche «israelitische» Herleitung ist zwar naheliegend,[15] läßt sich aber aus den alten Quellen nicht stützen. Nach einer anderen Auffassung wäre Esras Lesung vor dem Hintergrund der persischen Reichspolitik verstehbar.[16] Die Perser, so wird vermutet, hätten das jüdische Gesetzbuch nicht nur anerkannt, sondern dieses überhaupt erst zusammenstellen lassen und dann dessen Verkündung befohlen. Aber auch diese Annahme läßt sich nicht beweisen. Nach einer dritten Theorie, die wir die «rechtshistorische» nennen können, wurzelt die Lesung des Gesetzes im altorientalischen Brauch, die Menschen in bestimmten Zeitabständen an ihre Pflichten zu erinnern. Ein von Dienstleuten und Sklaven des Palasts handelndes Keilschriftdokument aus dem 14. Jahrhundert v. Chr. schließt mit folgender Anweisung: «Diese Tafel soll ihnen in jedem dritten oder vierten Jahr vorgelesen werden, damit sie nicht vergessen wird.»[17] Zwischen Oberherrn und Vasallen geschlossene Verträge sind letzteren «dreimal im Jahr» vorzulesen (13. Jahrhundert v. Chr.).[18] Nicht nur Sklaven des königlichen Hofes und abhängige Herrscher, sondern auch das gesamte Volk mußte an seine Verpflichtungen erinnert werden. Das assyrische Reich stützte sich auf Verträge mit seinen halb selbständigen Vasallenherrschern, zu denen auch der König von Juda gehörte. Offenbar gab es in regelmäßigen Abständen öffentliche Versammlungen des lokalen Adels, auf denen die Vertragstexte vorgelesen und die Treueide erneuert wurden.[19] Als gegen Ende des 7. Jahrhunderts das assyrische Reich zerfiel (612 v. Chr.), hatte sich die assyrische Praxis dem kulturellen Gedächtnis längst so fest eingeprägt, daß sie Anlaß gab, auch zu Zwecken religiöser Propaganda öffentliche Versammlungen und Lesungen abzuhalten. Die Sprache der religiösen Propaganda, wie wir sie im Buch Deuteronomium finden, ist von den assyrischen Ermahnungen zu politischer Treue abhängig. Esra mag in der doppelten Tradition der assyrischen Reichspropaganda und der deuteronomischen Bewegung gestanden haben.

Nicht nur der Anfang, sondern auch die weitere Entwicklung der synagogalen Schriftlesung läßt sich historisch nur unbefriedigend erfassen. Zu Beginn des 1. Jahrhunderts n. Chr. hält Philo von Alexandrien (ca. 30 v. – 45 n. Chr.) den Gottesdienst der Synagoge für einen festen Bestandteil des jüdischen Lebens. Einer heidnischen Leserschaft beschreibt er die Juden als ein sich der Philosophie widmendes Volk. Die Synagoge wird in diesem Zusammenhang als philosophische Schule beschrieben: «An den Sabbaten stehen in allen Städten zahlreiche Schulen *(didaskaleia)* der Einsicht, der Besonnenheit, der Tapferkeit, der Gerechtigkeit und der anderen Tugenden offen. Darin sitzen die Leute in Ordnung und Ruhe gespitzten Ohres da, mit gespannter Aufmerksamkeit, weil sie nach dem erquickenden Worte dürsten. Einer der erfahrensten Männer aber erhebt sich und erteilt ihnen Belehrung über die guten und nützlichen Dinge, durch die das gesamte Leben veredelt werden kann.»[20] Wenn Philo davon spricht, daß die Juden jeden Sabbat bis zum späten Nachmittag in der Synagoge verbringen und sich von einem Priester oder einem Ältesten das Gesetz Punkt für Punkt erklären lassen, dann liest sich das wie ein idealisierter Bericht über den Sabbatgottesdienst in einer größeren alexandrinischen Synagoge.[21] Vermutlich waren radikale Gruppen wie die für ihre Gelehrsamkeit bekannten Essener und Therapeuten die ersten, die einen regelmäßigen Sabbatgottesdienst mit Schriftlesung und Predigt feierten.[22] Gelehrte wie Philo unterstützten die Einrichtung. Später, nach der Zerstörung des Jerusalemer Tempels im Jahre 70 n. Chr., gewann der Sabbatgottesdienst an Bedeutung und sollte überall eingeführt und von allen Juden besucht werden. Gegen Ende des 1. Jahrhunderts n. Chr. sah Lukas nicht anders als Josephus[23] in der Synagoge eine traditionelle Einrichtung: «Mose hat seit ältesten Zeiten in jeder Stadt seine Verkündiger, da er in den Synagogen an jedem Sabbat verlesen wird» (Apg 15,21).

Die jüdische Buchreligion oder, genauer gesagt, das Judentum als Textgemeinschaft stellt die schöpferische Antwort auf die Zerstörung der altisraelitischen Monarchie durch das Babylonische Reich dar. Im Vorderen Orient (Palästina, Babylonien, Ägypten) und später im gesamten Mittelmeerraum weit zerstreut, war die jüdische Kultur vom Verlust ihrer Identität und von völliger Auflösung bedroht. Als Gegenmaßnahme begannen die Intellektuellen, Schriften zu sammeln und zu redigieren. So entstand eine Bibliothek, die schließlich zur hebräischen Bibel zusammengefaßt wurde. Besonders die Mitglieder einer alten und immer erfolgreicher werdenden Bewegung, die für die alleinige Verehrung des israelitischen Nationalgottes Jahwe eintrat, waren an der Pflege alter Schriften interessiert. Innerhalb dieser Bewegung wurde Buchgelehrsamkeit gepflegt. Es entstanden buchorientierte Rituale, die das bleibende und kollektive Gedächtnis des Judentums bildeten. In der von Bildungsidealen beherrschten hellenistischen Zeit wuchs das jüdische Interesse an heiligen Büchern und Schriftgelehrsamkeit zusehends. Reiche Wohltäter und Intellektuelle begannen, Synagogen zu gründen, Schulen einzurichten und das öffentliche Bildungswesen zu fördern. So war das Judentum bereits in vorchristlicher Zeit eine Religion des Buches, der Gelehrsamkeit und der textbezogenen Rituale geworden. Die Zerstörung des Jerusalemer Tempels im Jahre 70 n. Chr. brachte das Ende des Opferwesens, das damals bereits an Bedeutung verloren hatte und vielleicht sogar schon obsolet geworden war. Wie auf einer früheren Stufe das Studium prophetischer Gottesworte das lebendige Prophetenwort ersetzt hatte, so wurde nun die Feier der heiligen Riten durch das Studium ritueller Texte überflüssig. In den Worten eines jüdischen Weisen: «Wer den [biblischen] Abschnitt über das Sündopfer studiert, der ist wie einer, der ein Sündopfer darbringt.»[24]

Da Christentum und Islam die Idee des heiligen Buches vom Judentum übernommen haben, bildet die frühe Geschichte der jüdischen Textgemeinschaft einen festen Bestandteil des kulturellen Gedächtnisses der Menschheit. In den Worten von Siegfried Morenz: «Die Buchreligion als Form ist die Gabe des Judentums an die Welt, und es ist eine Größe, die sich kraft ihrer umfassenden, vielfältigen, tiefen Bedeutung messen kann mit den größten Gaben eines Volkes an die Menschheit. So, wie im Falle des phönikischen Buchstabenalphabets oder wie im Falle der griechischen Form bildender Kunst, so ist hier von einem begrenzten Fleckchen Erde und seiner geschichtlichen Gesamtkonstellation eine geistige Weltmacht ausgegangen.»[25]

Das christliche Buchritual

Ohne seine heilige Bibliothek hätte das Judentum in einer oft feindlichen Umwelt nicht überleben können. Das Buch erwies sich als eine die Gemeinschaft stärkende und zusammenhaltende Kraft. Jedoch fordert das Buch auch zu immer neuen Deutungen heraus. Es wurde zum Zankapfel und begünstigte die Bildung neuer, nicht konformer Textgemeinschaften. Die wichtigste innerhalb des Frühjudentums entstehende Sondergruppe war die christliche Bewegung, die sich wie ihre Mutterreligion um Texte und deren Deutung scharte. Als sich die «Juden christlichen Bekenntnisses» von der Diasporasynagoge trennten und eigene Vereinigungen bildeten, nahmen sie aus der Synagoge die ins Griechische übersetzte jüdische Bibel mit und stellten die nunmehr christlich gedeutete Schrift in den Mittelpunkt ihres Gottesdienstes. Da die Diasporasynagoge die Mutter der Kirche ist, haben «intellektuelle» oder «textbezogene» Rituale im christlichen Gottesdienst einen hohen Stellenwert.

Einer der ersten Christen, der ein solches Ritual beschrieben hat, ist Justin der Märtyrer (ca. 100–165 n. Chr.). In Palästina geboren und wahrscheinlich von römischer oder griechischer Herkunft, studierte er Philosophie und lebte einige Zeit in der kleinasiatischen Großstadt Ephesus. Dort begegnete er dem Christentum und schloß sich als Konvertit der neuen Philosophie an. Wie andere heidnische und christliche Wanderlehrer kam auch er eines Tages nach Rom, wo ihn eine lange Lehrtätigkeit zur Zeit des Antoninus Pius (138–161) erwarten sollte. Diesem Kaiser widmete er seine etwa 155 oder kurz zuvor entstandene *Erste Apologie*. Sie enthält folgende Beschreibung des Gottesdienstes:

> An dem nach der Sonne genannten Tag kommen alle zusammen, die in den Städten oder auf dem Land wohnen. Dabei werden die Denkwürdigkeiten der Apostel oder die Bücher der Propheten vorgelesen, soweit es angeht. Hat der Vorleser aufgehört, so spricht der Vorsteher in freier Rede und ermahnt [die Anwesenden] und fordert feierlich zur Nachahmung dieser guten Beispiele auf.[26]

Für Justin ist der Gottesdienst nichts anderes als eine philosophische Unterrichtsstunde.[27] Eigens hebt er die *auf einem Buch beruhende* Unterweisung hervor. Tatsächlich bedienen sich christliche und heidnische Lehrer derselben Methode: Sie unterrichten auf der Grundlage alter Texte. Der Philosophieunterricht bestand aus Lektüre, Vorlesungen und Diskussionen. Gelesen wurden die Werke der alten Meister, deren Auswahl sich nach der philosophischen Schule richtete, welcher der jeweilige Lehrer angehörte. Die Anhänger Platons studierten andere Schriften als die Stoiker. In Athen las der Philosoph Taurus (ca. 100–165, ein Alters- und Zeitgenosse Justins) Platons *Symposion* mit seinen Studenten.[28] Die von Justin (und später von Origenes) zugrunde gelegte Methode entsprach der des römischen Literaturunterrichts, der die jungen Männer mit den klassischen Werken vertraut machte und ihnen die Feinheiten des eleganten Stils vermittelte. Bei der *praelectio* wurde der Text gelesen und erklärt; das war im Literaturunterricht nicht anders als in Justins Gottesdienst. In beiden Fällen wurde der Text nicht vom Meister vorgelesen, sondern von einem Assistenten, vermutlich einem jüngeren Mann, den der Meister ausbildete.[29] Ein bei Justins Feier anwesender heidnischer Gast, der mit philosophischen Lesungen etwa aus Chrysipp oder Platon vertraut war und die moralische Ermahnung stoischer Lehrer kannte, hätte das Vorbild erkannt. Er hätte den christlichen Gottesdienst für eine Unterweisung in philosophischer Ethik gehalten.

Selbst die wöchentliche Versammlung von Justins Gemeinschaft am Sonntagabend[30] hätte Außenstehende nicht verwundert. Philosophische Unterweisung bedarf der Regelmäßigkeit. In der Stadt Rhodos hat es Diogenes, ein bekannter Grammatiker des 1. Jahrhunderts, abgelehnt, an einem anderen Tag als dem Sabbat zu unterrichten. Der Historiker Sueton, der davon berichtet, gibt keine Erklärung für die seltsame Bevorzugung gerade dieses Tages.[31] Wahrscheinlich hatte jüdischer Einfluß den Sabbat – innerhalb und außerhalb der Synagoge – zu einem Tag des Lehrens und Lernens gemacht.

Vor seinem Tod als Märtyrer (um das Jahr 165) lebte Justin in Rom, vermutlich als Haupt einer kleinen christlichen Gemeinde, die sich um ihn versammelte. Zu diesem Zeitpunkt war das frühe Christentum in der Stadt Rom noch keine durchorganisierte Gemeinschaft mit einer Hierarchie aus Bischöfen und Presbytern, sondern bestand aus einer Anzahl unabhängiger «Schulgemeinschaften», die sich in Privatwohnungen versammelten, um dort das Wort eines Lehrers zu hören und mit ihm Gottesdienst zu feiern.[32] Justin mietete eine Wohnung und bot sich allen Interessierten als Lehrer an,[33] ähnlich wie es Paulus hundert Jahre zuvor in derselben Stadt getan hatte.[34] Justins Wohnung diente einer Gruppe von Freunden und Schülern als Treffpunkt. Wenn das Christentum in diesem Sinne als Philosophie gilt,[35] läßt sich der Gottesdienst als regelmäßige Unterweisung in diesem Fach verstehen.

In Justins Bericht finden wir alles, was eine «Textgemeinschaft» ausmacht: heilige Literatur (die Evangelien und die Schriften der Apostel) und eine Gruppe, «bei der ein heiliger Text oder, genauer, ein schriftkundiger Ausleger, den Mittelpunkt des gesellschaftlichen Lebens bildet».[36] Wir finden auch das, was Brian Stock «eine vom Textstudium nicht ablösbare Intellektualität» nennt.[37] In einer Textgemeinschaft wird Religion immer mehr intellektualisiert, und ihr Wissen wird als «Heilswissen» verstanden. Schon Jesus selbst schätzte Zuhören und Lernen mehr als andere Tätigkeiten; er nannte es «das eine, das nottut». Er lobte seine Freundin Maria, die zu seinen Füßen saß und seinen Worten lauschte, während ihre Schwester Martha häuslichen Geschäften nachging.[38] Im frühen 2. Jahrhundert spricht ein pseudopaulinischer Brief von «Gott, unserem Retter, der will, daß alle Menschen gerettet werden und zur

Erkenntnis der Wahrheit gelangen»: eine Aussage, die Erlösung und Wissen fast gleichsetzt (1 Tim 2,3–4). Nach Auffassung des Konzils von Basel (1438) soll jede Bischofskirche einen Theologen anstellen, «der durch sein Lehren und Predigen die Frucht des Heils bringt» *(theologum, qui sua doctrina et praedicationibus fructum salutis afferat)*.[39] Im 16. Jahrhundert gab der anglikanische Theologe Richard Hooker (1553–1600) einer allgemeinen Überzeugung Ausdruck, als er bemerkte:

> Die Menschen können nur gerettet werden, wenn sie Kenntnis von jener Wahrheit erlangen, die das Wort [Gottes] gelehrt hat. (...) Es rettet, da es «weise zur Rettung» macht (2 Tim 3,15). Die Unwissenden rettet es nicht.[40]

Hängt das Heil eines Menschen von seinem Wissen ab, dann kommt dem Zuhören eine große Bedeutung zu. Die Gebildeten sollen studieren und predigen, während sich die anderen durch eifriges und regelmäßiges Hören des Gotteswortes wenigstens ein Grundwissen aneignen sollen. Das gilt für alle Buchreligionen. Ein dafür ausgebildeter Spezialist liest der Gemeinde aus einem heiligen Buch vor, übersetzt dessen archaische und veraltete Sprache und erklärt den Laien die Heilsgeschichte oder Gottes Gebote. Schriftlesung und Predigt können sogar zur zentralen Kulthandlung einer Gemeinde werden. Der intellektuell orientierte Ritualist lehnt ekstatische Kulte ebenso ab wie er Magie und Opfer geringschätzt. Seiner Auffassung nach sind solche Kulthandlungen bestenfalls zweitrangig oder, schlimmer, verachtenswerter, eines Gebildeten nicht würdiger Aberglaube. Er neigt dazu, nicht-intellektuellen Kult ebenso zu verwerfen, wie der zornige Mose den ekstatischen Tanz um das goldene Kalb ablehnte. Religion wird immer mehr mit Lehre gleichgesetzt. Sie ist die wahre Lehre über Gott und das Heil; sie kann gelehrt und gelernt werden, läßt sich in die Sätze des Glaubensbekenntnisses fassen und bildet den Inhalt eines Buches. Die Aufgabe der Religion ist nichts anderes, als über Religion zu predigen, zu sprechen, zu schreiben und zu diskutieren. Diese Tätigkeiten müssen ständig wiederholt werden, damit das Heilswissen nicht vergessen wird und der Glaubenseifer nicht erlahmt (was als wirkliche Möglichkeit und daher als echte Gefahr gilt). Die christlichen Führer anerkennen zumindest indirekt die gleichsam entropische Tendenz des Glaubens, sich zu verflüchtigen. Religiöse Lehren können ohne lebenspraktischen Bezug kaum im Bewußtsein der Massen verankert werden. Da sich der menschliche Geist gewöhnlich mit anderen, irdischeren Dingen beschäftigt, erinnern die religiösen Führer die Gläubigen ständig an das heilige Buch und die heilige Lehre. Wissensvermittlung und persönlich vorgetragene Lehre gelten daher als die vornehmste Pflicht des Klerus. Zwar meint Paulus, das Reich Gottes beruhe nicht auf Sprache, sondern auf Kraft,[41] doch ist einzuwenden, daß die Sprache unumgänglich ist. Gregor der Große, ein früher Theoretiker der christlichen Predigt, drückte das so aus: Schafft man das Predigen ab, dann «werden die Herzen derer, in denen die ewige Hoffnung sprießt, rasch verdorren».[42]

Offenbar haben die Priester während des ersten Jahrtausends der christlichen Geschichte nicht immer genügend Wert darauf gelegt, die Herzen der Gläubigen durch ihr Wort zu erwärmen. Dennoch blieb die Predigt ein wichtiger Bestandteil der christlichen Kultur.[43] Mit dem Aufkommen der Bettelorden im 13. und des Protestantismus im 16. Jahrhundert nahm die Predigt großen Aufschwung, und besonders die katholischen und evangelischen Kanzelredner traten in einen Wettstreit ein. In den Worten Karl Barths: «Daß die christliche Kirche redet, katholisch und evangelisch, orthodox und liberal, anständig und weniger anständig, dieser große, wunderliche Lobgesang ist Tatsache. ‹Es predigt› in der Welt, so gewiß und so wahrnehmbar als ‹es regnet›.»[44] Selbst nachchristliche Denker – in der Antike wie in der modernen Welt – können sich ein gesellschaftliches Leben ohne eine Art intellektuelles Ritual nicht vorstellen. Als der nur kurze Zeit regierende römische Kaiser Julian der Abtrünnige (361–363) die heidnische Religion in einer zunehmend christlichen Welt wieder zu stärken und zu erneuern suchte (was schließlich mißlang), wollte er ihr die Gestalt einer «heidnischen Kirche» geben. Zu diesem Vorhaben gehörte auch die Nachahmung des christlichen Gottesdienstes. Der Kirchenvater Gregor von Nazianz berichtet darüber in seiner *Rede gegen Julian.*[45] Julian hatte am Gottesdienst der Christen nicht nur selbst teilgenommen, sondern in jungen Jahren auch aktiv mitgewirkt, indem er den Dienst eines Lektors *(hypanagnôstês)* versah, d. h. er trug der Gemeinde die Schriftlesung vor. Als Kaiser nahm er eine kritische Haltung zum Christentum ein, aber von der Bedeutung heiliger Bücher und intellektueller Rituale war er überzeugt. Er regte öffentliche Lesungen aus heidnischer Literatur an, bei denen der erklärende Vortrag nicht fehlen sollte. Zwar äußert sich Gregor über diesen Vorschlag Julians nur kurz, aber es dürfte ihm deutlich gewesen sein, daß der Kaiser ein christliches Vorbild aufgriff. Das Heidentum kannte weder öffentliche Lesungen noch die Predigt, doch Julian hielt diese liturgische Grundgestalt für einen nützlichen Bestandteil der von ihm geplanten Erneuerung des Heidentums. Auch spätere Gegner des Christentums wollten nicht auf die Predigt verzichten. Im Jahre 1794, als in Frankreich die große Revolution wütete, wurden viele Kirchen zu Tempeln der Vernunft erklärt. Im Süden des Landes, in der Nähe von Nîmes, versammelten sich die Bürger von Pont-Cèze an jedem zehnten Tag – dem neuen Sonntag – im Tempel, um einer «*lecture et explication simple des lois*» (Lektüre und einfachen Erklärung der Gesetze) beizuwohnen.[46] Im 19. Jahrhundert finden wir eine ähnliche Auffassung bei Ralph Waldo Emerson, dem Schriftsteller und früheren Prediger: «Dem Christentum verdanken wir zwei vorzügliche Gaben», erklärte er 1838 in einem Vortrag an der Divinity School: «Erstens den Sabbat, den Jubeltag der ganzen Welt (...), und zweitens die regelmäßige Predigt.»[47] Er dachte dabei weniger an die in den Kirchen übliche Predigt, sondern an die freie Lehre der Philosophen, zu denen er selbst gehörte und die nicht der Heiligen Schrift und der kirchlichen Tradition, sondern allein der Wahrheit und der schöpferischen Einsicht verpflichtet sind. Die nachchristliche Gesellschaft kann mit den Inhalten der traditionellen Predigt wenig anfangen; dennoch behält sie den Sonntag als Tag geistiger Beschäftigung bei.

Um einen klaren Begriff vom Wesen der christlichen Predigt zu bekommen, müssen wir mit ihrer frühen, im Neuen Testament beginnenden Geschichte einsetzen.

2. Von Lukas bis Luther: Die Anfänge und Ziele der christlichen Predigt

Das öffentliche Verlesen biblischer Texte, gefolgt von dem erklärenden Vortrag eines Predigers oder Priesters, bildet einen regelmäßigen Bestandteil des christlichen Gottesdienstes. Zwar kommt in manchen Kirchen der Predigt größere Bedeutung zu als in anderen, aber sie fehlt nie im liturgischen Repertoire. Die Prediger aller Zeiten haben dasselbe Ziel verfolgt: einen Beitrag zur Erlösung ihrer Zuhörer zu leisten. «Brüder und Schwestern, nachdem der Gott der Wahrheit [in der Schriftlesung geredet hat], lese ich euch eine Ansprache vor, daß ihr acht gebt auf das, was geschrieben steht, damit ihr sowohl euch selbst rettet als auch mich, der ich unter euch vorlese.»[48] Dem zweiten Klemensbrief, der manchen Forschern als die älteste aufgezeichnete christliche Ansprache gilt, steht das Ziel der Predigt klar vor Augen. Das Christentum verheißt den Gläubigen «ewiges Heil» im Himmel, und das bedeutet nichts anderes als ewiges Leben nach dem Tod. Im 19. Jahrhundert wiederholte Charles Spurgeon, was seit den Tagen des Klemens unstrittig war:

> Gott macht uns zu Predigern, damit die Menschenkinder durch das Evangelium Jesu Christi mit Gott versöhnt werden. Wie Noach arbeiten manche hart und unermüdlich, können aber nur ihre eigene Familie in die rettende Arche führen. Manche weinen wie Jeremia vergeblich über ein unbußfertiges Volk. Aber gewöhnlich zielt das Geschäft der Predigt auf die Rettung der Zuhörer.[49]

Das Heil ist nicht die automatisch eintretende Folge der Mitgliedschaft in einer Kirche oder Gemeinde. Ohne eigenes Zutun werden Christen nicht vor der Hölle gerettet werden. Was immer die Theologen über den Geschenkcharakter des Heils sagen, es besteht Einigkeit darüber, daß das Heil in einem lebenslangen, bewußten Kampf gegen die Sünde erworben werden muß. Die intellektuelle Seite des Gottesdienstes – Schriftlesung und Predigt – soll dabei helfen.

In dem von ihnen verfolgten Ziel sind sich die Prediger einig, aber auf welchem Weg das Heil zu erlangen sei, darüber bestehen unterschiedliche Auffassungen. Die einen heben das Wissen hervor: Nur eine ausreichende Kenntnis der biblischen Botschaft, wie in der Bibel niedergelegt und in der Predigt gelehrt, kann zum ewigen Leben führen. Andere erklären religiöses Wissen zwar nicht für überflüssig, sehen aber in moralisch einwandfreier Lebensführung die wichtigste Voraussetzung für das ewige Leben. Dementsprechend gilt die Vermittlung sittlicher Werte als Hauptaufgabe der Predigt. Eine dritte Gruppe von Theologen und Predigern sieht in Bibelkenntnis und

Moral wichtige Voraussetzungen für den Heilserwerb, doch steht für sie der (rechte) Glaube im Vordergrund. Nach dieser Auffassung soll die Predigt zur Glaubensentscheidung einladen und anleiten.

Im folgenden werden wir uns mit den Anfängen des Wortgottesdienstes im Neuen Testament beschäftigen, um anschließend die drei klassischen Ziele der Predigt am Werk großer Prediger und Theologen verschiedener Epochen der Kirchengeschichte zu verdeutlichen. Die frühe Kirche (Origenes) wird dabei ebenso vertreten sein wie das Mittelalter (Gregor der Große, Humbertus de Romanis) und die Zeit der Reformation (Martin Luther).

Die Anfänge: Lukas, der erste Kirchenhistoriker

Das Christentum entstand in einem Milieu, in dem intellektuelle, wortorientierte Rituale eine große Rolle spielten. Das Judentum, dem es entstammt, besaß im 1. Jahrhundert ein heiliges Buch oder genauer eine Vielzahl heiliger Schriftrollen. Um dieses Buch versammelte man sich im Gemeindehaus, der Synagoge. In Ägypten gefundene Inschriften beweisen, daß es bereits im 3. Jahrhundert v. Chr. Synagogen gab.[50] Die älteste ergrabene Synagoge befindet sich in Jericho und wird in die Zeit um 75/50 v. Chr. datiert.[51] Vielleicht ist die Einrichtung in dieser Zeit in der Diaspora entstanden, doch ist ein höheres Alter nicht auszuschließen.[52] Im 1. Jahrhundert war das Gemeindehaus längst auch in Palästina heimisch geworden, und besonders in Jerusalem scheint es zahlreiche Synagogen gegeben zu haben. Eine längere griechische Inschrift aus dem 1. Jahrhundert nennt den Namen des Stifters einer Jerusalemer Synagoge und bemerkt, daß diese – wie alle jüdischen Gemeindehäuser – «für die Lesung des Gesetzes und das Studium der Gebote» bestimmt sein sollte.[53] Die Synagoge dürfen wir uns allerdings nicht als einen Sakralbau vorstellen, der ausschließlich kultischen Zwecken diente. Auch gab es zur Zeit Jesu nicht viele Gemeinden, die jeden Sabbat zur Schriftlesung zusammenkamen. Die Synagoge war ein Haus der Gemeinde – ein Ort, an dem Versammlungen abgehalten und Neuigkeiten ausgetauscht wurden; über Sünder saß man zu Gericht und verhängte Strafen; Reisende fanden dort Unterkunft, Gelehrte bewahrten dort Schriftrollen zum Studium und zur frommen Betrachtung auf. Gruppen, die am Studium der heiligen Schriften besonders interessiert waren, scheinen sich getroffen zu haben, um sich über neue Deutungen auszutauschen – was zu heftigen Auseinandersetzungen führen konnte. Mancherorts gründeten Gelehrte eine Bibliothek als eigenes Studienhaus, in dem sie Lehrvorträge hielten und wo wahrscheinlich auch gepredigt und gebetet wurde. Besonders eifrige Juden strebten einen regelmäßigen, aus Gebet und Schriftlesung bestehenden Synagogengottesdienst an. Manchmal gab es in der Gemeinde auch einen Gelehrten oder einen Geschichtenerzähler, der die heilige Schrift auf volkstümliche Weise erklären und erbauliche Gedanken vorzutragen wußte. Aber ein wirklich regelmäßiger, von der ganzen Gemeinde gefeierter Gottesdienst entsprach eher dem Ideal als der Wirklichkeit. Nicht jeder Jude hatte Interesse am Besuch des Wortgottesdienstes, und nicht jede Gemeinde besaß eine Synagoge.

In der zweiten Hälfte des 1. Jahrhunderts kam es zu immer größeren Spannungen zwischen den «traditionellen» und den «christusgläubigen» Juden, so daß letztere die jüdische Gemeinde verließen, um ihre eigene Gemeinde zu gründen. Zwar verfügten die frühen Christen nicht über eigene Gemeindehäuser, doch trafen sie sich in Wohnungen. Sie fühlten sich als die «besseren» Juden, schrieben sich ein tieferes Verständnis der heiligen Schrift zu und legten großen Wert auf ein regelmäßiges und intensives liturgisches Leben. Sie lasen aus der hebräischen Bibel oder einer griechischen Übersetzung vor, ließen sich auf Christus bezogene Auslegungen vortragen und sprachen Gebete. Schon früh traten neben die traditionellen heiligen Schriften auch neue Bücher christlicher Herkunft. Die gegen Ende des 1. Jahrhunderts entstandenen Beschreibungen des Lebens Jesu waren vermutlich von vornherein zum Gebrauch im Gottesdienst bestimmt. Theophilus, dem Lukas sein aus Evangelium und Apostelgeschichte bestehendes Werk widmet, war vielleicht der Patron und Gönner einer christlichen Synagoge in Griechenland. Vermutlich wußte Theophilus um die Bedürfnisse seiner Gemeinde und beschloß, eine Biographie Jesu (das Lukasevangelium), ergänzt durch einen Bericht über die Anfänge der Kirche (die Apostelgeschichte), in Auftrag zu geben.[54]

Das vorstehend entworfene Bild der Anfänge des christlichen Wortgottesdienstes muß mangels unmittelbarer Quellen auf Vermutungen beruhen. Die ältesten überlieferten Dokumente des Christentums, die Paulusbriefe, erwähnen keinen Gottesdienst mit Schriftlesung und Predigt als charakteristisch für die neue Bewegung. Auch das übrige Neue Testament enthält lediglich indirekte Hinweise. Werden diese jedoch sorgfältig ausgewertet und im Zusammenhang betrachtet, vermitteln sie durchaus einen Eindruck von der Entwicklung und Bedeutung des wortorientierten Gottesdienstes. Die entsprechenden Hinweise finden sich alle im Werk des ersten christlichen Historikers – Lukas.

Gegen Ende des 1. Jahrhunderts, als Lukas seine Geschichte des frühen Christentums schrieb, lagen die Anfänge der Synagoge weit zurück. Lukas und seine Zeitgenossen hielten sie sogar für älter als das 5. Jahrhundert, die Zeit Esras, in der wir die Anfänge vermuten. «Mose hat seit ältesten Zeiten in jeder Stadt seine Verkündiger, da er in den Synagogen an jedem Sabbat verlesen wird», schreibt Lukas (Apg 15,21). Auch berichtet er von einem reichen römischen Hauptmann, der eine Synagoge in Galiläa aus eigenen Mitteln erbauen ließ – ein Beispiel der antiken Philanthropie. Offenbar waren die frühen Synagogen nach einem mehr oder weniger einheitlichen Plan angelegt: Ein einfacher Hallenbau bot Platz für die Gemeinde, eine Kammer diente zur Aufbewahrung der Buchrollen.

Wie alle antiken Historiker bediente sich auch Lukas anschaulicher Szenen und Reden, um seine Darstellung zu beleben. Er zeichnet Jesus als frommen Juden, der an jedem Sabbat zur Synagoge geht und manchmal aufgefordert wird, die Lesung vorzutragen und einige Worte an die Versammlung zu richten:

> So kam er auch nach Nazaret, wo er aufgewachsen war, und ging, wie gewohnt, am Sabbat in die Synagoge. Als er aufstand, um aus der Schrift vorzulesen, reichte man ihm das Buch des Propheten Jesaja. Er öffnete das Buch und fand die Stelle, wo es heißt: «Der Geist des Herrn ruht auf mir, denn der Herr hat mich gesalbt. Er hat mich gesandt, damit ich den Armen eine gute Nachricht bringe; damit ich den Gefangenen die Entlassung verkünde und den Blinden das Augenlicht; damit ich die Zerschlagenen in Freiheit setze und ein Gnadenjahr des Herrn ausrufe.» Dann schloß er das Buch, gab es dem Synagogendiener und setzte sich. Die Augen aller in der Synagoge waren auf ihn gerichtet. Da begann er, ihnen darzulegen: heute hat sich das Schriftwort, das ihr eben gehört habt, erfüllt. Seine Rede fand bei allen Beifall. (Lk 4,16–22a)

Für Lukas war Jesus der erfolgreiche charismatische Prediger, den die Zuhörer so sehr liebten, daß er ganze Gemeinden für seine Lehre gewann. Anders als Esra, der das Gesetz erklärte und einschärfte, liest Jesus eine Stelle aus einem prophetischen Buch und bezieht sie auf seine eigene Tätigkeit als Heiler und Verkünder der Güte Gottes. Historisch gesehen scheint sich Jesus für die Synagoge wenig interessiert zu haben. Die gegenwärtige Forschung stellt sich den historischen Jesus als eine Art Wanderphilosophen und Straßenlehrer vor, nicht als ein angesehenes Mitglied der Synagoge, das aufgefordert wird, zur Gemeinde zu sprechen.[55] Offenbar besaß Lukas keine unmittelbare Kunde über irgendwelche Begebenheiten aus dem Leben Jesu. Der lukanische Text spiegelt keine Predigt Jesu, sondern zeigt, wie christliche Synagogen des ausgehenden 1. Jahrhunderts prophetische Texte verstanden und wie über sie gepredigt wurde. Wir hören hier das Echo der Begeisterung, mit der die frühchristlichen Prediger die Wunder ihres Herrn feierten – und vermutlich auch ihre eigenen Krankenheilungen.

Während der historische Jesus (anders als der Jesus der Legende) seine Zuhörer auf den Straßen und Plätzen fand und nicht in der Synagoge, sollte sich das bei seinen Anhängern ändern. Sie hielten engen Kontakt zur Synagoge, predigten dort und stifteten dadurch mancherlei Unruhe. Lukas selbst oder ein früher Bearbeiter seines Evangeliums gab der (oben im Wortlaut angeführten) «idealen Szene» eine Fortsetzung: In einer unmittelbar anschließenden zweiten Predigt kritisiert «Jesus» seine Zuhörerschaft, weil diese sein Werk nicht schätzt, denn «kein Prophet wird in seiner Heimat anerkannt». Die Zuhörer geraten in Wut. Sie erheben sich, jagen ihn aus der Stadt und drohen, ihn von einem Abhang zu stürzen (Lk 4,22b–30). Die «ideale» Abfolge von positiver Predigt und Beifall ist durch negative Predigt und Ablehnung ersetzt. Jetzt beschimpft «Jesus» seine Zuhörer und erntet Haß. Im Widerstand gegen Jesu Botschaft spiegelt sich zweifellos eine alltägliche Erfahrung der frühen christlichen Gemeinde. Die Verteidiger der traditionellen jüdischen Rechtgläubigkeit bekämpfen die neue Bewegung, verjagen mehrmals einen Prediger und drohen, ihn einen Abhang hinabzustürzen. Lukas berichtet, wie Saulus («der auch Paulus heißt», Apg 13,9) in seiner vorchristlichen Zeit die Kirche verfolgte, deren Mitglieder bestrafte und die Gemeinde der Gläubigen mit allen Mitteln zu zerstören suchte.[56] Die christlichen Prediger – und schließlich alle Anhänger der neuen Botschaft – mußten sich von der Synagoge trennen. Als es zum unvermeidlichen Bruch kam, verließen die Missionare mitsamt ihrer Anhängerschaft die Synagoge, um eine neue Gemeinde zu gründen.

In der Apostelgeschichte schreibt Lukas über die christliche Predigt in der Diasporasynagoge einer kleinasiatischen Stadt. «Am Sabbat» gingen Paulus und seine Begleiter

> in die Synagoge und setzten sich. Nach der Lesung aus dem Gesetz und den Propheten schickten die Synagogenvorsteher zu ihnen und ließen ihnen sagen: «Brüder, wenn ihr ein Wort des Trostes für das Volk habt, so redet.» Da stand Paulus auf, gab mit der Hand ein Zeichen und begann zu sprechen. (Apg 13,14–16)

Der lukanische Bericht über die apostolische Predigt in der Diasporasynagoge erinnert stark an die Erzählung über Jesu Ansprache. In beiden Fällen wird ein Reisender eingeladen, zur Gemeinde zu sprechen. In beiden Fällen zeigt die Zuhörerschaft eine gemischte Reaktion: Zunächst ist die Gemeinde begeistert (wie bei «Jesus») und lädt Paulus ein, noch einmal zu predigen. Doch ist diese Stimmung nur von kurzer Dauer, denn bald «widersprechen sie den Worten des Paulus» und vertreiben ihn und seine Begleiter aus dem Gebiet (13,45). Die Abfolge von Einladung, Predigt und Kontroverse ist beiden Berichten gemeinsam.

Sowohl Paulus als auch Jesus halten nicht eine, sondern zwei Predigten oder, genauer, eine zweiteilige Predigt. Während die Zuhörer den ersten Teil mit Wohlwollen aufnehmen, führt der zweite Teil zu Unruhe und Auseinandersetzung, wobei der Prediger schließlich bedroht und fortgejagt wird. Jesus scheint seine beiden Predigten im selben Gottesdienst gehalten zu haben. In der Apostelgeschichte, wo Lukas wahrscheinlich weniger als im Evangelium an eine Überlieferung gebunden ist, läßt er Paulus an zwei aufeinanderfolgenden Sabbaten sprechen. Die erste Predigt ruft Zustimmung hervor, die zweite aber stößt auf Widerstand. Die gemischte Reaktion – von anfänglicher Begeisterung bis zur schließlichen Ablehnung – spiegelt den historischen Vorgang wider. Das Christentum begann als eine Bewegung innerhalb der Synagoge; später, als der Widerstand wuchs, trennten sich die Christen von ihrer Heimatgemeinde. Ihre Prediger wurden ausgeschlossen und gründeten neue Gemeinden außerhalb des traditionellen Judentums. So wird die Rolle des Predigers bei der Abspaltung von der Synagoge – und der Gründung neuer Gemeinden – deutlich. Viele der frühen Christen erlebten die Abspaltung als schmerzliches Ereignis.[57] Der lukanische Jesus hat ein Wort des Trostes für sie: «Selig seid ihr, wenn euch die Menschen hassen und aus ihrer Gemeinschaft ausschließen, wenn sie euch beschimpfen und euch in Verruf bringen um des Menschensohnes willen. Freut euch und jauchzt an jenem Tag [des Ausschlusses], euer Lohn im Himmel wird groß sein» (Lk 6,22–23). Christus verheißt ihnen Lohn im Himmel, denn auf Erden hatten sie nichts zu erwarten und viel zu bereuen. Der römische Staat hatte die Juden als Volksgruppe anerkannt und ihnen mancherlei Privilegien gewährt, zum Beispiel Befreiung vom Militärdienst.[58] In einer Gesellschaft, in der jeder auf seine Volks- und Religionsgenossen angewiesen war, bedeutete es viel, sich von ihnen loszusagen und so nicht nur Freunde, sondern auch staatlichen Schutz und Privilegien zu verlieren.

Die Predigt der Synagoge soll den Schrifttext erklären und gleichzeitig auf die Lage der Zuhörerschaft eingehen. Anders als der lukanische Jesus beginnt der lukanische Paulus seine Ansprache mit einem Hinweis auf das «Gesetz». Offenbar spricht Paulus über die beiden Schriftlesungen, von denen eine aus dem «Gesetz» (dem Pentateuch) und die andere aus den Propheten genommen ist. Einer traditionellen Auslegungstechnik folgend, verknüpft er beide Lesungen in geschickter Weise miteinander. Aber bald wendet er sich ganz den «Worten der Propheten» zu, «die an jedem Sabbat vorgelesen werden» (Apg 13,27). Bei beiden lukanischen Predigern, Paulus und Jesus, steht die prophetische Botschaft im Vordergrund. Wie Jesus selbst, so knüpften auch die christlichen Prediger an die prophetische Botschaft an und verkündeten den Menschen ihrer Zeit das Heil. Während das alttestamentliche Gesetz im frühen Christentum an Wertschätzung verlor, behielten die prophetischen Schriften ihre Bedeutung. Die Predigt diente nicht mehr wie zu Esras Zeiten der Einführung des Gesetzes; sie rückte die Prophetie in den Vordergrund und sprach von der sichtbaren Erfüllung alter Verheißungen.

Das lukanische Werk gewährt einen Einblick in das älteste christliche Predigtwesen. In der Synagoge legte ein begabter Redner dar, wie die prophetische Verheißung im Werk Christi ihre Erfüllung fand. Gott wirkte durch Christus. Durch ihn hatte Gott damit begonnen, sein Volk zu trösten, ihm zu helfen und es zu retten. Ein guter Prediger kannte nicht nur die jüdischen heiligen Schriften, sondern beherrschte auch die Techniken der Auslegung. Vor allem aber mußte er überzeugend darlegen können, in welcher Weise Gott den Gläubigen durch Botschaft, Krankenheilungen und Auferstehung seine Zuwendung schenkte. In den Synagogen, in denen es nur wenige oder gar keine Anhänger des neuen Glaubens gab, stützten sich christliche Prediger wohl in erster Linie auf die prophetische Literatur, um ihre besondere Auslegung und ihre eigene Sichtweise zur Geltung zu bringen.

Das Werk des Lukas gibt aber nicht nur Auskunft über die Kontroverspredigt der Synagoge, sondern enthält auch Andeutungen darüber, wie die Christen ihre eigenen Versammlungen gestalteten und bestimmte Formen dafür entwickelten. Lukas setzt die Existenz solcher Versammlungen voraus, da sie offenbar einen so selbstverständlichen Bestandteil seiner christlichen Welt bildeten, daß er es nicht für nötig hielt, uns etwas über ihre Anfänge mitzuteilen. In seinem Bericht über den Besuch des Paulus in Troas, einer kleinasiatischen, südlich des Hellespont gelegenen Hafenstadt, erfahren wir, was die Christen in ihren eigenen Versammlungen machten. Die Gemeinde traf sich in der Wohnung eines ihrer Mitglieder im dritten Stockwerk eines Gebäudes, das wir als Mietshaus bezeichnen dürfen. Es war am Sonntagabend, vermutlich zu der Zeit, zu der sich Christen zu versammeln pflegten. Es gab eine lange, von Paulus gehaltene Ansprache, auf welche das «Brechen des Brotes», also die Eucharistie, folgte (Apg 20,7–12).[59] Lukas teilt nicht mit, worüber Paulus sprach. Es handelte sich um eine sehr lange Rede – sie war so lang, daß ein junger Mann über dem Zuhören einschlief und aus dem Fenster stürzte, in dem er saß. Er fiel aus dem dritten Stock und wurde tot auf der Straße gefunden. Glücklicherweise konnte der Apostel den Unglücklichen wieder ins Leben zurückrufen. Troas, wo dieser Vorfall stattfand, lag in der Nähe des alten Troja, der berühmten Stadt des Trojanischen Krieges. Sowohl das Geschehen selbst wie der Stil des Berichts scheinen auf eine Szene in der Odyssee anzuspielen.[60] Ein junger Mann namens Elpenor, der vom Trinken müde wurde, schlief auf dem Dach eines Hauses ein. Als er, erwachend, die Leiter zu benützen vergaß, fiel er vom Dach und fand den Tod. Im selben Maße wie die antiken Leser die versteckte Anspielung auf ein homerisches Thema goutierten, haben sie gewiß auch über den «Kirchenschlaf» geschmunzelt, der ihnen nicht unbekannt gewesen sein dürfte. Nach dem Zwischenfall fuhr Paulus fort, bis zum Morgengrauen zu reden.

Andere Lukastexte können uns eine Vorstellung davon vermitteln, worüber gepredigt wurde, wenn sich Christen in Troas und anderen Städten versammelten. Paulus sprach höchstwahrscheinlich über die «Lehre der Apostel», deren Erläuterung den christlichen Gottesdienst von Anfang an bestimmte (Apg 4,42). Falls er sich auf die Schrift bezog, dann «legte er ihnen dar, ausgehend von Mose und allen Propheten, was in der gesamten Schrift über ihn [Christus] geschrieben steht». Solche Darlegungen helfen jenen, «die zu unverständig und zu träge im Herzen sind, als daß sie alles glauben könnten, was die Propheten gesagt haben» (Lk 24,27.25).

Durch sorgfältige Lektüre des lukanischen Werks gewinnt man einen gewissen Einblick in Entwicklung und Bedeutung der frühesten christlichen Predigt. Christen predigten in zwei Arten von Versammlungen: in solchen, die in der Synagoge stattfanden und in solchen, die, weniger formell, in Wohnungen abgehalten wurden. In der Synagoge haben die Anhänger des «Wegs» (*hodos* – so nennt Lukas die Kirche in Apg 9,2) oft Auseinandersetzungen heraufbeschworen, die mit der Trennung der Christen von der jüdischen Gemeinde endeten. Trafen sich die Christen in den Wohnungen, waren sie unter sich. Die Predigt bezog sich stets auf die jüdische heilige Schrift, vor allem auf die Propheten. Die Bibel wurde auf eine neue, christliche Weise interpretiert. Nach ihrem Verständnis erfüllen sich die von den Propheten angekündigten Ereignisse jetzt, seit dem Auftreten Jesu. Das läßt sich zeigen und soll «geglaubt» werden. Einige sind «zu unverständig und zu träge im Herzen, als daß sie alles glauben könnten», aber ein guter Prediger kann sie überzeugen (Lk 24,25). Wie das «Herz» in diesem Zusammenhang nicht das Gefühl meint (wie in unserer Sprache), sondern nach der üblichen semitischen Redeweise den Verstand, so ist auch das «Glauben» hier nicht die vertrauensvolle Bindung an eine Person (wie in der heutigen Theologie), sondern die Kenntnis von Tatsachen und die Zustimmung zu einer Lehre, die auf Beweisen beruht. Anders gesagt: Der Prediger will christliches Wissen in überzeugender Weise vermitteln und erklären. Das lukanische Werk als Ganzes kann als eine einzige große Predigt verstanden werden: Was der Prediger gewöhnlich mündlich und in gedrängter Form tut, breitet Lukas schriftlich und ganz ausführlich aus. Während der Prediger nur zu einer oder zwei Fragen Stellung nimmt, bietet Lukas die ganze Geschichte. Im Vorwort zu seinem Werk erläutert Lukas sein Vorhaben, «für dich, hochverehrter Theophilus, in genauer Abfolge einen Bericht zu schreiben, damit du die Zuverlässigkeit der Lehre erkennen kannst, in der du unterwiesen wurdest» (Lk 1,3–4). «Erkennen» und «unterweisen» sind die Schlüsselworte, die das Ziel der Predigt genau wiedergeben. Im 3. Jahrhundert verfolgte Origenes dasselbe Ziel, wenngleich in einer noch systematischeren Weise.

Unterweisung im Heilswissen: Origenes

Im 3. Jahrhundert, als die Christenverfolgungen abnahmen, erreichte die Entwicklung des Gottesdienstes eine neue Stufe. Nun versammelten sich die Christen nicht mehr nur am Sonntag, wie der Bericht des Lukas am Ende des 1. Jahrhunderts vorauszusetzen scheint.[61] Sie trafen sich – zumindest dem Ideal nach – jeden Tag zum Wortgottesdienst. Die Gemeinde erlebte ein eindrucksvolles Wachstum. Zahlreiche Heiden schlossen sich der Bewegung an und Kirchen wurden gebaut. Der berühmteste Theologe des 3. Jahrhunderts, Origenes (185–254), hat uns eine große Zahl von Predigten hinterlassen. Sie enthalten Hinweise auf die Organisation des Wortgottesdienstes und vermitteln ein lebendiges Bild von der Predigt des Kirchenvaters.

Die auffälligste Erscheinung im Leben der Kirche von Caesarea in Palästina – der Stadt, in der Origenes lebte, seine Bücher schrieb und predigte – war ihr täglicher Gottesdienst.[62] Die Gläubigen versammelten sich jeden Morgen in der Kirche. Ein Lektor las zwei oder drei Kapitel aus einer alttestamentlichen Schrift vor; danach setzte sich Origenes auf den Predigtstuhl, um fast eine Stunde lang zu sprechen. In einem Zeitraum von drei Jahren sollte das ganze Alte Testament vorgelesen und durchgepredigt werden. Von allen Christen, auch den sich auf die Taufe vorbereitenden Katechumenen, wurde der regelmäßige Besuch der täglichen Schriftauslegung erwartet. Der Sonntagsgottesdienst unterbrach die Abfolge des Unterrichts durch die Eucharistiefeier (die natürlich auch eine Wortfeier enthielt: offenbar zwei Schriftlesungen und drei Ansprachen). In der täglichen Versammlung genoß das Alte Testament den Vorzug vor dem Neuen, denn die anwesenden Taufbewerber waren noch nicht mit den Evangelien vertraut. Schriftlesung und Predigt gab es auch in den beiden eucharistischen Wochentagsfeiern am Mittwoch und Freitag. Caesarea besaß ein sehr reges, von der Predigt beherrschtes liturgisches Leben. Die Kirche galt als Schule der christlichen Philosophie.

Tatsächlich eignet sich der Ausdruck «Schule» für die Beschreibung der täglichen Versammlung. Vor seiner Bekehrung zu dem neuen Glauben war

Origenes als Lehrer tätig gewesen, und in seiner täglichen Versammlung ging es nicht anders zu als in einer gewöhnlichen Unterrichtsstunde, in der ein antiker Lehrer mit seinen Schülern Texte studierte.[63] In der antiken Schule versammelte sich die Klasse jeden Morgen. Zuerst verlas ein Assistent einen Textabschnitt, dann hatte der Meister das Wort. Auf seinem Stuhl sitzend, erklärte er einzelne Wörter, ging auf abweichende Lesarten der Manuskripte ein, machte auf stilistische Besonderheiten aufmerksam, erläuterte den Inhalt und fand gelegentlich noch Zeit für eine moralisierende Deutung. Ein guter Grammatiklehrer, bemerkt Origenes einmal, bemühe sich, «Gedichte philosophisch aufzufassen und zu jedem Gedicht das hinzuzufügen, was für die jungen Leute heilsam und nützlich ist».[64] In der alten Welt zielte der Literaturunterricht auf sittliche Bildung; der Grammatiker «sucht in den Annalen der Vergangenheit nach Helden als Vorbilder menschlicher Vollkommenheit».[65] Seit langem wissen die klassischen Philologen, daß die Gattung der einfachen biblischen Homilie mit ihrem Verzicht auf rhetorischen Schmuck aus dem antiken Unterricht stammt, in welchem der *grammaticus* einen Text erläutert.[66] Tatsächlich besaß die griechische Sprache in den Tagen des Origenes kein eigenes Wort für den liturgischen Prediger. *Didaskalos* bezeichnete beides: den gewöhnlichen heidnischen Schulmeister wie den christlichen Prediger.

Den frühen Christen selbst war die Ähnlichkeit zwischen ihrem gottesdienstlichen Buchritual und dem Schulunterricht durchaus bewußt. Rein äußerlich betrachtet bestand kaum ein Unterschied zwischen der Erklärung der Bibel in der Kirche und der Erläuterung der Klassiker wie Homer und Demosthenes in der Schule. In einer seiner Morgenansprachen beklagt sich Origenes über Unaufmerksamkeit und Desinteresse vieler Zuhörer: Einige gehen bereits nach der Lesung wieder weg; manche warten nicht einmal die Schriftlesung ab; andere bleiben zwar da, aber sie ziehen sich in den hintersten Winkel der Kirche zurück, um sich ungestört unterhalten zu können. Offenbar ist ihnen das Studium von Gottes Gesetz gleichgültig. Dagegen scheuen Eltern keine Kosten, um den schulischen Fortschritt ihrer Söhne in Grammatik und Rhetorik sicherzustellen. Wer den Gottesdienst besucht, soll wissen, daß er zur Schule geht und etwas lernen soll.[67]

Ein Unterschied zwischen Kirche und Schule ist allerdings nicht zu übersehen. Die meisten Zuhörer des Predigers konnten nicht lesen, und kein Prediger wäre auf den Gedanken gekommen, den Gottesdienst in einen Schreibunterricht zu verwandeln. Der Prediger orientierte sich zwar an den Methoden der schulischen Unterweisung, zeigte aber wenig Neigung, etwas für die allgemeine Bildung der Zuhörerschaft zu tun. In der zeitgenössischen Synagoge war das anders. Im Judentum des 3. Jahrhunderts herrschte ein ausgesprochen bildungsfreundliches Klima, und das jüdische Schulwesen zielte darauf ab, allen männlichen Gemeindemitgliedern Lesen und Schreiben beizubringen. Das dazu verwendete Schulbuch war die hebräische Bibel. Wenn die Juden am Sabbat ihren Predigern lauschten, dann kannten sie den Text weit besser als ihre christlichen Nachbarn – oder hatten zumindest einen besseren Zugang zu diesem Text. Schon in der Zeit des Origenes konnten die Juden auf eine lange Tradition religiöser Schulen zurückblicken.

Anders als die jüdische Kultur zeigten die Christen wenig Interesse an Unterricht und Bildung. Bildung galt bei ihnen als etwas Heidnisches. Zur Schule zu gehen bedeutete für sie, heidnische Literatur zu studieren. Selbst im 4. Jahrhundert und auch später, als das Römische Reich längst christlich geworden war, scheint kaum jemand an die Einrichtung christlicher Schulen und die schulische Lektüre christlicher Texte gedacht zu haben. Es gab Versuche, den Stoff des Pentateuchs als Epos darzubieten und den Evangelien Dialogform zu geben und so die biblischen Texte an die Gattungen der Schulliteratur anzugleichen.[68] Solche Initiativen beruhten nicht auf dem Willen, die heidnischen Lehrpläne durch andere zu ersetzen. Es handelte sich vielmehr um mißlungene Antworten auf den Versuch Kaiser Julians, nur noch heidnische Lehrer zuzulassen. Der heidnische Romantiker Julian wollte nicht akzeptieren, daß «galiläische» Lehrer die klassische Mythologie lehrten, um gleichzeitig den groben Polytheismus von Autoren wie Homer und Hesiod zu verspotten. Seiner Meinung nach fehlte solchen Lehrern die rechte Gesinnung und der rechte Ernst. Julian empfahl den christlichen Lehrern, ihren Beruf aufzugeben und bei der Kirche zu arbeiten; dort könnten sie ja «Matthäus und Lukas erklären».[69]

Als sich Julians heidnische Erneuerung als kurzlebig herausstellte, verschwand auch der Gedanke, eigene christliche Schulen zu gründen. In der Spätantike behielt die Schule ihren konservativen heidnischen Lehrplan bei. Als Bürger einer anderen, himmlischen Welt kümmerten sich die Christen nicht um weltliche, von heidnischen Traditionen beherrschte Einrichtungen. Daher vermittelte das intellektuelle Ritual der Kirche ausschließlich die Heilslehre und nicht auch praktische Fertigkeiten und Bildungswissen. Zwar stützte sich das Christentum auf heilige Schriften und verfügte über eine hoch gebildete Elite von Schriftstellern, aber im Grunde blieb es eine «mündliche» Religion. Das sollte sich erst im 5. und 6. Jahrhundert ändern, als das Römische Reich zerfiel und seine Kultur sich auflöste. Im Marseille des 5. Jahrhunderts scheint Marius Victor mit seiner Neufassung der Genesis als lateinisches Hexameter-Epos Anklang gefunden zu haben.[70] Auch hier wirkt noch die Bevorzugung der poetischen Form durch die antike Schule nach. Immer noch stand das Unterrichtswesen im Banne des heidnischen Erbes. Im 6. Jahrhundert berichtet ein Grieche, der Syrien bereist hatte, von einer jüdischen Schule in der Nähe der Stadt Nisibis. Dort «gibt es einen wohlgeordneten Unterricht in der Heiligen Schrift, durchgeführt von staatlich angestellten Lehrern und gehalten in derselben Weise, wie in unseren Schulen weltliche Fächer wie Grammatik und Rhetorik gelehrt werden».[71] Cassiodor und Papst Agapet, zwei große Gelehrte und Buchliebhaber, wollten in der Stadt Rom im Jahre 535/36 eine christliche Akademie gründen, doch es kam nur zur Einrichtung einer Bibliothek.[72] Die unruhigen Zeiten waren für die Erneuerung des akademischen Lebens nicht günstig, zumal es dem Papst an entsprechenden Mitteln fehlte.

Die im ehemaligen Römischen Reich lebenden Christen ahmten weder die heidnischen Schulen noch die jüdische Bildungsstätte von Nisibis nach. Sie überließen das Bildungswesen den sich auflösenden heidnischen Einrichtungen. Ein Wandel trat erst im Mittelalter mit der Gründung von Klosterschulen ein. Im frühen Mittelalter hören wir auch von einem Lehrer in Konstantinopel, der den griechischen Psalter dem Elementarunterricht zugrunde legte.[73] Erst als die Schulen anfingen, die Bibel als Fibel zu benutzen, konnte sich eine eigenständige christliche Kultur entwickeln. In den Klosterschulen wurden zwar immer noch Werke von Cicero, Seneca und anderen heidnischen Autoren gelesen und abgeschrieben, aber sie bildeten nicht mehr das Kernstück der geistigen Kultur. An ihre Stelle war die Bibel getreten.

Obwohl die Predigt des Origenes den Methoden des antiken Unterrichts verpflichtet war, wurden dessen Bildungsziele nicht übernommen. Als unvollständige Schule beschränkte sich die Kirche auf mündliche Unterweisung und vermittelte weder die Kunst des Lesens noch die des Schreibens. An der Vermittlung weltlicher Fähigkeiten war Origenes weniger interessiert, es kam ihm allein auf das religiöse, heilsnotwendige Wissen an. Als Lehrer war er mit Textkritik und Grammatik vertraut und bemühte sich sehr um Textgestalt und Wortlaut der Bibel. Doch galt ihm der Wortlaut nur als das Gewand, die Außenseite von etwas Wertvollerem, das unter der Oberfläche des Textes verborgen lag wie ein Schatz in einem irdenen Gefäß. Oftmals ergab die «Oberfläche» des Wortlauts keinen Sinn und widersprach jeder Erwartung oder sogar der Schicklichkeit. So mußte man «hinter» den Text schauen und dessen verborgenen Sinn aufspüren, seine geistliche und nicht seine materielle, vordergründige Bedeutung. Durch besondere Auslegungsmethoden, vor allem die Allegorese (wörtlich: das Aufspüren einer «anderen Bedeutung»), ließ sich das Geheimnis lüften und der Zugang zu einer ungeahnten geistlichen Kraft finden. Das heilige Buch war mit dem Gewand oder Gewandsaum Jesu vergleichbar: Wird es in der richtigen Weise berührt (wie es die anonyme kranke Frau im Evangelium tut), dann verströmt es seine heilende Kraft.[74]

Die Erfahrung der heilenden Kraft der Schrift ist nur der Anfang des langen und schwierigen Wegs der Erlösung. Indem die Gläubigen immer tiefer in die Geheimnisse des Heilswissens eindringen, schreiten sie auf dem Weg der Läuterung und der Erleuchtung weiter, um schließlich zur endgültigen Erkenntnis Gottes aufzusteigen. Die erste, Läuterung bringende Stufe erneuert das Bild Gottes in der menschlichen Seele, die, wieder zu Kräften gekommen, sich auf die lange Reise der Erkenntnis göttlicher Dinge begeben kann. Auf der nächsten Stufe, der Erleuchtung, macht die Seele zahlreiche Fortschritte, vor allem durch die Begegnung mit dem Alten Testament. Die Seele findet hier Orientierung im Bereich der geschaffenen Welt und kann sich praktische Intelligenz aneignen. Gleichzeitig kommt die Seele mit dem himmlischen Reich der Ideen in Berührung, einem Reich, das im wörtlich verstandenen Bibeltext wie ein Schatz im Acker verborgen liegt.

Die letzte Stufe des Heilsprozesses ist nach Origenes die Erkenntnis Gottes. Sie beginnt mit der Erkenntnis des Menschseins Christi und setzt sich im

Verstehen seiner göttlichen Seite fort, um schließlich die unmittelbare, reine Anschauung Gottes selbst zu erlangen.

Nach Origenes braucht die Seele zwei Führer, um den Heilsprozeß erfolgreich durchlaufen zu können. Der erste – der Prediger – legt der Gemeinde die Lehre der Heiligen Schrift dar. Der zweite und wichtigere Führer ist Christus. Als göttliches Wort oder *logos* vermittelt er die Erkenntnis Gottes durch seine Selbstoffenbarung in der Schrift. Wenn ihnen die biblische Lesung in der Kirche vorgetragen und erklärt wird, dann werden die Gläubigen gewissermaßen durch Christus selbst unterwiesen.

Als Prediger wollte Origenes seine Zuhörer mit jener Wahrheit vertraut machen, die «uns läutert und jeden Gedanken an Geschäftemachen und Handel» vertreibt. Indem er «das geschriebene Wort zur Heilung der Seelen» fruchtbar macht, bringt der Prediger den Heilsprozeß in Gang, einen Prozeß, der schließlich zur vollkommenen Schau und Erkenntnis Gottes führen wird.[75] So zielt die Verkündigung des Origenes einerseits auf die Erlösung, andererseits ist der Kirchenvater realistisch genug, um zu wissen, daß seine Zuhörer oft genug am Anfang des Verstehens stehen bleiben.[76] Er hoffte daher auf kleine Fortschritte und geistiges Wachstum, das sich im Jenseits nach dem Tode fortsetzen würde.

Im Buch Josua stieß Origenes auf einen Ort namens «Stadt des Buches» (Kirjat Sefer). Er meinte, es handle sich um eine versteckte Bezeichnung, ein Kryptogramm für den Himmel als Stätte fortwährenden Lernens. Wer sich schon in dieser Welt dem Studium widme (was allen Christen anstehe), solle sich um die Aufnahme in die jenseitige, höhere Schule – die Stadt des Buches – bemühen:

> Wenn du dich dem Gesetz Gottes widmest und Tag und Nacht darüber nachsinnst, wenn du das Buch des Gesetzes nie aus der Hand legst, wie es Josua aufgetragen ward [Jos 1,8], wenn du den Auftrag unseres Erlösers befolgst, «in der Schrift zu forschen» [Joh 5,39] – wenn du solchen Studien obliegst und durch Lesen und Hören eine Kenntnis des göttlichen Gesetzes erwirbst, dann wirst du in die «Stadt des Buches» [Jos 15,5] aufgenommen.[77]

Ohne Kenntnis der Heiligen Schrift kann kein Gläubiger in den Himmel, die «Stadt des Buches», gelangen.

Das Bibelstudium kann nicht immer sogleich zum Ziel führen, denn manchmal bleibt der Sinn einer Textstelle verborgen. Das weiß Origenes. Seiner Meinung nach erschöpft sich die Bedeutung des Bibelwortes nicht in seinem intellektuell erfaßbaren Gehalt. Wie die Heiden an die Kraft ihrer magischen Sprüche und Beschwörungen glauben, so sollen auch die Christen von der Wirkung des biblischen Wortes überzeugt sein.[78] Wenn sie die Lesung hören, werden die Engel ihnen zu Hilfe eilen. Sie werden böse Geister vertreiben und die seelische Entwicklung auch dann voranbringen, wenn im Lernen kein Fortschritt sichtbar ist. Der unverstandene biblische Text entspricht jenem Gebet, von dem Paulus sagt, «mein Geist betet, aber mein

Verstand bleibt unfruchtbar» (1 Kor 14,14). Da Origenes an die geheime Macht des göttlichen Wortes glaubte, konnte er auch jenen Gläubigen einen Nutzen versprechen, die mit der Schriftlesung und der Auslegung in der Predigt wenig anzufangen wußten.

In der Zeit des Origenes war der Wortgottesdienst längst zu einer festen Einrichtung geworden. In Caesarea beherrschte er das liturgische Leben. Die das ganze Jahr durchlaufende tägliche Predigt erfreute sich in der alten Kirche zwar keiner weiten Verbreitung, aber während der vierzig Tage vor Ostern und während der Osterwoche selbst wurde sie überall gepflegt.[79] Man predigte allerorten, häufig und mit Begeisterung. Die der Predigt zugrunde liegende Theologie ist erkennbar. Obwohl Origenes keine systematische Darstellung dessen gegeben hat, was beim Wortgottesdienst geschieht, ist sein Programm ebenso deutlich wie theologisch anspruchsvoll. Er bietet seinen Zuhörern ein vollständiges Programm geistlicher Schulung und Führung. Wie Beatrice im Mittelalter Dante durch den Himmel führt und ihn erst verläßt, als er den Ort des Lichtes erreicht hat, so führt auch Origenes seine Zuhörer zur himmlischen «Stadt des Buches».

Moralische Belehrung als Arznei: Gregor der Große und Humbertus de Romanis

Als Verfasser einflußreicher Schriften über Wesen und Aufgabe der Predigt haben Gregor der Große (ca. 540–606) und Humbertus de Romanis (ca. 1200–1277) einen festen Platz in der Geschichte des Gottesdienstes. Nachdem Gregor im Jahre 590 zum Bischof von Rom gewählt worden war, gab der adlige italienische Mönch in seiner *Pastoralregel* (590/91) seinen bischöflichen Kollegen eine Anleitung zum seelsorglichen Handeln. Für Gregor stellt die Predigt die wichtigste Aufgabe des Bischofs dar. Im Frühmittelalter predigte nicht der Priester, sondern vornehmlich der Bischof. Sechs Jahrhunderte später, als Humbertus das Thema aufgriff, hatte sich die Lage völlig gewandelt. Jetzt predigten neben Bischöfen auch Weltpriester und Ordensleute, wobei letztere zahlreicher und zumeist besser ausgebildet waren als der Weltklerus. Humbertus hatte das Amt des Ordensgenerals der Dominikaner inne. Als er in den Ruhestand trat, verfaßte er ein umfangreiches Werk mit dem Titel *Über die Ausbildung der Prediger* (nach 1263). Es weist starke Bezüge zum Werk Gregors auf und führt dies gelegentlich als Autorität an. Aber Humbertus bearbeitete die alte *Pastoralregel* nicht nur, sondern lieferte eine Neubearbeitung des Themas im Blick auf die besonderen Aufgaben seiner Gemeinschaft, die den offiziellen Namen *ordo praedicatorum* trug – Predigerorden.

Gregors Predigtlehre beruht auf der Unterscheidung zwischen Glaubenslehre und moralischer Unterweisung. Während die Glaubenslehre für alle gleich sein muß, für Männer und Frauen, für Gebildete und Ungebildete, für Adlige und Bauern, soll das bei der moralischen Unterweisung nicht der Fall sein. «Es eignet sich eine und dieselbe Ermahnung nicht für alle, da nicht alle in derselben Lebenslage sind.»[80]

Gregors Liste der Unterschiede zwischen den einzelnen Gruppen fällt anspruchsvoll aus, obgleich sie nicht systematisch angelegt ist.[81] Der Prediger hat darauf Rücksicht zu nehmen, ob er zu Männern oder Frauen, Untergebenen oder Herren, Sklaven oder Freien, Gebildeten oder Ungebildeten, Verheirateten oder Unverheirateten spricht. Aber nicht nur Geschlecht und Stand, sondern auch Charakter sowie seelischer und körperlicher Zustand verdienen Berücksichtigung. Die Zuhörer mögen froh oder traurig, gesund oder krank, geduldig oder aufbrausend, demütig oder stolz, faul oder fleißig, friedliebend oder streitsüchtig sein. Auch allerlei moralische Defekte oder Gewohnheitssünden verdienen die Aufmerksamkeit des Predigers: Einige neigen zum Stehlen, andere zu Völlerei oder Ungeduld.

Die Handbücher von Gregor und Humbertus boten eine Anleitung zur wirkungsvollen Predigt für die verschiedenen Gruppen, Berufe und Charaktertypen unter den Zuhörern. Jeder wurde an seine Pflichten erinnert und vor seinen besonderen Versuchungen zur Sünde gewarnt. Das Buch des Humbertus enthält 100 Predigtentwürfe für verschiedene Zuhörergruppen (für Frauen, Laienbrüder des Dominikanerordens usw.), 100 weitere für bestimmte Zeiten des Kirchenjahres und 25 für Tage, an denen der Jungfrau Maria, der Maria Magdalena sowie verschiedener Kirchenlehrer und Heiliger gedacht wird.[82] In den Entwürfen begegnen wir immer wieder neuen und interessanten Menschen und Situationen. Da ist der pflichtvergessene Benediktiner, der anderen keine gastliche Aufnahme gewährt und es unterläßt, Almosen zu verteilen; der adlige Herr, der prächtige Turniere veranstaltet und so seine Familie ruiniert; das spartanische Leben der Eremiten; die Stadt, die sowohl großen Menschenmengen als auch der Sünde eine Heimat bietet; die reichen Städter, die nicht zur Kirche gehen und den Feudalherren den Tribut verweigern; der Trinker und der Fresser und andere, die sich auf Hochzeiten dem Wein, der Völlerei und noch schlimmeren Lastern hingeben. Nach Humbertus ruft die Predigt zur Umkehr, zur Änderung des Lebens und zur Abkehr von den Sünden und Lastern der Welt, wie sie besonders die Stadtkultur Frankreichs beherrschen.

Dennoch ist die Gesellschaft in den Augen des Humbertus nicht ausschließlich schlecht. Stets ist er bestrebt, etwas Gutes und Erfreuliches zu finden, einen Wert, der den weltabgewandten Ordenspredigern entgehen könnte. Selbst ein Turnier – eine Gelegenheit für mannigfache Sünden – mag seine gute Seite haben, denn es dient als Einübung für allerlei Kämpfe: für den Kampf gegen die Sarazenen, für die Verteidigung der Rechte der Kirche oder des Staats, besonders der legitimen Ansprüche der Nation.[83] Wendet sich der Prediger beispielsweise an Frauen, dann soll er sie nicht nur vor Wahrsagerei und Hexerei, sondern auch vor unschicklicher Kleidung und Geschwätzigkeit warnen; auch soll er sie dazu ermahnen, im Haus zu bleiben, anstatt sich unnötig auf der Straße herumzutreiben. Doch hatte der Prediger damit seine Aufgabe noch nicht erfüllt. Als guter Psychologe weiß Humbertus, daß er eine weibliche Zuhörerschaft niemals für sich gewinnen kann, wenn er ihr nichts als einen Sündenkatalog anzubieten hat. Humbertus meint, der Prediger solle auch über den Adel der Frau sprechen. Anders als der Mann sei die Frau nicht «in dieser schlechten Welt», sondern im Paradies erschaffen worden. Der Leib unseres Herrn sei nicht von einem Mann, sondern von einer Frau gebildet worden, und nach diesem Leben stehe die Gemeinschaft der Heiligen nicht unter der Herrschaft eines Mannes, sondern unter der Herrschaft einer Königin, der heiligen Jungfrau Maria. «All das verdanken die Frauen Gott», meinte Humbertus; «darum sollen sie ihn lieben, und aus Liebe zu ihm sollen sie sich ihrem Adel entsprechend verhalten. All das soll sie auch vom Bösen abhalten.»[84]

Wie das Werk Gregors des Großen, so enthält auch Humbertus' Buch *Über die Ausbildung der Prediger* hunderte von Themenskizzen, aus denen der Redner schöpfen kann. Beide Autoren versagten es sich, ausgeführte Musterpredigten vorzulegen. Von einem guten Prediger wurde erwartet, daß er seine Botschaft auf der Grundlage eines sorgfältig und oft allegorisch interpretierten Schrifttextes darbot. Die von den Theoretikern des Mittelalters empfohlene ethische Unterweisung soll auf der Heiligen Schrift gründen und mit ihrer Sprache gesättigt sein. Humbertus führt Gregor wörtlich an: der Prediger «muß alles, was er sagt, aus der heiligen Schrift belegen, damit es göttliche Autorität beanspruchen kann; nur auf diesem Fundament entsteht ein solides Gebäude des Vortrags».[85] Der Ordensmann schöpft daher gewöhnlich aus zwei Quellen: aus der Bibel und aus dem Predigthandbuch. Seine Schulung erlaubt ihm, aus dem Handbuch verschiedene Stücke auszuwählen, diese geschickt mit einem Schrifttext zu verbinden und dabei vor allem auf die besonderen Bedürfnisse seiner Zuhörer zu achten.[86]

Der mittelalterlichen Theorie galt die Abfassung einer Predigt als eine anspruchsvolle geistige Tätigkeit. Auf die Abfassung mußte aber die öffentliche Darbietung folgen. Gregor der Große sprach von dieser gerne als der Verabreichung einer Arznei[87] und griff dabei auf eine Metapher zurück, die sich schon bei Augustinus[88] und Ambrosius[89] findet und die besonders seinen Namensvetter Gregor von Nazianz (gest. 390) fasziniert hatte, an dessen Rede *Über das Priestertum*[90] er anknüpft. Der Vergleich zwischen dem Prediger und dem Arzt, der Arznei verabreicht, geht letztlich auf die antike Philosophie zurück und war besonders in der hellenistischen Ethik verbreitet.[91] Wie der stoische oder kynische Popularphilosoph, so fühlt sich auch der christliche Prediger als Arzt, der mit seiner Medizin die Seelen seiner Zuhörer von unangemessenen Erregungungen – Wollust, Zorn, Habgier – kuriert. Die Predigt lindert moralische Schmerzen und heilt die Wunden der Sünde. Gregor bedient sich einer traditionellen Bildersprache und macht sie sich ganz zu eigen. Als kränklicher Mensch brachte er großes Verständnis für körperliche Leiden und deren Behandlung auf. Medizinische Fachausdrücke, die er der Literatur entnahm und vermutlich von dem ihn ständig betreuenden Arzt hörte, sind über sein ganzes Werk verstreut. Gregor der Große kümmerte sich in rührender Weise um den Gesundheitszustand seiner Freunde und bischöflichen Kollegen. Gelegentlich schlüpft er selbst in die Rolle des Arztes und gibt Ratschläge, schickt eine warme Wolldecke oder verordnet eine besondere

Diät.[92] Für jemand, der gerne als medizinischer Ratgeber im wörtlichen Sinne auftrat, war es naheliegend, den Prediger als eine Art Arzt zu verstehen.

Humbertus greift Gregors Sprache auf, wenn er sagt, Prediger seien Ärzte. Hat nicht der Herr selbst gesagt: «Nicht die Gesunden brauchen den Arzt, sondern die Kranken» (Mt 9,12)? «Mangelt es an Predigt», fügt er hinzu, «dann ist die Ausbreitung von Seuchen nicht mehr aufzuhalten.» Der Predigerorden (die Dominikaner) gilt ihm als «die Gesundheit der Welt».[93] Die Predigt dient als kräftige, vielfältig einsetzbare Medizin.

In den Tagen Gregors trug der Ortsbischof die Verantwortung für die seelische Gesundheit der Gläubigen. Das war in der Zeit des Humbertus längst nicht mehr der Fall. Nun war nicht mehr der Bischof der vorzüglichste Prediger, sondern der Priester, der Mönch oder Ordensmann. Anders als der Bischof konnten sich diese nur selten auf weltliche, feudale Autorität stützen. Sie waren Berater und vor allem Beichtväter. Die Zeit Gregors kannte das vor einem Priester abgelegte Sündenbekenntnis ebensowenig wie die Lossprechung als regelmäßig gespendetes Sakrament. Damals war die Beichte ein öffentlicher Akt der Versöhnung notorischer Sünder mit der Gemeinde der Gläubigen. Im 13. Jahrhundert dagegen war die Beichte längst zu einem Mittel geistlicher Führung geworden, und so hatte das Laterankonzil von 1215 die jährliche Beichte allen Gläubigen zur Pflicht gemacht. Der Beichtstuhl wurde neben der Kanzel zu einem wichtigen Arbeitsplatz des Klerus.

Predigt und Beichte verhielten sich wie Ursache und Wirkung. «Manchmal macht die Predigt einen so großen Eindruck, daß viele beim Prediger ihre Beichte ablegen wollen.»[94] Nach Humbertus soll die Moralpredigt die Zuhörerschaft in der Weise beeindrucken, daß sie, zur Umkehr bewegt, eine umfassende Beichte ablegen; bei dieser ist es Christus selbst, der jedem durch seinen Priester Vergebung zuspricht, ihn mit Gott versöhnt und sein Gnadenleben erneuert. Humbertus ermahnt seine dominikanischen Mitbrüder, bei der Beichte nicht besondere Gruppen – etwa die Gebildeten und Reichen – zu bevorzugen. Er warnte sie vor Mißbrauch des Sakraments: der Beichtvater darf den reuigen Sünder nicht anbetteln oder eine unerlaubte Beziehung zu einer jungen Frau knüpfen. Das heilige Wort der Lossprechung darf nicht durch unreine Beziehungen entweiht werden. Da die Dominikaner manchmal denselben Lastern wie die weltlichen Menschen frönten, mußten sie vor den Gefahren gewarnt werden, die mit dem Predigt- und Beichtwesen verbunden sind.

Nach der Auffassung mittelalterlicher Theologen wie Gregor und Humbertus sollte die Predigt zur Heilung der moralischen Wunden der Gesellschaft beitragen. Wie der gesamte Vorgang der Erlösung, so wird auch der Prozeß sittlicher Heilung durch das Wort der Predigt in Gang gesetzt.

Die Predigt des erlösenden Glaubens: Martin Luther

Die Reformatoren des 16. Jahrhunderts sahen im Glauben – das heißt in der existentiellen Bindung an Gott und Christus – die einzig sachgemäße Antwort auf die Predigt. Für Martin Luther (1483–1546) hatte dies praktische Folgen. Als er in den 1520er Jahren begann, neue liturgische Formen einzuführen, gipfelte sein Gottesdienst in der Predigt, denn «das größte und vornehmste Stück allen Gottesdienstes ist die Predigt und Lehre von Gottes Wort» (*WA* 19,78). Luther schuf die wichtigste Grundlage der Predigt: eine Übersetzung der Bibel in deutscher Volkssprache. Sein sogleich erfolgreiches *Neues Testament Deutsch* erschien 1522. Im Jahre 1534 lag schließlich die gesamte Bibel vor. Vor der Predigt lasen die der Reformation zuneigenden Pfarrer einen Abschnitt aus der Heiligen Schrift vor. Damit alle Anwesenden die Lesung verstehen konnten, wurde sie in deutscher, nicht in lateinischer Sprache vorgetragen. Luther wußte freilich, daß damit noch nicht alles gewonnen war. Viele Priester hatten weder eine praktische Ausbildung im Predigen noch besaßen sie Talent. Dem wollte Luther durch eine gute Postille abhelfen: eine gedruckte Sammlung von Musterpredigten über die traditionellen Lesungen, die für jeden Sonntag des Jahres festgelegt waren. Die Postille sollte auch dem Mißbrauch der Kanzel durch Schwärmer und Sektierer vorbeugen. Wenn jeder seine eigenen Predigten verfaßt, «so kommts schließlich dahin, daß jeder predigt was er will, und statt des Evangeliums und seiner Auslegung von blauen Enten gepredigt wird» (*WA* 19,95). Seit 1522 veröffentlichte Luther mehrere Predigtbücher, aus denen der Gemeinde vorgelesen werden konnte. Diese wurden schließlich in der *Kirchenpostille* zusammengefaßt, die 1527 erstmals erschien und häufig gedruckt wurde. Der Reformator betrachtete die *Kirchenpostille* als sein bestes Buch. Tatsächlich machte dieses Werk Luther zum wichtigsten Prediger seiner Zeit, zumindest in Kursachsen, wo er von seinem Fürsten unterstützt wurde.

Obwohl Luther seine Ansichten über Wesen und Aufgabe der Predigt nie systematisch darlegte, ergeben seine verstreuten Äußerungen ein klares Bild. Die Predigt, wie er sie verstand, verfolgt drei Ziele, wobei jedes an das andere anknüpft: Sie soll christliches Grundwissen lehren, sie soll zum erlösenden Glauben führen, sie soll zum christlichen Leben anleiten.

Das erste Ziel ist die Vermittlung christlichen Grundwissens. Die gemeinen Leute sind – so Luther – ungebildet und «leben dahin wie das liebe Vieh und unvernünftige Säue» (WA 30/1,347). Dennoch darf man sie nicht verachten und in Unkenntnis lassen; sie bedürfen der Unterweisung. Luther trennte die elementare Katechismuspredigt von der Predigt des gewöhnlichen Sonntagsgottesdienstes. Er wollte, daß die Gemeinde zweimal im Jahr eingehende Unterweisung erfährt. Zu diesem Zweck soll sie sich zwei Wochen lang viermal wöchentlich um zwei Uhr nachmittags treffen, um die «Elemente und Grundlagen des christlichen Wissens und Lebens» erklärt zu bekommen (WA 27,444). Diese Grundlagen sind im Glaubensbekenntnis, den Zehn Geboten, dem Vaterunser und den Sakramenten (Taufe und Abendmahl) enthalten. Luther wollte, daß alle Familienmitglieder und der gesamte Haushalt an diesem Unterricht teilnehmen – Erwachsene, Kinder und Gesinde. Nachdem er den katechetischen Kurs mehrmals in Wittenberg gehalten hatte, faßte ihn Luther in zwei 1529 veröffentlichten Katechismen zusammen, einem großen für die

Pfarrer und einem kleinen für das Volk. Wie seine gedruckten Predigten, so sollten auch diese Schriften denen dienen, die keine theologische Ausbildung erfahren hatten oder eine handliche Anleitung suchten. Nach Luther soll die Vermittlung christlichen Grundwissens vor allem in der katechetischen Predigt geschehen, doch sollte auch jede gottesdienstliche Ansprache belehren. Hören die Gläubigen dem Prediger jeden Tag zu, dann werden sie «in der Schrift verständig, bewandert und kundig» (*WA* 12,36). Wissensvermittlung war nicht nur Sache des Predigers. Luther förderte auch die Einrichtung öffentlicher Schulen und drängte die Fürsten und die Magistrate der Städte, sich für allgemeine Bildung einzusetzen.

Das zweite und zentrale Anliegen der Predigt ist, das christliche Wissen für den einzelnen existentiell zu machen. Der Wissenserwerb soll keine intellektuelle Angelegenheit bleiben. Wie seine humanistischen Zeitgenossen verstand auch Luther Wissen als «eine ganzheitliche Erfahrung, die das Gefühl mit einschließt, das Herz durchdringt, den Willen formt und den ganzen Menschen zu einer aktiven Antwort herausfordert».[95] Diese ganzheitliche Erfahrung wurde lateinisch *fides*, «Glaube», genannt. Nach Auffassung der damals von den Humanisten geschätzten antiken Rhetorik wird der Mensch durch das wirksame Wort des Redners zum Glauben bewegt.[96] Diese Ansicht teilte Luther.

Luther unterscheidet zwischen «historischem Glauben», d. h. der bloßen Kenntnis der biblischen Geschichte von Christi Geburt, Leben und Tod, und «wahrem Glauben». Wahrer Glaube entsteht, wenn ein Mensch erkennt, daß Gott seinen Sohn *um jedes einzelnen Menschen willen* gesandt hat; daß ihm Gott in der Vergebung der Sünden ein einzigartiges Geschenk gemacht hat. «Das Hauptstück und der Grund des Evangeliums ist, daß du Christus (...) entgegennehmest und anerkennst als eine Gabe und ein Geschenk, das dir von Gott gegeben und dein eigen sei. So daß du, wenn du ihm zusiehst oder hörst, daß er etwas tut oder leidet, nicht zweifelst, er selbst, Christus, sei mit solchem Tun und Leiden dein, und darauf könntest du dich nicht weniger verlassen, als wenn du es selbst getan hättest, ja, als wenn du eben dieser Christus wärest» (*WA* 10/I,1,11). Der Prediger muß daher von der elementaren Darlegung biblischer Ereignisse zu einer tieferen Deutung fortschreiten. «Es genügt nicht und ist nicht christlich, wenn wir die Werke und das Leben Christi rein historisch predigen. (...) Es muß mit dem Ziel gepredigt werden, den Glauben an Christus zu wecken und zu fördern; es ist nicht nur zu sagen, daß er Christus ist, sondern daß er das für dich und für mich ist und das in uns wirkt, was von ihm gesagt wird und wie er heißt [Jesus = Erlöser]. Dieser Glaube aber entsteht dadurch und wird dadurch erhalten, daß gepredigt wird, warum Christus gekommen ist, was er gebracht und gegeben hat und mit welchem Nutzen er zu empfangen ist» (*WA* 7,58–59). Nach Luther kommt dem existentiellen Anliegen der Predigt der Vorrang vor allen anderen Zielen zu.[97] In einem seiner Tischgespräche bemerkte er, das «erste Ziel [der Predigt] ist, das Gewissen zu Boden zu werfen» *(primo est deicienda conscientia)*.[98] Die Predigt soll das Gewissen, das Herz, die Mitte jedes einzelnen Zuhörers treffen.

Ein gutes Beispiel für existentielles Predigen bildet die Ansprache, die Luther am Nachmittag des Weihnachtsfestes von 1530 hielt. Alle glauben an die Botschaft von Christi Geburt: die Türken, der Papst, die Gelehrten; keiner zweifelt daran, daß dieses Ereignis stattgefunden hat. Aber ein solcher Glaube ist nichts anderes als bloße Erinnerung, und diese ist als solche bedeutungslos. «Die Vernunft umfaßt nicht den doppelten Glauben, daß Christus nicht nur Mensch ist, sondern auch Retter, Herr und König. Der zweite [Glaube] muß vom Himmel kommen, so daß, wer den ersten Glauben hat, auch den zweiten erhalte» (*WA* 32: 263). Christus ist der Retter – *mein* Retter:

> Ich muß mit meiner Sünde herausgehen aus allen Kreaturen. Sonne, Mond und Sterne, all ihr Kreaturen, ihr Ärzte, ihr Weisen, ihr Mächtigen, nein, ihr könnt mir nicht helfen. Wenn ich sterbe, sehe ich nichts als Finsternis, und doch bleibt jenes Licht vor meinen Augen und erfüllt Himmel und Erde: «Euch ist heute der Heiland geboren.» Wenn alles mich verläßt: dieser Heiland wird mir helfen! Und wenn Himmel und Sterne und alle Kreaturen mich häßlich anstarren, so sehe ich außer diesem Kinde nichts im Himmel und auf Erden. (*WA* 32,264–265)

Das ist für Luther «der Glaube, den wir predigen, und von dem der Türke und der Papst und alle Sektierer nichts wissen» (*WA* 32,265). Am Ende dieser existentiellen Verkündigung fordert Luther seine Zuhörer auf, mit ihm zu sprechen: «Amen, ich danke dir, du lieber Herr» (*WA* 32,266).

Verstanden als Antwort auf das Wort des Predigers ist Glaube nichts anderes als Vertrauen auf Gott, verbunden mit existentiell bedeutenden Wissensinhalten. Dieses Wissen ist in der Bibel niedergelegt und wird in der Predigt vorgebracht. Bibel und Predigt «zeigen dir Christus und lehren alles, das zu wissen not und selig ist», wie es in der Vorrede zum Neuen Testament heißt (*WA DB* 6,11).

Bei seiner Erklärung der Art und Weise, wie die Predigt zum Glauben führt, bedient sich Luther gelegentlich der theologischen Fachsprache. Er unterscheidet zum Beispiel zwischen dem historischen Faktum des Leidens Christi und dem «Gebrauch» dieses Faktums, zwischen *factum* und *usus facti* (*WA* 26,296). Der Begriff des «Gebrauchs» steht mit einem zweiten Begriff in Verbindung, dem des «Schatzes». Durch sein Leben und besonders durch seinen Tod hat Christus einen großen Schatz erworben, der «durch Predigen, Taufen, den Geist, Lesen [der Bibel], Glauben, Verzehr [der Eucharistie]» ausgeteilt wird. Durch diesen «Gebrauch» bewirkt der Schatz das Heil der Menschen (*WA* 26,295). Die Predigt nimmt in der Liste der vom Reformator anerkannten heilswirksamen Handlungen den ersten Platz ein. «Christi Leiden ist nur einmal am Kreuz geschehen. Aber wozu wäre es nütze, wenn es nicht ausgeteilt, verwendet und benutzt würde? Und wie anders könnte es ausgeteilt und benutzt werden als durch Wort und Sakrament?» (*WA* 26,296–297). Die Predigt ist nach Luther der gewöhnliche Weg, auf dem die Schätze Christi den Gläubigen erreichen. «Aber was hülfe mir das alles, wenn dieser Schatz nicht geöffnet, weggegeben und mir zur Verfügung gestellt würde?» Dann hätten wir «einen Kasten voll Gold, einen großen Schatz, der irgendwo vergraben oder versteckt ist» (*WA* 18,203). Doch solange wir keinen Zugang zu dem Schatz haben, nützt er uns nichts.

Ist die Predigt der Gemeinde eine Hilfe, den Schatz zu finden, kann Schriftlesung und Predigt ein sakramentaler Charakter nicht abgesprochen werden. In einer früheren Weihnachtspredigt, der von 1519, mißt Luther dem Evangelium und den traditionellen Sakramenten gleiche Bedeutung zu:

> Alle Worte und Geschichten des Evangeliums sind gleichsam Sakramente, das heißt heilige Zeichen, durch welche Gott in den Gläubigen das bewirkt, was die Geschichten berichten. Der Bericht über die Geburt Jesu Christi ist eine Art Sakrament, da wir, wenn wir an sie glauben, wiedergeboren werden. Wie die Taufe das Sakrament ist, durch das Gott den Menschen erneuert, wie die Lossprechung das Sakrament ist, durch das Gott die Sünden nachläßt, so sind auch die Worte Christi Sakrament, durch die unser Heil gewirkt wird. (...) Auf diese Weise kannst du den Unterschied begreifen zwischen dem Evangelium und menschlichen Geschichten [wie sie zum Beispiel der römische Historiker Livius erzählt]. (*WA* 9,440)

Luther unterscheidet nicht – wie später Karl Barth – zwischen dem Evangelium als Text und als Wort mündlicher Verkündigung. Daher scheint es, als sage er, der Prediger spende der Gemeinde ein Sakrament – das Sakrament des heilbringenden Wortes.

Nach der Unterweisung und der Hinführung zum Glauben ist die moralische Erziehung das dritte Ziel der Predigt. Die Gläubigen sollen dem Beispiel Christi folgen: «Christus hat für uns gelitten und uns ein Vorbild hinterlassen; ihr sollt seinen Fußstapfen nachfolgen» (1 Petr 2,21, Luther). Christus ist aber keineswegs nur Vorbild im Leiden. «Wenn du siehst, daß er betet, fastet, den Leuten hilft und Liebe erweist, dann sollst du solches auch selbst und für deinen Nächsten tun» (*WA* 10/I,1,11). Luther sieht in der Ermahnung zur Nachfolge Christi kein selbständiges Ziel der Predigt, sondern eines, das auf den Glauben an Christus aufbaut: «Wenn nun Christus Grund und Hauptgut deiner Seligkeit ist, dann folgt das zweite Stück, daß du ihn auch zum Vorbild nimmst, indem du deinem Nächsten so dienst, wie sich Christus für dich hingegeben hat» (*WA* 10/I,1,12). Er anerkennt, daß die mittelalterlichen Prediger diese Botschaft keineswegs vernachlässigt haben; aber sie haben ihren Wert überschätzt. Die wahre Bedeutung des Evangeliums wird dadurch verdunkelt. Niemand kommt durch die Nachahmung Christi zum Heil. Christus selbst ist der Heiland, und die Nachahmung ist «das geringste [Stück] vom Evangelium» (*WA* 10/I,1,11).

Wie Luther den Pfarrer vor allem als Prediger auffaßt, so sieht er den gewöhnlichen Gläubigen als Zuhörer. Der Spruch «die Ohren allein sind die Organe des Christenmenschen» *(solae aures sunt organa Christiani hominis)* faßt diese Meinung prägnant zusammen (*WA* 57, Hebräer 222).

Nicht alle Zuhörer schätzten Luthers Konzentration auf bestimmte theologische Themen. Das wußte der Reformator nur allzu gut.[99] An lehrhafte

7a Der lutherische Prediger und seine aufmerksamen Zuhörer (1). Für die Reformatoren des 16. Jahrhunderts bildete die Predigt den Mittelpunkt des Sonntagsgottesdienstes. Der Holzschnitt illustriert das biblische Gebot «Du sollst den Feiertag heiligen» in einer frühen Ausgabe von Luthers großem Katechismus. Im Hintergrund schändet ein Holzsammler den Feiertag weniger durch seine Arbeit als durch Vernachlässigung der Pflicht, die Predigt zu hören. Die Gemeinde – Kind und Hund ausgenommen – lauscht dem Prediger mit großer Aufmerksamkeit. Holzschnitt aus der Werkstatt Lucas Cranachs des Älteren, 1529.

Anekdoten, ausgemalte Allegorien, Witze, spannende Erzählungen und dramatische Wunderberichte gewöhnt, fanden sie Luthers Predigt langweilig. Sie zogen die lebhafte Vortragsweise von Nicolaus Fabri vor, der zwischen 1508 und 1516 als Kollege Luthers an der Stadtkirche von Wittenberg tätig war.[100] Luther spielte auf der Kanzel nie den zu Scherzen aufgelegten Unterhalter, doch bemühte er sich um eine anschauliche Darstellung, flocht Sprichwörter ein, vermied lateinische Einsprengsel und bediente sich volkstümlicher Sprache. Trotzdem war Luther kein beliebter Prediger. Ernsthafte Predigt war ein undankbares Geschäft.

Der Unterschied zwischen Ideal und Wirklichkeit lutherischer Predigt geht auch aus bildlichen Darstellungen der Reformationszeit hervor. Prediger und Gemeinden wurden oft dargestellt. Ein Holzschnitt (Abb. 7a) aus Luthers

7b Der lutherische Prediger und seine aufmerksamen Zuhörer (2). Lucas Cranach der Ältere schuf dieses Gemälde für die Stadtkirche von Wittenberg. Es zeigt Luther auf der Kanzel. Cranach weicht von dem Holzschnitt (Abb. 7a) ab und stellt die Gemeinde etwas anders dar. Selbst die Blicke von Kind und Säugling sind auf Kruzifix und Prediger gerichtet. Der Hund darf die Kirche nicht betreten. Von 1514 bis zu seinem Tod im Jahre 1546 war Luther Prediger an dieser Kirche. Einer Vermutung zufolge handelt es sich bei der Frau und dem Knaben im Vordergrund um Luthers Frau Käthe und ihren Sohn Hans. Predella von Lucas Cranach dem Älteren, 1547.

Großem Katechismus von 1529 illustriert das dritte Dekaloggebot («Du sollst den Feiertag heiligen») mit einer Gemeinde, die dem Wort ihres Predigers aufmerksam folgt.[101] Der Holzsammler als Sabbatschänder bleibt im Hintergrund. Im Gottesdienst gilt es, zuzuhören. Spielen darf nur das Kind und schlafen nur der kleine Hund. Später diente der Holzschnitt als Vorlage für eine Darstellung Luthers als Prediger in der Wittenberger Stadtkirche (Abb. 7b). Lucas Cranach verlegte die Szene ins Innere der Kirche, behielt die Geste des Predigers bei, ließ den Hund weg und fügte ein Kruzifix hinzu (das ursprünglich auch auf dem Holzschnitt zu sehen war – siehe die Lücke in der Mauer[102]). Die Gemeinde erscheint noch aufmerksamer als in der Vorlage. Sogar der kleine Junge und selbst der Säugling scheinen den Blick auf das Kruzifix und den Prediger zu richten. Ob idyllisch dargestellt wie im Katechismus oder streng wie in Cranachs Altarbild, die erste Generation der Lutheraner bildet stets eine aufmerksame Gemeinde.

Der Holzschnitt in Luthers Katechismus und das Altargemälde in der Wittenberger Stadtkirche geben das Ideal der aufmerksamen Gemeinde wieder. Auf die wirklichen Verhältnisse nehmen diese Bilder keine Rücksicht. Wie Luther in einem seiner Tischgespräche bemerkt, will die Gemeinde vor allem unterhaltsame Geschichten hören. «Wenn man vom Artikel der Rechtfertigung predigt, so schläft das Volk und hustet; wenn man aber anfängt, Historien und Exempel zu sagen, da reckts beide Ohren auf, ist still und höret fleißig zu» (*WA TR* 2, Nr. 2408b).

Zu den Darstellungen aus dem Umkreis Luthers steht ein Erinnerungsgemälde aus dem späten 16. Jahrhundert in deutlichem Gegensatz (Abb. 8). Das Gemälde, noch heute in der lutherischen Kirche St. Maria zur Wiese in der westfälischen Stadt Soest zu sehen, soll an Pastor Sprenger erinnern und

8 Der lutherische Prediger und die schlafende Gemeinde. Unter den Zuhörern von Johannes Sprenger, dem lutherischen Pfarrer von Soest, sieht man auch solche, die eingenickt sind. Offenbar will die Darstellung realistisch sein. Aber vielleicht will der Künstler auch an ein biblisches Gleichnis erinnern, das die Predigt mit dem Säen vergleicht: Nicht jeder Same fällt auf guten Grund, geht auf und bringt Frucht. Erinnerungstafel in St. Maria zur Wiese, Soest, um 1580.

wurde nach dessen Tod im Jahre 1581 angebracht. Es zeigt das Innere der Kirche während des Gottesdienstes. Der energischen Geste des Predigers steht nicht die ungeteilte Aufmerksamkeit aller Zuhörer gegenüber. Einige hören zwar gespannt zu, andere jedoch scheinen sich um die Predigt wenig zu kümmern, und einige schlafen sogar. Unter der Kanzel schenkt eine Frau ihrem Säugling mehr Aufmerksamkeit als dem Gottesdienst. Die realistische Darstellungsweise erlaubt nun auch die Abbildung erwachsener Gemeindemitglieder, die während der Predigt schlafen.

Anders als Cranach will der Künstler von Soest das wirkliche Leben im Stil eines Pieter Brueghel darstellen – oder vielleicht auch im Stil eines Laurentius de Voltalina, der im 14. Jahrhundert Studenten malte, die während der Vorlesung eines deutschen Professors schliefen.[103] Jedoch weder Realismus noch ein gewisser Sinn für Humor vermögen die ungewöhnliche Erinnerungstafel befriedigend zu erklären. Wahrscheinlich müssen wir auf die Bibel zurückgreifen, um zu verstehen, was der Künstler ausdrücken wollte. Nach dem Gleichnis vom Sämann nahm ein Bauer eine Handvoll Samen und streute ihn aus.[104] Einiges fiel auf den Weg und einiges auf steinigen Grund, um dort zu verdorren. Einiges aber fiel auf fruchtbares Land, ging auf und brachte Frucht. Der Künstler scheint die Reaktion auf die Predigt von Johannes Sprenger darzustellen, der in den Jahren 1567–1581 Pfarrer dieser Kirche war. Sie entspricht dem Gleichnis: Einige hören auf Gottes Wort, während andere nur

9 Die schlafende Gemeinde. Das vom Erfinder der modernen Karikatur gewählte Thema bedarf keiner Erläuterung. Wir dürfen die Erinnerungstafel für Johannes Sprenger (Abb. 8), die ein ähnliches Motiv darstellt, jedoch nicht mit den Augen von William Hogarth sehen. Hogarth verspottet die Predigt, während der Künstler des 16. Jahrhunderts sie nur realistisch darstellen will. William Hogarth, *Die schlafende Gemeinde*, 1736.

dasitzen und dösen. Der Künstler will den Betrachter auffordern, der Predigt die rechte Aufmerksamkeit zu schenken.

Erst zwei Jahrhunderte später wurde der Kirchenschlaf zu einem bevorzugten Thema satirischer Auslassungen. Wir müssen uns davor hüten, die Erinnerungstafel aus dem 16. Jahrhundert mit den Augen eines Jonathan Swift zu sehen (des Verfassers von *Gullivers Reisen* und einer Predigt über den Kirchenschlaf[105]) oder sogleich an die Darstellung William Hogarths zu denken (des Erfinders der modernen Karikatur) (Abb. 9). Die satirische Auffassung ließe uns zwar schmunzeln, aber die ernsthafte Botschaft verkennen, die der Künstler des 16. Jahrhunderts in sein Werk legte.

3. Die Haupttypen protestantischer Predigt in der modernen Welt

Die reformatorische Begeisterung für die Wortverkündigung schuf einen Gottesdienst, in dessen Mitte die Predigt steht. Die Eucharistie verlor an Bedeutung und bildete keinen Bestandteil der sonntäglichen Feier mehr. Die Pfarrer betrachteten sich in erster Linie als Prediger, denn die Sonntagspredigten – und manchmal zusätzliche Werktagsansprachen – galten als ihre wichtigste Aufgabe. Die protestantische Entscheidung für den Wortgottesdienst brachte eine neue und reiche Predigtkultur hervor, die von einer manchmal ebenso reichen homiletischen Erörterung über Wesen und Ziel der Verkündigung begleitet war. Es wurde nicht nur viel gepredigt, sondern auch viel darüber nachgedacht, wie der Pfarrer seine Aufgabe aufzufassen und seiner Pflicht in verantwortungsvoller Weise nachzukommen habe. Allgemein läßt sich sagen, daß die Aufgabe der Predigt keine andere ist als die Aufgabe des Gottesdienstes: Die Gemeinde soll näher zu Gott geführt werden. Dem liegt der Gedanke zugrunde, daß den Gläubigen, obwohl sie getauft und in den Grundlagen des Glaubens unterwiesen sind, etwas fehlt: die Glut des Glaubens, eine angemessene Kenntnis der Heiligen Schrift und der rechten Lehre, oder der Mut, gegen sündhafte Neigung zu kämpfen. Demzufolge kämpft der Prediger gegen Unwissenheit, Sünde und mangelndes Vertrauen auf Gott und Christus.

Im 19. und 20. Jahrhundert lassen sich drei außerordentlich einflußreiche Richtungen oder Schulen protestantischer Predigt unterscheiden: Evangelismus, Liberalismus und dialektische Theologie. Evangelismus, eine im 18. Jahrhundert entstandene und mit Namen wie Jonathan Edwards, John Wesley und Billy Graham verknüpfte Bewegung, zielt auf Glaube und Bekehrung und führt das Anliegen von Luthers Glaubenspredigt auf ihre Weise fort. Der mit dem deutschen Theologen Friedrich Schleiermacher im frühen 19. Jahrhundert einsetzende Liberalismus vermeidet eine Festlegung in Sachen der Lehre und pflegt eine Frömmigkeit, die dem einzelnen hilft, sein Leben zu bewältigen und inneren Frieden zu finden. Liberale Theologen führen die klassische Glaubenspredigt sowie die Moralpredigt fort, freilich in veränderter Gestalt. Anders als der Evangelismus glaubt die im 20. Jahrhundert von Karl Barth angeführte dialektische Theologie nicht an unmittelbar eintretende Bekehrung. Sie kann nicht Ziel der christlichen Verkündigung sein. Indem die dialektische Theologie die Erklärung von Schrift und Lehre in den Mittelpunkt stellt, knüpft sie an die schriftgelehrte Predigt an, die wir bei Lukas und Origenes finden. Das vorliegende Kapitel stellt die evangelistische Predigtlehre dar, untersucht die Theologie des reformierten Dogmatikers

10 Eine Satire auf die frühe Erweckungspredigt. George Whitefield (1714–1770) gilt als der Erfinder einer neuen Rolle des Predigers. Er sprach die Zuhörerschaft in freier Rede unmittelbar an und las keinen vorher schriftlich niedergelegten Text vor. Der Schauspieler und, wie manche meinten, der Clown trat an die Stelle des Gelehrten. Hogarths bekannte Karikatur zeigt, wie unter Whitefields Talar der bunte Anzug eines Harlekins und unter seiner Perücke die Tonsur des Ordensmanns sichtbar wird. Hogarth spielt darauf an, daß die katholischen Orden – besonders Franziskaner, Jesuiten und Redemptoristen – damals einen ähnlich dramatischen Predigtstil pflegten, wenn sie die Pfarreien für eine Woche besuchten, um das katholische Leben zu erneuern. William Hogarth, *Der Enthusiasmus* (Detail), 1739.

Karl Barth und beschäftigt sich mit Leben und Werk des liberalen amerikanischen Pastors Harry Emerson Fosdick.

Die Erweckungspredigt von Jonathan Edwards bis zur Gegenwart

Luthers Begeisterung für eine Predigt, die den Zuhörer zum Glauben führt, konnte im 16. Jahrhundert nicht Schule machen. Zwar waren die Anhänger und Freunde des deutschen Reformators oft angesehene und erfolgreiche Kanzelredner, doch was sie vortrugen, belehrte die Zuhörer mehr, als es ihr Herz zum Glauben erwärmte. Sie schufen keine neue Begeisterung für das Christentum, sondern protestantische Rechtgläubigkeit. Erst im 18. Jahrhundert kam es zum Wiederaufleben einer Predigt, die auf das Herz zielte und Anstöße zu einem warmen, persönlichen Glauben gab. Diese Art des Predigens ist bis heute lebendig geblieben, besonders in Amerika. In den 1730er Jahren im Zusammenhang mit der «großen Erweckung» *(Great Awakening)* in Amerika und im englischen Methodismus entstanden, sind die Ursprünge des

Evangelismus mit den Namen Jonathan Edwards, George Whitefield (Abb. 10) und John Wesley verbunden. Im 19. Jahrhundert war Charles Finney die führende Gestalt, heute nimmt Billy Graham (geb. 1918) diese Stellung ein. Evangelistisches Predigen beruht auf zwei eng miteinander verknüpften Entdeckungen: der Einsicht, daß es vielen Christen an Entschiedenheit und Wärme des Glaubens mangelt, und der Erfahrung, daß es durch neue Methoden möglich ist, diese «lauen» Menschen zu einem begeisterten Glauben zu bekehren.[106]

Unter den ersten, die auf das Problem der lauen Christen aufmerksam wurden, war Increase Mather in Neuengland, einer der bekanntesten puritanischen Theologen des 17. Jahrhunderts. Er erkannte, daß das Wettern gegen Unmoral, Interesse an modischer Kleidung, Ungehorsam von Untergebenen gegenüber ihren Vorgesetzten und gegen die Gewinnsucht der Händler nicht ausreichte. Die Moralpredigt behandelte nur die Symptome, aber nicht die Wurzel des Übels. Diese sah er im Erkalten von Glauben und Frömmigkeit. «Wo ist der alte Geist von Neuengland geblieben?», fragte er schon im Jahre 1674. «Wo ist unsere erste Liebe? Wo ist unser Eifer für Gott geblieben, vor allem in Sachen der ersten Tafel [der zehn Gebote], die einst unser ganzer Stolz war?»[107] Es fehlte nicht nur am rechten Verhalten, sondern, viel grundlegender, am rechten Glauben. Die einst ideale Gemeinschaft von entschiedenen Gläubigen, die in Amerika eine christliche Gesellschaft aufbauen wollten und deshalb ausgewandert waren, war zu einem kleinen Häuflein zusammengeschmolzen. Die Frommen sahen sich von lauen Christen umgeben, deren bloße Existenz ihnen als Skandal erschien. Es mußte etwas geschehen. Die puritanische Geistlichkeit hatte eine neue Aufgabe entdeckt.

War das Problem einmal erkannt, fand sich alsbald auch die Lösung. Sie bestand in einer neuen Art der Predigt, als deren Musterbeispiel eine Ansprache gilt, die Jonathan Edwards unter dem Titel «Die Sünder in der Hand des zornigen Gottes» im Jahre 1741 in Enfield (Connecticut) hielt. Edwards wählte einen erregten, die Gefühle aufwühlenden Ton. Am Schluß der Predigt stand die dringende Aufforderung, sich zu ändern, bevor es zu spät ist: «So erwache nun jeder, der von Christus getrennt ist, und zwar jetzt gleich! Nur so kann er dem kommenden Strafgericht entgehen. Der Zorn des allmächtigen Gottes hängt wie eine drohende Wolke über der Mehrzahl der Mitglieder dieser Gemeinde. Jedermann fliehe aus Sodom!»[108] Die Stadt der Sünde, aus der es zu fliehen galt, war die eigene Unentschiedenheit. Die neue Predigt drängte die Lauen, sich zu bekehren und einen neuen, festen Glauben an Christus zu finden. Tatsächlich blieb der Erfolg nicht aus und führte zu einer Reihe von geistlichen «Erweckungen», deren erste im Dezember 1734 in Northampton (Massachusetts) auftrat. Eine Reihe weiterer Erweckungen folgten auf beiden Seiten des Atlantiks – in Amerika wie in Europa. Innerhalb weniger Jahre hatte der neue Stil der Predigt mitsamt der ihm zugrunde liegenden Theologie viele Anhänger gefunden. Drei Rollen des Predigers traten immer deutlicher hervor und sollten von nun an das Bild des Erweckungspredigers bestimmen: der (von Max Scheler so bezeichnete) *Seelentechniker*, der die Gefühle anspricht; der *Anwalt Gottes*, der durch Argumente überzeugen will; der *Seelsorger*, dessen persönlicher Rat geschätzt wird.

Als *Seelentechniker* geht der Prediger davon aus, daß die Menschheit in drei Gruppen zerfällt: Ungläubige, laue Christen und wahre Gläubige. Viele, wenn nicht die Mehrzahl derer, vor denen er spricht, gehören der mittleren Gruppe an. Bei ihnen handelt es sich um die «Namenschristen» (die nur den christlichen Namen tragen, ohne es wirklich zu sein), die noch nicht «Wiedergeborenen». Nach außen hin mögen sie gute Christen sein, zur Kirche gehen und weder gegen Recht noch Sitte verstoßen. Dennoch sind sie nicht «gerettet», denn ihnen fehlen Entschiedenheit und Frömmigkeit des Herzens. Die wichtigste Aufgabe des Predigers besteht nun darin, diesen Menschen den persönlichen Herzensglauben nahezubringen. Jonathan Edwards hat in seiner *Abhandlung über religiöse Gefühle (A Treatise concerning Religious Affections*, 1746) dieses Anliegen erstmals zu begründen gesucht. Die reife und ausgewogenste Theorie der Bekehrung stammt von dem Engländer John Wesley (1703–1791). Nach Edwards ist die plötzliche Bekehrung eine Art von Gott gewirktes Wunder an jenen, die er für das ewige Leben im Himmel erwählt und vorherbestimmt hat. Wesley verzichtete auf die für Edwards wichtige calvinistische Lehre göttlicher Vorherbestimmung und betonte statt dessen die den Menschen verwandelnde Kraft göttlicher Liebe.[109] Er gab dem Glauben eine «weibliche» Definition: als Liebe und Vertrauen zu Gott ist Glaube eine Herzenssache. Nach Wesley verdienen sich die Gläubigen den Himmel eher durch die Bindung des Herzens an Christus als durch eine Kenntnis der Lehre in allen ihren Feinheiten. «Auch wer nur eine geringe Kenntnis der Glaubenswahrheiten besitzt, wird in den Schoß Abrahams gebracht», vorausgesetzt, daß er nicht ohne Liebe zum Herrn stirbt.[110]

Der Versuch der Prediger, die Gefühle seiner Zuhörer anzusprechen, konnte deshalb erfolgreich sein, weil er mit einer allgemeinen gesellschaftlichen Entwicklung zusammentraf. Die Welt der Gefühle erfreute sich zunehmender Schätzung. Zwar sind sich die Historiker weder über die Ursachen noch den genauen Zeitpunkt dessen einig, was Lawrence Stone die «Revolution des Gefühls» nennt;[111] aber es wird allgemein anerkannt, daß Sexualität, Liebe und Familie in der Literatur, den Künsten und auch im Alltagsleben des 19. Jahrhunderts einen größeren Stellenwert erlangten als zuvor. «Romantische Liebe» und emotionale Religiosität gehören demselben kulturellen Klima an.

Gelingt es dem (manchmal durch Chor und Musik unterstützten) Prediger, eine emotionale Atmosphäre zu erzeugen, kann es zur Bekehrung kommen. Die improvisierte, im Gesprächston gehaltene, nicht aus einem Manuskript vorgelesene Ansprache soll Sünder – und nicht nur sie – persönlich treffen, innerlich anrühren und aufwühlen. Auf schlüssige Argumentation und gewählte Sprache wird zugunsten eines begeisternden Vortrags verzichtet, theologische Fachsprache gemieden. Sünder werden persönlich angesprochen, Schlüsselgedanken solange wiederholt, bis sie verstanden werden, und auf die Möglichkeit und sogar Wahrscheinlichkeit ewiger Verdammnis immer wieder hingewiesen. Die Prediger lassen keinen Zweifel an der Dringlichkeit ihrer Botschaft. In einer 1741 gehaltenen Ansprache meint Edwards, die schreckliche Wirklichkeit der Hölle könne den Prediger nicht kalt lassen. Wenn Eltern ihr Kind in einem brennenden Haus wissen, würden sie da «in einem unbeteiligten Ton nach ihm rufen»?[112] Musik und Gesang tragen das ihre zur Schaffung einer religiösen Stimmung bei. Im 18. Jahrhundert haben die Methodisten die Wirkung emotionaler Melodien entdeckt. Seitdem haben Gemeinde- und Chorgesang einen festen Platz im evangelistischen Gottesdienst. Seit Ende des 19. Jahrhunderts gelten neue, rhythmisch ansprechende Lieder als Kennzeichen der Erweckungsbewegung. Seit den 1870er Jahren traten Prediger wie Dwight D. Moody in der Begleitung von Musikern, Sängern und Chören auf. Durch Musik verstärkt, begann die suggestive Atmosphäre den Gottesdienst so sehr zu bestimmen, daß der Inhalt der Predigt in den Hintergrund trat. Alles zielte darauf ab, eine Stimmung zu erzeugen, in der Seelen «gewonnen» oder «gerettet» werden konnten – einzeln oder, noch besser, in großer Zahl.

Nicht alle Erweckungsprediger wollten als Seelentechniker auftreten und bestimmte Gefühle erzeugen. Im Amerika des 19. Jahrhunderts empfahl Charles Finney (1792–1875) eine andere Rolle: die des *Anwalts Gottes*. Finney selbst war als Rechtsanwalt tätig, bevor er die Laufbahn des Predigers einschlug. Für ihn war die Kirche Gottes Verhandlungssaal.[113] In der Gemeinde sah er Menschen, die des Unglaubens angeklagt waren. Der Prediger sollte die Sache des Herrn vertreten und konnte zu diesem Zweck auch Zeugen vorführen, die von ihrer eigenen Bekehrung berichteten. Finney stieg nicht immer auf die Kanzel, sondern blieb im Kirchenschiff, legte Wert auf Blickkontakt, wandte sich direkt an einzelne und berührte sie sogar.[114] Die Entscheidung oder erneute Entscheidung für Christus sollte sofort und in der Öffentlichkeit geschehen, nicht als privater Akt nach dem Gottesdienst.[115] Finney ließ die bekehrten Sünder aufs Podium kommen und dort eine öffentliche Beichte ablegen. Viele Erweckungsprediger folgen Finneys Brauch. Als Anwälte Gottes wollen sie Ergebnisse sehen und die Christus Zugeführten – die «Bekehrten» – im Verhandlungssaal der Kirche zählen.

Finneys Erweckungspredigt liegt ein neues Glaubensverständnis zugrunde. Nach der traditionellen calvinistischen Auffassung sind Bekehrung, Hinwendung zu Christus und Glaube ein Geschenk Gottes, das einigen zuteil und anderen vorenthalten wird. Gott sucht sich die Mitglieder seiner Gemeinde selbst aus; der Mensch ist göttlicher Vorherbestimmung ohnmächtig ausgeliefert. Erweckungsprediger vom Schlage Finneys sind anderer Meinung.[116] Für sie beruht Glaube stets auf einer bewußten persönlichen Entscheidung. Der Prediger muß seine Zuhörer zu einer Glaubensentscheidung führen. Finneys Glaubensverständnis läßt sich als «männlich» charakterisieren: Glauben bedeutet, sich aus Vernunftgründen der Autorität Christi unterstellen. Während John Wesley und seine Schule die Religion vor allem als Sache des Herzens betrachteten (Gefühle der Liebe zu Christus und Tränen spielten daher eine Rolle) und damit ein «weibliches» Glaubensverständnis pflegten, appellierte Finney vor allem an die Vernunft: Es ist vernünftig, Gott zu gehorchen und so der ewigen Verdammnis zu entgehen. Finneys Glaubensverständnis spiegelt den Optimismus des 19. Jahrhunderts.[117] Wie der amerikanische Präsident Andrew Jackson (Amtszeit 1829–1837), so glaubte auch Finney an die Fähigkeit des Bürgers, sich selbst zu regieren. Der Abstinenzbewegung, dem Kampf um die Rechte der Frau und der Förderung des Bildungswesens in Amerika und Europa liegt dieselbe Überzeugung zugrunde: Der einzelne kann sein Leben in die Hand nehmen und verbessern. Der Prediger versichert seinen Zuhörern, daß sie dazu fähig sind – ganz gleich, welche Vergangenheit sie haben, aus welcher sozialen Schicht sie kommen und welche persönlichen Eigenschaften sie mitbringen. Gott hat jedem Menschen einen freien Willen geschenkt, und dieser ermöglicht die Entscheidung, seinem Leben eine andere Richtung zu geben.

Was den rechten Zeitpunkt und die Bedeutung einer solchen Entscheidung angeht, darüber gibt es unter den Erweckungspredigern verschiedene Meinungen. Prediger des 18. Jahrhunderts wie Whitefield hatten ihre Zuhörer mit dem Auftrag entlassen, um eine Änderung des Herzens und um Wiedergeburt zu beten. Inständiges Gebet und Teilnahme am Abendmahl als Gnadenmittel sollten eine innere Änderung vorbereiten.[118] Sie glaubten an eine allmähliche Veränderung des Menschen durch das verborgene Wirken des Heiligen Geistes. Dagegen glaubten Finney und die ihm verpflichteten Erweckungsprediger des 19. und 20. Jahrhunderts an die sofortige Bekehrung.[119] Die Entscheidung für Christus in Glaube und Reue soll *jetzt*, während der Predigt erfolgen, nicht erst am nächsten Tag oder später. «Jetzt ist sie da, die Zeit der Gnade; jetzt ist er da, der Tag der Rettung» (2 Kor 6,2): diesen Bibelvers führten die Erweckungsprediger oft im Munde. Heutige Erweckungsprediger wie Billy Graham sind allerdings nicht mehr ganz so optimistisch wie Finney.[120] Sie wissen, daß die Entscheidung für Christus ihre anfängliche Kraft allmählich verliert und daher ständig erneuert und gestärkt werden muß. Alle Gläubigen müssen ihre Beziehung zu Christus vertiefen und im Glauben reifen. Graham sieht in seiner Zuhörerschaft nicht mehr bloße Namenschristen, sondern Gläubige, die einer geistlichen Erneuerung bedürfen. In jedem Fall – ob als Bekehrungsprozeß, als sofortige Entscheidung oder geistliche Erneuerung verstanden – führt die Erweckung zu einem neuen Leben.

Wenn der Prediger seine Ansprache mit dem Amen beschließt, ist seine Aufgabe noch lange nicht beendet. Das wußten die Erweckungsprediger der «emotionalen» Schule Wesleys ebenso wie die der «rationalen» Richtung Finneys. Der Dienst des Wortes muß durch *Seelsorge* ergänzt werden. Sobald ein Prediger das Herz und den Verstand eines Menschen gewonnen hat, ist er für ihn der ideale Seelsorger. Ist ein einzelner nach der Predigt irritiert oder innerlich aufgewühlt, sollte er nicht allein gelassen werden. Verständnisvolles Zuhören, persönlicher Kontakt und vielleicht ein Beratungsgespräch können einen aufgeregten Menschen beruhigen oder einem Sünder Vergebung bringen und ihnen auf diese Weise wieder ein inneres Gleichgewicht geben. Finney hatte ein gutes Gespür für dieses elementare psychologische Bedürfnis und hielt deshalb Seelsorgestunden, genannt «Begegnungen für Ängstliche» *(anxious meetings)*, in denen er einzelne beriet und für sie betete. Manche besuchte er zu Hause und hielt Sprechstunden ab.[121] Spätere Erweckungsprediger wie Charles Spurgeon (1834–1892) in England und Samuel Keller (1856–1924)[122] in Deutschland erhoben diese Gewohnheit zur Regel. «Will ein Prediger Erfolge sehen, so muß er sich den Fragern stellen», riet Spurgeon den jungen Theologen, die er ausbildete. «Er muß alle einladen, auf ihn zuzugehen und mit ihm zu sprechen.»[123] Außerdem versprach er sich viel von Gruppengesprächen, wie sie Finney in Amerika veranstaltete. Er nannte sie «Fragestunden», in denen der Pastor «den Verwirrten beisteht und den Verirrten den Weg zeigt»; dort wurde für einzelne auch inbrünstig gebetet. In den Fragestunden ließ Spurgeon Neubekehrte oft ein kurzes, ermutigendes Zeugnis ablegen. In Finneys wie in Spurgeons Seelsorgestunden finden wir vor allem Menschen, die, von der Botschaft der Predigt getroffen, auf Hilfe und Führung angewiesen waren. Die Deutschen, die Samuel Kellers Rat suchten, waren offenbar von anderer Art. Seiner Beschreibung nach scheinen sie am Anfang eines längeren Weges zu stehen. Nach der Lektüre von Ruben A. Torreys *Wie bringen wir Menschenseelen zu Christo?*, einer amerikanischen Schrift über die Erweckungsarbeit, meinte er, Deutsche seien nicht so schnell in die Knie zu zwingen wie ihre transatlantischen Zeitgenossen.[124] Eine emotionale Ansprache vermag die Bekehrung einzuleiten; dennoch steht sie selbst erst am Ende einer langen Entwicklung. Will der Prediger Menschen zu Christus führen, muß er bereit sein, sich auf den mühevollen und zeitraubenden Dienst der Seelsorge einzulassen. Viele Erweckungsprediger sind davon überzeugt, daß ihre Beratungstätigkeit ebenso wichtig wie erfolgreich ist. In seiner Lebensbeschreibung nennt Samuel Keller nicht ohne Stolz die Zahlen: Er habe mit etwa 24000 Männern und Frauen einzeln gesprochen und annähernd 70000 Beratungsbriefe verschickt.[125] Erweckungsprediger wie Samuel Keller in Deutschland und Billy Graham in Amerika sind zu bekannten geistlichen Beratern geworden. Hier wurde der Prediger zum Therapeuten, der den Prozeß der Bekehrung mit seinem Rat begleitet und über Lebenskrisen hinweg hilft. Besonders im 20. Jahrhundert verspricht die Predigt nicht nur ewiges Leben im Jenseits, sondern hat auch eine zweite, wichtige Verheißung für das irdische Dasein: bleibenden inneren Frieden, der sich umgehend einstellt und das Leben verändert. Ist jemand durch Bekehrung «wiedergeboren», so verschwinden die das Gewissen plagenden Sorgen und Ängste. Ein überwältigendes Gefühl von Glück und Ruhe stellt sich ein. Christus, als Herr und Retter angenommen, beschützt, schenkt Mut, Kraft, seelische Gesundheit und Frieden. Der Akt des Glaubens bricht den Bann Satans und befreit den Menschen. Die Predigt erreicht erst dann ihr Ziel, wenn sie sich in der Seelsorge fortsetzt und die Zuhörer von der Herrschaft böser Mächte befreit und Frieden bringt.

Im 19. Jahrhundert und darüber hinaus war die Erweckungspredigt im amerikanischen und europäischen Protestantismus überaus einflußreich. Sie gab dem Protestantismus ein neues Gesicht. War der Protestantismus bisher von einer rationalen Theologie geprägt, so traten nun eher emotionale Züge in den Vordergrund; bisher eher Männersache, sprach der Glaube zunehmend Frauen an; außerdem verlor die bisher enge Verbindung von Kirche, Gemeinde und Gesellschaft an Bedeutung, da der Individualismus an Bedeutung gewann.

Innerhalb der Erweckungsbewegung setzte sich – auch gegen den Widerstand von Finney – eine «Revolution des Gefühls» und damit eine *Emotionalisierung* durch. Hatte die emotionale Predigt anfangs lediglich dazu gedient, die Sünder aufzurütteln und ihre Aufmerksamkeit zu gewinnen, so begann sie jetzt, das gesamte religiöse Klima zu bestimmen. Prediger und Gläubige neigten vermehrt dazu, den Glauben für eine Sache des Herzens und des Gefühls zu halten. Im Rückblick erscheint uns das 19. Jahrhundert als eine Zeit des sentimentalen Protestantismus, in der die Predigt, wie die religiöse Sprache überhaupt, vom Erbe des Methodismus und Pietismus bestimmt wurde.

Ohne es zu wollen, trugen die Erweckungsprediger vor allem im 19. Jahrhundert zu einer *Feminisierung* der Religion bei. Von der emotionalen Predigt fühlten sich mehr Frauen als Männer angesprochen. Während sich in protestantischen Ländern die Männer vielfach unter dem Eindruck rationalistischer Lehren – vor allem der Evolutionslehre Charles Darwins – vom Christentum entfernten, blieben die Frauen dem traditionellen Glauben treu. Dazu kam, daß auch Frauen als Erweckungspredigerinnen auftraten und zum Teil sehr bekannt wurden. Beispiele aus Amerika sind die Methodistin Phoebe Palmer (1807–1874), Maria Woodworth (1844–1924) und Kathryn Kuhlmann (1907–1976).

Mit der Feminisierung und der Betonung des Gefühls ging eine *Konzentration auf das Individuum* einher. Die früheste Erweckungspredigt hatte noch zum Ziel, die gesamte Gesellschaft zu verändern und ihren christlichen Geist zu stärken. Ein erster Schritt weg von diesem umfassenden Ziel kam mit der katholischen und methodistischen Erweckungspredigt, die der einzelnen Gemeinde dienen, diese stärken und ihr neue Mitglieder zuführen wollte. Besuchten Jesuiten oder Redemptoristen als Volksmissionare eine katholische Pfarrei eine Woche lang, um durch emotionale Predigt (Abb. 11) sowie, weniger erfolgreich, durch die sentimentalen Missionslieder das Glaubensleben zu erneuern, dann hielten sie ihre Zuhörer zur regelmäßigen Beichte, zum Besuch der Messe und zum Empfang der Kommunion an.[126] Auch die methodistische Predigt war auf die Bildung und die Stärkung von Gemeinden ausgerichtet. Das Ziel der Gemeindebildung wurde jedoch von vielen Erweckungspredigern aufgegeben. Von George Whitefield im 18. bis zu Oral Roberts und Billy Graham im 20. Jahrhundert wollten die Führer der evangelistischen Arbeit außerhalb aller Kirchen und Denominationen bleiben, denn sie fühlten sich «zum Dienst am einzelnen und nicht an kirchlichen Gemeinschaften» berufen.[127] Im selben Maße, wie die Prediger die individuelle Bindung an Christus empfahlen, verlor die liturgische Gemeinschaft der Gläubigen an Bedeutung.[128] Die Erlösung des Menschen, so glaubte man, geschieht nicht durch Teilnahme am kirchlichen Leben, sondern durch persönlichen Glauben an Christus und bisweilen sogar an den Prediger. Die Erweckungsarbeit «schuf eine neue Art von Religion, die ihren Ort unter freiem Himmel hatte,

11 Predigt als Schauspiel im Rahmen katholischer Volksmission. Wenn Jesuiten und andere Ordensleute das katholische Leben besonders in ländlichen Gegenden zu erneuern suchten, nahm die Barockpredigt dramatische Gestalt an. Die eindrucksvolle Darstellungsweise erinnert nicht nur an Theateraufführungen, sondern hat auch mit der protestantischen Erweckungspredigt viel gemein. Italienischer Stich, 18. Jahrhundert.

jenseits von den Grenzen der Pfarreien und der Autorität der Ortsgeistlichen»,[129] eine individualistische christliche Subkultur, in welcher der Gläubige seinem Prediger in einem Missionszelt, einem Fußballstadion, einem Konzertsaal oder in den Medien begegnet – in religiösen Zeitschriften, in Radio- und Fernsehprogrammen. Die örtliche kirchliche Bindung wurde durch Teilnahme an der evangelistischen Volkskultur überschattet, geschwächt und manchmal ganz ersetzt. Im gleichen Maße ging das Interesse an der Veränderung der Gesellschaft zurück. Die Prediger bekämpften die Sünde des einzelnen und suchten diesen und nicht die Gesellschaft zu verändern. Ihre Arbeit zielte auf «vollkommene Menschen inmitten einer unvollkommenen Gesellschaft».[130]

Nicht alle Beobachter waren von der Arbeit der Erweckungsprediger und ihrem Erfolg angetan (Abb. 12). In seinem Roman *Elmer Gantry* (1927) verspottete der Nobelpreisträger Sinclair Lewis das «Erweckungsgeschäft» als eine Mischung von Betrug, Leichtgläubigkeit, religiösem Wahn und Aber-

12 Zwei Predigtstile. «Ihr werdet alle verdammt», ruft der Erweckungsprediger seinen Zuhörern mit erhobener Faust zu. Seine asketische Gestalt steht im Gegensatz zu einem Priester der englischen Staatskirche, der sich gemächlich an seine «geliebten Brüder» wendet. Die beiden Gestalten des britischen Karikaturisten stehen für zwei verschiedene Inhalte der Predigt: die Verkündigung des Evangeliums und dessen Auslegung, und für zwei ganz verschiedene Predigtziele: die Bekehrung und die Vermittlung von Wissen. Satirischer Einblattdruck aus Großbritannien, 1881.

glaube. Zu den Kritikern der Erweckungsbewegung gehörten auch «dialektische» Theologen, die der Predigt andere Ziele geben wollten. Ihr führender Kopf war Karl Barth.

Die «dialektische» Predigt: Karl Barth

Der Schweizer reformierte Theologe Karl Barth (1886–1968) gilt als einer der bedeutendsten Theologen seiner Zeit und wurde als Kirchenvater des 20. Jahrhunderts bezeichnet. Sein Ruhm gründet sich auf die Abrechnung mit der liberalen Theologie des 19. Jahrhunderts in seinem Buch *Der Römerbrief* (1922) und auf seine Rolle als theologischer Führer jener, die sich als «bekennende Kirche» gegen die Mitarbeit in der nationalsozialistischen deutschen Kirche aussprachen. Als der Bonner Professor für systematische Theologie im Jahre 1934 den Treueid auf Hitler verweigerte, verlor er sein Amt. An die Universität Basel berufen, verbrachte er den Rest seines Lebens in der Schweiz. Dort entstanden die dickleibigen und wortreichen Bände seiner *Kirchlichen Dogmatik*. Er ließ kein theologisches Problem unerörtert. Seine lange Liste von Veröffentlichungen enthält auch Predigten (viele davon im Baseler Gefängnis gehalten) und Abhandlungen über Homiletik, d. h. Predigtlehre.

Gott hat gehandelt und sich in Jesus Christus geoffenbart: das ist die zentrale Aussage von Barths Theologie. Der ursprüngliche Akt der Offenbarung entzieht sich jeder Erklärung. Er läßt sich lediglich feststellen und als in der Heiligen Schrift festgehaltene Tatsache akzeptieren. Gott hat sich mit den Menschen versöhnt. Sie waren Sünder, aber durch Gottes Gnade sind sie erlöst. Im Gottesdienst, der in der Predigt gipfelt, soll allein dieses Geschehen im Mittelpunkt stehen. Die Predigt hat teil am unvermittelten und wunderhaften Charakter des Offenbarungsgeschehens. Das Wort des Predigers «kommt wirklich aus der Höhe, wirklich von oben, und zwar *senkrecht von oben*. Wie die Gnade zur Natur kommt, wie das Wunder eintritt in unsere Welt!»[131]

Trotz der Bedeutung der «Heiligen» Schrift für die Predigt ist der zentrale Akt des Gottesdienstes – die Predigt – ein weltliches Geschehen, dem nichts Sakrales anhaftet. Selbst die Bibel hat nach Barth nichts Heiliges an sich. Obgleich oft als «Wort Gottes» bezeichnet, ist die Bibel nach seinem Verständnis nur das Wort menschlicher Verfasser und besitzt daher alle Schwächen, die menschlichen Dokumenten eigen sind: Ungenauigkeit, Irrtum, Ungehorsam und sündhafte Entstellung. Manchmal gelingt es ihnen nicht, die Bedeutung von Gottes Offenbarung klar genug herauszustellen, und dann macht Barths Kritik nicht einmal vor Paulus halt. Die biblischen Autoren haben keinen Anteil am Offenbarungsgeschehen. Ihre Funktion ist keine andere als die von Altarschellen[132] bei der katholischen Messe: Sie bilden keinen Teil der heiligen Handlung, sondern dienen lediglich dazu, die Gemeinde auf diese Handlung aufmerksam zu machen. Dennoch anerkennt Barth die Autorität der Bibel. Ihre einzigartige Stellung im Gottesdienst verdankt sie dem Umstand, daß nur sie in untrüglicher Weise Gottes in Jesus Christus geschehene Offenbarung bezeugt. Die Bibel ist zwar die normative Offenbarungsurkunde, aber sie darf nicht mit der Offenbarung selbst verwechselt werden. Dasselbe gilt auch von der Predigt: Auf der Bibel beruhend, teilt sie deren Schwächen und Irrtümer. Theologen begehen oft den Fehler, das Wort der Predigt mit dem Wort Gottes zu verwechseln – und das ist nichts anderes als der Gipfel von Kitsch und menschlicher Überheblichkeit, nämlich der Versuch, das Göttliche auf die Ebene des Menschlichen herabzuziehen und so zu entwürdigen.[133] «Es wäre der allerbeste Fall», meint Barth, «wenn menschliche Worte ein Echo, ein Zeugnis, ein Spiegel des ewig bleibenden Wortes unseres Gottes sein dürften.»[134] Wie die Bibel, so ist auch die Predigt eine weltliche, menschliche – und nicht etwa göttliche – Angelegenheit.

Dennoch kann das Wort des Predigers, nicht anders als das Wort der Bibel, offenbarende Kraft entfalten und den Hörer zum Glauben führen. Herausgefordert, eine neue Offenbarung zu erwarten und zu erfahren, kann eine Gemeinde eine solche wirklich erleben. Nur wenn dies wirklich geschieht, will Barth das Wort des Predigers als Wort Gottes anerkennen. Was der Prediger sagt, hat nicht von sich aus die objektive Qualität des Wortes Gottes. Es kann diese Eigenschaft annehmen, wenn es in Glaube und Gehorsam angenommen wird. Was im Munde des Predigers nichts anderes als menschliche

Rede war, kann im Herzen des Zuhörers zu göttlichem Wort werden. In diesem Fall bedient sich Gott menschlicher Rede, um seine eigene göttliche Botschaft dem einzelnen zu übermitteln. Solcher Erfolg ist nicht etwa der vielleicht geistreichen, wortgewandten und überzeugenden Predigt zuzuschreiben, sondern allein dem von Calvin so genannten «inneren Zeugnis» des Heiligen Geistes. Ohne innere Erleuchtung kann es keinen Glauben geben. Die Predigt bereitet den Glaubensakt nur vor. Es ist ihre Aufgabe, «im Hören des Wortes Gottes zu unterweisen» *(KD* I/2, 853) und den Zuhörern das anzukündigen, «was sie von Gott selbst zu hören haben».[135] Wichtig ist, daß der Prediger um die «Vorläufigkeit» seines Tuns weiß. «Das Wort Gottes soll souverän, soll frei bleiben (...) dann wird Gott sein Wort sprechen in der Gemeinde.»[136]

Wenn wir die Frage stellen, welches Ziel die Predigt bei Barth verfolgt – sittliche Mahnung, Belehrung oder Erweckung – so kann die Antwort nur lauten: Belehrung. «Lehre heißt Belehrung, Unterweisung, Unterricht. (...) Dies ist es, was die christliche Predigt zu leisten hat» *(KD* I/2, 853). Glaube hat zwar eine starke existentielle Seite, stellt aber auch «eine Form von Wissen» dar, das durch Unterricht vermittelt werden kann.[137] Die Kirche ist eine «Schule» *(KD* IV/3, 999). Barth stellt sich in die lange Tradition der reformierten Kirche, für die Predigen seit den Tagen Calvins gleichbedeutend war mit der biblischen Unterweisung einer Gemeinde. Indem er die Predigt der Kirche als deren «Lehre» bezeichnet, will Barth gleichzeitig gegenüber mancherlei Behauptungen «einer gewissen Zurückhaltung Ausdruck geben» *(KD* I/2, 852). Lehre, selbst «reine Lehre», kann niemals mit dem gleichgesetzt werden, was Gott tut, wenn er selbst spricht. Sie kann niemals den Heiligen Geist vermitteln, zum Glauben erwecken, diesen vertiefen oder stärken. Von sich aus kann Lehre nicht mit Jesus Christus verbinden oder Gott und Mensch zusammenführen. Wer solches erwartet, erhofft sich zuviel von der Tätigkeit des Predigers.

Nach Barth soll die Predigt auf der Grundlage der Bibel erklären, auf welche Weise Gott durch Jesus Christus gehandelt hat. Die Predigt ist «der von einem in der Kirche dazu Berufenen unternommene Versuch, in Form einer Erklärung eines Stücks des biblischen Offenbarungszeugnisses die Verheißung der heute und hier zu erwartenden Offenbarung, Versöhnung und Berufung Gottes in seinen eigenen Worten auszusprechen und Menschen der Gegenwart verständlich zu machen» *(KD* I/1, 56).[138] Will der Prediger seiner Berufung entsprechen, so muß er der Versuchung widerstehen, den Intellektuellen zu spielen, der alles besser zu wissen glaubt. Die Rolle des zu Christus führenden Seelentechnikers muß ihm ebenso fremd bleiben wie die des Priesters, der eine Welt liturgischer Pracht entfaltet.

Die Rolle des *Intellektuellen* ist die erste und größte Versuchung, welcher der Prediger ausgesetzt ist. Durch seine Ausbildung verfügt er über ein größeres Wissen als die meisten seiner Zuhörer. Gerne breitet er biblische Fachkenntnisse aus, indem er auf philologische, historische, archäologische und sonstige Details hinweist – Jerusalem während des syro-efraïmitischen Krieges in den Tagen des Propheten Jesaja, die Schriftgelehrsamkeit zur Zeit Jesu oder die Parteiungen in der paulinischen Gemeinde von Korinth.[139] Intellektuelle haben eine Vorliebe für die thematische Predigt. Statt einen Schrifttext zu erklären, sprechen sie über das Judentum oder das Problem des Gebets. Sobald die Ansprache ein Thema hat, verliert der Prediger den Kontakt zur Bibel und teilt seine eigene, persönliche Botschaft mit.[140] Eine verantwortliche Predigt hat nach Barth die Schrift zu erklären, nicht die Lieblingsgedanken des Predigers. Intellektuelle neigen weiter dazu, den Bibeltext auf das Leben der Zuhörer «anzuwenden», indem sie praktische Ratschläge für das Leben in der Welt von heute geben.[141] Sie legen ihre eigenen Gedanken und Ansichten vor und geben Kommentare über Psychologie, Soziologie, Ethik oder Politik ab, bis hin zum aktuellen Tagesgeschehen. Barth selbst gab zu, in der Frühzeit seiner Predigttätigkeit diesen Fehler gemacht zu haben.[142] Im Jahre 1912 predigte er über die Titanic, jenes gigantische englische Schiff, das auf seiner ersten Fahrt nach Amerika auf einen Eisberg stieß und sank, wobei mehr als 1500 Menschen ertranken. Als 1914 der Erste Weltkrieg ausbrach, machte er dieses Ereignis zum Thema einer Sonntagspredigt. Später kam Barth zur Überzeugung, daß Tagesereignisse nicht Gegenstand einer christlichen Predigt sein dürfen. Nach Ausweis seiner vielen gedruckten Predigten blieb Barth diesem Grundsatz treu. Die Bibel steht immer im Mittelpunkt. Zwar mag Barth ein Gedicht anführen, von der Unterhaltung mit einem Taxifahrer berichten, auf Tagesereignisse oder Zeitungsartikel hinweisen; aber solcherlei dient nur zur Verdeutlichung einer Aussage der Bibel und rückt niemals ins Zentrum.[143] Eine allein dem Sinken der Titantic gewidmete Predigt wäre in seinen späteren Jahren undenkbar.

Nach Barth ist «die gewisse lauwarme Langeweile und Belanglosigkeit des protestantischen Gottesdienstes» auf jene Prediger zurückzuführen, die sich als Intellektuelle ausgeben und von denen nicht mehr als «der religiöse Zuspruch eines Menschenfreundes» zu erwarten ist.[144]

Die zweite Rolle, vor der Barth warnt, ist die des *Seelentechnikers*. Er betritt die protestantische Kanzel in vielerlei Verkleidung. Zu Lebzeiten Barths trat er vor allem in Gestalt des Erweckungspredigers oder «Evangelisten» auf. Mit dem Anspruch göttlicher Autorität forderte er sofortige Bekehrung. Für die Erweckungs- und Volksmissionsbewegung hat die Predigt «die Aufgabe, das Reich Gottes zu bauen, sie soll bekehren, in die Entscheidung stellen.»[145] Der Prediger hat nach dieser Auffassung die Pflicht, im Namen und als Bevollmächtigter Gottes vor die Gemeinde zu treten und diese zum Glauben zu führen.

Barth konnte sich mit der Rolle des Seelentechnikers nie anfreunden. Sie blieb ihm fremd. Barth berichtet davon, wie er einmal einem amerikanischen Erweckungsprediger aufmerksam zuhörte. Die Beschwörung des höllischen Feuers und das Drängen auf sofortige Bekehrung fand er ebenso abstoßend wie die unabweisbare Einladung, die Zeitschrift *Tabernacle Greeting* zu abonnieren. Der Schweizer Theologe fühlte sich bei der evangelistischen Strategie von «Presse und Predigt»[146] unwohl. Auch das Ziel, eine Gemeinschaft von

Lesern (oder Zuschauern eines bestimmten Fernsehprogramms) zu gründen, anstatt zur christlichen Belehrung der Mitglieder einer Ortsgemeinde beizutragen, war ihm fremd. Er lehnte diese «schlechte Form von religiöser Technik» ab und bedauerte das Fehlen eines Hinweises auf die Freuden des Himmels.[147] Barth glaubte nicht an die sofortige Bekehrung, wie sie von den Erweckungspredigern verlangt wurde. Auch die «plötzliche Bekehrung» *(subita conversio)*, die Calvin selbst erlebt zu haben meint,[148] beeindruckte ihn nicht. In einer seiner frühen Vorlesungen versuchte er mit großem Aufwand nachzuweisen, daß Calvins Bekehrung in Wirklichkeit einen längeren Prozeß seelischer Neuorientierung darstellt.[149] Als rationaler Denker mißtraut Barth jedem unkontrollierten Enthusiasmus in Glaubenssachen.

Bekehrung, Erweckung und Entscheidung: «Ja, das kann alles in einer Predigt geschehen, aber es sind Akte, die Gott selber tun will und die deshalb nie menschliche Aufgabe sein können.»[150] Der Prediger darf sich nicht in das Geschäft einmischen, das sich Gott selbst vorbehalten hat. Aufzugeben ist jede «Absicht, die Zuhörer zu einer bestimmten Handlungsweise anzuleiten».[151] Weit davon entfernt, ein Seelentechniker zu sein, hat der Prediger einen Bibeltext zu erklären und «vor der Gemeinde Zeugnis von der in Christo geschehenen Erlösung und Versöhnung des Menschen mit Gott abzulegen».[152] Es gilt, das Handeln Gottes durch Jesus Christus zu erläutern, also von etwas zu reden, das in der Vergangenheit liegt. Was Gott heute mit den Hörern einer Predigt tun will, darum hat sich der Prediger nach Barth nicht zu kümmern; er muß es Gott selbst überlassen.

Prediger müssen von dem frommen Wunsch Abstand nehmen, im Zuhörer «Glauben» zu erzeugen. Gott kann gewiß handeln, und tatsächlich handelt er nicht selten an denen, die einen Gottesdienst besuchen. Jedoch benutzt Barth für die Schilderung des göttlichen Eingreifens eine sehr zurückhaltende Sprache. Nach der herkömmlichen Theologie bedient sich Gott der Predigt, um die Zuhörer zum erlösenden Glauben zu führen. Barth will jedoch den Glaubensakt nicht mit der ursprünglichen Heilstat der Offenbarung Gottes in Christus verwechselt wissen.[153] Daher darf die Theologie vom Glauben nicht als einer endgültigen Entscheidung oder einer Heilstat Gottes sprechen. Letztlich ist es nicht der Glaube, der den Menschen rettet, sondern die göttliche Sendung des Sohnes. Nicht «*sola fide*» (allein durch den Glauben), sondern «*solo Christo*» (allein durch Christus) geschieht das Heil.[154] Barth gibt zu, daß er nicht genau angeben kann, in welcher Weise das Kommen Christi in unser jeweiliges Leben eingreift. Die Betonung des ursprünglichen Handelns Gottes zwingt ihn dazu, hier von einem Geheimnis zu sprechen, von einer verhüllten Wirklichkeit, die Gott uns erst nach unserem Tode offenbaren will.[155] Erst im Himmel werden die verborgenen Beziehungen zwischen unserem Leben und dem Leben Christi offenbar werden.

Aber wie spricht Gott sein Wort zur Gemeinde? Nach einer geläufigen Meinung, die etwa Gijsbert Dingemans darlegt, spricht Gott zum einzelnen, läßt ihm aber seine Freiheit. Von der Predigt angeleitet, «entwickeln die Zuhörer ihr eigenes, individuelles Verhältnis zum Bibeltext, zur Botschaft des

Evangeliums und zu Gott selbst», meint Dingemans. «Auf diese Weise halten sie gleichsam ihre eigene Predigt.»[156] Die Predigt gibt dem Zuhörer eine Anleitung zum Denken, Fühlen, Entscheiden und Handeln, setzt jedoch stets dessen Freiheit voraus, der Anleitung zu folgen oder nicht. Wie es Gott freisteht, sich des Predigtwortes zu bedienen, so steht es auch dem Zuhörer frei, sein Herz Gott zu öffnen oder zu verschließen.

Oberflächlich betrachtet, ähneln Barths und Dingemans' Theorien der Predigt einander. Für Barth wie für den niederländischen Theologen besteht die Gemeinde aus Individuen. Indem Gott zu ihnen spricht, bildet sich eine heilige Brücke zwischen Gott und Mensch. An dieser Stelle scheiden sich die Wege der beiden Theologen. Während Dingemans auf die freie Entscheidung von Gottes menschlichen Partnern Wert legt, kennt Barth keine solche Entscheidung. Nach Barth kann die Brücke zu Glaube und Gehorsam führen, da Gott selbst zu Glaube und Gehorsam führt. Gott ist weit davon entfernt, dem einzelnen angesichts eines göttlichen Angebots seine Freiheit zu lassen. Vielmehr führt, lenkt und entscheidet Gott selbst darüber, ob jemand zum Glauben kommt. Barths Theologie der Predigt gleicht in überraschender Weise der Auffassung von Thomas von Aquin, nach welcher der Prediger lediglich ein Lehrer ist, der die Zuhörer auf den Glauben vorbereitet.[157] Mit Hilfe ihres natürlichen Verstandes und – wichtiger – dadurch, daß Gott ihren Willen bewegt, können die Menschen zum Glauben gelangen und so gerettet werden. Barth würde gewiß Martin Luther zustimmen:

> Ich kann mit dem Wort nicht weiter kommen als in die Ohren; ins Herz kann ich nicht kommen. Weil man [als Prediger] den Glauben nicht ins Herz gießen kann, so kann und soll auch niemand dazu gezwungen und gedrängt werden, denn Gott tut solches alleine und macht das Wort lebendig in der Menschen Herzen, wann und wo er will nach seinem göttlichen Entschluß und Wohlgefallen. (...) Das Wort sollen wir predigen, aber die Folge Gott anheimgestellt lassen. (*WA* 10/III, 15)[158]

Als Tat Gottes entzieht sich der menschliche Glaube theologischer Betrachtung – ein Grund, weshalb sich Barth ausschließlich mit der vorbereitenden, objektiven Lehre des biblischen Wortes beschäftigte. Diese Lehre bildet zwar die unabdingbare Vorbereitung des heiligen Geschehens zwischen Gott und Mensch, aber sie bleibt profan. Die Predigt ist keine sakrale, sondern eine weltliche Handlung.

Die dritte bei Predigern beliebte Rolle ist die des *Priesters*. Priester entwickeln eine besondere Beziehung zu Christus und verkünden als geisterfüllte Menschen Christi Wort. Der Benediktinertheologe Anselm Günthör (geb. 1911) meint, der Priester müsse sich «Christus so weit als möglich angleichen», um ein gutes Werkzeug des Herrn zu sein. «Das Wort des Predigers ist das Werkzeug, durch das Christus sein Wort vergegenwärtigt. Darum kann das aus der Verbindung mit Christus gesprochene Priesterwort der Predigt nicht ohne Macht und Kraft sein.»[159] Priester pflegen der Predigt einen besonderen liturgischen Rahmen zu geben. Die Architektur, ein künstlerisch gestalteter Raum und liturgische Musik schaffen eine Atmosphäre, die religiöse Gefühle entstehen läßt.

Barth fühlte sich zur priesterlichen Rolle nie hingezogen. Priesterliche Überheblichkeit war ihm zuwider. Seiner Meinung nach haben Prediger einfache Boten zu bleiben. «Der Prediger soll kein Pfaffe sein, keiner der, geschwollen vom Bewußtsein seiner Sendung, seines Amtes, seiner Theologie, vielleicht noch ‹voll des Heiligen Geistes› die Belange des lieben Gottes in der Welt vertritt.»[160] Gegenüber dem Inhalt der Botschaft tritt die Persönlichkeit des Überbringers in den Hintergrund. Auch an liturgischer Prachtentfaltung, einschließlich des Vorspiels und Nachspiels des Organisten zum Gemeindegesang, findet Barth keinen Gefallen.[161] «Ich hatte nämlich schon in meiner Jugend eine Abneigung gegen alle kultische Feierlichkeit», bekennt er.[162] Die Orgel darf keine «zweite Kanzel» werden, sondern soll das Singen unterstützen *(KD* IV/3, 994). Musik als Selbstzweck hat keinen Platz im Gottesdienst und darf daher nicht in Konkurrenz zur Predigt und schon gar nicht zum Wort der Bibel treten. Wie Barth sich nie für die priesterlich-liturgische Rolle begeistern konnte, so lag ihm auch nichts an den Extravaganzen sakraler Architektur und Raumgestaltung. Als im Jahre 1952 einige Fenster des Baseler Münsters ersetzt werden mußten, konnte Barth das Einsetzen farbiger Glasfenster mit bildlichen Darstellungen verhindern.[163] Er trat für äußerste Schlichtheit ein. Um seine Meinung über den Kirchenbau befragt, gab Barth eine Antwort, in der sich Theologie und praktischer Ratschlag mischten: Wie die Predigt selbst, soll auch der Gottesdienstraum kunstlos und von sachlicher Kühle bleiben. In der reformierten Tradition kommt dem Kirchengebäude keinerlei sakraler Charakter zu. Mittelpunkt der Kirche bildet ein großer Vortragssaal, in dem sich die Gemeinde versammelt. Dieser Saal soll eher geschlossen als offen wirken, so daß die Außenwelt keine Ablenkung bewirken kann. Die Gemeinde mag sich in einem Halbkreis um einen einfachen hölzernen, leicht erhöhten Tisch versammeln, der jedoch nicht an einen Altar erinnern soll. Er kann als Taufort, Abendmahlstisch und, mit einem beweglichen Pultaufsatz versehen, auch als Ort der Predigt dienen. «Gestalt, Maß und Farbe der Türen, Wände und Fenster sowie der Bestuhlung des kirchlichen Raumes sollen und können in ihrer Sachlichkeit gerade ohne jene fremden Zutaten [wie z. B. Kunstgegenstände] der Konzentration der am Gottesdienst Teilnehmenden – ihrer Ausrichtung auf die sie vereinigende Botschaft und Anbetung – dienlich und insofern würdig und schön sein.»[164]

Als Barth 1967 ein Heft mit Bildern der neuerbauten reformierten Christuskirche in Eiserfeld zugeschickt bekam, bedankte er sich begeistert.[165] Der einfache, zeltähnliche Bau mit einem freistehenden Turm steht auf einer steilen Anhöhe und beherrscht ein Tal. Der Kirchenraum, ein Saal für etwa 160 Menschen, hat die Form eines Fünfecks. Seinen Mittelpunkt bildet ein einfacher Tisch, auf dem eine geöffnete Bibel liegt (Abb. 13). Weder ein Altar noch eine Kanzel trennt die Gemeinde vom Pfarrer. Dieser betritt den Saal durch dieselbe Tür wie die Gläubigen. Kein Kunstgegenstand lenkt ab, kein

13 Die Kirche als Vortragssaal. Stühle und – kaum sichtbar – ein schlichter Tisch. Die im Jahre 1967 in Eiserfeld erbaute reformierte Christuskirche erregte die Aufmerksamkeit und Zustimmung von Karl Barth, dem bedeutendsten reformierten Theologen seiner Zeit. Schon vor Barth wollte auch der Reformator Johannes Calvin in dem Raum, in dem sich Christen zur Predigt versammeln, keine bildlichen und symbolischen Darstellungen dulden. Nichts soll den Zuhörer vom Hören der Predigt ablenken. Christuskirche, Eiserfeld (Deutschland).

buntes Glasfenster schafft eine sakrale Atmosphäre. Die hohe, mit Holz verkleidete Decke, das rote Polster der Stühle, die Anordnung der Lampen und die großen, viel Licht einlassenden Fenster verraten eine sorgfältige, überlegte Planung. Für Barths Gefühl scheint der Raum etwas zu viele Fenster zu haben, die den Blick nach draußen freigeben und ablenken könnten. Dennoch fand die Kirche die Billigung des Schweizer Theologen. In ihrer Schlichtheit und ihrem Verzicht auf jeglichen Zierat entsprach sie seinem Ideal.

Zwar konnte sich Barth weder für liturgische noch bauliche Prachtentfaltung begeistern, aber er liebte Musik und Gemälde. In seiner Jugend hatte er Beethoven und Michelangelo als Träger echter Offenbarung erlebt.[166] Später schätzte er das Werk Grünewalds; eine Reproduktion des Isenheimer Altars schmückte sein Studierzimmer.[167] Er feierte Mozarts Musik in verschiedenen Aufsätzen, und selbst seine große *Kirchliche Dogmatik* enthält ganze Abschnitte, die seinem Lieblingskomponisten gewidmet sind. Dennoch wollte Barth die Kunst aus dem Kirchenraum verbannt wissen. So deutlich er die religiöse Botschaft der Kunst wahrnehmen konnte (und im Falle Grünewalds und Mozarts auch tatsächlich wahrnahm), so klar war ihm, daß alle Kunst mehrdeutig bleibt. Selbst spezifisch religiöse Themen in der Kunst können völlig mißverstanden werden. Barth führt dafür Beispiele an. Ein Kruzifix, das den gefolterten, sterbenden Christus zeigt, könnte uns die Botschaft von der Auferstehung vergessen lassen und statt dessen eine fragwürdige Frömmigkeit vermitteln, die Christi – und sogar unser eigenes – Leiden verherrlicht.[168] Albrecht Dürers Stich «Ritter, Tod und Teufel» stellt einen christlichen Soldaten dar, der, bewaffnet mit dem Schild des Glaubens und dem Panzer der Gerechtigkeit, den Verführungen des Teufels widersteht. Tatsächlich wurde dieser Stich, der auf dem 6. Kapitel des Epheserbriefs und dem *Handbüchlein eines christlichen Kriegers* von Erasmus beruht, sehr unterschiedlich gedeutet. Manche sahen in dem Ritter die Verkörperung des echten deutschen Helden oder sogar Nietzsches Übermenschen.[169] Mit gutem Grund widersteht Barth der Versuchung, «die Heilsgeschichte mit irgendeinem Stück Kunstgeschichte zu verwechseln und gleichzusetzen».[170]

Als weiteres Beispiel dafür, wie das Ästhetische Gottes Wort verdunkeln kann, nennt Barth die traditionellen Lieder, die im protestantischen Gottesdienst gesungen werden.[171] Die Texte der frühen protestantischen Lieder mit ihren einfachen Melodien hatten eine durch und durch biblische Prägung. Später machte sich zunehmend ein subjektives Moment bemerkbar, so daß das fromme Gefühl der Gläubigen in den Vordergrund trat und das Lob Gottes und den Dank für Christi Heilswerk zu verdrängen drohte. Durch solche Lieder kam ein gewisser unchristlicher Geist in den Gottesdienst. Barth möchte, daß die Gemeinde nur Lieder singt, deren Inhalt der Offenbarung entspricht und der sich damit auch theologisch rechtfertigen läßt. Wie bei der Predigt, so ruft Barth auch hier zu Wachsamkeit und ständiger Überprüfung der Reinheit der Lehre auf.

Barths Versuch, die Ästhetik vom Gottesdienst fernzuhalten, beruht gewiß nicht auf fehlendem Sinn für Kunst. Seine Ablehnung bildlicher Darstellungen und seine zögernde Bejahung von Kirchenmusik (als Unterstützung des Gemeindegesangs) stellen vielmehr eine bewußte, theologisch durchdachte Entscheidung dar. Nach Barth sollen die Liturgie und ihr äußerer Rahmen schlicht, einfach und weltlich bleiben. Gefühl soll nicht mit Glauben verwechselt und die Botschaft von Musik oder Kunstwerken nicht für das Wort Gottes gehalten werden. Gewiß: «Gott kann durch den russischen Kommunismus, durch ein Flötenkonzert, durch einen blühenden Strauch oder durch einen toten Hund zu uns reden», aber Barth meint, daß die Menschen beim Kirchgang jenes undeutliche Gefühl von Gottes Gegenwart hinter sich lassen sollen, das Kunst, Natur, Geschichte oder Arbeit vermitteln mögen.[172] Solche Gefühle scheinen ihm problematisch und unzuverlässig.[173] Da allein Gottes Wort zur Klarheit führt, komme es darauf an, dieses Wort zuallererst zu vernehmen. Dies kann nur in einem reinen, gleichsam sterilen Laboratorium geschehen, in dem das unverfälschte Wort der Schrift gelesen und die authentische Botschaft Christi verkündet wird. Im Gottesdienst sollen die Besucher ausschließlich der göttlichen Offenbarung in ihrer reinen, christozentrischen Gestalt ausgesetzt werden. Selbst die kostbarsten Kunstwerke stellen individuelle Antworten auf die Offenbarung dar und können niemals als Offenbarung selbst gelten:

> Kein Mensch hat nämlich die Autorität und das Recht, die Aufmerksamkeit der Gemeinde ausgerechnet an *sein* Christusbild zu binden, und wenn dieses noch so fromm empfunden wäre. Das geschieht aber durch die Anbringung solcher Darstellungen an dem Ort, wo die Gemeinde zum Hören der Schrift, zum Gebet, zur Feier der Taufe und des Abendmahls versammelt wird. Die Verkündigung von Christus ist ein lebendiges Geschehen: Sie kann sich von Sonntag zu Sonntag, von einem Prediger zum anderen, auch von Jahrhundert zu Jahrhundert erneuern, erweitern, vertiefen, klären, von etwa eingedrungenen eigenmächtig geformten Bildern reinigen.[174]

Gott spricht im Wort; alles andere ist Gefühl. Wir müssen unseren Glauben als Antwort auf die Predigt bilden, nicht als Antwort auf Kunstwerke, denen stets nur eine zweitrangige Zeugenschaft zukommt. Auf den häuslichen Bereich beschränkt, mag Kunst ihre Berechtigung haben und zum Träger der christlichen Botschaft werden, doch darf sie diese Botschaft nicht im öffentlichen Raum darstellen und verkörpern. Selbst Matthias Grünewald, den Barth für den besten christlichen Maler hält, dürfte nach ihm keine Kirche ausgestalten.[175] Zwar mag Gott in seiner Allmacht auch durch die Natur, unser Herz, edle Kunstwerke und die rührenden Klänge von Händels «Largo» zu uns reden, aber der Gottesdienst ist dafür nicht der Ort.[176]

Der Gottesdienst ist nach Barths Vorstellung eine Veranstaltung, die sich allein auf die Bibel gründet und in der die Offenbarung Gottes ausschließlich durch das Wort verständlich gemacht und verkündet wird. Um den biblischen Charakter zu gewährleisten, sind alle potentiell «numinosen» Elemente – Musik und Kunst – auszuschalten. Da weder Abendmahl noch Predigt die Gegenwart Gottes oder Christi wirksam herbeiführen können, bleibt der Gottesdienst stets eine weltliche Veranstaltung. In paradoxer Weise hat Christus seine Kirche mit der weltlichen Aufgabe der Predigt betraut, damit er selbst seine heilige und rettende Botschaft denen vermitteln kann, die sie in Glaube und Gehorsam hören.

Barths Theologie hat die protestantische Predigt im 20. Jahrhundert stark beeinflußt. Viele haben ihn als den Sieger über jenen Liberalismus gefeiert, der das Wort Gottes gegen menschliches Wort eintauschte. Seine Theologie brachte ihm den Titel eines Vaters der dialektischen Theologie oder Neuorthodoxie ein, einer Lehre, die den rechten Glauben wiederherstellt und verteidigt. Allerdings fehlt es nicht an kritischen Stimmen. Auf der einen Seite würde ohne Barth «nicht so rein, biblisch und zentral gepredigt, auf der anderen Seite aber auch nicht so erschreckend korrekt, langweilig richtig und weltabgewandt».[177] Die Weltabgewandtheit galt Barths Gegnern stets als problematisch. Adolf von Harnack, der an der Universität Berlin ein Lehrer des jungen Barth war, konnte mit der Theologie seines Studenten nichts anfangen. Er meinte, «daß sich diese Art Religion überhaupt nicht ins wirkliche Leben umsetzen läßt, sondern nur als Meteor, und zwar als ein zerplatzender, über ihm erscheinen kann».[178] Man konnte beobachten, berichtet Paul Tillich, wie sich nach dem Ersten Weltkrieg viele unter dem Banne Barths stehende Theologen «von den großen sozialen Problemen abwandten und in das Asyl der Theologie zurückzogen».[179] Andere Prediger und Seelsorger widerstanden der «dialektischen Theologie» und ihrer Versuchung. Sie bestanden darauf, daß es gelte, dem wirklichen Menschen und der wirklichen Welt zu begegnen. Einer von ihnen war Harry Emerson Fosdick.

Liberale Predigt: Ehrlichkeit und Therapie bei Harry Emerson Fosdick

Zwischen 1922 und seiner Pensionierung im Jahre 1946 galt Harry Emerson Fosdick (1878–1969) als einer der bedeutendsten protestantischen Prediger Amerikas. Der Autor von Bestsellern und Pfarrer der Riverside Church in New York war besonders bekannt durch seine Radiopredigten, durch seine langjährige Verbindung mit dem Millionär John D. Rockefeller und seine seelsorgerliche Beratungstätigkeit. Fosdick steht in der Tradition des liberalen Protestantismus, der im 19. Jahrhundert in Deutschland entstand und um 1870 auch in Amerika eine bedeutende Strömung wurde. Ihrem Begründer Friedrich Schleiermacher (1768–1834) verdankt der Liberalismus die Lehre von der religiösen Anlage jedes Menschen. In rechter Weise ausgebildet, führt diese Anlage zum klaren Bewußtsein davon, daß der Mensch einer harmonischen Verbindung mit der heiligen, transzendenten Wirklichkeit Gottes fähig ist. Erfährt das religiöse Gefühl im Gottesdienst – und besonders durch die Predigt – die richtigen Anregungen, so stellen sich seelische Ausgeglichenheit und Friede ein. In einer veröffentlichten Predigt über den «Werth des öffentlichen Gottesdienstes» bezeichnet Schleiermacher die Predigt als «die Arznei», welche die innere Ruhe derer wiederherstellt, die sie in den Sorgen und Zerstreuungen des Alltags in Familie und Arbeitswelt verloren haben und immer wieder verlieren werden.[180] Schleiermachers Religionsverständnis stellt den Versuch dar, eine eigene biographische Erfahrung begrifflich festzuhalten. Als er bei den Herrnhutern zur Schule ging, hatte ihn deren demokratischer, erbaulicher und erhebender Gottesdienst sehr beeindruckt. Dort hatte er seinen Seelenfrieden gefunden, und selbst spät in seinem Leben sprach er mit Anerkennung von den Herrnhutern. Die religiöse Erziehung, die er bei ihnen genossen hatte, prägte ihn nachhaltig. Später löste er sich von der einfältigen Theologie der Herrnhuter, bewahrte aber ihre ernste Frömmigkeit und ihren warmen persönlichen Glauben. Zeit seines Lebens blieb er mit seiner Schwester Charlotte eng verbunden, die in einen zölibatären Herrnhuter Orden eingetreten war. Er blieb, wie er später gestand, «ein Herrnhuter (...) nur von einer höhern Ordnung».[181] Wie Schleiermacher blieben alle liberalen Theologen Europas und Amerikas Herrnhuter einer höheren Art, d. h. Männer und Frauen, die im Christentum weniger eine Lehre als eine praktische, der Lebensbewältigung dienende Frömmigkeit sahen.

Fosdick studierte am Colgate Seminary in Hamilton im Staate New York und später am Union Theological Seminary der Stadt New York. Seine Lehrer William Newton Clark und George William Fox machten ihn mit der liberalen Tradition bekannt, die er sich rasch aneignete. Vor allem Schleiermachers

Glaube an die beglückende Erfahrung der göttlichen Gegenwart im menschlichen Herzen wurden ihm lieb und vertraut.[182] Er wurde baptistischer Prediger. Im Jahre 1915 tauschte er seine Pfarrstelle gegen einen Lehrstuhl für praktische Theologie am Union Theological Seminary. Als erfahrener Prediger und Autor vielgelesener Erbauungsschriften wurde er eingeladen, an der First Presbyterian Church in New York zu predigen. In den 1920er Jahren zog er dort Sonntag für Sonntag eine große Zuhörerschaft an. Er identifizierte sich mit den drei Rollen des Intellektuellen, des Priesters und des Seelsorgers, wie sie sich ihm in dieser Reihenfolge in den langen Jahren seiner Tätigkeit in New York anboten.

Die Rolle des *Intellektuellen* lag ihm von Natur aus. Schon in seiner Studienzeit hatte sich Fosdick die liberalen Grundüberzeugungen angeeignet. Weder die historisch-kritische Lektüre der Bibel noch die biologische Evolutionslehre waren ihm fremd; intellektuelle Redlichkeit in Glaubenssachen und eine undogmatische, auf Erfahrung abhebende Auffassung der christlichen Lehre waren ihm selbstverständlich. Als zu Beginn der 1920er Jahre der Streit um die Evolutionslehre Darwins ausbrach und die Ultrakonservativen – die «Fundamentalisten» – sie aus den Schulen verbannen wollten, nahm Fosdick Stellung. Seine am 21. Mai 1922 unter dem Titel «Sollen die Fundamentalisten gewinnen?» gehaltene Predigt wurde in der amerikanischen Presse kommentiert und machte den Prediger schlagartig bekannt.[183] Die liberalen Christen Amerikas hatten in Fosdick einen Sprecher gefunden. Er setzte sich dafür ein, daß der Darwinismus weiterhin in den Schulen Amerikas gelehrt werden durfte. Den Glauben an eine jedes einzelne Wort betreffende göttliche Inspiration der Bibel lehnte er ab und setzte sich für eine «intellektuell aufgeschlossene, tolerante, freiheitsliebende Kirche» ein. Den Fundamentalismus bezeichnete er als «schreckliche Torheit». Historiker erwähnen Fosdicks Ansprache als «die sensationellste und am weitesten bekannt gewordene Predigt seiner Generation».[184] Als Realist wußte Fosdick, daß der Liberalismus seine Schwächen hatte. Er nannte in diesem Zusammenhang ausdrücklich den fehlenden Respekt vor der überkommenen Lehre. Die größte Gefahr des Liberalismus ist jedoch nicht diese kritische Distanz in Glaubensdingen, sondern «ethischer Verrat an Jesus».[185] Die Aufgabe der Predigt ist daher die Anwendung von Jesu «ethischer Lehre auf das persönliche Leben, den Umgang mit anderen, das Wirtschaftsleben, die Rassenfrage und die internationalen Belange der heutigen Generation».[186] Fosdick hat sich in seinen Predigten zu allen diesen Themen geäußert. Besonders bekannt wurde er während des Zweiten Weltkriegs als glühender Pazifist.

Die zweite Funktion, die des *Priesters* (nicht im Sinne eines Titels, sondern als liturgische Rolle), verdankt sich überraschenden Umständen und geht auf Fosdicks Bekanntschaft mit John D. Rockefeller Jr. (1874–1960) zurück. Die Rockefeller-Familie war nicht nur eine der reichsten Familien der Welt, sondern auch bekannt für ihre großzügigen Stiftungen. Sie ließ die Gärten von Versailles erneuern, die Kathedrale von Reims und das Schloß Fontainebleau restaurieren und stiftete die Stadtbibliothek von New York. John Rockefeller unterstützte die ökumenische Bewegung, die Gründung des nationalen Kirchenrats der Vereinigten Staaten und den Weltrat der Kirchen. Er beteiligte sich auch an dem Versuch, eine ökumenische Modellgemeinde zu gründen. Diese sollte die Einheit der Christen vorwegnehmen, indem sie Mitglieder verschiedener Kirchen aufnahm.[187] Jeder sollte Mitglied werden können, gleichgültig, ob er Baptist, Kongregationalist oder Quäker war – nur Katholiken blieben ausgeschlossen. Rockefeller ermöglichte dieses Projekt, für das ein neues, ökumenisches Kirchengebäude errichtet wurde – die Riverside Church. Fosdick nahm die Einladung an, als leitender Pfarrer an dieser Kirche zu wirken. Von der Einweihung der Kirche im Jahre 1930 bis zu seiner Pensionierung bildete die monumentale neugotische Kathedrale den Mittelpunkt von Fosdicks liturgischer und seelsorgerlicher Tätigkeit. Der riesige, mit den kurz zuvor erfundenen Lautsprechern (Abb. 14)[188] ausgestattete Kirchenraum sollte mehr als ein Vortragssaal sein; in Übereinstimmung mit dem damaligen Geschmack wurde eine *Kathedrale* geschaffen. Auf Fosdicks ausdrücklichen Wunsch sollte «nicht die Kanzel, sondern der Hochaltar den Mittelpunkt bilden. Harmonische Proportionen und Perspektiven, Symbole und Farben sollten zur menschlichen Seele auch dann sprechen, wenn Stille herrscht».[189]

14 Lautsprecher in der Kirche. Zu Beginn des 20. Jahrhunderts begann die Technik, den Kirchenraum zu erobern. «Alle Hörer sollen der Predigt ohne Anstrengung folgen können.» Bezeichnenderweise sieht man in dieser Anzeige aus dem Jahre 1929 alte und neue Technik nebeneinander: Der Prediger spricht zwar in das Mikrophon, aber seine Kanzel ist noch mit einem Baldachin ausgestattet, der als Schalldeckel wirkt. Frühe Anzeige für Lautsprecher, Österreich 1929.

15 Ein sakraler Raum. Den Stil der mittelalterlichen Kathedrale von Chartres (Frankreich) nachahmend, sollte die 1931 erbaute Riverside Church von New York in der Nähe des Geschäftszentrums von Manhattan die geistige Welt repräsentieren. «Diese Gemeinde glaubt an die Schönheit und entschuldigt sich nicht dafür, daß sie alles unternommen hat, um einen möglichst eindrucksvollen Sakralbau zu errichten. In einer Stadt, wo sich das Geschäftsleben in so großartigen Gebäuden abspielt, soll auch der Geist seinen Tempel haben», heißt es 1931 im Handbuch der Kirche. Die Riverside Church feiert Christus als «den großen Arzt, den Helfer der Menschen und den Freund der Schönheit». Das Foto zeigt die Kanzel, von der Harry Emerson Fosdick zu den Menschenmengen sprach, die ihn dort hören wollten. Riverside Church, New York.

Wie einer von Fosdicks Zeitgenossen meinte, war nun die Zeit der häßlichen christlichen Begegnungshäuser vorbei. Der Kirchenbau sollte der geschichtlichen Entwicklung «von der Ungeschliffenheit der Pioniere zur feineren Kultur» folgen.[190] Schon hundert Jahre zuvor hatte sich der Amerikaner Ralph Waldo Emerson auf einer Europareise für sakrale Architektur begeistert. Er haßte die «riesigen Granithaufen» in Amerika und sehnte sich nach Kirchen mit geschnitztem, bemaltem und beschriftetem Interieur.[191] Jetzt, in der Riverside Church, war Emersons Traum Wirklichkeit geworden. In der neuen, würdigen Umgebung erreichte der Sonntagsgottesdienst eine fast übertriebene liturgische Pracht. Die bunten Glasfenster, das große neugotische Kirchenschiff, der Altar, die Kanzel (Abb. 15), die sorgsam gekleideten Kirchendiener, der in festliche Gewänder gehüllte Chor und natürlich auch die feierliche

Orgelmusik schufen eine sakrale Atmosphäre – ganz nach dem Geschmack des Hauptpastors Dr. Fosdick. Zwar kann die Sakralarchitektur nicht das die Erlösung bringende Wort der Predigt ersetzen, aber es kann auf dieses vorbereiten oder es ergänzen. Auch Fosdick konnte seine Zweifel über den Wert von «predigtschwangeren», in «verklärten Vortragssälen» verbrachten Sonntagvormittagen nicht unterdrücken.[192] Daher gab es in der Riverside Church seit den 1930er Jahren einen «predigtfreien liturgischen Gottesdienst» an jedem Sonntagnachmittag.[193] Er bestand aus Instrumentalmusik und Darbietungen des Chors; außer dem abschließenden Segen wurde kein Wort gesprochen.

Die dritte Rolle, die des *Seelsorgers*, stellte sowohl Fosdicks priesterlichen als auch seinen intellektuellen Dienst in den Schatten. Daß er dafür vorzüglich geeignet war, beruhte nicht auf einem theoretischen Studium der Psychologie, sondern auf seiner eigenen Lebensgeschichte. Als junger Mann mußte er das Studium für ein ganzes Jahr unterbrechen, um Geld zu verdienen: Sein Vater, ein Lehrer, hatte einen Nervenzusammenbruch erlitten und konnte seine Familie nicht mehr ernähren.[194] Später, als Student, arbeitete er als freiwilliger Sozialarbeiter in den Slums von New York (1901). Als er selbst einen Nervenzusammenbruch erlebte und an Selbstmord dachte, mußte er erneut das Studium für einige Monate unterbrechen.[195] Diese Zeit verbrachte er in einem Sanatorium und mit einer Reise nach Europa, wo er sich allmählich erholte. Damals erfuhr er die Hilfe Gottes in ganz überwältigender Weise. «Ich begann zu verstehen, daß Gott mehr ist als ein theologischer Lehrsatz. Er ist eine stets zur Verfügung stehende Energiequelle. Wie wir von einer materiellen Welt umgeben sind, aus der wir unsere Körperkräfte schöpfen, so umgibt seine Macht unseren Geist. Stehen wir mit dieser in lebendiger Verbindung, dann kann uns die Energie zufließen, die uns am Leben hält.»[196] Seine Zuhörer fanden einen Gesprächspartner, der mit Armut, Verzweiflung, Hilflosigkeit, Selbstmordgedanken und der ganzen Hölle seelischer Störungen vertraut war. Und sie fanden auch einen Mann, der um die Kraft der seelischen Wirklichkeit wußte. Fosdicks Lebenserfahrung und seelsorgerliches Einfühlungsvermögen machten ihn zu einem vertrauenswürdigen Menschen.

Fosdick nahm sich der Nöte seiner Mitmenschen an. Er wollte «die rettenden Wahrheiten des Evangeliums» ihnen so nahebringen, daß ein schöpferischer Prozeß in Gang kommt.[197] Die Predigt erschien ihm als geeignetes Instrument dafür, und er nannte sie «persönliche Beratung auf Gruppenebene».[198] Daher eröffnete er die Predigt nie mit der Analyse eines Bibeltextes, sondern stets mit der Darstellung einer menschlichen Lebensfrage, die er dann im Licht der Heiligen Schrift erörterte. Auf der Kanzel erwies sich die Bibel als «ein erstaunliches Handbuch aller möglichen Schwierigkeiten, in denen sich Menschen befinden können, verbunden mit der Weisheit aller Zeiten, die dazu dient, diese zu bewältigen».[199]

Natürlich war diese Art der Predigt mit Risiken und Gefahren verbunden. Ein Pfarrer mag zwar seine Zuhörerschaft recht gut kennen, aber bei der

Erkundung der eigentlichen Probleme bleibt er auf Vermutungen angewiesen. Wer zu einer Gemeinde spricht, meint Fosdick, handele nicht anders als ein Arzt, der mit einer Pipette Augentropfen aus dem Fenster eines dritten Stocks auf eine belebte Straße fallen läßt und dabei hofft, jemanden an der richtigen Stelle zu treffen.[200] Offensichtlich kannte Fosdick seine Zuhörer doch recht gut, denn viele kamen in seine Sprechstunde und suchten seinen Rat. Der Schlüssel zur guten Predigt war ihm das Abhalten regelmäßiger Sprechstunden, wo er für Gemeindemitglieder, Predigthörer und Besucher zur Verfügung stand.

In seiner Autobiographie erinnert sich Fosdick daran, wie er schon früh den Mangel «einer protestantischen Version des katholischen Beichtstuhls» bedauert hatte.[201] Vor allem eine Großstadt wie New York bedurfte einer solchen Einrichtung. Seine Sprechstunden bot er als Ersatz dafür an und begann so seine Laufbahn als Therapeut. Er konsultierte psychologische Fachliteratur und besprach seine Fälle mit einem Psychologen. Auch beanspruchte er gerne die Hilfe von Organisationen wie den Anonymen Alkoholikern, eine Selbsthilfegruppe, die sich in den 1930er Jahren bildete und die ihm als «ein Gottesgeschenk für uns Seelsorger» erschien.[202] Sein Vorhaben, an der Riverside Church eine professionelle Beratungsstelle einzurichten, ließ sich zwar nicht verwirklichen, aber er legte großen Wert auf diese Seite seiner Tätigkeit.[203] «Man hält mich gewöhnlich für einen Prediger», schreibt er; «aber die Predigt ist für mich nicht die Hauptsache. Wenn meine Predigt gut war, dann handelte es sich stets um Beratung, übertragen auf eine Gruppe.»[204] Tatsächlich wurde seine Predigt stets mit neuen Themen aus seiner Beratungstätigkeit gespeist. Dort wurde er ständig mit Zweifeln, Selbstmordversuchen, Ängsten, Depressionen und Schuldgefühlen konfrontiert und erlebte, wie die Herrschaft Christi Menschen verwandeln konnte. Auf den einzelnen angewandt, bewies das Evangelium seine heilende Kraft. In seinem selbsterfundenen «Beichtstuhl» fand Fosdick eine Aufgabe, die ihm mindestens ebenso – wenn nicht sogar mehr – befriedigte als die Kanzel. «Der schönste Lohn meiner Arbeit», heißt es in der Autobiographie, «ist die Erinnerung an die Wunder, die geschahen, wenn sich die christliche Wahrheit im persönlichen Leben einzelner Menschen auswirkte.»[205] War nicht Jesus selbst seiner Zeit voraus, wenn er darauf bestand, daß «der Sünder keinen Gesetzesgelehrten, sondern einen Arzt braucht»?[206]

Der Pastor der Riverside Church hielt sich weniger für einen erfolgreichen Mann der Kanzel als einen erfolgreichen Seelsorger, der unmittelbaren Kontakt zu den Menschen hat und ihre Sorgen kennt. «Eigentlich mißtraue ich dem Pfarrer, dem die Predigt das Wichtigste ist», meinte er.[207] Für Jesus stand der einzelne und seine Geschichte im Vordergrund. Wie der Herr (und, wie wir hinzufügen dürfen: wie der katholische Beichtvater), so soll sich auch der evangelische Pfarrer des einzelnen Menschen und seines Schicksals annehmen. Versäumt er dies, so besteht die Gefahr, daß er selbst – und erst recht seine Predigt – lebensfremd wird. Solange die «Lebenserfahrung aus erster Hand» die schöpferische Mitte pastoraler Tätigkeit bildet, bleibt auch die

Predigt lebendig. Beruht sie auf wahren Begebenheiten, wird sie stets aufmerksame Zuhörer finden.[208]

«Menschliche Lebensgeschichten und überhaupt das chaotische Leben der ganzen Welt liefern die Fragen, die Bibel hat die Antworten.» Läßt sich Fosdicks Methode auf einen solchen Grundsatz zurückführen? Fosdick legt dies zwar nahe, doch liegen die Dinge komplizierter. Er versteht die Bibel nicht als Fundus feststehender Lehren und praktischer Gebote. Statt von der Bibel würde Fosdick eher von der biblischen Botschaft sprechen. Außerdem zählen bei ihm gesunder Menschenverstand und psychologisches Wissen nicht weniger als das, was aus der Bibel über die beruhigende Wirkung des Gebets zu erfahren ist. Sein 1943 veröffentlichtes Buch *On Being a Real Person* («Ein richtiger Mensch sein»; damals ein Bestseller in den Vereinigten Staaten) läßt erkennen, daß Fosdick nicht an eine speziell christliche Form der Beratung und Therapie glaubte. Bevor jemand ein «richtiger Mensch» – nämlich ein psychisch gesundes Wesen – werden kann, müssen neurotische und ähnliche Störungen beseitigt werden. Erst dann kann ein «grundlegender Glaube» *(basic faith)* entstehen, den Fosdick, wie es scheint, mit christlichem Glauben gleichsetzt.[209] Fosdick ist ein unverbesserlicher Optimist, jemand, für den es keinen hoffnungslosen Fall gibt. Sein Optimismus ist geradezu naiv, so daß ihn sein Biograph Robert Miller mit Dr. Pangloss vergleicht, Voltaires berühmten – und törichten – Philosophen, der in der besten aller möglichen Welten zu leben glaubt.[210] Mit größerem Recht mag man ihn mit einem seiner jüngeren New Yorker Mitpastoren vergleichen, mit Norman Vincent Peale, dessen Buch *The Power of Positive Thinking (Die Kraft des positiven Denkens*, 1952) – wie oben ausgeführt (S. 148) – mehrere Jahre lang auf der Bestsellerliste stand und noch heute erhältlich ist. Beide haben vieles gemeinsam: eine Pfarrstelle in New York, lebendiges Interesse an psychologischer Beratung, grenzenlosen Optimismus; beide hielten Radiopredigten, galten als die besten Prediger Amerikas und schrieben religiöse Bestseller.[211] Das problematische Leben eines jeden kann mit etwas Optimismus und viel Glaube verwandelt und geheilt werden. Höre auf deinen Prediger, lies seine Bücher, hol dir, wenn nötig, seinen persönlichen Rat, und du kannst ein gesunder Mensch werden: Diese Botschaft war von Fosdick wie von Peale zu hören. Dennoch gab es einen charakteristischen Unterschied im Denken der beiden Pfarrer. Für Fosdick erfüllte sich der amerikanische Traum in dem Augenblick, in dem jemand «ein richtiger Mensch» wurde, d. h. psychisches Wohlbefinden erlangte; dazu sollte die Religion beitragen. Peale teilte weder Fosdicks Realismus noch die Bescheidenheit seiner seelsorgerlichen Ziele. Im Unterschied zu Fosdick meinte er, positives Denken werde nicht nur die seelische Gesundheit befördern, sondern darüber hinaus zu Erfolg und Reichtum führen – eine Botschaft, die mehr Leser anzog als die Fosdicks.

Für Fosdick kann es weder seelische Gesundheit noch charakterliche Stärke ohne Glauben geben. Sein Glaubensbegriff blieb allerdings sehr vage. Glaube bedeutet, sich selbst anzunehmen «als ein Wesen göttlichen Ursprungs, göttlicher Natur und Bestimmung».[212] Gesunde Menschen glauben an ihren eigenen, gottgegebenen Wert und an ihre Berufung. Findet ein Mann oder eine Frau zu diesem grundlegenden, sich in der Lebensbewältigung bewährenden Glauben, so hat Fosdick das Ziel seiner Seelsorge erreicht.

Fosdicks historische Bedeutung liegt darin, daß er als einer der ersten Theologen des 20. Jahrhunderts eine neue Definition des Glaubens suchte, die in Übereinstimmung mit psychologischer Erfahrung und Sensibilität steht. Wie der amerikanische Pragmatist und Psychologe William James (1842–1910), dessen Werk er bewunderte, erkannte er die grundlegende, biologisch lebenswichtige Funktion des religiösen Glaubens und dessen Beitrag zur seelischen Gesundheit des Menschen. Jedoch war sein Interesse nicht wie bei James nur rein theoretisch. Während James in seinem Studierzimmer in Harvard blieb und dort hunderte von biographischen Zeugnissen auswertete, standen die Menschen vor Fosdicks Sprechzimmer Schlange.

Der Seelsorger und Prediger der Riverside Church verstand sich nie als Philosoph oder Theoretiker, sondern sah sich in der Rolle eines Arztes. «Wäre ich nicht Pfarrer geworden, dann hätte aus mir ein Psychiater werden können», meinte er.[213] Als volkstümlicher Psychiater erklärte er einem breiten Publikum von Zuhörern und Lesern, was es bedeutet, «ein richtiger Mensch» zu sein. Sein Kampf um seelische Gesundheit, sein Glaube an die heilende Kraft des Glaubens und sein Eintreten für ein liberales, therapeutisches Christentum müssen im Zusammenhang mit einer Entwicklung innerhalb der westlichen Kultur gesehen werden. Diese Entwicklung führt «von ihrer früheren Gestalt weg und zu einer neuen Gestalt hin, in welcher die alten ideologischen Inhalte vor allem um ihres therapeutischen Potentials willen lebendig erhalten werden, als interessante historische Formen der Moral».[214] Nach Auffassung des Kulturpsychologen Philip Rieff verschreibt sich der heute entstehende «psychologische Mensch» der Zeit nach Sigmund Freud nicht mehr einer bestimmten religiösen Lehre und lebt nicht mehr in einer von frommen Überlieferungen und heiligen Schriften geprägten Kultur; vielmehr ist er bereit, «sich auf jede Form von Glauben zu stützen, die therapeutischen Wert besitzt».[215]

Fosdicks Predigten fanden nicht nur Zustimmung. Ein junger deutscher Theologiestudent, der im Jahre 1930/31 Fosdicks Übung über «Die Kurzpredigt» am Union Theological Seminary besuchte, beklagte den Zustand des Predigtwesens in Amerika. «Man kann in New York über fast alles predigen hören», schrieb Dietrich Bonhoeffer,

> nur über eines nicht oder doch so selten, daß es mir jedenfalls nicht gelungen ist, es zu hören, nämlich über das Evangelium Jesu Christi, vom Kreuz, von Sünde und Vergebung, von Tod und Leben. Im homiletischen Seminar bei Dr. Fosdick sollten bei der Verteilung der Predigtaufgaben auch einige «traditionelle Themata» versucht werden, darunter eine Predigt über Sündenvergebung und über das Kreuz! Das ist durchaus charakteristisch für die meisten Kirchen, die ich gesehen habe.[216]

Als Anhänger Karl Barths setzte Bonhoeffer Predigt mit Bibelauslegung gleich und lehnte Fosdicks eigentümliche, modernistische Betonung der menschlichen Erfahrung ab. Als Bonhoeffer fünf Jahre nach seinem Studium bei Fosdick einen eigenen Predigtkurs hielt, riet er seinen Studenten von der auf heutige Lebensfragen Bezug nehmenden Predigt dringend ab. Er entfernte sich vom Programm seines Lehrers so weit wie möglich. Bonhoeffers Studenten sollten auf der Kanzel Bibelstunden halten und «die Gemeinde dazu erziehen, der Predigt mit der aufgeschlagenen Bibel zu folgen».[217] Anders als Fosdick sah sich Bonhoeffer als christlicher Lehrer, nicht als religiöser Therapeut.

4. Schluß: Die Autorität der Predigt

Wir haben drei große Richtungen der Predigt unterschieden. Jede von ihnen verfolgt ein anderes Ziel. Eine erste Gruppe von Pfarrern und Priestern sieht ihre Aufgabe darin, den Gläubigen Heilswissen zu vermitteln. Andere ziehen die Rolle des Seelsorgers oder Beraters vor, der seinen Zuhörern Hilfen zur Lebensbewältigung anbietet. Wieder andere stellen den Akt des Glaubens als die einzig sachgemäße Antwort auf die Verkündigung der Heilsbotschaft in den Vordergrund. Anders gesagt: der Prediger kann den Kopf, die Hände oder das Herz seiner Zuhörer ansprechen.

Die drei Predigtziele lassen sich mit den drei Stufen der seelischen Entwicklung in Verbindung bringen, von denen die mystische Tradition berichtet. In Anlehnung an die neuplatonische Philosophie sieht die klassische katholische Mystik in der Vereinigung mit Gott *(unio mystica)* die höchste Stufe, die eine reife christliche Seele erreichen kann. Diese Stufe bildet den Endpunkt eines langen Weges, dessen Abschnitte als «Läuterung» und «Erleuchtung» beschrieben werden. Zuerst gilt es, sich von Sünde zu befreien und ein moralisch einwandfreies Leben zu führen. Wie der neuplatonische Philosoph Hierokles ausführt, dient die oftmals in den «allgemein geltenden Gesetzen» niedergelegte «praktische Philosophie» dazu, «uns mit Hilfe der Tugenden von dem zu befreien, was nicht geistig ist».[218] Ist der Grund zu einem heiligen Leben durch die Ausübung der Tugenden gelegt, darf man erwarten, durch das Studium der heiligen Schrift und des Lebens im Lichte der Schrift zu einer immer deutlicheren Gotteserkenntnis zu gelangen. Auf dieser Stufe der Erleuchtung lernt die Seele alles, was sie erfährt, im Lichte Gottes zu sehen. Die darauf folgende letzte Stufe, die der Freundschaft und Vereinigung mit Gott, krönt die Pilgerschaft des Gläubigen. Versteht man die Predigt als Hilfe auf dem mystischen Weg zu Gott, dann folgen Moralpredigt, Lehrpredigt und Erweckungspredigt aufeinander und zeigen eine jeweils höhere Stufe seelischer Entwicklung an. Die Moralpredigt soll Leben und Gesinnung läutern, die Lehrpredigt erleuchten und die Erweckungspredigt zu Gottesglaube und Christusliebe hinführen.

Es wäre falsch zu meinen, jeder Prediger verfolge nur ein einziges der drei Ziele. Gewiß gibt es einzelne, die eine klare Entscheidung für eine der Traditionen treffen, aber die meisten kombinieren die Predigtziele oder entwerfen Predigtprogramme, die mehr als ein Ziel zu erreichen suchen. Eine solche Kombination ist sinnvoll, wenn die Predigt den Gläubigen auf seinem Weg zur mystischen Begegnung oder Vereinigung mit Gott unterstützen will.

So betrachtet verstehen wir, warum Gregor der Große und Harry Emerson Fosdick ihrer Predigt ein ethisches Ziel gaben. Ihrer großen Zuhörerschaft fehlten die Grundlagen eines religiösen Lebens. Es galt, ihnen Läuterung zu vermitteln, und dies war nur durch moralisches und therapeutisches Predigen möglich. Bei Origenes verhielt es sich noch anders. Die Katechumenen der alten Kirche mußten bereits für diese vorläufige Mitgliedschaft eine gewisse moralische Qualität besitzen. Tatsächlich haben viele Prediger, von Origenes bis Karl Barth, angenommen, daß sich die meisten Menschen von sich aus um Sittlichkeit bemühen. Was ihnen fehlt, ist eine Kenntnis der Grundlagen, Geheimnisse und besonderen Lehren des Christentums. Sie müssen daher in der Lehre, nicht in der Moral unterwiesen werden. Da der Heiligen Schrift neben der den Verstand erleuchtenden Kraft auch noch eine läuternde Funktion zukommt, geschieht die moralische Förderung der Predigthörer gleichsam nebenbei. Die dritte Gruppe von Predigern wagt es, ihre Zuhörerschaft über die Stufe der Erleuchtung hinauszuführen. Luther, Schleiermacher und die Erweckungsprediger stehen in einer mit Mystik oder Pietismus verbundenen Tradition und legen daher großen Wert auf unmittelbare Gotteserfahrung der Gläubigen. In einer besonderen Erfahrungsfrömmigkeit verwurzelt, wagen sie es, an das Gefühl zu appellieren und die Gläubigen zu einer Begegnung mit Christus oder Gott hinzuführen. Nicht jede Zuhörerschaft ist dazu bereit. Wenn sie auf einer anderen Stufe seelischer Entwicklung steht, bleibt ihr das Anliegen ihres Predigers fremd. Deshalb hängt jeder seinen eigenen Gedanken nach und fängt an zu husten und zu schlafen, wenn Luther beginnt, über Gottes rechtfertigende Liebe zu sprechen.

Jedes der Predigtziele – Läuterung, Erleuchtung oder mystische Begegnung – beeinflußt den Inhalt der mitgeteilten Botschaft. Aber es gibt noch einen weiteren Faktor, der den Inhalt mitbestimmt: die *Autorität*, auf die der Redner seine Darlegung gründet. Die drei Predigttraditionen haben mehrere Möglichkeiten, ihren Anspruch zu begründen.

Als erste Grundlage ist das Buch zu nennen. Esras jüdische Predigt im Jerusalem des 5. Jahrhunderts v. Chr. unterscheidet sich in dieser Hinsicht kaum von der christlichen Unterweisung des Origenes in Caesarea. In beiden Fällen bezog sich die Predigt nicht nur auf ein Buch – das Buch des Mose bzw. die Schriften der Propheten und Apostel. Vielmehr diente sie auch dazu, die traditionellen Werte zu vermitteln, die in der Heiligen Schrift niedergelegt sind. Wie Esras Judentum, so ist auch die Kirche der Väterzeit eine Buchreligion. Ihre Heilige Schrift stellt die kanonische Sammlung der Geschichten, Regeln und Lehren dar, die der Gläubige zu kennen, zu schätzen und im Leben zu respektieren hat. Der Gottesdienst dient dazu, den Inhalt der Schrift bekannt zu machen, zu wiederholen und einzuschärfen. Juden wie Christen führen ihre heiligen Bücher auf Autoritäten zurück, die in der Vergangenheit lebten – in der mythischen Zeit des Mose oder den ebenfalls längst vergangenen Tagen der Apostel. Weit davon entfernt, etwas Neues vorzutragen, bezieht sich der Prediger auf alte, unveränderliche und kanonische Bücher. Mose und die Apostel sind gleichsam die Väter, deren Autorität feststeht, weil Gott oder Christus selbst zu ihnen gesprochen hat. Als väterliche Gestalten haben sie an der göttlichen Autorität Anteil oder vertreten diese.

Die älteste christliche Predigt, wie sie Lukas festgehalten hat, ist von anderer Art. Zwar ist der gottesdienstliche Rahmen – das Vorlesen eines Textes und seine Interpretation – gleich, aber der Text hat viel von seiner Autorität eingebüßt. Jesus spricht in eigener Autorität und bezieht sich auf den Schrifttext nur, um zu verdeutlichen, wer er ist und was er tut. Spricht Paulus in der Diasporasynagoge, wendet er in ganz ähnlicher Weise eine prophetische Botschaft auf die Gegenwart an, wobei er sich auf Sendung und Gestalt Jesu bezieht. In solchen Fällen widerspricht eine neue, zu Recht als «Wort Gottes» bezeichnete Botschaft dem, was das Publikum zu hören gewohnt ist. Die gemischte Reaktion der Zuhörer zeigt, daß der Prediger keineswegs das Verständnis traditioneller Geschichten fördern oder Gehorsam gegenüber bestimmten bekannten Regeln einschärfen wollte; vielmehr forderte er in einer neuen Situation die Anerkennung eines neuen religiösen Führers. Das älteste Evangelium – das Markusevangelium – führt Jesus von Anfang an als einen Lehrer ein, der sich von anderen unterscheidet: «Sie waren betroffen von seiner Lehre, denn er lehrte wie einer, der Vollmacht hat und nicht wie die Schriftgelehrten», d. h. nicht wie Esra, Justin und andere (Mk 1,22). «Sie gerieten in Streit untereinander und sagten: Was ist das? Eine neue Lehre mit Vollmacht» (V. 27). Die früheste christliche Predigt wirkte nicht weniger provozierend als die nicht-traditionelle, charismatische Botschaft Jesu selbst. Während die Zuhörer von Esra und Justin die Lehre aufgrund der Autorität des Mose und der Apostel akzeptieren, hatten die frühen Christen einen anderen Grund für ihren Glauben. Sie waren von der neuen Botschaft schokkiert, betroffen und überwältigt. «Als er das alles sah, glaubte er», berichtet Lukas über einen römischen Prokonsul, «wobei er über die Lehre des Herrn außer sich geriet» (Apg 13,12).

Um die verschiedenen Absichten und Strategien des Predigers prägnant zu beschreiben, soll auf Max Webers bekannte Unterscheidung zwischen traditionaler und charismatischer Autorität zurückgegriffen werden. Traditionale Autorität beruht auf dem Glauben an die Heiligkeit der «allgemein geltenden Gesetze» (um noch einmal die Formulierung des Hierokles aufzugreifen), die das alltägliche Verhalten regeln und immer schon geregelt haben. Sie hängt eng zusammen mit der patriarchalischen Gesellschaft und ihren Institutionen – wie etwa der Heiligen Schrift –, die vor langer Zeit geschaffen wurden und gleichsam zur Ordnung der Welt gehören. Im Unterschied dazu beruht die charismatische Autorität auf dem Glauben an die besondere Heiligkeit und den Wert des Außergewöhnlichen oder eines neuen Führers mit einer neuen Botschaft und neuen Forderungen. Esra und Justin predigten in der «traditionalen» Weise. Da sie traditionelle Regeln, Meinungen und Werte ablehnen, verkörpern Jesus und Paulus dagegen den «charismatischen» Typ.

«Traditionales» Predigen paßt sehr gut zum religiösen Ritual. Es ist zeitlos und wird von den Veränderungen der Geschichte kaum berührt, denn es wiederholt auf fast mechanische Weise dieselbe Botschaft, die gleiche Lehre und erzählt dieselbe, unveränderliche Geschichte von Gottes stets gleichem Handeln. Da Gott in der Vergangenheit gehandelt hat, kann diese Geschichte als abgeschlossene Erzählung vorgetragen werden. Wie alle rituellen Handlungen, so bleibt auch die Predigt frei von Überraschungen und vermeidet Hinweise auf Gegenwartsgeschehen. «Die Lehre der Prediger ist stets dieselbe», versicherte Jonathan Swift im 18. Jahrhundert.[219] Prediger wie Karl Barth legen großen Wert darauf, auf die Gegenwart mit ihren Konflikten und Problemen nicht einzugehen. Mit der modernen Mentalität wird kein Dialog gesucht. Man versteht, daß diese Art von Rede manche Zuhörer wenig befriedigt – zum Beispiel die Athener und die Fremden, die gemäß der Apostelgeschichte ihre Zeit damit verbringen, einander Neuigkeiten zu erzählen.[220] Sie läßt sich mit einer Wendung charakterisieren, die in der katholischen Liturgie wiederholt begegnet: «wie im Anfang, so auch jetzt und allezeit, und in Ewigkeit». Dagegen verläßt charismatisches Predigen den bequemen Käfig des ewig gleichen Rituals: Es verkündet etwas Neues, etwas, was das Herkömmliche nicht mehr bestätigt und die Tradition nicht mehr fortführt. Am Beispiel Jesu und seiner frühen Anhänger lernen wir die Predigt als schöpferisches Instrument von Propaganda und Neuerung kennen. «Wenn niemand widerspricht», meint der russische Historiker Diakonoff, «dann ist Platz für Rituale, aber nicht für Propaganda.»[221] Nach dem Bericht des Lukas war es mit der Ruhe des Rituals vorbei, als christliche Propaganda in die Liturgie der Synagoge eindrang.

Die charismatische Situation ist nicht stabil. Im Laufe der Zeit läßt die anfängliche Begeisterung nach und es bilden sich festere Bräuche, Lehren und Institutionen heraus, so daß die charismatische Predigt allmählich wieder in die traditionale übergeht. Trotz ihres Interesses am Neuen und Unvorhergesehenen ziehen die meisten Menschen auf die Dauer Sicherheit und Stabilität vor. Jede Art von Propaganda, auch die religiöse, zielt letztlich auf neue Stabilität.

Die belehrende Predigt beruht auf der traditionalen Autorität. Origenes verstand seinen Unterricht als treue Weitergabe der herkömmlichen, in der Heiligen Schrift niedergelegten Lehre. Diese «ist in der Ordnung der Nachfolge von den Aposteln her überliefert und dauert bis heute in den Kirchen fort». Und er fügt hinzu: «Man darf nur das als Wahrheit glauben, was in nichts von der kirchlichen und apostolischen Überlieferung abweicht.»[222] Als Gelehrter und früherer Grammatiker stützt sich Origenes auf die schriftliche Überlieferung. Er ist einer der ersten Theologen, die Überlegungen über den biblischen «Kanon» anstellen, die Liste der maßgeblichen Bücher, aus denen im Gottesdienst vorgelesen wird und die der Predigt ebenso wie der theologischen Forschung zugrunde liegen. Er berichtet von seiner eingehenden Beschäftigung mit Werken wie dem Ägypterevangelium und dem Thomasevangelium: «Aber von diesen [Schriften] heißen wir nur jene gut, die auch die Kirche gutheißt; nur vier Evangelien sind zulässig.»[223]

Trotz seiner Betonung der höchsten und ausschließlichen Autorität Christi stützt sich Karl Barths Theologie und Predigt weithin auf die kirchliche Überlieferung. Obwohl er es nicht so plakativ formuliert, ist seine Bejahung der kirchlichen Tradition sehr weitreichend:

> Die Bibel ist der Gemeinschaft der Kirche gegeben. Die Tradition verhilft uns zu einer rechten Auslegung, und die Tradition enthält die gesamte Kirchengeschichte (einschließlich des 19. Jahrhunderts!). Die Bekenntnisse helfen auch, aber keines von diesen ist ein absolutes Kriterium. Bei der Auslegung sind Tradition, Kirchenväter und Bekenntnisse unsere «Eltern», die wir respektieren und ehren müssen, aber es gibt Zeiten, wo es zum Bruch kommen muß (Reformation!).[224]

Barth ist ein unabhängiger und kritischer Denker. Dennoch entwickelt er seine Lehre nie ohne sorgfältige Berücksichtigung kirchlicher Bekenntnistexte und die Darlegungen älterer Theologen. Barths *Kirchliche Dogmatik* respektiert die «Väter».

Die Moralpredigt verfolgt zwar ein anderes Ziel als die Lehrpredigt, aber beide wurzeln in herkömmlicher Lehre und beiden kommt dieselbe traditionale Autorität zu. Mittelalterliche Theoretiker der Moralpredigt wie Alanus ab Insulis halten ausdrücklich fest, daß sich die Predigt auf «die großen Autoritäten»,[225] nämlich die biblischen Bücher, stützt:

> Die Form der Predigt sieht folgendermaßen aus: sie soll sich auf der ihr eigenen Grundlage bilden, auf einer theologischen Autorität, nämlich einem Text aus den Evangelien, den Briefen des Paulus oder den salomonischen Schriften, denn in diesen herrscht erbauliche Lehre vor. Auch auf weitere Bücher der Heiligen Schrift kann zurückgegriffen werden, wenn diese etwas für das verhandelte Thema hergeben.[226]

Interessanterweise nennt Alanus die salomonischen Schriften, worunter sich die Sprichwörter (Proverbien) und das Buch Kohelet befinden, zwei Werke, die auf Erfahrung und Beobachtung beruhende moralistische Weisheit lehren. Während das Buch der Sprichwörter keinen Zweifel daran läßt, daß die mitgeteilte Lehre die herkömmliche Weisheit der Väter darstellt, legt Kohelet mehr Wert auf eigene Erfahrung und eigenes Urteil.

Die mittelalterlichen Theoretiker beziehen sich aber nicht nur indirekt auf Erfahrung und Vernunft als Quellen der Predigt. Humbertus de Romanis betont, daß auch «Erfahrungswissen» dem Prediger zugute kommt.[227] «Jene, die viel mit der menschlichen Seele umgegangen sind und sie so gründlich kennengelernt haben, können mehr über die Seele und ihre Angelegenheiten sagen.»[228] Nach Alanus beruht die Predigt «sowohl auf praktischer Lebenserfahrung als auch auf den großen Autoritäten».[229] Demnach kann die ethische Predigt auf einer alternativen, modernen Art von Autorität beruhen, einer Art, die Weber als «rational» bezeichnet. Während die traditionelle Moral von der Heiligkeit überlieferter Werte und Verhaltensweisen ausgeht, stützt sich deren moderne, rationale Nachfolgerin auf neue, empirisch und wissenschaftlich geprüfte Ideen. Traditionelle Verhaltensweisen mögen in einer rationalen Ethik erhalten bleiben, müssen jedoch zuvor erweisen, daß sie auch in der gegenwärtigen Situation gangbar und nützlich sind. Besonders bei Fosdick können wir beobachten, daß sich die neue Ethik nicht unbedingt auf die

Vergangenheit und deren kanonischen Niederschlag stützt. Fosdick orientiert sich vielmehr am «rationalen» Ideal des «richtigen», d. h. psychisch gesunden Menschen. Fosdicks therapeutische Predigt speist sich aus persönlicher Erfahrung und psychologischem Wissen. Jeder seiner Zuhörer soll hier die rationalen und emotionalen Ressourcen finden, mit deren Hilfe er seine eigenen Probleme lösen kann. Im Jahre 1924 beschrieb ein Journalist Fosdick als «einen Prediger, der das Herz über den Kopf erreicht».[230] Für Fosdick ist die Bibel eher eine rational verantwortbare als eine bloß die Tradition festhaltende Autorität. In seinem Buch *Der moderne Gebrauch der Bibel* unterscheidet Fosdick sorgfältig zwischen den traditionellen, zeitbedingten Denkformen und der durch Erfahrung überprüfbaren, rationalen, zeitlosen Botschaft. Religion, wie sie Fosdick verstand, gründet auf einem rationalen Fundament. In den Worten von Reinhold Niebuhr, einem Kollegen Fosdicks am Union Theological Seminary in New York: «Er bekämpfte jene, die dem Glauben eine irrationale Basis geben wollten und ermöglichte es den Gebildeten, den christlichen Glauben intellektuell anzuerkennen.»[231]

Verglichen mit Origenes, Karl Barth und den mittelalterlichen Theologen – «traditionalen» Predigern, die ihre Lehre auf herkömmlichen Glauben und ihre moralische Ermahnung auf übliches Verhalten gründen – erscheint Harry Emerson Fosdick als Vertreter einer modernen, rationalen Predigt.

Max Webers charismatische Autorität wird durch jene Predigtart vertreten, welche die menschlichen Gefühle anspricht. Als Reformator, der sich von scholastischer Theologie, klösterlicher Lebensweise und päpstlicher Herrschaft lossagte, fühlte sich Martin Luther zur «charismatischen» Predigtweise hingezogen. Wie seine Nachfolger in der Erweckungsbewegung bezog er sich fast ausschließlich auf die Autorität der Schrift, und diese wurde, recht gepredigt, zum lebendigen Wort Gottes. Das göttliche Wort stellt jede Überlieferung und Gewohnheit in den Schatten und setzt sich über die Vernunft hinweg, um sofortige Unterwerfung in Glauben und Gehorsam zu fordern. Eine solche Predigt erhält charismatische Autorität für alle, die durch sie zum Glauben geführt werden. Für die Gläubigen wird sie niemals langweilig.

Greifen wir noch einmal auf die mystische Lehre der stufenweisen Annäherung an Gott zurück, dann läßt sich unsere Interpretation wie folgt zusammenfassen:

- Stufe der Läuterung: ethische Predigt, auf traditionaler oder rationaler Autorität gründend
- Stufe der Erleuchtung: belehrende Predigt, beruhend auf traditionaler Autorität
- Stufe der Vereinigung mit Gott: erweckende Predigt, auf charismatischer Autorität fußend.

Jede Predigt, mag sie charismatisch, traditional oder rational sein, bedarf der sorgfältigen Vorbereitung durch den Prediger und erfordert die ungeteilte Aufmerksamkeit der Gemeinde. Wenn nicht ihr ewiges, so stehen doch ihr zeitliches Leben, ihr Glaube, ihr Weltbild und ihr seelisches und moralisches Wohlergehen auf dem Spiel. Eine «predigtfreie Kirche» wäre überhaupt keine

16 «Die erste predigtfreie Kirche von Rocky Knoll». Bei vielen Kirchgängern ist die Predigt unbeliebt. Man könne doch auf sie verzichten, meint ein amerikanischer Karikaturist. Henry Martin, Karikatur im New Yorker, 1986.

Kirche, sondern ein Versuch, sie zum Schweigen zu bringen und auf diese Weise abzuschaffen. Nur frivole Menschen können an Henry Martins Karikatur ihre Freude haben – und solche, die zu fest im Glauben stehen, um sich von einem Witzbold beirren zu lassen (Abb. 16).

In vielen protestantischen Kirchen bildet die Predigt den Höhepunkt des Sonntagsgottesdienstes. Von der Predigt beherrscht und weiteren mündlichen Riten – Lobpreis und Gebet – eingerahmt, macht er einen ausgesprochen intellektuellen Eindruck. Bei anderen Kirchen pflegt der Gottesdienst an dieser Stelle nicht abzubrechen. Es folgt ein weiteres heiliges Spiel, bei dem Gesten und Speisen in den Vordergrund treten. Im *Opfer* erhält Gott Gaben und schenkt solche seinen Gläubigen.

VIERTES SPIEL

Opfer

Menschliche Gaben und göttliche Gegengaben

Une religion qui n'a pas de sacrifice, n'a pas de culte proprement dit.[1]
[Eine Religion, die kein Opfer kennt, ist keine wirkliche Religion.]
François-René de Chateaubriand, 1802

Ante agnus offerebatur, offerebatur et vitulus, nunc Christus offeretur.[2]
[Ehedem wurden Lamm und Kalb geopfert; jetzt wird Christus geopfert.]
Ambrosius von Mailand, ca. 390

Priester: Orate, fratres: ut meum ac vestrum sacrificium acceptabile fiat apud Deum Patrem omnipotentem.
Meßdiener: Suscipiat Dominus sacrificium de manibus tuis, ad laudem et gloriam nominis sui, ad utilitatem quoque nostram, totiusque ecclesiae suae sanctae.
[Betet, Brüder, daß mein und euer Opfer angenommen werde von Gott, dem allmächtigen Vater. – Der Herr nehme das Opfer an aus deiner Hand, zum Lobe und Ruhme seines Namens, zum Nutzen für uns und seine ganze heilige Kirche.]
Römische Messe, 11. Jahrhundert

1. Über das Opfer

Im Altertum kam dem Opfer im privaten wie im öffentlichen Leben große Bedeutung zu. Dabei konnte die Opfergabe pflanzlicher oder tierischer Natur sein; je nach Ort und Gottheit war es z. B. ein geflochtener Kranz oder ein geschlachtetes Tier. Priester übten regelmäßigen Opferdienst für das Wohlergehen des Staates, Privatleute brachten ihre Gaben zum Heiligtum, und im Falle einer nationalen Notlage konnten alle Bürger aufgefordert werden, durch Opfer und Gebet «von den Göttern Heil zu erbitten».[3] Platons Umschreibung ist pointiert. Er spricht von «der Priesterschaft, die sich nach dem heiligen Spruch des Herkommens darauf versteht, von uns Menschen die Opfer als wohlgefällige Gaben an die Götter zu übermitteln; auch verhilft sie uns durch Gebete, daß die Götter unsere Wünsche erfüllen».[4] Die Gabe dient dazu, göttliche Hilfe und göttlichen Schutz zu erflehen.

Gegenseitigkeit durch Opfer

Tief verwurzelt im menschlichen Verhalten, läßt sich die Logik des Schenkens schon bei kleinen Kindern beobachten. Im zweiten oder dritten Lebensjahr beginnen Kinder, Erwachsenen und anderen Kindern Geschenke zu überreichen, gewöhnlich wertlose kleine Gegenstände. Wie mir meine Mutter erzählte, war ich sehr erfinderisch und hätte einen Preis für meine immer neuen Präsente verdient: dürre Blätter, kleine Steine, Federn, Blumen, tote Insekten und lebende Würmer. Weit davon entfernt, eine unmittelbare Gegengabe zu erheischen, dienen solche Gaben dazu, bestehende Beziehungen zu verstärken oder neue anzubahnen. Dennoch verstehen sich bereits kleine Kinder auf Tauschgeschäfte. Der Psychologe John Bowlby berichtet von einem zweijährigen Jungen, der seiner Mutter den Teddybär anbot, um das ihm abgenommene Messer wieder zurückzubekommen.[5] Das Geben einer Gabe, verstanden als Geste der Anerkennung anderer oder als Tauschgeschäft, gehört zu den frühesten Handlungen eines Menschen. Im späteren Leben verfeinert, zählt es zu den Grundlagen des sozialen und religiösen Verhaltens.

Auf seinen Grundgedanken zurückgeführt, besagt das Opfer *do ut des*, «ich gebe, damit du gibst».[6] Dieser Grundsatz war nicht nur den Römern bekannt, sondern auch den Ägyptern (Abb. 17a), Griechen und Israeliten und später auch den Christen (Abb.17b). Das Alte Testament sagt es ohne Umschweife in einem Rat für Bauern: «Ehre den Herrn mit deinem Vermögen, (...) dann füllen sich deine Scheunen mit Korn» (Spr 3,9–10). Unter den vielen Geschichten des Alten Testaments handelt eine vom Opfer des Propheten Samuel. Als die Philister, Israels Feinde, sich zum Angriff versammelt hatten, nahm

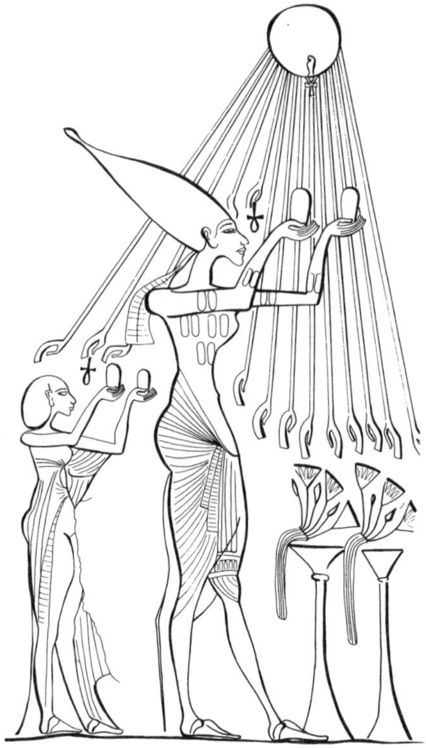

17a Menschliche Gabe und göttliche Gegengabe (1). Das altägyptische Relief zeigt Nofretete und Pharao Echnaton, wie sie dem Sonnengott Aton Gaben darbringen, die teils auf Opfertischen liegen, teils in feierlicher Geste emporgehoben werden. Die in Hände auslaufenden Sonnenstrahlen greifen nach den Gaben, reichen aber auch die begehrte Gegengabe. Diese ist in Gestalt eines Henkelkreuzes, der «Leben» (ägyptisch *anch)* bedeutenden Hieroglyphe, angedeutet. Das Anchzeichen wird den beiden Opfernden an die Nase gehalten (vgl. Abb. 6). Kalksteinrelief, Amarnazeit, Ägypten, um 1350 v. Chr.

Samuel «ein junges Lamm und brachte es Jahwe als Ganzopfer dar». Gleichzeitig «rief er zu Jahwe für Israel» (1 Sam 7,7–11). Jahwe erhörte den Propheten und sandte ein heftiges Gewitter, das die Philister verwirrte und in die Flucht schlug. Gott hatte die Bitte offenbar deshalb erhört, weil sich der Prophet eines herkömmlichen Rituals bedient hatte, bei welchem die Gottheit eine Gabe erhielt. Die alten Israeliten und Juden brachten jedoch nicht nur in Kriegszeiten Opfer für die Gemeinschaft dar. Wurde im Jerusalemer Tempel geopfert, so beteten die Juden, nach Auskunft des jüdischen Historikers Josephus, «vorschriftsmäßig zuerst für das Wohl des Gemeinwesens und dann erst für unser eignes; denn wer jenes höher achtet als sein persönliches Interesse, an dem hat Gott sicherlich das größte Wohlgefallen».[7]

Gebildete Griechen waren mit derselben Vorstellung vertraut. Viele – auch einige der gebildeten Juden – konnten gewiß die folgenden Zeilen der ersten Seite von Homers Ilias aufsagen:

17b Menschliche Gabe und göttliche Gegengabe (2). Der mittelalterliche Künstler gibt eine Vision der heiligen Birgitta von Schweden wieder (Offenbarungen der Heiligen Birgitta, Buch 6, 86). An einem Pfingstfest sah die Heilige, wie sich die Hostie des Priesters in Christus verwandelte. Die vom Himmel ausgehenden Flammen verschlingen Christus als Opfergabe, stellen aber gleichzeitig die pfingstliche Gabe des Heiligen Geistes dar, der sich in Gestalt einer Flamme auf dem Haupt des Priesters niederläßt. Das Meßopfer wird durch die göttliche Gabe des Geistes beantwortet: Auch der christliche Kult folgt der Regel von Gabe und Gegengabe. Buchmalerei, um 1400.

Höre mich, Herr, (...)
(...) Wenn ich dir je überdacht einen reizenden Tempel,
oder wenn ich dir je die fetten Schenkel von Stieren
oder Ziegen verbrannt, so erfülle mir dieses Verlangen:
Räch an den Danaern nun meine Tränen mit deinen Geschossen![8]

Das Opfer des alten Mannes war nicht umsonst: «Also sprach er betend; es hörte ihn Phoibos Apollon.» Außer den Privatopfern gab es in Griechenland auch öffentliche, zugunsten der Stadt dargebrachte Opfer. Als Herodot, der große Reisende und Historiker des 5. Jahrhunderts, davon erfuhr, daß die Perser private Opferdarbringung verbieten, lobte er ihren Gemeinsinn. «Der Opfernde darf nicht für sich allein um alles Gute bitten, sondern er betet darum für alle Perser und den König; denn er [der Opfernde] gehört ja auch dazu.»[9] In der Bibel finden wir ein Echo von der persischen Vorstellung, der Staat (und nicht der einzelne Bürger) sei der einzig legitime Empfänger jener Gegengaben, mit denen Gott die Opfer beantwortet. Der Perserkönig Darius ließ dem Jerusalemer Tempel regelmäßig Tiere, Weizen, Salz, Öl und Wein liefern, damit die Priester «dem Gott des Himmels wohlgefällige Opfer darbringen und für das Leben des Königs und seiner Söhne beten» (Esra 6,10). Der Staat hat ein Interesse daran, daß die aus dem Opfer erwachsenden Gnaden und Segnungen nicht Privatleuten zugute kommen, sondern der Gemeinschaft und insbesondere dem König als deren Stellvertreter.

Das alte Hellas brachte nicht nur Dichter wie Homer und Historiker von der Art Herodots hervor, sondern auch Philosophen und Satiriker, von denen einige das Opferwesen ablehnten. So verspottete Lukian von Samosata die volkstümliche Auffassung vom Opfer als einem Tauschgeschehen, dem mehr oder minder feste Tarife zugrunde liegen. Im 2. Jahrhundert n. Chr. schrieb er:

> Das ist nun einmal der Begriff, den man sich von den Göttern macht: umsonst tun sie nichts. Die Güter, die sie den Menschen gewähren, sind gegen Barzahlung erhältliche Waren. Alles ist ihnen feil und hat seinen festen Preis: Gesundheit ist für ein Stierkalb, Reichtum für vier Ochsen, ein Königreich für eine Hekatombe zu haben. (...) Es gibt aber auch vieles, was für einen Hahn, einen Blumenkranz oder schon für ein paar Körner Weihrauch zu haben ist.[10]

Schon lange vor Lukian kannte der Philosoph Platon diese Kritik und setzte sich mit ihr auseinander. Seiner Meinung nach könnten nur frivole und unreife Geister so vom Opfer reden; ältere und reifere Menschen urteilten nicht so zynisch. In der Zeit der heidnischen Restauration unter Kaiser Julian erklärte der Philosoph Salustius lapidar, «Gebete ohne Opfer sind bloße Worte, aber solche mit Opfern sind lebendige Worte», d. h. Gebete, die etwas bewirken.[11]

Auch die Römer glaubten an die Wirkung des Opfers. In einer seiner Elegien stellt sich Tibull vor, er sei ein einfacher Bauer, der den Hausgöttern ein Lamm darbringt, während die Kinder rufen: «Juchhe! O gebt glückliche Ernte und Wein» *(Io, messes et bona vina date)*.[12] Die traditionelle Bitte, die beim römischen Privatopfer gesprochen wird, ist zurückhaltender: «Jupiter, mit Darbringung dieses Opferkuchens richte ich an dich gute Bitten, daß du wohlwollend seiest und geneigt mir und meinen Kindern, meinem Hause und meiner Hausgenossenschaft, nachdem du mit diesem Opferkuchen geehrt bist.»[13] Gabe erfordert Gegengabe: diese Regel gilt für den Verkehr zwischen

Menschen und Göttern. Ohne die Erwartung einer Gegengabe wäre das Opfer sinnlos und unnütz. Laktanz, ein christlicher, um 300 lebender Philosoph, gibt die heidnische Auffassung in folgender Weise wieder: «Wenn Gott keinem etwas Gutes gewährt, wenn er den Gehorsam seines Verehrers mit keiner Gnade erwidert, dann ist nichts so eitel und töricht wie Tempel zu errichten, Opfer und Gaben darzubringen und so den eigenen Besitz zu vermindern – ohne irgend etwas dadurch zu erreichen.»[14]

Allerdings darf der Austausch von Gaben zwischen Gott und Mensch nicht als Handelsgeschäft aufgefaßt werden. Zwischen Handel treiben und schenken liegen Welten.[15] Ein Geschenk setzt voraus, daß zwischen Geber und Empfänger eine soziale Beziehung besteht. Es mag zwar gutem Brauch entsprechen, einem anderen ein Geschenk zu machen, doch besteht dazu keine Verpflichtung, denn seinem Wesen nach ist ein Geschenk eine freiwillige Gabe. Handels- und Tauschgeschäfte dagegen beruhen auf vertraglicher Grundlage und unterliegen festen Regeln; wer diese verletzt, wird bestraft. Handel setzt keine enge persönliche Beziehung der Beteiligten voraus, sondern gründet zumeist auf einer unpersönlichen Beziehung, die kaum länger dauert als die Abwicklung des Geschäfts. Im allgemeinen betonen religiöse Denker, daß dem Opfer eine soziale Verbindung zugrunde liegt und es sich daher nicht um ein Tauschgeschäft handeln kann. Das Opfer gilt als freies Geschenk, nicht als Preis, der für bestimmte Güter bezahlt wird. Natürlich mag ein Geschenk zur Bestechung mißbraucht und das Opfer als Bezahlung einer Versicherungsgebühr mißverstanden werden. Werden die Götter wie im alten Rom als fremd und unnahbar aufgefaßt, erscheint das Opfer als Zahlung von Tribut.[16] Selbst die Tauschbeziehung läßt sich noch als – wenn auch flüchtige und folgenlose – soziale Beziehung verstehen.[17] Haben die Opfernden jedoch ein gutes, enges und persönliches Verhältnis zu einem Gott oder Schutzgeist (wie zum Beispiel im alten Griechenland und in Israel), so fassen sie ihre Gabe kaum als zu bezahlenden Preis auf. Wie immer die Beziehung im einzelnen beschaffen sein mag, das Opfer baut eine Brücke zwischen der menschlichen und der göttlichen Welt und schafft so die Voraussetzung zur Interaktion. Wie Jan van Baal treffend bemerkt: «Kommunikation beginnt stets mit einer Gabe.»[18]

Privates und öffentliches Opfer im antiken Judentum

Die biblischen Zeugnisse lassen Entstehung und Entwicklung des Opferwesens gut verfolgen. In weit zurückliegenden Zeiten begannen die Menschen, einige ihrer Haustiere zu schlachten, um diese den Göttern als Gabe darzubringen. Die Zugehörigkeit der so geehrten Gottheit zur menschlichen Gesellschaft wird dadurch bekräftigt. Bei jeder Opferdarbringung lautet die an die Gottheit gerichtete Botschaft: «Du bist Mitglied unserer Gruppe. Du hast ein Anrecht auf Speise.» Wer von der Gruppe verpflegt wird, muß das Seine zum Überleben oder Wohlergehen der Gemeinschaft beitragen, und in diesem Sinne gilt die neutestamentliche Regel: «Wer nicht arbeiten will, soll auch nicht essen» (2 Thess 3,10). Die Welt, in der das Tieropfer entstand, ist nicht mehr von den

Zufällen der jagenden und sammelnden Wirtschaftsweise abhängig. Es ist die Welt der Bauern und Viehzüchter.[19] Diese Menschen arbeiten regelmäßig, planen für die Zukunft und treffen Vorsorge, indem sie sich durch Geschenke der gegenseitigen Solidarität versichern. Besonders in Notzeiten bekräftigen sie ihre Beziehungen zu Göttern und Mitmenschen – daher die Häufung von Opfern in Augenblicken der Krise oder vor kriegerischen Aktionen.

Formen und Anliegen der Opfer, wie sie sich in vorgeschichtlicher Zeit bildeten, bestimmen das Kultwesen noch in historischer Zeit. Ursprünglich brachte der Hausherr oder das Sippenoberhaupt ein Opfer dar, wenn dafür Anlaß bestand; den Ort der Darbringung bestimmte er selbst. Später dienten örtliche oder regionale Heiligtümer diesem Zweck. Auf einer weiteren Entwicklungsstufe bildete sich ein damit befaßter Berufsstand. Nun versorgten Priester das Heiligtum. Gegen Bezahlung gewährten sie Zugang zum Heiligtum, halfen beim Schlachten und Verbrennen des Opfertiers (oder eines Teils davon) und stellten ihre kultische Sachkenntnis zur Verfügung. Das Opferwesen wurde nun von Priestern beherrscht, die ihre Söhne im Priesterberuf ausbildeten. Die immer umfangreicher werdenden kultischen Regeln und Traditionen hielten sie schließlich schriftlich fest. Mit der Entstehung eines staatlichen Zentraltempels als einzigem Kultort erreichte Israel eine letzte Stufe. Die Priester boten ihre Dienste nicht mehr nur dem opfernden Privatmann an, sondern waren auch mit der Durchführung umfangreicher und regelmäßiger Opferrituale betraut, die der gesamten Gemeinschaft zugute kamen. Das Opferwesen befand sich in den Händen einer Klasse ausgebildeter Priester und stand unter staatlichem Schutz. Die Laien brachten ihre Gaben zum Tempel, um Gott – oder die Götter – um Hilfe zu bitten oder Dank zu sagen. Der Klerus feierte zusätzlich ein eigenes, von der Laiengabe unabhängiges tägliches Ritual, das die ständige Verbindung zur göttlichen Welt sicherte. Das Opferwesen hatte sich von jener Unregelmäßigkeit befreit, die dem Bedürfnis und dem Geschmack des einzelnen oder auch örtlichem Brauch eigen ist. Die Geschichte des Opfers ist eine Geschichte zunehmender Institutionalisierung und Klerikalisierung.

Die Opferbräuche in den verschiedenen alten Kulturen des östlichen Mittelmeerraumes weisen viele Gemeinsamkeiten auf. Die Opfer der Ilias und der Odyssee unterscheiden sich kaum von denen der Bibel; beide haben zweifellos dieselbe historische Wurzel. Bestimmte Teile der Innereien des geschlachteten Tieres wurden für die Gottheit verbrannt, der Rest diente zum Verzehr bei einem heiteren Fest. Manchmal verbrannte man auch das ganze Opfertier, statt nur einen kleinen, symbolischen Teil auf den Scheiterhaufen zu legen. Griechen und Israeliten kannten auch die Vorstellung, daß die Gottheit zu Tisch gebeten und mit Speise versorgt wird. Der wichtigste Unterschied zwischen den beiden Kulturen ist der Monotheismus: Die Griechen schenkten ihre Opfergaben verschiedenen Göttern in vielen Tempeln, während die Israeliten für die alleinige Verehrung eines einzigen Gottes in einem einzigen Tempel eintraten. In der Zeit des Neuen Testaments war der althebräische Polytheismus längst dem Monotheismus gewichen.

Die meisten Juden anerkannten nur den Jerusalemer Tempel als legitime Kultstätte. In neutestamentlicher Zeit konnten die meisten Juden einem Opfer ihrer Religion allerdings nur selten beiwohnen; manche erlebten es nie. Viele Juden lebten weit von Jerusalem entfernt in der Diaspora und kamen so wahrscheinlich mit heidnischen Opferbräuchen mehr in Berührung als mit denen ihrer eigenen Religion. Der Anblick eines Zeus-Priesters, der, von der Volksmenge begleitet, Stiere und Kränze zu einem Altar bringt, muß ihnen vertraut gewesen sein.[20] Doch fühlten sie sich zur Wallfahrt nach Jerusalem verpflichtet, um dort ihre Gelübde einzulösen, Dankopfer darzubringen und die traditionellen Riten mitzuerleben. Aristeas, ein vornehmer und reicher, vermutlich im 2. Jahrhundert v. Chr. in Alexandria lebender Jude, besuchte Jerusalem und den Hohenpriester im Auftrag der ägyptischen Judenschaft. In einem Brief beschreibt er seinem Bruder, was er in Jerusalem sah und erlebte und wie er vom Hohenpriester Eleasar empfangen wurde. Der Hohepriester erlaubte Aristeas und seinen Begleitern, einen Festungsturm in der Nähe des Tempels zu besteigen, damit sie den ganzen Tempelplatz mitsamt seinen herrlichen Bauten überblicken und einen Eindruck vom Opferwesen gewinnen konnten. Gerade wurde ein großes Fest – zweifellos eines der großen Wallfahrtsfeste – gefeiert, so daß sich ihnen ein bunter Anblick bot. Mehr als siebenhundert Priester und Helfer waren mit den verschiedensten Aufgaben beschäftigt: Einige trugen Holz für den Scheiterhaufen heran, andere brachten Öl, Mehl oder Duftstoffe herbei, wieder andere schleuderten das Fleisch der geschlachteten Tiere auf den Scheiterhaufen, der auf dem Altar brannte. «Aber alles geschieht in Ehrfurcht und so, wie es der großen Gottheit geziemt. Auch erstaunten wir sehr, als wir Eleasar beim Priesterdienst sahen (...) auch über die hoheitsvolle Ausstrahlung beim Tragen des priesterlichen Ornats, der mit Edelsteinen geschmückt ist.»[21] Jeder, der diesem Schauspiel beiwohnte, versichert Aristeas, wurde von einem unaussprechlichen Gefühl des Staunens überwältigt und fühlte sich in eine andere Welt versetzt.

Aristeas konnte den üblichen Opferakt beobachten: das Schlachten eines makellosen Lammes (durch einen Priester oder Helfer), das Ausgießen des Blutes an den Fuß des Altars (stets durch einen Priester) und das – ganze oder teilweise – Verbrennen des Tieres.[22] Eine im Freien vor dem Tempelgebäude stehende Plattform aus unbehauenen Steinen diente als Altar. Nach der Vorstellung der Gläubigen wohnte Gott im Tempelgebäude, das von keinem Laien betreten werden durfte.

Je nach Herkunft des Opfertiers war das Opfer öffentlich oder privat. Für das öffentliche Opfer kauften die Priester das Tier aus den Erträgen der jährlich von jedem Juden erhobenen Tempelsteuer. Beim Privatopfer brachten die Laien ein Tier aus ihrer eigenen Herde oder kauften eines in Jerusalem. Als öffentliches Opfer konnten nur junge, fehlerlose Lämmer und Ziegen dienen. Die Qualität der Tiere war beim Privatopfer weniger wichtig – auch ein Ochse oder Schaf mit einem zu langen oder zu kurzen Bein war zulässig.[23] Im allgemeinen hielt man männliche Tiere für geeigneter als weibliche. Aus dem Werk Platons wissen wir, wie die Alten über das öffentliche Opfer dachten.

Täglich soll wenigstens *einem* der Götter «für den Staat und die Bürger und ihren Besitz» geopfert werden.[24] Gebet und Opfer «retten die Häuser der einzelnen» und sichern «das Gemeinwohl der Staaten».[25] Das Wohl der Gemeinschaft beruhte auf dem Vollzug des täglichen Kults.

Im antiken Judentum, der Mutterreligion der Christen, spielte das Opfer eine große Rolle. Wie hebräische Bibel, Synagoge und Schriftgelehrsamkeit bildete es eine ihrer Säulen. Als einzig rechtmäßiger Kultort der Juden und Stätte eines eindrucksvollen täglichen Rituals genoß der Jerusalemer Tempel hohes Ansehen. Eine zahlreiche Priesterschaft stand bereit, die Opfer der Gläubigen wie auch die Gaben frommer Heiden entgegenzunehmen. Wie stand Jesus zum jüdischen Opferwesen seiner Zeit? Die Geschichte des christlichen Opfers muß mit der Beantwortung dieser Frage beginnen.

2. Jesus und der Ursprung der Eucharistie

In diesem Kapitel soll gezeigt werden, daß die von Jesus «eingesetzte» und von seinen frühen Anhängern gefeierte Eucharistie als Opfer aufzufassen ist. Offenbar entwickelte Jesus die mit Brot und Wein ausgeführte kultische Handlung auf der Grundlage einer bekannten, am Jerusalemer Tempel seiner Zeit häufig praktizierten Form des Opfers, der er eine neue Gestalt gab. Unsere Darstellung geht in drei Schritten vor. Zuerst wird eine möglichst genaue Beschreibung des Privatopfers zur Zeit Jesu gegeben. Dann gilt es zu zeigen, wie Jesus einige Elemente des Privatopfer-Rituals aufgegriffen hat, um daraus eine neue Kulthandlung zu gestalten. Abschließend ist der Frage nachzugehen, warum eine neue Kulthandlung notwendig wurde. Unsere neue – und für manche Leser überraschende und gewagte – Rekonstruktion knüpft an religionsgeschichtliche Vorarbeiten an und kann sich besonders auf die grundlegenden Untersuchungen von Hartmut Gese und Bruce Chilton stützen.[26] Diese beiden Gelehrten waren die ersten, die das Abendmahl als Opfer auffaßten. Sie zeigten, daß sich die Ursprünge von einem der wichtigsten christlichen Riten keineswegs im Dunkel der Legende verlieren.

Das Privatopfer zur Zeit Jesu

Wollte der Jude Gott für eine ihm erwiesene Wohltat danken – für Genesung von Krankheit, glückliche Heimkehr von langer Reise und dergleichen –, so nahm er ein Lamm oder eine Ziege und ging zum Jerusalemer Tempel (Abb. 18). Dort übergab er sie einem Priester, der sich um die Schlachtung des Tieres und die Verbrennung bestimmter Opferteile kümmerte. Zum Abschluß feierte der opfernde Laie mit seinen Gästen ein Fest. Diese kurze Beschreibung vermag zwar einen gewissen Eindruck davon zu vermitteln, was bei einem Opfer geschah, aber für unsere Zwecke reicht sie nicht aus. Zum Opfervollzug gehören mehr Handlungen als die erwähnten. Tatsächlich ermöglichen es biblische und außerbiblische Quellen, Eigenart und Abfolge der einzelnen Handlungen genauer darzustellen. Die nachfolgende Einschaltung gibt einen Überblick über die wichtigsten Riten, die in den Quellen genannt sind. Wo die antiken Berichte lückenhaft bleiben, haben wir sie versuchsweise ergänzt, damit ein vollständiges Bild des Privatopfers entsteht.

Die sechs Schritte des Opfervollzugs (Privatopfer)

Handelnde Personen	Der opfernde Laie (ein Mann oder eine Frau), hier kurz als «Laie» bezeichnet; er bringt ein Tier, gewöhnlich ein Lamm, zum Priester.

Ort	Die Höfe des Jerusalemer Tempels, besonders der «Hof der Israeliten» und der Hof der Priester.
Zeit	1. Jahrhundert n. Chr. (vor dem Jahr 70, Zeitpunkt der Zerstörung des Tempels).
Schritt I	*Vorbereitung.* Der Laie bringt das Tier und einige weitere Gaben, darunter auch Brot und Wein, zum Tempel und übergibt sie dem Priester.
Schritt II	*Schlachtung.* Der Priester schlachtet das Tier, wobei er «Leib» und «Blut» voneinander trennt.
Schritt III	*Darbringung des Blutes.* Der Priester schüttet das Blut an alle Seiten des Altars. Vermutlich hat der Priester zuvor das Blut Gott mit den Worten dargebracht: «Das ist das Blut des N», wobei N für den Namen des Laien steht.
Schritt IV	*Darbringung von Leib und Brot.* Der Priester bringt die Opfergaben zum Altar; dort werden sie Gott mit einer Geste des Emporhebens dargebracht. Vermutlich spricht der Priester beim Emporheben am Altar die Worte: «Das ist der Leib des N», wobei N für den Namen des Laien steht. Bestimmte Opferanteile werden auf dem Altar verbrannt.
Schritt V	*Darbringung des Weines.* Der Priester bringt den Wein am Altar dar, wobei er den Kelch erhebt und den Namen Gottes anruft. Anschließend gießt er den Wein an den Fuß des Altars (Libation oder «Weinspende» genannt).
Schritt VI	*Gemeinsames Mahl.* Der Laie erhält das geschlachtete Tier zurück und bereitet ein Festmahl vor, das die Feier beschließt.

Das Opfer läßt sich als ein festliches Mahl verstehen, bei dessen Vorbereitung ein Priester gewisse Handlungen im Tempel vollzieht. Die Opferhandlung beginnt damit, daß jemand ein Tier zum Tempel bringt und einem Priester übergibt (Schritt I).[27] Der opfernde Laie gibt an, um was für eine Art von Opfer es sich handeln soll. Sodann stemmt er seine beiden Hände auf das Haupt des Tieres. Frauen und Sklaven durften den Ritus der Handaufstemmung nicht vollziehen, da der Ritus ein Besitzverhältnis zum Tier ausdrückt und Tiere nach Auffassung der Priester offenbar nur Männern rechtmäßig gehören konnten. Außer dem Opfertier bringt der Laie auch Wein und vier Arten von gesäuertem und ungesäuertem Brot.

Es folgt die Schlachtung des Tieres (Schritt II).[28] Dabei trennt der Priester oder ein Helfer den «Leib» vom «Blut», wobei das Blut in einer Schale aufgefangen wird. Der Laie schaut der Handlung vom «Hof der Israeliten» aus zu. Auch während der folgenden Schritte bleibt er in diesem Hof.

Die beiden folgenden Schritte stellen zweifellos den Höhepunkt der Opferhandlung dar. Zuerst wird das Blut am Altar dargebracht (Schritt III).[29] Der Priester gießt es an alle Seiten des Altars. Wir vermuten, daß dieser Handlung eine förmliche Präsentierung des Blutes am Altar vorangeht. Dabei tritt der Priester vor den Altar und spricht: «Das ist das Blut des N»,

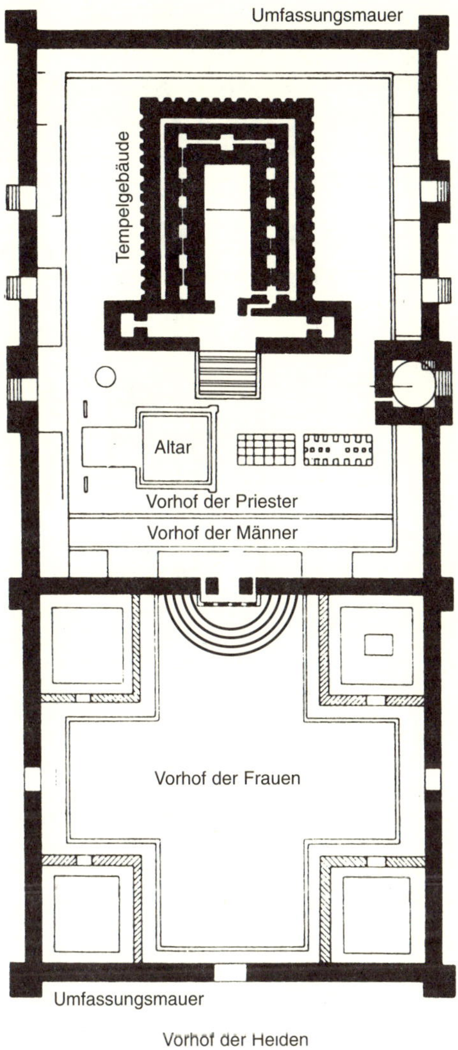

18 Der Tempel als Ort des Opfers. Ein antiker Tempel war kein einzelnes Gebäude, sondern ein Komplex von Bauten und Höfen. Die Opfertiere wurden in einem Schlachthaus geschlachtet. Dann präsentierten die Priester Blut und Tierkörper am Altar vor dem Heiligtum. Moderner Plan des Jerusalemer Tempels, 1. Jahrhundert n. Chr.

wobei N der Name des opfernden Laien ist. Dann erfolgt die Darbietung des geschlachteten Tierkörpers und des Brotes am Altar (Schritt IV).[30] Die zum Altar gebrachte Opfergabe besteht aus einem Teil des Brotes, dem Bruststück des Tieres und bestimmten Innereien (im wesentlichen die Nieren und das die Innereien umhüllende Fett). Dies alles wird Gott mit einer Geste des Emporhebens übereignet (Abb. 19a und 19b).[31] Anschließend werden die Innereien in das Feuer geworfen, das auf dem Altar brennt. Dagegen gehen das

19a Darbringung einer Opfergabe (1). Auf dem altägyptischen Relief präsentiert der König einer Statue der Göttin Hathor ein Tablett mit Gold-, Silber- und Kupferbarren als Opfergaben. Die Wände ägyptischer Tempel sind bedeckt mit Darstellungen, die den Pharao als Priester zeigen, der einer Gottheit Gaben – oft Speise und Getränk – darbringt. Die alten Israeliten und Juden haben kultische Szenen nicht bildlich dargestellt. Ihre Priester scheinen aber die Opfergaben mit einer ähnlichen Geste am Altar präsentiert zu haben. Relief aus dem Hathor-Tempel von Dendera, Ägypten, 1. Jahrhundert n. Chr.

Bruststück und das Brot in den Besitz des diensttuenden Priesters über, der sie später verzehrt. Wir vermuten, daß die Geste der Darbringung von den Worten begleitet war: «Dies ist der Leib des N», wobei N für den Namen des opfernden Laien steht.

Nach der Darbringung von Blut, Fleisch und Brot nimmt der Priester einen Becher Wein, hält ihn empor, ruft Gott an und gießt den Wein an den Fuß des Altars (Schritt V).[32] Der Laie hat vom Hof der Israeliten aus alle priesterlichen Handlungen verfolgt.

Nach der Weinspende kehrt der Priester zum Schlachthaus zurück und übergibt dem Laien die verbleibenden Teile des geschlachteten Tieres für das anschließende Mahl (Schritt VI).[33] Anders als die vorangehenden Handlungen findet dieses nicht in der Nähe des Altares statt, jedoch im Tempelbezirk, vermutlich in einem der äußeren Vorhöfe. Da das Fleisch noch am selben Tag verzehrt werden muß, bereitet der opfernde Laie sogleich ein festliches Mahl, zu dem Familienmitglieder, Freunde und Gäste eingeladen werden – also jene,

19b Darbringung einer Opfergabe (2). Auch die katholische Messe kennt die altehrwürdige Geste der Präsentation (vgl. Abb. 19a). Auf dem in den 1950er Jahren gemachten Foto sehen wir, wie ein Priester die Patene mit einer Hostie (einer runden Oblate) zu Gott emporhält (eleviert). Die Patene dient als Opfertablett. Die Liturgiereform von 1970 vereinfachte das Kultgerät, so daß nun eine größere Schale mit nicht nur einer, sondern allen bei der Messe verwendeten Hostien in einer entsprechenden Geste emporgehalten wird. Elevationsgeste des katholischen Priesters, frühe 1950er Jahre.

die bereits während der Opferhandlung den Laien begleitet und dem Priester zugeschaut hatten. Auch Brot und Wein bilden Bestandteile des Mahls.

Die so rekonstruierte Kulthandlung zeigt einen harmonischen, symmetrischen Aufbau mit Anfang, Mittel- und Schlußteil. Auf die vorbereitenden Schritte (I und II) folgt, eingerahmt von zwei Libationen mit Blut (III) und Wein (V), die Darbringung des Brotes und des Tierleibs (IV). Ein festliches Mahl bildet den Abschluß (VI). Blut und Tierleib stellen die wichtigste Opfermaterie dar, die noch symbolisch in unblutiger Gestalt – durch Wein und Brot – verdoppelt wird.

Für die vom Priester bei der Opferschlachtung gesprochenen Worte stehen keine antiken Textquellen zur Verfügung. An dieser Stelle greift unsere Rekonstruktion auf die Worte zurück, die Jesus bei seiner neu gefaßten Kulthandlung sprach: «Das ist mein Leib» und «Das ist mein Blut». In den von uns vermuteten Zusammenhang gesetzt, verlieren diese rätselhaften Worte ihr Geheimnis und erscheinen verständlich. «Leib» *(sôma)* und «Blut» *(haima)* sind Ausdrücke der priesterlichen Fachsprache und bezeichnen die beiden Bestandteile, in welche das Opfertier zerlegt wird.[34] In einer früheren Zeit, als noch der opfernde Laie und nicht der Priester mit dem geschlachteten Tier an den Altar trat, mag er die Worte gesprochen haben: «Das ist mein Leib», d. h. hier bringe ich meinen Opferleib; er gehört mir und ich biete ihn dir an. In gleicher Weise mag er bei der Darbringung des Blutes die Worte gesprochen haben: «Das ist mein Blut», d. h. ich opfere das Blut meines Opfertieres. Leider muß diese Deutung eine Annahme bleiben, da in den alten Schriftzeugnissen keine Gebete oder Worte überliefert sind, die beim Opfer gesprochen wurden.[35]

Es läßt sich jedoch auf mehrere Opferformeln verweisen, die im Alten Testament angeführt sind oder auf die angespielt wird. Das Buch Deuteronomium schreibt die Worte vor, die der mit seinen Erntedankgaben zum Tempel kommende Bauer zu sprechen hat. Der Ablauf wird genau geschildert: Der Bauer kommt mit seinem Erntekorb zum Tempel und stellt sich einem Priester vor, der den Korb entgegennimmt und zum Altar bringt. Dann spricht der Bauer einige Worte des Gotteslobes, die mit einer Präsentierungsformel schließen: «Und siehe, nun bringe ich hier die ersten Erträge von den Früchten des Landes, das du mir gegeben hast, Jahwe» (Dtn 26,10). Der Priester tritt hier als Helfer auf. Nicht der Priester, sondern der Bauer selbst dankt dem göttlichen Geber der Ernte. Denkbar ist natürlich, daß in der Praxis der Priester manchmal diese Worte für den Bauern sprach – in diesem Fall läge eine Klerikalisierung vor, wie wir sie beim privaten Tieropfer annehmen. Das angeführte Beispiel zeigt, daß eine für den Tempel bestimmte Gabe einer förmlichen Übergabe bedurfte und bei dieser feststehende Worte der Präsentierung gesprochen wurden. Weitere Beispiele bringen uns den eucharistischen Formeln näher, denn es handelt sich um von Priestern gesprochene Worte, die im Zusammenhang mit rituellem Gebrauch von Blut stehen. Nach dem Bericht des Buches Exodus schloß Mose einen Bund zwischen Gott und Volk. Bei diesem Bundesschluß wurde zuerst ein Vertragstext vorgelesen, worauf sich ein Opfer anschloß. Man schlachtete junge Stiere, und Mose besprengte das Volk mit dem Stierblut, wobei er ausrief: «Das ist das Blut des Bundes, den Jahwe aufgrund all dieser Worte [des zuvor verlesenen Vertrags] mit euch schließt» (Ex 24,8). Das dritte – und letzte – Beispiel kommt den Worten Jesu noch näher. Nach einer alttestamentlichen Sage hat König David während eines Krieges Jahwe ein verkürztes Opfer in Form einer Getränkespende (Libation) dargebracht. Anlaß dazu war Davids Erschrecken darüber, daß einige seiner Männer unter Einsatz ihres Lebens Wasser aus einer Zisterne holten, die sich in Feindeshand befand. Da kein Tier geschlachtet werden konnte, diente Wasser als Ersatz für Blut. David schüttete das Wasser im Namen jener mutigen Männer auf den Boden, wobei der Boden als Ersatz für den nicht vorhandenen Altar zu verstehen ist. Dabei sagte er: «Das ist das Blut der Männer, die unter Lebensgefahr ausgezogen sind» (2 Sam 23,17). Erläuternd ließe sich sagen: Das ist der Ersatz für die Tierblutgabe, die jene Männer hiermit darbringen. Priester mögen ähnliche Worte gesprochen haben, wenn sie Opferblut an den Fuß des Altares sprengten, das Brust- oder Schenkelstück des geschlachteten Tieres oder Brot und Wein vor dem Altar darboten, oder auch, wenn sie Teile des Tieres in das auf dem Altar brennende Feuer legten. Ein Opfer muß förmlich präsentiert werden, wobei Gott angesprochen und der Spender namentlich genannt wird. Tatsächlich dürfte der Akt der Darbietung, und nicht etwa die Tötung des Tieres, als der zentrale Opferakt gegolten haben.

Jesu neues Opfer

Die älteste Eucharistiefeier, die sich rekonstruieren läßt, besteht aus drei Teilen. (1) Eine kleine Anzahl von Menschen hält ein gemeinsames Mahl – man denke an Jesus und die zwölf Apostel, die im Evangelium erwähnt sind. (2) Einer der Anwesenden nimmt Brot und bringt es Gott mit einer Geste des Emporhebens dar, wobei er sagt: «Das ist mein Leib.» Die Anwesenden teilen das Brot unter sich und verzehren es. (3) Der mit dem Brot ausgeführte Ritus aus Darbringung und gemeinsamem Verzehr wird mit einem Becher Wein wiederholt, wobei die Worte gesprochen werden: «Das ist mein Blut.» Die Abfolge der drei Teile ist nicht gesichert. Weinritus und Brotritus könnten am Anfang gestanden haben und das gemeinsame Mahl am Schluß (3 – 2 – 1), aber auch andere Abfolgen sind denkbar. Das als Vorbild vorausgesetzte private Opferritual des Tempels läßt uns den Sinn erschließen: Offenbar handelt es sich um eine verkürzte Form jenes sechsteiligen Rituals, das vorstehend beschrieben wurde. Ein Element blieb unverändert: Wie im Tempel wurde Gott Brot dargebracht (mit der Präsentierungsformel «Das ist mein Leib») und anschließend verzehrt (und nicht auf dem Altar verbrannt). Andere Bestandteile wurden verändert. Die beiden wichtigsten, von Jesus eingeführten Änderungen sind folgende: *Erstens* verlegte er das gesamte Ritual in den Bereich außerhalb des Tempels. Daher mußte jede Handlung entfallen, die von einem Priester durchzuführen war: Kein Tier wurde geschlachtet, kein Blut gesprengt und nichts auf dem Altar verbrannt. *Zweitens* reduzierte er die gesamte Handlung auf ihren unblutigen Teil, so daß die Opfermaterie nur noch aus Brot und Wein bestand. Was die Abfolge des mit Brot und Wein ausgeführten Ritus angeht, so ist die Überlieferung mehrdeutig. Das Lukasevangelium stellt den Weinritus vor den Brotritus, während Matthäus und Markus den Brotritus voranstellen.[36] Beide Abfolgen sind sinnvoll. Die Abfolge Weinritus – Brotritus entspricht der ursprünglichen Reihenfolge von Blutritus und Leibritus beim blutigen Opfer: das Blut mußte an den Altar geschüttet werden, bevor es gerinnt. Steht der Weinritus am Schluß, wird der Priester nachgeahmt, der die Opferhandlung mit einer Weinlibation abschloß.

Das neue, unblutige Ritual war zwar etwas Neues, aber es diente demselben Zweck, nämlich dazu, Gott durch eine Gabe zu ehren und für erhaltene Wohltaten zu danken. Daher gaben die Christen ihrer neuen Feier auch keinen anderen Namen als den des Dankopfers, das auf griechisch *eucharistia* – «Danksagung» – hieß.[37] Der zentrale, Gott ehrende Ritus bestand in einer Geste des Emporhebens (Elevation) von Brot und Wein. Bei der Darbietung dieser Gaben wurden die Worte gesprochen: «Das ist mein Leib – Das ist mein Blut». Weder ein begleitendes Gebet (wie im späteren christlichen Gottesdienst) noch das Essen und Trinken bilden den Mittelpunkt. Das Opfer Jesu bestand allein in der Geste der Darbietung, d. h. der Elevation der Gaben mit ihren Begleitworten.

Warum wurde das verkürzte, unblutige Opfer als Ersatz für das lang dauernde, komplizierte und teure priesterliche Ritual am Tempel eingeführt? Der Gedanke des Ersatzes für ein großes Opfer ist nicht neu, sondern in der Praxis verschiedener Religionen verbreitet. Das klassische Beispiel der ethnologischen Literatur für die Abmilderung eines Opfers kommt aus dem Brauchtum der Nuer, einem Rinder züchtenden Volk im Sudan.[38] Wenn jemand keinen Ochsen opfern konnte, dann genügte auch eine kleine Gurke, zumindest als vorläufiger Ersatz. Die Nuer behandelten dabei die Gurke wie ein Tier: Die Gurke wurde der Gottheit dargeboten und nach einem Gebet mit dem Speer erstochen. Ein ähnlich auffälliges Beispiel für ein Ersatzopfer ist aus dem alten Ägypten bekannt. Ein Priester oder Beamter konnte eine Gottheit oder einen Verstorbenen durch Ausgießen von etwas Wasser ehren. Die dazu gesprochene Opferformel lautete: «Tausend [Laibe] Brot, tausend [Krüge] Bier für N», wobei N der Name des Opferempfängers ist.[39] Das Wasser ersetzt oder vertritt die große Menge von Brot und Bier, die der Opfernde nennt. In Israel erforderte das Privatopfer wie das Staatsopfer gewöhnlich die Tötung und Darbringung eines Haustieres. Manchmal wurde das ganze Tier «für die Gottheit» verbrannt, so daß der Stifter des Opfers keine Möglichkeit zu einem anschließenden Festmahl hatte. Nur Reiche konnten sich solche Ganzopfer leisten. Eine alttestamentliche Erzählung stellt den Armen, der nur ein einziges Schaf besitzt, dem reichen Vieh- und Herdenbesitzer gegenüber.[40] Offenbar waren die ärmeren Bevölkerungsschichten von einer häufigeren Beteiligung am Privatopfer ausgeschlossen. In bestimmten Fällen durften sie zwei Turteltauben statt eines Lammes opfern; war selbst das nicht möglich, konnte eine bestimmte Menge Mehl (etwa 4 kg) an deren Stelle treten.[41] Den häufigsten Ersatz für das Opfer bildete jedoch das Gebet, das als «Opfer der armen Leute» galt. Vom Besucher des Tempels wurde das Mitbringen einer Gabe erwartet, wer jedoch mit leeren Händen kam, sollte sich wenigstens zu Boden werfen und ein Gebet sprechen. Das Buch der Psalmen läßt ein solches Gebetsverständnis erkennen.[42] So finden wir einen Beter, der darum nachsucht, seine Worte mögen «wie ein Rauchopfer» gelten, seine «erhobenen Hände» (eine traditionelle Gebetsgeste) wie ein «Abendopfer» des offiziellen Kults (Ps 141,2). Wenn der Psalmist sagt, «Jahwe, nimm das Opfer meines Mundes gnädig an», so möchte er, daß seinem Lied oder Gebet derselbe Wert wie einem Tieropfer zuerkannt werde (Ps 119,108). Wenn er erklärt, «ein zerknirschter Geist» sei «das Opfer, das Gott gefällt», und meint, Gott werde «ein zerbrochenes und zerschlagenes Herz» nicht verschmähen, so will er keineswegs den Wert von Opfern in Frage stellen, sondern nur sagen, er habe Gott nichts anderes als ein Lied über seine bußfertige Gesinnung anzubieten – und diese Gesinnung sei das wichtigste (Ps 51,19). Stets soll das Gebet das «eigentliche», das Tieropfer vertreten. Ein nachbiblischer jüdischer Text faßt diese Denkweise prägnant zusammen: «Hat jemand einen Stier, so soll er einen Stier opfern; wenn nicht, dann soll er einen Ziegenbock, ein Lamm oder eine Taube opfern; und wenn er sich keine Taube leisten kann, soll er eine Handvoll Mehl bringen. Und wenn er kein Mehl hat, so soll er nichts bringen, aber ein Gebet sprechen.»[43]

Das zuletzt angeführte Zitat setzt voraus, daß ein Tier die ursprüngliche und eigentliche Opfergabe darstellt; alles andere wird als Ersatz betrachtet. Allerdings scheint das nicht die Meinung aller Juden gewesen zu sein. Der französische Gelehrte Alfred Marx glaubt in frühjüdischen Quellen eine Hervorhebung gerade der unblutigen Opfergaben zu erkennen, und möglicherweise gab es Kreise, die diese bevorzugten.[44] Tatsächlich gab es in der kulturellen Umwelt des Frühjudentums Gegner des Tieropfers und den Versuch, es durch Brot und Trank zu ersetzen. So praktizierten es manche der Anhänger Zarathustras, deren Gott Ahura Mazda als Staatsgott des achämenidischen Perserreichs verehrt wurde. Inschriften aus der Zeit um 500 v. Chr. lassen erkennen, daß Ahura Mazda mit einer täglichen Gabe von Brot und Wein geehrt wurde.[45] Zumindest einige Juden scheinen den monotheistischen Glauben der Zoroastrier sowie deren Betonung ritueller Reinheit und Erwartung der Auferstehung von den Toten bewundert und geteilt zu haben. Auch übernahmen sie die vegetarische Ernährungsweise. Zwar läßt sich die Beziehung zwischen zoroastrischer Religion und jüdischem Verständnis des Jerusalemer Tempelrituals nicht beweisen, aber die besondere Stellung des Trankopfers (Libation) als Abschluß des öffentlichen wie privaten Opfers ist offenkundig. Die älteste Beschreibung, die uns den öffentlichen Gottesdienst im Tempel schildert, hebt die Libation des Hohenpriesters eigens hervor: «Dann streckte er die Hand nach dem Becher aus und opferte von dem Blut der Trauben; er goß es an den Fuß des Altars» (Sir 50,15). Diese Beschreibung scheint vorauszusetzen, daß das Ausgießen des «Bluts der Trauben» sichtbarer und feierlicher vonstatten ging als das Besprengen des Altars mit Tierblut (das in dieser Quelle übergangen wird). In einem Psalm heißt es über das private Dankopfer: «Ich will den Becher des Heils erheben und anrufen den Namen Jahwes (...) ich will dir ein Opfer des Dankes bringen» (Ps 116,13.17). In diesem Falle steht die Geste der Darbietung (Elevation) des Bechers mit Wein für das ganze Ritual.

Warum hat Jesus eine neue Gestalt des Opfers eingeführt? Wollte er das Tempelritual und die dadurch zu erwerbenden geistlichen Gaben den Priestern entreißen und dem Volk bringen, besonders jenem Volk, das sich keine Opfertiere leisten konnte? Wollte er als prophetischer Gesetzgeber das Tieropfer abschaffen und es durch einfachere, unblutige Gaben ersetzen, und machte er sich so – vielleicht ohne es zu wissen – das zoroastrische Ritual zu eigen? So nahe diese Deutungen auch liegen mögen, so unwahrscheinlich sind sie, beruhen sie doch auf Gedanken, die Jesus und seinen frühen Anhängern fremd waren. Wir müssen nach anderen Gründen suchen, die Jesus dazu bewegten, ein neues Opferritual zu schaffen.

Obwohl die bekannte Legende die Geburt Jesu nach Betlehem, eine kleine Stadt in der Nähe Jerusalems, verlegt, stammt Jesus aus Galiläa, dem nördlichen Teil Palästinas. Die Galiläer waren für ihren besonderen Dialekt und ihr mangelndes Interesse am priesterlichen Tempelgottesdienst im weit entfernten Jerusalem bekannt. Jesus scheint zu jenen Galiläern gehört zu haben, die sich um die priesterlichen Forderungen wenig sorgten und diese sogar kritisierten. So war er entsetzt darüber, daß das öffentliche Opfer über Steuern finanziert und damit das Verhältnis zwischen Gott und seinem Volk zu einem durch Geld bestimmten Verhältnis geworden war. Seinen Beitrag zum öffentlichen Opfer – die Tempelsteuer – bezahlte er offenbar nicht oder mit Widerwillen.[46]

Das Privatopfer scheint ihm hingegen viel bedeutet zu haben. Zu Jesu Lebzeiten gingen seine Anhänger oder zumindest seine Zuhörer zum Tempel, um dort ihre Opfer darzubringen. In einem Fall, nach einer Heilung, schickte Jesus den Geheilten zum Tempel. Er sagte ihm nicht etwa, er brauche sich nicht um ein Dankopfer zu kümmern, vielmehr wies er ihn an: «Geh, zeig dich dem Priester und bring das Opfer, das Mose angeordnet hat» (Mt 8,4). Nach diesem Bericht respektierte Jesus das Gesetz, das eine Reihe von Opfern vorschrieb, die der Wiedereingliederung einer «aussätzigen» oder «unreinen» Person in die Gesellschaft dienten.[47] Er bestand darauf, daß jeder, der ein Opfer darzubringen wünschte, sich in einer ganz bestimmten Weise vorbereitet: durch Herstellung von sozialer Harmonie in seiner Umgebung. Das einschlägige Jesuswort steht in der Bergpredigt: «Wenn du deine Opfergabe zum Altar bringst und dir dabei einfällt, daß dein Bruder etwas gegen dich hat, so laß deine Gabe dort vor dem Altar liegen; geh und versöhne dich zuerst mit deinem Bruder. Dann komm und opfere deine Gabe» (Mt 5,23–24). Streit würde das Opfer stören und vermutlich Gott beleidigen und seinen Zorn provozieren. Diese Meinung Jesu trifft sich mit der des Psalmisten: Nur jemand,»der reine Hände hat und ein lauteres Herz», darf den Tempel betreten und Opfer darbringen (Ps 24,4).[48]

Gegen das private Opferwesen hatte Jesus offenbar nichts einzuwenden und bejahte die dafür geltende biblische Gesetzgebung. Allerdings hatte er besondere Vorstellungen über die Beteiligung des opfernden Gläubigen und übte Kritik an der Verfahrensweise der Opferdarbringung im Tempel. Seine Kritik gipfelte in einer dramatischen Aktion, der sogenannten «Tempelreinigung».

Alle vier Evangelien berichten davon, wie Jesus, von Zorn erfüllt, die im Tempelbezirk stattfindenden Handelsgeschäfte behinderte.[49] Der Bericht des Markus gilt als der älteste:

> Dann kamen sie nach Jerusalem. Jesus ging in den Tempel und begann, die Händler und Käufer aus dem Tempel hinauszutreiben. Er stieß die Tische der Geldwechsler und die Stände der Taubenhändler um und ließ nicht zu, daß jemand etwas durch den Tempelbezirk trug. Er belehrte sie und sagte: Heißt es nicht in der Schrift: Mein Haus soll ein Haus des Gebets für alle Völker sein? Ihr aber habt daraus eine Räuberhöhle gemacht. Die Hohen-

priester und die Schriftgelehrten hörten davon und suchten nach einer Möglichkeit, ihn umzubringen. Denn sie fürchteten ihn, weil alle Leute von seiner Lehre sehr beeindruckt waren. Als es Abend wurde, verließ Jesus mit seinen Jüngern die Stadt. (Mk 11,15–19)

Dem Bericht scheint ein geschichtliches Ereignis zugrunde zu liegen, aber man ist sich nicht schlüssig darüber, was eigentlich geschah und was Jesu Absicht war. Leser, die mit der kulturellen und religiösen Welt des antiken Judentums nicht vertraut sind, könnten annehmen, der Tempelbezirk sei in einer ähnlichen Weise zum Marktplatz geworden, wie die mittelalterlichen Kathedralen und Friedhöfe manchmal Ort für allerlei Handelsgeschäfte waren. Mit seiner dramatischen Aktion habe Jesus dem Tempel seine ursprüngliche Funktion zurückgegeben. Diese Lesart verkennt die besondere Eigenart der im Tempel abgewickelten Geschäfte. Wir haben es nicht mit einem gewöhnlichen Markt zu tun, auf dem alles nur Denkbare feilgeboten wurde, sondern mit einem Markt der Opfertiere, wozu auch die erwähnten Tauben gehören. Lehnte Jesus das Opferwesen ab, um es durch den geistigeren Kult des Gebets zu ersetzen?

Zwei Tatsachen stehen diesem Verständnis entgegen und lenken unseren Blick in eine andere Richtung. Wie wir sahen, lehnte Jesus das Privatopfer als solches keineswegs ab, sondern bejahte und empfahl es sogar. Offenbar stellte der Verkauf der Opfertiere damals eine Neuerung dar, die nicht bei allen Zeitgenossen auf Zustimmung stieß. Kajafas, Hoherpriester zwischen ca. 18 und 36 n. Chr., war der erste, der den Handel mit Opfertieren zuließ, und zwar vermutlich im äußeren Tempelvorhof.[50] Jesus wollte das Tempelritual vom Handel befreien und dem Ideal einer unmittelbaren Gottesverehrung näherbringen. Dafür konnte er sich auf ein Wort des Propheten Sacharja berufen: «Alle, die zum Opfer kommen, nehmen die Töpfe und kochen in ihnen. Und kein Händler wird an jenem Tag mehr im Haus des Herrn der Heere sein» (Sach 14,21). Jesu kühne Aktion mag durchaus einer verbreiteten, dem Handel im Tempel feindlichen Stimmung entsprochen haben. Vielleicht fand sie sogar die Zustimmung des Tempelpersonals, das gegen die Aktion nicht einschritt. Hätten sie sich ihm entgegengestellt, wäre es wohl zu sofortigem Einschreiten und zur Verhaftung Jesu gekommen.

An dieser Stelle könnten wir abbrechen und einräumen, daß jede weitergehende Deutung auf Spekulation beruht. Die neuere Forschung scheint aber durchaus noch einen genaueren Erklärungsversuch der «Reinigung» oder «Besetzung» des Tempels zu ermöglichen.[51] Zwar werden einige der folgenden Erwägungen ungewöhnlich scheinen, doch dürfen sie zumindest als möglich gelten.

In Jesu Tagen waren Laien, die ein Opfer darbrachten, offenbar zu zahlenden Zuschauern geworden. Mit dem Opfervollzug selbst kamen sie kaum in Berührung. Im «Vorhof der Heiden» kauften sie ein Opfertier, das sogleich dem Tempelpersonal übergeben wurde. Die Laien warteten vermutlich einige Zeit, bis die Opferhandlung vollzogen war und ihnen (im Falle des sogenannten

Heilsopfers und des Dankopfers) einen Teil des geschlachteten Tieres ausgehändigt wurde. Bezahlen, das Aufstützen der Hände auf das Haupt des Tieres[52] und danach der Empfang des Fleisches: das waren die äußeren Handlungen. Die eigentliche Opferhandlung – das Schlachten, das Auffangen des Blutes, der rituelle Umgang mit Blut und Fett, manchmal sogar das Handaufstemmen – das alles geschah weit entfernt und kaum sichtbar für den opfernden Laien. Da der Laie den Hof der Priester (wo die Schlachtung stattfand und der Altar stand) nicht betreten durfte, mußte er im Hof der Israeliten bleiben und konnte nur von weitem zuschauen; eine weitere Beteiligung am Opfervorgang war nicht möglich. Diese stark eingeschränkte Beteiligung war durchaus sinnvoll, denn sie ermöglichte die Durchführung einer großen Anzahl von Opfern durch geübte Spezialisten vor allem an den Festtagen, an denen viele Laien in den Tempel drängten. Dieses Verfahren verhinderte auch, daß opfernde Nichtjuden den heiligen Bezirk betraten. Offenbar erhob Jesus Einwände gegen den Brauch, den Opfervorgang für den Laien auf die Bezahlung zu reduzieren, so daß er nichts weiteres zu tun hatte. In alter Zeit war das Schlachten Sache des opfernden Laien und nicht der Priester oder Tempeldiener gewesen.[53] Der Priester wurde nur tätig, wenn der Opfernde etwa durch eine Hautkrankheit «unrein» war.[54] Jetzt schien die Priesterschaft so zu handeln, als wäre jeder Laie unrein. Nach Jesu Auffassung war das Volk jedoch rein[55] und sollte sich daher an der Opferhandlung mehr beteiligen, als es die Tempelverwaltung vorsah. Die opfernden Laien sollten ihre Tiere auf dem Ölberg kaufen, wo sich der Markt vor seiner Verlegung in den Tempelvorhof befunden hatte. Sie sollten ihr Opfertier wirklich besitzen und selbst zum Tempel bringen.

Der opfernde Laie sollte auch beim Schlachten und den darauf folgenden rituellen Handlungen assistieren. Die Überlieferung sagt, daß ein Opfertier nicht dargebracht werden kann, wenn dessen Besitzer nicht «dabei steht».[56] Für Jesus und andere Lehrer genügte die bloße Anwesenheit nicht. Nach einer Nachricht des Talmud hat auch Rabbi Hillel, fast ein Zeitgenosse Jesu, den unpersönlichen, klerikalisierten Opfervollzug bemängelt.[57] Die informelle Übergabe von Tieren an die Priester fand sein Mißfallen. Er bestand darauf, daß die opfernden Laien den Ritus der Handaufstemmung vor der Übergabe des Tieres an die Priester auch an den geschäftigen Festtagen selbst vollziehen. Offenbar drückte diese gesetzlich vorgeschriebene Handlung das Besitzverhältnis aus und galt gleichzeitig als Opfergeste. Hillels Kritik beeindruckte einen gewissen Baba ben Butha so sehr, daß er eine große Anzahl von Schafen zum Tempel brachte und sie jedem unentgeltlich anbot, der bereit war, die Handaufstemmung auszuführen.

Wie Hillel, so trat auch Jesus für eine größere Beteiligung der Laien am Vollzug des Opfers ein. Als mit geheimnisvollen Riten vertrauter Theurg wußte Jesus um die Notwendigkeit, kultische Handlungen korrekt auszuführen (vgl. unten, Kap. V, S. 323–325). Wenn die Laien ihren Einkauf auf dem Ölberg und nicht im Tempelhof tätigten, dann wäre sichergestellt, daß ihnen das Opfertier wirklich gehört und daß sie es persönlich zum Tempel führen.

Jesus mag die für das edelste Privatopfer, das Passa, geltende Regel gekannt haben. Nach dieser muß der Opfernde das Lamm wenigstens vier Tage besitzen.[58] Der persönliche Besitz des Opfertieres scheint Jesus wichtig gewesen zu sein. Wir wissen zwar nicht, wie Jesus über die Handaufstemmung dachte, aber wir können zumindest Überlegungen darüber anstellen, in welcher Weise er den Besitz des Tieres ausgedrückt wissen wollte. Vielleicht meinte er, die Laien sollten die verschiedenen Teile des geschlachteten und zerlegten Tieres unter Aussprechen der Formel «Das ist mein Leib» darbringen, d. h. hier bringe ich den Leib meines Opfertieres, er gehört mir und ich bringe ihn zu deinem Altar. In gleicher Weise soll er das Blut darbringen mit den Worten «Das ist mein Blut», d. h. ich opfere das Blut meiner Opfergabe.

Die übrige Geschichte über Jesus und den Tempel ist rasch erzählt. Die Tempelbesetzung Jesu führte zu keiner Änderung der traditionellen Opferordnung. Alles blieb so, wie es die priesterliche Verwaltung bestimmt hatte. Wie die Aktion Hillels, so blieb auch Jesu Aktion eine von seinen Anhängern erinnerte und erzählte Episode, die zunächst mündlich weitergegeben und schließlich in einigen nur noch schwer deutbaren Sätzen schriftlich festgehalten wurde.

Die Priesterschaft war vermutlich mit Rabbi Hillels Meinung über den Ritus des Handaufstemmens ebensowenig einverstanden wie mit der Aktion Jesu, aber wir hören von keiner gegen ihn gerichteten Maßnahme. Warum waren die Priester über Jesus so erzürnt, daß sie ihn töten wollten? Der Grund dafür ist nicht in der Tempelbesetzung, sondern in einem anderen Vergehen zu suchen – in einem Akt, der ihre Existenz bedrohte.

Moderne Historiker haben immer wieder die Vermutung geäußert, daß Jesu Hinrichtung mit einem provozierenden Vergehen gegen Israels Sakralgesetz zusammenhängt, einem Akt der Blasphemie, der mit Todesstrafe geahndet wurde.[59] Bruce Chilton hat die einleuchtende Vermutung geäußert, daß es sich um einen Akt handeln muß, der mit Jesu Unzufriedenheit mit dem Tempelkult zusammenhängt. Als Jesus die Unmöglichkeit einer Reform des Opfervollzugs einsehen mußte, wandte er sich gegen das Privatopfer. Er hielt dessen Vollzug für unzulänglich und daher das Opfer für unwirksam und ungültig. Tatsächlich stand Jesus in seiner Ablehnung bestimmter mit dem Opferwesen zusammenhängender Praktiken nicht allein da; die Gruppe der Essener lehnte den damaligen Tempelkult, wenn auch aus anderen Gründen als Jesus, insgesamt ab: Sie hielt das amtierende Hohepriestertum für illegitim.

Anders als die Essener wollte Jesus die Darbringung von Opfern nicht unterbinden; daher schuf er einen Ersatz für das Tempelopfer. Er setzte die bereits gut eingeführten frohen Mahlzeiten fort, die er mit großen Menschenmengen hielt, mit «Zöllnern und Sündern» und reichen Gönnern, aber auch mit seinem engeren Schülerkreis. Solche Mahlzeiten sollten nicht nur durch ihren festlichen Charakter an die Opfermahlzeiten am Tempel erinnern. Jesus begann, in diese Mahlzeiten einen neuen und bisher unbekannten Ritus einzuführen, einen solchen, der sich der Sprache des Opfers bediente. Jesus erklärte den Verzehr von Brot und Wein als neues Opfer. Brot sollte für den Opferleib stehen und Wein für das an den Fuß des Altars gegossene Blut. Die erklärenden Worte «Das ist mein Leib» und «Das ist mein Blut» bezeichneten Brot und Wein lediglich als unblutigen Ersatz für das Tieropfer, ohne dieser Speise eine zusätzliche magische Bedeutung beizumessen. Ein einfaches Darbringungswort, über Brot und Wein gesprochen, *ersetzte* das am Tempel vollzogene Privatopfer. Eine Beziehung zu Jesu (Opfer-)Tod war zunächst nicht intendiert.

Sicher hätte die Jerusalemer Priesterschaft den privaten Kult eines galiläischen Rabbinen ignorieren können. Aber sie entschied sich dafür, gegen den Außenseiter vorzugehen und betrieb dessen Tötung mit Erfolg.

Der übrige Verlauf der Ereignisse ist bekannt. Jesus scheint die neue Kulthandlung zunächst im engsten Freundeskreis eingeführt zu haben. Er praktizierte sie aber auch öffentlich und bewies so, daß er mit der Priesterschaft seiner Zeit keinen Kompromiß einzugehen bereit war. Die Behörden erhielten davon Kenntnis und suchten nach Zeugen. Ein Mann namens Judas scheint das «Opfer» seines Meisters verraten zu haben. Jesus hatte sein bereits bekanntes, als blasphemisch geltendes provozierendes Verhalten auf die Spitze getrieben. Nun war der Tatbestand der Blasphemie eindeutig festgestellt, und die Tempelbehörden konnten Jesus durch den römischen Prokurator Pontius Pilatus verurteilen und hinrichten lassen.

Der vorstehende Rekonstruktionsversuch weicht stark vom Bericht der Evangelien ab. Ein solches Abweichen ist unvermeidlich, sobald wir den wirklichen Verlauf der Ereignisse verstehen wollen. Die Evangelien vermischen zuverlässige Kunde mit legendärer Ausschmückung und geben der Darstellung eine die Christen der zweiten Generation ansprechende Gestalt. Dennoch enthält der traditionelle Bericht über das «letzte Abendmahl» genug zuverlässige Einzelheiten über Jesu neue Kulthandlung. Wird Jesu anfängliche Gutheißung und schließliche Verwerfung des Privatopfers bedacht, dann ist sein Ersatzopfer von Brot und Wein verständlich.

Nach Jesus: Das christliche Opfer in Jerusalem, Antiochia und Lyon

Im Jahre 27 oder 30 starb Jesus den Märtyrertod in Jerusalem. Seine Anhänger tradierten seine Botschaft und pflegten die von ihrem Meister bevorzugte Kulthandlung weiter. Wie er selbst, so brachten auch sie Brot und Wein in nichtkultischen, außerhalb des Tempels gehaltenen Mahlzeiten dar. Texte des 1. und 2. Jahrhunderts erlauben uns einen Einblick in die frühchristliche Opferfeier in Jerusalem, Antiochia und Lyon.

Für die Situation in *Jerusalem* stammen die meisten Nachrichten aus der Apostelgeschichte des Lukas. «Tag für Tag verharrten sie einmütig im Tempel und brachen in ihren Häusern das Brot und hielten miteinander Mahl in Freude und Einfalt des Herzens. Sie lobten Gott und waren beim ganzen Volk beliebt» (Apg 2,46–47). Die Erwähnung der beiden Treffpunkte der Jerusalemer Gemeinde ist wörtlich zu nehmen. Man traf sich im Tempel, aber auch in den Wohnungen, wo das «Brotopfer» nach dem Vorbild Jesu gefeiert wurde. Wozu aber dienten die Versammlungen im Tempel? Die Apostelgeschichte sieht es als selbstverständlich an, daß sich die Jerusalemer Christen am öffentlichen wie am privaten Opferkult beteiligten. «Petrus und Johannes gingen um die neunte Stunde zum Gebet in den Tempel hinauf», erfahren wir da (Apg 3,1). Gemeint ist die Zeit des Opfers am Nachmittag, gegen drei Uhr. Wie zahlreiche Juden, so gingen auch die Mitglieder der neuen Gemeinde zum Tempel und sahen, wie der Rauch des Opfers emporstieg; wie alle Anwesenden murmelten auch sie ihr persönliches Gebet[60] und empfingen den priesterlichen Segen. Die Apostelgeschichte erwähnt weiter vier Christen, die ein Gelübde getan hatten und bestimmte Opfer darbringen mußten. Da die betreffenden Gläubigen arm waren und sich die Opfergaben nicht leisten konnten, gab ihnen Paulus die Mittel und begleitete sie zum Tempel.[61]

Die erste christliche Generation beteiligte sich also noch am Opferkult des Tempels, doch dann entstand eine neue Situation. Christliche Intellektuelle vertraten zunehmend die Meinung, Christus habe das Opferwesen abgeschafft, so daß jede Beteiligung überflüssig sei. Dazu kam, daß die Römer den Tempel zerstörten, so daß das Opferwesen eingestellt werden mußte.

Die von christlichen Intellektuellen vorgebrachte Kritik bezog sich auf das feierlichste der öffentlichen Opfer – das des Versöhnungstags *(Yom hakippurim)*. Das Versöhnungsritual enthielt zwei kultische Haupthandlungen, die der Hohepriester mit zwei Ziegenböcken durchführte. Er übertrug die Sünden des Volkes auf den ersten Bock, bekannt unter dem Namen Sündenbock; dieses Tier wurde aus Jerusalem verjagt und von einem Abhang gestürzt. Nach der Schlachtung des zweiten Bocks nahm der Hohepriester dessen Blut und brachte es in die heilige Kammer des Tempels, das «Allerheiligste»; dort besprengte er damit einen Kultgegenstand. Während der Sündenbock die Unreinheit der Menschen forttragen und damit entfernen sollte, diente der zweite Bock zur Reinigung von Tempel und Land. Beide Handlungen lassen sich auch gleichbedeutend verstehen: Das Volk wird von den im zurückliegenden Jahr begangenen Sünden gereinigt. Wenn Christen vom versöhnenden Tod Jesu sprachen, bedienten sie sich einer Ausdrucksweise, die aus der Theologie des Versöhnungstags stammte. Christus galt als Sündenbock, der unsere Sünden trägt,[62] oder als Quelle des Sühne schaffenden Blutes[63] oder sogar als Hoherpriester,[64] der sein eigenes Blut ins Allerheiligste bringt. Während die Gleichsetzung Christi mit dem Hohenpriester eine singuläre Besonderheit des Hebräerbriefs darstellt, waren die anderen Ideen – der menschliche Sündenbock und die Sühne schaffende Wirkung von Menschenblut – vermutlich auch außerhalb christlicher Kreise bekannt. Das Besondere war allein die Endgültigkeit der durch Christus geschaffenen Sühne: Christus schaffte endgültige Versöhnung, so daß weitere Sühnerituale überflüssig wurden. Daher konnte das gesamte Opferwesen verschwinden. In den Worten des Hebräerbriefs: «Was aber veraltet und überlebt ist, das ist dem Untergang nahe» (Hebr 8,13). Öffentliche Sühnerituale am Tempel können der Sühne Christi nichts mehr hinzufügen.

Obwohl einige Christen der ersten Generation weiterhin Opfer im Tempel darbrachten, hatte diese Art des Gottesdienstes viel von ihrer Anziehungskraft eingebüßt. Wenn man Paulus beim Wort nimmt, war sie veraltet und durch eine neue Form des Opfers ersetzt. Jakobus, der Bruder Jesu, ging oftmals zum Tempel, um dort zu beten, aber offenbar nicht, um dort auch zu opfern – wenn man der bei Eusebius überlieferten Nachricht glauben darf.[65] In der frühen Gemeinde kannte man ein opferkritisches Prophetenwort: «Ich bin gekommen, die Opfer abzuschaffen, und wenn ihr nicht ablaßt zu opfern, wird der Zorn [Gottes] von euch nicht ablassen.»[66] In einem außerkanonischen Evangelium Jesus zugeschrieben, läßt dieses Wort erkennen, wie manche Christen über die Einstellung ihres Meisters dachten.

Als die Römer im Jahre 70 n. Chr. einen jüdischen Aufstand niederschlugen, kam es zu einer teilweisen Zerstörung des Jerusalemer Tempels. Der Opferkult wurde schwer beeinträchtigt. Zwar scheinen die Priester den Opferkult für den privaten Bereich in eingeschränkter Form wieder aufgenommen zu haben, aber es fehlten ihnen die Mittel, die frühere herodianische Pracht von Tempel und Kult wiederherzustellen. Die jüdische Tempelsteuer floß jetzt den Römern zu. Statt den offiziellen Kult am Jerusalemer Tempel zu finanzieren, mußten die Juden nun die Verehrung des Jupiter Capitolinus in Rom unterstützen. Seiner wirtschaftlichen Grundlage beraubt, erschien Jerusalems priesterlicher Kult trostlos. Nicht nur aus theologischen Gründen konnte der Hebräerbrief schreiben: «Was aber veraltet und überlebt ist, das ist dem Untergang nahe» (Hebr 8,13). Bald sollte sich dies bewahrheiten. Als die Juden um das Jahr 130 n. Chr. einen zweiten Aufstand riskierten, reagierten die Römer mit großer Härte. Kaiser Hadrians Truppen machten hunderte von Dörfern dem Erdboden gleich, verkauften Tausende von Juden in die Sklaverei, verboten den Juden jeglichen Aufenthalt im Gebiet von Jerusalem und gaben der Stadt den Namen Aelia Capitolina. Als ein heidnischer Tempel an der Stelle des alten errichtet wurde, erlosch der jüdische Opferkult für immer.[67] Jupiter war an die Stelle des jüdischen Gottes getreten. Der Zusammenbruch des jüdischen Opferwesens im Jahre 135 n. Chr. bestärkte die Christen in ihrer Überzeugung, daß sich der jüdische Opferkult längst überlebt hatte. Während die Juden ihres zentralen Kults beraubt waren und diesem nachtrauerten, gab es auf christlicher Seite kein Bedauern. Schon vor dem zweiten jüdischen Aufstand kraftlos, anachronistisch und überlebt, verschwand nun der Tempelkult ganz, um nie wiederhergestellt zu werden. Die neue Bewegung entwickelte sich nicht nur zu einer neuen Religion, sondern auch zu einer Religion eines neuen Typs – einer Religion ohne Schlachtopfer.

Verlassen wir Jerusalem und begeben uns nach *Antiochia*, so verlassen wir eine jüdische, von einem Tempel beherrschte Stadt und kommen an einen Ort, an dem es keinen jüdischen Opferkult gab. Antiochia, die Hauptstadt Syriens, war nach Rom und Alexandria die drittgrößte Stadt des Römischen Reichs und Ort einer großen jüdischen Gemeinde. Nach Josephus besaßen die Juden dieselben Privilegien wie die heidnischen Bürger.[68] Es verwundert nicht, in Antiochia auch eine bedeutende christliche Gemeinde zu finden, deren führende Theologen sich über Christi Opfer Gedanken machten, die im Neuen Testament ihren Niederschlag fanden. Als der soeben konvertierte Paulus zu Beginn der 30er Jahre nach Antiochia kam, um mit Christen Kontakt aufzunehmen, lernte er dort das von ihnen gefeierte «Herrenmahl» kennen. Was er über dessen Ursprung erfuhr, teilt er uns in knapper Form in einem seiner Briefe mit:

> Jesus, der Herr, nahm in der Nacht, in der er ausgeliefert wurde, Brot, sprach das Dankgebet, brach das Brot und sagte: «Das ist mein Leib für euch. Tut dies zu meinem Gedächtnis!» Ebenso nahm er nach dem Mahl den Becher und sprach: «Dieser Kelch ist der neue Bund in meinem Blut. Tut dies, sooft ihr daraus trinkt, zu meinem Gedächtnis.» Denn sooft ihr von diesem Brot eßt und aus diesem Becher trinkt, verkündet ihr den Tod des Herrn, bis er kommt. (1 Kor 11,23–26)

Zwar enthält dieser Bericht ein Echo jener Worte, die wir Jesus selbst zuschreiben («Das ist mein Leib; das ist mein Blut»), aber der Text als ganzer kann nicht als eine zuverlässige Schilderung von Jesu eigenem Opfermahl gelten. Der Bericht spiegelt vielmehr wider, wie die antiochenischen Christen das Herrenmahl feierten und wie sie es verstanden. Obwohl die antiochenische Theologie des Mahls in nur wenigen Worten angedeutet ist, läßt sich ihr Sinn erkennen. Die Gemeinde erinnert sich im Mahl an eine von Jesus vollzogene Handlung, indem sie diese nachahmt. Jesus vollzog eine kultische Handlung mit Brot und Wein, um anzudeuten, sein bevorstehender Tod werde die Eigenschaft eines Opfers besitzen. Durch das im gewaltsamen Tod vergossene Blut werde ein Bund mit Gott geschlossen, vergleichbar mit jenem Bund, den Mose einst mittels eines Tieropfers geschlossen hatte. In den von Paulus überlieferten Worten klingt deutlich der alttestamentliche Bericht des mosaischen Bundesschlusses nach, besonders die Worte: «Das ist das Blut des Bundes, den der Herr mit euch schließt» (Ex 24,8). Anders gesagt: nach der antiochenischen Theologie vollzieht Jesu Tod den Bundesschluß zwischen einer Gemeinde den wahren Gläubigen und Gott. Diesen Bund erneuert die Gemeinde durch ihre Feier.

Es ist nicht bekannt, wem wir die antiochenische Eucharistiefeier und ihre Theologie verdanken. Vermutlich war hier ein großer Theologe am Werk, ein mit dem Judentum und der Heiligen Schrift bestens vertrauter Mann. Zweifellos handelt es sich um einen bedeutenden Gelehrten, der mit anderen großen Theologen der frühesten Zeit auf eine Stufe zu stellen ist, etwa mit Paulus und dem anonymen Verfasser des Hebräerbriefs.

Die Kühnheit und schöpferische Kraft des antiochenischen Denkers nötigt uns Respekt und Bewunderung ab, aber auch Bedauern darüber, daß er die ursprüngliche Bedeutung von Jesu rituellem Akt bis zur Unkenntlichkeit verwischte. Jesus hatte seinen Leib nie als eine Quelle von Opferblut verstanden. Jetzt wurde dieser Gedanke nicht nur in einer frommen schriftgelehrten Predigt vorgetragen, sondern avancierte zum Hauptgedanken der wichtigsten

Kulthandlung einer Gemeinde. Als die drei Evangelien des Markus, Matthäus und Lukas entstanden, boten die Verfasser einen im wesentlichen antiochenischen Abendmahlsbericht.[69] Die Berichte der Evangelien kennen jedoch noch einen weiteren theologischen Gedanken. Das in der antiochenischen Überlieferung erwähnte «Blut» wurde weiter ausgedeutet, und zwar mit Hilfe einer aus der Feier des Versöhnungstags stammenden Vorstellung.[70] Nun bedeutete das Blut nicht mehr nur das Bundesblut, sondern auch das von Sünden reinigende Blut jenes Ziegenbocks, der am Versöhnungstag geopfert wurde.[71] Außerdem galt das eucharistische Brot als das Fleisch des Ziegenbocks, das die Feiernden verzehrten.[72] Nach der weiterentwickelten nach-antiochenischen Theologie der Evangelien hat Jesu Tod nicht nur einen Bund zwischen Gemeinde – den Christusgläubigen – und Gott geschlossen; gleichzeitig reinigte sie dieser Tod von ihren Sünden.

Wenn wir Antiochia im Osten verlassen und nach *Lyon* kommen, befinden wir uns in der Metropole Galliens und einer der größten Städte im Westen des Römischen Reiches. Auch hier gab es eine große christliche Gemeinde unter der Führung bedeutender Theologen. In der Mitte des 2. Jahrhunderts war Lyon die Heimat von Bischof Irenäus (ca. 140–200), einem der wichtigsten frühchristlichen Denker. Irenäus schrieb ein ausführliches Werk gegen christliche Gnostiker, die die Welt für unheilbar schlecht und das Werk eines bösen Gottes hielten. Es erschien ihnen als Sünde, dem wahren, geistigen Gott etwas Materielles – etwas «aus Fehltritt, Unwissenheit und Leidenschaft» Hervorgegangenes und also Unreines – als Opfer anzubieten.[73] Gegen diesen opferfeindlichen Irrglauben hob Irenäus die Güte der Schöpfung und die Angemessenheit des christlichen Opferkults hervor. Der gütige Gott gewährte der Menschheit den Genuß der natürlichen materiellen Güter. Durch sein Opfer bewies Christus, daß er, anders als die Gnostiker, Gottes Schöpfung nicht ablehnte. Durch das Darbringen von Opfern anerkennen auch die Christen die Güte und Reinheit der natürlichen Dinge und darüber hinaus der ganzen Schöpfung. Das Opfer Christi bestand darin, daß er Brot «aus der Schöpfung» und Wein, «der aus derselben Schöpfung stammt», darbrachte.[74] Brot und Wein können als die «Erstlinge der Schöpfung» gelten, die wir Gott zum Dank für die uns in der Natur geschenkten Gaben opfern sollen.[75] Indem er Brot und Wein opferte, hat Christus «seine Jünger angewiesen, Gott die Erstlinge der Schöpfung darzubringen». Dieses Opfer sollte «auf der ganzen Welt Gott dargebracht werden», nicht nur in Palästina, sondern auch in Gallien.[76] Christus gebot also die Opferdarbringung: «Es ist sein Wille, daß wir immer ohne Unterlaß am Altar das Opfer darbringen.»[77] Irenäus vermeidet jeden Hinweis auf bestimmte Bitten, die den Opfergaben hinzugefügt werden könnten. Das Opfer dient nicht dazu, Gott zu einer Gegengabe zu bewegen, sondern es ist eine Dankesgabe für die Segnungen, welche die Gemeinde bereits erhalten hat.

Irenäus liefert keine ausführliche Beschreibung des in Lyon gefeierten christlichen Opfers. Seine verstreuten Bemerkungen lassen erkennen, daß die christliche Kultfeier dieselbe Mehrteiligkeit wie andere antike Kulthandlungen aufwies.[78] Aus Andeutungen des Irenäus lassen sich drei Teile einer komplexen christlichen Kultfeier rekonstruieren.[79] Wir können sie als Opfer der Gläubigen, Opfer Christi und Opfermahl bezeichnen. Zu Beginn der Feier bringen die Gläubigen ihre Naturalgaben zum Altar *(Teil 1)*. In Lyon hielt man sich an die von Bischof Irenäus ins Gedächtnis gerufene biblische Regel, «nicht mit leeren Händen vor dem Herrn, deinem Gott, zu erscheinen» (Dtn 16,16).[80] Die Gläubigen widmen «ihren gesamten Besitz dem Herrn und geben ihm alles freudig und freiwillig hin».[81] Wer es sich leisten kann, meint Irenäus, soll mehr als nur den zehnten Teil seines Einkommens zur Verfügung stellen.[82] So legen alle, Klerus wie Laien, ihre Gaben auf den gemeinsamen Tisch, der gleichzeitig als Altar dient. Zwar berichtet Irenäus nicht, um welche Gaben es sich handelt, aber wir wissen aus anderen frühchristlichen Quellen, was zum gemeinsamen Mahl benötigt wurde – Brot, Wein, Öl, Wasser, Fische und Früchte.[83] Mit einer Darbringungsgeste oder einem Gebet (oder beidem) übereignet der Bischof die Gaben an Gott. Sodann feiert der Bischof Christi Darbringung von Brot und Wein *(Teil 2)*. Er erinnert daran, daß Christus Brot und Wein aus allen Gaben der Schöpfung ausgewählt hat, um sie Gott darzubringen, und zwar als Symbole für Christi Leib und Blut. Es ist aufschlußreich, daß Irenäus mehr über die Güte der Schöpfung, die Gaben der Gläubigen und deren reine Gesinnung und innige Liebe schreibt als über die bischöfliche Feier des Opfers Christi. Auch ohne das besondere Opfer von Brot und Wein in Erinnerung an Jesu Abendmahl im zweiten Teil der Feier stellen die Naturalgaben der Gläubigen ein vollständiges Opfer dar. Brot und Wein sind nicht das einzige Gott dargebrachte Opfer, bilden aber Modell oder Vorbild für die anderen und gewöhnlicheren Gaben des ersten Teils der Feier. Auf die Feier der beiden Opfer folgt der Verzehr von Brot und Wein und der anderen Gaben in einem gemeinsamen Mahl *(Teil 3)*. Einem auch andernorts geübten Brauch folgend, werden übriggebliebene Speisen unter die Armen verteilt.

Irenäus vergleicht die alten Ritualgesetze der Juden mit der neuen christlichen Praxis und stellt fest: «Der Opfergedanke als solcher ist nicht verworfen worden, denn es gibt hier wie dort Opfergaben – Opfergaben in der Synagoge, Opfergaben in der Kirche; nur die Art und Weise der Opfer hat sich geändert.»[84] Das ist bis auf den heutigen Tag so geblieben.

Abschließend können wir festhalten, daß die drei von uns betrachteten Gemeinden von Jerusalem, Antiochia und Lyon den von Jesus eingeführten Opferritus pflegten. Offenbar interessierten sich die Theologen Antiochias vornehmlich für die Opferung von Brot und Wein und sahen darin eine zum Gedenken an Jesu Opfertod vollzogene Handlung. Die Christen Palästinas und Galliens hatten ein breiteres Interesse am Opfer. In Jerusalem beteiligten sich viele der Gläubigen am Tempelopfer, neben dem sie auch das Herrenmahl feierten. In Lyon brachten die Mitglieder der Gemeinde vielerlei Naturalgaben, darunter auch Brot und Wein, zum Tisch des Herrn, wo sie der Bischof dem Herrn darbot. Alle frühen Christen beteiligten sich in der einen oder anderen Weise an Opferhandlungen.

Bevor wir uns den klassischen Opfertheologien der christlichen Theologie zuwenden, lohnt sich noch ein kurzer Blick auf die Geschichte der christlichen Opferfeier in der Zeit nach dem Kirchenvater Irenäus. Die irenäische Auffassung vom doppelten Opfer – der Darbringung von Brot und Wein (als Opfer natürlicher Gaben) und der daran anschließenden Darbringung des durch Brot und Wein symbolisierten Leibes Christi – hat in der christlichen Liturgie lange nachgewirkt. Die Liturgie der Spätantike hat der als *Offertorium* bezeichneten Darbringung von Brot und Wein eine besonders feierliche Gestalt verliehen. Die Feier begann damit, daß die Gläubigen die Gaben in festlicher Prozession herbeibrachten; dabei herrschte, dem griechisch-römischen Opferbrauch entsprechend,[85] andächtiges Schweigen.[86] Die Liturgen nahmen die Gaben entgegen, übereigneten sie Gott mit darbietender Geste und sprachen Gebete, in denen jeglicher Hinweis auf das von Christus eingesetzte Opfer fehlt. Eines dieser Gebete lautet: «Heiliger Vater, allmächtiger ewiger Gott, nimm diese makellose Opfergabe gnädig an. Dir (...) bringe ich, dein unwürdiger Diener, sie dar für meine unzähligen Sünden (...) und für alle Umstehenden.»[87] In manchen Kirchen wurden die Namen der Spender in einer Liste festgehalten und vorgelesen; außerdem wurde in Nachahmung alttestamentlicher und heidnischer Riten Weihrauch verbrannt. In einer zunehmend klerikalisierten, vom Amtspriestertum beherrschten Kirche, trat das Laienopfer zurück. Während für Irenäus das priesterliche Opfer von Brot und Wein noch als ein spezieller Fall einer Reihe weiterer kosmischer Gaben verstanden wurde, wurde der Laiengabe die Dignität eines kultischen Opfers später ganz abgesprochen. Die Gläubigen legten eine Münze auf den Sammelteller, während der Priester die Darbringung mit großer Feierlichkeit vollzog. Mittelalterliche Scholastiker wie Thomas von Aquin[88] und Johannes Duns Scotus[89] schätzten zwar die Gabe der Laien, wollten jedoch nur die priesterliche Darbringung von Brot und Wein als echtes Opfer anerkennen. Im 20. Jahrhundert konnte der deutsche Benediktinerabt Bernhard Durst (gest. 1966) an die mittelalterliche Theologie anknüpfen. Seiner Meinung nach beginnt der zentrale Teil der Messe mit der von der Kirche eingesetzten Opferung von Brot und Wein (gefolgt von einem zweiten, von Christus eingesetzten Opfer).[90] Zwar wird diese Sicht heute nur selten ausdrücklich vertreten, aber der «Weltkatechismus» der katholischen Kirche von 1992 scheint darauf anzuspielen.[91]

Die Idee eines zweiteiligen Opfers blieb aber nicht unwidersprochen. Manche Theologen wollten nur das zweite irenäische Opfer – die Darbringung des Leibes Christi – als echtes Opfer anerkennen. Diese Sicht begründete der Jesuit Francisco de Suárez (1548–1619). Seiner Meinung nach gibt es in der Messe nur ein einziges Opfer, nämlich die priesterliche Darbringung der durch die Worte Christi («Das ist mein Leib – das ist mein Blut») verwandelten Gaben in Stellvertretung der Gemeinde.[92] Das «Offertorium» stellt nach dieser Auffassung kein Opfer dar, sondern besitzt nur vorbereitenden Charakter. Als «Gabenbereitung» bezeichnet, sollte diesem Teil der Messe keinerlei Feierlichkeit zukommen; diese soll allein dem Opfer Christi vorbehalten bleiben.

Die radikalste Sicht ist jedoch nicht die des Jesuitentheologen, sondern die der Protestanten. Seit dem 16. Jahrhundert lehnten die Reformatoren die gesamte Opfertheologie als blasphemisch ab, da sie nur dazu diene, vom einzigen wahren Opfer – dem Tode Christi am Kreuz – abzulenken. Satan, so sagten sie, habe «fast die ganze Welt mit dem furchtbar verderblichen Irrtum verblendet – dem Glauben, die Messe sei ein Opfer und eine dargebrachte Gabe.»[93] Die Feier der Gemeinde und ihrer Amtsträger schien ihnen mit einem Opfer nichts zu tun zu haben, da der Mensch Gott nichts anzubieten habe.

In der Geschichte von Frömmigkeit und Theologie war also umstritten, welche Teile des Gottesdienstes als Opfer gelten können und ob der Begriff des Opfers überhaupt sinnvoll verwendet werden kann und darf. Hinter diesen Kontroversen steht die Frage nach dem Wesen des Opfers. Die Frage: Was ist ein Opfer? ist gleichbedeutend mit den Fragen: Was hat der Mensch Gott als Gabe anzubieten? Was darf er von Gott als Gegengabe erwarten? Die beiden folgenden Abschnitte stellen die klassischen Antworten der christlichen Theologen vor.

3. Der Gewinn des Opfers: Die Geschichte einer Idee

Jede Gabe verlangt nach einer Gegengabe. Sie begründet ein Verhältnis der Gegenseitigkeit, schafft Vertrauen und dient der Freundschaft. Innerhalb dieses Verhältnisses herrscht ein ständiger Austausch von Geschenken.

Das Opfer, verstanden als Gabe an Gott, begründet und pflegt eine gegenseitige Beziehung zwischen Gott und der Kirche oder zwischen Gott und dem einzelnen Gläubigen. Manche Theologen, zum Beispiel Cyprian und Augustinus, betonen die menschliche Seite dieser Beziehung. In ihrem Denken bildet Christi Selbsthingabe an Gott und die Einbeziehung des Gläubigen in diese Hingabe den Schlüssel zum Verständnis der Eucharistie. In Anbetracht des Herrenwortes «Geben ist seliger als nehmen» richteten sie ihre Aufmerksamkeit ganz auf das Geben; die göttliche Gegengabe blieb außerhalb ihres Interesses (Apg 20,35). Jedoch vertreten Cyprian und Augustinus nur *eine* theologische Richtung. Vielen lag es nahe, auch nach dem Gewinn des Opfers zu fragen. Wenn wir Gott eine Gabe bringen, bemerkt Johannes Chrysostomus, «dann steht Gott selbst in unserer Schuld».[94] Gott muß auf unser Opfer antworten.

Die Geschichte des Opfergewinns ist so lang wie die Geschichte der Messe. Aber sie läßt sich doch als eine Geschichte mit Anfang, Mittelteil und Schluß erzählen. Bischof Eusebius darf als der Erfinder des neuen Staatsopfers gelten, das dem Römischen Reich des 4. Jahrhunderts göttlichen Segen sicherte. Um das Jahr 600 erfand oder förderte Gregor der Große eine Entwicklung, die zur «Opferfabrik» des Mittelalters führte. Schließlich stellte Gabriel Biel, Autor eines spätmittelalterlichen theologischen Lehrbuchs, die scholastische Lehre von den Opferfrüchten im Zusammenhang dar. Luther war mit ihr vertraut und verwarf sie, doch galt sie in der katholischen Kirche bis ins 20. Jahrhundert als rechtgläubig.

Eusebius oder Die Erfindung des neuen Staatsopfers

«Wir müssen an [die Götter] glauben, ihnen nach den [traditionellen] Gesetzen Opfer darbringen und zu ihnen beten, damit sie gnädig sind.»[95] Mit diesen Worten faßte der Christenfeind Celsus um das Jahr 280 das Wesen der antiken heidnischen Religion zusammen. Diese Religion galt auch als Staatsreligion des Römischen Reiches. Zu bestimmten Anlässen brachten Priester auf öffentlichen Altären Tieropfer zugunsten des Reiches dar (Abb. 20). Nach Auffassung der heidnischen Kaiser beruhte die Sicherheit des Staates auf dem Opferstier, der bisweilen auf großen Bronzemünzen erscheint.[96] In den Reden und Schriften spätantiker Verteidiger des Heidentums wird die Bedeutung des Opferwesens unmißverständlich erklärt. «Wenn der Bestand des Reiches auf

20 Römisches Staatsopfer. Im heidnischen Römischen Reich gipfelte der Kult in bestimmten Opferhandlungen, die das Wohlwollen der Götter sichern sollten. Beim Dreitieropfer *(suovetaurilia)* wurden dem Gott Mars ein Schwein, ein Schaf und ein Rind dargebracht, nachdem die Tiere um die zu entsühnende Stadt oder das ausziehende Heer geführt worden waren. Das kaiserzeitliche Relief zeigt die Ankunft am Altar des Mars. Verhüllten Hauptes tritt der Priester an den Altar. Römisches Relief, 47 oder 48 n. Chr.

den dort [in der Stadt Rom] dargebrachten Opfern beruht», heißt es bei dem Redner Libanius, «dann müssen wir auch anerkennen, daß das Opfer überall nützlich ist. Die Götter in Rom gewähren größere, die auf dem Land und in anderen Städten geringere Gaben; aber jeder vernünftige Mensch begrüßt auch diese. (...) Ein Gott unterstützt das Zepter Roms, ein anderer trägt zum Wohlergehen einer Rom unterstehenden Stadt bei, ein dritter nützt einem Landgut und verschafft diesem Wohlstand.»[97]

Göttliche Gnade sicherte den Wohlstand, göttlicher Zorn gefährdete ihn. Der Zorn der Götter spielt in der Geschichte, Religion, Literatur und Philosophie der griechischen und römischen Antike eine bedeutende Rolle. Zwar meinten manche Denker, die Götter seien von den typisch menschlichen, ungehemmten Gefühlsausbrüchen frei und manche gingen so weit, ihnen jede Gefühlsregung abzusprechen. Doch war dies keineswegs die gängige Auffassung. Sturm und Pest, Krankheit und Siechtum, Armut, Dürre und Hungersnot, aber auch militärische Niederlage, Bürgerkrieg und Meuterei: all das galt als deutliches Zeichen göttlichen Zorns.[98] Bewußte wie unbewußte Vergehen konnten Gott oder die Götter zum Zorn reizen. Nicht nur durch Verstöße gegen Moral und Sitte, sondern auch durch die Vernachlässigung kultischer Pflichten konnte man sich göttlichen Unwillen einhandeln.[99] Überdies konnten die Götter launisch und unberechenbar sein. Ihre Majestät galt als so schreckenerregend, daß man ihr zutraute, jederzeit in Wut und Grimm auszubrechen oder zumindest Furcht einzujagen. Daher war es stets wichtig und notwendig, die Götter zu beschwichtigen, damit kein Unheil geschieht. «Jede Erörterung des heidnischen Kults in der Antike, die den grundlosen Zorn der Götter und die Angst davor unberücksichtigt läßt, geht fehl», meint Robin Lane Fox. «Diese Angst schließt jedoch die Danksagung nicht aus. Im Gebet der Griechen war Dank stets mit dem Gedanken der Beschwichtigung verknüpft. Beidem dienten die Opfergaben.»[100] Tatsächlich läßt sich die «Versöhnung zorniger Gottheiten» durch Opfer als die wichtigste Form der spätantiken Frömmigkeit bezeichnen.

Man mag den zornigen oder ungnädigen Gott mit einer Gabe versöhnen, aber man kann ihm auch mit einer Gabe schmeicheln, um ihn zum Handeln zu bewegen. Auch im letztgenannten Fall soll Gott gnädig gestimmt werden, doch liegt hier ein anderer Begriff von «Gnade» vor, der nicht auf Abwendung von Zorn abzielt.[101] Unabhängig davon, welche Vorstellung ein antiker Gläubiger hatte, das Ziel war dasselbe: Es galt, gnädige, wohlwollende und freundlich gestimmte Götter zu gewinnen.

Keineswegs alle Menschen der Spätantike schätzten den Opferkult. Besonders Philosophen neigten dazu, ihn zurückzudrängen.[102] Die entschiedensten Gegner des Opferkults aber waren die Christen. Ihnen galt heidnisches Opfer, das private wie das öffentliche, als Götzendienst, der aufhören sollte.

Mit Konstantin (312–337) hatte das Römische Reich seinen ersten Kaiser, der dem Christentum positiv gegenüberstand. Er beendete nicht nur die Verfolgung, sondern erklärte das Christentum zu einer rechtmäßigen Religion, stiftete Kirchen und suchte die Unterstützung der Bischöfe. Er traf zwar keine Maßnahmen gegen das Heidentum, aber er begann, sich auf Bischöfe wie Eusebius von Caesarea zu stützen, der einen neuen, dem Staat göttlichen Segen vermittelnden Kult schuf.

Die Opfertheologie des Eusebius läßt sich seinen Berichten von der Weihe der neuerbauten, prächtigen Kirchen von Tyrus (ca. 313) und Jerusalem (335) entnehmen. In seiner vor Bischof Paulinus von Tyrus gehaltenen Predigt zur Weihe einer neu erbauten Kirche nennt Eusebius den Bischof Hohepriester, die Messe Opfer, den Tisch Altar, und das Kirchengebäude Tempel.[103] Nunmehr im Reich öffentlich anerkannt, ersetzten christliches Priestertum und Opfer die jüdischen Einrichtungen des Alten Testaments. In Nachbildung des längst zerstörten Jerusalemer Tempels hatten der Hohepriester, der Klerus und die Gläubigen ihren bestimmten Platz in der neuen Kathedrale. Im Jahre 313 verfügte die Kirche über genaue Vorstellungen von Priestertum und Opferkult. Als zwei Jahrzehnte später im September 335 die von Kaiser Konstantin gestiftete Grabeskirche in Jerusalem geweiht wurde, geschah dies in Erinnerung an Salomos Tempelweihe im Monat September.[104] Eusebius war wiederum anwesend. Sein Bericht zeigt uns, daß inzwischen weiteres, neues Gedankengut in den Kult Eingang gefunden hatte. Einige der anwesenden Bischöfe feierten den Festgottesdienst; gemäß ihrer Rolle als Priester «versöhnten sie die Gottheit durch unblutige Opfer *(thysiai)* und geheimnisvolle Riten, indem sie flehentliche Bitten um den allgemeinen Frieden, für die Kirche Gottes und für den Kaiser selbst, den Urheber dieser großen Bauwerke, und für seine gottgeliebten Söhne zu Gott emporsandten».[105] Zwar blieb die zentrale eucharistische Kulthandlung vor dem heidnischen Publikum verborgen (daher ist von «geheimnisvollen Riten» die Rede), doch war die Feier eine öffentliche Angelegenheit mit einer dem kaiserlichen Kult gebührenden Prachtentfaltung, feierlichen Umzügen, Fackeln und Weihrauch. Der christliche Gottesdienst war zum Staatskult geworden. Im Jahre 335 war die Eucharistiefeier nicht nur an die Stelle des jüdischen Opfers getreten, sondern galt auch als offizielles – und später als *einziges* – Staatsopfer.

Das Interesse, das Bischof Eusebius dem Opfer entgegenbrachte, entsprach den Bedürfnissen einer bestimmten kulturellen und politischen Lage. Als das Römische Reich das Christentum zur öffentlich anerkannten Religion erklärte und die Kaiser selbst sich zum Christentum bekannten, lag es nahe, den eucharistischen Kult als christliche Entsprechung des heidnischen Opferwesens zu betrachten. Eusebius gilt als der «Hofbischof» des ersten christlichen Kaisers. Obwohl er in Caesarea und nicht in Rom lebte, trug er zur Entstehung der Idee eines christlichen Reiches entscheidend bei. Staat und Kirche sollten sich gegenseitig unterstützen. Das Reich sollte die Kirche schützen und die Kirche ihrerseits geistliche, durch eucharistische Opfer gewonnene Güter zur Verfügung stellen. Die Eucharistie bekam politische Bedeutung.

Kaiser Konstantin anerkannte die öffentliche Rolle der christlichen Priester, indem er sie von anderen öffentlichen Verpflichtungen freistellte, «bringen sie doch sichtlich dadurch, daß sie ihres hohen Amtes gegenüber der Gottheit walten, unermeßlichen Segen über den Staat».[106] Nach dem Bericht des Eusebius setzte bereits mit Kaiser Konstantin eine Politik ein, die den heidnischen Kult zurückdrängte und schließlich zu seiner Unterdrückung führte. Einem kaiserlichen Dekret zufolge «sollte es keiner mehr wagen, Götterbilder aufzustellen oder sich mit Weissagung und anderen derartigen nutzlosen Dingen zu befassen oder überhaupt Opfer darzubringen».[107] Wir wissen nicht, ob sich dieses Dekret lediglich gegen öffentlichen Kult richtete oder den Privatkult bereits mit einschloß. In jedem Fall stand dahinter die Förderung des christlichen Gottesdienstes. Wie es um die Echtheit und das rechte Verständnis des von Eusebius genannten Dekrets auch stehen mag, das heidnische Opferwesen wurde 341 eingeschränkt und in der Folgezeit wiederholt verboten. In einem der von Kaiser Theodosius I. 391/92 gegen das Heidentum gerichteten Edikte heißt es: «Niemand soll sich mit Opfertieren beflecken; niemand soll ein unschuldiges Tier als Opfer schlachten; niemand (...) soll sich in einem Tempel aufhalten oder von Menschenhand gefertigte Bilder verehren. Wer zuwiderhandelt, macht sich nach göttlichem und menschlichem Recht schuldig.»[108] Diese Gesetzgebung wurde von Theodosius II. im Osten und Valentinian III. im Westen durch einen gemeinsamen Erlaß des Jahres 438 erneuert:

> Wir ordnen durch unumstößliches Gesetz an: Wenn jemand mit unreinem und verpestetem Sinn dabei ertappt wird wie er, an welchem Ort auch immer, ein Opfer darbringt, so trifft unser Zorn seinen Besitz und sein

> Leben. Wir müssen ein besseres Opfer darbringen und den christlichen Altar unbefleckt halten. Sollen wir es noch länger erdulden, daß die Abfolge der Jahreszeiten durcheinander gerät, daß der Himmel zum Zorne gereizt wird, nur weil die Treulosigkeit der Heiden die Harmonie der Natur niemals bewahren kann? Warum fehlt dem Frühling sein üblicher Reiz? Warum raubt der seiner Ernte verlustige Sommer dem schwer arbeitenden Bauern alle Hoffnung darauf, Getreide einzufahren? Warum schlägt die bittere Kälte des Winters das fruchtbare Land mit dem Fluch der Unfruchtbarkeit? In der Tat verletzt die Natur ihr eigenes Gesetz, um solchen Frevel [der Heiden, Samaritaner u. a.] zu ahnden.[109]

Das Dekret des Jahres 438 faßt den neuen Staatskult zusammen: Heidnisches Opfer ist durch die Darbringung der «besseren Opfergabe», d. h. Christus, auf christlichen Altären ersetzt. Heidnische und häretische Riten können Gott nur erzürnen und den harmonischen Ablauf des Wetters im Jahreslauf stören, jene Harmonie also, die von den christlichen Ritualen unterstützt und garantiert wird. Obwohl einige Heiden immer noch dem Götzendienst frönten, konnte Bischof Augustinus, ein Zeitgenosse der beiden Kaiser, von der Eucharistie sagen: «Diesem höchsten und wahren Opfer mußten alle falschen Opfer weichen.»[110]

Nicht nur in der staatlichen Gesetzgebung, sondern auch in der kirchlichen Liturgie und in den Schriften spätantiker Theologen zeigt sich die große Bedeutung des eucharistischen Opfers. Als theologischer Leitgedanke diente der Begriff der Sühne. Jemanden versöhnen bedeutet, dessen Zorn zu beschwichtigen und ihn gnädig zu stimmen. Im Denken der biblischen[111] wie außerbiblischen[112] Antike galten Menschenopfer als probates Mittel, göttlichen Zorn abzuwenden. Nach Johannes Chrysostomus, Bischof der östlichen Reichshauptstadt Konstantinopel, war Gott «erzürnt und über uns empört wie über solche, die sich ihm entfremdet hatten».[113] Christi Tod aber hat «den göttlichen Zorn beendet».[114] Jede Eucharistiefeier erneuert das Opfer Christi und beendet den göttlichen Zorn, da ihm nicht weniger Kraft als dem ursprünglichen Opfergeschehen zukommt.[115] Die Feier der Eucharistie macht Gott gnädig und ermöglicht es den Feiernden, Gott um Segen und Schutz anzuflehen. Bischof Cyrill von Jerusalem erklärt den Sinn der Eucharistiefeier wie folgt:

> Nachdem wir das geistliche Opfer, den unblutigen Dienst vollendet haben, bitten wir Gott über jenem Opfer der Versöhnung für den allgemeinen Frieden der Kirchen, für den Wohlstand der Welt, für Kaiser, Heere und Verbündete, für die Kranken und Leidenden. Überhaupt für alle, die Hilfe brauchen, bitten wir alle und bringen dieses Opfer dar. Dann gedenken wir auch noch der Entschlafenen (...), denn wir glauben, daß das Gebet, wenn in Gegenwart des heiligen, unheimlichen Opfers gesprochen, den Seelen, für die wir beten, den größten Nutzen bringt. (...) Wir bringen den geopferten Christus für unsere Sünden dar. So machen wir uns und ihnen [den Verstorbenen] den menschenliebenden Gott geneigt.[116]

Bischof Cyrill gab diese Erklärung am Ende des Unterrichts, den er den Taufbewerbern zur Vorbereitung auf die Teilnahme am Opfer erteilte. Zwar erhielten die Konvertiten immer noch einen längeren Unterricht vor ihrer Taufe und vor der Zulassung zum eucharistischen Gottesdienst, aber dieser Gottesdienst hatte längst den geheimnisvollen Kleingruppen-Charakter verloren, der ihm früher anhaftete. Das christliche Opfer war zu einem öffentlich anerkannten Mittel der Beschwichtigung Gottes geworden und zum vorzüglichen Ort des Gebets für Kaiser und Reich.[117] Aufgrund der regelmäßigen und an hervorgehobener Stelle erfolgenden Erwähnung der Verstorbenen ersetzte die Eucharistiefeier auch den Ahnenkult.[118] Wie weithin in der Antike glaubte man, daß die Toten – ähnlich wie ältere Menschen – schwach sind und der Hilfe bedürfen. Der Totenkult verlängerte die Altenpflege über das physische Leben hinaus. Das christliche Opfer konnte die Bedürfnisse der Verstorbenen nicht weniger befriedigen als der heidnische Kult. Familiären wie öffentlichen Belangen dienend, war die Eucharistie ein wahrhaft universales Opfer.

Gregor der Große oder Die Erfindung der Opferfabrik

Das eucharistische Opfer, wie es die Bischöfe des 4. Jahrhunderts verstanden, sollte Segen für die ganze Kirche und das Römische Reich erflehen. Zu Beginn des 5. Jahrhunderts war die Messe außerdem ein Privatopfer geworden, das dem einzelnen göttliche Gaben erwirkt. Augustinus weist darauf hin, daß die Gläubigen mit einer Gabe zum Altar kommen, um Gott wegen ihrer Sünden zu beschwichtigen *(placare Deo pro peccatis)*.[119] In der Messe nannte der Priester die Namen derer, die Gaben gebracht hatten:

> Gedenke, Herr, deiner Diener und Dienerinnen [deren Namen hier eingefügt werden] und aller Anwesenden. Du kennst ihren Glauben und ihre Hingabe. Sie bringen dir dieses Opfer des Lobes dar: für sich selbst und für die Ihren, für die Läuterung ihrer Seelen, aus Hoffnung auf Heil und Wohlergehen. Dir, dem ewigen, lebendigen und wahren Gott, weihen sie ihre Gaben.[120]

Während die Sprache dieses sparsam formulierten Gebets für uns fast nicht verständlich ist, war sie für die damaligen Menschen eindeutig. Sprach man vom Privatopfer und den dadurch erworbenen Segensgütern, so sagte man «Opfergaben für Heil und Wohlergehen darbringen» *(reddere vota pro salute et incolumitate)*. Die kirchliche Liturgie hatte diese Wendung der heidnischen Kultsprache entlehnt. Heidnisches Opfer existierte (zumindest offiziell) nicht mehr, so daß man sich der herkömmlichen Sprache vorbehaltlos bedienen konnte. Und, noch wichtiger: Die Kirche konnte den Gläubigen alle Segnungen anbieten, die einst durch heidnische Privatopfer erwirkt worden waren. Suchte der Gläubige eine Gelegenheit, Gott Gaben darzubringen und ihm Bitten vorzutragen, dann bot sich in erster Linie die Messe an. Auf diese Weise fand der pragmatische Geist der Antike Eingang in den christlichen

Gottesdienst und setzte sich durch. Was diese Entwicklung bedeutete, sehen wir am Werk Gregors des Großen.[121]

Gregor, im Jahre 590 zum Bischof von Rom gewählt, stand einer Kirche vor, die unter dem Eindringen feindlicher Heere, politischer Unsicherheit und wirtschaftlicher Not zu leiden hatte. Im Jahre 568 hatten die Langobarden die Alpen überquert und das staatliche wie kirchliche Leben gelähmt. Etwa vierzig Bistümer wurden aufgelöst. Gregor übernahm zahlreiche Aufgaben, für die sonst staatliche Behörden zuständig waren. Er kümmerte sich um die Beschaffung von Lebensmitteln und Wasser, um die Entlohnung der Soldaten, um den Abschluß von Bündnissen, die Verwaltung von Landgütern und wohltätigen Stiftungen. Die politische Unsicherheit verbreitete Angst und Ungewißheit; man glaubte, in den apokalyptischen Tagen der endzeitlichen Bedrängnis zu leben; man erwartete das Ende der menschlichen Geschichte. Die Langobarden erschienen als von Gott gesandte Geißel, als Boten göttlicher Vergeltung. Sie verkörperten den Zorn Gottes. In dieser schlimmen Zeit erlangte der Kult eine immer größere Bedeutung. Die Messe wurde von einer wöchentlichen Feier der Selbsthingabe an Gott zu einer täglichen Feier zum Zweck der Sündenvergebung und Beschwichtigung des zornigen Gottes. Jeder die Messe feiernde Priester galt als Unterhändler, der während des Ansturms eines feindlichen Heeres mit einem mächtigen König den Frieden aushandelt.[122] Allerdings verhandelten Gregors Priester nicht über den Frieden für die ganze Kirche. Da der Friede auf der Grundlage persönlich dargebrachter Opfergaben – nämlich Tränen der Reue und guter Werke – ausgehandelt wurde, fiel die Gegengabe Gottes dem einzelnen Gläubigen zu.

Gregors gesamtes erbauliches Schrifttum, insbesondere sein *Moralischer Kommentar zum Buch Hiob* und seine *Pastoralregel*, stellt den einzelnen Gläubigen in den Mittelpunkt. Obwohl Gregors Leserschaft aus getauften Christen bestand, bedurften diese seiner Meinung nach der echten Bekehrung, des Wachstums im Glauben und eines von der Opferidee geprägten Lebens, das heißt eines Lebens der Entsagung und der Selbsthingabe an Gott.[123] Die Nähe des Jüngsten Gerichts verlieh dem persönlichen Kampf gegen die Sünde besondere Dringlichkeit. Jeder einzelne war in einen schwierigen Kampf verwickelt, bei dem es Erfolge und Niederlagen, Fortschritte und Rückschritte gab. Ständiger göttlicher Beistand war vonnöten und konnte in der täglich[124] besuchten Messe erworben werden. Als ein Mittel zum Erwerb göttlicher Gnade stellte die Messe die beste Vorbereitung auf das Jüngste Gericht dar. Wer das durch die Messe vermittelte göttliche Geschenk besaß, würde von Gottes Zornesgericht verschont bleiben.

Man erwartete daher von Gott, daß er das eucharistische Opfer nicht nur allgemein, sondern auch und ganz besonders individuell beantwortete. Aufgrund der Eucharistie, so hatte Cyrill gemeint, werde Gott all jenen helfen, «die Hilfe brauchen». Während Cyrill von den Hilfebedürftigen im Plural sprach, bediente sich Gregor oft des Singulars. Seiner Auffassung nach kann der Priester die Messe für einen einzelnen feiern. Wenn Christus «im Geheimnis des heiligen Opfers aufs neue für uns dargebracht wird», dann hat diese Feier oft eine unmittelbare Wirkung für einen einzelnen Gläubigen.[125]

Der Leser von Gregors *Dialogen*, einer Sammlung erbaulicher Geschichten über italienische Heilige, betritt eine Welt, in der Wunder an der Tagesordnung sind und ohne große Schwierigkeit durch einen die Messe feiernden Priester hervorgerufen werden können.[126] So berichtet Gregor von einer Frau, die für ihren von Feinden in Gefangenschaft gehaltenen Mann Messen lesen ließ. Als der Priester für ihn zelebrierte, sollen sich die Fesseln des Gefangenen auf wunderbare Weise gelöst haben. Nach einem anderen Bericht las Bischof Agatho von Palermo eine Messe für einen Schiffbrüchigen. Durch ein Wunder erhielt der Unglückliche dem Bericht zufolge etwas Brot; dies gab ihm Kraft, das rettende Ufer zu erreichen.

Gregor war nicht der erste, der beobachtet hatte, daß das eucharistische Opfer sofortige Wirkungen zeitigen kann. Eineinhalb Jahrhunderte vor ihm hatte Augustinus schon diese Entdeckung gemacht. Im *Gottesstaat* erzählt er von einem Christen, dessen Familie, Vieh und Dienerschaft «unter der schädlichen Macht böser Geister zu leiden hatten». Als ein damit beauftragter Priester kam und «daselbst das Opfer des Leibes Christi darbrachte und nach Kräften betete, daß die Heimsuchungen aufhören mögen», da ließen die Dämonen ab.[127] Der Bericht des Augustinus ist mit den Wundergeschichten Gregors verwandt und könnte ohne weiteres einen Platz in den *Dialogen* finden. Doch es gibt auch einen Unterschied. Im *Gottesstaat* ist das eucharistische Wunder eine singuläre Erscheinung. In Gregors *Dialogen* dagegen beeindrucken die Wirkungen der Eucharistie durch ihre große Zahl und ihre übermäßige Wunderhaftigkeit. Gregors Leser werden förmlich dazu angeleitet, von Priestern Wunder zu erwarten.

In einer Zeit, in der man das Ende der Welt nahe glaubte und daher jeder bereit sein mußte, vor den Thron des göttlichen Richters zu treten – in einer solchen Zeit hatten Wunder etwas Beruhigendes. Sie bewiesen die Größe der Gabe, die Gott beim Meßopfer schenkt. Die Sichtbarkeit dieser Wunder erhöhte die Glaubwürdigkeit der Behauptung, die Messe könnte das größte aller Wunder wirken: den Schutz des einzelnen vor dem Zorne Gottes und damit die Sicherung des ewigen Lebens nach dem Tode. Auch dieser Gedanke läßt sich bereits bei Augustinus nachweisen: «Die Seelen der Verstorbenen haben großen Nutzen von der Frömmigkeit ihrer lebenden Freunde, die das Opfer des Mittlers darbringen», d. h. das Meßopfer.[128] Aber was im Werk des Augustinus als Nebenbemerkung erscheint, tritt bei Gregor in den Vordergrund und wird durch belehrende Geschichten verdeutlicht.

Eine bemerkenswerte Geschichte führt uns in das Kloster, dem Gregor selbst als Abt vorstand. Ein Mönch namens Justus erhielt drei Goldstücke und nahm sie an sich – eine Tat, die das Gelübde der Armut verletzte. Die Sache wurde bekannt und der Mönch aus dem Kloster ausgeschlossen. Diese Strafe brachte ihn zur Reue, und nach einiger Zeit verstarb Justus in echter Bußgesinnung. Dennoch hob Gregor die Strafe des Ausschlusses nicht auf, um den Mönchen eine Lehre zu erteilen und sie vor der Sünde der Habgier zu warnen. So wurde Justus außerhalb des Mönchsfriedhofs bestattet; die drei Goldstücke wurden in sein Grab geworfen, wobei die Mönche die Worte wiederholten, die der heilige Petrus zu Simon gesagt hatte: «Dein Geld sei mit dir zum Verderben» (Apg 8,20). Einige Zeit danach ging Gregor mit sich zu Rat. Er fand, daß nun genug des Exempels statuiert war, und ihn überkam Mitleid mit der Seele des Justus. So rief er den Prior und sagte voll Kummer: «Lange ist es nun schon her, daß der verstorbene Bruder im Feuer gepeinigt wird. Wir müssen ihm ein Werk der Liebe zuwenden und ihm nach Kräften dazu verhelfen, daß er erlöst wird. Geh also hin und bringe für ihn an dreißig Tagen nacheinander das heilige Opfer dar, so daß kein Tag ausfällt, an dem für ihn das heilige Opfer nicht gefeiert wird.»[129] Der Prior tat, wie ihm befohlen. Als der dreißigste Tag kam und die dreißigste Messe vollendet war, erschien der Verstorbene einem der Brüder und berichtete: «Bisher erging es mir schlecht, aber jetzt befinde ich mich wohl; denn heute habe ich die Kommunion empfangen.»[130] Die für den Mönch gelesenen Messen hatten seine Befreiung aus dem Ort des Leidens bewirkt.

Die Geschichte zeugt nicht nur von der erregten, allerlei besondere Erlebnisse nicht ausschließenden religiösen Atmosphäre eines italienischen Klosters des 6. Jahrhunderts. Sie bezeugt auch, daß die durch die Messe erwirkte Gabe Lebenden wie Toten zugute kommen konnte. Der Priester konnte die göttliche Gnade den Toten zuwenden und sie so von jeglicher Strafe befreien, die sie im Jenseits für ihre Sünden zu erdulden hatten (Abb. 21). In Gregors Worten: «Gerade dieses Opfer rettet uns in besonderer Weise vom ewigen Untergang.»[131] Jedoch reicht dafür nicht ein einziges Opfer, d. h. eine Messe; es müssen viele Messen sein – im Beispielfall dreißig Messen, wobei die Zahl 30 offenbar ein Echo der dreißig Tage darstellt, die in der Bibel als Zeit für die übliche Totentrauer festgelegt sind.[132]

Die *Dialoge* wurden zu einer der meistgelesenen Schriften des Mittelalters. Die hohe Stellung des Autors – eines Bischofs von Rom – trug zum Ansehen des Werks bei. Priester und Laien verstanden die Botschaft der *Dialoge* recht gut: Gott antwortet auf die Darbringung des eucharistischen Opfers, indem er besondere Gnaden denen erweist, für die das Opfer dargebracht wird. Diese Sicht bestimmte die mittelalterliche liturgische Praxis in vierfacher Weise: Sie führte dazu, daß Bischöfe Meßbücher mit Gebeten für besondere Anliegen herausgaben, daß Laien Priester für das Lesen von ihnen zugute kommenden Messen bezahlten, daß Priester mehr als nur eine Messe pro Tag lasen, und schließlich, daß die Kirchen mit einer immer größeren Anzahl von Altären ausgestattet wurden.

Schon bald nach Gregor begannen Bischöfe damit, Meßbücher mit Gebeten für besondere Anliegen in Auftrag zu geben.[133] Der Priester sollte sich dieser Gebete bedienen, um bestimmte göttliche Gnaden für die Lebenden und die Toten zu erlangen. Bereits im 7. Jahrhundert enthielten Bücher wie das «altgelasianische Sakramentar» 59 Formulare für Messen in besonderen Anliegen. Im Gallien des 8. Jahrhunderts hatten die Sakramentare 96 Messen, und im frühen 10. Jahrhundert war die Anzahl der Messen in karolingischen Manu-

21 Befreiung aus dem Fegefeuer. Nach katholischer Auffassung müssen sich die Seelen der Verstorbenen nach dem Tod einer qualvollen Reinigung im Fegefeuer unterziehen, bevor sie in den Himmel eingelassen werden. Das priesterliche Meßopfer und das nach der Messe an Bedürftige verteilte Almosen befreit «arme Seelen» von der Qual, die sie leiden. Die aus Yorkshire stammende Zeichnung zeigt den Priester und den Almosengeber, wie sie die Seelen mit einem riesigen Flaschenzug aus dem Fegefeuer in den Himmel hinaufbefördern. Englische Illumination, 15. Jahrhundert.

skripten auf 278 hochgeschnellt. Unter diesen befanden sich 62 Messen für die Anliegen bestimmter Einzelpersonen – Papst, Bischöfe und ihre Diözesen, Könige, Priester, Mönche und Nonnen; 53 Messen zur Herstellung von Solidarität und Frieden in einer Gemeinschaft, für Geduld und Demut, Hilfe für Freunde, für Wohltäter und Menschen in physischer oder seelischer Bedrängnis; 29 Messen für Hilfe im persönlichen Bereich – Vergebung von Sünden, Befreiung von Krankheit und Unfruchtbarkeit, Schutz der Seefahrer; 56 Messen für Verstorbene – Bischöfe, Äbte, Priester, Mönche, darunter auch Messen für den Jahrestag eines Todes und für die Verstorbenen ganz allgemein. Priester wie Laien waren von der besonderen Wirksamkeit von Messen überzeugt, die für ein bestimmtes Anliegen eigens geschaffen wurden. Eine Votivmesse mit besonderen Gebeten für die Verstorbenen galt als wirksamer als eine gewöhnliche, an das Martyrium eines Heiligen erinnernde Messe. Im Mittelalter fand diese Sicht die ausdrückliche Zustimmung des Thomas von Aquin.[134] Wurde ein Priester von einem Laien um eine Messe gebeten, so konnte er aus einem Fundus von Formularen jenen Text aussuchen, der dem Anlaß oder dem Wunsch des Bestellers genau entsprach.

Bischöfe und Priester bemühten sich um die passenden Gebete für die Opferdarbringung in einem bestimmten Anliegen, und fromme Laien waren erpicht darauf, solche Votivmessen für sich feiern zu lassen. Der Priester wurde nicht nur um das Lesen einer Messe in einem bestimmten Anliegen gebeten, sondern auch dafür bezahlt. *Missam comparare* «eine Messe kaufen» ist ein geläufiger Ausdruck mittelalterlicher Quellen. Im Spätmittelalter waren mit einer Messe für ein besonderes Anliegen gewöhnlich drei Arten von Ausgaben verbunden: Der zelebrierende Priester erhielt ein Honorar, bis zu zwölf Kerzen waren zu stiften und während der Feier anzuzünden, und nach der Messe waren Almosen an Arme zu verteilen, wobei es sich in der Regel um Naturalien handelte, deren Menge manchmal festgelegt war.[135] Viele Priester lebten ausschließlich von dem Stipendium, das sie für ihre Messen erhielten.[136] Sie feierten die Messe nie oder nur selten mit der in der Kirche versammelten Gemeinde.[137] Nur von einer einzigen Person – gewöhnlich einem als Ministrant oder Meßdiener bezeichneten Laien – begleitet, lasen sie die «Privatmesse» an einem der vielen Nebenaltäre oder in einer Nebenkapelle der Kirche. Ganz gleich, ob es um geistliche Gnaden oder greifbare Vorteile ging: der Priester konnte sie durch die Messe erwirken. Wer immer die Messe bestellt und bezahlt hatte – ein reicher Händler, eine Handwerkerzunft, ein Verstorbener, der eine Stiftung errichtet hatte, so daß Messen für seine Seele gelesen werden konnten –, dem wurden die vom Priester erwirkten Güter zugeeignet.

Besondere Votivmessen und die Bezahlung ihrer Feier bildeten nur einen Teil der riesigen «Opferindustrie», die sich zwischen dem 7. und dem 10. Jahrhundert entwickelte. In den Klöstern lebten viele Priester, die in dieser Industrie tätig waren. Zur Zeit Gregors waren nur wenige der Mönche gleichzeitig Priester, doch der Anteil der Priester unter den Ordensleuten stieg ständig.[138] Um das Jahr 800 lebten im Kloster Centula bei Amiens unter Abt Angilbert etwa 300 Mönche, von denen nur 28 Priester waren. Im 10. Jahrhundert waren etwa 55 % aller Mönche Priester – also eine große Schar von Arbeitern für die Opferfabrik, bereit, allen Wünschen der frommen Laien nachzukommen. Ein Rechtsbuch des späten 9. Jahrhunderts bestimmt, der Priester solle nicht mehr als sieben Messen an jedem Tag lesen. Wird er jedoch gebeten, Messen an Festtagen zu feiern, «dann darf er so viele Messen lesen, wie von ihm verlangt werden, auch wenn die Anzahl zwanzig übersteigt».[139]

In der Spätantike und im Mittelalter erbaute oder umgebaute Kirchen besaßen gewöhnlich mehr als nur einen Altar für die Feier der Messe. Zwischen dem

5. und dem 9. Jahrhundert erhöhte sich die Anzahl der verfügbaren Altäre beträchtlich.[140] Vor dieser Zeit hatte eine Kirche nur einen einzigen Altar; er vertrat den himmlischen Altar, den der Seher des Buches der Offenbarung geschaut hatte. Die Anzahl der Altäre stieg sowohl aus symbolischen als auch aus praktischen Gründen. Symbolisch verkörperten sie die Gegenwart der Heiligen, denn jeder Altar war mit Reliquien ausgestattet. Reliquien – körperliche Reste von Heiligen, meist von Märtyrern – erhöhten die Heiligkeit eines Altars und unterschieden ihn von einem gewöhnlichen Tisch. Eine Kirche mit vielen Altären stellte die Gemeinschaft der Heiligen in eindrucksvoller Weise dar. In der liturgischen Praxis erleichterte die Vielzahl der Altäre das Feiern einer Vielzahl von Messen. Die Anzahl der gefeierten Messen entsprach der Anzahl der zur Verfügung stehenden Altäre, denn eine allgemeine Regel erlaubte jeden Tag nur die Feier von einer oder vielleicht zwei Messen auf einem Altar. «Es ist nicht rechtens, an einem Tag zwei Messen auf einem Altar zu lesen» *(non licet super uno altario in una die duas missas dicere)*, bestimmte eine Synode von Auxerre in Frankreich (578);[141] im 10. Jahrhundert erlaubte man bereits drei Messen.[142] Die Lösung bestand darin, möglichst viele Altäre zu bauen. Über die Verhältnisse in Frankreich sind wir besonders gut unterrichtet. Im späten 6. Jahrhundert ließ Bischof Palladius von Saintes dreizehn Altäre in einer Kirche errichten. Als sich herausstellte, daß er nicht genügend Reliquien zu deren Ausstattung besorgen konnte, stellte ihm Papst Gregor der Große die fehlenden Stücke zur Verfügung (596).[143] Um 800 gab es im Konvent von Saint-Vaast bei Arras 36 Altäre, während die Erlöserkirche in Le Mans nur 28 besaß. Zählte man die Altäre der verschiedenen Kirchen und Kapellen der Benediktinerabtei Centula bei Amiens zusammen, so ergab sich die Zahl 30. Der berühmte karolingische Klosterplan von St. Gallen verzeichnet 19 Altäre (Abb. 22). Kritischen Theologen war die ganze Sache ein Dorn im Auge, und sie konnten Kaiser Karl den Großen dazu bewegen, gesetzlich zu bestimmen, «daß in den Kirchen nicht eine übertrieben große Anzahl [von Altären] sei» *(ut non sint superflua in ecclesiis)*.[144] Aber offenbar ohne Erfolg: Die Anzahl der Altäre nahm weiter zu. Im 16. Jahrhundert hatte eine reiche Stadtkirche wie etwa die Marienkirche in Zwickau 23 Altäre, an denen 27 Meßpriester Dienst taten.[145]

Uneingeschränktes Aufstellen immer neuer Altäre und das Lesen einer übertrieben großen Zahl von täglichen Messen durch einzelne Priester fügen sich zum Bild einer Kirche zusammen, die vom summenden Ton ununterbrochen gefeierter Messen erfüllt ist. Hat ein Priester seine Messe beendet, steht schon der nächste bereit, dasselbe zu tun. «Man hat fast den Eindruck», schreibt Cyril Vogel, «als sei der Priestermönch, wenn er nicht gerade das Stundengebet verrichtet oder einer Arbeit nachgeht, ständig damit beschäftigt, eine weitere Messe zu lesen.»[146]

Das Meßopfer in mittelalterlicher Praxis und Theologie

Die mittelalterlichen Priester, die an den zahlreichen Altären der Klöster, Kapellen und Kathedralen die Messe lasen, waren vor allem an der Gegengabe

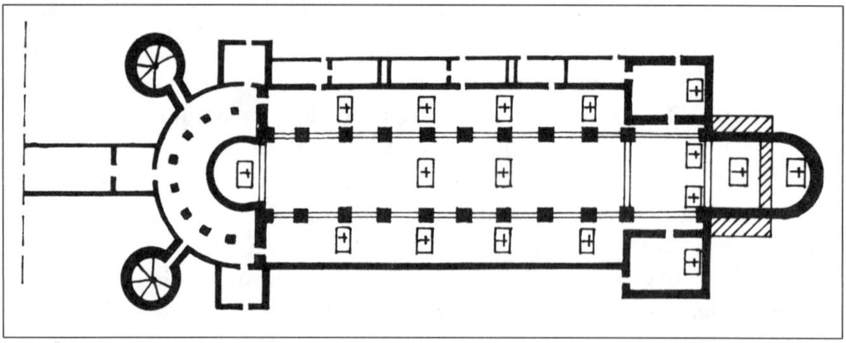

22 Die vielen Altäre einer mittelalterlichen Kirche. Nach dem kanonischen Recht des Mittelalters sollte täglich nur eine einzige Messe an einem Altar gelesen werden. Um allen Priestern das Lesen einer Messe zu ermöglichen, wurden die Kirchen mit zahlreichen Altären ausgestattet. Der Plan einer Schweizer Klosterkirche des 9. Jahrhunderts bezeichnet den Ort von siebzehn Altären mit je einem Kreuz; in den runden Türmen (links) befanden sich zwei weitere Altäre. Benediktinerabtei St. Gallen, ca. 820.

interessiert, die sie sich von Gott versprachen. Wenn sie Christus dem himmlischen Vater als Opfer darbrachten, konnte eine göttliche Antwort nicht ausbleiben. Diese Denkweise war ihnen aus der Lektüre von Werken wie jenen Gregors des Großen vertraut, dem als Papst höchste Autorität zukam. Die Idee der göttlichen Gegengabe als «Gewinn» des Opfers war nicht nur theoretische Lehre, sondern hatte unabsehbare Folgen für die Praxis. Das Meßopfer diente dem Erwerb göttlicher Gnaden, die der Priester an Laien, und zwar oftmals gegen Bezahlung, weitergeben konnte. Das Gesetz von Gabe und Gegengabe galt nicht nur zwischen Priester und Gott – der Priester feiert die Messe und erhält Gnade –, sondern auch zwischen Priester und Laien – der Priester erwirbt geistliche Güter und erhält dafür materielle Entlohnung. Wie funktionierte dieser Austausch in der Praxis?

Seit dem frühen Mittelalter war die materielle Versorgung des Klerus durch ein Abgabensystem geregelt, das als Benefizialwesen bezeichnet wird. Die Kirche erwarb Besitz, der regelmäßige Erträge abwarf, die dem Klerus zugute kamen. Theoretisch war mit jedem geistlichen Amt ein als Pfründe *(praebenda, beneficium)* bezeichneter Besitz verbunden, aber in der Praxis reichten die vorhandenen Pfründen zur Versorgung des zahlreichen Klerus nicht aus. In bestimmten Fällen war die Pfründe nicht ein von abgabepflichtigen Bauern bestelltes Stück Land, sondern eine Stiftung, die den Priester verpflichtete, zugunsten einer Zunft, eines frommen Vereins oder, am häufigsten, für das Heil eines Verstorbenen die Messe zu feiern.[147] Manchmal wurden nicht nur regelmäßige Messen gestiftet, sondern ganze Kaplaneien errichtet, d. h. fromme Stiftungen, die einem Priester ein Wohnhaus zur Verfügung stellten, regelmäßiges Einkommen sicherten und von ihm nur das Messelesen verlangten.[148] War eine Pfründe zur Versorgung eines Priesters zu klein, suchte er nach zusätzlichen Einnahmequellen. Manchmal trat ein Laie mit folgendem

Ansinnen an ihn heran: «Ich gebe dir ein bestimmtes Feld, Haus oder einen Zehnten und bitte dich, für mich und meine Freunde in einer bestimmten Weise eine Jahrtagsmesse zu feiern.»[149] Eine einzelne Messe, so glaubten Priester wie Laien, könne der Seele eines Verstorbenen kaum helfen. Um die Freilassung einer Seele aus dem Fegefeuer und deren Aufnahme in den Himmel sicherzustellen, bedurfte es einer großen Anzahl von Messen – dreißig (so in Gregors *Dialogen)* oder hundert oder einer noch größeren Zahl, zum Beispiel eine jährliche oder sogar tägliche Messe, die fortwährend, bis zum Tag des Jüngsten Gerichts gefeiert werden sollte. Je größer die Zahl der gelesenen Messen war, um so schneller werde die Seele aus dem qualvollen Fegefeuer erlöst. Aus diesem Grund überschütteten die Laien die Priester mit Bitten um Messen. Die Zahl der Messen, die testamentarisch gestiftet wurden, war manchmal so hoch, daß sich der Klerus nicht mehr in der Lage sah, den entsprechenden Verpflichtungen nachzukommen. Die Folge war, daß die Laien die Bezahlung für jene Messen erhöhen mußten, die tatsächlich auch gelesen werden sollten. Erst im Jahre 1575 räumte Papst Gregor XIII. ein, daß eine Seele durch eine einzige Messe aus dem Fegefeuer befreit werden könne, wenn diese an einem bestimmten privilegierten Altar zelebriert wird.[150] Eine solche Maßnahme hätte das Versorgungswesen des mittelalterlichen Klerus empfindlich getroffen.

Es gab nicht genügend Pfründen zur Versorgung des zahlreichen Klerus. Der Mangel wurde durch die Existenz von «pfründlosem» Klerus noch verschärft, d. h. von Priestern, die über kein regelmäßiges Einkommen verfügten. Tatsächlich bildete sich vor allem in den Städten ein klerikales Proletariat, dessen Zahl die des regulären Klerus bei weitem überstieg. Im Jahre 1377 lebten in der englischen Stadt Lincoln 189 pfründlose Kleriker; ihre einzige Einnahme war das Honorar, das sie von Laien für das Messelesen erhielten.[151] Die Laien, die sich an sie wandten, hatten nicht die Mittel, eine Messe auf Dauer zu stiften. Sie zogen es vor, einem Priester einen kleinen Geldbetrag zu geben, damit er für sie eine oder eine geringe Anzahl von Messen für das von ihnen benannte Anliegen las. So bildeten sich zwei verschiedene, gleichzeitig bestehende Einkommenssysteme des Klerus heraus: (1) ein aristokratisches, traditionelles, verhältnismäßig stabiles System auf der Grundlage von Pfründen und frommen Stiftungen; (2) ein neueres, demokratisches, flexibleres, marktorientiertes System, das auf geringeren Gebühren beruhte, die der pfründlose Klerus von den Laien für seine Dienste entgegennahm. Die Erschwinglichkeit ihrer Dienste trug zur Beliebtheit des pfründlosen Klerus bei jener Schicht bei, die nach den in der Messe gewonnenen geistlichen Gütern verlangte und nur geringe Mittel hatte. Zwar beruhten beide Systeme auf der Privatmesse – gestiftete Messen im «aristokratischen», individuelle Messen im «proletarischen» System –, aber es war vor allem das letztere, welches dazu führte, daß ein Priester viele Messen las.

Im frühen Mittelalter war die Anzahl der von einem Priester täglich zelebrierten heiligen Opfer in sein Ermessen gestellt. Wer viele Messen lesen wollte, konnte sich auf das Beispiel von Papst Leo III. (795–816) berufen, der täglich bis zu neun Messen gefeiert haben soll.[152] Später vertraten Päpste wie Alexander II. (1061–1073) und Kirchenrechtler eine andere Ansicht und versuchten, Übertreibungen entgegenzutreten. Eine einzige Messe (eine Votivmesse) galt als ausreichend, und eine zweite (die Tagesmesse zur Erinnerung an einen Heiligen oder ein Ereignis aus dem Leben Christi) wurde zugestanden:

> Es ist genug, wenn ein Priester täglich eine Messe feiert, denn Christus litt nur einmal und erlöste so die ganze Welt. Eine einzige Messe zu lesen ist keine geringe Sache, und selig ist, wer diese würdig zu feiern vermag. Man mag eine Messe für die Toten lesen und dann im Bedarfsfall zusätzlich die [gewöhnliche] Tagesmesse. Jedoch wer sich das Recht herausnimmt, mehr Messen an einem Tag aus Profitgier oder aus Gefälligkeit gegenüber Laien zu lesen, der wird, wie ich glaube, der ewigen Verdammnis nicht entgehen.[153]

Nicht nur Kirchenrechtler (zumeist Priester mit einem regelmäßigen Einkommen) waren darüber entsetzt, daß ein Priester Tag für Tag zehn oder noch mehr Messen las, um seinen Lebensunterhalt zu verdienen. Im 16. Jahrhundert wettert Martin Luther dagegen, daß man aus der Messe «Jahrmärkte, Schankbuden und Geldgeschäfte gemacht hat. Daher werden in der Kirche Teilhaberschaften verkauft, Bruderschaften geschlossen, Fürbitten, Verdienste, Jahrestagsfeiern, Gedenktage und dergleichen Geschäfte mehr vertraglich geregelt und ausgeglichen, und an diesen Sachen hängt die ganze Ernährung der Priester und Mönche» (*WA* 6,512). In England schloß sich Thomas Cranmer (1489–1556), Erzbischof von Canterbury, dem unzufriedenen Wittenberger Augustinermönch an. Wie dieser wußte er, daß die endlose Zahl der Messen auf Habsucht *(lucre and gain)* beruhte.[154] Die Reformatoren entschieden sich klar gegen die Messe als Wirtschaftsfaktor. Auf katholischer Seite hatte nur Ignatius von Loyola die Weisheit, den Jesuiten die Annahme von Geld für Messen zu untersagen.[155]

Habsucht, aber wahrscheinlich noch öfter Armut,[156] ließ die Priester die «Frucht» der Messe verkaufen. Mindestens genauso stark wie der Wunsch des Priesters, zu Geld zu kommen, war der Wunsch der Laien, das durch die Messe erzielte Verdienst zu erwerben und den eigenen Namen – wenn auch mit leiser Stimme – während der Messe ausgesprochen zu wissen: vor der Konsekration im Falle von Lebenden, nach der Konsekration im Falle der Toten. Den eigenen Namen in engster Verbindung mit der denkbar heiligsten Handlung zu setzen, faszinierte den Gläubigen des Mittelalters. Auch gab es mancherlei erbauliche Geschichten über die wunderbare Wirkung von Messen für Lebende wie für Tote. In angesehenen Schriften niedergelegt und von Predigern wiederholt, konnten sie ihren Eindruck nicht verfehlen.[157]

Die mittelalterlichen Kirchen wirken auf uns wie riesige Opferfabriken, in denen die priesterlichen Arbeiter tätig sind, um geistliche Güter für den eigenen Gebrauch und zum Verkauf an Laien zu produzieren. In der Spätantike und fast das ganze Mittelalter hindurch verspürten die Theologen kein Bedürfnis, den Verkauf von geistlichen Gütern gegen ein Honorar zu hinterfragen oder zu rechtfertigen. Man findet kaum Erörterungen über Sinn und Wesen des Meßopfers. Die Messe galt als Erneuerung oder Wiederholung des Opfers Christi, und da Christi ursprüngliches Opfer wirksam war, warum sollte dann nicht auch dessen Erneuerung eine Wirkung besitzen? Statt die Wirkung der Messe im einzelnen zu erforschen, begnügte man sich damit, an sie zu glauben. Dennoch gab es einzelne Autoren wie Johannes Duns Scotus (ca. 1265–1308) in Paris und Gabriel Biel (ca. 1418–1495) in Tübingen, die tiefer schürften. Ihre Schriften helfen uns, die theoretische Grundlage des mittelalterlichen Meßwesens zu verstehen. Den Ausgangspunkt bilden drei Lehren:

- Es gibt einen göttlichen Schatz, zu dem der Klerus Zugang besitzt;
- der wichtigste Zugang ist die Feier des Meßopfers;
- der Priester hat das Recht, für seine geistliche Tätigkeit einen Lohn zu verlangen.

Nach Auffassung der mittelalterlichen Theologie hat Christus durch sein Leben in Gehorsam und Demut, vor allem aber durch seinen Tod am Kreuz, ein *meritum infinitum* erworben, d. h. einen unerschöpflichen Verdienst oder «Gnadenschatz».[158] Um seine Schätze den Gläubigen zugänglich zu machen und seine Gnaden unter ihnen wirksam werden zu lassen, hat Christus einige seiner Jünger und in deren Nachfolge die christlichen Priester mit besonderer Vollmacht ausgestattet. Diese Vollmacht ermöglicht es den Priestern, Gottes Gnade an alle Christen auszuteilen und sie Gottes Wohlwollen erfahren zu lassen. In der Taufe reinigt der Priester das neugeborene Kind oder den Neubekehrten von der Befleckung, die ihn Gott entfremdet. Im Bußsakrament gewährt der Priester dem reuigen Sünder nach Bekenntnis und Reue die Vergebung. Die vornehmste priesterliche Vollmacht, das höchste Privileg aber besteht im Feiern der Messe. Durch sie schöpft er aus dem unendlichen Gnadenschatz Christi und vermittelt die erworbenen Schätze an die gesamte Kirche, an lebende wie an tote Gläubige. Zwar vermag Gott seine Gnade auch ohne priesterliche Mittlerschaft auszuteilen, aber die priesterliche Vermittlung ist der sicherste Weg, göttliche Hilfe und göttliches Wohlwollen zu erlangen.

Bei der Messe gedenkt der Priester des demütigen, leidenden und am Kreuz sterbenden Christus. Erinnert der Priester Gott an Christi einzigartiges Opfer, so wird ihm ein gewisses Maß an Gnade zuteil, das er an die Gläubigen weiterreicht. In den Worten von Gabriel Biel: «Alles was Christus unser Heiland als Verdienst erwarb, als er sich am Kreuz für alle [Menschen] dahingab: die Befreiung vom Bösen und das Geschenk des Guten für die Pilger, für die im Fegefeuer und die Seligen – alles das wird durch dieses Opfer dem einzelnen zugänglich gemacht.»[159]

Zwar bildet die gesamte, von Christus erworbene Gnade einen unendlichen, unerschöpflichen Schatz, aber Gott gewährt als Gegengabe für das Meßopfer nur eine kleine, endliche Einheit.[160] Als eine abbildliche Darstellung des originalen, wirksamen Opfers nimmt sich die Messe neben ihrem göttlichen Vorbild blaß aus. Wie die Statue Ciceros den römischen Staatsmann darstellt, ohne mit ihm identisch zu sein, so erinnert die Messe an das Opfer Christi, ohne dasselbe Ereignis zu verkörpern.[161] Außer dieser grundsätzlichen, metaphysischen Beschränkung, der die Messe unterliegt, nennt Biel noch einen zweiten, den Umfang der gewährten Gnade bestimmenden Faktor. Der Umfang der Gnade, die Gott als Gegengabe für das Opfer schenkt, bemißt sich auch nach dem Maß der Würdigkeit der Kirche im Augenblick der Meßfeier.[162] Je würdiger die Kirche ist, um so größere Gnaden vermag sie zu erlangen.

Hängt die Gnade auch von der Würdigkeit des zelebrierenden Priesters ab? Nach der mittelalterlichen Theologie kann auch ein sündiger Priester, sofern er rechtmäßig geweiht und bestellt ist, das Opfer weder unwirksam machen noch den Gnadenerwerb verringern. Bei der Messe handelt der Priester nicht in seinem eigenen Namen, sondern im Namen Christi, welcher «der unsichtbare und hauptsächliche Priester» bleibt. Christi Opfer kann vom Vater nicht abgelehnt werden.[163] Daher sagen die Theologen, die Messe wirke *ex opere operato*, aufgrund der Handlung selbst, und nicht *ex opere operantis*, d. h. nicht aufgrund der Persönlichkeit des Priesters, der die Messe feiert.[164]

Wie groß sie auch sein mag, die durch das Opfer erworbene Gnade muß weitergegeben werden. Zwar haben die Theologen des Mittelalters die Quantität der Gnade nicht begrifflich festgelegt, aber sie bemühten sich um eine genaue Erfassung des Verhältnisses von Gnade und Empfänger der Gnade. Johannes Duns Scotus, der erste, der sich darüber äußerte, sprach im Anschluß an die bereits bestehende Tradition von den drei «Früchten» *(fructus)*, die durch jede Feier des heiligen Opfers erworben werden und die drei verschiedenen Empfängern zugute kommen.[165] Die *erste* Frucht kommt der gesamten Kirche zugute, die *zweite* dem zelebrierenden Priester und die *dritte* entweder den Angehörigen einer bestimmten Pfarrei oder aber denen, deren Namen der Priester selbst bestimmte. Vom Opfer profitiert nach dieser Auffassung in erster Linie die gesamte Christenheit, vor allem aber diejenigen, welche die Messe als Anwesende mitfeiern. Von ihrer Frömmigkeit und dem Zustand ihrer Seele hängt ab, was die Gnade für sie bedeutet und wie sie sich in ihrem Leben auswirken kann. Gabriel Biel[166] hält die Vergebung von Sünden für die häufigste Wirkung der ersten Frucht der Messe für die anwesenden Gläubigen. Ist der zelebrierende Priester würdig, frei von nicht bereuten Sünden und im Stand der Gnade, dann wird Gott ihm die zweite Frucht gewähren. Auch wenn die Messe eines unwürdigen Priesters für die Gemeinde gültig und wirksam bleibt, geht er in diesem Falle der zweiten Gnadenfrucht verlustig.

Die Kraft der Votivmessen, einzelnen oder Gemeinschaften zu helfen, leitet sich von der dritten Frucht her. In seiner *Auslegung des Kanons der Messe* erörtert Biel die Zuwendung der dritten, sogenannten «besonderen Frucht» aus dem Blickwinkel des Priesters. Folgende Fragen beherrschen seine Darstellung: (1) Wem kann die besondere Frucht zugeeignet werden? (2) Kann sie mehreren Personen zugleich zugute kommen? (3) Ist es rechtens, daß der Priester für die Vermittlung dieser Meßfrucht ein Honorar erhält?

Hier sind die Antworten, die Biel gibt:

(1) Gewöhnlich ist der Gemeindepriester gehalten, die besondere Frucht der täglichen Messe den Gemeindemitgliedern insgesamt zuzuwenden.[167] Ist er jedoch von solcher Verpflichtung frei, so kann er damit nach eigenem Belieben verfahren. Die besondere Frucht kann jedem Christen zugeeignet werden, der nicht exkommuniziert ist und keiner Häresie anhängt.[168] Einem Sünder kann die Frucht ebenfalls gegeben werden – zu dessen Besserung. Erfolgt die Zuweisung an einen Verstorbenen, so wird dessen Aufenthalt im Fegefeuer verkürzt. An dieser Stelle fügt Biel eine Geschichte ein – eine von vielen dieser Art: Nachdem er fünf Messen für einen Verstorbenen gelesen hatte, sah ein Papst in einer Vision Maria, wie sie die Seele des Toten aus dem Fegefeuer holte.[169] (Manchmal hören wir Biel, den Volksprediger, und nicht Biel, den Tübinger Theologieprofessor.) Sollte der Verstorbene, für den das Opfer dargebracht wird, ein Heiliger im Himmel sein, so wächst dessen Freude.[170] Einschränkend fügt Biel hinzu: Diese Freude kann natürlich nur nebensächlicher Art sein, denn alle Seligen erfreuen sich in erster Linie der Gottesschau. Dennoch hält er fest, daß die neue, durch die Messe vermittelte Freude echt sei.

(2) Zwar haben wir keine Möglichkeit, die besondere, durch das Meßopfer erwirkte Frucht zu messen, aber sie kann als ein endliches, begrenztes Gut gelten. Ein begrenztes Gut aber ist teilbar. Daher ist es möglich, die Frucht der Messe zu teilen und die Teile jeweils verschiedenen Personen zuzuwenden. Außerdem lassen sich die Teile in einer Rangfolge anordnen.[171] Auf diese Weise kann ein Priester in derselben Messe drei verschiedene Zuwendungsabsichten haben und dabei drei verschiedene Abstufungen vornehmen. Er mag die Frucht in erster Linie seinem leiblichen Vater zuwenden, in zweiter Linie dem Stifter seiner Kirche und in dritter Linie einem guten Freund. Auf diese Weise haben drei Personen, wenn auch in verschiedener Weise, an derselben Frucht Anteil.

Biel akzeptiert zwar die Teilung der Meßfrucht, weiß aber um die damit verbundene Problematik. Die für eine Person gefeierte Messe hat eine größere Wirkung als eine für mehrere Personen gefeierte; daher ist es als Betrug zu betrachten, wenn ein Priester die Messe für mehrere Anliegen liest, obwohl er es eigentlich für ein einziges Anliegen tun müßte.[172] Der Priester darf seine Geldgeber nicht täuschen.

(3) Da Messen eine Einkommensquelle darstellen, versuchen manche Priester, aus Gewinnsucht – oder aus Armut – mehr als eine einzige Messe zu lesen. Läßt sich das rechtfertigen? Die Frucht des Meßopfers ist ein geistliches Gut, ein von Gott gegebenes Geschenk und als solches nicht käuflich. Über die Unmöglichkeit des Verkaufs geistlicher Güter waren sich alle Theologen einig. Sie beriefen sich auf die Apostelgeschichte, wo Simon der Magier heftig angegriffen wird, weil er versucht hatte, von Petrus die Macht der Dämonenaustreibung durch Handauflegung zu kaufen. «Dein Geld sei mit dir zum Verderben, weil du meinst, die Gabe Gottes für Geld zu bekommen» (Apg 8,20). Für Geld läßt sich nicht kaufen, was Gott umsonst gibt. Handel mit

geistlichen Dingen galt als verwerfliche «Simonie». Biel kennt die geläufige Rede: «Dieser [Priester] liest die Messe nur des Geldes wegen, sonst würde er es nicht tun. Er ist ein simonistischer Priester.»[173] Dennoch verteidigt Biel die Bezahlung. Seiner Meinung nach kommt durch die dem Priester gegebene Gabe ein bindender Vertrag zustande. «Es ist rechtens und verständlich», schreibt er, «daß jemand, der Almosen gibt, dafür um ein Gebet bittet.»[174] Solange ein Priester für einzelne das Meßopfer ordnungsgemäß darbringt, hat Biel keine Einwände gegen die Bezahlung einer Gebühr. Er weiß nur zu gut, daß «ohne zeitliche Güter das Geistliche im Elend des irdischen Lebens nicht lange bestehen kann.»[175] Trotz dieser Einsicht will Biel an der unter Kirchenrechtlern und Theologen verbreiteten Sicht festhalten: «Der Priester feiert die Messe nicht für Geld» *(non [...] celebrat sacerdos missam pro pecunia).*[176] Zwar kann Gelderwerb ein Grund für das Messelesen sein, doch bleibt dies ein zweitrangiger Grund. Daher soll niemand die Rechtmäßigkeit des Austauschs von geistlichen Gütern gegen zeitliche, dem Unterhalt dienende Güter in Zweifel ziehen. Unterstützt nicht selbst die Heilige Schrift diese Sicht, wenn es heißt: «Der Arbeiter ist seines Lohnes wert» (Lk 10,7)?[177]

«Gold ist etwas Vorzügliches», schrieb ein berühmter Zeitgenosse Biels. Damit «lassen sich Schätze erwerben, und wer es hat, vermag zu tun, was immer er will. (...) Sogar Seelen kann er ins Paradies befördern.»[178] Kaufe Messen und befreie so Seelen aus dem Fegefeuer, damit sie in den Himmel kommen! Biel würde dieser verbreiteten, von dem Seefahrer Christoph Kolumbus ausgesprochenen Überzeugung durchaus zustimmen.

Obwohl Biel zwar das Prinzip verteidigt, sieht er die Praxis kritisch. Er warnt die Priester vor Habgier, dem Anhäufen von Pfründen und dem Schaden, den die wirtschaftliche Ungleichheit unter dem Klerus anrichtet. Nach Biels Erfahrung scheint der Reichtum des Klerus ein größeres Problem zu sein als priesterliche Armut. Wenn er von «jenen einfachen Priestern, die kein seelsorgerliches Amt versehen» *(simplices sacerdotes non curati)* spricht, dann denkt er nicht sogleich an deren Armut, sondern an deren Freiheit von Verpflichtungen.[179] Als freie Kleriker können sie die besondere Frucht der Messe einmal ihren Eltern zuwenden, dann einem Wohltäter zueignen und wieder ein anderes Mal zur Bekehrung eines Sünders einsetzen. Ein Priester, der keiner bestimmten Meßverpflichtung unterliegt, scheint Biels Ideal zu entsprechen: «Er kann die [Frucht der Messe] zuwenden, wem immer er will» *(potest applicare cui voluerit).*[180] Der freie Priester kann die Gaben Gottes frei austeilen.

In seiner *Auslegung des Kanons der Messe* wendet sich Biel an Priester und an seine Tübinger Theologiestudenten, die sich auf das Priesteramt vorbereiten. Darauf bedacht, sie in allen Einzelheiten priesterlichen Wissens und liturgischen Verhaltens zu unterrichten, geht Biel mit der ganzen Gründlichkeit und Pedanterie eines deutschen Professors vor. Die Priester sollen verstehen, was das Meßopfer bedeutet; niemand soll es darbringen, ohne zu wissen, was er tut. Von Duns Scotus und Biel ausgearbeitet, galt die Lehre von den drei, bei jeder Messe erworbenen «Früchten» bis ins 20. Jahrhundert als die gängige Lehrmeinung der katholischen Theologie.

4. Das Opfer als Selbsthingabe in Karthago, Hippo und einer Vorstadt von Paris

«Opfer als Selbsthingabe» ist eines der Hauptthemen in der Geschichte der christlichen Frömmigkeit. Ein von Opfergeist bestimmtes Leben zu führen, das in der Selbsthingabe beim eucharistischen Opfer gipfelt, bildete jahrhundertelang das Ideal von Ordensleuten, Priestern und Laien. Bei der Messe vergossene Tränen[181] erhöhten und spiegelten das Maß der Frömmigkeit und der Reue, und von Tränen begleitetes Gebet,[182] so wurde geglaubt, erreiche den Vater eher als jedes andere. Oft zitiert wurde einer der Bußpsalmen: «Ein Opfer vor Gott ist ein betrübter Geist; ein zerknirschtes und demütiges Herz wirst du, o Gott, nicht verachten» (Ps 51,19). Selbst Gregor der Große, sonst mehr am Empfang göttlicher Gaben als an Selbsthingabe interessiert, nennt diesen Bibelvers, der zu einem Leitmotiv wahrer Frömmigkeit werden sollte.[183] Über Jahrhunderte hinweg wurde dieses Ideal in Predigten, Erbauungs- und Trostschriften sowie Erklärungen der Messe empfohlen.[184]

Das vorliegende Kapitel geht den geschichtlichen Wurzeln der Vorstellung nach, die Messe lade die Gläubigen dazu ein, sich Gott hinzugeben. Erstmals findet sich der Gedanke bei Bischof Cyprian, der ihn in einer Zeit der Verfolgung seiner Gemeinde in Karthago in Nordafrika vortrug. Bei Augustinus von Hippo verfestigt sich dieser Gedanke und findet Eingang in die große theologische Lehrtradition. Vor allem durch die Schriften Augustins überliefert, prägte er die Frömmigkeit aller, die sich den Verfasser der *Bekenntnisse*, des *Gottesstaats* und zahlreicher Predigten zum Vorbild nahmen. Aus der großen Zahl von Augustins Anhängern greifen wir Jean-Jacques Olier heraus, einen Vorortpfarrer im Paris des 17. Jahrhunderts.

Cyprian von Karthago oder Das Opfer der Märtyrer

Die antike Religion der Mittelmeerwelt findet ihren geläufigsten Ausdruck im Opfer. Dies traf auch in Nordafrika zu, wo Cyprian als Sproß einer reichen aristokratischen Familie aufwuchs und, wie alle Gebildeten seiner Zeit, eine Ausbildung zum Redner genoß. Opferbräuche waren ihm vertraut, und er wußte zweifellos, daß der Kontakt zu den Göttern durch Opfer hergestellt und aufrecht erhalten werden mußte. Als Mann von römischer Bildung war ihm bewußt, daß es darauf ankam, das Opfer nach dem richtigen Ritus darzubringen, d. h. daß der darbringende Priester alle Handgriffe und alle Gebete in der richtigen Weise ausführen mußte; andernfalls galt das Opfer als unwirksam und ungültig und mußte wiederholt werden. Als gebürtiger Karthager war Cyprian zweifellos auch mit der fanatischen Seite der alten nordafrikanischen Religion vertraut, die Selbstmord und Menschenopfer als Mittel der Beschwichtigung von Göttern kannte. Im Numidien des frühen 3. Jahrhunderts waren solche nächtlichen Opfer noch üblich, wenn auch das Menschenopfer durch ein Tieropfer ersetzt worden war.[185] Als Cyprian um 245 Christ und bald darauf Bischof von Karthago wurde, bemühte er sich um eine Vereinheitlichung und eine sorgfältige Deutung der Eucharistie, die er als christliches Opfer verstand. Unter seinen Schriften befindet sich die älteste uns erhaltene Interpretation der Eucharistiefeier.[186] Man glaubt darin das römische Interesse an korrekter Feier ebenso zu vernehmen wie das Echo des nordafrikanischen Menschenopfers.

Den unmittelbaren Anlaß für Cyprians Schrift über die Eucharistie bot der Umstand, daß manche der frühen Christen Wasser statt Wein bei der Feier benutzten, die zu jener Zeit gewöhnlich in den frühen Morgenstunden stattfand. Sie befürchteten, Ungläubige, besonders die heidnischen Verfolger, könnten sie am Geruch des Weines erkennen.[187] In Cyprians Schrift über die Eucharistie – und in anderen einschlägigen Äußerungen des Bischofs – überschneiden sich drei verschiedene Problemkreise. Es galt, *praktische Fragen* der Eucharistiefeier zu klären. Doch waren diese praktischen Fragen nicht befriedigend zu erörtern, ohne daß eine *theologische Deutung* und eine Berücksichtigung der *Verfolgungssituation* seiner Kirche erfolgte.

Unsere Darstellung beginnt mit der *theologischen Deutung*. Um den Sinn der Eucharistie zu erklären, bedient sich Cyprian der Opfersprache. Zwar ist er nicht der erste Theologe, der die Opferterminologie auf den christlichen Gottesdienst anwendet, doch war vor ihm keiner so konsequent im Sprachgebrauch und so folgerichtig im Entwickeln einer einschlägigen Lehre. «Opfern» *(sacrificare)* bedeutet in seinem Sprachgebrauch nichts anderes als «die Eucharistie feiern», und «die Opfernden» *(sacrificantes)* sind die zum Gottesdienst versammelten Christen.[188] Die Eucharistie selbst gilt ihm als «unsere Gabe und unser Opfer» *(oblatio et sacrificium nostrum)*, nämlich als wertvolles und reines, dem Vater dargebrachtes Opfer.[189] Christus selbst gab sein Leben als Opfer dem Vater hin – ein Gedanke, den Cyprian im Neuen Testament fand und der ihm als Nordafrikaner vielleicht besonders einleuchtend erschien (s. unten, S. 292–293). Da Brot und Wein dem Leib und dem Blut Christi entsprechen, «ist das Leiden des Herrn das Opfer *(sacrificium)*, das wir darbringen».[190] Neben der Opfermaterie Brot und Wein, die das Leiden Christi symbolisieren, müssen sich die Gläubigen ebenfalls darbringen. Wenn das Drama unserer Erlösung auf dem Altar wiederholt wird, muß sich die Kirche eng mit dem Herrn verbinden. In der Liturgie wird diese, die Selbsthingabe ermöglichende Verbindung dadurch symbolisiert, daß dem Wein Wasser zugesetzt wird, so daß beides nicht mehr getrennt werden kann.[191] Der Wein steht für Christus, das Wasser für die Gläubigen. Nur für jene, die symbolisch mit Christus vereint sind, kann das Opfer wirksam sein. Cyprian bemerkt weiter, daß Wasser auch bei der Herstellung von Brot verwendet wird: Im Brot symbolisiert der Anteil an Wasser die enge Verbindung, welche die Gläubigen mit Christus eingehen. Mit Brot und Wein wird nicht nur das Leiden Christi dem Vater geopfert, sondern gleichzeitig auch die Gläubigen.

Das Opfer schafft nicht nur eine Verbindung zu Gott. Ist es angenommen, so ruft es nach einer Gegengabe Gottes. Das Opfer ist ein Tauschgeschäft. *Do ut des* – ich gebe, damit du gibst – lautet die Regel, die Cyprian nicht eigens anzuführen braucht. Cyprians Gemeinde lebte in einer Welt, in der das Opfer etwas Alltägliches war und die dessen Gewinn kannte. Im Falle des christlichen, eucharistischen Opfers erwarteten die Gläubigen, daß Gott ihnen ewiges Leben nach dem Tode gewähre. «Wir werden von der Frucht des Weinstocks mit Christus im Reiche seines Vaters neuen Wein trinken», meint Cyprian, den Text der Bibel aufnehmend.[192] Ein größerer Gewinn als das ewige Leben ist nicht denkbar – aber das führt Cyprian nicht mehr aus. Es genügt, einen knappen Hinweis zu geben. Um das ewige Leben brauchen wir uns jetzt keine Gedanken zu machen, scheint er zu sagen; jetzt gilt es nur, uns die Ewigkeit durch das heilige Opfer zu sichern.

Vergleichen wir die Auffassung Cyprians mit der späteren, seit Eusebius üblichen, dann tritt das Profil seiner Opfertheologie scharf hervor. Für Eusebius ist die Eucharistie vor allem das Staatsopfer. Gott soll gnädig gestimmt werden, hängen doch Frieden und Wohlstand im gesamten Römischen Reich von seinem Wohlwollen ab. In jener Zeit, in der es keine Christenverfolgung mehr gab, herrschte eine optimistische Stimmung. Das Opfer schuf Verbindung und Eintracht zwischen Gott und Mensch, und Gott gewährt dem ganzen Erdkreis seinen Segen. Bei Cyprian finden wir nichts von einem solchen Optimismus. Er sieht, wie die Welt aus den Fugen gerät, wie die Natur altert und ihre Kraft erlahmt.[193] Der Winterregen ist unzureichend und bringt die Samen nicht mehr zum Keimen, im Herbst wartet der Bauer vergeblich auf seine Ernte. Die Bergwerke sind erschöpft und liefern nichts mehr. Über allem, auch über der Gesellschaft, liegt ein grauer Schleier des Verfalls. Treulosigkeit und Unfriede herrschen unter den Menschen und künden das nahe Weltende an. In der Christenverfolgung sieht er den Ansturm des Antichrist, der dem Ende vorausgeht.[194] Von einer solchen Zeit haben die Christen nichts Gutes mehr zu erwarten. Ihnen drohen Verfolgung, Gefängnis, Zwangsarbeit im Bergwerk, Martyrium. Weit davon entfernt, allgemeinen Wohlstand herbeizuführen, dient das eucharistische Opfer dazu, den einzelnen Christen auf das Martyrium und das Heil in einer anderen Welt vorzubereiten. Ist die Sicht des Eusebius von der frohen Stimmung eines Neubeginns geprägt, so trägt sich Cyprian mit düsteren Ahnungen des Endes.

In jener schlimmen Zeit kam alles darauf an, daß sich die Christen richtig verhielten. Das galt für das sittliche Verhalten ebenso wie für den Kult. Daher treten *praktische Fragen* in Cyprians Werk immer wieder in den Vordergrund. Genügt der Gebrauch von Wasser, oder ist auch Wein zu trinken? Dürfen auch Frauen das Opfer darbringen? Können auch Unwürdige am Opfer teilnehmen? Ist das Opfer täglich darzubringen? Als Bischof von Karthago kam Cyprian zu folgenden Antworten:

1. Er drängte seinen nordafrikanischen Klerus, den Irrtum der Eucharistiefeier mit Wasser nicht zu dulden. Gegen die Feier des Opfers mit Wasser macht er das Prinzip ritueller Korrektheit geltend. Richtig gefeiert, entspricht die Eucharistie dem, was Jesus tat, bevor er verraten und an seine Feinde ausgeliefert wurde. Da Jesus Wein benutzte, war nur Wein statthaft. Zumindest sollte dem Wasser, das bei der Feier getrunken wird, etwas Wein zugesetzt werden.[195] Grundsätzlich war die Eucharistie nach dem Vorbild Christi zu feiern: Brot und Wein. Offenbar bestand Cyprian darauf, bei der Feier dem biblischen Abendmahlsbericht zu folgen und vor allem die Worte Christi – «Das ist mein Leib – Das ist mein Blut» – zu sprechen.[196] Was uns als banal erscheint, war zu Cyprians Zeit offenbar keineswegs selbstverständlich. Vermutlich war dieser Brauch in Nordafrika in der Generation vor Cyprian entstanden und wurde nun von ihm mit Nachdruck gefordert. Cyprian beweist die Rechtmäßigkeit dieses Brauchs nicht nur aus der Heiligen Schrift, sondern beruft sich darüber hinaus auf eine besondere, von Gott an ihn ergangene Offenbarung.[197]

2. Das Opfer muß von einem Opferpriester gefeiert werden. Cyprian scheut sich nicht, das heidnische Wort für Priester *(sacerdos)* für sich als Bischof in Anspruch zu nehmen.[198] Das christliche Opfer darf nur von einem Mann, nicht aber von einer Frau dargebracht werden; andernfalls wird es von Gott nicht angenommen. Mit Abscheu erinnert sich Cyprian an einen Vorfall, der sich einige Zeit vorher in Karthago ereignet hatte. Eine Frau war aufgetreten, die «in Verzückung geriet und sich als Prophetin ausgab und sich gebärdete, als wäre sie des heiligen Geistes voll». Sie gab vor, sie könne das Brot heiligen, das Abendmahl feiern und unter den üblichen Anrufungen Gott «das Opfer» darbringen.[199]

3. Da nur etwas Reines und Makelloses Gott geopfert werden kann und die Gläubigen sich beim Opfer mit Christus dem Vater hingeben, müssen sie so rein wie möglich sein. Eintracht und Friede in der opfernden Gemeinschaft dürfen als Zeichen genügender Reinheit angesehen werden.[200] Unwürdige Teilnehmer stören nicht die Opferhandlung, sondern schaden nur sich selbst. Schwere Sünder, besonders solche, die Christus verleugnet und den römischen Götzen geopfert haben, werden von Gott bestraft, oftmals umgehend. Cyprian nennt mehrere Beispiele.[201] Als ein Säugling sich weigerte, vom eucharistischen Wein zu kosten und, dazu gezwungen, unter großem Geschrei alles wieder ausspie, stellte sich heraus, daß das Kind zuvor Brot bekommen hatte, das in heidnischen Opferwein getaucht worden war. «In dem entweihten Körper und Munde konnte unmöglich die Eucharistie bleiben. Den im Blute des Herrn geheiligten Trank mußte der schuldbefleckte Magen wieder von sich geben.» Einem unwürdigen Mann zerfiel das heilige Brot in der Hand zu Asche, als er davon kosten wollte – und Cyprian kannte noch mehr solcher Vorfälle.

4. Die Gläubigen sollen nach Auffassung Cyprians täglich am Opfer teilnehmen und täglich die heiligen Speisen genießen. Die Vaterunserbitte «Unser tägliches Brot gib uns heute» hatte für Cyprian und seine Gemeinde eine

eucharistische Bedeutung: täglich sollte jeder Gläubige (auch Säuglinge!) die heilige Speise genießen.[202] Während es die Gläubigen seit langem gewohnt waren, das Brot mit nach Hause zu nehmen, um davon täglich kosten zu können, befand Cyprian diese Praxis für unzureichend.[203] Seiner Meinung nach sollten die Gläubigen Brot und Wein nur im Gottesdienst zu sich nehmen. Ein Blick in zeitgenössische Quellen belehrt uns, daß die Einbeziehung der Eucharistiefeier in das tägliche, gemeinsam vollzogene Morgengebet sich allmählich durchsetzte.[204] Aber für Cyprian gab es noch einen weiteren Grund, sich für die tägliche Opferfeier einzusetzen: die Situation der Verfolgung. In Krisenzeiten pflegen die Gläubigen häufiger ihren Kult zu feiern, um sich der ständigen Gegenwart Gottes zu versichern.

Dies führt uns zu einem weiteren Thema, das Cyprians Verständnis der Eucharistie stark bestimmt: die *Verfolgung der Christen* im Jahre 250, die auch ihn selbst betraf. Er hielt sich verborgen, hatte er doch von dem Befehl des Kaisers gehört, gegen die Kirche vorzugehen und besonders deren Führer zu verhaften und hinzurichten. Bischof Fabian von Rom verlor als erstes Opfer schon wenige Tage nach Ergehen des kaiserlichen Befehls das Leben. Nach dem Urteil heutiger Historiker fiel die von Kaiser Decius angeordnete Verfolgung in Nordafrika verhältnismäßig mild aus, da die Todesstrafe nur ausnahmsweise verhängt wurde.[205] Jedoch herrschte unter den Christen große Angst – eine für Cyprian traumatische Erfahrung. Tatsächlich war die Furcht nicht unbegründet. Im Jahre 252 folgte eine weitere Verfolgungswelle, und während der Verfolgung durch Kaiser Valerian in den Jahren 257–260 starb Cyprian als Märtyrer.

Diese Zeiten der Verfolgung warfen weitere Fragen über das eucharistische Opfer auf, praktische wie theoretische, die nach einer Antwort verlangten. Ist nicht das Martyrium selbst ein Opfer, der Eucharistie vergleichbar? Dient das eucharistische Opfer auch als Vorbereitung auf das Martyrium? Was ist mit jenen Christen, die, von Gemeinde und Priester abgeschnitten, dem Opfer nicht beiwohnen können? Und wie steht es mit dem Feiern des heiligen Opfers an den Gedenktagen von Märtyrern?

Hier ist wiederum die Antwort des Bischofs:

1. Cyprian spricht vom «Leiden Christi in den Verfolgungen».[206] Er anerkennt, daß Christus in den Märtyrern selbst gegenwärtig ist und sie selbst als «Gott dargebrachte Opfer» *(hostiae Deo)* und «heilige und makellose Opfergaben» *(immaculatae victimae)* gelten können.[207] Vermutlich war ihm wie auch den Gläubigen von Karthago die Geschichte von Felicitas bekannt, einer Sklavin, die im Jahre 203 in Karthago den Märtyrertod starb. Als die im Gefängnis liegende schwangere Frau in die Wehen kam, «sagte einer der Wächter zu ihr: Wenn du jetzt schon so schreist, was willst du dann tun, wenn du den Bestien vorgeworfen wirst? Und sie gab zur Antwort: Was ich jetzt leide, leide ich selbst. Aber dann wird ein anderer in mir sein und für mich leiden, denn ich werde für ihn leiden.»[208] Die Leidens- und Opfergemeinschaft von Märtyrern und Christus stand für Cyprian und seine Zeitgenossen außer Frage.

2. Cyprian betrachtete die Teilnahme am eucharistischen Opfer und besonders den Verzehr von Brot und Wein als die beste nur denkbare Vorbereitung auf das Martyrium. Märtyrer sollen vor ihrem Tod das eucharistische Opfer feiern – ähnlich wie Abel zuerst Gott ein Opfer darbrachte und erst danach durch seinen Bruder Kain den Märtyrertod erlitt.[209] Das Trinken des heiligen Weines bereitet auf das Martyrium vor:

> Ihr sollt wissen und als gewiß glauben und festhalten, daß der Tag der Bedrängnis über unser Haupt hereinbricht und daß der Untergang der Welt und die Zeit des Antichrist nahegekommen ist. Laßt uns also allesamt zum Kampf bereit dastehen, laßt uns nur an die Herrlichkeit des ewigen Lebens denken und an die Krone des Bekenntnisses zu unserem Herrn und ja nicht glauben, das Kommende werde dem gleichen, was vergangen ist. Schwerer und wilder ist der Kampf, der jetzt bevorsteht. In unerschütterlicher Treue und starkem Mute müssen sich die Streiter Christi dazu rüsten und bedenken, daß sie deswegen täglich den Kelch mit dem Blute Christi trinken, damit auch sie wegen Christus ihr Blut zu vergießen vermögen.[210]

3. Nicht alle Christen konnten dem eucharistischen Opfer beiwohnen. Das galt besonders für jene, die im Gefängnis schmachteten oder in Bergwerken arbeiten mußten. Cyprian hatte nichts für den Vorschlag übrig, daß die Verschleppten ohne die Anwesenheit eines Priesters und ohne Wein ein christliches Opfer feiern. In einem an Gefangene gerichteten Brief spricht Cyprian, mit Bedacht formulierend, von dem Ort «der den Priestern *(sacerdotes)* Gottes keine Möglichkeit bietet, das göttliche Opfer *(sacrificium)* darzubringen und zu feiern».[211] Der Verzicht auf das eucharistische Opfer beeinträchtigt die Lage der Gefangenen aber keineswegs, denn – so der Trost des Bischofs – «das Opfer, das ihr feiert und Gott darbringt, ist ebenso kostbar wie ruhmvoll, und es wird euch von größtem Nutzen sein, um die himmlischen Belohnungen zu erlangen. (...) Dieses Opfer bringt ihr Gott dar, dieses Opfer feiert ihr ohne Unterlaß Tag und Nacht, indem ihr selbst Schlachtopfer für Gott geworden seid und euch als heilige und unbefleckte Opfer erweist.»[212] Daß der Tod des Märtyrers ein Opfer darstellt, ist eine geläufige Auffassung und schon im Buch der Offenbarung belegt.[213] Cyprian führt hier jedoch einen neuen Aspekt ein: Das Martyrium ersetzt die liturgische Feier.

4. Im Nordafrika Cyprians begann die Kirche, die Gedenktage der Märtyrer zu feiern. Am Tag eines Märtyrers wurde dessen siegreiche Aufnahme in den Himmel gefeiert, und die Gläubigen ehrten den Heiligen, der nun als Fürsprecher bei Gott auftreten konnte. «Stets bringen wir für sie [die Märtyrer] Opfer dar, sooft wir das Leiden und den Tag der Märtyrer zum jährlichen Gedächtnis begehen.»[214] Cyprians Worte sind sorgfältig gewählt: Der Märtyrer wird nicht nur gedacht, sondern man opfert «für sie», zu ihren Gunsten. Obwohl Cyprian wie alle seine Zeitgenossen der Verehrung von Märtyrern zugetan ist, warnt er vor einer Überbewertung. Märtyrer sind nicht von vornherein als Heilige und vollkommene Menschen anzusehen. Für Cyprian sind die Märtyrer nicht die verehrungswürdigen und geradezu übermenschlichen Helden

einer glorreichen Vergangenheit, wie sie etwa im heidnischen Heroenkult verehrt wurden; über die Frömmigkeit seiner ermordeten Glaubensbrüder gibt er sich keinen Illusionen hin. Den Märtyrern kam kein höherer Status zu als jenen Bekennern, die man ungeschoren ließ oder die ihre Folter überlebten. Wie andere Menschen befleckten auch sie ihr Leben nur allzu oft durch «Betrug, Unzucht und Ehebruch».[215] Die Gemeinde soll also für die Märtyrer ebenso beten wie für alle Verstorbenen, denn sie alle sind Sünder.[216] Auch die Märtyrer gehören zur sündigen Kirche, deren Sünde Christus am Kreuz gesühnt hat. Zwar mag der Tod eines Märtyrers sühnende Kraft besitzen, doch ist sie begrenzt und ohne Christus unwirksam.[217] Allen, auch den Märtyrern, bleibt nur ein Weg der Erlösung: sich Christi Opfer in der Eucharistie anzuschließen, um mit ihm das Heil zu erlangen. Erst viel später konnte ein anderer Nordafrikaner, Augustinus, das Gebet für Märtyrer als «Beleidigung» oder «Vergehen» *(iniuria)* bezeichnen, denn für Märtyrer muß man nicht mehr beten; vielmehr legen sie für uns bei Gott Fürsprache ein.[218]

Soweit die Antworten Cyprians auf die Fragen, die sich seinen Zeitgenossen und ihm selbst in einem Zeitalter der Verfolgung stellten.

Als Cyprian nach Ende der Verfolgung zu Beginn des Jahres 251 sein Versteck verließ, fand er die Kirche von Karthago in einem zerrütteten Zustand und seine eigene Stellung angefochten. Das kirchliche Buß- und Disziplinarsystem existierte nicht mehr. Viele Mitglieder hatten sich der kaiserlichen Forderung gebeugt und Jupiter geopfert. Obwohl sie «vom Glauben abgefallen» waren, hielten sie sich immer noch für Christen. Die Situation war unklar: Wer gehörte zur Gemeinde, wer nicht? Wer sollte darüber befinden? Niederes Volk wie Soliassus der Eseltreiber (oder, nach anderer Lesart, Mattenflechter) und Paula die Näherin hatten Einfluß gewonnen und als «Bekenner» die Führung übernommen.[219] Ihr Anspruch beruhte darauf, daß sie vor den römischen Behörden ihren christlichen Glauben bekannt und so ihr Leben riskiert hatten. Obwohl Cyprian die Bekenner anerkannte, wollte er ihnen nicht erlauben, über die Wiederzulassung «abgefallener» Christen zur Kirche zu befinden. Er war zwar bereit, sie in die bestehende kirchliche Hierarchie aufzunehmen, sah für sie aber den niedrigsten Rang vor. Sie sollten ihre kirchliche Laufbahn als «Lektoren» beginnen, also als solche, die der Gemeinde die gottesdienstliche Lesung vortragen. Außerdem verlangte er von den Abtrünnigen Bußakte.[220] Auch frühere Häretiker, die wieder den Anschluß an die Kirche suchten, sollten nicht ohne weiteres aufgenommen werden. Die von ihnen empfangene Taufe erklärte Cyprian für ungültig; sie mußte wiederholt werden. Im Jahre 254 gelang es ihm, sechsunddreißig Bischöfe in Karthago zu versammeln, zwei Jahre danach sogar siebenundachtzig.[221] Innerhalb weniger Jahre hatte Cyprian seine Kirche wieder unter Kontrolle und sogar bewiesen, daß er dem Bischof von Rom an Macht überlegen war. Sein Einfluß war beispiellos und reichte weit über Nordafrika hinaus. Mehr als ein Jahrhundert später galt er als Autorität für Augustinus, und heutige Historiker sind bereit, seine Macht als geradezu päpstlich einzustufen.

Cyprians umfangreiche Korrespondenz – mehr als 60 Briefe und dazu gehörige Dokumente – weisen ihn als unermüdlichen Seelsorger und Verwalter aus, der nicht nur für das geistliche Wohl seiner eigenen Kirche von Karthago sorgte, sondern das Leben und Denken vieler Christen anderer Orte beeinflußte, vor allem in Rom und in Spanien. Cyprian starb den Märtyrertod, aber seine Schriften blieben erhalten. Die Autorität, die sich mit seinem Namen auch außerhalb Nordafrikas verband, büßte nach seinem Tod nichts ein. Seine strenge Frömmigkeit, sein Eifer, mit anderen Bischöfen engen Kontakt zu halten, und seine stilistisch glänzenden Briefe und Abhandlungen trugen gleichermaßen dazu bei, Cyprians Ruf und den der afrikanischen Kirche zu stärken. Der Bischof von Karthago war tatsächlich die erste Gestalt des frühen Christentums, dessen Biographie aufgezeichnet wurde.[222] Bis zum Auftreten eines anderen Nordafrikaners – Augustinus von Hippo – galt er als der bedeutendste Latein schreibende christliche Autor.

Augustinus oder Die Vereinigung mit dem Opfer Christi

Mehr als ein Jahrhundert nach Cyprian lebend, wußte Augustinus (354–430) von der Verfolgung nur aus Erzählungen. Mit dem Römischen Reich war auch Augustins Nordafrika längst christlich geworden. Anders als für Cyprian gab es für den Bischof von Hippo keinen Grund mehr, sich vor den staatlichen Behörden zu verstecken und den eucharistischen Wein in der Furcht zu trinken, am Weingeruch von Verfolgern erkannt zu werden. Die Eucharistiefeier war öffentlich geworden. Aber so sehr sich die politische Lage geändert hatte, so wenig hatten sich das religiöse Bewußtsein und die kultische Praxis verändert. In der Zeit Augustins war das heidnische Opferwesen noch nicht erloschen, und in Nordafrika mag es lebendiger als andernorts gewesen sein. Nach wie vor galt das Opfer, heidnisch wie christlich, als der Weg zum Heil.

Wie aber ist das christliche Opfer zu verstehen? Augustinus entwickelt seine Opferlehre im engen Anschluß an Cyprian. Allerdings wird Cyprians Deutung in einem entscheidenden Punkt revidiert. Für Cyprian bereitet die Eucharistie den Märtyrer auf das Opfer seines eigenen Lebens vor. In der liturgischen Feier schließt er sich eng mit Christus zusammen, um in der Kirche symbolisch und dann im Martyrium körperlich Gott dargebracht zu werden. Diese Abfolge von Liturgie und Tod kehrt Augustinus um. Nach seiner Meinung soll sich der Gläubige durch eine Art neues, anderes Martyrium, nämlich durch Entsagung, Enthaltsamkeit und Askese auf die liturgische Feier vorbereiten. Die Askese ist eine Art vorläufiges Opfer,[223] das in der Liturgie seine endgültige Gestalt gewinnt, wenn sich der Gläubige an Christus anschließt und so dem Vater hingibt.

In der Eucharistie übereignet sich die ganze Kirche – die nach Augustins Vorstellung wesentlich aus Asketen bestehen sollte – dem Vater. Gottes «köstlichstes und bestes Opfer sind wir selbst, wir sein Staat, und wir feiern dies Geheimnis mit unseren Darbringungen, die den Gläubigen bekannt sind».[224] In einer seiner Predigten verlieh Augustinus diesem Gedanken eine große Anschaulichkeit (vergleichbar mit jener, die Cyprian in seiner Gleichsetzung der Gläubigen mit jenem, dem Wein zugesetzten Wasser erzielte): «Nach all diesem Fasten, nach dem Leiden, der Selbstdemütigung und Reue, seid ihr im Namen Christi sozusagen zum Kelch des Herrn gekommen. Jetzt seid ihr auf dem Tisch, hier seid ihr im Kelch.»[225]

Augustins Predigt über dieses Thema ist nicht im Wortlaut, sondern lediglich in einer kurzen Zusammenfassung überliefert. Jedoch spielt das Opferthema im Werk Augustins eine so große Rolle, daß wir rekonstruieren können, was er im einzelnen sagen wollte.[226] Drei Schlüsselgedanken sind deutlich erkennbar: (1) Brot und Wein stehen für die Gläubigen; (2) Brot und Wein verkörpern ihr Leiden; (3) die Opfergabe, d. h. die Gläubigen und ihr Leiden, muß sich mit dem sich opfernden Christus verbinden.

(1) Bei der Eucharistie verkörpern Brot und Wein nicht nur Christi individuellen Leib, der auf Erden lebte und am Kreuz starb. Diese Gaben symbolisieren auch Christi mystischen Leib, nämlich die Gemeinschaft der Gläubigen.[227]

(2) In seinen Predigten geht Augustinus mehrfach auf die Gleichsetzung von Brot und Wein mit den Gläubigen und deren Prüfungen ein.[228] Wie Brot und Wein, so sind auch die Christen das Ergebnis eines langen Prozesses. In der Weinkelterei werden die Trauben gepreßt, und erst durch einen Fermentierungsprozeß wird der Saft zu Wein. So verhält es sich auch mit den Christen: Wie Trauben eingesammelt und in der Kelter von Fasten und Leiden, von Demütigung und Sündenschmerz gepreßt, kommen sie aus der Taufe als der Wein oder, ohne Bild gesprochen, als die Kirche.

(3) Unser persönliches Opfer muß mit dem Opfer Christi verbunden oder in dieses einbezogen werden. Augustins Argument beruht auf dem paulinischen Gedanken des mystischen Christusleibes. Da die Kirche den Leib Christi darstellt, sind unsere Leiden mit denen des Gottessohnes identisch und werden so dem Vater dargebracht. Christi auf dem Altar dargestellte Selbsthingabe schließt das Opfer jener ein, die seinen mystischen Leib bilden.[229] Augustinus weist eigens darauf hin, daß es kein Opfer geben kann ohne Christi Opfergabe und ohne Christi priesterliche Vermittlung.[230] Als Sünder können sich die Gläubigen nicht als vollkommenes und fehlerloses Opfer Gott darbringen.[231] Nur wenn sie sich mit der reinsten und heiligsten Opfergabe verbinden, nämlich mit Christus selbst, wird sie der Vater gnädig annehmen. Christi Vollkommenheit gleicht unsere Unvollkommenheit aus. Nach dieser Auffassung sind gewöhnliche Menschen nicht nur unvollkommene Opfergaben, sondern, von Sünde befleckt, auch unvollkommene Priester. Nur Christus, der wahre Priester, kann die Gläubigen als Opfergaben dem Vater darbringen.

Die augustinische Fassung von Cyprians Gedanke, daß die Kirche selbst auf dem Altar liegt, wurde zu einer geläufigen Lehre der eucharistischen Theologie und Frömmigkeit. Wie sie in der Praxis aussah, erfahren wir aus einer Predigt, die Gregor der Große im Jahre 590/91 hielt. Gregor empfiehlt den Bischof Cassius (gest. 558) als Vorbild wahrer Frömmigkeit:

> Viele von euch, meine lieben Brüder, haben Cassius gekannt, den Bischof von Narnia [in Italien]. Er pflegte das Opfer täglich zu feiern, so daß es keinen Tag gab, an dem er nicht das Versöhnungsopfer dem allmächtigen Gott dargebracht hätte. Sein ganzes Leben war vom Opfergeist bestimmt. Er gab alles, was er besaß, als Almosen, und in der Stunde des heiligen Opfers schlachtete er sich selbst mit einem zerknirschten und demütigen Herzen, fast völlig in Tränen aufgelöst.[232]

Eine solche Praxis der Hingabe stand schon Augustinus als Ideal vor Augen – nur daß er weniger an eine individuelle Frömmigkeitsübung als an eine solche der ganzen versammelten Gemeinde dachte.

Damit sind die Grundzüge der Opferlehre Augustins aufgezeigt. In seinem Werk finden sich jedoch noch weitere, philosophisch orientierte Hinweise auf das Opfer. Dabei greift Augustinus auf die ihm vertraute und von ihm oft herangezogene neuplatonische Philosophie zurück. Die von Plotin im 3. Jahrhundert erneuerte Lehre des griechischen Philosophen Platon war nicht nur die große heidnische Philosophie der Spätantike, sondern auch die Philosophie zahlreicher christlicher Denker, die sie sich aneigneten und ihr eine christliche Gestalt verliehen. In der Spätantike nahm auch der heidnische Neuplatonismus zunehmend religiöse Züge an und beschäftigte sich nicht nur mit theoretischen Fragen, sondern wandte sich auch der Deutung kultischer Bräuche zu. Nach Augustinus ist das Opfer geeignet, unsere Beziehung zu Gott in der richtigen Weise auszudrücken. «Ein wahres Opfer ist jedes Werk, das dazu beiträgt, daß wir uns in heiliger Gemeinschaft mit Gott eng verbinden.»[233] Solches «Werk» *(opus)* stellt die Gemeinschaft mit Gott her. Dies geschieht nicht, um die Entfremdung zu überwinden oder Sünden zu sühnen – eine solche Deutung kommt nicht in den Blick. Auch liegt der Sinn des Opfers nicht darin, Gott etwas Materielles oder auch Geistiges darzubringen. Vielmehr besteht der Sinn des Opfers allein darin, daß sich ein Mensch Gott hingibt, sich selbst ihm als eine Gabe übereignet und zur Verfügung stellt. Diese Sicht entspricht der des Neuplatonismus, der im Opfer nichts anderes sieht als ein Mittel, sich mit Gott als der letzten «Ursache» unserer Existenz zu verbinden. Der heidnische Neuplatoniker Salustius erklärt das Wesen des Opfers in folgender Weise:

> Jedes Wesen ist dann glücklich, wenn es die ihm eigene Vollkommenheit findet, und die jedem Wesen eigene Vollkommenheit liegt in der Vereinigung mit seiner Ursache. Aus diesem Grund beten wir um Vereinigung mit den Göttern. Das menschliche Leben leitet sich vom göttlichen Leben als dessen Ursache her; daher wollen sich die Menschen mit den Göttern verbinden. Dazu aber bedarf es eines Vermittlers, denn weit voneinander Entferntes kann ohne Vermittlung keine Verbindung aufnehmen. Der Vermittler muß ein lebendes Wesen sein, da er den zu verbindenden Parteien ähnlich zu sein hat. Aus diesem Grund opfern die Menschen lebende Wesen. Das haben alle Menschen früher so gehalten. Dabei haben sie keineswegs einen Einheitsritus befolgt, sondern jedem Gott das ihm gebührende Opfer dargebracht und jeden durch mannigfache andere Riten geehrt.[234]

Die Ausführungen des Philosophen enthalten alles, was die augustinische Opfertheorie ausmacht: den Wunsch nach Vereinigung mit Gott und die Notwendigkeit einer Vermittlung. Wir können sehen, wie mühelos christliches Gedankengut sich mit neuplatonischem Denken verbindet. Augustinus hat keine Schwierigkeit, sich die neuplatonische Opferauffassung zu eigen zu machen, wenn er von der Bedeutung des Opfers für die Menschheitsgeschichte spricht. Als persönlichen Akt der Liebe gab es das Opfer bereits im Paradies, wo sich das erste Menschenpaar Gott hingeben konnte: «Rein und unberührt von allem Schmutz und Fehl der Sünde brachten sie sich damals selbst Gott als die heiligsten Opfer dar.»[235] Und auch im Himmel gibt es das Opfer, denn die Engel verbinden sich mit Gott, indem sie sich ihm schenken.[236] So erscheint das Opfer seinem Wesen nach als eine freie Hingabe des Geschaffenen an seine Ursache, den Schöpfer. Allerdings läßt sich dieses Wesen des Opfers hier in unserer irdischen Existenz nicht verwirklichen, leben wir doch nicht mehr im Paradies und noch nicht im Himmel. Wir bedürfen der Vermittlung durch Christus und einer Selbstaufgabe, die sich vor allem in der asketischen Selbstdemütigung äußert.

Nach der konstantinischen Wende war das Martyrium selten geworden und konnte nicht mehr als vorzügliche Möglichkeit gelten, «das Kreuz Christi zu tragen». Es wurde durch Askese ersetzt. Die asketische, besitz- und ehelose Lebensform zog viele entschiedene Christen an. Sie lebten zwar in der Welt, verabschiedeten sich aber von deren Freuden und Verführungen, um dem Herrn nachzufolgen. Obwohl sie auf diese Weise Gott näherstanden als andere Menschen und einen kürzeren Weg zum Himmel hatten, benötigten sie dennoch das Opfer der Kirche.

Am Ende unseres Überblicks über die Kirchenväter müssen wir noch einmal zu Jesus selbst zurückblicken, um zu ermessen, inwieweit die frühen Theologen sein Denken aufgenommen haben. Was die Kirchenväter dachten und schrieben, sollte die Grundlage für alles weitere theologische Denken bilden und blieb bis heute einflußreich. Ohne Übertreibung läßt sich festhalten, daß die zeitgenössische eucharistische Theologie mehr von Cyprian als von der ursprünglichen Praxis Jesu bestimmt ist.

Wie wir gesehen haben, übereignete Jesus seinem göttlichen Vater Brot und Wein mit einer Geste der Opferdarbringung und mit den Worten «das ist mein Blut – das ist mein Leib». Auf diese Weise brachte er ein Ersatzopfer dar, d. h. er opferte etwas, das geringer war als eine Ziege, ein Lamm oder ein Stier, der bei einem herkömmlichen Opfer im Jerusalemer Tempel dargebracht werden mußte. Einfach, leicht zu beschaffen, nicht an einen bestimmten heiligen Ort gebunden und weder auf die Dienste noch auf das Sachwissen eines Priesters angewiesen, stellte Jesu Opfer eine reduzierte und wahrhaft volkstümliche Fassung eines sonst aufwendigen Rituals dar. Jedermann konnte sich dieses neue Opfer leisten, es selbst darbringen und sich so mit Gott verbinden. Die Art und Weise, wie Cyprian und später Augustinus das Opfer verstanden, weicht von der Auffassung Jesu beträchtlich ab. Tatsächlich stellt ihr Opferverständnis so etwas wie eine wirkliche Neuerung, wenn nicht Revolution im christlichen Denken dar. Anders als Jesus orientierte sich Cyprian nicht an einem einfachen Tieropfer. Den Ausgangspunkt seiner Opfertheologie scheint vielmehr die außergewöhnlichste Art des Opfers zu bilden: das Menschenopfer. Seiner Auffassung nach dienen Brot und Wein als ein Ersatz für Jesu getöteten Leib und das Blut, das er während seines Leidens vergoß. Die Opfermaterie – Brot und Wein – ersetzte immer noch eine bestimmte ursprüngliche Opfergabe. Sie ersetzte nicht ein geschlachtetes Tier, sondern den toten Leib und das vergossene Blut eines Menschen. Wie kam es, daß Theologen wie Cyprian und Augustinus dem Menschenopfer einen so großen Wert zuerkannten?

Sofern überhaupt eine Antwort möglich ist, kann es nur diese sein: Als Nordafrikaner lebten sie in der Nähe und hatten Anteil an der alten semitischen Denkweise, der sie in ihrer punischen Umwelt ebenso begegneten wie in der Bibel. Das Opfern von Kindern blieb bis zum 3. Jahrhundert ein auffälliges Merkmal der punischen Religion.[237] Tertullian (ca. 160–225), der die längste Zeit seines Lebens in Karthago verbrachte, berichtet darüber: «In Afrika pflegte man Kleinkinder dem Saturn zu opfern, und zwar öffentlich, bis zum Prokonsulat des Tiberius. (...) Ja, und bis heute hält sich dieses heilige Verbrechen im Verborgenen.»[238] Tertullians Vater kannte Soldaten, die unter Tiberius Dienst taten und die verbrecherischen Priester des Baal-Hammon kreuzigten, jenes Gottes, den die Römer Saturn nannten. Archäologische Funde und Inschriften weisen darauf hin, daß Kinder manchmal verschont wurden und der Gottheit statt ihrer ein Tieropfer dargebracht wurde. Jedoch gibt es genügend Belege dafür, daß tatsächlich auch Kinder getötet und verbrannt wurden, um den göttlichen Zorn zu beschwichtigen. Die Belege kommen größtenteils aus den phönizischen und punischen Kolonien in Sizilien, Sardinien und Nordafrika, vor allem aus Karthago. Dort haben Ausgräber große Friedhöfe mit den Urnen der Opfer gefunden. Man schätzt, daß zwischen 400 und 200 v. Chr. etwa 20000 Urnen im Friedhof von Karthago bestattet wurden. Gustave Flaubert scheint in seinem historischen Roman *Salammbô* (1862) kaum übertrieben zu haben, wenn er das Bild einer Stadt des Schreckens zeichnet, der das Schmoren des Fleisches auf glühenden Kohlen ebenso vertraut ist wie das Klagegeschrei der Mütter, aus deren Armen die Säuglinge gerissen wurden. Die Bibel selbst enthält mehrere Berichte über Kinderopfer. Im 9. Jahrhundert v. Chr. opferte König Mescha von Moab seinen Sohn und bewegte dadurch seinen Gott, den feindlichen Israeliten eine Niederlage beizubringen. Obwohl auch die Israeliten Menschenopfer kannten, betont ihre Überlieferung dessen Ersatzformen: Gott nimmt einen Bock für das Blut Isaaks, und wenn die Erstgeborenen der Ägypter getötet werden, erlaubt Gott den Israeliten, ihre eigene Erstgeburt durch Lämmer auszulösen.

Trotz der Möglichkeit – und wohl auch der verbreiteten Praxis –, menschliches durch tierisches Opfer zu ersetzen, verschwand die ursprüngliche semitische Vorstellung nie ganz aus dem Bewußtsein. Viele Jahrhunderte hindurch wußten Moabiter, Israeliten und die punische Bevölkerung Nordafrikas, daß die wirksamste Opfergabe ein Kind war, möglichst der eigene, erstgeborene Sohn. Die zugrunde liegende Logik ist unmittelbar verständlich: Die ideale Opfergabe wäre das eigene Leben; daher konnte Paulus sagen, er sei bereit, «seine ganze Habe zu verschenken und seinen Leib dem Feuer zu übergeben» (1 Kor 13,3). Da aber niemand sein eigenes Leben hingab und statt dessen Säuglinge getötet wurden, konnte das Kleinkind als Äquivalent des Opfernden selbst gelten. Indem der Opfernde sein eigenes Kind tötet und der Gottheit darbringt, gibt er sich selbst, sein eigenes Leben dahin. Die Gabe symbolisiert und vertritt den Geber, und den Geber kann nichts besser vertreten als sein eigenes Kind. Einige der antiken Berichte lassen die Vorstellung von der Gleichheit von Opfergabe und darbringender Person deutlich erkennen. Nach dem Bericht der Bibel opferte der König von Moab «seinen erstgeborenen Sohn, der nach ihm König werden sollte» (2 Kön 3,27), und nach Philo von Byblos opferte der Gott Kronos «seinen Sohn, nachdem er ihn mit königlicher Tracht geschmückt und einen Altar zugerüstet hatte».[239] Die Hinweise auf Nachfolge und königliches Ornat unterstreichen die Gleichheit von Opferdarbringer und dargebrachter Gabe. Anders gesagt: Wenn eine Gabe als eine Erweiterung der Person des Gebers gelten kann, dann trifft das besonders auf das eigene Kind und den eigenen Nachfolger zu. Die Semiten konnten sich keine radikalere Form des Opfers vorstellen (mit der möglichen Ausnahme des Selbstopfers im Martyrium[240]). Sie konnten sich keine Gottheit vorstellen, die mehr verlangen könnte als das erste – und damit privilegierte – Kind. Angesichts einer Notlage oder angesichts göttlichen Zorns gaben die Semiten das ihnen liebste Leben hin.

Nach einer anderen Fassung des soeben erwähnten phönizischen Mythos opferte der Gott Kronos nicht nur seinen Sohn, sondern ergriff eine weitere drastische Maßnahme, indem er sich selbst in das Opfer einbezog: «Als Pest und Verderben eintrat, brachte Kronos seinen eingeborenen Sohn seinem Vater Uranos als Opfer dar. Auch beschnitt er sich die Scham und zwang seine Bundesgenossen, dasselbe zu tun.»[241] In diesem Falle ist die Beschneidung der Vorhaut eine symbolische Selbsttötung. Die Verbindung von Kindsopfer und Beschneidung kommt einer völligen Selbstaufgabe und Selbsthingabe gleich – einer Opferung des eigenen Leibes und Blutes.

Vor diesem Hintergrund können wir verstehen, warum sich nordafrikanische Autoren wie Cyprian und Augustinus für ein Verständnis der Eucharistie als Opfer einsetzten. Sie waren mit dem Glauben an den Menschenopfer fordernden Gott Saturn vertraut und blieben, obwohl Christen, dem punischen Gottesbild verpflichtet.[242] Für sie war Christi Tod ein Menschenopfer, und wenn sie dieses Opfer symbolisch in Erinnerung riefen, sollten sich die Gläubigen anschließen und sich selbst Gott hingeben. Als Gott dargebrachte Gaben symbolisierten Brot und Wein sowohl Christus als auch die Gläubigen. Diese Vorstellung von der Opfergabe hat sehr tiefe Wurzeln in der Religionsgeschichte der semitischen Völker und aller, die deren Kultur und Denkweise teilten.

Der Geist des Opfers in der Vorstadt von Paris: Jean-Jacques Olier

Die bei der Eucharistiefeier vollzogene Selbsthingabe an Gott, so deutlich sie auch von Cyprian und Augustinus betont wurde, trat im Mittelalter völlig zurück. Vom Gedanken des Opfergewinns überschattet, fristete sie ein Schattendasein. Jedoch geriet sie nie ganz in Vergessenheit. In Thomas von Kempen, dessen *Nachfolge Christi* (1420/27) zu den meistgelesenen Erbauungsbüchern gehörte, fand sie einen beredten Verfechter. «Es gibt kein würdigeres Opfer und keine wirksamere Sühne zur Tilgung der Sünden als diese: sich selbst mit Christi Leib rein und ungeteilt in der Messe und der Kommunion Gott aufzuopfern.»[243] Als es im 17. Jahrhundert zu einer Erneuerung der Mystik kam und das Interesse an Augustinus wieder erwachte, schenkte man dem Begriff der Selbsthingabe im Opfer große Aufmerksamkeit;[244] selbst in Katechismen fand der Begriff Eingang.[245] Wenn die Gläubigen, so hieß es, in der Messe den Leib Christi durch die Hand des Priesters dem Vater darbringen, «opfern sie sich auch selbst Gott, und zwar mit Christus zusammen» *(s'offrent aussi à Dieu conjointement avec Jésus-Christ)*. Besonders in Frankreich wurde der Begriff des Opfers alsbald zum Inbegriff christlicher Frömmigkeit und schlug Klerus und Laien gleichermaßen in seinen Bann. Unter den Klerikern war es vor allem Jean-Jacques Olier (1608–1657), der den Geist Cyprians, Augustins und der *Nachfolge Christi* aufgriff und zu neuem Leben erweckte.

Vor allem zwei Erfahrungen bestimmten Oliers liturgische Frömmigkeit und verliehen seinen Schriften einen unverwechselbaren Ton: die Erfahrung, in einer feindlichen, oftmals atheistischen Welt zu leben und das Gefühl, vor Gott unrein und wertlos zu sein.

Im Jahre 1642 wurde der Vierunddreißigjährige Pfarrer *(curé)* von Saint-Germain, einer der Vorstädte von Paris. Der junge Priester war außerordentlich fromm, eifrig, autoritär und der Liturgie zugetan, die er in seiner kleinen Saint-Sulpice-Kirche feierte (die inzwischen durch einen Prachtbau ersetzt wurde, der fast an Notre-Dame heranreicht). Rechtlich befand sich Oliers Pfarrei außerhalb des Zuständigkeitsgebiets der französischen Bischöfe, und die Abtei Saint-Germain, zu der sie gehörte und die nur dem Heiligen Stuhl in Rom unterstand, mischte sich in seine Arbeit nicht ein. Oliers Unabhängigkeit ermöglichte ihm, seine eigenen Vorstellungen von Pfarrseelsorge zu entwickeln. Er wollte die verwahrloste Vorstadt von den Atheisten und Hugenotten befreien und die streitsüchtigen, andere zum Duell fordernden Einwohner zu braven Pfarrkindern erziehen. Zwar gelang es dem jungen Pfarrer, die Kirche zu renovieren, den Gottesdienst feierlich zu gestalten und die fromme Bruderschaft des allerheiligsten Sakraments *(la confrérie du très-Saint Sacrement)* zu gründen, zu der auch adlige Damen wie die Prinzessin von Condé gehörten, aber all dies konnte ihn noch nicht befriedigen. Tatsächlich gab es mannigfachen Widerstand gegen seine Reformen und Neuerungen. Selbst sein Anrecht auf die Pfarrstelle wurde ihm streitig gemacht. Oliers Starrsinn erlaubte ihm keine Zugeständnisse. Als er von einem Anschlag auf seine Person hörte, traf er keinerlei Vorsichtsmaßnahmen. Wie gewohnt las er die Morgenmesse. «Er begab sich zur Kirche, wie immer im Chorrock, und feierte das heilige Opfer. Mit unserem Herrn zusammen brachte er sich dar, um zur Ehre des Vaters hingeschlachtet zu werden. Er freute sich, endlich jenen Kelch trinken zu dürfen, nach dem er sich so lange und so unbändig gesehnt hatte.»[246] Im Jahr zuvor hatte Olier ein persönliches Gelübde abgelegt und sich als für Gott bestimmte Opfergabe erklärt.[247] Er wollte alles Leiden bereitwillig auf sich nehmen – und nun, am 8. Juni 1645, war er bereit, sein Leben hinzugeben. Nach der Messe stürmte der aufgebrachte Pöbel das Pfarrhaus und verwüstete es. Olier wurde zusammengeschlagen und durch die schmutzigen Straßen geschleift. Von Freunden befreit, fand er Unterschlupf im Palais de Luxembourg, wo man seine Wunden verband. Seine Feinde hofften, er werde seine Pfarrstelle aufgeben oder zumindest seine Pfarrkinder weniger streng behandeln. Sie sollten sich täuschen. In seine Pfarrei zurückgekehrt, setzte Olier sein Reformprogramm mit ungebrochenem Eifer fort.

Der Vorfall des 8. Juni 1645 war typisch für das 17. Jahrhundert, denn es spiegeln sich darin die religiösen und sozialen Unruhen jener Zeit. Moderne Historiker sprechen von einer europaweiten «Krise des 17. Jahrhunderts».[248] Auf das blühende 16. Jahrhundert folgte eine Zeit des wirtschaftlichen Stillstandes und der Armut. Eine lang anhaltende wirtschaftliche Depression, hervorgerufen durch zahllose Mißernten und Schwierigkeiten im Handelswesen, suchte ganz Europa heim. Durch wachsende soziale Spannungen verschärft, führten diese Schwierigkeiten oft zu lokalen Unruhen, die sich manchmal in einem Bürgerkrieg entluden. Viele verließen Europa fluchtartig, um in der Neuen Welt ihr Glück zu versuchen. In derselben Zeit, in der Oliers Pfarrhaus geplündert und verwüstet wurde, wütete in Deutschland der Dreißigjährige Krieg (1618–1648) und Cromwells Bürgerkrieg in England (1642–1646). Beide Kriege hatten mehrere Ursachen, doch kam unter diesen der Religion große, wenn nicht entscheidende Bedeutung zu. Was Menschen wie Olier fürchteten, war weder Krieg noch Armut, sondern Unglaube und religiöse Gleichgültigkeit. In Frankreich hatte die neue und immer mehr an Bedeutung gewinnende Schicht der Ärzte, Advokaten, Beamten und dem Kapitalismus zugeneigten Geschäftsleute ihre traditionelle, fraglose Verbindung zum katholischen Glauben verloren. Oliers eigene Familie gehörte zur *noblesse de robe*, dem neuen, emporkommenden Adel, so genannt, weil sein Einfluß nicht auf Erbe und Abstammung beruhte, sondern auf dem Gewand der Magistrate und Räte. Rationalismus und Skeptizismus machten sich in dieser Klasse breit und führten zu antiklerikaler Stimmung bis hin zur offenen Feindschaft gegenüber der Kirche. Der Freigeist wurde zu einer bekannten Erscheinung. Als sich das Zeitalter der Aufklärung näherte, standen Männer wie Olier in einer feindlichen Welt, in der sie bereit waren, für Gott und Kirche zu kämpfen und zu leiden.

Die zweite Erfahrung, die Oliers Denken bestimmte, war die der eigenen Wertlosigkeit und Unreinheit. Dieses Gefühl hatte ihm sein geistlicher Berater und Seelenführer Charles de Condren (1588–1641) vermittelt.[249] Da Unreinheit einer wirklichen Verbindung mit Gott im Wege steht, muß die «Selbstauslöschung» vor Gott das Ziel der Frömmigkeit sein. *Anéantissement* ist für Condren nichts anderes als Selbsthingabe im Opfer. Das doppelte Thema von Unreinheit und Selbstaufgabe im Opfer steht im Zentrum von Oliers Schriften. Das menschliche Herz ist «ein bodenloser Brunnen der Unreinheit, ganz erfüllt von Selbstliebe» (*JC* 118). Von der ursprünglichen Güte unserer Ureltern im Paradies ist so gut wie nichts mehr übrig.[250] Unser Herz ist «Satans eigenes Reich» (*JC* 131). Olier wird nicht müde, für unsere Entfremdung von Gott und unsere Gottesfeindschaft immer neue Formulierungen zu suchen. «Alles als Opfergabe Gott darzubringen, das ist das wahre Kennzeichen unserer Religion; auf diese Weise können wir bezeugen, daß in seiner Gegenwart alles gemein und verachtenswert ist. Nur ihn allein schätzen und respektieren wir» (*IVV* 9). Religiös sein heißt für Olier, Gott als Mittelpunkt des eigenen Lebens zu betrachten, sich mit ihm zu verbinden, sich allein ihm hinzugeben. Um eine würdige Opfergabe zu sein, müssen wir gereinigt und geheiligt werden. Mit Gottes Hilfe können wir zwar die Bosheit in uns nicht besiegen, doch können wir sie zügeln und so den «reinsten Teil» unserer Seele mit Gott verbinden (*JC* 123). Olier gebraucht den Opferbegriff auch für Selbstverleugnung und Askese. «Der Gläubige muß im Geiste der Buße alles Gott und seiner Heiligkeit als Opfer darbringen.» Olier empfiehlt strenge Enthaltsamkeit. Wir wissen, daß er sich oft gegeißelt hat (Abb. 23)[251] und daß ein einfacher Strohsack ihm als Bett diente.

Christliche Existenz bedeutet ständiges Streben nach Heiligkeit und geht mit einem unaufhörlichen Kampf gegen die Gelüste des Fleisches einher. Während wir leben, läßt sich die Selbstverleugnung und Abtötung nie abschließen. Erst nach unserem Tod, nach der Läuterung im Fegefeuer und der Zerstörung unserer schlechten und unreinen Seite, werden wir imstande sein, uns Gott als vollkommene Opfergabe darzubringen.[252] Diese Hingabe wird noch dadurch erleichtert, daß nach dem weltumspannenden Jüngsten Gericht die endgültige Vernichtung der Welt alle Barrieren zwischen uns und Gott beseitigen wird. Erst dann werden wir wahre «Liebesopfergaben» sein und für immer vom «Feuer seiner Liebe» verzehrt werden. Wie viele Theologen seiner Zeit stellte sich Olier den Himmel «weltlos» vor – als einen Ort, an dem die Seligen nichts anderes als Gottes Nähe genießen (und nicht auch die Gemeinschaft der Seligen im wiederhergestellten Paradies).[253]

Zwar verdankt Olier seine Auffassung des Opfers dem augustinisch beeinflußten Gedankengut seines Lehrers Charles de Condren, aber seine Theologie der Messe hat er selbst entwickelt. Dabei knüpfte er an den augustinischen Gedanken an, daß Christus die Eucharistie als ein tägliches Zeichen seiner Selbsthingabe an den Vater einsetzte. Indem sie dieses Opfer feiert, «lernt die Kirche, sich selbst durch ihn», nämlich durch Christus, Gott «zu opfern».[254]

Für Olier wie für die gewöhnliche Theologie des 17. Jahrhunderts bildeten die Konsekration und, für die Gemeinde besser sichtbar, die Elevation die zentralen Handlungen der Messe. In diesen exponierten Handlungen drückt

23 Ein Werkzeug der Abtötung. Die traditionelle katholische Askese kannte die Selbstkasteiung zur Abtötung der Sinnlichkeit und zur Förderung der «Opfergesinnung». In seiner *Anleitung zum geistlichen Leben* (1609) empfahl Franz von Sales auch Laien, Männern wie Frauen, den Gebrauch der Geißel, wobei er allerdings eine gewisse Zurückhaltung forderte. Das die Geißel – Hanfschnüre mit Knoten – zeigende Foto stammt aus einem 1955 veröffentlichten Bildband über das klösterliche Leben. Heute scheint die Geißel nicht mehr in Gebrauch zu sein. Geißel zum Gebrauch im Kloster, 1950er Jahre.

sich die gesamte Theologie des Opfers aus. Wenn der Priester Brot und Wein konsekriert, vergegenwärtigt er Christi Opfertod, dargestellt durch die Trennung von Leib und Blut. Die Konsekrationsworte des Priesters sind «wie ein schneidendes Schwert» *(un glaive tranchant, EC* 331).[255] Christi Tod ist jedoch so eng mit seiner Auferstehung verknüpft, daß die Konsekration den auferstandenen, verherrlichten Christus in Brot und Wein gegenwärtig setzt.[256] In den beiden Elementen – Brot und Wein – liegt die Herrlichkeit Christi verborgen. Mit der Geste der Elevation, dem Emporheben der Hostie vor der Gemeinde, bringt der Priester die heilige Speise – und damit Christus selbst – Gott als Opfer dar.[257] Nach Olier besteht diese Symbolhandlung aus einem zweistufigen Opfer, nämlich einer auf Erden vollzogenen Schlachtung und einer im Himmel erfolgenden Vereinigung mit Gott. Bei der ersten Opferhandlung wird menschliches Leben aufgegeben und zerstört; bei der zweiten wird die verherrlichte Person mit Gott verbunden. Demnach hat das Opfer zwei Dimensionen, eine horizontale und eine vertikale. Horizontal greift das Opfer in die Vergangenheit und erinnert an den Tod Christi; vertikal reicht es in den Himmel hinauf und verbindet uns mit Christi Selbsthingabe an den Vater. Das Gebet «*Unde et memores*», das der Priester unmittelbar nach der Konsekration spricht, scheint diese beiden Richtungen anzudeuten:

«Eingedenk [1] des seligen Leidens Christi, deines Sohnes, unseres Herrn, aber auch [2] seiner Auferstehung vom Grab und seiner glorreichen Himmelfahrt, bringen wir, deine Diener, und mit uns dein ganzes heiliges Volk, deiner Majestät (...) das Opfer dar.»

Olier folgte einer Überlieferung, welche die Elevation als eine Opfergeste verstand.[258] Eine Illumination des 13. Jahrhunderts (Abb. 24) hält den Augenblick fest, in dem der Priester mit der Hostie den Christusknaben einem Engel übergibt, der diese heilige Gabe zum himmlischen Vater bringen wird. In einem der Meßgebete bittet der Priester, die Gabe «möge durch die Hand deines heiligen Engels zu deinem himmlischen Altar emporgebracht werden, in die Gegenwart deiner göttlichen Majestät». Der Priester hält die heiligen Elemente empor, um Leib und Blut Christi als Opfer darzubringen; da er die Rolle Christi übernimmt, stellt er gleichzeitig Christi Selbsthingabe dar. Die Geste der darbringenden Elevation erinnert Olier an die Flammen, die einst das Tieropfer verzehrten, um es dann zum Himmel emporzusenden. Die Flammen der göttlichen Liebe verzehren das Opfer.

In der Elevation wird uns gezeigt, wie sich Christus dem Vater hingibt und mit ihm vereinigt. Und an dieser Stelle, so meint Olier, vermögen wir einen Blick über die kleine irdische Gemeinde hinaus zu tun und an der ewigen Liturgie des Himmels teilzunehmen:

> Um das Geheimnis des heiligen Meßopfers zu verstehen und den Vorhang zu lüften, der es vor unserem Auge verbirgt, müssen wir wissen, daß dieses Opfer das Opfer des Himmels ist. Wir müssen darüber wohlunterrichtet sein, worin dieses Opfer des Paradieses besteht und wie es vollzogen wird. Für die meisten Menschen – und ich spreche hier vom einfachen Volk – scheint es ganz absonderlich, daß es auch im Himmel ein Opfer geben soll. Aber andere, die von der Religion und ihrer ersten Pflicht, nämlich dem Opfer, mehr verstehen, werden niemals daran zweifeln, daß es auch im Himmel ein Opfer gibt, denn wer hier auf Erden an Gott glaubt, bringt Opfer dar: *sacrificat qui putet esse Deum.* (...) Niemand kann die Existenz des Opfers im Himmel bezweifeln, denn es wird ja am Ort der vollendeten Religion und der erhabensten Gottesverehrung vollzogen. Es muß dort ohne Unterlaß dargebracht werden, damit die Religion selbst nicht aufhört. (*EC* 287)

Nach Olier stellen Leben und Tod Jesu das Wesen der Religion in vollendeter Weise dar – als Opfer. Jesus hat sich Gott nicht nur einmal zum Opfer dargebracht; im Himmel wird er sich dem Vater weiterhin opfern, indem er seine Hingabe täglich erneuert. Als Priester in Ewigkeit schließt er alle Gott dargebrachten Opfergaben in sein eigenes Opfer ein.[259] Mit diesen bringt er auch die gesamte Kirche dar, die er seinem Vater weiht und ihm übergibt.

Die Vorstellung von einem himmlischen Opfer Christi und dessen Vergegenwärtigung in jeder auf Erden gefeierten Messe hat eine lange Tradition. Sie beruht auf einer bestimmten Auslegung des Hebräerbriefs im Neuen Testament.[260] Olier und weitere Theologen des 17. Jahrhunderts fanden sie of-

24 Christus wird Gott als Opfergabe dargebracht. Manche Theologen des Mittelalters sahen in der Elevation der konsekrierten Hostie eine Geste der Opferdarbringung. Bei Künstlern und Visionären erhielt diese Vorstellung eine bildhafte Anschaulichkeit: Wo andere nur die Hostie sahen, erblickten sie den Christusknaben. «Als der Abt die Hostie mit den Händen emporhielt, um sie Gott als Opfergabe darzubringen, da sah sie [Alpais von Cudot], daß er einen überaus schönen Knaben hielt ... Und der Himmel öffnete sich und zwei der seligen Geister – solche von größter Majestät und höchstem Rang – stiegen zum Altar herab. Mit größter Ehrfurcht nahmen sie diesen himmlischen Knaben aus den Händen des Abtes und brachten ihn vor die Majestät des göttlichen Vaters.» Zwar gibt es zwischen der Vision des französischen Bauernmädchens Alpais von Cudot und der bayrischen Illumination keine unmittelbare Verbindung, doch kommt in ihnen derselbe Gedanke zum Ausdruck. Brevier von Aldersbach, Bayern, ca. 1260.

fenbar in Bibelkommentaren oder vielleicht in den Schriften der Kirchenväter, die sich oft mit diesem Thema beschäftigten. Einer von Oliers Zeitgenossen, der englische Bischof Jeremy Taylor (1613–1667), entwickelte eine Deutung der Eucharistie, die der des Pfarrers von Saint-Sulpice nahekommt.[261] Seine Darlegungen über Christi himmlisches Priestertum und Opfer fanden ihren Niederschlag auf dem Titelbild eines Kommentars zum *Book of Common Prayer* aus dem Jahre 1710. Das Frontispiz (Abb. 25) stellt Kommunionempfänger dar, die auf dem Boden vor dem Altar knien, auf welchem der Priester die Gaben weiht. Darüber schwebt der Heiland in einer die himmlische Herr-

25 Das irdische und das himmlische Opfer. Das Meßopfer, auf dem Altar in der Kirche dargebracht *(unten)*, entspricht dem Selbstopfer Christi im Himmel *(oben)*, wobei sich das kirchliche Opfer dem himmlischen anschließt. Die Idee des himmlischen Altars, auf dem sich Christus dem Vater darbringt, beruht auf der mittelalterlichen Auslegung des Hebräerbriefs. Englisches Andachtsbild, 18. Jahrhundert.

lichkeit anzeigenden Lichtwolke, die Hände vor dem himmlischen Altar emporhebend. Die Gloriole enthält Buchstaben und Zahlen: «Hebr IX 11.23 VII 25». Diese Verse aus dem 9. und dem 7. Kapitel des Hebräerbriefs besagen, daß Jesus der himmlische Hohepriester ist: «Er lebt immerdar und bittet für sie», nämlich für die Gläubigen (Hebr 7,25).

Olier ist bemüht, jede Einzelheit und jede während der Messe vollzogene Geste vom Opfer her zu deuten. Während die Konsekration und die Elevation das dem Vater dargebrachte Opfer Christi darstellen, steht die Kommunion des Priesters für die Annahme der Opfergabe durch den Vater. Der Vater verzehrt Leib und Blut Christi, um sich mit seinem Sohn auf unübertreffliche Weise zu vereinigen.[262] (Die Messe teilt dem Priester nach dem üblichen Verständnis die Rolle Christi zu; nach Olier wechselt die Rolle des Priesters: Während er beim Sprechen der Konsekrationsworte Christus repräsentiert, kommt ihm bei der Kommunion die Rolle des Vaters zu.)

Bei der Messe bleiben die Gläubigen nicht nur Zuschauer des Opfers Christi, sondern haben daran Anteil. Als Priester bringt Christus sich selbst und seine Kirche «als Ganzopfer für Gott» dar (*EC* 287). Wie schon Augustinus vertritt auch Olier die Meinung, daß sich die Gläubigen nicht selbst Gott darbringen können; dies kann nur Christus für sie leisten.

In Oliers Gemeinde wurden die Gläubigen ermahnt, der Messe nicht nur beizuwohnen und sie zu «hören», sondern auch die Kommunion zu empfangen, und zwar häufig, wie es dem Wunsch des Konzils von Trient entsprach.[263] Doch anders als die Kommunion des Priesters symbolisierte ihre Kommunion nicht Gottes Annahme der Opfergabe. Bei der Laienkommunion besuchte der auferstandene, verherrlichte Christus die menschliche Seele. Dieser Besuch konnte in zwei verschiedenen Graden der Intensität erlebt werden, abhängig vom Entwicklungsstand und der geistlichen Reife des jeweiligen Gläubigen.[264]

Durch die Kommunion werden die Gläubigen zu einer inneren Läuterung geführt. Beim Empfang der Kommunion ist die erste Reaktion auf den Besuch des Herrn das Gefühl der völligen Unwürdigkeit.

> Mein Gott, ich bin ein Abgrund von Unreinheit, warum steigst du in ihn herab? Du mein höchstes Gut, laß zu, daß ich einen Abstand von dir wahre und mich dir nicht nähere. Ach, du mein höchstes Gut, laß mich verehrungsvollen Abstand wahren. Wenn ich mich dir nähere, so tue ich es nur aus Gehorsam gegen dich und deine Kirche. (*JC* 134)

Oliers Mustergebet schildert eine Seele, die sich unwürdig, häßlich und sündig fühlt und darunter leidet. «Mein Jesus, verlasse mich wieder, mein Herr und Meister, geh wieder weg in deine Wohnstatt bei Gott deinem Vater! Kehre zurück in jenen Schoß, der dich mit Herrlichkeit erfüllt und deine Majestät vollendet» (*JC* 135). Schließlich gewöhnt sich der Kommunikant an Christi Gegenwart und lernt sie schätzen. Die Gegenwart Christi hilft ihm, schlechte Neigungen auszuschalten und die alte, sündige Existenz abzutöten.

> So komm doch, Herr [Jesus] (...), komm und vernichte in uns das Reich Satans, [des Vaters] Erzfeind. Komm und vernichte in uns das sündige Fleisch und alle seine niederen Begierden und schlechten Neigungen. Komm und errichte in uns das Reich Gottes des Vaters, und gib, daß alles in uns ihm untertan ist. (*JC* 131)

Olier ist sich bewußt, daß solche innere Läuterung und Abtötung des Bösen oft nur geringe Wirkungen zeigt, besonders wenn die Kommunion «geistig» bleibt und das konsekrierte Brot nicht verzehrt wird. Daher spüren wir Gottes Handeln an uns «nur selten und schwach; das Geschöpf macht es unmöglich, weil es Gottes großen Plan mit uns verhindert» (*CC* 66).

Eine tiefere Erfahrung ist jenen möglich, die zu größerer seelischer Reife gefunden haben und im geistlichen Leben fortgeschritten sind. Wenn sie die Kommunion empfangen, ist der für die erste Stufe bezeichnende Abstand zwischen der menschlichen Seele und Christus aufgehoben. Jetzt wendet sich keine ängstliche Seele mehr von Christus ab, sondern eine liebende Seele findet sich in den Armen Christi. «Er umschließt sie mit seinen Armen, als wolle er, daß sie in ihn eindringt» (*L* 1,354 – Brief 145). Im Anschluß an die mystische Tradition spricht Olier von der Hochzeit zwischen Christus und der Seele. Die Kommunion gilt als das Hochzeitsmahl. «Bei diesem Hochzeitsmahl speist er [Christus] die Seele und ehrt sie wie eine Gemahlin» (*CC* 63). Für Olier ist die wichtigste Wirkung der Liebesbeziehung die Angleichung der Seele an Christus und ihre Verschmelzung mit ihm: «Unser Herr durchdringt die ganze Seele, wie es der Ausdruck Kommunion besagt, der sich auf die enge Vereinigung der Seele mit Christus bezieht, eine Vereinigung, die so vollständig ist, daß die Seele ganz von Christus erfüllt ist. Die Seele verwandelt sich in Christus.»[265] Kraft der mystischen Vereinigung verinnerlicht die Seele Christi eigene Neigungen und Veranlagungen, insbesondere dessen Demut und Opfergesinnung. Nunmehr Christus ähnlich und wie dieser ganz auf Gott ausgerichtet, hat die menschliche Seele an Christi Opfer Anteil, so daß beider Opfer zu einer einzigen Gabe an den Vater verschmelzen.

Olier kennt zwar den Genuß der engen Verbindung der Seele mit Christus, doch räumt er ihr keinen Eigenwert ein. Mystischer Genuß ist nur eine Stufe in dem Prozeß, der in einem Akt der Selbsthingabe an Gott gipfelt. Christus vereint keine Seele mit sich, ohne sie zum Vater zu führen. Beim Empfang der Kommunion werden die Gläubigen zu einem Teil des Opfers Christi. Kommunion «ist nichts anderes als eine Vereinigung mit der Opfergabe [nämlich Christus], so daß diese zu einem größeren Opfer erweitert wird. Die Anzahl der opfernden Gläubigen entspricht der Anzahl der Opfergaben, die Gott erhält» (*EC* 434). Anders gesagt: wer die Kommunion empfängt, vollzieht einen Akt der Selbsthingabe und schließt sich Christi Opfer an. Mit der Kommunion, «dem Schlußteil des Opfers», hat die Messe ihren Höhepunkt, ihr Ziel und ihr Ende erreicht (*EC* 434).

Einer Pariser Vorstadtgemeinde des 17. Jahrhunderts diese Opfertheologie zu vermitteln war nicht leicht. Als Gemeindepfarrer und Prediger gab sich Olier keinen Illusionen hin. Nur wenige lasen die Erbauungsbücher, die in der von ihm eigens geschaffenen Buchhandlung erhältlich waren.[266] So griff er zu einem anderen Mittel: zur bildlichen Darstellung seiner Theologie (Abb. 26a). Das von ihm angeregte Andachtsbild zeigt eine Monstranz mit einer Hostie, in welcher ein geschlachtetes Lamm zu sehen ist. Als Empfänger des Opfers schwebt Gott über der Szene. Die Arme weit ausgebreitet, erinnert er an eine Darstellung Michelangelos. Die Monstranz ist von einem Strahlenkranz umgeben, in den «die Haltung und die Tätigkeiten Jesu in diesem Geheimnis»[267] der Eucharistie eingeschrieben sind: «Opfer, Hingabe, Schlachtung, Selbstvernichtung, Buße». Von Charles Le Brun entworfen und dem berühmten französischen Künstler Claude Mellan (1598–1688) in Kupfer ge-

26a Christus als Opferlamm in der Hostie. Die von einer Barockmonstranz gehaltene Hostie stellt Christus dar, der Gott als Opferlamm dargebracht wird. Jean-Jacques Olier, im 17. Jahrhundert Priester der Gemeinde von Saint-Sulpice in einer Vorstadt von Paris, ließ diesen Kupferstich von den berühmten zeitgenössischen Künstlern Charles Le Brun und Claude Mellan entwerfen und drucken. Das Blatt diente als Andachtsbild und sollte die Gläubigen dazu anleiten, Christi Bereitschaft zur Selbsthingabe nachzuahmen. Charles Le Brun und Claude Mellan, Andachtsbild, 1642 oder 1643.

stochen, wurde die Darstellung oft kopiert.[268] Noch im 19. Jahrhundert dienten verkleinerte Wiedergaben als kleine Andachtsbilder, denen man Texte beigab, die Olier als den Führer einer geistlichen Erneuerung feierten.

Der Originalstich, ein großes Blatt von 29 x 44 cm, war eine Gabe an die Mitglieder der Bruderschaft vom allerheiligsten Sakrament, die Olier in seiner Pfarrei gegründet hatte. Sein Buch *Der christliche Tag* enthält mehrere Gebete, die sich auf das Bild beziehen. «Ewiger Vater, ich verehre die Akte der Huldigung, welche die Seele deines Sohnes in diesem hochheiligen Sakrament vollzieht. Ich flehe dich an, sie um meinetwillen anzunehmen, denn er vollzieht sie für meine Anliegen und an meiner Statt» (*JC* 161). Nach der dem Vater vorgetragenen Bitte wendet sich der Beter auch an den Sohn: «Sohn

Gottes, ich bitte dich, entzünde in meinem Herz dieselbe Liebe zu deinem Vater und dieselbe Verehrung zu ihm, denn ich kann niemals ein wahres Gefühl der Ehrfurcht vor ihm besitzen, wenn ich nicht an deinem inneren Wesen Anteil habe und dadurch die christliche Vollkommenheit erlange» (*JC* 161).

Hat Christus sich des Beters angenommen, dann steht dem Akt der Hingabe an den Vater nichts mehr im Wege:

> Auch ich weihe mich dir, o Gott, als Opfergabe und bringe mich deiner Majestät dar, um zu deiner Ehre geopfert und zu deiner Verherrlichung vernichtet zu werden. In diesem Augenblick gebe ich mich dir hin und weihe mich deinen Altären, so daß ich zu der Zeit ausgelöscht werden kann, die du in deiner Vorsehung bestimmt hast. (...) Ich gebe meinen Leib, damit er im Leiden, und meinen Geist, damit er in der Erfahrung inneren Schmerzes geopfert werden kann. (*JC* 162–163)

Auf dieser letzten Stufe vollzieht der Gläubige die Nachahmung Christi in der völligen Selbsthingabe an Gott. Dabei hofft er, in Gott selbst hineingenommen, von ihm gleichsam absorbiert zu werden: «Ich schenke dir mein Herz, damit es von deiner Liebe verzehrt werde. Mache es zu einem Ganzopfer, damit ich in dein göttliches Sein übergehe *(passer dans votre Etre divin)*» (*JC* 163). Die Selbsthingabe gipfelt demnach in einem mystischen Augenblick, in dem sich die Seele mit Gott in unübertrefflicher Weise vereinigt. Dieser Augenblick gehört jedoch nicht zu unserem irdischen Leben. Auf Erden können die Gläubigen nur hoffen, sich Christi Opfergesinnung anzueignen und ein leiderfülltes Leben zu erdulden.

Im Mittelpunkt des Kupferstichs steht das Christuslamm, das sich im Opfer Gott darbringt. Das Lamm wird von Flammen verzehrt, die bis zu Gott dem Vater und dem taubengestaltigen Heiligen Geist hinaufreichen. Ursprünglich hatte Olier noch eine weitere Figur einfügen wollen: einen Priester, der als Vermittler der von Christus gelehrten Opfergesinnung am Fuß der Monstranz steht.[269] Von Christus ausgehende Strahlen der Gottesliebe sollten sein Herz treffen und von dort die Gläubigen erleuchten. Charles Le Brun, der von Olier beauftragte Künstler, mag den Priester weggelassen haben, um die Darstellung nicht zu überladen und eine größere, harmonischere Geschlossenheit zu erzielen.

In einer weiteren bildlichen Darstellung, einem Bild der heiligen Messe, sollte der Priester ganz in den Mittelpunkt treten. Oliers früher Tod im Alter von achtundvierzig Jahren ließ dieses Vorhaben nicht mehr zur Ausführung gelangen. Ein im 19. Jahrhundert entstandener, nach Oliers Beschreibung angefertigter Entwurf kann uns eine ungefähre Vorstellung dessen vermitteln, was Olier im Sinn hatte (Abb. 26b). Dort sehen wir einen Priester, der die Hostie emporhält, um sie dem himmlischen Vater darzubringen, der am Gewölbe des Himmels mit weit geöffneten Armen schwebt. Dem die Messe feiernden Priester schließt sich nicht nur die ihn umstehende Gemeinde an, sondern auch die Heiligen und Engel im Himmel sowie die im Fegefeuer

26b Das Opfer der ganzen Kirche. Die enge Beziehung zwischen Priester und Gott steht im Mittelpunkt des katholischen Weltbildes. Der Priester bringt dem himmlischen Vater die Christi Selbstopfer anzeigende Hostie dar. Dem Meßopfer schließt sich die ganze Kirche an: die den Priester umgebende irdische Kirche ebenso wie die himmlische Kirche der Erlösten, die, in Rängen angeordnet, den weiten Raum des Himmels füllt. Der untere Teil des Bildes zeigt die im Fegefeuer leidenden armen Seelen, die ihrer Befreiung harren. Sind sie einmal erlöst, werden auch sie sich mit dem Opfer Christi vereinigen. Die Vorlage dieses Stiches wurde nach Angaben von Jean-Jacques Olier angefertigt. Französischer Stich, um 1900.

leidenden armen Seelen.[270] Die Skizze trägt die Beischrift: «Im Augenblick der Elevation steigt die himmlische Kirche auf den Wolken herab, um sich mit der irdischen Kirche zu verbinden und sich mit dieser und mit Christus als ein einziges Opfer dem Vater darzubringen.»[271] Oliers Verständnis der Messe und seine ganze Theologie zielt auf einen zentralen Begriff: das Opfer.

5. Schluß: Zwei Theologien des Opfers

In der alten Welt bedeutete das Opfer in der Regel nichts anderes als das Schlachten eines Tieres und die rituelle Handhabung von dessen Leib und Blut durch einen Priester. Die heilige Handlung gipfelte in der Präsentation von Blut und Leib vor dem Altar; der Priester übergab beides der Gottheit. Das Christentum erbte die Opferpraxis vom Kult des Jerusalemer Tempels, und zumindest einige der frühen Gläubigen beteiligten sich an gewissen Opferfeiern. Jesus selbst hatte großes Interesse am Tempelkult und versuchte sogar, auf ihn Einfluß zu nehmen, wie seine «Besetzung» des Tempels zeigt. Als sein Versuch gescheitert war, eine veränderte Durchführung des Privatopfers zu erzwingen, führte er ein eigenes Ritual ein, bei dem er sich der Opfersprache bediente. In diesem neuen, offenbar nicht lange vor seinem Tod eingeführten und wohl auch nicht sehr oft gefeierten Ritual trat ein einfaches Mahl an die Stelle des Privatopfers, das andere Juden nach wie vor am Tempel vollzogen. In der Gleichsetzung von Brot mit dem Leib des geschlachteten Tieres und von Wein mit dessen Blut glaubt man, ein Echo von Jesu polemischem Verhältnis zum Tempelopfer zu vernehmen. So versteht sich auch die kühne Verwendung der heiligen Worte, die der jüdische Opferdarbringer am Altar spricht: «Das ist mein [Tier-]Blut – Das ist mein [Tier-]Leib.» Mit der teilweisen Zerstörung des Jerusalemer Tempels im Jahre 70 und seiner völligen Beseitigung im Jahre 135 endete der jüdische Opferkult, und damit naturgemäß auch die christliche Beteiligung an diesem Kult. Das Judentum hatte sein wichtigstes traditionelles Ritual eingebüßt, um es bis heute nicht wieder aufleben zu lassen. Einer Wiederherstellung stand das Gebot im Wege, daß Opfer nur in Jerusalem dargebracht werden konnten. Das Ende des jüdischen Opferkults und Jesu Ersetzung des Opfertieres durch Brot und Wein sollten eine gemeinsame, dauernde Wirkung auf die westliche Religionsgeschichte ausüben: Das Tieropfer verschwand aus dem rituellen Repertoire. Zwar mag Jesus sein Ersatzopfer als eine nur vorläufige Maßnahme gesehen haben, doch begründete seine «unblutige» Feier eine neue, tieropferlose Religion. Das Opfer, verstanden als die rituelle Tötung eines Tieres, galt nunmehr als veraltet. Wir können verfolgen, wie lokal bedingte historische Umstände, wie ein «Zufall» und nicht eigentliche Planung eine religiöse Revolution von weltgeschichtlicher Bedeutung hervorriefen.

Christen gaben das Töten von Tieren in einem religiösen, rituellen Zusammenhang auf und waren der Ansicht, so verstandenes Opfer sei überholt. Dennoch pflegten sie bestimmte Arten materieller Opfer, wenngleich stets unblutige, und ihre Denker entwickelten Opfertheorien. Die älteste, von uns rekonstruierbare Opfertheologie ist die des Irenäus von Lyon. Er scheint zwei christliche Opfer zu kennen: eines, bei dem die Gläubigen Gott materielle

Gaben darbrachten, und ein anderes, bei dem der Priester die mit dem Leib und Blut Christi gleichgesetzten Gaben von Brot und Wein opferte. Zur Ausbildung einer besonderen Theologie der Gaben der Gläubigen kam es nicht. Es bestand dafür auch kein Anlaß: In Übereinstimmung mit dem heidnischen Denken der Antike wurde eine Gabe gegeben, um dafür göttlichen Segen zu erhalten. Der Klerus hatte an den Gaben der Gläubigen großes Interesse, nicht zuletzt, weil diese zu ihrem Lebensunterhalt beitrugen; doch billigten sie diesen Opfergaben nur selten eine besondere Würde zu. Kultischen Rang erhielten nur Christi Brot und Wein, deren Opferung sie als eine Erinnerung an Christi Selbsthingabe an den Vater verstanden. In der Zeit der Kirchenväter bildeten sich zwei verschiedene Deutungen dieses unblutigen Gedächtnisopfers heraus. Nach der ersten müssen sich die Gläubigen mit Christi Opfer verbinden, damit er sie dem Vater darbringen kann. Die zweite Sicht schaut hauptsächlich auf die Gegengabe, die Gott für die Opfergabe Christi (und nicht die Gabe der Gläubigen) gewährt.

Nach Cyprian und Augustinus, den Vätern der ersten Auffassung, schließen sich die bei der Eucharistiefeier anwesenden Gläubigen in Christi Selbsthingabe ein. Mit Christus zusammen opfern sie sich dem Vater oder, genauer, wenn Christus zum Vater kommt, opfert er sich selbst und seine Gläubigen. Zwar haben sich die Theologen oft für andere Einzelheiten der eucharistischen Feier interessiert, aber sie verloren den Gedanken der Hingabe im Opfer nie ganz aus dem Blick. Im 16. Jahrhundert fand selbst Martin Luther diesen Gedanken vertretbar, jedenfalls solange deutlich bleibt, «daß nicht wir Christus, sondern Christus uns opfert. So gesehen ist es möglich und sogar nützlich, die Messe ein Opfer zu nennen. Das heißt, wir legen uns auf Christus im festen Glauben an seine Verheißung» (*WA* 6,369). Da aber der Opferbegriff gewöhnlich mißverstanden wird, vermieden es Luther und seine Anhänger, im Zusammenhang mit der Eucharistiefeier von einem Opfer zu sprechen. Sie überließen es den Katholiken, Augustins Theologie im 17. Jahrhundert wiederzuentdecken. Jean-Jacques Olier, Gemeindepfarrer in einer Pariser Vorstadt und Erbauungsschriftsteller des 17. Jahrhunderts, bildete unser wichtigstes Beispiel für das neuzeitliche Ideal der Selbsthingabe und der anbetenden Selbstaufopferung an Gott.

Von Autoren wie Olier wieder zu neuem Leben erweckt, sollte der Gedanke noch lange – bis in die Gegenwart – nachwirken. Theologen und geistliche Berater fuhren fort, die «Opferkommunion» zu empfehlen, bei welcher «sich der wirklich vollkommene Kommunikant mit Jesus ans Kreuz heftet, um mit ihm ein einziges Opfer zu bilden».[272] Diese Anschauung wurde in die offizielle katholische Lehre übernommen. Papst Pius XII. erklärte die Bedeutung des Meßopfers in einer Enzyklika des Jahres 1947 unter ausdrücklichem Hinweis auf Augustinus,[273] und der katholische «Weltkatechismus» des Jahres 1993 verfährt nicht anders.[274] Pius XII. scheint sogar die Theologie des Pfarrers von Saint-Sulpice aufzugreifen. Nicht nur sollen sich die Gläubigen bemühen, dieselbe «Gesinnung in sich hervorzurufen, von der die Seele des göttlichen Erlösers erfüllt war, als er das Opfer seiner selbst vollzog», nämlich demütige Unterordnung unter Gott, Anbetung der göttlichen Majestät, Ehrung, Lobpreis und Danksagung.[275] Sie sollen auch «den Zustand einer Opfergabe» annehmen und «mit Christus den mystischen Tod am Kreuz auf sich nehmen».[276] Solange die Gläubigen nicht auch «sich selbst und ihre Sorgen, Leiden und Ängste, ihr Elend und ihre Nöte zugleich mit dem ans Kreuz geschlagenen göttlichen Haupt aufopfern», bleibt das Meßopfer unvollständig.[277]

Oliers Auffassung entspricht zwar der üblichen katholischen Lehre, aber die Selbsthingabe im Opfer hat auch in anderen Kirchen Aufmerksamkeit gefunden und begegnet manchmal in ihrem Gottesdienst. In einem der eucharistischen Gebete der Kirche von England wird die Selbsthingabe ausdrücklich erwähnt: «Durch ihn [Christus] bringen wir dir unsere Seelen und Leiber als lebendige Opfergaben dar» *(through him we offer you our souls and bodies, to be a living sacrifice)*. Als Antwort auf Christi Selbsthingabe werden die Gläubigen eingeladen, sich auch ihrerseits Gott als Opfer darzubringen. Kenneth Stevenson, ein Bischof der Church of England, ermahnt seine Gemeinde, die Kosten des Opfers zu bedenken: «Manchmal wäre es eine ernüchternde Erfahrung, wenn jene, die unsere warmen und gemütlichen Versammlungen frohen Mutes verlassen, auch einmal den kalten Wind der Feindschaft und der Verfolgung spürten, dem so viele Christen in manchen Teilen der Welt ausgesetzt sind.»[278] In der Sprache des Predigers scheint die Stimme Cyprians nachzuklingen, die im 3. Jahrhundert zu den verfolgten Gläubigen Afrikas sprach. Von Cyprian bis Olier und Stevenson ist die Selbstaufopferung nicht nur die innere Bewegung einer frommen Seele, sondern schließt die Bereitschaft ein, um Christi willen das eigene Blut zu vergießen.

Obgleich das Opfer mehr als eine innere Bewegung sein muß, beginnt die Liturgie mit einer Handlung, die es dem Gläubigen ermöglicht, in sich die rechte Opfergesinnung zu erwecken. Nach katholischer Lehre bildet der Zustand der Reinheit die Grundlage dieser Gesinnung. Aus diesem Grund ist an den Anfang des Gottesdienstes ein Reinigungsritus gestellt: das Besprengen mit reinigendem Weihwasser, das Singen des 51. Psalms – «entsündige mich mit Ysop, dann werde ich rein; wasche mich, dann werde ich weißer als Schnee» – oder ein einfaches Schuldbekenntnis, auf das die priesterliche Lossprechung folgt. Die Opfergabe muß stets makellos und heilig sein, und nur in einem Zustand besonderer Reinheit kann sich die Gemeinde in das Opfer dessen einbringen, der ohne Sünde war.

Die Gläubigen, die sich Gott in Opfergesinnung hingeben, sollen nicht einmal insgeheim eine göttliche Gegengabe erhoffen – zumindest nach der Auffassung Augustins. Jede Erwartung würde die Reinheit der selbstlosen Liebe zu Gott beeinträchtigen. Augustinus könnte Carl Gustav Jung zustimmen, der meint, bloßes Geben sei von sich aus noch kein Opfer; «zu einem solchen wird es erst, wenn die mit dem Geben verbundene Absicht des *do ut des* [ich gebe, damit du gibst] geopfert, d. h. aufgegeben wird».[279]

Nicht alle Theologen teilen die unerbittliche augustinische Forderung der Selbstaufgabe vor Gott. Sie halten es für rechtens, auch nach der Gegengabe zu fragen, die Gott für das christliche Opfer gibt. Im christlich gewordenen Römischen Reich des 3. Jahrhunderts galt die Eucharistie als universales Opfer, das göttliche Hilfe für Kirche, Staat und einzelne Gläubige erwirkt. Aufgrund der ihm zugeschriebenen außerordentlichen Wirkung konnte es den heidnischen Opferkult verdrängen und schließlich ganz ablösen. Die von Augustinus und Gregor dem Großen aufgezeichneten Wunder ermöglichten die Entstehung der «Privatmesse». Indem der Priester eine Privatmesse liest, wendet er einen Teil des bei der Messe erzielten geistlichen Gewinns einem einzelnen Gläubigen oder einer bestimmten, Gottes Hilfe beanspruchenden Gruppe zu. Daraus entwickelte sich schließlich der Brauch, daß die Gläubigen einen Priester bezahlten, damit er bei der Messe ihres Anliegens gedenkt. Im ausgehenden 15. Jahrhundert war diese Lehre für den deutschen Theologen Gabriel Biel durchaus nachvollziehbar; allerdings ist nicht zu übersehen, daß er Mißbräuchen durch mancherlei Einschränkungen zu begegnen suchte.

Seit der von Luther eingeleiteten Reformation haben die Protestanten die katholische Methode der Gewinnung und Verteilung von Opfergnaden abgelehnt. Die Praxis der «Bezahlung» galt als besonders anstößig. Heute, nachdem die katholische Theologie das System Biels längst aufgegeben hat (ohne jedoch an dessen Grundlagen zu rütteln), stehen nicht mehr alle Protestanten dem Opfergedanken ablehnend gegenüber. Im Jahre 1982 verfaßte der protestantische Ordensmann Max Thurian von Taizé den Text für eine ökumenische Eucharistiefeier. Er glaubte, das ökumenische Klima erlaube nun auch den Gebrauch der Opfersprache: «Vereint in Christi Priestertum bringen wir vor dich dieses Gedächtnis: Gedenke des Opfers deines Sohnes, und gewähre allen Menschen den Segen seines Erlösungswerkes.»[280] Kein Zweifel: Eusebius, Gregor der Große und Gabriel Biel hätten in diesem Gebet ihre Sicht des eucharistischen Opfers wiedererkannt.

Die Ausgewogenheit zwischen Geben und Nehmen beim Opfer mag theologisch befriedigend erscheinen. Dennoch scheint die durch Olier vertretene moderne Frömmigkeit dem Geben, d. h. der Selbsthingabe, der Verbindung mit dem blutenden, leidenden und sterbenden Christus, den Vorzug einzuräumen. Stevenson, der schon angeführte anglikanische Bischof, schätzt die Hingabe der eigenen Person als ein angemessenes Bild für die existentielle Herausforderung des Gottesdienstes. Weit davon entfernt, an einen «dem Menschen innewohnenden Instinkt» anzuknüpfen, erfordert das Opfer stets Selbstverleugnung.[281] «Kommunion ist kostspielig» *(communion costs)* ist der Slogan von Stevensons eucharistischer Theologie,[282] und er erinnert an die Kirchenlieder, die von der Selbsthingabe wissen. So singt Isaac Watts davon, daß Christus «*my soul, my life, my all*» (meine Seele, mein Leben, mich ganz) verlangt,[283] und bei Gerhard Tersteegen heißt es:

> Ich liebe dich,
> ich geb zum Opfer mich
> und lasse ewiglich
> dich mit mir machen.[284]

Wie die Eucharistie, so gipfelt auch das christliche Leben in der vollständigen Selbsthingabe an Gott.

Während Priester wie Stevenson, Augustinus, Jean-Jacques Olier und viele andere von der Eucharistie hauptsächlich als dem heiligen Spiel des Opfers gesprochen haben, betrachteten – und betrachten – es andere Christen aus einem anderen Blickwinkel. Verwurzelt in der geheimnisvollen Welt der antiken Magie, erlebten sie es als magisches Spiel. Sie nannten es *Sakrament*.

FÜNFTES SPIEL

Sakrament

Die Begegnung mit Christus beim Herrenmahl

Amen, amen, das sage ich euch: Wenn ihr das Fleisch des Menschensohnes nicht eßt und sein Blut nicht trinkt, habt ihr das Leben nicht in euch. Wer mein Fleisch ißt und mein Blut trinkt, hat das ewige Leben, und ich werde ihn auferwecken am Letzten Tag. (Joh 6,53–54) *Jesus*

Nachdem (...) die zu konsekrierende Hostie auf den Altar gelegt war (...) und so die Feier der heiligen Geheimnisse begann, kam plötzlich aus dem offenen Himmel ein feuriger Blitz von unvorstellbarer Heiligkeit auf die Opfergaben hernieder und übergoß sie mit seinem Schein (...). Und während er sie so beleuchtete, zog er sie [Brot und Wein] unsichtbar in das Innere des Himmels empor und ließ sie wieder auf den Altar hinunter; wie ein Mensch Luft einatmet und sie wieder ausatmet. Obwohl sie in den Augen der Menschen als Brot und Wein erschienen, waren sie wahres Fleisch und Blut geworden.[1]

Hildegard von Bingen, um 1150

Quand l'hostie fut déposée sur mes lèvres, je me sentis comme tout éclairé en dedans. Je tremblais de respect.[2] (Als die Hostie auf meine Zunge gelegt wurde, fühlte ich mich im Innern hell erleuchtet. Ich zitterte vor Ehrfurcht.)

François-René de Chateaubriand über seine erste Kommunion, *1781*

1. Über Magie: Eine Rehabilitierung

Ähnlich wie dem Tieropfer haftet auch dem in der Welt der Magie verwurzelten Sakrament etwas Urtümliches und Atavistisches an. Der Gedanke an Aberglaube drängt sich auf, an etwas, das dem gewöhnlichen Verstand unzugänglich ist. Die christliche Theologie hat diese Wurzeln ihrer Rituale – etwa der Taufe und des Herrenmahls – schnell verdrängt und vergessen. Aber auch eine anspruchsvolle, auf Rationalität und Logik bedachte Theologie wie die mittelalterliche Scholastik konnte die grundlegenden Gemeinsamkeiten von Aladins Wunderlampe und dem Herrenmahl nicht übersehen: eine äußere Handlung, ein materieller Gegenstand, ein heiliger Spruch und eine geheime wirksame Kraft. Das den meisten Christen bekannte Abendmahl dürfte sie kaum an die magischen Künste erinnern, obwohl der Glaube an Macht und mögliches Eingreifen der Toten für beide grundlegend ist.[3] Suchen wir unter den christlichen Riten einen, der an die esoterischen Lehren einer archaischen Kultur oder die Kunst der Schamanen gemahnt, so findet er sich in dem noch heute praktizierten christlichen Exorzismus, bei dem ein Priester bösen Geistern befiehlt, einen Menschen zu verlassen. Als Bestandteile einer anderen, vergangenen Kultur fühlen wir uns durch solche Riten oft unangenehm berührt. Als Teil christlicher Rituale bilden magische Reste ein peinliches, mit dem aufgeklärten Denken unserer Zeit nur schwer zu vereinbarendes Thema. Das Thema Magie läßt sich jedoch nicht umgehen, wenn das Sakrament als eine der zentralen gottesdienstlichen Handlungen historisch verstanden werden soll.

Bei der nun folgenden Einführung in die antike Magie schildern wir zunächst einige der geläufigen Vorurteile. Dabei wird deutlich werden, daß die neuere Forschung damit begonnen hat, die Magie der alten Welt in einem neuen Licht zu sehen.

Das herkömmliche Verständnis der Magie und die griechischen magischen Papyri

Jahrtausendelang – so wurde bisher geglaubt – haben die Menschen ihre Umwelt als von übernatürlichen Mächten bevölkert erlebt: von Göttern, Dämonen, guten und bösen Geistern. Die Menschen lebten wie in einem verzauberten Wald, in dessen Schluchten und Hainen geheimnisvolle übermenschliche Wesen walteten. Diese Welt war von einer magischen Kraft erfüllt, die sich immer wieder wie eine gewitterschwere Wolke entlud, um Mensch und Tier zu bedrohen oder ihnen Gutes zu tun. Wer sich darauf verstand, konnte diese unsichtbare Energie ablenken oder kanalisieren und sich zunutze machen. Oft geschah dies mit Hilfe von Göttern und Geistern.

Schon in sehr früher Zeit bildeten sich zwei verschiedene Weisen des Umgangs mit der Welt übernatürlicher Mächte heraus. Während sich die frühen Priester vor den Göttern demütigten, sie anflehten und ihre Freundschaft suchten, begegneten ihnen die Magier auf andere Weise. Sie wollten die Götter und Geister durch Drohungen in ihren Dienst zwingen. Zunächst waren diese beiden Arten des Umgangs miteinander vermengt, doch allmählich traten sie immer mehr auseinander. Als sie sich zu Religion und Magie entwikkelten, war der Konflikt zwischen beiden Strömungen unvermeidlich. Seit unvordenklichen Zeiten, erklärt Sir James George Frazer,

> konnte die überhebliche, selbstbewußte Art des Magiers, sein arrogantes Auftreten gegenüber den Göttern und sein penetranter Wille, eine ähnliche Macht wie sie auszuüben, den Priester nur empören. Solches Verhalten konnte jenem, der vor der göttlichen Majestät erzitterte und sich vor ihr in Demut zu Boden warf, nur als ruchlose und blasphemische Aneignung von Rechten erscheinen, die sich Gott selbst vorbehalten hatte.[4]

Im alten Heidentum wurde die Magie von der priesterlichen Religion bekämpft, für ungesetzlich erklärt und an den gesellschaftlichen Rand gedrängt. Sie wurde zur Untergrundreligion des Zauberers, der seine Dienste für Geld jenen anbot, die sich von seiner finsteren Kunst einen Vorteil erhofften. Erst das Auftreten der biblischen Religion entschied den Konflikt, der zwischen Religion und Magie herrschte.[5] Unter dem Einfluß prophetischer Predigt wurde die Magie verdrängt und endgültig durch eine rationale, auf Gehorsam gegenüber Gott und Liebe zu ihm gründende Religion ersetzt. Unter dem Einfluß des Christentums gaben selbst heidnische Zauberer ihre abergläubische Kunst auf und verbrannten ihre Bücher.[6] Das Christentum war frei von Magie und sollte es bleiben.

Als Sir James George Frazer den *Goldenen Zweig (The Golden Bough,* 1890) und der protestantische Theologe Harvey Cox die *Stadt ohne Gott (The Secular City,* 1965) schrieben – die beiden Bücher, auf denen unsere Wiedergabe der traditionellen Auffassung der Magie beruht –, hatten sie wenig Kenntnis der antiken Magie und ihrer Praxis. Wie viele ihrer Zeitgenossen hatten sie sich nie in die Fragmente der antiken magischen Literatur vertieft, die vor allem durch die Funde einer antiken Bibliothek in Theben (Ägypten) verfügbar wurden. Ein skandinavischer Händler mit dem angenommenen Namen Giovanni Anastasi (1780–1857) hatte diese einzigartige Sammlung von acht Schriftrollen und fünfzehn Codices erworben, die in vier verschiedenen Sprachen und Schriften (hieratisches und demotisches Ägyptisch, Griechisch, Koptisch) magisches Wissen festhielt. Als tüchtiger Geschäftsmann teilte Anastasi seinen Schatz in mehrere Posten, die er an die Nationalbibliotheken in London, Leiden, Paris und Stockholm verkaufte. Nur zögernd und allmählich haben sich europäische Gelehrte mit dem neuen Quellenmaterial auseinandergesetzt, das offenbar den erhabenen Begriffen widersprach, die sie sich vom aufgeklärten Denken der alten Griechen machten. Erst im 20. Jahrhundert herausgegeben und übersetzt, ist Anastasis Schatz heute unter der Bezeichnung *Griechische Zauberpapyri (Papyri Graecae Magicae = PGM)* bekannt.[7] Gelehrte unserer Tage haben diese Papyri und andere, ähnliche Quellen gründlich studiert, zum Beispiel die *Chaldäischen Orakel*,[8] die Abhandlung *Über die ägyptischen Mysterien* des Philosophen Jamblich[9] und die kürzlich unter dem Namen *Ancient Christian Magic* veröffentlichten koptischen Texte.[10] Sie kamen zu einer anderen Auffassung als jene, welche die esoterischen Künste als Aberglaube und Bestandteil der «magischen Unterwelt» der Spätantike diskreditieren wollten. «In der alten Welt», erklärt Cyril Richardson, «gehörte zur Magie vieles, was wir als mystisch, charismatisch und übersinnlich bezeichnen würden. Daher ist eine solche [negative] Sicht tatsächlich nicht mehr vertretbar. Unsere von der Aufklärung herkommende Beurteilung muß gründlich revidiert werden.»[11] Die antike Magie wollte weder «Zwang» auf die Götter ausüben, noch galt sie als Aberglaube oder unterlag allgemeinem Verbot.

Die Behauptung des 19. Jahrhunderts, die Magie «zwinge» übernatürliche Kräfte, die kleinen Wünsche des Menschen zu erfüllen, ist schwer auszurotten. Nach Ausweis der Quellentexte sind die Magier zumeist demütig und fromm, wenn sie Götter oder Geister um Hilfe bitten.[12] Unter den PGM-Texten findet sich ein wohl von einem ägyptischen Juden des 1. Jahrhunderts verfaßtes Gebet, das sich unter Verwendung einer langen Liste magischer Gottesnamen mit folgender Bitte an den Vater wendet: «Erfülle mich mit Weisheit! Stärke mich, Meister! Erfülle mein Herz mit Gutem, daß ich ein irdischer Engel sei, einer, der unsterblich geworden ist, einer, der diese Gabe von dir erlangt hat.»[13] (Der Papyrus enthält zusätzlich die Vorschrift, das Gebet siebenmal zu sprechen.) Gewiß gibt es auch antike magische Sprüche, die keine demütige Haltung erkennen lassen und in denen ein Mensch mit den Göttern wie mit Gleichgestellten verkehrt. Jedoch sollte man das mitunter anzutreffende Ausbleiben von Demut nicht mißverstehen. Wenn der Magier in manchen antiken Quellen den Göttern Befehle erteilt statt sie anzuflehen, dann entspricht dies einem alten rituellen Brauch, der heute als *unio liturgica* bezeichnet wird, als liturgische Vereinigung mit einem göttlichen Wesen.[14] Wie der Priester in der heutigen katholischen Messe die Rolle Christi einnimmt, wenn er bestimmte Worte spricht, so setzten sich die Alten oft mit Göttern gleich, wenn sie bestimmte kultische Handlungen ausführten. Die auf Erden vollzogene rituelle Handlung ahmt bestimmte Vorgänge nach, die sich in der Welt der Götter ereignen. Ob demütig bittend oder befehlend, der Magier hofft, daß die angerufene Gottheit aus dem Jenseits «herabsteigt» und sich hier zeigt oder Wunder vollbringt – in der Küche des Zauberers, auf dem Dach seines Hauses, an einer Straßenkreuzung, am hellichten Tag oder um Mitternacht. Erst mit der Ankunft eines göttlichen Wesens hat der Magier sein Ziel erreicht.

Einen wesentlichen Schlüssel zum Verständnis der antiken Magie bildet die Unterscheidung ihrer drei wichtigsten Zweige. Antiker Ausdrucksweise folgend, können wir sie als Thaumaturgie, schwarze Magie und Theurgie bezeichnen. *Thaumaturgie* dient zur Erzeugung von mehr oder weniger deutlich erkennbaren Wundern. Hierher gehört bäuerliche Magie zur Steigerung der Fruchtbarkeit des Ackers ebenso wie der Liebeszauber für schmachtende Herzen. Thaumaturgische Handlungen mögen nach der Ansicht mancher Menschen ebenso abergläubischer Natur sein wie andere rituelle Akte, aber sie galten nicht als *schwarze Magie*, d. h. als schwarze Thaumaturgie oder Hexerei, die darauf abzielt, anderen zu schaden oder sogar deren Tod herbeizuführen. Das Verbot der Magie galt niemals der hilfreichen, «weißen» Art, sondern versuchte, den Schadenzauber zu unterdrücken. Zwar konnte ein Thaumaturge in den Verdacht geraten, seine Kenntnisse für üble Zwecke zu mißbrauchen, aber im Prinzip unterschied man deutlich zwischen «weißer» und «schwarzer» Magie.[15] Die dritte Art der Magie, die *Theurgie*, erhielt ihren Namen im 3. Jahrhundert n. Chr. von neuplatonischen Philosophen wie Porphyrios, der in seinem Kommentar zu den *Chaldäischen Orakeln* deren einzigartigen und über alles niedere Tun erhabenen Charakter hervorhob. Der Ausdruck bedeutet «göttliche Handlung» und läßt sich als «heiliges Ritual» umschreiben. Er soll andeuten, daß jemand «von den Göttern behandelt wird» und nicht umgekehrt, daß jemand an den Göttern handelt oder sie zu etwas zwingt. Theurgische Handlungen zielen darauf ab, eine Gottheit oder übernatürliche Macht in einem materiellen Gegenstand wie beispielsweise einer Statue zu vergegenwärtigen oder deren Herabsteigen in eine in Trance geratende Person zu bewirken. Als «ehrbare Kunst» *(ars honorabilior)*[16] genoß die Theurgie guten Ruf; wer sie praktizierte, war über den Verdacht erhaben, sich durch dunkle Machenschaften Vorteile zu verschaffen oder Schaden anzurichten. Anders als der schwarze oder weiße Magier interessierte sich der Theurge ausschließlich für die rettende oder heilende Begegnung mit dem Göttlichen. Andere Ziele – sich an einem Gegner zu rächen, Liebe zu erzeugen oder Besitz zu vermehren – lagen ihm fern. Nach Jamblich «behelligen die Theurgen die göttliche Vernunft keineswegs in belanglosen Dingen, sondern nur in solchen, die sich auf die Läuterung, Befreiung und Rettung der Seele beziehen».[17] Der Theurgie, wie sie von den neuplatonischen Philosophen verstanden wurde, lag ein anderes Weltbild als der herkömmlichen Magie zugrunde.[18] Vor dem Aufkommen der Theurgie suchten die Zauberer oft die Hilfe von Dämonen oder Totengeistern der Unterwelt zu gewinnen. Die Theurgen dagegen wandten sich ausschließlich an Kräfte der himmlischen Welt. Die von den Theurgen beschworenen Wesen lebten im Luftraum zwischen Erde und Mond. Auf diese Weise konnte die Theurgie das mit der Verehrung der traditionellen himmlischen Götterwelt verbundene Ansehen erben. Die neue Kunst der Theurgie hatte mit der unreinen Welt der Toten nichts gemein.

Thaumaturgie und Theurgie bei Juden und Christen

Das sorgfältige Studium der griechischen magischen Papyri vermag nicht nur gewisse Vorurteile gegen die heidnische Magie abzubauen, sondern läßt uns auch die Frage nach der Beteiligung von Juden und Christen an Thaumaturgie und Theurgie neu stellen. Tatsächlich lehrt uns schon ein erster Blick auf die Quellen, daß die Christen von Anfang an den thaumaturgischen Glauben ihrer Umwelt teilten und die entsprechenden Praktiken übten. Wenn Homer davon berichtet, daß die Freunde des Odysseus dessen Jagdverletzung mit einem Verband und einem Zauberspruch behandelten, um die Blutung zu stillen, dann sah kein antiker Leser darin etwas Ungewöhnliches.[19] Um 205 erfahren wir von Tertullian, wie dessen Mitchristen einen Skorpionstich behandelten: «Man macht das Kreuzzeichen, spricht eine Beschwörung und gibt der Bestie einen Fußtritt» (oder: reibt den Fuß mit der zerquetschten Bestie ein?).[20] Seit den Tagen Homers hatte sich nichts geändert; die magische Geste und der heilende Spruch gehörten nach wie vor zur «ersten Hilfe». Ob Heiden, Juden oder Christen: alle praktizierten thaumaturgische Magie. Josephus, ein Zeitgenosse der Apostel, berichtet von jüdischen Magiern und deren Praktiken aus eigener Anschauung. Sie leiten ihre Kunst, so teilt er mit, von König Salomo her, der als erster Geisteraustreibungen und magische Heilungen vollbracht haben soll. Volkstümlicher Auffassung zufolge konnte niemand die Weisheit Salomos übertreffen, denn «Gott gewährte ihm das Erlernen der Kunst, zum Nutzen und zur Heilung der Menschen gegen die Dämonen vorzugehen. Er verfaßte Sprüche, mit denen die Krankheiten besprochen werden, und hinterließ Beschwörungen, die es den Fachleuten ermöglichen, die Dämonen auszutreiben, so daß sie nicht mehr zurückkommen. Diese Art der Heilung bewirkt bis heute bei uns sehr viel.»[21] In der römischen Welt besaß der christliche Klerus den besten Zugang zu den geheimen Kräften, die er zum Wohle der Gläubigen mobilisieren konnte. Christen wie Augustinus griffen die weit verbreitete Faszination von Wunder und Magie bereitwillig auf. In seinem Werk *Der Gottesstaat* füllen Wunderberichte ein ganzes Kapitel. Einige der Wunder hat er selbst als Augenzeuge miterlebt. Gelegentlich teilt er dem Leser sogar das einschlägige Verfahren mit. Warum soll man sich gegen dämonische Besessenheit nicht mit einer Mischung von Öl und den beim Gebet vergossenen Tränen eines Priesters (also einem materialisierten Gebet) wehren?[22] Der sichtbare Erfolg der Magie zog die Aufmerksamkeit auf sich und führte zu Bekehrungen. In seinem berühmten Werk über *Niedergang und Fall des Römischen Reiches* (1776–1788) zählt Edward Gibbon Exorzismen und magische Heilungen zu den wichtigsten Faktoren, die zum beispiellosen Wachstum und schließlichen Sieg der neuen Religion beitrugen.[23] Im 20. Jahrhundert hat Adolf von Harnacks *Mission und Ausbreitung des Christentums* (1902) Gibbons Ansicht bekräftigt.[24] Zwar mögen einige Intellektuelle wie Origenes Christus den Lehrer vorgezogen haben, aber das Volk liebte vor allem Christus den Heiland und Heiler, dessen Macht die Priester wirksam werden ließen. Die neuere Forschung hat Harnacks Interesse am magischen Christentum über das dritte Jahrhundert – wo Harnacks Buch endet – hinaus verfolgt. Theologen und Kirchenmänner wie Augustinus, Gregor der Große und Caesarius von Arles trugen das Ihre zum Entstehen einer spezifisch katholischen Art der Magie bei, die im Mittelalter aus Wettersegen, wundertätigen Reliquien, Weihwasser, Kreuzen und Bekreuzigungen, Exorzismen, dem Ausstellen der konsekrierten Hostie in der Monstranz (für den Altar und für Prozessionen außerhalb der Kirche) und vielem anderen bestand und vom Glauben an Dämonen, Engel und Heilige unterstützt wurde. Was das intellektuelle Christentum heute gerne herunterspielt oder ignoriert, begründete lange Zeit hindurch den Ruhm der Kirche.[25]

Die religiösen Gemeinschaftsrituale der alten Welt enthielten oft ein gewisses Maß von dem, was Sir James Frazer als «öffentliche Magie, das heißt zum Wohle der ganzen Gemeinschaft geübte Zauberei» bezeichnete.[26] In der hellenistischen Zeit nahm solche Gemeinschaftsmagie zu und entwickelte eigene Formen. Als die Herrschaft Alexanders des Großen das Ende der politischen Unabhängigkeit fast aller Völker des Vorderen Orients bedeutete, traten deren Religionen in eine Phase der Krise und des Wandels ein.[27] Die Menschen der hellenistisch-römischen Zeit waren nicht mehr von dem Gefühl getragen, in einem Land zu leben, das unter dem Schutz stabiler Institutionen von Königtum, Priesterschaft und Tempel stand. Die Verehrung der Götter und die Pflege der traditionellen Kulte erschienen nicht mehr selbstverständlich und unbestritten. Vor allem die Götter der kleineren Völker büßten viel von ihrem alten Ansehen ein, da sie es nicht vermocht hatten, das ihnen anvertraute Volk zu schützen und seine Eingliederung in das neue, von den Griechen geschaffene politische System zu verhindern. Daraus ergab sich ihnen die Notwendigkeit, eine neue Beziehung zu einem göttlichen Wesen einzugehen – eine Beziehung zu einem schützenden Wesen, das nicht mehr an einen bestimmten Ort oder ein bestimmtes Land gebunden war. Man sah sich nach Göttern um, die besseren Schutz versprachen. Die Menschen waren zunehmend bereit, ihre kultische Zugehörigkeit zu wechseln. «Bekehrung» zu einer bestimmten Gottheit oder einem bestimmten Kult war eine Modeerscheinung. Die Kultgemeinschaften organisierten sich als örtliche oder sogar internationale Bruderschaften, in die man ohne Rücksicht auf eine bestimmte Klassen- oder Volkszugehörigkeit aufgenommen werden konnte. Manche der neuen Kulte wurden als «Mysterienvereine» bekannt. In der Regel gab es keine «geborenen» Mitglieder. Jeder mußte sich einem Verfahren der Aufnahme und Einweihung unterziehen, denn erst nach der Initiation war die Teilnahme an bestimmten theurgischen Ritualen möglich. Von der Teilnahme versprach man sich allerlei Vorteile, besonders aber ein über den Tod hinaus andauerndes Leben. Im Unterschied zu den öffentlichen Feiern der traditionellen, das nationale Wohlergehen sichernden Staatskulte waren die Mysteriengemeinschaften freiwillige Vereine, deren Kult das Heil des einzelnen sichern sollte.

Das Ritual der «Mysterienkulte» war zwar keineswegs einheitlich, aber es gipfelte gewöhnlich in einem sakramentalen Akt, der die Einzuweihenden in enge Verbindung mit der Kultgottheit brachte: mit Isis, Mithras, Dionysos oder dem jüdischen Gott. Da die Arkandisziplin zum Schweigen verpflichtete, wissen wir nur wenig über die entsprechenden Riten. Offenbar wurden in einer emotionalisierten Atmosphäre gewisse magische Handlungen mit bestimmten Gegenständen, Speisen oder Wasser durchgeführt.[28] Einige der Mysterienvereine, besonders der Mithraskult, kannten auch gemeinsame Mähler, die Plinius als «magische Gastmähler» *(magicae cenae)* bezeichnet.[29]

> Gespannte Erwartung, erhöht durch eine vorausgegangene Zeit des Fastens, strenges Schweigen, eindrucksvolle, aufwendige Prozessionen, Umzüge und Verkleidungen, laute und ohrenbetäubende oder liebliche, hinreißende Musik, bis zur Erschöpfung führende Tänze, der Konsum alkoholischen Getränks, das Beibringen von Wunden, der Wechsel von tiefer Finsternis und grellem, blendendem Licht, das Sehen herrlicher Kultgewänder, das feierliche Hantieren mit heiligen Gegenständen, sich mit den Erläuterungen des Hierophanten [eines Priesters] vermischende Autosuggestion – diese und viele andere Methoden der Erzeugung einer emotionalen Atmosphäre waren im Schwange.[30]

Die emotionale Atmosphäre, das magische Gerät und das Ziel einer mystischen Begegnung mit der Gottheit oder der göttlichen Wirklichkeit kennzeichnen das Sakrament der Mysterienkulte.

Obwohl das Judentum des 1. Jahrhunderts auch in der Diaspora fast ausschließlich eine volksgebundene Religion blieb, nahm es in manchen Kreisen die Züge einer Mysteriengemeinschaft an.[31] Diese Entwicklung war in gewisser Weise unvermeidlich, denn das Judentum hatte seine nationalen und politischen Institutionen längst eingebüßt und war ein Glaubenssystem und eine Lebensweise geworden, die ohne Rücksicht des Wohnorts praktiziert werden konnte – in Palästina nicht anders als in Ägypten, Rom oder Spanien. Der jüdische Gott eignete sich vorzüglich für einen Mysterienkult, da das ganze Weltall dem Schöpfer aller Dinge gehorchen mußte. Was immer ihre lokalen Ursprünge waren, die Mysterienkulte und ihre Götter überwanden örtliche Bindungen und die begrenzten Aufgaben, die sie in älteren religiösen Systemen hatten. Die Existenz jüdischer Mysteriengemeinschaften wird heute kaum mehr bestritten, wenn auch deren historische, im Tempelkult zu suchenden Anfänge im Dunkeln liegen.

In alttestamentlicher Zeit hatten nicht alle von Priestern gefeierten Rituale des Jerusalemer Tempels öffentlichen Charakter. Vielmehr gab es Feiern, zu denen wahrscheinlich nur Priester, der König und einige der Ältesten Zugang hatten. Nach einer der biblischen Sagen war Mose auf dem Berg Sinai nicht allein gewesen, als er mit Gott sprach. Einmal begleiteten ihn Priester und die Ältesten der israelitischen Stämme, insgesamt siebzig Männer. Diese «sahen Gott und speisten und tranken» (Ex 24,11). Der einschlägige biblische Bericht mag ein Echo theurgischer Riten darstellen, in denen Gott in einer von Weihrauch erzeugten Wolke gegenwärtig war.[32] Die Anwesenden hatten Gottesvisionen und hielten in Gottes Gegenwart ein Mahl. Gerhard von Rad, einer der größten Ausleger des Alten Testaments im 20. Jahrhundert, meinte, daß es im Tempel neben dem öffentlichen Kult «noch einen inneren Kreis von Riten, Weihen und Erlebnissen gab, zu dem wohl mancher zugelassen zu werden wünschte», der aber nur gewissen Priesterkreisen zugänglich war.[33]

In hellenistischer Zeit war die Teilnahme an jüdischen Mysterien offenbar weniger begrenzt; selbst Heiden konnten Zugang erlangen, sobald sie Aufnahme in das Judentum gefunden hatten. Kenner der antiken Religionsgeschichte haben immer wieder darauf hingewiesen, daß der aus neutestamentlicher Zeit stammenden Diasporanovelle *Josef und Asenat* eine jüdische Mysterienfeier zugrunde liegt. Die Geschichte erzählt, wie eine schöne Ägypterin namens Asenat sich zum Judentum bekehrt und den Juden Josef heiratet. Diese «Mysteriennovelle» erlaubt uns, die Umrisse einer ausführlichen Weihehandlung zu erkennen, die offenbar dazu diente, einen bekehrten Heiden oder eine bekehrte Heidin ins Judentum aufzunehmen.[34] Zuerst bekennt der Konvertit seine Sünden vor der versammelten Gemeinde und sagt sich von dem verunreinigenden heidnischen Kult los. Nach der Bekanntgabe, daß Gott den Konvertiten ins Judentum aufgenommen hat, wird dem neuen Mitglied ein anderer Name gegeben, er wird mit Öl gesalbt und mit einem neuen Gewand angetan. Schließlich spricht der Leiter des Zeremoniells ein Wort des Lobes und beglückwünscht das neue Mitglied: «Selig bist du, N., denn es wurden dir die unaussprechlichen Geheimnisse des Höchsten geoffenbart. Selig sind alle, die sich Gott dem Herrn in Umkehr anschließen.» Die «unaussprechlichen Geheimnisse» sind zweifellos die Honigwabe und der Becher, die dem Konvertiten nun zum Verzehr gereicht werden. Danach erklärt der Leiter: «Siehe, du hast das Brot des Lebens gekostet und den Becher der Unsterblichkeit getrunken und hast dich mit der Salbe der Unverweslichkeit gesalbt.»[35] Die Feier endet damit, daß alle Anwesenden das neue Mitglied küssen und so ihre Gemeinschaft mit ihm bekunden.

Obwohl diese Mysterienlesart der jüdischen Novelle attraktiv scheint, zögern einige Forscher, sie anzuerkennen. Auch Christoph Burchard, der sie eingehender Kritik unterzieht, sieht hier ein Echo magischen Brauchtums. Nach Burchard setzt die Erzählung voraus, daß jeder jüdische Mann eine Art magische Handlung vollzieht, wenn er über einem Mahl den Segen spricht. Der biblische Josef, so meint er, werde hier als ein frommer Mann gesehen, «der mit seinem Munde den lebendigen Gott lobpreist, gesegnetes Brot des Lebens ißt, den gesegneten Becher der Unsterblichkeit trinkt und sich mit gesegnetem Salböl der Unsterblichkeit salbt».[36] Der über Speise und das täglich gebrauchte Salböl gesprochene Segen verleiht eine besondere Qualität: Gesegnetes Brot ist Brot des Lebens – eine Speise, die nicht nur das Schwachwerden des menschlichen Leibes verhindert, sondern auch ewiges Leben garantiert. «Offenbar wollen die Segnungen Speise, Getränk und Salböl irgendwie mit Lebensgeist erfüllen, so daß sie den irdischen Ersatz für jenes himmlische Manna darstellen, das seinem Wesen nach als Lebensgeist gilt. Der Lebensgeist wird dann seinerseits den Menschen erfüllen, der die gesegnete Speise und das gesegnete Getränk zu sich nimmt und sich mit dem gesegneten Salböl einreibt.»[37] Bei den jüdischen Segnungen ist die Verwendung der passenden und manchmal komplizierten Form des göttlichen Namens wichtig, wie zum Beispiel (auf Hebräisch) «Schöpfer der Frucht des Baumes» oder «Herr unser Gott, Gott Israels, Gott der Heerscharen, der auf den Keruben thront».[38] Wer immer die Segnung der Speise richtig ausführen kann, vermag deren geheime und heilige Eigenschaften jederzeit zu nutzen, selbst dann, wenn er – oder sie – allein ist.

Das im Mittelpunkt des christlichen Gottesdienstes stehende, unter der Bezeichnung Abendmahl bekannte Sakrament besteht aus Gebeten, die über Brot und Wein gesprochen werden, und einem einfachen, gewöhnlich gemeinschaftlich gehaltenen Mahl. Bei der Vorbereitung von Speise und Getränk ruft der Leiter der Feier den Namen des Herrn Jesus an, dessen irdische Gegenwart die Weihehandlung herbeiführt. Um das sakramentale Mahl zu verstehen, müssen wir mit dem Stifter des Christentums beginnen – mit Jesus dem Magier.

2. Die Erfindung des magischen Mahls

Die ersten drei Jahrhunderte der christlichen Zeitrechnung – die Zeit, in der das Christentum in der römischen Welt entstand – besaßen eine blühende Kultur der Magie. Die jüdische Magie florierte nicht weniger als die babylonische, ägyptische und griechische. Die magischen Traditionen begegneten einander und konnten sich zu neuen Formen verbinden. In dieser Welt haben die frühen Christen ihre eigene magische Liturgie entwickelt, die Eucharistie. Dabei standen sie unter dem Einfluß eines im ersten Jahrhundert lebenden jüdischen Magiers: Jesus. Nach dem Tode Jesu beschäftigten sich seine Jünger intensiver mit der Kunst ihres Meisters; sie gingen so weit, daß sie dessen Opfermahl mit neuen Deutungen versahen, die ihren thaumaturgischen und theurgischen Vorlieben entsprachen. Diese Entwicklung läßt sich bereits im Neuen Testament verfolgen, dessen Schriften aus der zweiten Hälfte des 1. Jahrhunderts stammen. Im frühen 3. Jahrhundert überflutete unter dem Schutz von Julia Mamaea und Julia Domna, zwei Mitgliedern der kaiserlichen Familie, eine neue Welle der Begeisterung für esoterisches Ritual das Römische Reich. Die Christen feierten ihren nunmehr schon streng geregelten sakramentalen Gottesdienst mit großem Selbstbewußtsein, und einer ihrer Führer, Bischof Hippolyt, hielt die Liturgie in der *Apostolischen Überlieferung* fest. Wenn wir uns zuerst Jesus und seinen frühen Anhängern zuwenden, um uns dann mit Julia Domna, Julia Mamaea und Hippolyt zu beschäftigen, bewegen wir uns von Osten nach Westen und von den wenig deutlichen Anfängen zu einem fest etablierten Gottesdienst.

Jesus und das magische Mahl

Das Abendmahl entstand als eine einfache rituelle Geste, mit welcher Männer und Frauen, von Jesus angeleitet, Gott Brot und Wein als Ersatz für ein Tieropfer darbrachten (siehe oben, Kap. IV, S. 247–248). Um diesen Ritus auszuführen, benötigte man lediglich Brot und Wein; weder ein Priester noch ein Tempel war nötig. Man hätte diesen Ritus nach Jesu Vorbild feiern können, ohne sich an den Meister in besonderer Weise zu erinnern. Wir mögen jenen Menschen dankbar sein, die uns das ABC beibrachten, aber wenn wir schreiben, kommt es doch nur selten vor, daß wir innehalten und daran denken, wieviel Mühe einmal jemand aufbrachte, uns diese Kunst zu lehren. Die frühen Christen jedoch hatten das Bedürfnis, stets auch ihres Meisters zu gedenken, wenn sie Gott in der Weise verehrten, die er sie gelehrt hatte. Der Herr war tot, aber sein Gedächtnis lebendig, und lebendig blieb der Ritus, den er mit Brot und Wein gefeiert hatte. Wenn sie nun Brot und Wein Gott als Opfer darbrachten, so taten sie es im Gedenken an Jesus. Später waren einige der christlichen Führer sogar davon überzeugt, daß dies Jesu eigener Wunsch gewesen sei. Wenn sie den Bericht von Jesu Einsetzung der Feier vortrugen, ließen sie den Meister selbst sprechen: «Tut dies zu meinem Gedächtnis» (1 Kor 11,24; Lk 22,19). Da diese Anweisung im Bericht einiger neutestamentlicher Zeugen – bei Matthäus und Markus – fehlt und nur bei Paulus und Lukas belegt ist, dürfte es sich bei diesem Teil des Berichts um eine örtliche Variante handeln. Vielleicht ist sie in Antiochia entstanden, der Stadt, in der Paulus lebte, bevor er seine missionarische Laufbahn einschlug.

Wenn wir uns eines besonderen Menschen oder eines besonderen Augenblicks erinnern, bleiben wir oft nicht ungerührt. Wir mögen einen Augenblick der Vergangenheit wiedererleben und Freude oder Dankbarkeit, Liebe oder Bedauern fühlen, oder alles zugleich. Die Erinnerung vermag eine besondere Stimmung zu schaffen, in der die Vergangenheit die Gegenwart bereichert und verwandelt. Die Herzen jener, die sich des Herrn erinnerten, waren nicht kalt, sondern «brannten in ihnen» (Lk 24,32). Unter den frühen Gläubigen erreichten diese Gefühle und die sich daraus ergebende, von Erinnerung getragene Atmosphäre ihren Höhepunkt in der Feier der Eucharistie. Etwas Besonderes ereignete sich, wenn sich Christen versammelten, um Brot und Becher darzubringen. Es war dasselbe besondere Gefühl, das sie gespürt hatten, als ihr Meister Heilungsrituale durchführte und mystischen Kontakt mit der jenseitigen Welt aufnahm.

Das älteste und am weitesten verbreitete Jesusbild, das uns die biblische und außerbiblische Überlieferung bietet, ist das des Heilers, des Exorzisten und Wundertäters. «Er heilte viele, die an allen möglichen Krankheiten litten, und trieb viele Dämonen aus», heißt es bei Markus, dessen Evangelium als das älteste gilt (Mk 1,34). Nach Markus war es auch seine Fähigkeit, Wunder zu wirken, die ihn in ganz Galiläa bekannt machte, dem Land, aus dem er stammte und wo er lebte.[39] Man hielt ihn für einen Exorzisten, der «größer ist als Salomo» – für einen Mann, der in der Tradition Salomos steht, aber den legendären Begründer von Israels Magie noch übertrifft (Mt 12,42).[40] Jesus verstand seine Exorzismen und Heilungen als sichtbare Zeichen der Herrschaft Gottes. Sie zeigten, daß Gott selbst durch Jesus wirkte, wenn er «unreine Geister» austrieb.[41] Heilungsrituale erschöpften Jesu magisches Repertoire keineswegs, sondern stellten nur eine Seite seines vielfältigen Wirkens dar. Er vollzog außerdem Riten von der Art jener Weihehandlungen, wie wir sie aus den Mysterienkulten kennen.

In mysterienartigen Weihehandlungen brachte er einige seiner Jünger mit der himmlischen Welt in Berührung. Eine der einschlägigen theurgischen Weihen ist unter dem Namen *Taufe* bekannt. Es handelt sich um ein rituelles Bad. Zweifellos waren Jesus und seine Anhänger mit der auf das Reich Gottes vorbereitenden Taufe Johannes des Täufers unzufrieden. In der Jesusbewegung setzte die Taufe offenbar eine längere Vorbereitungszeit voraus. Die theurgische Handlung selbst begabte den Getauften mit dem Heiligen Geist und ließ ihn himmlische Visionen erleben.[42] Während die frühen Quellen über die Taufe wenig mitteilsam sind, erfahren wir mehr über Jesu *Verklärung*. Jesus nahm drei seiner Jünger und führte sie auf einen Berg, vermutlich nach einer sechstägigen Vorbereitungszeit.[43] Während einer rituellen Séance, deren Einzelheiten nicht mitgeteilt werden, begann das weiße Gewand, das Jesus eigens angelegt hatte, hell zu leuchten, eine himmlische Stimme ließ sich vernehmen, und Jesus sprach mit zwei himmlischen Gestalten: Mose und Elija. Diese theurgische Weihehandlung, in der Jesus himmlische Gestalten auf die Erde herabsteigen und sichtbar werden ließ, nahm Jesus offenbar nur für eine geistliche Elite vor. Ein anderes Mal, als Jesus in Gegenwart seiner Jünger auf dem Ölberg betete, erschien ein Engel.[44] Eine verwandte, im Alten Testament berichtete Szene, mag als Vorbild gedient haben: Mose hatte Israels Älteste auf den heiligen Berg geführt, wo sie «Gott sahen» (Ex 24,9–11). Das visionäre Schauen von Mose, Elija oder einem Engel in einem der Hypnose ähnlichen Zustand[45] war vermutlich nur die erste Stufe eines mystischen Aufstiegs, der schließlich dazu führen sollte, Gott selbst zu sehen.

Anders als frühere Kritiker verwerfen neuere Kommentatoren die Erzählung von Jesu Verklärung nicht mehr als eine bloße Legende.[46] Sie berufen sich auf antike Quellen, die wahrscheinlich machen, daß dem Bericht bestimmte rituelle Praktiken zugrunde lagen. Der Kontakt zu jenseitigen Wesen (Engeln, Göttern oder verstorbenen Menschen), die Angleichung eines Menschen an die Leuchtkraft der Götter und das Vorführen solcher Errungenschaften sind in der antiken Theurgie verbreitet. Besonders lehrreich ist der aus dem vierten Jahrhundert stammende Bericht über den Mönch Anatolius.[47] Dieser Wundermann kam aus dem Osten, vermutlich aus Beirut,[48] und lebte in einer Mönchsgemeinschaft in der Nähe von Tours in Gallien. Er hätte wohl kaum viel Aufsehen erregt, wenn er nur behauptet hätte, mit Engeln und anderen Himmelswesen zu verkehren, denn von Jesus wurde dies ebenfalls berichtet, und sowohl Paulus als auch Bischof Martinus von Tours (der Zeitgenosse des Anatolius) sagten dasselbe von sich.[49] Zweifellos beziehen sie sich auf reale Erlebnisse (die nach moderner Auffassung keine übernatürliche, sondern eine psychologische Erklärung erfordern). Die zweite Behauptung des Anatolius – «in mir wohnt die Kraft Gottes» *(in me Dei esse virtutem)* – war seltener, aber keineswegs einzigartig. Nach dem Johannesevangelium hatte Jesus solches behauptet, und Ähnliches wird vom Lehrer der Gerechtigkeit – dem Gründer der Qumransekte – berichtet.[50] Von Simon dem Magier, einem Vertreter samaritanischer Theurgie, sagten die Zeitgenossen: «Das ist die Kraft Gottes, die man die Große nennt» (Apg 8,10). Es überrascht nicht, daß nur wenige dieser Auserwählten ihre höhere Lichtnatur anderen offenbarten und ihnen zeigten, daß sie übernatürlichen Wesen begegnen und mit diesen sprechen konnten. Tatsächlich besitzen wir solche Berichte nur von Jesus und Anatolius. Anatolius gelang es, sein weißes, Licht ausstrahlendes Gewand einigen seiner Mitbrüder im Kloster zu zeigen und sie von seinen außerordentlichen Fähigkeiten zu überzeugen; andere jedoch lehnten seine theurgischen Künste als Werke des Teufels ab. Anatolius hatte seine Wurzeln in derselben religiösen Kultur von Syrien-Palästina wie Jesus. Sein Fall kann daher helfen, die frühchristliche Beziehung zu östlicher Theurgie und zu Mysterienriten aufzuhellen.[51]

Warum hat sich Jesus für Rituale interessiert, die an einen vollständigen Mysterienkult mit Weihehandlungen und heiliger Lehre erinnern? Die Antwort auf diese Frage kann aufgrund der mangelnden Kenntnis über den frühen Jesus natürlich nur einen Versuch darstellen. Bekannt sind uns seine Kontakte zu Johannes dem Täufer, dem Begründer einer Bewegung, die im Begriff war, sich zu einer organisierten Mysterienreligion zu entwickeln.[52] So mag sich Jesu Interesse an kultischen Handlungen von seinem Lehrer Johannes herleiten. Ebenso wie Johannes hatte auch Jesus seine Anhänger. Beide verkörpern einen Typ, der aus antiken Quellen gut bekannt ist: den wandernden heiligen Mann, der, von Kunden bezahlt oder Anhängern unterstützt, als Fachmann für heilige Dinge galt. Jedoch bildete der Kreis von Freunden und Anhängern des wandernden Magiers keinen Kultverein oder eine Kirche. Zwar waren Mysterienkulte oft als Vereine organisiert, aber Jesus scheint einen solchen nicht gegründet zu haben. Die Konsolidierung der Jesusbewegung in Form einer Reihe von örtlichen, synagogenartigen Verbänden ist eine spätere Entwicklung. Sie entsprach dem Wunsch derer, die Jesus gekannt hatten, seine Lehre und Mysterien weiterzupflegen. Die meisten Gelehrten stimmen der Auffassung Walter Burkerts zu, daß viele Mysterienkulte ihren Ursprung wandernden Magiern verdanken und als Vereine eine gewisse Stabilität erreichten, der Prozeß der Organisationsbildung jedoch in keinem Falle so erfolgreich war wie im Christentum.[53]

Obwohl manche Einzelheit im Dunkeln bleibt, zeichnen die frühen Quellen doch ein mehr oder weniger einheitliches Bild von Jesus, der zwei Formen «weißer» Magie pflegte: die Heilung und das Einführen anderer in die jenseitige Welt. In Erinnerung an die Thaumaturgie und Theurgie ihres Herrn haben sich die frühen Gläubigen dieser rituellen Muster bedient, um zu erklären, was geschieht, wenn sie das Herrenmahl feiern und die Speise des Herrn zu sich nehmen.

Zwei Gruppen frühchristlicher Schriften lassen sich unterscheiden. Nach den Evangelien des Markus, Matthäus und Lukas (den «Synoptikern») ist Jesus Heiler, Exorzist und Wundertäter. Seinen Anhängern werden Heilungen zuteil und manche beginnen, die entsprechende Tätigkeit selbst auszuüben. Das Reich Gottes ist gekommen, wenn Blinde sehen, Lahme gehen und die Dämonen gezwungen werden, gequälte Menschen zu verlassen und in Schweine zu fahren. In den Paulusbriefen und im Johannesevangelium dagegen ist Christus der auferstandene Herr, dem seine Anhänger in Glaube und Liebe verbunden sind und die danach streben, von seinem Geist erfüllt zu werden. Sie wollen zur geistlichen Reife kommen, so daß sie schließlich wie Paulus von sich sagen können: «Nicht mehr ich lebe, sondern Christus lebt in mir» (Gal 2,20). Der Unterschied zwischen den beiden Gruppen von Schriften läßt sich mit den Begriffen Thaumaturgie und Theurgie erfassen. Während die synoptischen Evangelien die thaumaturgische (wunderwirkende) Tätigkeit Jesu in den Mittelpunkt stellen und diese von seinen Anhängern fortgeführt sehen, insistieren Paulus und Johannes darauf, daß die christliche Existenz nicht auf äußerlichen Machterweisen beruht, sondern auf einer inneren, theurgischen Erfahrung. Paulus selbst erlebte eine Entrückung in den dritten Himmel und hörte Dinge, die sich der Mitteilung entziehen.[54] Im Johannesevangelium verheißt Jesus seinen Jüngern, daß sie ihn schon bald nach seinem Tod «sehen» werden, vermutlich in einer Art visionärer Schau, wie wir sie im Buch der Offenbarung finden.[55] Die Theologie von Johannes und Paulus wurde oft als Mystik charakterisiert. Albert Schweitzer veröffentlichte ein Buch über *Die Mystik des Apostels Paulus* (1930), und das Johannesevangelium mit seiner Botschaft der vorbildlichen Liebe zwischen Christus und dem «Lieblingsjünger» gilt als das «mystische Evangelium». Entsprechend ihrer allgemeinen thaumaturgischen bzw. theurgischen Perspektive bieten die beiden Gruppen neutestamentlicher Schriften zwei verschiedene Deutungen der Eucharistie. Während Johannes und Paulus vom Abendmahl als theurgischer Feier sprechen, geben die synoptischen Evangelien eine ausgesprochen thaumaturgische Interpretation.

Tatsächlich beherrscht die *Thaumaturgie* den synoptischen Bericht vom Abendmahl, bei dem Jesus die Eucharistie einsetzte. Die synoptischen Evangelien geben dem Bericht einen düsteren Hintergrund. Im Anschluß an die apokalyptische Überlieferung glauben die Erzähler, daß dem Anbrechen des Gottesreiches eine schreckliche Zeit des Krieges, der sozialen und politischen Wirren, von Hungersnot, Verfolgung, religiöser Auseinandersetzung und Abfall vieler vom wahren Glauben vorausgeht. Die Gefangennahme und schließliche Enthauptung Johannes des Täufers wie die Hinrichtung Jesu galten als Teil dieser «großen Drangsal» (Mt 24,21). Der biblische Bericht über das Leiden und die Kreuzigung Jesu enthält eine Beschreibung der letzten Mahlzeit, die er mit seinen engsten Freunden, seinen Jüngern, feierte. Als «Letztes Abendmahl» bekannt, soll es im Obergemach eines Jerusalemer Hauses gefeiert worden sein. Die Evangelien von Markus, Matthäus und Lukas halten folgende Züge dieses Mahls übereinstimmend fest: (1) Jesus hielt das Mahl im Wissen, daß es die letzte festliche Mahlzeit vor seinem Tode sein werde; (2) es war ein Passamahl, also ein hochzeremonielles Mahl, bei dem Brot und ein von seinen Jüngern am Tempel rituell geschlachtetes Lamm verzehrt und Wein getrunken wurde; (3) Jesus hatte den Vorsitz inne und reichte seinen Jüngern Brot und Wein mit den Worten «Das ist mein Leib» und «das ist mein Blut, das für viele (oder: für euch) vergossen wird».

Die symbolische Gleichsetzung von Brot und Wein mit Jesus leitet sich vom Passageschehen und gleichzeitig von der Erwartung des Todes Jesu in der «großen Drangsal» her. Als Teil der Feier wurde die Erzählung vom ursprünglichen, «ersten» Passa vorgetragen. In der Zeit des Mose, als die Israeliten in Ägypten gefangen waren, schickte Gott schreckliches Unglück, um das Land der Unterdrücker zu strafen. Um von einer der zehn gegen Ägypten gesandten Plagen nicht getroffen zu werden, mußten die Israeliten Lämmer schlachten und mit dem Blut die Schwellen ihrer Wohnungen markieren.[56] Dieses Blutzeichen sollte alles Böse fernhalten und die Häuser der Israeliten schützen. Da diese Plagen durch magische Handlungen hervorgerufen wurden (ein Zauberstab berührte Wasser, Staub wurde in die Luft geworfen), sollte ein ebenfalls magisches Blutzeichen dem Schutz dienen. Zweifellos beeindruckte die in hohem Maße von Magie beherrschte Erzählung eine Gemeinde, die mit ähnlichen Zauberhandlungen vertraut war. Außerdem befand sich die Gemeinde Jesu in einer ähnlichen Lage wie die Israeliten: Wie diese, so war auch sie von feindlichen Mächten umgeben. Offenbar sah man in den zehn Plagen der Geschichte vom Auszug aus Ägypten die Vorbilder jener schrecklichen Ereignisse der «großen Drangsal».[57] Indem er seinen Tod in einer symbolischen Geste mit Brot und Wein vorwegnahm, setzte sich Jesus an die Stelle des geschlachteten Lamms. Brot und Wein stehen für «Fleisch» und «Blut», die bei der Schlachtung des Opfertieres voneinander getrennt werden. Das Brot diente wie das Opferfleisch dem Verzehr. Selbstverständlich würde kein Jude Blut trinken,[58] doch gegen das Trinken von Wein sprach nichts. Nach dem ältesten Evangelium – dem Markusevangelium – setzte Jesus den Wein erst dann mit seinem Blut gleich, als die Jünger bereits aus dem herumgereichten Becher getrunken hatten.[59] Auf diese Weise wurde der Gedanke vom «Trinken» des Blutes zurückgedrängt oder vermieden.

Wie das Opferblut der ersten Passafeier die Israeliten in Ägypten beschützt hatte, so sollte das Blut – bzw. der Wein – Jesu die bösen Mächte abschrecken, welche seine Jünger bedrängten. Von Jesu Blut beschützt, würden die Jünger die kommenden, mit Jesu Tod beginnenden Drangsale überstehen. Dieser besondere Schutz bedeutet nicht, daß sie den schrecklichen Ereignissen unbeteiligt gegenüberstehen. Jesus selbst kündigte an, daß seine Jünger «abfallen» und «zerstreut» würden (Mk 14,27). Allerdings würde die Zerstreuung nur kurze Zeit dauern, denn bald würde sich die Gemeinde zur Feier des endgültigen Sieges im Reich Gottes zusammenfinden. Jesus glaubte, sein Tod würde zunächst eine schreckliche Krisenzeit, letztlich aber das Gottesreich einleiten. Sein Tod galt daher nicht nur als einer der schrecklichen Verluste, wie sie in der Zeit der Drangsal geschehen; da er das durch den Wein symbolisierte schützende Blut hervorbringt, ist der Tod des Meisters gleichzeitig ein Gewinn. Der Wert des Weines liegt darin, daß er die stets drohenden Mächte des Bösen von den Anhängern Jesu fernhält.

Die Feier des Passamahls Jesu war von der Erwartung seines gewaltsamen Todes geprägt. Als Vorbote der Drangsal kann die Gestalt des Judas, des Jüngers, der Jesus verraten sollte, verstanden werden. Ob die Anwesenheit des Verräters ein historischer Zug des biblischen Berichts ist oder nicht, läßt sich schwer entscheiden; jedoch handelt es sich um ein erzählerisches Detail, das die Phantasie anregt. Verrat und Haß unter Brüdern stehen auf der Liste der Schrecken, die der biblische Berichterstatter erwartet.[60]

Einige der frühen Christen haben noch um die apotropäische Bedeutung des christlichen Passaweines gewußt. Origenes gibt folgende Erklärung: «Indem sie sein Blut als einen wahren Trank zu sich nehmen, salben sie [die Gläubigen] die Oberschwellen der Häuser ihrer Seelen.»[61] Wer aus dem eucharistischen Becher trinkt, führt nach Origenes eine innere «Salbung» durch. Andere frühe Christen haben ihre Stirn mit dem eucharistischen Wein benetzt.[62] Das magische Zeichen, das früher an den Oberschwellen der Wohnhäuser angebracht wurde, diente nun als Schutzzeichen einzelner oder zumindest ihrer Seelen. Hat nicht Jesus selbst auf einen ähnlichen Zusammenhang hingewiesen, als er sagte, die Verfolger seiner Anhänger könnten «den Leib töten, die Seele aber nicht» (Mt 10,28)?

Nach dem anderen, dem *theurgischen* Modell führt die christliche Mahlfeier die Gegenwart des Herrn für die Anwesenden herbei und schafft eine bleibende Verbindung zwischen Christus und den Gläubigen. Im Neuen Testament läßt sich dieses Verständnis der Eucharistie vor allem bei Paulus und im Johannesevangelium nachweisen. Bei Paulus ist die Gegenwart Christi an Brot und Wein gebunden, die als «Speise des Herrn»[63] und «geistliche Speise» und «geistlicher Trank»[64] bezeichnet werden. Die eucharistischen Elemente dienen als geheimnisvolle «Gefäße» oder «Träger» des Geistes Christi, durch deren Verzehr die Gläubigen vom Geist erfüllt werden. Wer sich am magischen Mahl beteiligt ohne würdig zu sein, hat eine schreckliche Strafe zu gewärtigen. Statt den «lebensspendenden Geist» zu vermitteln, macht das Mahl «schwach und krank» und zieht den Tod nach sich (1 Kor 15,45; 11,27–30). Solange die einzelnen Gläubigen in einem harmonischen Verhältnis zu Jesus stehen, ist ihnen die Anwesenheit seines Geistes in ihrem Leib eine Gnade. Wer jedoch von Christi zornigem Geist beseelt ist, verfällt der Krankheit und dem Tod. Vielleicht haben Paulus und seine Zeitgenossen die Geschichte vom letzten Abendmahl gekannt: Alle Jünger Jesu aßen das gesegnete Brot und tranken aus dem Segensbecher; die Mehrzahl erhielt Anteil am Segen, einen jedoch ereilte der Tod: Judas, den Verräter Jesu.

Das Trinken einer magischen Substanz, die helfen oder schaden kann, war der jüdischen Überlieferung bekannt.[65] Ein Beispiel dafür ist das Trinkordal, das im Tempel geübt wurde, um Schuld oder Unschuld eines Angeklagten festzustellen. Dabei wurde dem Angeklagten Wein gereicht, der dem Unschuldigen Glück bringt, dem Schuldigen jedoch Schaden. Der «Becher des Heils» kann zu einem «Zornesbecher» werden. Wird von der Möglichkeit gesprochen, daß die eucharistische Speise eine schädliche und sogar tödliche Folge haben kann, so glaubt man ein Echo dieser alten, mit dem Ordal verbundenen Vorstellung zu vernehmen.

Nach Paulus repräsentieren Brot und Wein den abwesenden Christus oder den Geist Christi im wörtlichen Sinne: Sie machen ihn präsent. Genauer gesagt: die eucharistische Speise ist vom Geist «erfüllt», so daß alle, die davon essen, vom selben Geist erfüllt werden. Paulus hat den Gebrauch von Speise und Getränk als Träger übernatürlicher Kräfte und Wesen nicht erfunden; dieser Gedanke gehört zum Grundbestand der Magie und läßt sich aus antiken Quellen, auch aus der Bibel, gut belegen. Jesus selbst soll magische Speise verwendet haben. Er reichte Judas einen Bissen Brot und ließ so «Satan in ihn fahren», wobei er ihm auftrug: «Was du tun willst, das tu schnell!» (Joh 13,27) – ein in der Magie üblicher Befehl.[66] Einer der griechischen magischen Papyri enthält das Rezept für ein besonderes, aus Gerste hergestelltes Brot, das weibliche Gestalt haben soll und die Mondgöttin Selene darstellt.[67] In dem Brot soll sich das Wesen oder die Kraft der Göttin verkörpern. Jeden Monat in einer bestimmten Nacht nach vorhergehendem Fasten verzehrt, vermittelt dieses Brot besondere Kräfte. Auch Getränk dient in der Magie als Träger übernatürlicher Kraft. Ein jüdischer Zauberspruch kann dies illustrieren. Der Magier bittet den himmlischen Geist Davids: «Komm herab in diesen Becher, der vor mir steht. Fülle ihn mit Gnade und einem heiligen Geist, so daß er [sein Inhalt] in mir eine neue Pflanzung hervorbringt.»[68] Als hellenistische Christen wie Paulus ihre Eucharistielehre entwickelten, lag ihnen der Gedanke an Speise als Träger übernatürlicher Kräfte nahe. Wer die ehrwürdige Überlieferung von Jesus dem Theurgen kannte und schätzte, zögerte nicht, eine Art von Magie zu üben, die an die vom Herrn gepflegte erinnerte.

Mit dem Johannesevangelium betreten wir eine theurgische Welt, die sich von der des Paulus stark unterscheidet. Im einzigen Text, in dem Johannes die Eucharistie erwähnt, läßt er Jesus sagen: «Wer mein Fleisch ißt und mein Blut trinkt, hat das ewige Leben, und ich werde ihn auferwecken am Letzten Tag. (...) Wer dieses Brot ißt, wird leben in Ewigkeit» (Joh 6,54.58). Ignatius, ca. 100–117 Bischof von Antiochia, bedient sich einer ähnlich prägnanten Sprache für denselben Sachverhalt: «Das Brot, das die Unsterblichkeitsarznei ist, das Gegengift, das den Tod verhindert».[69] An anderer Stelle fügt er hinzu, daß die Eucharistiefeier hilft, «die Mächte Satans» zu zerschlagen.[70] In Schriften des hellenistischen Heidentums finden sich Wendungen, die der johanneischen und ignatianischen Ausdrucksweise genau entsprechen. So heißt es von der ägyptischen Göttin Isis, sie habe ihren Sohn Horus mit Hilfe der «Arznei der Unsterblichkeit» wieder zum Leben erweckt und dadurch die Übeltat des bösen Geistes Seth rückgängig gemacht.[71] Die Idee der lebenspendenden magischen Speise war nicht auf Christen beschränkt. Wie wir im vorigen Kapitel sahen, konnte das hellenistische Judentum selbst die gewöhnliche, alltägliche Mahlzeit als ein besonderes, ewiges Leben vermittelndes Mahl auffassen. Obwohl Christen sich an heidnischen Ritualen nicht beteiligten, lebte die Eucharistie doch im selben Milieu: dem der thaumaturgischen Magie.

Das Johannesevangelium kennt aber nicht nur die lebenspendende Natur der Eucharistie, sondern verleiht der Speise auch eine ausgesprochen theurgische Qualität, indem es auf die besondere Beziehung hinweist, die sie zwischen Jesus und dem Gläubigen herstellt: «Wer mein Fleisch ißt und mein Blut trinkt, der bleibt in mir, und ich bleibe in ihm» (Joh 6,56). Ein großer Teil der antiken Magie diente als Liebeszauber dazu, Liebe zu stiften, gewöhnlich zwischen einem Mann und einer Frau. Dabei konnte Brot als das Mittel dienen, das die Liebesbeziehung herstellt. Solcher Bindungszauber – konnektive Magie – war auch den Christen der Frühzeit vertraut. So haben die christlichen Priester der Spätantike «geweihtes Brot» *(panis eulogias)* denen gesandt, die nicht an der Kommunionfeier teilnehmen konnten, oder sie schickten es als Freundschaftsgabe in die Häuser ihrer Bekannten.[72] Als Augustinus einmal etwas «geweihtes Brot» einer Frau sandte (vermutlich Theresia, der Frau seines Freundes Paulinus von Nola), warf man ihm vor, er wolle sich durch *amatoria maleficia*, «Liebeszauber», an sie heranmachen.[73]

Auch Wein läßt sich im Liebeszauber einsetzen, wobei Wein mit Blut gleichgesetzt wird. In den griechischen magischen Papyri gibt es Rezepte und Sprüche, die an die christliche Eucharistie erinnern. Der Magier mischt ein Getränk, das aus Wein und bestimmten anderen Zutaten besteht, nennt es sein Blut und reicht es dann einer anderen Person, um deren Liebe zu gewinnen.[74] Die über Getränke oder Speise ausgesprochenen Gebete sind oft an Götter gerichtet, unter deren Namen sich auch solche befinden, die den jüdischen Gott bezeichnen: Iaô (der meistgebrauchte Name), Sabaot oder Adonai.

Besonders bemerkenswert ist folgender, wohl aus dem 1. Jahrhundert stammender heidnischer Liebeszauber, bei dem ebenfalls Wein gebraucht wird.[75] Der Liebhaber soll der Geliebten Wein zu trinken geben, um sie an sich zu binden. Dabei wird ein Mythos erzählt, der die rituelle Handlung begründet: Einst hatte Osiris der Göttin Isis Wein gereicht, das als Osirisblut galt. Die dadurch zustande gekommene Liebe war so stark, daß Osiris von Isis nach seinem Tod ins Leben zurückgerufen werden konnte. Das mythische Muster ist deutlich: Ein schwächerer Partner verbindet sich mit einem stärkeren durch eine Art Blutsbund. Zwar haben die Menschen der alten Welt nicht anders als wir zwischen erotischer Liebe und anderen Arten sozialer Bindung unterschieden, aber die Parallele zum Johannesevangelium ist dennoch nicht zu übersehen: Der Genuß von Brot und Wein verbindet den Gläubigen mit seinem Herrn.

Das Johannesevangelium ist von Hinweisen auf die Liebe zwischen Jesus und seinen Jüngern ebenso durchzogen wie mit solchen auf die Liebe zwischen Jesus und seinem himmlischen Vater. Die dahinter stehende Logik ist offensichtlich: «Wer mich liebt, wird von meinem Vater geliebt werden» (Joh 14,21). Der Liebesbund zwischen Jesus und seinen Anhängern erlaubt diesen, an der Liebe zwischen Jesus und Gott teilzuhaben. Allen, die in diesem Bund stehen, ist ewiges Leben verheißen.

Mit dem Trinken von Blut ist ein Problem gegeben: Juden trinken kein Blut; es dient ihnen in keiner Form zum Verzehr. Eine ihrer strengsten Vorschriften gebietet ihnen: «Als feste Regel gelte bei euch von Generation zu Generation an allen euren Wohnsitzen: Ihr dürft weder Fett noch Blut genießen» (Lev 3,17). Daß die Gläubigen bei der Eucharistie kein wirkliches Menschenblut tranken, sondern nur Wein, der Christi Blut symbolisch vertrat, konnte von Juden toleriert werden. Allerdings läßt das Johannesevangelium auch die Auffassung von Menschen erkennen, denen es unmöglich war, das magische Mahl zu vollziehen. Als der johanneische Jesus zum Trinken seines Blutes auffordert, kommt es zum Widerstand. «Was er sagt, ist unerträglich. Wer kann das anhören?», war die Reaktion. «Daraufhin zogen sich viele [!] Jünger zurück und wanderten nicht mehr mit ihm umher» (Joh 6,60.66). Der johanneische Jesus wird als einsamer Prophet gezeichnet, der nahe daran ist, seine engsten Jünger zu verlieren. Offenbar hat die neue magische Deutung des ursprünglichen Opferrituals zu einer schweren Krise geführt. Viele Gläubige, die aus dem traditionellen Judentum kamen, zogen es vor, die Gruppe zu verlassen. Ein kultisches Mahl, bei dem in symbolischer Weise Blut konsumiert wurde, war ihnen suspekt. Dennoch konnte sich das magische Verständnis durchsetzen. Die Jünger hatten nicht nur die Autorität, den Ritus festzusetzen, sondern konnten ihm auch eine bestimmte Deutung beilegen.

Die beiden Hauptquellen, denen wir die theurgische Deutung des Abendmahls entnehmen, werden durch einen isolierten Text aus dem Lukasevangelium ergänzt, eine Stelle, die durch ihren johanneischen Charakter auffällt.[76] Dieser Lukastext verläßt die thaumaturgische Orientierung, die dem Abendmahlsbericht dieses Evangeliums eigen ist. Dem Bericht zufolge trafen zwei der frühesten Anhänger Jesu ihren Herrn nach dessen Auferstehung, allerdings ohne ihn zu erkennen, da er als reisender Fremdling verkleidet war. Während sie mit ihm wandern, erklärt er ihnen die Heilige Schrift. Später, in einer Herberge angekommen, erkennen sie ihn daran, wie er ihnen «das Brot bricht» – dann entschwindet er ihren Blicken (Lk 24,30–32). Diese Legende mag eine Feier widerspiegeln, bei dem zuerst aus der Schrift vorgelesen und diese erklärt wurde; darauf folgte ein theurgischer Akt, der die wirkliche, wenngleich nur vorübergehende Gegenwart Christi heraufbeschwor. Die Erörterung der Heiligen Schrift eröffnet den Zugang zu höherer Weisheit, schafft eine gespannte Atmosphäre und dient so der Vorbereitung auf das sakramentale Ereignis. Der Lukastext hält fest, daß das Herz der Jünger brannte, als sie den verborgenen Sinn der Schrift verstanden. Sobald die theurgische Gruppe (von vielleicht nur zwei Menschen, wie in der lukanischen Legende) vorbereitet war, konnte der theurgische Akt des Brotbrechens die Gegenwart des Herrn selbst herbeiführen.[77] Welche Beziehung Christus hierbei zum Brot hat, bleibt ebenso unklar wie das Gebet, das hierbei zweifellos gesprochen wurde. Jedenfalls klingt der Bericht über die beiden Jünger, die dem Herrn begegnen, wie die Erinnerung an eine nächtliche magische Séance. Sollte diese Lesart das Richtige treffen, so hätten wir hier den frühesten Beleg für eine rituelle Abfolge, die noch heute üblich ist: die Kombination von schriftauslegender Predigt mit einem eucharistischen Ritual.

Die sich in der Erzählung von Lukas Kap. 24 spiegelnde Eucharistiefeier scheint in einem «halluzinatorischen» Ritus zu gipfeln, durch den Christus sichtbar wird, zumindest für solche, die glauben oder über eine besondere visionäre Begabung verfügen. Halluzinatorische Riten gehörten zum gut eingeführten Repertoire der theurgischen Künste.[78] Die Bibel berichtet zweimal davon, daß ein Magier den Totengeist eines Propheten oder sogar von zwei Propheten beschwört, so daß sich diese im Diesseits zeigen. Während der Totengeist Samuels nur für die Hexe von Endor sichtbar war und nicht auch für ihren Auftraggeber,[79] haben drei Jünger Jesu Mose und Elija wirklich gesehen.[80] Von der ersten christlichen Generation praktizierte halluzinatorische Riten bilden die geschichtliche Grundlage jener Berichte, nach denen Jesus nach seinem Tod «erschien» und «gesehen wurde». Jedoch sind halluzinatorische Riten stets problematisch, denn ihr Erfolg ist nicht garantiert. Wenn die Anwesenden den Herrn nicht erblicken, kann der Verdacht entstehen, daß der Ritus unwirksam ist. Ausbleibender Erfolg solcher Riten mag zur allgemeineren Annahme geführt haben, daß Christus während der Feier *unsicht-*

bar gegenwärtig ist. Der regelmäßig gepflegte theurgische Ritus will kein sichtbares Wunder mehr erzeugen. (Im Mittelalter werden Theologen die Lehre von einem unsichtbaren Wunder entwickeln, das sich bei jeder Eucharistiefeier ereignet.)

Schon in der ersten christlichen Generation, und nicht ohne Anknüpfung an Jesu eigene magische Tätigkeit, wurde ein sakramentales Mahl zu einem wichtigen Bestandteil des Kults. Sein Sinn wurde unterschiedlich angegeben: Für die einen bot es Schutz in den Drangsalen der Endzeit, für andere machte es Christus gegenwärtig, wieder anderen diente es dazu, mit dem Herrn einen Liebesbund einzugehen oder eine heilige, ewiges Leben vermittelnde Speise zu essen. Spätere christliche Autoren haben das sakramentale Erbe der biblischen Tradition vielfältig aufgegriffen und weiterentwickelt. Ihnen lag an der Festigung der organisatorischen Struktur der christlichen Gemeinde, die das magische Mahl feierte. Christen schlossen sich zu örtlichen Kultgemeinden zusammen, die an die in hellenistischen Städten verbreiteten Mysterienvereine erinnerten und diese vielleicht sogar nachahmten. Besonders die gnostische Richtung innerhalb des frühen Christentums griff die Praxis der Geheimhaltung auf, wahrscheinlich nach dem Vorbild der Mysterienkulte. Die Mitglieder gnostischer Gemeinden erkannten einander an bestimmten Zeichen und schlossen Nichtmitglieder von den Kultfeiern aus, die den Höhepunkt ihres Gemeindelebens bildeten.[81] Die frühen Christen wußten um die Vergleichbarkeit der heidnischen Mysterienfeiern mit ihren eigenen Ritualen. Da die christlichen und die heidnischen Mysterien denselben Typ von Kultgemeinschaft verkörpern, überrascht die Ähnlichkeit nicht. Den frühen Christen lag jedoch eine solche objektive Betrachtungsweise fern. Da Gott selbst hinter ihrem eigenen Kult stand, galten andere, ähnliche Kulte als illegitime Nachahmungen, hinter denen der Teufel steckte. So schreibt der christliche Apologet Justin über das eucharistische Mahl: «Auch diesen Brauch haben die bösen Dämonen in den Mithrasmysterien nachgeahmt und Anleitung dazu gegeben. Denn daß Brot und ein Becher Wassers bei den Weihen eines neuen Jüngers unter Hersagen bestimmter Sprüche gereicht werden, das wißt ihr oder könnt es erfahren.»[82] Nach Auffassung der frühen Theologen imitieren die Götzendiener den christlichen Gottesdienst und merken nicht, daß böse Geister sie mit leeren, inhaltslosen Formen betrügen.

Christliche Gemeinden waren Kultvereine mit fester Mitgliedschaft, einem Aufnahmeritus (der Taufe), einer regelmäßig gehaltenen zentralen Feier (dem sakramentalen Mahl) und einem Vorstand. Um das Jahr 200 n. Chr., im Zeitalter der Julia Domna und der Julia Mamaea, nahmen äußere Organisation der Kirche und Gottesdienst zunehmend festere Gestalt an.

Bischof Hippolyt oder Das magische Mahl im Zeitalter von Julia Domna und Julia Mamaea

In der Zeit von 190 bis 238 wirkte in Rom der aus dem griechisch sprechenden Osten stammende Hippolyt. In einer kleinen, *Apostolische Überlieferung* genannten Schrift hinterließ er uns eine Aufzeichnung von Regeln, die dem liturgischen Leben in der damals ansehnlichen christlichen Gemeinde zugrunde lagen.[83] In den Tagen des Hippolyt versammelten sich die Christen oft und hielten gemeinsame Mähler, von denen manche einen besonderen rituellen, feierlichen Rahmen hatten. Die *Apostolische Überlieferung* unterscheidet zwischen zwei Arten von religiösem Mahl; vereinfachend werden sie im folgenden als «Herrenmahl» und «Segnung» bezeichnet.

Das Herrenmahl begann mit einem feierlichen Dialog, in welchem der Bischof die Anwesenden aufforderte, ihren Sinn auf den Herrn zu richten. Auf seinen Ruf «Empor die Herzen», antwortete die Gemeinde: «Wir haben sie beim Herrn.»[84] Die Aufmerksamkeit und der vereinigte, konzentrierte Wille der Gemeinschaft war eine wesentliche Voraussetzung für das Gelingen der sakramentalen Handlung. In Übereinstimmung mit magischer Praxis schreibt die *Apostolische Überlieferung* die Worte vor, mit denen Brot und Wein geweiht werden. Das bischöfliche Weihegebet beginnt mit einem Bericht darüber, wie die heiligen Worte in menschlichen Besitz kamen:

> Wir sagen dir Dank, Gott, durch deinen geliebten Knecht Jesus Christus, den du uns in diesen letzten Zeiten als Retter, Erlöser und Boten deines Willens gesandt hast. (...) Ihn hast du vom Himmel gesandt in den Schoß einer Jungfrau. Im Leib getragen, wurde er Mensch und offenbarte sich als dein Sohn, geboren aus dem Heiligen Geist und der Jungfrau. Der deinen Willen erfüllen und dir ein heiliges Volk erwerben wollte, hat in seinem Leiden die Hände ausgebreitet, um die vom Leiden zu befreien, die an dich geglaubt haben.
>
> Als er sich freiwillig dem Leiden auslieferte, um den Tod aufzuheben, die Fesseln des Teufels zu zerreißen, die Unterwelt niederzutreten, die Gerechten zu erleuchten, eine Grenze zu ziehen [gegen die Mächte der Finsternis] und die Auferstehung kundzutun, nahm er Brot, sagte dir Dank und sprach: «Nehmet, eßt, das ist mein Leib, der für euch zerbrochen wird.» Ebenso nahm er auch den Becher und sprach: «Das ist mein Blut, das für euch vergossen wird. Wenn ihr dies tut, tut ihr es zu meinem Gedächtnis.» Seines Todes und seiner Auferstehung eingedenk bringen wir dir das Brot und den Kelch dar. Wir sagen dir Dank, daß du uns für würdig erachtest, vor dir zu stehen und dir als Priester zu dienen. Auch bitten wir dich, deinen heiligen Geist auf die Gabe der heiligen Kirche herabzusenden. Du versammelst sie zur Einheit, und so gib allen Heiligen, die sie [die Gabe] empfangen, Erfüllung mit heiligem Geist zur Stärkung des Glaubens in der Wahrheit. (...) Amen.[85]

Die *Apostolische Überlieferung* definiert die vom Priester geweihten Gaben als «das Symbol *(antitypos)* des Leibes Christi» und «Abbild *(similitudo)* des Blutes». Sie werden dem Gläubigen mit den Worten «Brot des Himmels in Jesus Christus» gereicht, worauf jeder, der sie empfängt, «Amen» antwortet *(Apostolische Überlieferung* 21).

Das andere heilige Mahl, die «Segnung», wird in der *Apostolischen Überlieferung* weniger ausführlich besprochen. Man mag sie eine Eucharistie minderen Ranges nennen. Ein reicher Patron scheint bestimmte Mitglieder der Gemeinde abends zum Essen einzuladen. Bevor gegessen wird, führen der Bischof und andere Amtsinhaber – Presbyter und Diakone – ein kleines Zeremoniell durch. Sie sprechen ein Abendgebet und rezitieren Psalmen. Von allen Anwesenden wird etwas Brot und Wein verzehrt. Dabei spricht nicht der Bischof ein allgemeines Segensgebet, sondern jeder Anwesende spricht für sich einen Tischsegen. Deshalb ist das verteilte Stück Brot, erklärt Hippolyt, «eine *eulogia* [Segnung] und keine [richtige] Eucharistie wie der Leib des Herrn» *(Apostolische Überlieferung* 26). Anwesende Taufbewerber erhalten ein anderes, «exorzisiertes» Stück Brot, das der Bischof für sie segnet. Erst nach diesem Eröffnungszeremoniell beginnt das eigentliche Mahl. Ist dieses beendet, werden noch einmal Gebete gesprochen, und Kinder und junge Frauen tragen Psalmen vor.

Zwar sind die knappen Ausführungen Hippolyts nicht immer leicht zu verstehen, aber es ist doch deutlich, daß das Herrenmahl dem von uns früher erörterten magischen Muster entspricht. Die «Segnung» muß offenbar ähnlich verstanden werden, obwohl bei ihr das magische Element offensichtlich zurückgedrängt und vielleicht bewußt heruntergespielt wird. Gibt es eine Erklärung für die Existenz von *zwei* sakralen Mählern? Zwei Erklärungen bieten sich an: (1) Die «Segnung» entspricht dem alten christlichen Brauch, daß sich die Gläubigen in kleinen Gruppen in der Wohnung eines Gemeindemitglieds zum Essen trafen. Das Herrenmahl ist dagegen etwas Neues: eine stark ritualisierte, vom ständig mächtiger werdenden Klerus beherrschte Feier, die ihren Ort in einem größeren Gebäude hat (wahrscheinlich einer Kirche[86]) und am Sonntag gehalten wird. Der Bischof legt zwar größeren Wert darauf, seiner eigenen, sonntäglichen Feier vorzustehen und dazu die ganze Gemeinde zu versammeln,[87] aber er versucht auch, seine Autorität bei kleineren und in den Wohnungen gefeierten Gemeinschaftsmählern zur Geltung zu bringen. Nur wenn der Bischof anwesend ist, erhält das privat gefeierte Mahl rituelle Würde und wird zur «Segnung». Bei Abwesenheit des Bischofs bleibt es eine gewöhnliche Mahlzeit. (2) Die andere Erklärungsmöglichkeit geht davon aus, daß die Versammlung im Hause eines Reichen mit dem römischen Patronatswesen in Verbindung steht.[88] In der römischen Gesellschaft war es üblich, daß reiche Patrone ihre Klienten gelegentlich einluden und ihnen eine freie Mahlzeit zukommen ließen. Wenn nun ein christlicher Patron seine christlichen Klienten einlud, bemühte sich der Klerus, ebenfalls anwesend zu sein. Mit der Autorität des Gastgebers im Wettstreit, versuchten sie, ihren eigenen, höheren Rang geltend zu machen, indem sie dem Mahl einen religiösen Rahmen gaben. Zu diesem Zweck erfanden sie die «Segnung» als ein Herrenmahl minderen Ranges.

Welche Deutung auch immer zutreffend sein mag, es kann festgehalten werden, daß die römischen Christen in der Zeit um 200 ein deutliches Wachstum der institutionellen Verfassung ihrer Kirche erlebten. Man gab die frühere

Presbyterialverfassung auf und setzte Bischöfe ein. Es gab zwar immer noch von Presbytern und Lehrern geleitete «Hauskirchen» oder «Hausschulen», aber mehrere kleine Gruppen schlossen sich nun unter einem Bischof zusammen. Von den Gläubigen gewählt, war der Bischof Vorsteher einer Ortskirche (schon bald nach Hippolyt gab es nur noch einen einzigen Bischof in der Stadt Rom[89]). Die mehrstufige Ämterstruktur ist nicht auf Rom und die *Apostolische Überlieferung* beschränkt, sondern findet sich gleichzeitig in der *Syrischen Didaskalie*, einer im Osten entstandenen Schrift. Kirchengebäude, Bischof und abgestuftes System heiliger Mähler[90] entstanden etwa gleichzeitig und bildeten Teil derselben institutionellen Entwicklung.

Die Herausbildung des bischöflichen Amtes stärkte zweifellos die magische Seite der Eucharistie. Mit dem Bischof verfügte die Kirche über eine Person mit hervorragender ritueller Kompetenz und Autorität. Die heiligen Mähler erhielten ihr Ansehen und ihre besondere Gestalt jedoch nicht nur durch das institutionelle Wachstum, sondern auch durch das allgemeine religiöse Klima. Zur Zeit Hippolyts bestimmten Julia Domna und Julia Mamaea, zwei weibliche Mitglieder des Kaiserhauses, das kulturelle Leben. Julia Domna wurde in Syrien als Tochter eines Priesterfürsten des Sonnengottes von Emesa geboren und interessierte sich zeitlebens für Religion und Magie. Als Gemahlin von Kaiser Septimius Severus, der von 193 bis 211 regierte, kam sie nach Rom. Unter Julia Domnas Einfluß gewannen aus dem Osten kommende magische Kulte im westlichen Teil des Reiches an Bedeutung. Der vom severischen Kaiserhaus (193–235) begünstigte kulturelle Wandel ermöglichte auch eine Renaissance der Magie.[91] Vier Jahrzehnte lang stand die römische Welt unter der Herrschaft einer an Religion interessierten und unter dem Einfluß semitischer Frauen stehenden Dynastie. Vier Jahrzehnte lang erfreuten sich magische Kulte wenn nicht kaiserlicher Protektion, so doch Duldung und florierten vor allem in der Stadt Rom. Zwei der severischen Herrscher, Elagabal und Severus Alexander, scheinen sogar das Christentum favorisiert zu haben. Julia Domna selbst war keine praktizierende Magierin, doch umgab sie sich mit Philosophen und Intellektuellen, die magischen Künsten zugeneigt waren. Ihr Sohn Caracalla fand großes Gefallen an Zauberern und errichtete dem im 1. Jahrhundert lebenden berühmten Philosophen, Wundertäter und Heiler Apollonius ein Heiligtum. Auf Anregung Julias verfaßte der attische Autor Philostratos im Jahre 217 eine Biographie des Apollonius.[92] Moderne Gelehrte haben dieses Werk oft mit den Evangelien des Neuen Testaments verglichen und erörtern bis heute die Frage, ob Philostratos christliche Traditionen kannte und verarbeitete.[93] Wenn dies auch umstritten bleibt, so sind sich die Fachleute doch darin einig, daß das kulturelle Klima, in dem das *Leben des Apollonius* entstand, christlicher wie heidnischer Magie günstig war. Im Westen begeisterte man sich für Apollonius und bewunderte die höhere Weisheit der Kulte und der Magie des Ostens. Einer der Nachfolger des Septimius Severus, der in Phönizien geborene Kaiser Severus Alexander (222–235), soll seine Hauskapelle mit Statuen von Apollonius (dem Magier), Christus, Abraham und Orpheus ausgestattet haben.[94] Obwohl diese Überlieferung von modernen Historikern zumeist angezweifelt wird, wirft sie doch ein Licht auf die religiöse Aufgeschlossenheit der severischen Dynastie. Über Bischof Hippolyts Beziehungen zum kaiserlichen Hof ist uns zwar nichts bekannt, doch ist nicht auszuschließen, daß er mit Julia Mamaea, der Mutter des Kaisers Severus Alexander, freundschaftlichen Umgang pflegte. Daß Julia Mamaea großes Interesse an Religion hatte, beweist ihr gut bezeugtes Gespräch mit dem Kirchenvater Origenes.[95] Hippolyt widmete ihr eines seiner Werke, eine Abhandlung über die Auferstehung.[96] (Dabei scheint er für einen Augenblick seine negative Beurteilung des Römischen Reiches vergessen zu haben, das er sonst mit Daniels «wildem Tier, das jetzt herrscht» gleichsetzte.[97])

Wir wissen nur wenig über das magische Milieu in Syrien, wo Julia Domna und ihre Nichte Julia Mamaea aufgewachsen sind. Vermutlich unterschied es sich kaum von dem anderer östlicher Kulte. Die jüdische Magie dieser Zeit ist gut dokumentiert. Der in Babylonien lebende Rabbine war nicht nur ein Thaumaturge, der sich auf Regenzauber verstand und Sprüche zur Heilung von Krankheiten wußte; er war auch Theurge, «den Engel zu besuchen pflegten und der von ihnen Botschaften empfing. Er konnte Geister sehen und mit ihnen reden, wie er auch mit den Toten sprach».[98] Unter den Juden wie den Heiden des Ostens blühte die Magie.

In den Tagen der Severer fand das Christentum als eine an magischem Brauchtum reiche Religion auch bei Heiden großen Anklang. In der um 200 lebenden Generation, meint William Frend, wurde das Christentum «zu einer der größten Religionen der römischen Welt».[99]

Das severische Interesse an östlichen Kulten kam Bischof Hippolyt gewiß gelegen, brachte es doch Anerkennung und neue Anhänger. Aber es brachte auch Probleme mit sich. Als christlicher Philosoph und Magier lehnte Hippolyt die heidnische Magie ebenso ab wie er die unorthodoxe Magie mancher Christen verabscheute. Nach seiner *Apostolischen Überlieferung* wollten manche heidnischen Magier unter die christlichen Taufbewerber aufgenommen werden, vermutlich in der Hoffnung, neue und wirksamere Rituale zu erlernen und ihrem Repertoire hinzuzufügen. Zwar war das Ansinnen solcher Leute geschickter eingefädelt als das Vorgehen von Simon dem Zauberer, der nach der Apostelgeschichte rituelle Befähigung für Geld kaufen wollte,[100] aber Hippolyt duldete sie nicht unter den Bewerbern: «Ein Magier werde nicht einmal zur Prüfung zugelassen. Zauberer, Sterndeuter, Wahrsager, Traumdeuter, Scharlatane (...) sowie derjenige, der Amulette anfertigt: alle diese sollen ihre Tätigkeit aufgeben oder abgewiesen werden» *(Apostolische Überlieferung* 16). Hippolyt wollte nicht mit den «magischen Künsten und Beschwörungen, Liebestränken und ausschweifenden Festen» der christlichen Gruppe der Karpokratianer in Berührung kommen.[101] Auf die betrügerische Eucharistiefeier eines gewissen Markus geht er recht ausführlich ein.[102] Während er über einer Schale mit Wasser unverständliche Worte spricht, gibt Markus dem Wasser durch eine insgeheim zugegebene Substanz rote Farbe und durch einen besonderen Trick bringt er die Schale mit dem heiligen Getränk zum Überlaufen. Seine schärfste Kritik behält Hippolyt aber der heidnischen Zauberei und der Astrologie vor, die er in seiner vielbändigen *Widerlegung aller Häresien* als Betrügerei entlarvt.[103] Seine lebendigste polemische Beschreibung gilt einer Séance, bei welcher der Magier in finsterer, mondloser Nacht eine blutrünstige Göttin einlädt. Hekate, die herbeigerufene Göttin, durchstreift die Erde in Begleitung bellender Hunde und der hungrigen Geister von Frühverstorbenen, Ermordeten und unbestatteten Toten. Als Göttin semitischer Herkunft, deren Name ägyptisch ist und «weibliche Magie» bedeutet, verkörpert Hekate die okkulten Kräfte, derer sich Magier bedienen.[104] Die Angabe von Einzelheiten ist manchmal so präzise, daß Hippolyt seine Leser vor der Durchführung der von ihm beschriebenen Riten warnt: Seine *Widerlegung* soll nicht als Handbuch der schwarzen Kunst mißbraucht werden. Hippolyt scheint auf schriftliche Quellen zurückgegriffen zu haben, doch seine Wiedergabe von Rezepten, Beschreibung ritueller Praktiken, Kenntnis der Rolle von Helfern und Meistern, aber auch der Leichtgläubigkeit von deren Kundschaft sprechen für Hippolyts Vertrautheit mit dem Gegenstand. Er kannte die Praktiken heidnischer Magie wahrscheinlich auch aus eigener Anschauung.

Im 3. Jahrhundert interessierten sich Christen, Juden und Heiden gleichermaßen für Magie. Philosophen und Denker wollten nicht nur theoretisches Wissen und Buchgelehrsamkeit erwerben, sondern praktische Kenntnisse, mit denen zu beweisen war, daß Wissen tatsächlich Macht bedeutet – magische, übermenschliche Macht. Statt abstrakter, theoretischer Aussagen wollte man den richtigen Zauberspruch, das einschlägige magische Rezept, den wirksamen Zaubertrank kennen. Auch Hippolyts Gottesdienst war von magischer Qualität. In der *Apostolischen Überlieferung* finden Schriftlesung und Predigt als intellektuelle Bestandteile der Liturgie kaum Berücksichtigung. Im Mittelpunkt stehen Herstellung und Verzehr der heiligen Speise. Unschwer lassen sich in seiner Beschreibung die Bestandteile jedes theurgischen Rituals erkennen: der Zauberspruch, die rituelle Handlung und die Person des Magiers. Der Magier ist kein anderer als der Bischof selbst, denn die Kompliziertheit der antiken Magie erfordert den Vollzeit-Spezialisten.[105] «Der Magier zweifelt nicht, daß die Durchführung des richtigen Zeremoniells, begleitet von den dazugehörigen Sprüchen, unweigerlich den gewünschten Erfolg erzielt», meint Frazer mit Bezug auf alle Magie, und das gilt auch für Hippolyts Eucharistiefeier.[106] Bei magischen Handlungen kommt dem Wortlaut der verwendeten Sprüche große Bedeutung zu. Oft wird der Spruch durch eine Geschichte eingeleitet, die das Schicksal einer an dem Geschehen beteiligten Gottheit oder eines Geistes erzählt. Diese in der Religionswissenschaft so genannte *historiola*[107] verbindet eine mythische Vergangenheit mit der Gegenwart des Magiers: «Magie schafft die Brücke zwischen dem Goldenen Zeitalter göttlicher Kunst und der heute das Wunder wirkenden Kraft. Daher sind die Sprüche voll von mythischen Anspielungen die, wenn ausgesprochen, die Kräfte der Vergangenheit entbinden und in der Gegenwart verfügbar machen.»[108] Auch das «Amen», mit dem die Gemeinde Hippolyts Eucharistiegebet beantwortet, ist ein magisches Wort der Zustimmung. In der griechisch sprechenden Gemeinde Hippolyts in Rom hatte das Wort einen fremden und eigenartigen Klang und galt daher als von magischer Kraft erfüllt.

Wodurch geschieht die Konsekration von Brot und Wein? Hippolyt gibt keine genaue Auskunft, aber sein Zeitgenosse Tertullian läßt erkennen, daß es zumindest bestimmte Kreise gab, die in den Worten Jesu «Das ist mein Leib – Das ist mein Blut» die entscheidende Weiheformel sahen.[109] Bei Hippolyt entsteht der Eindruck, daß die Weihehandlung zweimal stattfindet: zuerst durch das Aussprechen der Worte Jesu und anschließend durch das Herabrufen des Heiligen Geistes auf die Gaben.[110] Jedenfalls scheinen die Gläubigen, wenn sie die heilige Speise zu sich nehmen, des Heiligen Geistes teilhaftig zu werden. Aber was genau ist mit dem «Geist» hier gemeint?[111] Handelt es sich um den Geist Christi, den die griechische Überlieferung Logos nennt? Oder ist es der Geist des himmlischen Vaters, der, in Gestalt des Geistes, Jesu jungfräuliche Mutter befruchtete? Weder in der *Apostolischen Überlieferung* noch im übrigen Werk Hippolyts findet sich eine Antwort.

Kein Zweifel besteht jedoch darüber, daß die geweihten Elemente besondere, magische Eigenschaften besitzen. Sie haben Anteil an Jesu Vollmacht, «den Tod aufzuheben, die Fesseln des Teufels zu zerreißen, die Unterwelt niederzutreten, die Gerechten zu erleuchten, eine Grenze zu ziehen [gegen die Mächte der Finsternis]».[112] Nach der Feier des Herrenmahles nahmen die Teilnehmer von dem geweihten Brot mit nach Hause, um jeden Morgen etwas davon verzehren zu können.[113] Dadurch sollten sich die Gläubigen eines besonderen Schutzes erfreuen, denn wer das Brot gläubig verzehrt, «dem wird auch später gegebenes tödliches Gift nicht schaden» *(Apostolische Überlieferung* 36). Im Anschluß an diese etwas gewagte Verheißung wird die größeren Realismus verratende Anweisung gegeben, das heilige Brot nicht Ungläubigen (als Arznei?) zu geben und vor Mäusen zu schützen.

Als Severus Alexander im Jahre 235 starb und die Herrschaft der severischen Dynastie erlosch, kam es zu einer plötzlichen Wende. Die Herrscher betrachteten die Magier zunehmend als Konkurrenten, die ihrem eigenen Machtanspruch im Wege standen. Christen galten fortan als verdächtig.[114] Noch im Todesjahr des Severus Alexander begann dessen Nachfolger Maximinus, das Christentum als illegalen Kult zu bekämpfen. Hippolyt wurde nach Sardinien verbannt und starb in einem römischen Gefängnis. Der Verfolgung gelang es jedoch nicht, die Kirche zu vernichten oder ihre Liturgie zu treffen. Trotz (oder gerade wegen) des immer schärfer werdenden staatlichen Vorgehens gegen Magie und Zukunftsdeuterei konnte sich die magische Renaissance nicht nur behaupten, sondern ihren Einfluß noch vergrößern.[115] Ob jüdisch, christlich oder heidnisch, Magie und Theurgie wurden geschätzt und gefürchtet und zogen eine immer größer werdende Zahl von Intellektuellen an.

3. Christi sakramentale Gegenwart

Die Idee des lebenspendenden Brotes im Johannesevangelium («wer mein Fleisch ißt und mein Blut trinkt, hat das ewige Leben», Joh 6,54) knüpft an die Erfahrung an, daß uns Speise am Leben erhält. Sakramentales Brot leistet dasselbe, allerdings in magisch gesteigertem Ausmaß. Wie jede Magie setzt auch das christliche Sakrament eine Art Theorie darüber voraus, auf welche Weise die Handlung das Gewünschte erzielt. Im 3. Jahrhundert konnte die *Apostolische Überlieferung* als eine Abhandlung über diese Frage gelten. Alsbald begannen die Theologen jedoch, eingehendere Untersuchungen anzustellen. Auf welche Weise ist Christus in der Eucharistie gegenwärtig? Das war eine der wichtigsten Fragen, die, immer wieder neu gestellt, nach einer Antwort verlangte.

Während der langen Zeit, in der Christen die Eucharistie feierten und über sie nachdachten, entstanden drei wichtige Auffassungen: eine erste, welche die Feier als heiliges Drama begreift; eine zweite, die ihren Blick auf die heiligen Elemente von Brot und Wein richtet; und eine dritte, die vom Eingreifen Christi während der Feier selbst spricht. Das handlungsbezogene, für die östliche Christenheit typische Modell läßt sich exemplarisch am Werk des Pseudo-Dionysius verdeutlichen, einem griechisch sprechenden Autor der Zeit um 500. Die zweite, substanzbezogene Sicht wurde besonders in der mittelalterlichen Theologie des Westens ausgearbeitet, und wir werden sie besonders in der Gestalt vorführen, die ihr Thomas von Aquin gab. Ursprünglich von Augustinus entwickelt, wurde die dritte Lehrmeinung im 16. Jahrhundert als protestantische Alternative zur katholischen Auffassung verbreitet. Am Beispiel Johannes Calvins soll dieser dritte Aspekt erörtert werden.

Die East-Side Story: Die Messe als heiliges Drama nach Pseudo-Dionysius

Nach dem Bericht der Apostelgeschichte soll Paulus einen Athener namens Dionysius Areopagites zum Christentum bekehrt haben. Mehr erfahren wir aus dem Neuen Testament nicht über diesen Mann.[116] Im frühen 6. Jahrhundert jedoch zitieren einige Autoren aus Büchern, die jenem Dionysius zugeschrieben werden, und in der Folgezeit erlangten diese Schriften hohes Ansehen. Welcher Schriftsteller sich hinter dem Pseudonym Dionysius verbirgt, ist unbekannt. Die heutige Forschung denkt an einen um 500 lebenden syrischen Bischof, der sich selbst als bekehrten Athener sah, d. h. als einen heidnischen Philosophen, der sich dem Christentum zuwandte. Man ist sich heute einig, daß Pseudo-Dionysius seine philosophischen Wurzeln im Neuplatonismus des 4. und 5. Jahrhunderts hat.

Um die sakramentale Theologie des Areopagiten zu verstehen, müssen wir uns zunächst der Theurgie zuwenden, wie sie von den neuplatonischen Philosophen praktiziert wurde. In der Spätantike sahen alle Anhänger Platons das Ziel der Philosophie in der Überwindung der Entfremdung von der göttlichen Welt. Um dieses Ziel zu erreichen, hatten sie mehrere Möglichkeiten entwickelt: strenges Studium, harte Askese und sogar die Gründung einer Stadt, die Platonopolis heißen sollte, die aber nicht realisiert wurde[117]. Auf diese Weise wollte man die Seele läutern und so auf ihren nach dem Tod erfolgenden Aufstieg zum Himmel vorbereiten. Im 4. Jahrhundert hatten die platonischen Philosophen einen neuen – obgleich eigentlich sehr alten – Weg zum Heil entdeckt: den Weg des religiösen Rituals.[118] Mit dem Ritual war eine andere Verheißung verbunden als mit der Enthaltsamkeit. Wer sich als Asket nicht auf die Welt einließ, hoffte, sich der göttlichen Welt bereits während seines irdischen Lebens anzunähern. Nach dem Tod würde er um so leichter aus der Welt scheiden und zur Welt der Götter aufsteigen können. Nein, meinte Jamblich (ca. 250–330), ein aus Syrien stammender Anhänger Platons. Wir sollen nicht zu den Göttern aufsteigen, sondern die freundlichen, die Welt liebenden Gottheiten einladen, sich mit uns hier auf Erden zu verbinden. Wenn sie zu uns kommen, werden sie uns gleichzeitig erhöhen. «Nicht die [theoretische] Erkenntnis an sich verbindet die Theurgen mit den Göttern (...) Vielmehr begründet erst der dem Göttlichen entsprechende und über alle Einsicht erhabene Vollzug der okkulten heiligen Zeremonien und erst die Kraft der unaussprechlichen, den Göttern allein verständlichen Symbole die theurgische Vereinigung [mit den Göttern].»[119] Nach Jamblich wissen Priester und Magier schon seit langer Zeit, wie man die Götter auf erfolgversprechende Weise einlädt. Ihr kultisches Wissen erlaubt es ihnen, die Götter dazu zu bewegen, zu jenen Menschen zu kommen, die ihrer wohltätigen Gegenwart bedürfen. Jamblich, der Syrer, der seinen semitischen Namen beibehielt, erinnerte seine philosophischen Kollegen an eine Binsenweisheit, die allen vertraut war, die in der griechischen oder einer vorderorientalischen Religion beheimatet waren: Naht man sich den Göttern demütig und mit Hilfe der rechten Worte und heiligen Handlungen, dann kommen sie segnend herbei und sind den Menschen freundlich gesonnen.[120]

Die neuplatonischen Theurgen schätzten und unterstützten offenbar alle traditionellen heidnischen Rituale, die in der zunehmend christlichen Kultur des 5. und 6. Jahrhunderts noch gepflegt wurden. Allerdings bevorzugten sie bestimmte Rituale. Eines davon mag uns einen Eindruck von den theurgischen Riten der Philosophen vermitteln. Wer der Göttin Hekate begegnen wollte, sollte der von ihr selbst gegebenen Anweisung folgen.[121] Nach dieser soll man zunächst eine Hekate darstellende Puppe aus wilder Raute, einem holzigen, herb aromatischen Strauch herstellen, denn diese Pflanze ist der Göttin heilig. In der anschließenden Weihehandlung verbindet sich die Göttin mit der Puppe und nimmt gleichsam in ihr Platz. Dabei wird das Bildnis mit kleinen Tieren geschmückt, eine Mischung aus wohlriechenden Stoffen und zerstoßenen Eidechsen verbrannt sowie ein bestimmtes Gebet im Freien bei zunehmendem Mond gesprochen. Die Anweisung schließt mit der Verheißung der Göttin: «Und wenn du dich dann an das Bildnis mit flehentlichem Gebet wendest, dann wirst du mich im Schlafe [in Trance?] sehen.» Modernen Rationalisten wie solchen der Antike erscheint ein Ritual dieser Art als abergläubisch, die Neuplatoniker haben es jedoch auf der Grundlage einer ausgeklügelten Philosophie verteidigt.[122] Im Anschluß an Platon gingen sie davon aus, daß unsere materielle, irdische Welt, verglichen mit ihrem transzendenten, idealen Urbild, als unvollkommen erscheinen muß. Doch gibt es innerhalb der materiellen Welt etwas, das noch von ihrem göttlichen Ursprung zeugt und gleichsam ein Echo der höheren Welt darstellt. Diese verborgenen, oftmals kaum wahrnehmbaren Zeichen göttlicher Herrlichkeit können in besonderen, eigens hergestellten Gegenständen konzentriert und dadurch zugänglich gemacht werden. Durch die rechte Zusammenfügung und Handhabung gewisser theurgischer Substanzen läßt sich reine und einheitliche Materie herstellen, die ihrer ursprünglichen Idee entspricht. Diese göttliche Materie entspricht auch den transzendenten Göttern, welche die Herrschaft darüber ausüben. Indem er sich des feinen Netzwerks jener Kräfte bedient, die das Abbild mit seinem Urbild und der Gottheit verbinden, und indem er die richtigen materiellen Dinge zusammenfügt, kann der Theurge mit den durch sie repräsentierten Gottheiten in Kontakt treten – zum Beispiel mit der Göttin Hekate.

Das Rezept zur Herstellung und Belebung des Bildnisses der Hekate entstammt den *Chaldäischen Orakeln.*[123] Es handelt sich um eine Sammlung schwülstiger und dunkler Orakelsprüche, die, in griechische Hexameter gekleidet, auf die in Trance empfangenen Offenbarungen eines syrischen Propheten oder einer Prophetin zurückgehen. Der Neuplatoniker Porphyrios (ca. 232–303) schrieb einen Kommentar zu diesem Werk, das in den Kanon der Texte aufgenommen wurde, die von vielen der Anhänger Platons geschätzt und studiert wurden. Zu den Liebhabern der *Chaldäischen Orakel* zählte auch Proklos (412–485), das letzte Oberhaupt der neuplatonischen Schule in Athen, den sein antiker Biograph Marinus nicht nur als einen tiefen Denker und engagierten Lehrer darstellt, sondern auch als einen frommen Heiden und Theurgen. Marinus spricht von ihm als aktivem Mitglied einer Gruppe, die in «chaldäischen Versammlungen und Treffen» theurgische Rituale pflegte.[124] Vermutlich war es mit Hilfe eines Rituals wie dem von uns angeführten möglich, daß sich Proklos mit einer lichtvollen Erscheinung Hekates unterreden konnte. «Wenn Proklos von diesen Dingen sprach», berichtet Marinus, «dann war er in Tränen – so eng war seine Beziehung zum Göttlichen.»[125] Athen war seit der Mitte des 5. Jahrhunderts eine christliche Stadt, doch die Behörden duldeten Proklos und die privaten heidnischen Kulte, die in den Wohnungen oder an einigen der alten Heiligtümer noch gepflegt wurden.[126] Die modernen Gelehrten sehen in Proklos einen der Philosophen, von denen Pseudo-Dionysius am meisten gelernt hat. Tatsächlich erwähnt der pseudonyme Autor auch den Titel eines der Werke des Proklos, die *Elemente der Theologie.*[127]

Die heutigen Leser des Werks von Dionysius klagen oft darüber, daß dieses kaum verständlich sei. Ein erster Blick in die *Kirchliche Hierarchie*, das Buch über die Sakramente, läßt die meisten das Werk als unzugänglich beiseite legen.[128] Trotzdem haben seine Darlegungen über die Eucharistie nichts Unverständliches an sich. Nach der Entlassung der Taufbewerber tauschen die getauften Mitglieder der Gemeinde den Friedenskuß aus, um dann dem heiligen Geschehen beizuwohnen, das der Bischof zelebriert. Brot und Wein werden gebracht, vermutlich verhüllt, Loblieder werden vom Zelebranten gesungen, und nach der Kommunion des Bischofs erhalten die Gläubigen die heilige Speise. Auf diese Beschreibung des äußeren Ablaufs der Feier folgt eine sehr dichte und zunächst unzugängliche philosophische Auslegung. Wenn wir jedoch eines der üblichen theurgischen Rituale (wie die Herbeirufung der Göttin Hekate) zum Vergleich heranziehen, dann zeigt sich eine auffällige Entsprechung, die keinen Zweifel darüber läßt, was Dionysius meinte. Er faßte das christliche Sakrament als ein theurgisches Ritual auf, das eine Verbindung zwischen den Gläubigen und ihrem himmlischen Herrn herstellte. Im folgenden werden die Entsprechungen zwischen den beiden Ritualen – der Herbeirufung der Göttin und der Eucharistie – im einzelnen aufgezeigt.

Der *erste* hier einschlägige Aspekt der beiden Rituale ist, daß sie beanspruchen, von der Gottheit selbst – Hekate bzw. Christus – angeordnet zu sein. Hekate wendet sich an den Theurgen mit dem Auftrag, ein Bildnis von ihr herzustellen. Dionysius erklärt, daß der Bischof die Eucharistie auf ausdrückliches Geheiß Christi und nach seiner Anweisung feiert. «Er entschuldigt sich für die ihm eigentlich zu hohe heilige Handlung und ruft ihm [Christus] nach heiligem Brauch zu: Du selbst hast gesagt: *Tut das zu meinem Gedächtnis*» (441 D). Das ist das einzige wörtliche Zitat aus der Liturgie, das Dionysius anführt. Kein Zweifel: Dionysius hält den Befehl Christi für überaus wichtig. Für das Ritual des Dionysius wie für das Hekate-Ritual ist die göttliche Anweisung grundlegend.

Beide Rituale bedienen sich materieller Elemente: das ist die *zweite* Gemeinsamkeit. Für das Hekate-Ritual benötigt der Theurge eine Anzahl von Dingen: das Holz der wilden Raute, Eidechsen und eine Mischung von Myrrhe, Harz und Weihrauch. Die Raute ist unverzichtbar; aus ihr wird das Bildnis der Göttin hergestellt. Die übrigen Substanzen werden vor allem für die Weihehandlung gebraucht. Für das Ritual des Dionysius benötigt man Brot (einen großen Laib, der später zerbrochen und verteilt wird), einen Becher Wein und etwas Weihrauch. Wie beim Hekate-Ritual läßt sich – jedenfalls aus heutiger Sicht – zwischen erst- und zweitrangigen Zutaten unterscheiden: Brot und Wein sind wie die Raute erstrangig; dagegen sind Weihrauch, Eidechsen usw. zweitrangig, da ihnen nur eine unterstützende Funktion zukommt. Allerdings scheint für die damaligen Theurgen alles von gleich großer Wichtigkeit gewesen zu sein. In der Sprache der Theurgen werden alle gebrauchten Gegenstände als *synthêmata* oder *symbola* bezeichnet, d. h. als «vereinbarte Zeichen» oder «Kennmarken» der göttlichen Gegenwart, als Dinge, die einer Gottheit gehören oder zu ihr in einer besonderen Beziehung stehen und daher ihre Gegenwart anzeigen. «Der Verstand des Vaters hat in der ganzen Welt Symbole gesät», heißt es in den *Chaldäischen Orakeln*, dem von den Theurgen als Offenbarungsbuch anerkannten Werk.[129] Nach Jamblich sind die theurgischen Symbole von der «geheimnisvollen Energie der Götter selbst» erfüllt;[130] «die Symbole der Götter (...) besitzen in gewisser Hinsicht die gleiche Macht wie die Götter selbst».[131] Dionysius nennt Brot und Wein die «hochheiligen Symbole» (437 D) und «die verehrungswürdigen Symbole, durch die Christus bezeichnet und empfangen wird» (437 C). Auch der Weihrauch gilt ihm als Symbol.[132]

Der *dritte* gemeinsame Aspekt ist der Gebrauch der materiellen Symbole in einem Ritual, das aus Worten und Handlungen besteht. Zu Beginn der Eucharistiefeier wird der gesamte Kirchenraum in den Duft des verbrannten Weihrauchs getaucht. Brot und Wein werden enthüllt, gezeigt und zum Verzehr ausgeteilt; Wasser dient dem Bischof für die Waschung der Hände.[133] Im Hekate-Ritual wird das Bildnis der Göttin aus der Raute hergestellt; die anderen Dinge werden zu dessen Schmuck verwendet oder bei der Weihung als Räucherwerk verbrannt. Diese Handlungen werden entweder von Worten begleitet oder wechseln mit Worten ab. Hekate lehrt den Wortlaut eines Gebets, das bei der Weihe ihres Bildnisses gesprochen werden soll (doch in der antiken Quelle nicht überliefert ist); weiterhin bestimmt sie, daß der Theurge sich an das geweihte Bildnis mit einem weiteren flehentlichen Gebet wenden solle. Auch Dionysius erwähnt gesprochene Teile der Eucharistiefeier, vor allem den Gemeindehymnus, der «die für uns getanen Gottestaten» preist (436 C). Sowohl Dionysius als auch die Theurgen der Antike bedienen sich einer besonderen Terminologie zur Bezeichnung der Handlungen und der gesprochenen Worte. Die Worte werden nicht anders als die im Ritual verwendeten materiellen Dinge als Symbole bezeichnet. Dionysius nennt den Gemeindegesang «kultisches Symbol» (436 C); der Theurge Jamblich bezeichnet die Gebete als *synthêmata*, von den Göttern selbst geoffenbarte Erkennungszeichen.[134] Der gesamte rituelle Vorgang mit seinen Handlungen und Worten heißt *theourgia* («göttliche Handlung») oder *hierourgia* («heilige Handlung»). Dionysius verwendet den Ausdruck *theourgia* ausschließlich für das Tun Gottes oder Christi; spricht er von den Handlungen Christi bei der Einsetzung der Eucharistie (um nur ein Beispiel herauszugreifen), nennt er diese *theourgiai*, «Gottestaten» (441 C). Die grundlegende *theourgia* ist Christi Eintreten in unsere Welt: «Sie [die Gottheit] kam aus Menschenfreundlichkeit herab zu unserer Natur und nahm unsere Daseinsform an. Er, der transzendente Gott, zeigte sich als Mensch» (648 D). Die Riten, die der Bischof in Nachahmung der *theourgiai* vollzieht, werden *hierourgiai*, «heilige Handlungen», genannt,[135] mit einem Ausdruck, den Jamblich im selben Sinne verwendet.[136] Auch hier überrascht die Übereinstimmung von christlichem Sakrament und heidnischer Theurgie.

Auf den ersten Blick scheinen die beiden Rituale von ganz verschiedener Art zu sein: Hekate erscheint dem Theurgen im Traum oder in Trance. Christus erscheint zwar, bleibt aber in den von Bischof und Gläubigen verzehrten Gestalten von Brot und Wein verborgen. Vor der Kommunion zeigt der Bischof

Brot und Wein der Gemeinde und bietet sie mit den Worten an: «Das Heilige den Heiligen.»[137] Eine genaue Lektüre des Werks von Dionysius zeigt, daß es dem Areopagiten weniger auf den Verzehr als vielmehr auf das *Schauen* der heiligen Symbole ankommt.[138] Er beruft sich auf die Heilige Schrift, in der es heißt: «Kostet und seht» (Ps 34,8; 445 C) – ein Psalmvers, der gesungen wurde, um die Gläubigen zum Empfang der Kommunion einzuladen.[139] Für Dionysius erreicht die Eucharistiefeier ihren Höhepunkt, wenn der Vorhang[140] geöffnet wird, hinter welchem der Bischof Brot und Wein zubereitet hat; sobald der Vorhang gelüftet ist, werden die heiligen Symbole emporgehoben und vorgezeigt. «Die Schaulustigen (...) schauen die allerheiligste Weihehandlung – in geziemendem Respekt vor dem Heiligen – mit eigenen Augen» und werden so zu Augenzeugen des Kommens Gottes in die Welt (436 C). Auf diese Weise ist die visuelle Wahrnehmung der *vierte* und letzte gemeinsame Zug der Eucharistie des Dionysius und des Hekate-Rituals. Tatsächlich hat der antike Mensch den Gesichtssinn mehr geschätzt als alle anderen Sinne. Dem Geist näher stehend als Geschmack, Tastsinn oder Gehör, galt er als der edelste und erhabenste Sinn und war daher auch zur Wahrnehmung des Göttlichen vorzüglich geeignet.[141] Wenn Dionysius von der heiligen Schau *(epopsia)* derer spricht, die zur Eucharistiefeier zugelassen sind, bedient er sich eines Wortes, das mit der gewöhnlichen Bezeichnung für die schauende Erfahrung in den antiken Mysterienkulten verwandt ist. Der älteste aller Mysterienkulte in Eleusis in Griechenland gipfelte in der *epopsia* oder *epopteia*, der schweigenden Schau einer Ähre, Symbol der Demeter, «Mutter des Getreides».[142] Zur Schau emporgehoben, vertritt das heilige Objekt die Göttin, die sich in dieser visuellen Epiphanie selbst zeigt. Das Emporhalten, die Elevation als Geste der visuellen Darbietung ist einer der ältesten Riten, die wir in der Religionsgeschichte kennen. «Etwas zeremoniell zu zeigen – ein Zeichen, einen Gegenstand, ein Tier, einen Menschen – bedeutet, eine heilige Gegenwart zu verkünden, das Wunder einer Hierophanie darzustellen. Dieser so überaus einfache Ritus kennzeichnet ein religiöses Verhalten archaischer Herkunft.» Mircea Eliade zögert nicht, diese Geste für älter als die Sprache zu halten: «Schon vor der Entwicklung artikulierter Sprache könnte das feierliche Zeigen eines Gegenstandes die Bedeutung gehabt haben: Das ist etwas Außergewöhnliches, Einzigartiges, Heiliges.»[143] Offenbar begann man in der Zeit des Dionysius, die Elevation von Brot und Wein zu praktizieren, zweifellos unter dem Einfluß der alten Mysterienkulte, die von der Eucharistie verdrängt worden waren.

Die Gottheit selbst hat den Ritus angeordnet, symbolische Substanzen werden gehandhabt, Gebete gesprochen, und schließlich gipfelt die heilige Handlung in einer visuellen göttlichen Erscheinung: Das sind die gemeinsamen Züge der beiden Rituale. Andererseits sind die Unterschiede nicht zu übersehen. Die magischen Substanzen der neuplatonischen Theurgie gelten von vornherein, von Natur aus, als dem Göttlichen zugeordnet und damit als heilig; dagegen erhalten Brot und Wein erst während und durch die christliche Weihehandlung ihren sakralen Charakter. Obwohl sie göttliche Kraft in sich tragen, kommt den geweihten Substanzen Brot und Wein bei Dionysius keine große Bedeutung zu. Während die heiligen Substanzen der Theurgie in einer an Chemie oder Alchemie erinnernden Weise miteinander kombiniert werden, wiederholt die Eucharistiefeier ein heiliges Mahl, durch das Christus sein Kommen in die Welt symbolisch dargestellt hat. Die Eucharistie ist ein heiliges Schauspiel, und darin unterscheidet sie sich grundlegend von der theurgischen Alchemie des Hekate-Rituals.

Während das theurgische Verständnis der Eucharistie noch heute in einigen Ostkirchen nachwirkt, beispielsweise den orthodoxen Kirchen Griechenlands und Rußlands und in der koptischen Kirche, hat der Westen ein anderes Modell entwickelt.

Die West-Side Story (1): Die mittelalterliche Lehre von der Transsubstantiation

Im lateinischen Westen, besonders in Italien und Frankreich, bildete sich im 13. Jahrhundert eine neue, anspruchsvolle Eucharistielehre heraus, die sich insbesondere mit dem Namen des Thomas von Aquin (1225–1274) verbindet. Wie alle mittelalterlichen Theologen fand auch Thomas die Bausteine seiner Theologie in der bereits bestehenden Tradition, genauer gesagt, in den ihm zugänglichen Manuskriptsammlungen der damaligen Klöster. Er knüpfte an zwei Traditionen an: die karolingische Theologie und die Frühscholastik.

Zugang zur karolingischen Theologie hatte Thomas durch die älteste im Westen entstandene Abhandlung über die Eucharistie. In den 830er Jahren im Benediktinerkloster von Corbie in der Nähe von Amiens in Nordfrankreich entstanden und von Paschasius Radbertus verfaßt, trug sie den Titel *Über den Leib und das Blut des Herrn*. Nach Auffassung dieser Schrift werden Brot und Wein in Leib und Blut Christi verwandelt, sobald der Priester die Worte «Das ist mein Leib – Das ist mein Blut» spricht.[144] Radbertus erklärt diesen Vorgang nicht, sondern trifft lediglich eine Feststellung über das, was er als Tatsache betrachtet: daß Christus in der Messe leibhaftig gegenwärtig ist. Jeder Zweifel an der wörtlichen Bedeutung der Wandlungsworte wird durch Christi eigene Erklärung zerstreut: «Mein Fleisch ist wahrhaft eine Speise und mein Blut ist wahrhaft ein Trank» (Joh 6,56). Nach Radbertus kann es für Christus als Schöpfer des Weltalls nicht schwierig sein, Brot und Wein in etwas anderes zu verwandeln. Der Unterschied zwischen der Mentalität des Radbertus und der geistigen Welt der Theologen des Ostens ist offenkundig. Als extravertierter Mensch interessiert sich Radbertus für das Konkrete und Handgreifliche.[145] Zu der anspruchsvollen Diskussion östlicher Denker über die Art und Weise der Gegenwart Christi bei dessen gleichzeitiger Abwesenheit findet er keinen Zugang. Gewiß: einige Theologen des Westens, vor allem Berengar von Tours (ca. 1005–1088), kritisierten den Materialismus des Radbertus; doch setzte sich schließlich die auf eucharistischen Realismus pochende Theologie durch, so daß Berengar seine Lehre als Irrtum widerrufen mußte. Radbertus hatte gesiegt.

Allerdings gaben sich nicht alle mittelalterlichen Theologen mit der bloßen Behauptung eines eucharistischen Realismus zufrieden. In den neu errichteten Kathedralschulen und den sich herausbildenden Universitäten des 11. Jahrhunderts suchte man nach einer genaueren, philosophisch durchdachten Erklärung des paradoxen Sachverhalts, daß Brot und Wein zwar als verwandelt galten, aber weder ihr Aussehen noch ihren Geschmack verändert hatten. Die neu geschaffene wissenschaftliche Atmosphäre gab der eucharistischen Spekulation Auftrieb und führte sie auf ein zuvor nicht gekanntes Niveau. Die scholastischen Lehrer bedienten sich philosophischer Terminologie, um das Paradox des Sakraments zu erfassen. Die ersten, welche die «realistische» Sakramentslehre mit Hilfe anspruchsvoller philosophischer Überlegungen verfeinerten, waren die Benediktinermönche Lanfranc (1010–1089) und Guitmund von Aversa (gest. ca. 1095). Im Anschluß an den antiken Philosophen und Theologen Boethius unterschieden sie zwischen der «Substanz» und der «äußeren Erscheinung» einer Sache. Die Scholastiker griffen diese Unterscheidung auf, und um das Jahr 1140 führte der Pariser Magister Robertus Pullus den Begriff *transubstantio* (Substanzwechsel) ein.[146] Bereits zu Beginn des 13. Jahrhunderts verwendete ein in Rom gehaltenes Konzil die neue Terminologie. Christi Leib und Blut, so hieß es in einem Lehrdokument, «sind im Sakrament des Altares unter den Gestalten von Brot und Wein wahrhaft erhalten, wenn durch göttliche Macht das Brot in den Leib und der Wein in das Blut transsubstanziiert (wesensverwandelt) sind» (Laterankonzil 1215).[147]

Die eucharistische Spekulation gelangte zur vollen Blüte, als die Scholastiker die neu aus dem Arabischen und Altgriechischen übersetzten Texte studierten und so ihr philosophisches Denken auf eine neue Grundlage stellten. Diese Schriften gaben genauere Auskunft als die oft rätselhaften Ausführungen des Boethius. Die eucharistische Theoriebildung erreichte ihren Höhepunkt im Werk des Thomas von Aquin. Die Lehre des Fürsten der Scholastik galt lange Zeit hindurch als die offizielle Lehre der katholischen Kirche. Für Thomas bildete Aristoteles die wichtigste philosophische Autorität. Das Werk dieses griechischen Philosophen war jahrhundertelang im lateinisch sprechenden Westen unbekannt geblieben. Im 12. Jahrhundert wurde jedoch damit begonnen, das Werk des Aristoteles ins Lateinische zu übersetzen, und viele Gelehrte studierten es mit Begeisterung. Zur Zeit Thomas von Aquins hatte sich die Autorität des Aristoteles in vielen Kreisen bereits durchgesetzt, und Wilhelm von Moerbeke, Dominikaner wie Thomas, war damit betraut, neue Übersetzungen anzufertigen und bereits vorhandene zu überarbeiten. Thomas selbst schrieb umfangreiche Kommentare zu einigen der Schriften des Aristoteles; auch seine eigenen theologischen Traktate enthalten zahlreiche Hinweise auf «den Philosophen». Unter den von Thomas kommentierten Schriften des Aristoteles kommt der *Metaphysik* besondere Bedeutung zu, da in diesem Werk jene philosophische Fachsprache zur Beschreibung der Wirklichkeit entwickelt wird, auf die Thomas in seiner Eucharistielehre zurückgreift. Einer der Grundgedanken der *Metaphysik* ist die Unterscheidung zwischen der «Substanz» einer Sache und gewissen sekundären Dingen, die über sie gesagt werden können. Eine Substanz mag ein Tisch, ein Pferd, ein Apfel oder eine bestimmte Person wie Sokrates sein. Jede Substanz befindet sich an einem bestimmten Ort, bewegt sich oder ruht, hat eine bestimmte Farbe und steht mit anderen Substanzen in Beziehung. Während die Substanz in gewisser Weise unabhängig und selbständig ist, sind die davon ausgesagten Dinge – Bewegung, Farbe usw. – unselbständig und gleichsam zweitrangig. Aristoteles spricht hier von «Akzidentien» (den «Hinzukommenden»), denn sie gehören nur als zufällig Hinzugekommenes zur Substanz. Die Akzidentien sind Teile einer komplexen Wirklichkeit, die der Philosoph mit differenzierter Begrifflichkeit zu erfassen sucht.

Als die mittelalterlichen Theologen damit begannen, die Eucharistie mit Hilfe aristotelischer Begriffe zu erfassen, sahen sie sofort, daß unserer unmittelbaren Erfahrung nur die Akzidentien zugänglich sind, während die Substanz unter diesen verborgen bleibt. Die Akzidentien unterliegen Veränderungen: Eine Person mag sich den Bart abrasieren oder eine Frucht ihre Farbe verändern; die zugrunde liegende Substanz bleibt jedoch dieselbe. Die Substanz stellt sicher, daß es sich stets um dieselbe Sache oder Person handelt. Sokrates bleibt Sokrates, gleichgültig, ob er mit Xanthippe verheiratet bleibt oder sich von ihr trennt. Sokrates bleibt er selbst, gleichgültig, ob er alt oder jung ist, ob er durch die Straßen Athens zieht oder auf den Schlachtfeldern des peloponnesischen Krieges kämpft. Die Substanz eines Apfels verändert sich nicht, auch wenn die Frucht im Laufe von Wachstum und Reifung ihre Farbe und Größe verändert. Besonders das letztgenannte Beispiel zeigt deutlich, daß im äußeren Wechsel die gleichbleibende Substanz unsichtbar und verborgen bleibt.

Aristotelisch betrachtet mögen Brot und Wein vertrocknen oder ungenießbar werden, aber sie können sich niemals in etwas völlig anderes verwandeln. Es handelt sich um Substanzen, und als solche bleiben sie unverändert. Farbe, Quantität, Geruch und Geschmack mögen sich ändern, doch handelt es sich nach wie vor um dasselbe Brot und denselben Wein. Theologen wie Thomas von Aquin beeindruckt nicht so sehr der statische, gleichbleibende Charakter der Substanz, sondern ihre Verborgenheit und Unsichtbarkeit. Die Substanz einer Sache läßt sich ihrer Meinung nach nicht mit unseren fünf Sinnen wahrnehmen; sie entzieht sich Gesicht, Gehör, Geschmack, Tast- und Geruchssinn. «Die Sinne können die Substanz nicht beurteilen, sondern nur die sinnlichen Formen.»[148] Wir können eine Substanz nicht berühren, sondern nur mit dem Verstand erreichen. Obwohl Substanzen materiell sind, sind sie gleichzeitig geistige Wirklichkeiten – geheimnisvolle Wirklichkeiten, die sich hinter den Erscheinungen verbergen und nur mit dem Denken erreichbar sind.

Wenn bei der Eucharistie die göttlichen Worte der Konsekration Brot und Wein in den menschlichen Leib und das menschliche Blut Christi verwandeln, dann ändert sich für unsere Sinne nichts. Was wir sehen, fühlen und schmecken, ist nach wie vor Brot und Wein. Thomas erklärt dieses Phänomen mit einem Paradox: Er löst *alle*, nicht nur einige wenige Akzidentien von der

Substanz und radikalisiert damit die lediglich begriffliche Unterscheidung des Aristoteles (die im Denken des Philosophen selbst keinen Platz hat). In der Eucharistie sind es gerade nicht die Akzidentien, die äußeren Eigenschaften von Brot und Wein, die sich ändern, sondern die Speise ändert sich im Innern und vom Innern her. Die verborgene, unsichtbare Substanz verändert sich. Eine ganz neue und andere Substanz – Christi Leib und Blut – wird nun denselben, unveränderten Akzidentien unterlegt. Gott, der in allen geschaffenen Dingen gleichsam gegenwärtig ist,[149] hat völlige Herrschaft über alle geschaffenen Substanzen und könnte, wenn er wollte, die Substanz des Brotes in jede beliebige andere Substanz verwandeln, zum Beispiel in die Substanz eines *lapis*, eines Steins oder Felsbrockens.[150] Gottes Macht kennt keine Grenzen; er ist allmächtig. «Wie alle anderen Wunder», so muß auch die Transsubstantiation «der göttlichen Allmacht zugeschrieben werden.»[151]

Thomas von Aquin erwähnte Gottes Macht, etwas in einen Stein zu «transsubstanziieren», in seinem *Sentenzenkommentar*. In seiner später entstandenen *Summe der Theologie* kam er auf das Thema nicht mehr zurück. Der Hinweis auf Gottes Fähigkeit, eine solche Wesensverwandlung vorzunehmen, ist gewiß berechtigt; aber er verwirrt und wirft nur neue Fragen auf. Verändert Gott Substanzen öfter in einer Weise, die wir nicht wahrnehmen können, da wir ja nur die unveränderten Akzidentien sehen? Wie können wir feststellen, was für eine Substanz sich hinter den von uns wahrgenommenen Akzidentien verbirgt? Schafft Gott durch Transsubstantiation eine ganz andere Welt als diejenige, die sich unseren Sinnen darbietet? Thomas will seine Leser nicht verwirren und wiederholt seine frühere Bemerkung in der *Summe der Theologie* nicht mehr. In diesem Werk behandelt er den Substanzwechsel einer Sache als isoliertes und einmaliges Geschehen, das sich auf das Sakrament beschränkt. Allein in der Eucharistie und sonst nie wechselt Gott eine Substanz ohne Veränderung der Akzidentien aus. Bei Personen, materiellen oder natürlichen Gegenständen geschieht dies nicht. In der Welt herrscht eine grundsätzliche, bleibende Ordnung. Die sakramentale «Instabilität» – nämlich der Wechsel von Substanzen – muß als etwas Einmaliges gelten, eine Ausnahme, die Gott macht, um eine geistige, transzendente Wirklichkeit in der Welt gegenwärtig zu setzen. So ist die Eucharistie als ein wirkliches Wunder anzusehen, bei dem Gott die Regeln verändert, denen die Wirklichkeit sonst gehorcht. In seinem reifen Denken kam Thomas zur Auffassung, daß Transsubstantiation auf das Wunder der Eucharistie beschränkt bleibt.

Die Frage, ob Gott Substanzen verändern kann und vielleicht tatsächlich auch verändert, hat die Scholastiker immer wieder beschäftigt, wobei sie zu entgegengesetzten Urteilen kamen. Nach Robert Holcot (gest. 1349) wissen wir nicht, ob Gott solche Transsubstantiationen ständig vornimmt; folglich wissen wir auch nicht, ob wir der Wahrnehmung unserer Sinne trauen können. Hinter dem, was wir sehen, können sich ganz andere Wirklichkeiten (Substanzen) verbergen. «Gott könnte die ganze Welt verwandeln und in der Gestalt einer einzigen Maus existieren lassen.»[152] Später hat Johannes Calvin den Begriff der Transsubstantiation als solchen abgelehnt; seiner Auffassung nach widerspricht er der stabilen Ordnung der Welt, die Gott beim Schöpfungsakt ein für allemal festgelegt hat.[153]

Nach Aristoteles beruht alle Erkenntnis auf der Wahrnehmung durch unsere Sinne, also auf Sehen, Hören, Schmecken usw. Gewöhnlich können wir uns auf die Sinneseindrücke verlassen und zu gültigen Erkenntnissen gelangen. Im Falle der Eucharistie gilt diese Regel nicht. Hier versagen unsere Sinne. Wir können nur das Äußere wahrnehmen und nicht weiter vordringen als zu dem, was die Philosophie als Akzidentien bezeichnet. Daher unterscheidet Thomas zwischen sinnlichen Eindrücken und wahrer, geistiger Erkenntnis. Die Gegenwart des Leibes Christi «läßt sich nicht mit den Sinnen oder dem Verstand erfassen, sondern nur durch den Glauben, der sich auf die göttliche Autorität stützt».[154] Wie Gott in diesem Ausnahmefall die Gesetze der Natur verändert, so müssen auch wir die Gesetze der Wahrnehmung verändern, denn nur so können wir in das Geheimnis der Eucharistie eindringen und es verstehen.

In immer neuen Anläufen untersucht Thomas von Aquin die philosophischen und theologischen Implikationen seiner Theorie. Seiner Meinung nach enthält der eucharistische Substanzwandel zwei philosophische Probleme. Was geschieht mit der Substanz von Brot und Wein? Und wie können die Akzidentien von Brot und Wein erhalten bleiben, wenn die sie tragende Substanz verschwindet? Was die Substanz von Brot und Wein angeht, so meint Thomas, daß diese nicht vernichtet wird. Vielmehr bewirkt das eucharistische Wunder die Verwandlung (und nicht nur die Ersetzung) der Substanz. Daher gibt es bei der Transsubstantiation keinen «Abfall» an überflüssiger Brot- und Weinsubstanz. Was die Akzidentien betrifft, so sieht sich Thomas vor einem besonders kniffligen Problem, denn ein Akzidens wird eigentlich stets von einer Substanz getragen. Verschwindet eine Substanz, so verschwinden auch dessen Akzidentien. Müssen die Akzidentien von Brot und Wein eine neue, sie tragende Grundlage bekommen, um selbst erhalten zu bleiben? Thomas antwortet: «Die Akzidentien bleiben in diesem Sakrament ohne Träger; das nämlich kann durch göttliche Kraft geschehen», denn Gott kann «durch seine unendliche Kraft ein Akzidens im Sein erhalten, auch wenn die Substanz weggenommen ist».[155] Die Erhaltung der äußeren Eigenschaften von Brot und Wein ist also eine Folge von Gottes besonderem Eingreifen.

Bei der Eucharistie behalten Brot und Wein auch nach Wegfall ihrer ursprünglichen Substanz ihre frühere Qualität. Sie behalten nicht nur ihren Geschmack, ihre Form und Farbe, sondern auch ihren Nährwert,[156] und sie können nach wie vor verderben. Wenn also jemand Hostien in großer Menge zu sich nimmt, dann wird er ebenso satt sein wie nach einer gewöhnlichen Mahlzeit. Konsekrierter Wein kann sauer werden, und das heilige Brot kann feucht und schimmlig werden und läßt sich verbrennen.[157]

Die Lehre von der Transsubstantiation enthält ebenso viele theologische wie philosophische Probleme. Thomas interessiert sich vor allem für die Beziehung zwischen dem auferstandenen Christus und Christi Leib und Blut im Sakrament. Auferstanden und im Besitz eines verklärten Leibes, lebt und herrscht Christus im Himmel. Kann Christus mehrere Leiber haben – einen im Himmel und zahlreiche andere auf vielen Altären, auf denen Priester die Messe feiern, oftmals zur selben Zeit? Die Antwort auf diese Frage ist komplex: Im Himmel sei Christi Leib selbst, auf den Altären aber sei Christi Leib und Blut in besonderer, «sakramentaler» Weise präsent.[158] Dabei entzieht sich die Art und Weise der sakramentalen Gegenwart Christi einer anschaulichen Beschreibung. Die offensichtliche Unvereinbarkeit von Christi großem, realen Leib und seinem «kleinen» sakramentalen Leib in einem Stück Brot könne uns nur lehren, meint Thomas, daß Christi sakramentaler Leib keine räumliche Ausdehnung besitze.[159]

Obgleich er im eucharistischen Brot und Wein gegenwärtig ist, verläßt Christus nicht seinen himmlischen Aufenthaltsort. Nur im Himmel kann Christi Gegenwart umfassend erlebt werden. In der Gestalt von Brot und Wein bleibt seine Gegenwart stets nur unvollkommen erfahrbar. Zwar sind sein eucharistischer Leib und sein sakramentales Blut mit dem himmlischen Christus verbunden, aber diese Verbindung setzt nicht Christi volle Person gegenwärtig. Nicht einmal Christi Leib und Blut sind ganz gegenwärtig, sondern nur in ihrer Substanz (was etwas Geringeres als die volle Wirklichkeit darstellt). So ist die sakramentale Gegenwart Christi, als die Gegenwart der Substanz seines verklärten menschlichen Leibes und Blutes, eher unpersönlich als im eigentlichen Sinne persönlich.[160] Christus bietet den Gläubigen sein Fleisch und Blut auf sakramentale Weise an, doch reicht er ihnen dadurch nicht seine ganze Person zur Speise; vielmehr gibt er ihnen ein Zeichen seiner Gegenwart. Zwar hat dieses Zeichen physischen Charakter, aber es kann nicht berührt werden, denn was wir mit Händen berühren und auf der Zunge fühlen, sind nur die Akzidentien, die äußeren Eigenschaften von Brot und Wein. Unter der Hülle dieser Elemente bleibt die Substanz von Christi Leib und Blut verborgen. Allerdings räumt Thomas ein, daß Gott den verhüllenden Schleier gelegentlich lüftet, so daß «auf wunderbare Weise» etwas Fleisch, Blut oder ein kleines Kind (Abb. 27) sichtbar wird. Durch solche Wunder tut Gott kund, «daß der Leib Christi in Wahrheit in diesem Sakrament ist».[161] Aber gewöhnlich geschieht nichts dergleichen, so daß sich Christus und der Gläubige auch in der sakramentalen Begegnung fern und unsichtbar bleiben. Nach Michael Schmaus, einem scholastischen Dogmatiker der Gegenwart, erlaubt es der eucharistische Leib dem himmlischen Christus nicht, sinnliche Eindrücke von der Erde zu bekommen.[162] Anders gesagt: obwohl Christi Ohren zu seinem verklärten Leib gehören, hört uns Christus nicht durch die Hostie. Auch seine Augen, die ebenfalls zu seinem verklärten Leib gehören, blicken uns nicht durch die Hostie an (obwohl zumindest einer der mittelalterlichen Scholastiker diese Auffassung vertrat und ihm einige der späteren Autoren gefolgt sind[163]). Christus fühlt die Zähne der Gläubigen nicht, wenn sie die seinen Leib enthaltende Hostie essen.

Schließlich gibt es noch ein kleines, aber durchaus nicht unbedeutendes Problem bei der Transsubstantiation. Durch die Worte Jesu – «Das ist mein Blut» – wird Wein in Blut verwandelt. Was aber geschieht mit dem Wasser,

27 Die Elevation des Christusknaben. In Gegenwart von König Eduard dem Bekenner (gest. 1066) soll die vom Priester emporgehobene Hostie für einen Augenblick in den Christusknaben verwandelt worden sein. Dies ist kein einzeln dastehendes Wunder, sondern eines in einer langen Reihe ähnlicher Ereignisse. Nach Auffassung mittelalterlicher Theologen vermögen sie den Glauben an die sakramentale Gegenwart Christi in der Gestalt des Brotes zu stärken. Nach Thomas von Aquin läßt Gott das Wunder nicht in den Händen des Priesters geschehen, sondern im Auge der Betrachter (Summe der Theologie III 76,8). Englische Illumination, 13. Jahrhundert.

das der Priester dem Wein vor der Weihehandlung hinzuzufügen pflegt? Es gab regelrechte Kontroversen über das, was mit dem Wasser geschieht, dessen Beigabe im Ritus fest verankert war. Niemand kam auf den Gedanken, das Problem sei durch Weglassen des Wassers und den Gebrauch unvermischten Weines aus der Welt zu schaffen.[164] Einigen Scholastikern zufolge betreffen die Wandlungsworte nur den Wein; das Wasser bleibt davon unberührt und verändert seine Substanz nicht. Thomas war jedoch anderer Ansicht: Wenn der Priester und die Gemeinde dem Inhalt des Kelches wirklich göttliche Ehren erweisen, darf er eigentlich nichts anderes als das Blut Jesu enthalten. Soll man nun das Wasser im Kelch mit dem Wasser gleichsetzen, das bei der Kreuzigung aus der Seitenwunde Jesu floß? Auch dieser Vorschlag befriedigt die Scholastiker nicht, denn nimmt man ihn ernst, so wäre noch ein weiterer Akt der Konsekration auszuführen, nämlich einer, der das Wasser im Kelch in das Wasser der Wunde Jesu verwandelt. Thomas findet folgende Lösung: Wenn der Priester die Wandlungsworte spricht, verwandelt sich das Wasser zuerst in Wein und danach der Wein in das Blut des Herrn.[165] Allerdings versäumt es Thomas, uns zu verraten, ob das Wasser unsichtbar in Wein verwandelt wird (d. h. transsubstanziiert) oder sichtbar (d. h. durch ein gewöhnliches Wunder von der Art, wie Jesus auf der Hochzeit von Kana Wasser in Wein verwandelte[166]). Thomas ist vorsichtig genug, seine priesterlichen Mitbrüder nicht dazu zu verleiten, diese Frage durch einen Versuch zu entscheiden. Er meint, der Priester solle dem Wein stets nur sehr wenig Wasser beimischen. Würde zu viel Wasser beigegeben, dann funktioniere die ganze Weihehandlung nicht, denn eine zu große Menge Wassers würde die Substanz des Weines zerstören. Die scholastische Spekulation wurde nie müde, immer neue Probleme zu entdecken – oder zu erfinden – sowie immer neue Lösungen durchzuspielen. Im 17. Jahrhundert hat der spanische Jesuitentheologe Juan de Lugo das zusätzliche kleine Wandlungswunder des Thomas zurückgewiesen, da die Transsubstantiationslehre auch ohne dieses auskomme.[167] Spätere Theologen, die über die chemischen Eigenschaften mehr als Thomas wußten, schenkten diesem Detail der Sakramentenlehre keine Beachtung mehr. So verschwand diese theologische Frage wieder aus den gelehrten Traktaten.

Neben philosophischen und theologischen Problemen erörterten die Scholastiker auch praktische Fragen. Einige bedurften kaum der Erörterung, z. B. die Vorschrift, daß konsekriertes, während der Messe nicht verzehrtes Brot an einem sicheren Ort – dem Tabernakel – in der Kirche zum späteren Gebrauch aufbewahrt werden sollte. Doch gab es weit schwierigere Fragen. Zum Beispiel: Was frißt eine Maus *(quid sumit mus)*, wenn sie einer geweihten Hostie habhaft werden sollte? (Abb. 28) Ist Christi Leib auch in einer vergifteten Hostie präsent? Kann ein Priester den gesamten Wein einer Kelterei konsekrieren? Was die Frage nach der Maus angeht,[168] war Peter Abaelard im 12. Jahrhundert so weise zu antworten, das könne nur Gott selbst wissen. Nach der Auffassung von Theologen mit etwas mehr Phantasie bekommt die Maus lediglich Brot zwischen die Zähnchen, denn eine von selbst erfolgende umgekehrte Konsekration stellt die Brotsubstanz wieder her, so daß der Leib des Herrn die Hostie rechtzeitig vor der Profanierung verläßt. Thomas hingegen meinte, auch Maus oder Hund würden den Leib des Herrn verzehren.[169] Was die priesterliche Vollmacht zur Konsekration anbelangt, gibt uns Thomas auch in diesem Fall eine klare Auskunft. Die Kommunion kann in der Tat dazu mißbraucht werden, jemanden zu vergiften. Der Priester kann «alles auf dem Markt feilgebotene Brot oder allen Wein in einem Faß» konsekrieren und so das Sakrament verhöhnen.[170] Obwohl solche Verhöhnung sündhaft ist, haben die Worte des Priesters stets die unausweichliche Folge, daß sie jede beliebige Menge Brot oder Wein verwandeln und dadurch dem gewöhnlichen Gebrauch entziehen. Als geweihte Priester glaubten die meisten der scholastischen Lehrer an die Vollmacht, die ihnen selbst und ihren priesterlichen Mitbrüdern gegeben war.

28 Was frißt die Maus? Die Mäuseplage war dem Mittelalter nicht unbekannt. Die Abbildung führt uns in die Werkstatt des Malers Hildebert, der gerade seine Hand erhebt, um einen Gegenstand nach einer Maus zu werfen, die sich auf dem Tisch am Brot zu schaffen macht. Nicht nur Künstler werden von Mäusen belästigt, sondern auch Priester. Sie befürchten, daß Mäuse auch an der konsekrierten Hostie knabbern könnten. Thomas von Aquin erörtert die Frage «was frißt die Maus?» und kommt zum Urteil, daß sie durchaus den Leib Christi zwischen die Zähnchen bekommt. Vielleicht hat Hildebert dem Brot mit Absicht die Form der Hostie gegeben, um auf diese theologische Frage anzuspielen. Zeichnung in einer Prager Augustinushandschrift, 12. Jahrhundert.

Und was geschieht mit der Kommunion im menschlichen Verdauungstrakt? Auch dieser Frage widmeten sich ernsthafte Scholastiker und spottende Philosophen. In einer seiner schlimmsten Blasphemien nahm sich der französische Aufklärungsphilosoph Voltaire des Themas an. In katholischen Ländern, schreibt er, «sieht man jeden Tag Priester und Mönche, die sich morgens aus ihrem Lotterbett erheben und, ohne sich die schmutzigen Hände zu waschen, hunderte von Götzen herstellen und dann ihren Götzen essen und trinken, um ihn wieder auszuscheißen und auszupissen».[171] Theologen haben dieses Problem selbst gesehen und gemeint, daß Leib und Blut Christi die Verdauung nicht überstehen.[172] Christi Gegenwart ist an das Vorhandensein von Brot und Wein gebunden, aber verdautes Brot und verdauter Wein können nicht mehr als eucharistische Elemente gelten. In einer Berliner Vorlesung des Jahres 1826 meinte der Philosoph Hegel spottend, Katholiken müßten vor einer Maus niederknien und diese verehren, wenn sie einer Hostie habhaft geworden ist.[173] Ein katholischer Kaplan, der sich unter den Zuhörern des Philosophen befand, beschwerte sich bei der Regierung. Aber offenbar fiel ihm die theologische Lösung nicht ein: Er hätte sagen müssen, daß sich der Leib Christi nur kurze Zeit im Magen des Tieres befindet (ganz davon abgesehen, daß auch ein Mensch nicht verehrt wird, wenn er gerade die Kommunion empfangen hat). Zwar schreibt Thomas nichts über die Dauer des sakramentalen Augenblicks, d. h. die Zeit, während der das Brot zwar bereits verzehrt ist, aber noch als Brot gelten kann und also noch Träger der Gegenwart Christi ist. Später jedoch wurde das Thema regelmäßig erörtert. Um 1700 hat sich der italienische Jesuit Domenico Viva auf die Meinung der zeitgenössischen Medizin für die Ansicht berufen, daß sich das Brot bereits nach einer Minute – dem 60sten Teil einer Stunde, wie er betont – im Magen auflöst.[174] Im 20. Jahrhundert sind die Theologen etwas großzügiger und setzen den sakramentalen Zeitraum auf acht bis zehn Minuten an.[175] Während dieser Zeit können die Kommunikanten den auferstandenen Herrn physisch berühren.

Dieser physische Kontakt mit Christus war für Thomas das Entscheidende. Er betrachtete Christus als den Freund der Gläubigen, hatte doch Christus selbst erklärt, sie seien nicht mehr Sklaven, sondern Freunde.[176] Aber Freunde, wie Aristoteles schrieb, wollen zusammenleben, und Freundschaft, so fügt Thomas hinzu, gipfelt in den Freuden körperlicher Berührung.[177] Aber wie können wir Christus berühren, und wie kann er uns nach seinem Tode berühren? Das Paradox des toten Freundes führt mitten in die eucharistische Spekulation hinein: In Brot und Wein vergegenwärtigt sich Christus für seine Freunde. Die Mystiker, die sich zumeist wenig um Werke wie die *Summa theologiae* des Thomas kümmerten, hätten sicher ihre Freude an diesem Gedanken gehabt; er hätte ihre Phantasie beflügelt und Liebesekstasen hervorgerufen. Frühe Quellen deuten an, daß Thomas während der Messe und beim Empfang der Kommunion zu Tränen gerührt sein konnte.[178] Offenbar hatten diese seltenen Gefühle wenig Einfluß auf sein weithin rationalistisches Denken. Jedoch hatte er kurz vor seinem Tode ein sonderbares und überwältigendes Erlebnis beim Feiern der Messe, ein Erlebnis, das ihn das Schreiben aufgeben ließ. Die Arbeit abbrechend, ließ er seine berühmte *Summe der Theologie* unvollendet. Als man ihn drängte, einen Grund für sein außergewöhnliches Verhalten anzugeben, entgegnete er: «Was ich geschrieben habe, erscheint wie Stroh, verglichen mit dem, was ich gesehen habe und was mir offenbart wurde.»[179] Was auf den ersten Blick wie eine fromme Legende erscheint, ist jedoch gut bezeugt, und die Forscher sind sich einig, daß dieses Wort tatsächlich von Thomas stammt. In einem außerordentlichen Augenblick der Entrückung muß Thomas dasselbe wie Paulus vor ihm und Pascal nach ihm erlebt haben: Christi Freundschaft und Liebe. Die theologische Spekulation erscheint für den, der vom Herrn selbst berührt wurde, als bedeutungslos und unattraktiv. Thomas scheint von Freude überwältigt gewesen zu sein, aber im gleichen Maße hilflos und der Erfahrung nicht gewachsen. Er konnte die Last der Gegenwart seines Herrn nicht ertragen. So zog es der kaum fünfzigjährige, erschöpfte Gelehrte vor, sich zurückzuziehen und zu sterben.

Die mittelalterliche Lehre von der Transsubstantiation mit ihrer Betonung der Gegenwart des verklärten Leibes Christi unter den Elementen von Brot und Wein machte die Messe zur Feier einer göttlichen Epiphanie. Obwohl im Himmel wohnend, ist Christus auch auf dem Altar gegenwärtig und, da etwas konsekriertes Brot stets im Tabernakel aufbewahrt wurde, auch in der Kirche. Im 13. Jahrhundert – der Zeit des Thomas von Aquin und der Entstehung des Fronleichnamsfestes – kam der Brauch auf, in der Kirche ein «ewiges Licht» zu unterhalten: Eine stets brennende Kerze oder Öllampe sollte in der Nähe des Tabernakels die Gegenwart des Leibes Christi andeuten.

Die West-Side Story (2): Calvins Theorie von Christi geistiger Gegenwart

Alle Reformatoren des 16. Jahrhunderts haben die scholastische Theorie der Transsubstantiation abgelehnt. «Wenn die Heiligungsworte [der Messe] an ein totes Element gerichtet werden, dann haben wir es mit nichts anderem als mit Zauberei zu tun», meinte Calvin, der französische Reformator der Stadt Genf.[180] In Deutschland war Martin Luther derselben Meinung. Zwölfhundert Jahre lang, schreibt Luther, ist die Kirche ohne Aristoteles und ohne «Transsubstantiation» («schon als Wort ein erträumtes Ungeheuer») ausgekommen (*WA* 6, 509). Für Luther war die Transsubstantiation nicht nur ungeheuerlich, sondern falsch, weil auf fragwürdiger philosophischer Grundlage errichtet. «Diese Meinung des Thomas ist ganz ohne Schriftgrundlage und ohne vernünftige Begründung und überhaupt so unsicher, daß mir scheint, er habe weder etwas von Philosophie noch etwas von Logik verstanden», donnert er. «Denn Aristoteles spricht ganz anders von Akzidentien und Subjekt [Substanz] als Thomas. Dieser bedeutende Mann tut mir leid: er überliefert aus Aristoteles geschöpfte Lehrmeinungen in Glaubenssachen nicht nur, sondern versucht auch, auf einem Autor etwas aufzubauen, den er gar nicht verstanden hat» (*WA* 6, 508). Den Reformatoren erschien die Lehre von der Transsubstantiation als einer jener Irrtümer, «die der Teufel ausgestreut hat, um dieses heilige Geheimnis zu verderben».[181]

Die Reformatoren haben zwar das eucharistische Brot mit Christi Leib und den Wein mit seinem Blut gleichgesetzt, aber sie beharrten darauf, daß Brot und Wein das bleiben, was sie sind: wirkliche Speise. Darin waren sich alle Reformatoren einig. Dennoch konnten sie sich nicht auf eine gemeinsame protestantische Lehre über das Abendmahl einigen, die an die Stelle der scholastischen Lehre hätte treten können. Luther wollte über die einfache Gleichsetzung, wie sie in der Schrift bezeugt ist, nicht hinausgehen, da seiner Meinung nach die Philosophie zum Verständnis des Sakraments nichts beitragen könne. Diese Auffassung Luthers schien Calvin als zu wenig differenziert.

Calvins Abendmahlslehre wurde schließlich die bekannteste und einflußreichste.[182] Dieser Lehre gelten Brot und Wein als Symbole. Beim Abendmahl nährt Christus die Seele mit seinem wahren Leib und Blut. Die beiden Ereignisse – das Essen und die Speisung durch Christus – geschehen gleichzeitig, aber auf verschiedenen Ebenen der Wirklichkeit. Während Christus den Himmel nicht verläßt, schafft der Heilige Geist eine enge persönliche Verbindung zwischen Christus und den Gläubigen, eine Art Kanal, der Himmel und Erde miteinander verbindet. Calvin stellt sich die Gegenwart Christi als eine Beziehung vor, nicht als eine körperliche Anwesenheit. «Christus ist nicht auf sichtbare Weise gegenwärtig, auch nicht nach der Art von Symbolen, die das Gedächtnis anregen. Um für uns gegenwärtig zu sein, ändert er seinen Ort nicht, sondern teilt uns vom Himmel her die wirksame Kraft seines Fleisches mit.»[183]

Später haben Protestanten verschiedentlich behauptet, die Reformatoren des 16. Jahrhunderts hätten ihre Lehren ausschließlich auf die Bibel gestützt und aus dieser geschöpft. Das gilt nicht uneingeschränkt. Calvin verteidigte seine Abendmahlslehre mit dem Hinweis darauf, daß «auch Augustinus nicht anders gesprochen und geurteilt hat».[184] Hinter Augustinus steht die Autorität der Philosophie Platons. Wie viele der humanistischen Denker seiner Zeit konnte sich auch Calvin mit der aristotelischen Philosophie der Scholastiker nicht anfreunden: Er zog die platonische Philosophie vor.[185] Und wie viele der Humanisten (zum Beispiel Erasmus von Rotterdam) fand er Augustinus anziehender als Thomas von Aquin. In seinem Hauptwerk, dem *Unterricht in der christlichen Religion (Institutio Christianae religionis)*, beruft sich Calvin oft auf Augustinus und Platon und führt sie als Autoritäten an. Seine Abendmahlslehre erneuert die Platon verpflichtete und von der Scholastik vernachlässigte augustinische Unterscheidung zwischen dem sichtbaren sakramentalen Zeichen und der unsichtbaren sakramentalen Wirklichkeit.

Nach Platon verkörpern materielle Gegenstände – unter den unglücklichen Umständen der materiellen Welt – Ideen, die in einer höheren, idealen Welt beheimatet sind. Die materiellen Gegenstände haben ihre eigentliche Wirklichkeit in dieser jenseitigen Welt, und was wir hier um uns herum vorfinden, sind nur Schatten der «echten» Dinge. Dennoch besteht ein so enger Zusammenhang zwischen beiden Welten, daß von einer gegenseitigen Beziehung gesprochen werden kann. Obwohl die «echten Dinge» unserer sinnlichen Wahrnehmung entzogen sind, können wir sie durch unser Denken erfassen. In seiner Abendmahlslehre greift Calvin auf einige Grundgedanken dieser Auffassung Platons zurück. Brot und Wein verkörpern Leib und Blut Christi, und wenn die Gläubigen diese als Zeichen verzehren, haben sie in Wirklichkeit an Christus Anteil, wobei Christus selbst jedoch in der höheren, vollkommeneren Welt des Himmels bleibt. Calvin wußte um den Unterschied zwischen platonischer Metaphysik und christlicher Lehre: Während die Beziehung zwischen einem gewöhnlichen Gegenstand und dessen transzendenter Idee als natürlich bezeichnet werden kann, muß die Beziehung zwischen den eucharistischen Elementen (Brot und Wein) und Christus als übernatürlich gelten. Der Heilige Geist verbindet die irdischen, materiellen Zeichen mit der göttlichen, himmlischen Wirklichkeit. Obwohl sich der Heilige Geist nur schwer in das platonische Weltbild einfügt, ermöglichen die Unterscheidung und der Zusammenhang zweier Welten sowie die symbolische Natur der irdischen Wirklichkeit, von Christi doppelter Gegenwart – im Himmel und im Sakrament – zu sprechen.

	Platon	*Calvin*
metaphysischer Bereich (Himmel)	Form oder Idee eines Gegenstandes,	der auferstandene Christus,
	durch natürliche Teilhabe verknüpft mit	durch den Heiligen Geist verknüpft mit
unsere Welt (Erde)	dem sichtbaren Gegenstand	Brot und Wein im Abendmahl

Indem sie Christi Auftrag «Tut dies zu meinem Gedächtnis» (1 Kor 11,25) bei der Feier des Abendmahls befolgt, reicht die sakramentale Handlung gleichsam in den Himmel hinauf und ermöglicht der feiernden Gemeinde, mystischen Kontakt mit dem Herrn zu pflegen. An die Elemente von Brot und Wein gebunden, ist Christus geistig anwesend, wenn auch nur im Augenblick des Verzehrs von Brot und Wein, verstanden als Moment der Begegnung von Mensch und Gott. Protestanten haben sich stets gegen die Verehrung dessen gewehrt, was Calvin als «totes Element» bezeichnete. Daher besitzen protestantische Kirchen, anders als katholische, keinen Tabernakel, in dem konsekriertes Brot zur Verehrung aufbewahrt wird. Nie würde ein Protestant vor einem katholischen Tabernakel niederknien, denn dies gilt als Götzendienst: als Verehrung von etwas Geschaffenem, als wäre dies Christus selbst.

Brot und Wein sind keine «heiligen» Elemente: Über Jahrhunderte hinweg blieben die Protestanten dieser Auffassung treu und ließen keine Sakralisierung zu. Sie verstehen Christi Leib und Blut als eine geistige – und also immaterielle – Wirklichkeit. Die meisten Protestanten folgten Luther in seiner Ablehnung jeglicher Spekulation über die Art und Weise der Verbindung von Christi geistigem Leib und Blut mit Brot und Wein. Unter den wenigen Autoren, die sich solcher Spekulation nicht enthielten, ist Jacob Boehme der bedeutendste.

Kein anderer protestantischer Denker hat jemals die geistige Welt und die materielle Wirklichkeit enger miteinander verknüpft als Jacob Boehme (1575–1624). Für diesen lutherischen Handwerker, Kaufmann und Mystiker stellen Brot und Wein auch außerhalb der Messe eine Art natürliches Sakrament dar.[186] Im Unterschied zu anderer Speise enthalten sie mehr als nur die vier Elemente Erde, Wasser, Luft und Feuer, die unseren physischen Leib ernähren. Sie enthalten zusätzlich ein geheimnisvolles fünftes Element, das er mit einem der Alchemie entlehnten Wort als «Tinktur» bezeichnete. Die Tinktur ist das aktive Element in einer chemischen Substanz. Nach Boehme ist die Tinktur von Brot und Wein etwas Geistiges, das den menschlichen Geist auf natürliche Weise ernährt – daher ihre Funktion als natürliches Sakrament. In der Eucharistie als übernatürlichem Sakrament verbindet Christus sein verklärtes Fleisch und Blut mit der Tinktur. Als der geistigste Teil von Brot und Wein kann die Tinktur zum Träger für Christi übernatürliche und immaterielle Wirklichkeit werden. Auf diese Weise bleiben Brot und Wein, was sie sind – eine Transsubstantiation findet nicht statt. Der übernatürliche Leib Christi berührt die spirituelle Seite von Brot und Wein, ohne zugleich in die geschöpfliche Welt hereingenommen zu werden. Zwar ist Christus willens, sich mit der Tinktur zu verbinden, aber er hat die Freiheit, seine Kraft aus Brot und Wein abzuziehen – und das geschieht, wenn eine unwürdige Person das Abendmahl zu sich nimmt. In diesem Falle wird nur gewöhnliches Brot gegessen und gewöhnlicher Wein getrunken. Trotz seines mystischen Realismus teilt Boehme die protestantische Ablehnung des sakramentalen Materialismus der katholischen Lehre.

Bezeichnenderweise war es ein katholischer romantischer Theologe, der zu Beginn des 19. Jahrhunderts an Boehmes Abendmahlslehre wieder anknüpfte. Im Anschluß an Boehme argumentierte Franz von Baader (1765–1841), daß Christus in den eucharistischen Elementen wie gespeicherte Energie anwesend sei.[187] Von Baader griff Boehmes Denken auf, verband es aber mit einer damals berühmten, von Franz Anton Mesmer (1734–1815) entwickelten medizinischen Theorie. Mesmer praktizierte nicht nur eine neue Art geistiger Heilung, sondern lieferte auch eine erklärende Theorie. Nach dieser besitzt jeder menschliche Körper etwas, das Mesmer Tiermagnetismus nannte (im Unterschied zum Magnetismus des Eisens). Durch sachgemäßes Berühren eines Patienten vermag der eigene Magnetismus des Arztes den in seiner Harmonie geschwächten Magnetismus wiederherzustellen. Nach Mesmer kann der Arzt seine magnetische Kraft auch anderen, nichtmenschlichen materiellen Substanzen mitteilen und dort aufbewahren, zum Beispiel im Wasser. Von Baader verglich Christi eucharistische Gegenwart mit der aufbewahrten Form von Mesmers magnetischer Kraft. Wie der Magnetiseur seine eigene Kraft einer bestimmten Substanz mitteilt, um sie dem Patienten verfügbar zu machen, so übermittelt Christus seine göttliche Kraft dem Brot und dem Wein. Von Christus magnetisiert, dienen die eucharistischen Elemente als eine Brücke, welche die Beziehung zwischen ihm und dem Gläubigen herstellt und festigt. Trotz ihrer Anschaulichkeit und Plausibilität innerhalb des romantischen Denkens erfreuten sich weder Boehmes noch von Baaders eucharistische Theorie jemals einer größeren Anhängerschaft.

Die Gegenwart Christi im 20. Jahrhundert: die minimalistische Sicht

Im ausgehenden 20. Jahrhundert finden die herkömmlichen Erklärungen der besonderen Beziehung zwischen Christus und dem Abendmahl keine große Resonanz mehr. Vielen Theologen erscheinen sie als veraltet und nicht mehr nachvollziehbar. Die meisten protestantischen Autoren verwerfen die Abendmahlslehre ihrer Tradition völlig. Katholische Theologen sind meist weniger radikal, doch sind auch hier die meisten mit der traditionellen Lehre von der Transsubstantiation unzufrieden und ersetzen sie durch minimalistische Auffassungen. Besonders gut läßt sich diese Tendenz an Karl Rahner und der einflußreichen Eucharistielehre einiger holländischer Theologen aufzeigen.

Der deutsche Jesuit Karl Rahner wich dem schwierigsten Problem der katholischen Sakramentenlehre nicht aus: der Verwandlung oder Transsubstantiation der Substanz von Brot und Wein in die Substanz von Christi Leib und Blut. In einem berühmten, 1958 gehaltenen Vortrag meinte Rahner, es sei möglich, sich der meisten, wenn nicht aller Schwierigkeiten dieser problematischen Lehre durch eine Unterscheidung zu entledigen.[188] Er unterschied zwischen: (1) dem dogmatischen Gebrauch des Transsubstantiationsbegriffs, der nichts anderes als eine sprachliche Erläuterung der Worte Jesu – «Das ist mein Leib – Das ist mein Blut» – darstellt; und (2) den philosophischen und oftmals undurchsichtigen Spekulationen über die physischen Vorgänge, die sich bei einer Wesensverwandlung abspielen. Die erste dieser beiden Begriffsverwendungen ist gemeint, wenn das Konzil von Trient im Jahre 1551 festlegt:

> Weil Christus, unser Erlöser, sagte, das, was er unter der Gestalt des Brotes darbrachte, sei wahrhaft sein Leib, deshalb hat in der Kirche Gottes stets folgende Überzeugung geherrscht (...): durch die Konsekration von Brot und Wein geschieht eine Verwandlung der ganzen Substanz des Brotes in die Substanz des Leibes Christi, unseres Herrn, und der ganzen Substanz des Weines in die Substanz seines Blutes. Diese Wandlung wurde von der heiligen katholischen Kirche treffend und im eigentlichen Sinne Transsubstantiation (Wesensverwandlung) genannt. (*DH* Nr. 1642)

Der zweite Begriff von Transsubstantiation wurde niemals von der Kirche zum Glaubenssatz erhoben. Seine Definition (die nie von einem Konzil festgelegt wurde) hätte folgende Gestalt haben können: «Weil mittelalterliche Theologen wie Thomas von Aquin auf der unerschütterlichen Grundlage der aristotelischen Philosophie erklärten, wie sich durch die Konsekration von Brot und Wein die Verwandlung der ganzen Substanz des Brotes in die Substanz des Leibes Christi, unseres Herrn, und der ganzen Substanz des Weines in die Substanz seines Blutes vollzieht, daher hält die Kirche an der Lehre von der Transsubstantiation fest und erklärt sie zum unverzichtbaren Glaubensgut.» Rahner meinte, man könne an dem philosophisch unbelasteten Wortgebrauch des Konzils von Trient ruhig festhalten; die Kirche aber habe sich niemals auf eine bestimmte Philosophie zur Erklärung dessen festgelegt, was bei der eucharistischen Konsekration «wirklich» geschehe. Anders gesagt: Die sakramentale Philosophie des Thomas von Aquin und ihre Einzelheiten gehören nicht zu dem, was die Kirche zu lehren hat und was ihre Mitglieder zu glauben haben. Die katholische Kirche legt ihnen lediglich nahe, sich gewisser traditioneller Ausdrücke wie Transsubstantiation zu bedienen, aber als Philosophen und Theologen sind sie frei, selbst rational zu entscheiden, was damit gemeint sein könnte.

Im Jahre 1959, ein Jahr nach seinem Vortrag über die Transsubstantiation, griff Rahner das Thema erneut auf, um von der traditionellen Auffassung noch kühner abzuweichen.[189] Es war der Fehler der Theologen, meinte er, die Existenz zu vieler Geheimnisse anzunehmen. Für sie riecht alles nach Wunder und Mysterium, so daß die Dogmatik aus einem langen Katalog von ihrem Wesen nach unverständlichen Ereignissen und Tatsachen besteht. Rahner will nur an zwei Geheimnissen festhalten: an Gott selbst und an der Menschwerdung Christi. Gute Theologen bedienen sich «Ockhams Rasiermesser», nämlich des berühmten philosophischen Grundsatzes, eine Mehrzahl von Ursachen sei nicht anzunehmen, wenn ein einziger Grund zur Erklärung ausreiche. Der Philosoph tue gut daran, mit Begriffen, Erklärungsprinzipien und ähnlichem sparsam umzugehen. Statt die Anzahl der Wunder zu vergrößern, solle man sie einschränken. Dementsprechend bestehe kein Grund, jedesmal das Geschehen eines Transsubstantiationswunders anzunehmen, wenn ein Priester die Messe lese. Wenn die Messe überhaupt etwas mit einem Wunder zu tun habe, dann sei es das Wunder der Menschwerdung des göttlichen Christus. Es reiche aus, dieses eine, wesentliche Geheimnis anzuerkennen.

Rahner war nicht der einzige Theologe, der die Forderung nach freier theologischer Forschung erhob und seine Gedanken über eine Neufassung der Eucharistielehre bekanntgab. Viele katholische Theologen, besonders die philosophisch gebildeten, wußten um die Unzulänglichkeit der scholastischen Lehre von der Transsubstantiation. Sie äußerten sich immer häufiger über den veralteten Substanzbegriff des Aristoteles und den «Mißbrauch der aristotelischen Terminologie» durch Thomas von Aquin.[190] Die Sicht des Thomas, erklärte der englische Philosoph und Priester P. J. FitzPatrick, führt nur zu Absurditäten. Seien konsekriertes Brot und konsekrierter Wein einmal verzehrt, dann bleibe von ihnen nur etwas Flüssigkeit und Asche übrig, die für alle Zeit als bloße Akzidentien der Substanz entbehrten. Es handele sich um metaphysischen Abfall: «Mein einziger Kommentar ist», schreibt FitzPatrick,

> daß, sollte das ganze geniale Gebäude stimmen, ein gespenstisches Resultat nicht ausbleiben kann: Verstreut durch die ganze Welt haben wir die Zerfallsprodukte von früher einmal konsekrierter Materie, die dem Anschein nach subtantiell, aber in Wirklichkeit akzidentell ist. Auf diese Weise bewegt sich die gesamte Materie langsam aber sicher von Substanz zu Akzidenz. Diese Spekulation wäre eines Jorge Luis Borges würdig, und ich freue mich, die Überlegung schon 1704 nachweisen zu können, nämlich in einer ausführlichen Erörterung des cartesianischen Philosophen Sylvain Régis.[191]

Der fortschreitende Substanzverlust, den (wie wir sehen werden) Teilhard de Chardin und Rudolf Steiner so sehr schätzen, dient hier dazu, eine veraltete und irreführende Lehre zu verspotten.

Die Kritik an der traditionellen Lehre von der Transsubstantiation, wofür die von FitzPatrick nur ein neueres Beispiel darstellt, ruft nach einer alternativen, gangbaren eucharistischen Theorie. Die einflußreichste und am meisten erörterte Theorie stammt aus Holland und wurde unter der Bezeichnung «Lehre von der Transsignifikation» («Bedeutungswandel») bekannt. Sie wurde von Luchesius Smits, Edward Schillebeeckx und Piet Schonenberg entwickelt und in Veröffentlichungen der Jahre 1959–1969 dargelegt.[192]

Im Unterschied zur traditionellen Lehre blicken die Niederländer nicht auf die eucharistischen «Elemente» (Brot und Wein), sondern auf die «Person», deren Gegenwart die Eucharistie feiert – die Person Jesu Christi. Diese tritt ganz in den Vordergrund. Wenn wir über die Eucharistie sprechen, sollten wir über Christus sprechen und nicht über die metaphysische Struktur von Brot und Wein. Bei seiner Darlegung der Theorie stützt sich Luchesius Smits auf die Phänomenologie der Gabe und geht von einem treffenden Beispiel aus. Man stelle sich vor, eine Hausfrau empfängt einen Gast, dem sie Tee und Kekse serviert. Der Tee ist selbstverständlich nichts anderes als Tee und die Kekse nichts anderes als eben Kekse. Dennoch werden sie durch die besonderen Umstände zu etwas anderem. Sie verkörpern in gewisser Weise den Empfang durch die Frau; man kann sagen, daß sie dadurch eine neue Qualität bekommen. Denn die Gabe dient als Mittel der Kommunikation, und mit nichts anderem als einer Person wird kommuniziert. Die den Gast empfangende Frau teilt sich sozusagen selbst mit. Dabei verkörpert sie sich in dem angebotenen Tee. Die Gabe dient dazu, ihre Person gleichsam zu erweitern. Die Frau könnte natürlich den Gast auch anders empfangen, zum Beispiel durch ein freundliches Wort, aber sie glaubt, es dabei nicht belassen zu können. Da sie sich dem Gast westlicher Etikette entsprechend nicht körperlich hingeben kann, zieht sie es vor, ihre freundlichen Gefühle durch diese Gaben auszudrücken. «Speise und Getränk übernehmen die Rolle des Leibes, so daß sich der freundliche Empfang in den Gaben verkörpert. Was mir zunächst als eine kleine Erfrischung im biologischen Sinne erscheint, läßt sich eigentlich nicht mehr als solche auffassen, denn sie gehört zu keinem biologischen Vorgang, sondern zu einer personalen Begegnung.»[193] Demnach gilt eine Gabe als Verkörperung des Gebers, sogar eines abwesenden Gebers. (Man kann sich vorstellen, die Frau wäre beim Eintreffen des Besuchers noch nicht zu Hause und ließe ihn durch eine Nachbarin empfangen; sie selbst kommt etwas später.) Wenn Jesus sagt: «Das ist mein Leib – Das ist mein Blut», bedeutet das: Das bin ich selbst, das ist meine Person. Die semitischen Sprachen lieben es, eine Sache zweimal in der Form paralleler Ausdrücke wiederzugeben; Blut und Leib stehen für die Person. In seinen eucharistischen Worten hat Jesus nichts anderes als eine Tatsache festgehalten, deren Wahrheit sich durch die Analogie der Gabe von Tee und Gebäck auch dem heutigen Menschen erschließt. Tatsächlich hat Jesus damit nicht nur eine wahre Aussage gemacht über seine eigene Gabe von Brot und Wein, sondern über jede Gabe überhaupt, denn jede aus Liebe geschenkte Gabe verkörpert den Geber oder die Geberin selbst. Smits zögert nicht, die Gabe von Tee «eine Art mystischen Leib» (niederländisch: *een soort mystiek lichaam)* zu nennen.[194] Wäre der Geber – Christus – nur ein Mensch, dann diente die Gabe als Verkörperung seiner Menschlichkeit; ist Christus jedoch Gottmensch, so muß sie seine Gottmenschlichkeit verkörpern.

Smits versteht Brot und Wein als Symbole. Was aber ist ein Symbol? Materielle Gegenstände können durch menschlichen Gebrauch oft zu etwas anderem werden. Sie können eine besondere Bedeutung bekommen, die ihren materiellen Charakter übersteigt: Sie werden zu Symbolen oder Zeichen von etwas. So kann ein Blumenstrauß eine Liebesbekundung ausdrücken und als deren sichtbares Zeichen dienen. Auf diese Weise läßt sich verdeutlichen, wie Brot und Wein «transsignifiziert» (neu gedeutet) werden. Sieht man die Eucharistie vor dem Hintergrund einer Welt, in der Menschen miteinander interagieren (und nicht in einer Welt, in der die Menschen nur mit Gegenständen hantieren), dann hat es wenig Sinn, den traditionellen katholischen Begriff Transsubstantiation weiterhin zu verwenden. Persönliche Beziehungen lassen sich nicht verdinglichen und wie Sachen behandeln. Die Liturgie verleiht Brot und Wein eine neue Bedeutung: Sie werden zu Symbolen Christi selbst, in einer ähnlichen Weise, wie ein Blumenstrauß oder Tee und Kekse Liebe oder Wohlwollen ausdrücken.

Interessanterweise steht die holländische Eucharistielehre der des großen Reformators Johannes Calvin nahe. Auch er ist der Auffassung, daß das Abendmahl den Gläubigen symbolisch und nicht leiblich mit Christus verbindet. «Wir dürfen nicht annehmen, daß sich die Substanz verändert, sondern sollen glauben, daß es [das eucharistische Brot] einem neuen Zweck dient.»[195] Wie Calvin, so bestehen auch die holländischen Theologen darauf, daß in der Messe «nichts verwandelt wird». Materiell gesehen, bleibt das Brot das, was es auch außerhalb der Feier ist. Wie bei Calvin wird die Verbindung zwischen dem himmlischen, lebendigen Christus und dem Verzehr symbolischer Speise als Vollzug einer persönlichen Beziehung gesehen.

Obwohl Papst Paul VI. die niederländische Lehre verworfen und ein Rundschreiben gegen sie veröffentlicht hat,[196] erfreut sich die personalistische Beschreibung der Eucharistie in der katholischen Theologie weiterhin einer großen Beliebtheit.[197]

4. Die Wirkungen der Kommunion

Wie alle Magie, so will auch das christliche Sakrament bestimmte Wirkungen erzielen. Im Neuen Testament werden diese Wirkungen nur angedeutet. Der Abendmahlsbericht des Matthäusevangeliums läßt erkennen, daß der eucharistische Wein der «Vergebung der Sünden» dient (Mt 26,28), und im Johannesevangelium versichert Christus: «Wer mein Fleisch ißt und mein Blut trinkt, hat das ewige Leben» (Joh 6,54). Oftmals haben sich Theologen wie einfache Gläubige mit dieser Auskunft begnügt. Sobald die Gläubigen jedoch zu äußern beginnen, was sie beim Empfang der Kommunion fühlen, setzt ein Reflexionsprozeß ein. Man beginnt darüber nachzudenken, welche Wirkung die Kommunion auf das seelische und sogar leibliche Leben ihrer Empfänger hat, und alsbald ist davon die Rede in Predigten, erbaulicher Literatur, gelehrten Abhandlungen und sogar in der Liturgie selbst. Im vorliegenden Kapitel wenden wir uns zuerst der östlichen Theologie zu, die uns im Werk des Nikolaus Kabasilas ein vorzügliches Beispiel bietet. Während die «East-side story» ein bleibendes Interesse an allen Wirkungen der Eucharistie zeigt, zeichnet die «West-side story» ein anderes Bild. Hier haben die verschiedenen Traditionen von Katholizismus, Protestantismus und Mystik jeweils besondere Schwerpunkte gesetzt. Abschließend werden die zwischen maximalistischen und minimalistischen Ansichten schwankenden Theologien des 20. Jahrhunderts vorgestellt.

Die East-Side Story: Pseudo-Dionysius (ca. 500) und Nikolaus Kabasilas (ca. 1350)

Nach Pseudo-Dionysius, dem um 500 n. Chr. lebenden syrischen Bischof, kommt der Eucharistie ein fester Platz in der Reihe jener rituellen Akte zu, die den Menschen Gott näher bringen. Diese Reihe beginnt mit den Taufriten, deren Ziel es ist, den Gläubigen zu reinigen und zu erleuchten. Ist er durch Reinigung und Erleuchtung genügend vorbereitet, kann der Gläubige mit Gott selbst in engeren Kontakt gebracht werden, um schließlich die dritte und letzte Stufe des mystischen Aufstiegs zu erreichen: die Stufe der «Vollkommenheit» oder «Vergöttlichung».[198] Diese Stufe wird mit Hilfe einer als Eucharistie bekannten theurgischen Feier erreicht. Sie dient dazu, die Gläubigen auf Gott auszurichten und sie an Gott anzugleichen, so daß sie neue, gottähnliche Geschöpfe werden. Die von uns in einem früheren Kapitel dargelegte Ähnlichkeit der pseudo-dionysischen Eucharistie mit heidnischer Theurgie trifft auch auf die Wirkungen der Feier zu. Nach Jamblich zum Beispiel «läutert das mannigfaltige Ritual der heiligen Kulthandlungen das, was in uns ist, bringt es zur Vollendung, führt es zu harmonischer Ordnung, befreit es von den Mängeln, die allem Sterblichen anhaften und verändert alles so, daß es den höheren Mächten entspricht».[199] Oder: «Die Anwesenheit der Götter verleiht uns Gesundheit des Leibes, Tugend der Seele, Reinheit des Verstandes und gewährt mit einem Worte allem, was in uns ist, die Fähigkeit, zu den ersten Prinzipien aufzusteigen».[200] Was Dionysius über die Wirkungen des Sakraments schreibt, stimmt mit Jamblichs Auffassung überein.

Während bei Dionysius die Ausrichtung der bei der Feier Anwesenden auf Gott («Vergöttlichung» genannt) im Vordergrund stand, haben spätere Theologen des Ostens das Bild dadurch bereichert, daß sie von mindestens vier verschiedenen Wirkungen sprachen.[201] Die erste Wirkung ist die, daß Brot und Wein selbst verwandelt und vergöttlicht werden. Der eucharistische Realismus östlicher Theologen verstand die auf geheimnisvolle Weise verwandelte Speise als den verklärten menschlichen, von göttlicher Kraft durchfluteten Leib Christi. Die zweite Wirkung besteht darin, daß die Kommunikanten selbst von dieser Kraft durchflutet und durch sie geläutert werden. Die Kommunion aber läutert die Gläubigen nicht nur, sondern erleuchtet sie auch; das ist die dritte Wirkung. Die vierte Wirkung schließlich ist die Vergöttlichung. Auf diese Weise besitzt die Eucharistie nicht nur eine einzige Wirkung – die Vergöttlichung –, sondern eine Vielzahl und trägt damit zu allen Stufen des mystischen Aufstiegs der Seele bei: zu Läuterung, Erleuchtung und Vollendung. Im Werk des griechischen Theologen Nikolaus Kabasilas (ca. 1320–1395) finden wir ein Kompendium des gesamten östlichen Denkens über die Wirkungen der heiligen Kommunion.

Bei den Mystikern dienen die «drei Wege» des Dionysius zur Beschreibung des stufenweisen mystischen Aufstiegs zu Gott.[202] Im Werk des Nikolaus lassen sich mindestens vier Stufen unterscheiden (wobei einige der Bezeichnungen von denen des Dionysius abweichen): Läuterung, Wiederherstellung, Einwohnung Christi und Vergöttlichung. Allerdings unterscheidet Nikolaus diese Stufen nicht deutlich voneinander, sondern vermischt sie offenbar bedenkenlos. Ein Grund hierfür mag in der von Nikolaus rezipierten Lehre des Dionysius liegen, nach der die höheren Stufen die früheren gleichsam in sich tragen und vollenden: Als das mächtigste Sakrament wiederholt und vollendet die Eucharistie den gesamten sakramentalen Prozeß: Sie vollendet die exorzistische Reinigung und die durch die Taufe geschehene Erleuchtung und führt zur Vereinigung mit Gott.[203] Das Fehlen einer genauen Unterscheidung der verschiedenen Wirkungen des Sakraments findet damit eine einfache Erklärung. In der folgenden Skizze versuchen wir jedoch, die wenig geordneten Darlegungen des Nikolaus zu systematisieren.

Auf welche Weise auch immer der sakramentale Aufstieg im einzelnen beschrieben wird, die *Läuterung* steht immer am Anfang. Wenn die Gläubigen zum heiligen Tisch gehen, werden sie sich ihrer Unwürdigkeit bewußt, wissen aber gleichzeitig, daß sie durch den Verzehr der heiligen Speise gereinigt und dadurch würdig gemacht werden. Die Gläubigen sollen die heilige Speise oft empfangen, denn sie fallen oft in Sünde und verdunkeln so das Licht, das ihnen die Taufe gebracht hat. «Die Eucharistie ist ein Mittel der Läuterung und dafür von Anfang an bestimmt; es befreit uns von aller Unreinheit.»[204] Es dient dazu, «den Schmutzfleck wegzuwischen, der von der Sünde stammt».[205] Die traditionelle Liturgie des heiligen Johannes Chrysostomus, die Kabasilas kommentiert, verweist ausdrücklich auf die läuternde Wirkung der Kommunion. Wenn der zelebrierende Priester die Kommunion dem Diakon reicht, richtet er ein Jesajawort an ihn: «Dies hat deine Lippen berührt und wird deine Vergehen und Sünden wegnehmen.»[206] Wie der Engel in der Vision des Propheten den Mund Jesajas mit einer glühenden Kohle reinigte, so läutert auch die heilige Speise den Gläubigen.

Auf die Läuterung folgt die *Wiederherstellung*. Die Sünde besudelt nicht nur, sie schwächt auch und läßt die Gläubigen geistlich «dahinwelken und sterben».[207] Nikolaus Kabasilas spricht daher vom Zustand des Menschen als einer «Krankheit, die der Heilung bedarf».[208] Christus ist der Heiler. Er gibt sich den Gläubigen selbst als «Arznei und Diät und was immer die Gesundung fördert».[209] Bei der Suche nach einem Vergleich fällt Nikolaus der Töpfer ein: Christus ist ein Töpfer, der an der Drehscheibe sitzt und den aus der Form geratenden Ton ständig neu formt.[210] Da die Christen ihre geistliche Gestalt immer wieder verlieren, muß ihnen die heilige Speise helfen, zu ihrer richtigen Form zurückzufinden.

In einem besonders dichten und spekulativen Abschnitt spricht Nikolaus von zwei Personen in dem einen Leib jedes Menschen.[211] Der eine ist der «alte Adam, dessen Leib aus Erde geformt wurde». Der andere, der «neue Adam», ist von Gott geboren und wird durch die Eucharistie ernährt. «Irdische Speise», fügt er hinzu, «gehört zum früheren Leben, aber der himmlische Tisch ernährt den neuen Menschen mit einer besonderen Speise. Wenn jemand an sein irdisches Ende kommt, dann kehrt das eine Leben zur Erde zurück, von wo er herkam; doch das andere Leben geht zu Christus, von dem sie [die himmlische Speise] kam.» Die Kommunion stellt die vom Schöpfer ursprünglich intendierte Unsterblichkeit wieder her. Beim Tode kommt die christusgleiche, himmlische, unsterbliche Natur dessen zum Vorschein, der häufig die Kommunion empfing.

Nikolaus war nicht der erste, der auf die wiederherstellende und lebenspendende Kraft der Eucharistie hinwies. «Wer von diesem Brot ißt, wird in Ewigkeit leben», heißt es im Johannesevangelium (Joh 6,51). Im 2. Jahrhundert wiederholte Irenäus den Gedanken, wobei er die physische Wirklichkeit des vom Sakrament bewirkten Lebens betont: «Wenn sie die Eucharistie empfangen, sind unsere Leiber nicht mehr verweslich, da sie die Hoffnung auf Auferstehung für immer haben.»[212] Denen, die das eucharistische Brot verzehren, werden Auferstehung und ewiges Leben nicht nur versprochen; vielmehr setzt schon jetzt eine Verwandlung ein, welche die Gläubigen Christus gleichgestaltet und so unsterblich macht. Dieser Gedanke begegnet bei den griechischen Kirchenvätern nicht selten. Im 4. Jahrhundert bedient sich Gregor von Nyssa medizinischer Fachsprache, um zu beschreiben, wie die Eucharistie unsere leidenden Leiber heilt.[213] Seiner Meinung nach dient die Kommunion nicht als Seelenspeise, sondern wirkt allein auf den Leib und stellt dessen paradiesische Gesundheit wieder her.

Nach der Läuterung und der Wiederherstellung folgt die *Einwohnung Christi* als dritte Stufe. Die Wiederherstellung selbst scheint «die Seele nicht zu bessern». Sobald jedoch Christus «sein eigenes Blut in die Herzen derer gibt, die eingeweiht sind, läßt er sein eigenes Leben bei ihnen beginnen».[214] Durch die Kommunion wird der Gläubige zu einer «Wohnstätte» Christi. «Er wohnt im Haus und füllt es ganz mit sich selbst aus.»[215] Haben die Gläubigen diese Stufe erreicht, vermischt sich ihr menschlicher Geist mit dem Geist Christi, ihr menschlicher Leib mit dem Leib Christi und ihr Blut mit seinem Blut.[216] Nun kann der göttliche Geist die Führung übernehmen, so daß sich der Spruch des Paulus erfüllt: «Nicht mehr ich lebe, sondern Christus lebt in mir» (Gal 2,20).[217] Auf dieser Stufe angelangt, sollen die Gläubigen «beständig am Tisch teilnehmen, so daß das Gesetz des Geistes in uns wirksam werde und kein Platz mehr ist für das Leben des Fleisches, auch keine Gelegenheit mehr, zur Erde zurückzukehren – etwa so wie ein schwerer Gegenstand, dessen Stütze weggenommen wird.»[218] Wenn sie die Kommunion häufig empfangen, werden die Gläubigen dahin gebracht, daß sie mehr dem Himmel als der Erde angehören. Die Kommunion «begründet eine größere Verwandtschaft mit Christus als die Geburt eine Verwandtschaft mit unseren Eltern begründet».[219]

Auf der *letzten Stufe* verwandelt die heilige Speise – das heißt: Christus selbst – die Gläubigen. Sie werden Christus gleichgestaltet und «erhalten Anteil an der göttlichen Natur» (2 Petr 1,4). «Aufgrund seiner Göttlichkeit ist er fähig, unsere menschliche Natur zu erhöhen und in seine eigene zu verwandeln.»[220] In Anlehnung an einen Gedanken Augustins spricht Nikolaus von einer paradoxen Art der Verdauung.[221] Gewöhnliche Speise wird unserem Leib angeglichen, aber im Falle von Jesu Speise ist es umgekehrt: Wir selbst werden der heiligen Speise gleichgestaltet. Nikolaus sucht nach immer neuen Vergleichen, um diese letzte Stufe der Vergöttlichung des Menschen zu veranschaulichen. Wie Feuer das Eisen verändert, indem es dieses mit seiner Hitze durchdringt, so werden wir auch von Christus durchdrungen; oder, in einem anderen Bild: wir lösen uns auf wie ein Tropfen Wasser in einem riesigen Meer von Salböl.[222] Wenn Christus «den Eingeweihten zum Tisch führt und ihm seinen Leib zum Verzehr reicht, dann verändert er ihn vollständig, und zwar verwandelt er ihn in seinen eigenen Zustand. Der Ton ist kein Ton mehr, wenn ein Bildnis des Königs daraus geformt wird, sondern ist schon der Leib des Königs.»[223] Die Lehre des Nikolaus Kabasilas über die letzte Wirkung der Eucharistie läßt sich auf *einen* Begriff bringen, den bereits Pseudo-Dionysius gebraucht hatte: *theôsis*, Vergöttlichung.[224] Es ist unmöglich, fügt er hinzu «sich etwas seligeres als dies vorzustellen».[225] Tatsächlich «gibt es nach der Eucharistie nichts mehr, was noch kommen könnte».[226] Der Empfänger der Kommunion wird soweit umgestaltet, wie es unter den Bedingungen dieses Lebens überhaupt möglich ist.

Die Kommunion zeitigt also eine Vielfalt von Wirkungen. Sie bringt dem einzelnen genau die Hilfe, die er auf der jeweiligen Stufe seiner seelischen

Entwicklung benötigt. «Die heilige Kommunion gewährt jedem Empfänger das, was er nötig hat», erklärt eine Randnotiz früher Handschriften des *Lebens in Christus* von Nikolaus Kabasilas.[227]

Während vieler Jahrhunderte haben die Theologen des Ostens die Vergöttlichung als das Ziel der sakramentalen Liturgie und sogar als das Ziel der Religion überhaupt bezeichnet. Der Mensch ist ihrer Auffassung nach schwach und verwundbar; die Sterblichkeit bildet seinen schlimmsten Mangel. Sterblichkeit gilt als das größte aller Übel, ewiges Leben als das höchste aller Güter. Gott selbst übersteigt die Sterblichkeit durch seinen unerschöpflichen Vorrat von Leben. Die wesentliche Aufgabe der Religion besteht darin, den Abgrund zu überbrücken, der Gott und Mensch voneinander trennt. Dabei kommt Gott selbst die Initiative zu. Er sandte seinen eigenen Sohn, der unter den Sterblichen lebte und begann, ihnen göttliches Leben mitzuteilen. Er fing an, sie zur Unsterblichkeit zu erheben, und in diesem Zustand nehmen sie an der göttlichen Lebensfülle teil. Er fährt damit in der Eucharistie fort, denn diese dient als Träger göttlichen Lebens. Daß von der Theologie des Ostens «die Erlösung vom Tode als pharmakologischer Prozeß vorgestellt wurde – die göttliche Natur muß einströmen und muß die sterbliche Natur umbilden», hat der große Dogmengeschichtler Adolf von Harnack ganz richtig hervorgehoben.[228] Die heilige Speise von konsekriertem Brot und Wein dient als *pharmakon* oder Arznei, die den Prozeß der Vergöttlichung in Gang bringt und unterstützt.

Die West-Side Story: katholische Stärkung, protestantische Reinigung und die Elitespiritualität der mystischen Vereinigung

Die eucharistische Theologie des Nikolaus Kabasilas ist nicht nur typisch für die orthodoxe Tradition der östlichen Christenheit. Katholiken wie Protestanten teilen die Auffassung, daß das Abendmahl zum mystischen Aufstieg beiträgt und so den ganzen Weg von der Reinigung über die Kräftigung der Seele bis zum Einwohnen Christi begleitet. Darin sind sich Thomas von Aquin, Martin Luther und Johannes Calvin mit Nikolaus Kabasilas einig. Obwohl die Theologen des Westens, besonders die Protestanten, nur zögernd von einer Angleichung des Menschen an Christus und dessen Vergöttlichung sprechen, ist ihnen der Gedanke nicht fremd. Ihre Lehre von den Wirkungen des Abendmahls entspricht der gemeinsamen christlichen Überlieferung, die auch Kabasilas vertritt. Wenn sie davon abweichen, geschieht das nie aus grundsätzlicher Erwägung, sondern weist nur auf eine andere Akzentuierung hin. So stellen die Lutheraner die reinigende Wirkung in den Vordergrund, während die katholische Überlieferung von der Kommunion eher die Kräftigung der Seele erwartet. Die fromme und mystische Elite aller Traditionen begnügt sich nicht mit dem Hinweis auf Läuterung und Stärkung; jene, die Christus innig lieben, sehnen sich nach einer persönlichen Vereinigung mit ihm selbst.

Der Gedanke, daß der Empfang der Eucharistie die Seele nährt, stärkt und zu voller Kraft und Gesundheit führt, ist ein Gemeinplatz der *katholischen*

Tradition, der sich ebenso in theologischen Handbüchern wie in Erbauungsliteratur und Äußerungen volkstümlicher Frömmigkeit findet. Die Kommunion vermag den schwachen Menschen in einen Glaubenshelden zu verwandeln, der, mit Christus verbunden und dessen Sündlosigkeit angeglichen, keine Sünden mehr begehen kann, weder in Worten noch in Werken. Zwar wissen alle Autoren, daß einige der Heiligen diesem Ideal nahegekommen sind, dies aber nicht dem Zustand der gewöhnlichen Gläubigen entspricht. Thomas von Aquin sieht den Gläubigen in einen täglichen Kampf um Vollkommenheit verstrickt: Sünden – sogenannte läßliche Sünden – vermindern die Kraft der Seele und machen diese schwach und hinfällig. Durch Sünde geht «täglich etwas in uns verloren», so daß die seelische Kraft sowie die «Glut der Liebe» zu Gott nachlassen. Ideal wäre, wie die Priester jeden Tag die Kommunion zu empfangen, denn das eucharistische «tägliche Brot» ist das «Heilmittel gegen tägliche Schwachheit».[229] Thomas ist von der kräftigenden Wirkung der Kommunion überzeugt. Als «stärkende Arznei» *(medicina confortativa)* dient sie zur seelischen Erfrischung, zur Vermeidung von Sünde und zur Abwehr teuflischer Angriffe.[230] In besonderem Maße hilft sie, unreine geschlechtliche Begierden zu vermindern. «Durch eine gesunde Übung der Sakramente wird man sogar vor körperlichen Schäden *(a noxiis corporalibus)* bewahrt.»[231]

Katholiken knüpfen an die Kommunion oft große Erwartungen. Sie ist Seelenspeise, der gleichermaßen Wirkungen im körperlichen Bereich zugeschrieben werden. Schon in der Zeit der Kirchenväter gab es volkstümliche Wundergeschichten, die davon berichten. Zwei Arten von Geschichten sind geläufig. Die erste handelt von einer Frau, die auf gewöhnliche Speise verzichtet, um sich nur noch von der Hostie zu ernähren, die zweite von einem ernsthaft Kranken, den die Kommunion auf wunderbare Weise heilt. Das französische Bauernmädchen Alpais von Cudot (gest. 1211)[232] soll jahrelang allein von Hostien gelebt haben – nach einer Überlieferung vier Jahrzehnte.[233] Unter jenen, die durch die Kommunion von einer Krankheit geheilt wurden, findet sich der französische König Ludwig der Dicke (1081–1137).[234] Das Thema «Kommunion als Arznei» ist ein Gemeinplatz von Predigt, Gebet und Erbauungsliteratur, und besonders im 17. und 18. Jahrhundert tritt es auch in der christlichen Kunst auf. So zeigt ein wohl aus einer österreichischen Klosterapotheke stammendes Gemälde aus dem 18. Jahrhundert «Christus den Apotheker» (Abb. 29)[235] vor Regalen mit Arzneifläschchen, auf deren Etiketten christliche Tugenden verzeichnet sind: «Gottesfurcht, Beständigkeit, Freigebigkeit» und mehr, aber auch «Augenwasser, Magenwasser, Herzwasser, Kraftwasser». Um die leibliche Seite der Heilung Christi hervorzuheben, zeigt ein Bild im Bild, wie Jesus das Auge eines Blinden berührt. Wie kann der Betrachter von Christus berührt werden? Auf diese Frage gibt das Gemälde eine klare Antwort: durch die heilige Kommunion. Die weiße, runde Scheibe der Hostie mit ihrer grünen, strahlenden Aureole bildet die sakramentale Entsprechung zur Person Christi und steht, unter dessen zugleich segnender und auf die Regale weisender Hand angeordnet, im Zentrum der Darstellung. Das Bild darf als Einladung zur Kommunion verstanden werden. Das große,

29 Christus der Apotheker. Christi wirksamste Arznei ist die Eucharistie. Das große, auf dem Rezepturtisch unter dem Kelch liegende Blatt trägt die Aufschrift: «Kommt her zu mir alle, die ihr mit Mühseligkeit beladen seid, ich will euch erquicken» (Mt 11,28). Das Motiv «Christus der Apotheker» war im 17. und 18. Jahrhundert bei Katholiken und Protestanten beliebt. Das hier wiedergegebene Gemälde stammt vielleicht aus einer österreichischen Klosterapotheke und nimmt Motive aus einem spätmittelalterlichen Erbauungsbuch, der *Nachfolge Christi*, auf. Anonymes österreichisches Gemälde, 18. Jahrhundert.

unter dem Kelch auf dem Tisch liegende Blatt gibt Christi einladendes Wort wieder: «Kommt her zu mir alle, die ihr mit Mühseligkeit beladen seid, ich will euch erquicken» (Mt 11,28). Diese Bibelstelle wurde auch sonst mit der Kommunion in Verbindung gebracht. So lesen wir zum Beispiel in der *Nachfolge Christi*: «Dank sei dir, guter Jesus, ewiger Hirt! Du erquickst uns Arme und Verbannte mit deinem kostbaren Leib und Blut und lädst uns zum Genuß dieser Geheimnisse mit deinen eigenen Worten ein, indem du uns zurufst: Kommt her zu mir alle, die ihr mit Mühseligkeit beladen seid, ich will euch erquicken.»[236] In einer Weise, die an das Bild erinnert, bezeichnet die *Nachfolge Christi* die Kommunion als ein *remedium*, d. h. eine Arznei. «So groß ist zuweilen die Gnade, daß nicht nur der Geist, sondern auch der kranke Leib aus der Fülle der verliehenen Andacht neue Kräfte zieht.»[237] Dementsprechend ist «dieses erhabene und würdige Sakrament das Heilmittel *(salus)* für Leib und Seele, die Arznei *(medicina)* gegen jede Krankheit des Geistes. Es heilt meine Gebrechen, bändigt meine Leidenschaften, schlägt die Versuchungen nieder oder mindert deren Heftigkeit, gießt größere Gnaden ein, bringt Wachstum in der Tugend, festigt den Glauben, stärkt die Hoffnung, entzündet und steigert die Liebe.»[238] Die traditionelle Dreiheit der religiösen Tugenden – Glaube, Hoffnung und Liebe – ist auch auf dem Bild zu finden: Das Herz trägt die Inschrift «Liebe», «Glaube» steht auf dem Rand des Kelchs, die Hoffnung wird durch den Anker symbolisiert.

Obwohl die Theologen darauf bestanden, daß die stärkende und heilende Wirkung der Eucharistie an deren Empfang gebunden ist, waren die Laien oftmals anderer Ansicht. Nach volkstümlicher Auffassung lassen sich die Gnadengaben der Kommunion unmittelbar nach der Wandlung empfangen, und zwar genau dann, wenn der Priester die Hostie emporhebt und die ganze Gemeinde den Leib Christi sieht und ihn begrüßt. Das Anblicken der Hostie scheint an eine bestimmte alttestamentliche Episode zu erinnern: Als viele Israeliten auf dem Zug durch die Wüste von giftigen Schlangen gebissen wor-

30 Ein eucharistisches Wunder. Die emporgehobene Hostie sendet einen Lichtstrahl aus und stellt das Augenlicht von Eric Malene, einem erblindeten jungen Pianisten, wieder her. Das Wunder geschah am 25. Dezember 1937 in der Kirche Unserer Lieben Frau in Prestwich, England, und wird in katholischer Erbauungsliteratur überliefert. Aus einem populären Buch über eucharistische Wunder, 1960er Jahre.

31a Das Berühren des Meßgewandes (1). Bei der Elevation hielt der Diakon oder Altardiener das Meßgewand des katholischen Priesters, vermutlich, um der Hostie nahe zu sein und etwas von der heiligen Kraft zu spüren, die von ihr ausgeht. Nach dem Neuen Testament wurde eine kranke Frau durch die Berührung von Christi Gewand geheilt. Die Illumination ist offenbar die älteste Darstellung dieses heute nicht mehr geübten Brauchs. Man beachte das eigentümliche Motiv: Von einem Engel assistiert, ist es der mit Kreuznimbus versehene Christus selbst, der die Messe liest. Brevier von Belleville, ca. 1323/26.

den waren, richtete Mose einen Stab mit einer ehernen Schlange auf; wer diese anblickte, wurde geheilt.[239] Die katholische Volksfrömmigkeit schreibt dem Anblick der soeben konsekrierten und vom Priester erhobenen Hostie eine ähnlich heilende Wirkung zu. Auf wunderbare Weise kann es geschehen, daß selbst Blinde die Hostie sehen und geheilt werden. Im England des 15. Jahrhunderts wurden solche Wunder der Fürsprache des heiligen Osmund und des als heilig geltenden Königs Heinrich VI. zugeschrieben;[240] doch sind sie keineswegs auf das Mittelalter beschränkt. Unter den im 20. Jahrhundert geheilten soll sich Eric Malene, ein englischer Pianist, befinden. Obgleich protestantischer Konfession, besuchte der blinde Malene am Weihnachtsfest eine katholische Messe. Bei der Elevation sah er einen hellen Lichtstrahl, der von der Hostie ausging[241] und sein Sehvermögen wieder herstellte (Abb. 30). So soll es sich am 25. Dezember 1937 in der Kirche Unserer Lieben Frau in Prestwich, England, zugetragen haben.[242]

Auch durch eine andere, geheimnisvolle Geste konnte der Kontakt zur kraftspendenden Hostie hergestellt werden: durch das Berühren des Meßgewandes. Dieser Kontakt war nur dem Diakon oder dem Meßdiener möglich. Nach der Konsekration, wenn der Priester das Knie beugt, um Christus zu ehren, und die Hostie eleviert, ergreift, hält oder berührt der Altardiener die Kasel des Priesters. Zwar ist diese Geste jüngst aus der katholischen Liturgie verschwunden, aber sie verdient es, in Erinnerung gebracht zu werden. Der

31b Das Berühren des Meßgewandes (2). Nachdem der heilige Martin die Hälfte seines Mantels einem Bettler geschenkt hatte, feierte er die Messe mit unbedeckten Armen, doch Engel halfen diesem Mangel ab. Die meisten Künstler zeigen, wie der Altardiener den Saum des Meßgewands hält; dagegen zeigt Simone Martini, wie er es in der Mitte anfaßt. Der italienische Künstler – oder der dargestellte Altardiener – wußte wahrscheinlich, daß jene Frau nach dem Markusevangelium Christi Gewand selbst berührte *(vestimentum*, Mk 5,27), nicht nur, wie Matthäus und Lukas angeben, den Gewandsaum *(fimbria vestimenti*, Mt 9,20 und Lk 8,44). Simone Martini, Fresko in der Franziskuskirche, Assisi, ca. 1320/25.

ehrwürdige Brauch läßt sich mindestens bis ins 13. Jahrhundert zurückverfolgen. Um 1285 wird er in einem liturgischen Buch von Lüttich (Liège) in Belgien erwähnt.[243] Bald erscheint er auch in bildlichen Darstellungen: so in einem illuminierten französischen Brevier von ca. 1323/26 (Abb. 31a) und als Wandmalerei in Kirchen: der Franziskuskirche in Assisi (Abb. 31b, 1320er Jahre) und der Kathedrale von Florenz (ca. 1340).[244] Was die Bedeutung angeht, so verweist ein populäres Buch des 20. Jahrhunderts auf die im Evangelium erwähnte Frau, die Christi Gewand berührte und daraufhin von einer Krankheit geheilt war, an der sie zwölf Jahre lang gelitten hatte: «Wenn ich auch nur sein Gewand berühre, werde ich geheilt» (Mt 9,20). Die Gläubigen der Antike und des Mittelalters waren von diesem Bericht fasziniert (Abb. 32).

32 Das Berühren des Gewandsaums Christi. Die diese Szene begleitende Inschrift erklärt, daß eine Frau den Gewandsaum Christi berührte und so von einer schlimmen Krankheit geheilt wurde (Mt 9,20–22). Wie das Evangelium, so stellt auch der Künstler die Frau mitten unter die Menschen, die Jesus umdrängen. Der Künstler ergänzt den Bibeltext, indem er Christus seine Hand in einer Segensgeste ausstrecken läßt. Er berührt die Frau beinahe, so als wolle der Künstler damit sagen: Wenn du Christus in einer demütigen Geste berührst, wird auch er dich berühren. Die unsichtbare Heilkraft geht nicht nur wie in der Bibel von Christi Gewand aus, sondern auch von seiner Hand und seinem Gesicht. Mosaik, Kathedrale von Monreale, Sizilien, ca. 1182/90.

Geschichten von Frauen, die den Umhang eines Heiligen – etwa von Martinus von Tours[245] und Thomas von Aquin[246] – berührten und dadurch geheilt wurden, waren weit verbreitet. Der Altardiener vollzog eine traditionelle Geste. Da er nahe am Priester kniete und die emporgehobene Hostie nicht sehen konnte, diente das Berühren des Meßgewandes der indirekten, jedoch realen Kontaktnahme mit dem Leib Christi (Abb. 33). Das schon erwähnte populäre Buch gibt folgende Erklärung: «Die Meßdiener, die das Gewand des Priesters berühren, vertreten das Volk. Des Priesters Hände fassen den Leib des Herrn. So soll durch die Berührung der Gnadenstrom der Erlösung vom Herrn durch den Priester zum Volk strömen.»[247] Nach dem Bericht des Evangeliums spürt Jesus, daß «eine Kraft von ihm ausgegangen war» (Mk 5,30). Sooft jemand Christus oder seinen eucharistischen Leib berührt, kommt er mit einer Kraftquelle in Berührung.

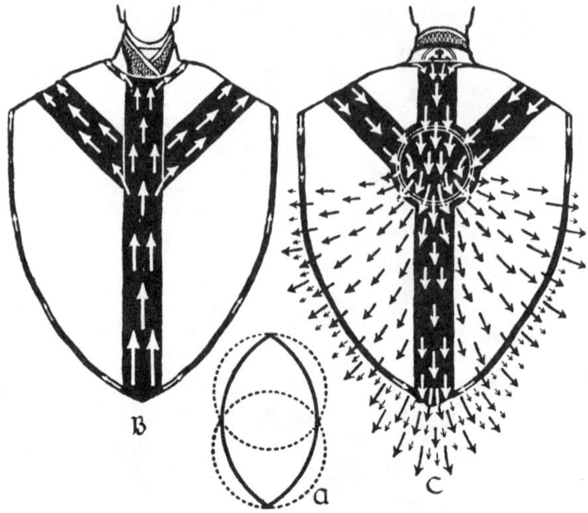

33 Das Meßgewand des Priesters als Leiter heiliger Ströme. Nach dem anglikanischen Priester und Theosophen Charles Leadbeater (1854–1934) strahlen die konsekrierte Hostie und der konsekrierte Wein heilige Kräfte aus. Diese werden von der Vorderseite des Meßgewandes aufgefangen (links), auf die Rückseite geleitet, um von dort aus in den Kirchenraum hinauszustrahlen (rechts). Leadbeater beteuerte, diese Strahlen gesehen zu haben und fügte die Zeichnung in sein Buch *Die Wissenschaft der Sakramente* (1920) ein. Theosophische Zeichnung, 1920.

Sprachen *Protestanten* wie Luther und manche der puritanischen Theologen von der Wirkung der Eucharistie, dachten sie nicht in erster Linie an Stärkung, sondern an *Reinigung* der Seele. Nach Martin Luther ist die hauptsächliche Wirkung des Abendmahls die Vergebung der Sünden; so wird es im Evangelium selbst deutlich gesagt.[248]

> Was ist Nutzen oder Frucht des Sakraments? Höre gut zu: «für dich hingegeben und vergossen». Ich gehe daher zum Sakrament, um den für mich hingegebenen Leib Christi und das für mich vergossene Blut zu empfangen und zu nutzen. Wenn der Priester anstimmt: «Das ist der Kelch» usw., für wen singt er das? Das wird nicht für meinen Hund gesungen, sondern für jene, die den Altar umstehen, um das Sakrament zu empfangen. Diese Worte müssen im Glauben verstanden werden. Daher gebrauche ich das Sakrament zur Vergebung meiner Sünden. (Luther, WA 30/I, 118)[249]

Die Sündenvergebung ist für Luther deshalb die am meisten begehrte Wirkung des Sakraments, weil sie das Grundanliegen seiner Theologie darstellt. Für ihn ist der Mensch in seinem Wesen sündhaft und, wenn er sensibel genug ist, von einem schlechten Gewissen geplagt. Die Bürde von Unwürdigkeit, Sünde und Schuld machte Luther zu einem unglücklichen, stets frustrierten Ordensmann, der sich immer neuen asketischen Übungen und «guten Werken» zuwandte, um Gott zu gefallen. Die Entdeckung des barmherzigen, vergebenden Gottes steht am Anfang seiner Laufbahn als eigenständiger Denker und Reformator. Seine eigene Erfahrung ließ ihn die süße Verheißung des Sakraments verstehen, die Christus selbst ausgesprochen hat und die in jeder Messe wiederholt wird: «Das ist mein Blut des neuen Testaments, welches vergossen wird für viele, zur Vergebung der Sünden» (Mt 26,28). Im Wechsel seiner Stimmungen zwischen Ekstase und Verzweiflung benötigte Luther den Trost, daß Sünden vergeben sind und daß der Mensch von Gott barmherzig angenommen wird.

Luthers Betonung der sündenvergebenden, reinigenden Wirkung der Kommunion ist das wichtigste Kennzeichen seiner Abendmahlslehre. Nicht alle seine Zeitgenossen übernahmen diese Auffassung. Zwingli wollte nicht hören, daß «das bloße Essen des Leibes Christi Sünden nachläßt» (wie er Luthers Ansicht zusammenfaßte), und er schalt den deutschen Reformator des Aberglaubens.[250] Auch Katholiken konnten sich damit nicht anfreunden. Nach Luther bewirkt die Kommunion die Vergebung aller Sünden, nicht nur der läßlichen, wie Thomas von Aquin gemeint hatte. Nach Thomas sollen «läßliche» Sünden (etwa Geschlechtsverkehr oder Ausstoß von männlichem Samen) den Gläubigen nicht am Empfang der Kommunion hindern, da das Sakrament von solchen Sünden reinigt.[251] Wenn katholische Kunst Engel darstellt, die armen Seelen im Fegefeuer die Kommunion bringen (Abb. 34), so ist das als Echo dieser Lehre zu verstehen.[252] Die Flammen des Fegefeuers reinigen die Seele vom Schmutz läßlicher Sünden – ein Vorgang, den die Kommunion beschleunigt. Wer eine Todsünde auf dem Gewissen hat, kommt dagegen sofort in die Hölle; für ihn ist eine Läuterung nicht mehr möglich. Luthers katholische Gegner verstanden den Gegensatz zwischen der Sicht des Reformators und der des Thomas sehr wohl, und die Behauptung Luthers versetzte sie in große Aufregung. Sie befürchteten, Luther werde das Sakrament der Beichte abschaffen (was nicht geschah; aber schon bald kam sie bei den Protestanten außer Brauch). Im Jahre 1551 verurteilte das Konzil von Trient alle, die Luther folgten und behaupteten, «die hauptsächlichste Frucht der heiligsten Eucharistie sei die Vergebung der Sünden, oder aus ihr gingen keine anderen Wirkungen hervor».[253] Nach dem Trienter Konzil galt in der katholischen Kirche die Beichte, und nicht die Kommunion, als das Sakrament der Läuterung der Seele.

Nicht nur Luther und seine Anhänger, sondern auch die Puritaner sahen in der Reinigung die wichtigste und hauptsächliche Wirkung des Kommunionempfangs. In der puritanischen Phantasie konnte diese Wirkung bildliche Qualität annehmen, zumindest im zweiten Teil von John Bunyans Roman *Pilgrim's Progress (Die Pilgerreise*, 1684). Der kleine Markus, der Sohn von Christiana, hatte grüne Pflaumen aus dem Garten des Teufels gegessen. Der an Bauchgrimmen leidende Junge wäre ohne die Hilfe des Arztes Dr. Skill gewiß gestorben. Der Arzt weiß, daß der Magen des Patienten gereinigt werden muß, und versucht, dies einzuleiten, doch ohne Erfolg. So greift er schließlich zur stärksten und besten Arznei, die er hat, einer besonderen Pille, die *ex carne et sanguine Christi* besteht (aus dem Fleisch und Blut Christi), denn «Ärzte pflegen ihren Patienten sonderbare Medizin zu rei-

34 Die Kommunion der armen Seelen im Fegefeuer. Nicht nur die Lebenden, sondern auch die Toten haben einen Nutzen von der Messe. Wenn ein Priester die Messe «für die Verstorbenen» liest, bringen Engel die Kommunion den leidenden Seelen. Die Hostie dient als Arznei, die die Seele von läßlichen Sünden reinigt und so die Zeit im Fegefeuer verkürzt. Altarbild aus Tirol, ca. 1525.

chen».[254] Vermischt mit viel Salz wird die heilige Substanz zu Pillen gedreht, und der kleine Patient muß drei davon schlucken. «Nach vielem Zureden und nach einer kurzen Bitte um Gottes Segen nahm er die Pillen. Sie wirkten als ein mildes Abführmittel. Er schlief ruhig ein und begann ein wenig zu schwitzen. Von seinem Bauchgrimmen war er befreit.»[255] Wir mögen über Bunyans eigenartige allegorische Darstellung des Abendmahls als Abführmittel schmunzeln, doch sollten wir bedenken, daß Prediger auch die entlegensten Vergleiche nicht scheuten, wenn sie nur der Veranschaulichung dienten. Christiana verläßt Dr. Skill nicht, ohne einen Vorrat von zwölf Schachteln des Medikaments mitzunehmen, denn «es ist ein Universalmittel; es hilft gegen alle Krankheiten, welche die Pilger haben mögen, und wenn es richtig hergestellt ist, verdirbt es nicht».[256] Die heilige Speise diente für vielerlei Zwecke und stellte als «Universalmittel» die Gesundheit wieder her.

Während die reinigende und stärkende Wirkung des Sakraments von den meisten Christen erfahren und geschätzt werden kann, ist der Gedanke an eine *persönliche Vereinigung mit Christus* eher bei der mystischen Elite katholischer Heiligen und Nonnen verbreitet sowie bei protestantischen Pietisten und allen, deren sentimentale Frömmigkeit der Mystik nahesteht.

Hadewijch, eine flämische Begine des frühen 13. Jahrhunderts, gehörte zu jenen Mystikerinnen, denen ein Leben ohne die Kommunion unvorstellbar war. Einer ihrer Berichte über eine visionäre Begegnung mit Christus im Himmel bedient sich eucharistischer Symbolik. Zuerst, berichtet sie, «gab er sich mir, wie es Brauch ist, in der äußeren Gestalt des Sakraments». Aber dann, fährt sie fort, «kam er selbst zu mir, schloß mich in die Arme und drückte mich an sich, so daß alle meine Glieder die seinen in völligem Glück berührten».[257] Die Eucharistie ist in diesem Falle ein symbolischer Beginn – das Vorspiel einer unmittelbareren, erotischen Begegnung. Der Ritus führt zu einer Erfahrung, die über das Übliche hinausgeht. Hadewijchs Vision entspricht zweifellos dem, was Mystiker oft beim Kommunionempfang erlebten: In Ekstase oder Trance fallend, begegneten sie dem Herrn selbst. Die Kommunion diente gleichsam als Eröffnungsritus einer intensiven geistigen Begegnung. Das Werk von Gertrud von Helfta (gest. 1302) enthält ähnliche und sogar noch gewagtere Bekenntnisse. Gertrud fragte den Herrn, welche Gabe sie bei der Kommunion erhalten werde, und erhält folgende Antwort: «Mich selbst mit all meiner göttlichen Kraft, so wie meine jungfräuliche Mutter mich empfangen hat.»[258] Das ist nichts anderes als die Andeutung einer geistlichen Schwangerschaft: Gertrud selbst trägt Jesus in sich. Ein weiterer Visionsbericht ist noch deutlicher. In einer Vision wohnt Gertrud einer Messe bei, die nicht von einem Priester, sondern von Christus selbst, begleitet von Engeln, gefeiert wird. Als die Zeit der Kommunion kommt, fragt Gertrud ihn, worin das «Festmahl» *(convivium)* bestehen werde. Der Kommunionritus entfällt; statt dessen schließt Christus Gertrud in die Arme. Sie fühlt seine «Liebkosung», sein «Eindringen» und «Einfließen».[259] Der gewöhnliche Kommunionempfang, erklärt Gertrud, führt zu einer ähnlich engen Verbindung mit dem Herrn; sie spürt seine «herzliche Umarmung» *(amicissimi affectus amplexus)* und seinen «süßen Friedenskuß» *(pacis osculum suave)*.[260]

Solche Phantasien waren in einem Nonnenkloster des 13. Jahrhunderts keine Seltenheit. Da männlicher Same als Blut galt, ließ sich das bei der Kommunion empfangene Blut Christi mit männlichem Samen in Zusammenhang bringen.[261] Vielleicht sollten wir uns nicht über die Kühnheit (oder Perversität) der Klosterfrau wundern, sondern ihre radikale, weibliche Liebe zu einem männlichen Christus schätzen. Wir sollten auch bedenken, daß die Gleichung von Kommunion zwar nicht mit Kopulation, aber doch mit ehelicher Liebe zur traditionellen mittelalterlichen Sprache gehört. Ein Jahrhundert vor Gertrud hat die Benediktineräbtissin Hildegard von Bingen ihre Klosterfrauen als Bräute gekleidet, wenn sie an Festtagen die Kommunion empfingen.[262] Heutige Katholiken mag das an neun- oder zwölfjährige Mädchen erinnern, die, am Weißen Sonntag zur Erstkommunion in die Pfarrkirche geführt, als Bräute

35a Der heilige Kuß (1). «Ah! Wie süß war der erste Kuß, den Jesus meiner Seele gab! Ja, das war ein Kuß der Liebe, und ich fühlte, daß ich geliebt wurde.» Mit diesen Worten beschreibt Thérèse von Lisieux, inzwischen eine kanonisierte Heilige der katholischen Kirche, wie sie ihre erste Kommunion am 8. Mai 1884 erlebte. Zeitgenössische französische Andachtsbilder geben derselben Erfahrung Ausdruck. Zuerst von Ambrosius von Mailand im 4. Jahrhundert in einer Predigt verwendet (Über die Sakramente 5), wurde das Bild in der katholischen Erbauungsliteratur des 19. Jahrhunderts geläufig. Mit der Beischrift «*le baiser de paix*» (der Friedenskuß), zeigt das kleine Andachtsbild eine Kommunionszene, in welcher Christus den Priester ersetzt. Französisches Andachtsbild, 1882.

gekleidet sind. Allerdings waren Brautsymbolik und Brautmystik im Mittelalter vermutlich auf Klöster und Beginenhöfe beschränkt. Erst im 19. Jahrhundert wurden Brautmystik – und Brautmode – auch der Laienwelt empfohlen (Abb. 35a, 35b und 36).[263]

Ähnliche Gedanken sind der Elite der pietistischen Lutheraner Deutschlands ebenso vertraut wie manchen Protestanten des englischen Sprachraums. Daß der Kommunikant mit Christus nach der Art von Braut und Bräutigam vereint ist, wissen Jeremy Taylor (1613–1667) in England,[264] Nikolaus Ludwig Graf Zinzendorf (1700–1760) in Deutschland[265] sowie Jonathan Edwards (1703–1758)[266] und John Williamson Nevin (1803–1886) in Amerika. Einen

35b Der heilige Kuß (2). Christus und der Kommunionempfänger sind als Liebender und Geliebte vereint. Der Heiligenschein des Mädchens zeigt, daß der Kommunikant zumindest im Augenblick der Kommunion als Heiliger gelten kann. Französisches Andachtsbild, 20. Jahrhundert.

besonders aufschlußreichen Bericht liefert William McCulloch, ein schottischer Pfarrer, der in einem frühen Versuch religionspsychologischer Feldarbeit die religiösen Erlebnisse von mehr als hundert Personen aufgezeichnet hat. Aus den Unterlagen im McCulloch-Nachlaß der New College Library in Edinburgh geht hervor, daß sich besonders die Frauen beim Kommunionempfang als von Liebe erfüllte Bräute Christi verstanden.[267] Nach Nevin «ist die mystische Vereinigung mit Christus intimer und wirklicher als jede Vereinigung, die in dieser Welt bekannt ist», obgleich eheliche Intimität dieser Begegnung nahekommt.[268] Einige der deutschen Pietisten des 18. Jahrhunderts nahmen den biblischen Vergleich der Ehe mit dem Verhältnis von Christus und seiner Kirche[269] besonders wörtlich; sie sahen darin eine Anleitung, ehelichen Umgang nicht zur Zeugung von Nachkommenschaft zu pflegen, sondern zur symbolischen Darstellung ihrer Gemeinschaft mit Christus.[270] Aus ihrer Sicht feiern Beischlaf und Abendmahl, wenn auch auf verschiedene Weise, dasselbe göttliche Geheimnis.

36 Mode für die Erstkommunion. Im 19. Jahrhundert wurde die Erstkommunion der Kinder zu einem großen Familienfest katholischer Bürger. Der für eine französische Modezeitschrift arbeitende Künstler zeigt eine Mutter, die ihre beiden Kinder in die Kirche führt. Im katholischen Frankreich, aber auch in anderen Ländern werden die Mädchen für diesen besonderen Festtag gerne als Bräute gekleidet. Französische Modezeitschrift, 1850.

Die eucharistische Erotik des Protestantismus feierte ihren Höhepunkt in den Kirchenliedern des 17. Jahrhunderts, dem Jahrhundert des Pietismus. Dabei scheinen deutsche Lutheraner an dem Thema der im Abendmahl gefeierten mystischen Hochzeit mehr Freude gefunden zu haben als andere Gruppen. Ein Beispiel mag genügen:

Mein Bräutigam, komm her zu mir
und wohn in meinem Herzen.
Laß mich dich küssen für und für,
ja lieblich mit dir scherzen.
Ach laß doch deine Süßigkeit
für meine Seele sein bereit,
still ihren großen Jammer
in deiner Freudenkammer.[271]

Die mystischen Abendmahlslieder des 17. Jahrhunderts werden heute nicht mehr gesungen und sind bis auf bescheidene Reste aus den Gesangbüchern verschwunden. Dennoch ist das persönliche Kommen des Herrn zur Seele des einzelnen eine Weise, in der viele Christen – Katholiken wie Protestanten – die Kommunion erlebt haben und noch heute erleben.

Das 20. Jahrhundert (1): Maximalistische Denker – Teilhard de Chardin und Rudolf Steiner

Um das Jahr 1900 stand bei den meisten Theologen Immanuel Kants Gotteslehre hoch im Kurs. Nach dieser kann es kein unmittelbares Wissen und keine unmittelbare Erfahrung von Gott geben. Dementsprechend kann von Gott überhaupt nur mit größter Zurückhaltung gesprochen werden. In diesem geistigen Klima haben es rationalistische Theologen vorgezogen, sich über das gottesdienstliche Geschehen nur verhalten zu äußern. Doch konnte eine Gegenbewegung nicht ausbleiben, denn es gab genügend Gläubige, die anders dachten. Unter diesen traten zwei durch die Kühnheit ihres Denkens und den großen Einfluß ihrer Theologie hervor: der österreichische Kulturphilosoph Rudolf Steiner (1861–1925) und der französische Jesuit und Naturwissenschaftler Pierre Teilhard de Chardin (1881–1955). Während des Ersten Weltkriegs kamen Steiner und Teilhard zur Überzeugung, daß die Eucharistie zum Fortschritt der Menschheit beiträgt. Nach Teilhard fördert die Eucharistie den menschlichen Gemeinschaftsgeist. Steiner glaubte, daß sie dem einzelnen helfe, die physische Welt zu überwinden und zu einer höheren, geistigen Welt zu finden, die erst im Entstehen begriffen ist. Beide gingen davon aus, daß die Eucharistie auch die gesamte materielle Welt beeinflußt.

Während des Ersten Weltkriegs trafen sich drei Welten in Pierre Teilhard de Chardin: die religiöse Welt des jungen Jesuiten, der im Jahre 1911 die Priesterweihe empfangen hatte; die Welt des jungen Naturwissenschaftlers, der das Studium der Geologie und Paläoanthropologie in Paris aufgenommen hatte; und die Welt des Soldaten, der sich begeistert an der Verteidigung Frankreichs gegen Deutschland beteiligte und den Krieg als eine Offenbarung der menschlichen Zusammenarbeit und Gemeinschaft feierte. Seiner priesterlichen Berufung verpflichtet, erarbeitete sich Teilhard eine Theorie der Eucharistie, die diese drei Welten in einer sinnvollen Weise miteinander verknüpfte. Seine Sicht der Kommunion legte er in einer Notiz nieder, die er *Le Prêtre* («Der Priester», 1918) nannte; später kamen *La Messe sur le Monde* («Messe über die Welt», 1923) und *Le Milieu divin* («Der göttliche Bereich», 1926/27) hinzu – alles Texte, die erst nach seinem Tode gedruckt werden konnten. Diese Arbeiten spiegeln Teilhards Liebe zu den Steinen, geologischen Formationen und vorgeschichtlichen Funden wider. Als ein eifriger Erforscher der materiellen Welt konnte sich Teilhard nicht mit ihrer vollständigen, asketischen Ablehnung anfreunden. Er betrachtete die Geburt Christi als ein Ereignis von universaler Bedeutung: Durch Christus erhielt die materielle Welt einen Impuls oder Anstoß, der das Zentrum der evolutionären

Bewegung bildet. Nach Christi Auferstehung hat die Kirche die Aufgabe, den von Christus ausgehenden und mit ihm selbst in gewisser Weise identischen Impuls mit der Menschheit zu verbinden. Teilhard sieht die besondere Aufgabe des Priesters darin, sowohl die Welt der Materie als auch die Welt der Gesellschaft enger mit Christus zu verknüpfen. Die eucharistische Kommunion trägt zur Angleichung der menschlichen und materiellen Welt an Christus bei, der selbst das Ziel der gesamten biologischen und sozialen Evolution darstellt. Indem sie die eucharistische Speise zu sich nehmen, verbinden sich die Gläubigen mit einer Kraft, welche die Entwicklung der Evolution fördert und gleichzeitig deren Ziel, Christus, symbolisch darstellt. Teilhard suchte nach immer neuen Möglichkeiten, über die Eucharistie zu sprechen. Seine erste Notiz, *Le Prêtre*, enthält folgenden Abschnitt:

> Indem Christus in das Brot herabsteigt, um es zu ersetzen, führt er das Geschehen seiner Inkarnation fort. Dabei beschränkt sich sein Wirken nicht auf das Stückchen Materie, das sich vor seiner Gegenwart für einen Augenblick verflüchtigt. Die Transsubstantiation umgibt sich vielmehr mit dem Strahlenglanz einer realen, wenngleich abgeschwächten, Vergöttlichung des ganzen Universums. Aus dem kosmischen Element [von Brot und Wein], in das er eingezogen ist, wirkt der Logos [Christus] dahin, sich alles Übrige [im Universum] zu unterwerfen und zu assimilieren.[272]

In seiner später entstandenen Abhandlung *Le Milieu divin* meinte er, durch die Kommunion stünde «die menschliche Schicht der Erde ganz und immerfort unter dem ordnenden Einfluß des menschgewordenen Christus».[273] Jedoch erstrecke sich dieser Einfluß auch auf «die weniger lichtvollen Gebiete, die uns tragen». Und das bedeutet: «In jedem Augenblick beaufsichtigt der eucharistische Christus (...) die ganze Bewegung des Weltalls.»[274] Schritt für Schritt gerät so das gesamte Weltall unter den Einfluß der eucharistischen Energie, so daß das entsteht, was Teilhard «*le milieu divin*», den göttlichen Bereich, nennt.

Die traditionelle katholische Lehre setzt den eucharistischen Wein mit dem Blut Christi gleich und das Brot mit seinem Leib. Nach Teilhard stellt die herkömmliche Auffassung von der Transsubstantiation nur einen ersten Schritt dar. Die in der Messe geschehende Wesensverwandlung bereitet eine größere, universalere Verwandlung vor, in der das ganze Weltall Christi Leib wird. In der von Teilhard benutzten Sprache der Scholastik ausgedrückt: Jede eucharistische Transsubstantiation verwandelt die Substanz eines kleinen Teils der geschaffenen Materie (nämlich von Brot und Wein) in den verklärten Leib Christi. Was nach dem Verzehr von Brot und Wein bleibt, ist nicht mehr substantiell, sondern nur noch akzidentell. Durch den Verzehr und die Assimilation von konsekrierter Materie wird der menschliche Leib selbst akzidentell. Er verliert allmählich seine Substanz und behält nur seine äußeren, akzidentellen Merkmale. Schließlich wird das ganze Weltall akzidentell, und hinter allen sichtbaren Dingen verbirgt sich nur noch eine einzige Substanz: Christus selbst. Dann werden Christi Worte «Das ist mein Blut» und «Das ist mein Leib» die ganze Schöpfung als physisch zu ihm gehörig bezeichnen. Auf diese Weise wird die gesamte Materie ihre Schwere, Dichte und Undurchdringlichkeit verlieren, so daß alle Menschen Christus als die wahre Substanz der ganzen Schöpfung erkennen. Christus wird in einer universalen Epiphanie – oder, wie Teilhard sagt: Diaphanie – durch alles hindurchscheinen. Teilhard vertritt hier einen Gedanken, den er – vielleicht bewußt – mit dem neuplatonischen und alchemistischen Denken teilt, das in der Natur vor allem eine geistige Wirklichkeit sieht. Die materielle Dichte, die das Hindurchscheinen und die Wahrnehmung der Ideen des Schöpfers verhindert, ist nicht dauernd, sondern kann überwunden werden. Jene, die bereits hinter die Dichte der Materie zu blicken vermögen, müssen den großen Wandlungsprozeß einleiten.

Zu Lebzeiten Teilhards blieben die meisten seiner theologischen Schriften unveröffentlicht. Erst ein Jahrzehnt nach seinem Tod (1955) wurden sie gedruckt. Von einer großen Leserschaft fortschrittlicher Katholiken in den 1960er Jahren verschlungen, wurden sie zu Bestsellern und regten eine lebhafte theologische Diskussion an. Theologen wie Alfons Auer (geb. 1915) in Tübingen und Henri de Lubac (1896–1991) in Paris räumten zwar ein, daß sie nicht genau sagen konnten, wie die Eucharistie auf den Menschen und die Materie einwirkt, doch begrüßten sie Teilhards Sakramentenlehre. In seiner Würdigung von Teilhards Denken verwies de Lubac auf einen Text, den er in Augustins *Bekenntnissen* fand und der die Sicht des Jesuiten zu unterstützen scheint.[275] Einmal glaubte Augustinus zu hören, wie Christi Stimme ihm vom Himmel her zurief: «Ich bin die Speise der Starken. Wachse und iß dann von mir. Aber du wirst mich nicht wie eine leibliche Speise in dich verwandeln, sondern du wirst in mich verwandelt werden.»[276] Anders gesagt: die Eucharistie bezieht die Kommunikanten in den Leib Christi ein, wobei sie in die Substanz dieses Leibes verwandelt werden. Sie werden «christifiziert», und zwar sogar physisch. Nach Auer vermag eine neue Wertschätzung der materiellen Qualität der Eucharistie die herkömmliche katholische Abwertung des Materiellen zu überwinden und den Laien eine neue Frömmigkeit zu vermitteln.[277] Diese Frömmigkeit ist durch eine radikale Offenheit für weltliche Tätigkeiten und Berufe gekennzeichnet. Weit davon entfernt, die Gläubigen bei ihren täglichen Aufgaben zu behindern, vermitteln ihnen Eucharistiefeier und Empfang der Kommunion eine neue Begeisterung für ihre Berufung und geben ihnen moralische und sogar wirkliche physische Kraft. Die neue, von Teilhard inspirierte Frömmigkeit ermöglichte es Auer, ein weltliches Evangelium zu predigen, das die Aufmerksamkeit der radikalen Generation der 1960er Jahre fand, dabei aber gleichzeitig dem katholischen Sakramentsverständnis treu blieb. Aus Auers Sicht sollte jeder Christ wie Teilhard einer doppelten Berufung folgen: Wie der Jesuit seine priesterliche Laufbahn mit der eines Paläontologen verband, sollte jeder zugleich geistlich und weltlich tätig sein. Zwar kann nicht jeder Theologie studieren und zum Priester geweiht werden, doch sollte sich jeder um eine ganzheitliche Weltauffassung bemühen, indem er den verborgenen eucharistischen Kern der weltlichen Existenz zu begreifen sucht.

Obwohl an Teilhards angeblichem Pantheismus viel Kritik geübt wurde, genießt seine Philosophie nach wie vor hohes Ansehen. In den letzten Jahren läßt sich eine Teilhard-Renaissance unter jenen Denkern feststellen, welche «die Natur» nicht mehr aus der christlichen Frömmigkeit ausschließen wollen oder die den Glauben an die Evolution und den universellen Fortschritt zu erneuern suchen. Dem amerikanischen Jesuiten Peter Fink zufolge erwarten die Gläubigen «die Verwandlung der ganzen Schöpfung in Christus». Im Anschluß an Teilhard meint er, daß «Brot und Wein, als in Christus verwandelte Stücke der geschaffenen Welt, das Schicksal der gesamten Schöpfung ankündigen und so als Sakrament *(sacramentum*, Siegel) der noch ausstehenden Verwandlung dienen».[278] Teilhards Vision eines kosmisch orientierten Christentums vermag immer noch viele in seinen Bann zu ziehen.

Im umfangreichen Werk des österreichischen Philosophen und Goetheforschers Rudolf Steiner verbindet sich ein reiches Erbe von Romantik, Theosophie und Katholizismus zu einer neuen Einheit, der ihr Schöpfer den Namen Anthroposophie gab. Von der romantischen Religion übernahm er die sich durch Imagination, Inspiration und Intuition erschließende Einsicht in höhere Welten. Im Anschluß an die nach Indien blickende Theosophie entwickelte Steiner ein Menschenbild, das den abendländischen Dualismus von Leib und Seele zu überwinden sucht und sich dem Gedanken der Reinkarnation öffnet. Vom Katholizismus seiner Heimat erbte er die Idee der Kirche und die Wertschätzung des priesterlichen Kults. Während Steiner selbst im Jahre 1913 die «Anthroposophische Gesellschaft» gründete, kam es in den 1920er Jahren in seinem Kreis auch zur Bildung einer Kirche. Noch heute als «Die Christengemeinschaft» weltweit verbreitet, pflegt sie Steiners theologisches Erbe.[279] Das Leben der Christengemeinschaft gipfelt im sakramentalen Gottesdienst, und die Mitglieder zögern nicht, von ihrer Kirche als einer sakramentalen Gemeinschaft zu sprechen.

Steiner, der als Katholik aufgewachsen war, schuf die Gottesdienstordnung der Christengemeinschaft im Anschluß an die traditionelle katholische (mittelalterliche) Messe. In der Christengemeinschaft wird die «Menschenweihehandlung» genannte Messe täglich gefeiert. Im Mittelpunkt der Feier steht das Sakrament. Im Anschluß an Steiners Denken beschreiben es die Theologen der Christengemeinschaft als ein übernatürliches, reales Geschehen. Das Sakrament besteht aus zwei magischen Handlungen: Transsubstantiation und Kommunion. Bei der ersten Handlung verbindet sich durch das Wort des Priesters die kosmische Kraft Christi mit der materiellen Wirklichkeit, genauer: mit Brot und Traubensaft.[280] Diese Elemente werden von der Kraft Christi durchdrungen und auf diese Weise in die verklärten Elemente von Christi Leib verwandelt. Bei der Kommunion, der zweiten Handlung, verzehren die Gläubigen das transsubstanziierte Brot und den in gleicher Weise verwandelten Traubensaft. Indem sie von der heiligen Speise kosten, werden die Gläubigen selbst verwandelt, zumindest in einer anfänglichen und vorläufigen Weise. Hans-Werner Schroeder erinnert daran, daß wir – nach Paulus –

Christus «anziehen» können und durch die Verbundenheit mit ihm Angehörige einer «neuen Schöpfung» sind. Unter Berufung auf Paulus betont Schroeder den übernatürlichen Charakter des Kommuniongeschehens.[281] Die heilige Speise versteht er als «ewige Arznei» zur «Heilung der Sündenkrankheit».[282] Zwar bleiben die Gläubigen sterblich, aber sie werden in eine höhere Wirklichkeit einbezogen, die physisch und geistig zugleich ist. Diese Wirklichkeit besteht in einer «feineren Leiblichkeit», die, von der Kraft Christi durchströmt, die Gläubigen umzugestalten beginnt.[283] Auf diese Weise kommt ein Prozeß der Heilung in Gang. Wer die Kommunion empfängt, tritt in diese neue Wirklichkeit nicht nur geistig und gefühlsmäßig ein, sondern als ganzer Mensch aus Leib, Seele und Geist.

Wenn an Christus glaubende Menschen die Kommunion regelmäßig empfangen, wird ihre Existenz – ihr Leib nicht anders als ihr Geist und ihre Seele – mehr und mehr von Christi Geist bestimmt. Legen Christen beim Tod ihre sterbliche Hülle ab, so haftet ihren Überresten immer noch das Zeichen der höheren Welt an, denn sie sind gleichsam vom himmlischen Licht umgestaltet. Der Natur zurückgegeben, trägt selbst der tote Körper noch zum universalen Prozeß bei, durch den Christus nicht nur Menschen, sondern auch die Natur und sogar das gesamte Weltall verwandelt. Die Kommunion bezieht den einzelnen und die Gemeinschaft der Gläubigen in den weltumfassenden, kosmischen Gestaltwandel ein.

Grundlegend für Steiners Theologie ist seine Sicht des Bösen und der Erlösungsbedürftigkeit der Schöpfung. Der Mensch erscheint als ein durch die Folgen des Sündenfalls korrumpiertes, von Sünde wie von einer Krankheit entstelltes Wesen. Die Überwindung dieses Zustandes und das Streben nach der vom Schöpfer intendierten Gottebenbildlichkeit ist die wesentliche, dem Menschen gestellte Aufgabe. Nur einmal in der Geschichte der Menschheit wurde der gottgleiche Zustand auf Erden voll verwirklicht: im Leben Jesu Christi. Was hier Wirklichkeit geworden ist, bildet nun eine Möglichkeit für alle Menschen. Jeder Mensch kann Christus nachfolgen und in jenen Prozeß eintreten, der zur Vergöttlichung führt. Zwar verlangt die Höherentwicklung menschliche Anstrengung und ständigen Einsatz, aber der Gläubige ist nicht allein auf eigene Kraft angewiesen. Er kann auf objektive, vom Christusereignis ausgehende und die Welt durchflutende Kräfte zurückgreifen, welche die seelische Entwicklung und den Heilsprozeß fördern. Diese heilenden göttlichen Kräfte zielen darauf ab, den Gläubigen zu vergeistigen und zu vergöttlichen. Als «himmlische Kräfte» sind sie in den Sakramenten gegenwärtig und wirksam, vor allem in der Eucharistie.[284] Nach der Kommunion spricht der Priester das von Steiner formulierte Gebet: «Dein Leib, o Christe, den ich empfangen, und dein Blut, das mich belebt, sie mögen mich durchdringen, auf daß geheilet werde die Sündenkrankheit durch die gesundende Arzenei, das Sakrament.»[285] Der Text nimmt ein altes, vom katholischen Priester nach der Kommunion in lateinischer Sprache gesprochenes Gebet auf, das bis zur Liturgiereform des 2. Vatikanischen Konzils in Gebrauch war: «Dein Leib, Herr, den ich empfangen, und das Blut, das ich getrunken habe, bleibe stets in meinem Innern. Laß keine Sündenmakel in mir zurückbleiben, da mich dieses reine, heilige Sakrament gestärkt hat.»[286]

Steiners Lehre über die Wirkungen der Kommunion hängt auch mit den Vorstellungen zusammen, die er von der Wiedergeburt (Reinkarnation) des einzelnen und dem Schicksal des Weltalls entwickelt hat. Tatsächlich erhält Steiners Vision erst durch seine Kosmologie und seine Auffassung vom Leben nach dem Tode ihre einzigartige Prägung. Die beiden im Kult gebrauchten Substanzen – Brot und Traubensaft – fördern nicht nur die Vergeistigung derer, die sie empfangen, sondern beeinflussen auch die außermenschliche, natürliche Welt. Die Transsubstantiation greift in die gesamte materielle Welt ein, indem sie eine die Materie vergeistigende Entwicklung anstößt und das Weltall immer mehr mit Christus verbindet. Die in der Eucharistie erfolgende Wandlung setzt einen Prozeß in Gang, der eine neue, geistige Schöpfung hervorbringt. Nach Steiner bedarf der gottähnliche Mensch einer ihm angemessenen geistigen Umgebung. Die sakramentale Magie trägt zur Entstehung einer solchen Welt bei, welche die gewöhnliche Materialität hinter sich läßt. Die so entstehende neue Welt wird auch die einmal erfolgende Auflösung unserer jetzigen physischen Umgebung überdauern.[287]

Natürlich wird die langwierige Umgestaltung des Weltalls in eine christusförmige Struktur erst nach langen Zeiträumen erreicht sein. Ebenso wie die kosmische Umgestaltung vor unseren Augen so gut wie verborgen bleibt, übersteigt auch die Verwandlung des einzelnen Menschen den kurzen Zeitraum zwischen Geburt und Tod. Um die letzte Stufe der Apotheose zu erreichen, bedarf es mehr als nur eines einzigen Lebens. So geht Steiner davon aus, daß die Menschen wiederverkörpert werden. Nach dem leiblichen Tod kehren die Menschen wieder in unsere Welt zurück, um sich wiederum den heilenden Kräften auszusetzen, die vom Christusereignis ausgehen. Um ihr Heil zu wirken, brauchen reinkarnierte Menschen nicht noch einmal von vorne zu beginnen; sie behalten vielmehr das Maß der Christusförmigkeit, das sie in ihrem früheren Leben erreicht hatten. Anders gesagt: der Zustand seelischer und geistiger Gesundheit, den jemand im Laufe eines Erdenlebens erlangt hat, ist für die nächste Inkarnation von großer Bedeutung. Indem sie die geistige Arznei der Kommunion zu sich nehmen, bereiten sich die Gläubigen auf ein nächstes Leben vor. Die Kommunion vermag ihr «Karma», ihr geistiges Erbe, in die künftige Existenz zu tragen.

Das 20. Jahrhundert (2): Minimalistische Denker von Karl Rahner bis Matthew Fox

In einem Jahrhundert des theologischen Pluralismus kann es nicht überraschen, daß von den Wirkungen der Eucharistie nicht nur mit der Begeisterung eines Teilhard de Chardin und eines Rudolf Steiner gesprochen wird. Viele Theologen lehnen diese Deutung ab und mahnen zur Zurückhaltung, indem sie minimalistische Interpretationen vorschlagen. Der Lutheraner Paul Althaus (1888–1966) und der Jesuit Karl Rahner (1904–1984) haben sich kritisch über den Steiner-Teilhard-Ansatz geäußert; ihr eigener, minimalistischer Ansatz findet bei vielen Christen des 20. Jahrhunderts Anklang.

«Ein christlicher Realismus, der von den Sakramenten Wirkungen aussagt, die er dem Worte Gottes [der Predigt] nicht zutraut, hat die Klarheit des Evangeliums an Gnosis und Theosophie verraten», meint Althaus. «Von Erfahrung solcher Sakramentswirkung kann (...) keine Rede sein.» Das Evangelium «gibt uns kein Recht und keinen Grund, die umfassende und durchdringende Wirkung Christi und seines Geistes in besonderem Sinne an das Sakrament zu knüpfen.»[288] Wenn die Gläubigen die Kommunion empfangen, erhalten sie von ihrem Herrn keine besondere, ihre Existenz verwandelnde und zur Heiligkeit führende Gabe. Im Sakrament bekommen sie vielmehr die verbindliche Zusage der Sündenvergebung und des ewigen Lebens. Dieser von Christus gesetzte Rechtsakt ist eine Sache des Glaubens, nicht eine Tatsache der Erfahrung. Althaus versteht das Abendmahl lediglich als ein Glaubenszeichen. Diese Sicht beruht auf alter protestantischer Tradition. Schon Luther hatte das Sakrament von Brot und Wein mit einer rechtsgültigen Urkunde verglichen. Es sei, «wie wenn man einem Bürger ein Abzeichen, eine Urkunde oder eine Losung gebe, damit er gewiß sei, Bürger der Stadt und Glied der Gemeinde zu sein».[289] Nach dem Heidelberger Katechismus (1563) sind Sakramente «sichtbare heilige Wahrzeichen und Siegel, von Gott dazu eingesetzt, daß er uns durch den Gebrauch derselben die Verheißung des Evangeliums desto besser zu verstehen gäbe und versiegele.»[290] Die Verheißung bezieht sich auf die Vergebung der Sünden und infolgedessen auf die Zulassung zum Himmel. Ein Siegel kennzeichnet ein Dokument als gültig und bestätigt seinen Inhalt, ohne diesem – der Verheißung ewigen Lebens – etwas Neues hinzuzufügen. Daher gilt das Abendmahl als «das heiligste Siegel der göttlichen Verheißung, das wir beim Jüngsten Gericht vorweisen können. Über dieses Unterpfand dürfen wir uns herzlich freuen und des ewigen Lebens sicher sein».[291] Beim Empfang des Abendmahls erhalten wir *tessera resurrectionis ad vitam aeternam* – «die Einlaßkarte zur Auferstehung und zum ewigen Leben».[292]

Der berühmte deutsche Jesuit Karl Rahner war ein Meister der minimalistischen Theologie. Viele seiner Schriften zielten darauf ab, traditionelle dogmatische Vorstellungen kritisch zu prüfen und auf einen rational scheinenden und für die Gläubigen des 20. Jahrhunderts annehmbaren Grundbestand zurückzuschneiden. Er kritisiert die katholische Volksfrömmigkeit, welche die Kommunion zu «einem freundlichen Staatsbesuch mit gnädigen Hulderweisungen» macht.[293] «Sie betrachtet den Moment der Kommunion als den Augenblick, in dem der Herr beginnt, dazusein, gewissermaßen Audienz zu erteilen, so daß man nun mit ihm zu reden beginnen kann.»[294] Diese Sicht ist in der katholischen Erbauungsliteratur verbreitet und wurde vor allem von französischen Autoren wie Pierre-Julien Eymard (1811–1868) und Adolphe Tanqueray (1854–1932) gepriesen und als eine jedem Laien mögliche Form eucharistischer Mystik empfohlen.[295] Solche gefühlsbetonte Frömmigkeit ist Rahner zuwider. In einem heftigen Angriff auf die sentimentale Volksfrömmigkeit meinte er, die sakramentale Gegenwart Christi höre in dem Augenblick auf, in dem die Hostie dem Kommunikanten auf die Zunge gelegt und verzehrt wird. (Allerdings gilt das nach einigen der alten Scholastiker nur dann, wenn die Hostie von einem unreinen Menschen oder einer Maus gegessen wird.[296]) Rahner bestand darauf, daß es keine spürbaren Wirkungen der Kommunion gibt. Durch den Empfang der konsekrierten Hostie komme «eine physikalische gegenseitige Beeinflussung zwischen Leib Christi und Empfänger im Erfahrungsbereich als solchem» nicht zustande.[297] Er ist nahe daran, den besonderen Charakter der Kommunion überhaupt zu leugnen. Um mit Christus in Gebet und Meditation Kontakt aufnehmen zu können, bedürfen die Gläubigen keines Priesters, der die Macht besitzt, den Herrn für sie herbeizubeschwören und in den Mund zu legen.

Wie Rahners sakramentaler Minimalismus eine Teilhard de Chardin verpflichtete Sicht schwächen, wenn nicht sogar zerstören kann, läßt sich anhand eines Briefes erkennen, den der deutsche Jesuit im Jahre 1962 erhielt. «Ich möchte mir so gerne vorstellen dürfen, daß mein Leib nach und nach ganz aus Hostien besteht und also der Leib Christi ist», meinte Rahners Korrespondentin Luise Rinser. Sie legt sich aber sogleich Rechenschaft darüber ab, daß ihr an Teilhard erinnernder Wunsch unsinnig ist: «Aber das stimmt dogmatisch so nicht. Man wird ja auch kein Apfel dadurch, daß man nur mehr Äpfel ißt. Und ich esse außer Hostien leider noch vieles andere. Törichte Überlegungen.»[298] Rahners Theologie folgend räumt sie sogleich ein, die Gegenwart Christi sei auf den kurzen Augenblick des Empfangs der Hostie beschränkt; hat nicht Jesus selbst gesagt: «Nehmet hin und esset: das ist mein Leib»? Außerhalb der Messe kann die Hostie zwar als Symbol für Christus gebraucht werden, aber nicht als sein eigener Leib gelten. Der Wunsch nach einer von Teilhard angeregten eucharistischen Erfahrung erscheint sofort als töricht, wenn er in den Bann des rationalen Denkens gerät, wie es von Rahner und seinem Kreis gepflegt wurde.

Während die Europäer Althaus und Rahner als Kritiker auftreten und keine neuen Theorien über die Wirkungen der Eucharistie aufstellen, gehen amerikanische Theologen einen Schritt weiter. Gordon Kaufman (geb. 1925), Charles Baker und Matthew Fox (geb. 1940) entwickeln im eigentlichen Sinne «moderne» Eucharistielehren, die der Mentalität des ausgehenden 20. Jahrhunderts entsprechen. Kaufman und Baker entwerfen eine Lehre, die mit der amerikanischen «Zivilreligion» große Ähnlichkeit aufweist, während Fox eine «ökologische» Sicht vertritt.

Um den Ansatz von Kaufman und Baker zu verstehen, bietet sich ein Rückgriff auf Ulrich Zwingli an, den Reformator der Stadt Zürich im 16. Jahrhundert. Wie Kaufman und Baker wollte auch Zwingli der Eucharistie keine magischen Wirkungen zuschreiben. Gleichwohl wußte er, daß die Feier die Gemeinde begeistern kann. Zwingli verglich das Hochgefühl, das sich beim Abendmahl einzustellen pflegt, mit dem schweizerischen Nationalstolz.[299] Dieser drückt sich darin aus, daß die Schweizer gerne nationale Feste feiern, schweizerische Abzeichen tragen und nach Nähenfels pilgern, dem Ort, an dem die Schweizer die Österreicher im Jahre 1388 schlugen. Zwingli vergleicht das christliche Abendmahl mit den Nationalfeiertagen der Schweizer. Beim Abendmahl gedenken die Gläubigen des heilbringenden Todes Christi und lassen sich dadurch begeistern. Die Menschen lieben es, ihre Verbundenheit mit Christus auch äußerlich zu zeigen. Im Anschluß an Zwingli (und vielleicht unter dem Einfluß des in vielen Kirchen Amerikas gehißten Sternenbanners) formuliert Baker: «Brot und Wein werden gesegnet oder konsekriert, um Symbole des Leibes und Blutes Christi zu sein, etwa in demselben Sinne, wie eine Fahne mit roten und weißen Streifen und fünfzig Sternen auf blauem Grund dazu bestimmt wurde, für alles zu stehen, was die USA verkörpern.»[300] Von der Teilnahme an solchen nationalen oder kirchlichen Feiern gehen keine magischen Wirkungen aus. Während Baker Zwinglis Gedankengut nur wiederholt und neu formuliert, versucht Kaufman, dessen Inhalt tiefer zu erfassen.[301] Wie der Besuch von Nähenfels die nationale Gemeinschaft mit einem Sieg von historischer Bedeutung verbindet, so stellt die religiöse Feier die Verbindung der Kirche zu den sie begründenden Ereignissen her. Nation und Kirche beziehen eine besondere Kraft aus der Begegnung mit ihrem Ursprung. Das Abendmahl erscheint als ein wichtiges, aber lediglich emotionales Ereignis im Leben der Gemeinde. Während sich die Predigt an den Intellekt der Gläubigen wendet, spricht das Sakrament «tiefere Schichten» an. Da religiöser Glaube nicht nur im Erwerb von Wissensstoffen besteht, sondern eine Neuorientierung der ganzen Persönlichkeit erfordert, ist ein sakramentales Drama unerläßlich. Kaufman lehnt lediglich die übertriebenen Behauptungen und Verdinglichungen traditioneller Abendmahlslehren ab. Er behält die sakramentale Handlung bei, deren emotionale Qualität er schätzt. Seiner Meinung nach bietet das Sakrament denselben Vorzug, den ein Kuß gegenüber einer Liebeserklärung hat: den Vorzug von Berührung, Unmittelbarkeit und Ganzheit. Sollte es zutreffen, daß, wie Malinowski vermutet,[302] alle Magie in überschüssiger oder unbefriedigter Emotion wurzelt, dann bleibt auch Kaufmans Deutung noch dem Wesen des Magischen treu.

Der jüngste Versuch, die eucharistische Theologie minimalistisch zu interpretieren, folgt Kaufman darin, daß er keinerlei übernatürliche Wirkung des Abendmahls annimmt. Matthew Fox möchte die natürlichen, nicht die übernatürlichen Eigenschaften des eucharistischen Brotes und Weines deuten. Die Gläubigen, so meint er, tun gut daran, die innere, natürliche Heiligkeit der eucharistischen Speise anzuerkennen. Indem Fox eine neue, natürliche Theologie der Eucharistie entwickelt, spricht er für eine Generation, die gegen die Verschmutzung und Ausbeutung der Umwelt kämpft sowie die Heiligkeit der «Mutter Erde» anerkennt. Dementsprechend entwickelt Fox seine Sakramentenlehre vor dem Hintergrund von Schöpfungstheologie und ökologischem Bewußtsein. Ihn faszinieren die unendlichen Ausmaße des Weltalls und die grandiose Schönheit eines Universums mit sich immer weiter ausdehnenden Galaxien und Sonnensystemen, die entstehen, um schließlich wieder unterzugehen. Seiner Meinung nach kann eine Theologie, die unter Vernachlässigung der kosmischen Dimension nur vom Menschen spricht, Gott als Schöpfer des Universums und dem kosmischen Christus nicht gerecht werden. Fox scheint den kosmischen Christus in geradezu pantheistischer Weise mit dem Weltall selbst gleichzusetzen. Er verabscheut die menschliche Zerstörung des ökologischen Gleichgewichts unseres Planeten durch erbarmungslose Ausbeutung, Übervölkerung, Ausrottung bestimmter Tierarten und die zunehmende Verschmutzung von Wäldern, Flüssen und Meeren. Die Natur ist gefährdet, weil der Mensch seine beherrschende Stellung mißbraucht. Die Menschen haben das Gefühl für den ihnen gemäßen Ort im Universum verloren, ein Gefühl, das durch eine neue eucharistische Frömmigkeit wiederhergestellt werden soll.

Die Kommunion, meint Matthew Fox, verbinde den einzelnen Menschen mit dem Universum. «Was könnte mehr Heimat schaffen, intimer, örtlicher, erotischer sein als Essen und Trinken?» fragt er. Fox lehnt die moderne Theologie ab, sofern sie das Universum entmythologisiert, entleert und bedeutungslos läßt. Als Schöpfung Christi muß das Weltall als in Gott gegründet gesehen werden; daher muß es auch etwas von göttlicher Schönheit und Güte widerspiegeln. Die Kommunion hat die Aufgabe, dem Menschen ein Gefühl der Beheimatung in der Welt zu vermitteln, denn das heilige Mahl ist «tatsächlich das wirkliche (...) Essen und Trinken des kosmischen Leibes und Blutes des göttlichen Einen, der in jedem Atom und in jeder Galaxie unseres Universums gegenwärtig ist». Das eucharistische Brot wird nur dann richtig begriffen, wenn es «als das gesehen wird, was es ist: eine kosmische Gabe, zwanzig Milliarden Jahre alt, eine Gabe von Erde, Luft, Feuer, Wasser und Photosynthese, ein Geschenk von Sonne, Supernova-Explosionen und Feuerbällen».[303] Bei der Kommunion bekräftigen die Gläubigen jedoch nicht nur ihre magische Verbindung mit dem Universum. Sie nehmen auch Kontakt auf und schließen eine Art Bund mit einem besonderen Teil des Weltalls, mit der «verwundeten Erde», denn für sie ist «Jesus Christus die gekreuzigte Mutter Erde». Während die Kommunion dem Verstand eine Orientierung innerhalb des Universums vermittelt, verbindet sie die Gläubigen in einer tieferen Schicht auch mit dem Leiden, dem Tod und der Auferstehung ganzer Galaxien und Sonnensysteme. Wer die Eucharistie feiert, wird nicht nur in das Drama des Lebens und Sterbens Jesu einbezogen, sondern auch in das Drama des kosmischen Christus, d. h. des gesamten Universums.

Auf diese Weise haben einige Theologen der Gegenwart versucht, die magische Sicht der Eucharistie zurückzudrängen und durch eine andere Theologie zu ersetzen. Daß das Abendmahl das Leben derer, die es empfangen, durch übernatürliche, heiligende, erfahrbare Kräfte verwandeln kann, bleibt ihnen ein fremder Gedanke. Allenfalls vermag die Kommunion den Eindruck einer nur einen Augenblick dauernden Berührung durch etwas Göttliches zu vermitteln. Trotz seiner göttlichen Qualität hat dieser Augenblick an der Zerbrechlichkeit menschlicher Existenz Anteil und entzieht sich daher einer dogmatischen Festlegung.

Die hier vorgestellten «minimalistischen» und «maximalistischen» Eucharistielehren wurden alle im 20. Jahrhundert entwickelt. Ihnen geht eine lange

Vorgeschichte voraus. Sie wurzeln in der aufklärerischen bzw. romantischen Religionsauffassung des 18. und 19. Jahrhunderts, die bis heute in der westlichen Welt großen Einfluß ausübt. Die maximalistische Sicht gehört zur visionären Tradition der Romantik, die sich mit Namen wie Swedenborg, Oetinger, Herder und Novalis verbindet. Diese Richtung sieht in der Religion die grundlegende Kraft des menschlichen Lebens. Einige ihrer Vertreter haben sich zu einem sakramentalen Realismus bekannt und sich für das Abendmahl begeistert. Dagegen beschränkt die mit Namen wie Voltaire und Immanuel Kant verbundene Aufklärung die Religion auf das Gebiet der Moral und will sie – nach einem Wort von Kant – «innerhalb der Grenzen der Vernunft» halten. Im rationalistischen Klima der Aufklärungstradition fanden Sakrament und Sakramentstheologie keine rechte Heimat. Sobald sich theologisches Denken dem Rationalismus stark verpflichtet weiß, neigt es einem sakramentalen Minimalismus zu. Die von den Gläubigen jahrhundertelang im heiligen Mahl erfahrene göttliche Gegenwart ist dem modernen Bewußtsein problematisch geworden.

5. Schluß: Das christozentrische Sakrament

Offenbar hat Jesus den magischen Taufritus – eine reinigende Waschung – selbst ausgeführt. Auch die Mähler, die er mit seinen Anhängern und Freunden feierte, wiesen rituelle Züge auf, wenn auch solche des Opfers und nicht der Magie. Schon kurz nach seinem Tode scheinen die rituellen Mahlzeiten der Christen einen magischen Charakter angenommen zu haben. Weit davon entfernt, etwas Neues und Fremdes zu sein, wies das heilige Mahl ebensolche magischen Züge auf wie Jesu Taufe, Exorzismen und Heilungen – Handlungen, die in der Welt der antiken und jüdischen Magie wurzelten. Einige der frühen Anhänger Jesu glichen das heilige Mahl ihres Meisters seinem magischen Handeln an. Eine der auffälligsten magischen Neuinterpretationen des heiligen Mahls setzte dieses mit der Feier des jüdischen Passamahls gleich. Die bei der Feier verzehrte Speise und insbesondere der Wein galten als schützendes Mittel, das während der «großen Drangsal», einer Zeit des Krieges, der Verfolgung und ständiger Lebensgefahr gebraucht wurde. Jedoch blieb die thaumaturgische – oder genauer: apotropäische – Deutung nicht die einzige. Dem Abendmahl wurden auch andere wunderbare Wirkungen zugeschrieben: Als heilige Speise vermitteln Brot und Wein das ewige Leben und schaffen, der antiken Liebes- und Bindungsmagie vergleichbar, eine dauernde Beziehung zu Christus. Aber auch die thaumaturgische Deutung schloß andere Verständnisse nicht aus.

Schließlich bildete sich eine dritte Interpretation heraus, die in den Vordergrund treten und sich schließlich durchsetzen sollte: die theurgische. Die antike Magie enthält einen besonderen, Theurgie genannten Zweig. Suchen wir für die Eucharistie eine antike Zuordnung, kann diese nur im theurgischen Ritual gefunden werden. Folgende Eigenschaften verbinden Theurgie und Eucharistie: (1) Eucharistische und theurgische Rituale dienen dazu, die erfahrbare Gegenwart einer Gottheit herbeizuführen; (2) anders als andere Formen der Magie zielen sie nicht darauf, anderen zu schaden oder persönlichen Vorteil zu suchen; (3) obgleich magisches Handeln weit verbreitet war, wurde weithin darauf verzichtet, seine Voraussetzungen und Funktionsweisen theoretisch zu erörtern; nur die neuplatonische Theurgie und das christliche Sakrament bilden eine Ausnahme. Sie wurden tatsächlich Gegenstand ausführlicher theoretischer Überlegungen.[304]

Nachdem die theurgische Idee im liturgischen Brauchtum und in der Theologie etabliert war, entwickelten die Theologen neue Fragen. Sie suchten festzustellen, auf welche Weise Christus in der Eucharistie vergegenwärtigt wird. Zwei klassische Deutungen des heiligen Mahls bildeten sich heraus. Nach der einen, vor allem in den Ostkirchen verbreiteten und mit dem Namen des Pseudo-Dionysius verbundenen, erinnert die Eucharistie an Leben und Tod

Jesu in Form eines heiligen Schauspiels. Dieses stellt die Geschichte Jesu dar und vermittelt deren Wirkung in einer symbolischen Aufführung. Wahrheit, Wert und Kraft des ursprünglichen Kommens Jesu werden durch die Feier für die Gemeinde gegenwärtig. In der westlichen Kirche setzten sich die Theologen der Scholastik, allen voran Thomas von Aquin, für eine andere, alternative Deutung des Mahls ein. Sie blickt in erster Linie auf die «Elemente» von Brot und Wein. Als heilige Substanzen vertreten und symbolisieren sie den lebendigen Leib und das Blut Christi nicht nur, sondern werden durch eine theurgische Handlung in diese verwandelt. Vor nicht allzu langer Zeit hat Papst Paul VI. in seinem Rundschreiben *Mysterium Fidei* (1965) die traditionelle katholische Transsubstantiationslehre bekräftigt und betont, daß eine «wahrhaft wunderbare und einzigartige Wandlung» eine neue Wirklichkeit schaffe.[305] Darüber hinaus schätzte Paul VI. auch die kleineren eucharistischen Wunder wie das einer blutenden Hostie, das in Orvieto in Italien in Erinnerung gehalten und durch aufwendige Prozessionen gefeiert wird.[306] Zwar haben die Reformatoren des 16. Jahrhunderts die scholastische Transsubstantiationslehre abgelehnt, aber Martin Luther und Calvin konnten sich von der in Westeuropa verbreiteten Betonung der heiligen Speise nicht ganz lösen. Nach katholischer und mehrheitlich auch nach protestantischer Auffassung dienen Brot und Wein als die materielle Kontaktstelle zum lebendigen Christus.

Oftmals beschränkten sich Theologen nicht darauf, nur zu erklären, wie Christi Gegenwart zustande kommt und mit ihm Kontakt aufgenommen wird. Wenn sie bestimmte Wirkungen des Sakraments benannten, griffen sie regelmäßig auf apotropäische oder thaumaturgische Vorstellungen zurück, die in der Bibel mehr oder weniger deutlich vorgezeichnet sind: Die Eucharistie reinigt von Sünde, stärkt die Seele und vielleicht sogar den Leib, und ihre die Materie verwandelnde Kraft kann sich auf das ganze Universum erstrecken. Jedoch stimmen alle Theologen darin überein, daß die Vereinigung mit Christus die vornehmste Wirkung des Abendmahls darstellt. Die Eucharistie schafft die Verbindung zum lebendigen Christus und führt zur Vereinigung mit ihm: Das ist die wichtigste inhaltliche Bestimmung, die der Eucharistie gegeben wurde. Historisch gesehen läßt sich dies als die bleibende theurgische Qualität des Abendmahls verstehen, dienten doch die antiken theurgischen Rituale dazu, die Gottheit für den Gläubigen zu vergegenwärtigen. Die besondere, unverwechselbare Eigenart der Eucharistie besteht aber darin, daß sie Christus in den Mittelpunkt rückt. Obwohl diese Feststellung auf den ersten Blick selbstverständlich scheint – hat nicht jeder christliche Gottesdienst mit Christus zu tun? –, ist sie dennoch wichtig und unerläßlich. Tatsächlich ist nicht jede Gottesdienstform eindeutig christozentrisch ausgerichtet. Das christliche Opfer zum Beispiel stellt eine theozentrische Gestalt des Kultes dar: Die Gläubigen opfern Gott, dem Vater, und von ihm (nicht von Christus) erwarten sie eine Gegengabe. Auch Gebet und Lobpreis richtet sich in der Regel an Gott, nicht an Christus. Das aus der Heiligen Schrift vorgelesene und in der Predigt erläuterte Wort gilt als «Wort Gottes» und nicht, oder nicht in erster Linie, als Wort Christi. Im ekstatischen Gottesdienst wird der Heilige Geist manchmal als der Geist des Vaters, manchmal als der geistgestaltige Christus und manchmal als eine eigene göttliche Person aufgefaßt. Die als Sakrament verstandene Eucharistie ist die einzige ausschließlich und grundsätzlich auf die Person Christi ausgerichtete Gottesdienstgestalt.

Wie wir gesehen haben, darf die biblische Nachricht über die «Einsetzung» des Abendmahls durch Jesus nicht als historischer Bericht verstanden werden. Sie enthält bereits mehr als eine Deutung der Feier. Wir erkennen eine magische (sakramentale) Auffassung, die zu einem noch erkennbaren älteren Verständnis als Opfer hinzutritt. Die ursprüngliche Opferbedeutung des Abendmahls war nicht auf Jesus bezogen, denn Jesus opferte dem Vater Wein und Brot, verstanden als Ersatz für das vom Tempel und dessen Priesterschaft beherrschte und geregelte Tieropfer. Da sich für diese von uns gemachte Annahme zwar Argumente finden lassen, ein letzter Beweis aber nicht erbracht werden kann, bleibt hier viel Raum für abweichende Auffassungen. Dennoch ist sich die Forschung in einer Sache einig: Das Sakrament, wie es sich in der Kirche entwickelte, besitzt eine klare Ausrichtung auf Christus. Wie immer die verschiedenen theologischen Traditionen die Beziehung zwischen der heiligen Speise und dem auferstandenen, lebendigen Christus im einzelnen definiert haben, sie sprechen sich übereinstimmend für eine solche Beziehung aus. In dem Augenblick, in dem der Priester oder Prediger den Gläubigen Brot und Wein reicht, wird deren Beziehung zu Christus unmißverständlich in Erinnerung gerufen. Das traditionelle *Book of Common Prayer* der englischen Kirche bedient sich dabei folgender Worte:

> *Und wenn er das Brot reicht, soll er sagen*: Der Leib unseres Herrn Jesus Christus, der für dich hingegeben wurde, bewahre Leib und Seele für das ewige Leben. Nimm und iß dies zum Gedächtnis dafür, daß Christus für dich starb, und nähre dich mit ihm in Glaube und Danksagung.
>
> *Und der Beauftragte, der den Becher reicht, soll sagen*: Das Blut unseres Herrn Jesus Christus, das für dich vergossen wurde, bewahre dich an Leib und Seele für das ewige Leben. Trink dies zum Gedächtnis dafür, daß Christi Blut für dich vergossen wurde, und sei dankbar.

Wenn der katholische Priester den Gläubigen die Kommunion reicht, spricht er die Worte «Der Leib Christi» und «Das Blut Christi», und nicht etwa: «Der Leib Gottes» oder «Das Blut Gottes». Mit der Kommunion ist stets der Name Christi und nicht der Name Gottes verbunden. Verallgemeinernd läßt sich sagen, daß sich der Gottesdienst an Gott richtet, die Feier der Eucharistie jedoch eine Ausnahme bildet. Als die einzige grundsätzlich christozentrische gottesdienstliche Grundgestalt ist die Eucharistie nicht nur exponiert, sondern im Kanon der christlichen Kultformen unersetzlich und unverzichtbar. In einem im 15. Jahrhundert geschriebenen Gebet wendet sich Thomas von Kempen folgendermaßen an Christus: «Gib dich mir, und es genügt; denn außer dir ist kein wahrer Trost. Ohne dich kann ich nicht sein, ohne deine Gegenwart nicht leben. Deshalb muß ich häufig zu dir kommen und dich als

Arznei des Heiles empfangen, damit ich nicht etwa auf dem Wege [des Lebens] ermatte.»[307] In diesem Gebet hat der mittelalterliche Mystiker ausgesprochen, was die meisten Gläubigen fühlen: Die Eucharistie verbindet sie mit Christus, und nur durch seine Nähe können sie als Christen leben.

Eine letzte Bestätigung des durch und durch christozentrischen Charakters der Eucharistie wird von unerwarteter Seite beigesteuert: von der Meßfeier durch «fortschrittliche» katholische Priester und Laien in den 1960er und 1970er Jahren in Frankreich, Deutschland und den Niederlanden. Nach dem 2. Vatikanischen Konzil (1962–1965) und in den Wirren der Liturgiereform entwarfen diese Gruppen ihre eigene, inoffizielle Liturgie, die in einer Eucharistiefeier gipfelte, deren sakramentale Bedeutung vernachlässigt, gemindert oder sogar geleugnet wurde. Obwohl sie von der kirchlichen Hierarchie ungern gesehen und manchmal förmlich untersagt wurde,[308] lebte diese Liturgie «im Untergrund». Manche jungen Priester feierten sie außerhalb von Kirchen, zum Beispiel in Wohnungen oder Klassenzimmern, ohne Altar, liturgisches Gerät und liturgische Kleidung auf der Grundlage selbst verfertigter oder nicht autorisierter Gebete. Teilnehmer waren junge Menschen, oft Studenten. Als Vorbild dienten die Gemeinschaftsmähler, die Jesus mit seinen Freunden und Anhängern gehalten hatte, und nicht eine heilige, von Jesus beim Letzten Abendmahl eingesetzte Kulthandlung. Solche Mähler sollten die Erinnerung an Jesus pflegen, an den Menschen, der für die Gemeinschaft lebte und starb. Die zelebrierenden Priester setzten sich mit Vergnügen über die liturgischen Regeln der kirchlichen Autorität hinweg. Sie meinten, dem Vorbild Christi zu folgen, der seinerseits die religiösen Autoritäten seiner Zeit verachtet hatte. Ständig redeten die der Feier vorstehenden Priester «von Christus, dem Menschen Christus, der in Galiläa lebte, der litt und starb», berichtet der französische Sozialpsychologe Jean Milet, der diese Messen beschreibt. In seinem Bericht über eine solche Messe («wenn man sie überhaupt so nennen kann») teilt er mit, daß «der Priester den Namen Christi einhundertunddreißigmal aussprach, und kein einziges Mal den Namen Gottes nannte. Muß ich noch hinzufügen, daß Christus dabei stets als Mensch gesehen wurde, unter sozialem und humanitärem Aspekt?»[309] Selbst jene, die nicht mehr an den Wert traditioneller Theologien und Liturgien glaubten, stellten Christus in die Mitte ihrer post-katholischen Feiern.

Am Ende dieses Kapitels angelangt, wollen wir eine Definition der kirchlichen Liturgie von Papst Pius XII. anführen. Mit Recht verwies er auf Gott und Christus als die beiden Adressaten, an die sich der Gottesdienst wendet: «Die Liturgie als Ganzes bildet den öffentlichen Kult, den unser Erlöser, das Haupt der Kirche, dem himmlischen Vater erweist und den die Gemeinschaft der Gläubigen ihrem Gründer und durch ihn dem ewigen Vater zollt.»[310] Während die Verehrung des Vaters durch Opfer, Gebet und Lobpreis geschieht, vollzieht sich der Kult Jesu Christi allein in der Eucharistie, in der ein altes theurgisches Ritual den Herrn gegenwärtig setzt.

Die göttliche Gegenwart ist auch der Schlüssel zum nächsten – und letzten – heiligen Spiel, das unsere Studie erörtert: das Spiel *geistlicher Ekstase*. Dieses komplexe Spiel besteht aus mehreren, von uns bereits besprochene Riten: Lobpreis, Gebet und Predigt. Ihr besonderer Charakter aber wird durch «Zungenrede» und Trancen bestimmt, denen wir uns nun zuwenden.

SECHSTES SPIEL

Geistliche Ekstase

Das Wirken des Heiligen Geistes in Zungenrede, Prophetie und Heilung

Diese Männer sind nicht betrunken, wie ihr meint; es ist ja erst die dritte Stunde am Morgen; sondern jetzt geschieht, was durch den Propheten Joël gesagt worden ist: «In den letzten Tagen wird es geschehen, so spricht Gott: Ich werde von meinem Geist ausgießen über alles Fleisch. Eure Söhne und Töchter werden Propheten sein, eure jungen Männer werden Visionen haben, und eure Alten werden Träume haben. Auch über meine Knechte und Mägde werde ich meinen Geist ausgießen in jenen Tagen, und sie werden Propheten sein.» (Apg 2,15–18) *Apostelgeschichte*

In den Versammlungen kommt es oft vor, daß Menschen lachen, weinen, in Ohnmacht fallen, zittern, zucken, Visionen haben, prophezeien, aufspringen, laufen (manchmal «Jesuslauf» genannt), «vom Geist getroffen» niedersinken, «vom Geist trunken» taumeln, keuchen, trillern, brüllen, bellen, muhen und andere Tierlaute nachahmen.[1] *B. J. Oropeza, 1995*

Das letzte Ziel des Gottesdienstes in der Tradition der Sanctified Church ist eine Art Besessenheit durch einen Geist.[2] *Cheryl J. Sanders, 1996*

1. Über ekstatischen Kult

Platon und seine Schule unterschieden zwei Arten von Verhalten, das die als üblich geltenden Regeln vernachlässigt oder verletzt. Beide Arten können als «Wahnsinn» bezeichnet werden. Die erste Art ist durch «Unverstand und Verrücktheit» gekennzeichnet und gilt als sicheres Zeichen von Verwirrung, geistiger Umnachtung und Krankheit.[3] Die zweite Art beruht auf «göttlicher Aufhebung des gewöhnlichen, ordentlichen Zustandes».[4] Dabei steht die Seele in Kontakt mit der göttlichen Welt, und es «werden ihr Güter gewährt, die wertvoller sind als die Gaben des gesunden menschlichen Verstandes».[5] Tatsächlich «entstehen die größten Güter aus dem Wahnsinn, der durch göttliche Gunst verliehen wird».[6]

In aller Welt und zu allen Zeiten gab es Menschen, die ebenso fühlten. Viele versuchen, durch Stimulation ihres Körpers besondere religiöse Erfahrungen zu gewinnen. Im Zustand der Ekstase wird ihnen die Anwesenheit göttlicher Mächte in ihrem eigenen Leib zu einer überwältigenden und angenehmen Wahrnehmung. Typische den Körper stimulierende Mittel sind: Tanz, wie zum Beispiel bei den tanzenden Derwischen, einer muslimischen Sekte; rhythmische, laute Musik bei bestimmten Prophetengruppen im alten Israel; der Konsum von Drogen wie etwa Peyotl bei den Indianern Mexikos und in einigen modernen experimentellen Kulten. Religionsgeschichtler wissen, daß Ekstase universal verbreitet ist und als Grunderfahrung zur menschlichen Natur und Geschichte gehört. Allerdings sind die Techniken, Ekstase herbeizuführen, einem ebenso großen Wandel unterworfen wie die Deutungen, die man ihr gibt. Die Universalität von Drogenerfahrung hat der englische Schriftsteller Aldous Huxley hervorgehoben. Noch bevor er entsprechende Selbstversuche anstellte, machte er durch eine milde Droge hervorgerufene ekstatische Trancen zu einem Bestandteil des Gemeinschaftskults, den die Männer und Frauen seines Zukunftsromans *Schöne neue Welt* (*Brave New World*, 1932) feiern.

Das vorliegende Kapitel untersucht die ekstatische Religion in der Welt, in der das Christentum entstanden ist. In der gesamten Antike gab es ekstatische Kulte, und ihr Erbe finden wir im frühen Christentum ebenso wie es in der heutigen Pfingstbewegung lebendig ist.

Ekstatische Kulte in der Antike

Viele Religionen üben miteinander vergleichbare Rituale aus, die denselben Effekt haben: Erregung, Entrückung und damit einhergehend ein veränderter Bewußtseinszustand. Solche Rituale gehören oft zur Verehrung göttlicher Wesen, die gemeinsame Charakterzüge tragen: Die Inder nennen ihren Herrn des

37a Schallende Zimbeln. In der griechischen Antike feierten Frauen ekstatische Rituale, und einige Römerinnen taten es ihnen nach, so die Tänzerin in diesem in Herculaneum in Italien gefundenen Wandbild. Herculaneum war mit Bacchus, dem Gott des Weines und der Orgien, verbunden. Die Zimbeln, mit denen sie einen schallenden Klang erzeugt, kommen auch im Neuen Testament im Zusammenhang mit ekstatischen Feiern vor, die Christen in der griechischen Stadt Korinth pflegten (1 Kor 13,1). Wandmalerei in Herculaneum, Italien, 1. Jahrhundert v. Chr.

Tanzes Shiva, die Griechen gaben ihm den Namen Dionysos. Im alten Griechenland galt die Raserei als wichtiger Bestandteil weiblicher Dionysosverehrung. Frauen bildeten Vereine und verließen einmal im Jahr zu einer bestimmten Zeit ihre Ehemänner und Familien, um ihre wilden Rituale zu feiern. In und durch ihre Raserei und Tollheit verherrlichten die Mänaden – «rasende Frauen» – ihren Gott: «ihn, Dionysos, den orgiastisch Umjubelten, der die Frauen wild macht und durch ihre rasenden Verehrungen prangt».[7]

Dionysos war der Gott des Weines und der ekstatischen Vitalität, zu dessen Ehre «Orgien» gefeiert wurden. Die Frauen gaben sich dem Wein und dem

37b Schallende Zimbeln. Antike Zimbeln bestanden aus zwei bronzenen, mit Griffen versehenen Tellern oder Tassen. Moderne Nachzeichnung antiker Zimbeln.

Tanz hin, wobei sie Zimbeln gegeneinander schlugen, um Lärm und Rhythmus zu erzeugen. Eine Wandmalerei aus Herculaneum in Italien aus dem 1. Jahrhundert v. Chr. kann eine Vorstellung davon vermitteln (Abb. 37a und 37b). Das Theaterstück *Die Bakchen* von Euripides läßt uns an der typischen Atmosphäre der wilden Dionysosfeiern teilnehmen. Vom Chor vorgetragene Rufe wie «Auf! auf! Herrscher! Herrscher!» spiegeln die erregte Atmosphäre wider.[8] In seiner Geographie erklärt Strabo, wie volkstümliche Autoren die dionysischen Feste der Frauen beschreiben:

> Sie halten sie alle für eine Art gottbegeisterter Leute und Bakchiker, welche durch Waffentanz unter Lärm und Geräusch von Zymbeln, Trommeln und Waffen, desgleichen unter Flötenspiel und Geschrei bei den feierlichen Opferhandlungen (die Menschen) in Gestalt von (Götter)dienern erschrecken.[9]

Unter der Bezeichnung Bacchanalien wanderte der griechische Kult des Dionysos nach Westen und zog viele Römer und Römerinnen an, bis er auf Weisung des römischen Senats im Jahre 186 v. Chr. stark eingeschränkt wurde. Dem römischen Historiker Livius, der über die Debatte im Senat berichtet, verdanken wir interessante Einzelheiten. Im 2. Jahrhundert wurden auch Männer zum Kult zugelassen, deren tolles Verhalten dem der Frauen in nichts nachstand. «Von Tollheit ergriffen, verrenken Männer wie wild ihren Körper und stoßen Weissagungen hervor *(vaticinari).*»[10] Allerdings bedeutete der Senatsbeschluß nicht das Ende des Kults und seiner Orgien. Unter lauter Musik aufgeführte Tänze wurden zumindest in der Kunst noch lange dargestellt – siehe die Zimbeln schlagende Tänzerin von Herculaneum (Abb. 37a) und die typische Bacchanalienszene mit Flötenspieler und einer das Tamburin schlagenden Tänzerin eines Reliefs aus Herculaneum (nicht abgebildet[11]). Wie das ganze Gebiet um den Vesuv, so stand auch Herculaneum unter dem Schutz des Gottes Bacchus.[12] Keine öffentliche Autorität konnte die ekstatische Religion, in der Friedrich Nietzsche eine grundlegende und ewige Lebenshaltung verkörpert sah, unterdrücken oder gar ausrotten. Wenn es eine rationale sokratische und eine mit dem Namen Apollons verbundene ästhetische Lebensphilosophie gibt, dann muß es auch eine irrationale, dionysische Lebensauffassung geben.[13]

Die Menschen der Antike wußten, daß sich ekstatische Kulte von anderen Ritualen grundsätzlich unterscheiden. In den ekstatischen Ritualen komme es darauf an, so der Philosoph Aristoteles, «nicht etwas zu lernen, sondern zu erleiden und in eine bestimmte [Stimmung] versetzt zu werden».[14] Zwar war der Philosoph selber mehr am Lernen interessiert, aber er begriff, worauf die fremdartigen Kulte abzielten.

Auch im Judentum gibt es eine lange und bedeutende ekstatische Tradition, obwohl wir nur wenig über sie wissen. Die Bibel erwähnt die Musik und die derwischartigen Tänze bestimmter Prophetengruppen.[15] Die in Raserei von einem auf der Anhöhe gelegenen Heiligtum herabkommenden Propheten mit Harfe, Pauke, Flöte und Zither waren ein vertrautes Bild. In Ekstase fühlten sie sich vom Geist Gottes überwältigt und «in andere Menschen verwandelt»

(1 Sam 10,6 EÜ). Die interessantesten Belege für Ekstase im Judentum stammen aus dem 1. Jahrhundert n. Chr. Nach dem *Testament des Hiob* (ausgehendes 1. Jahrhundert?) äußerten bestimmte Frauen in entrücktem Zustand unverständliche Laute nach Art der Zungenrede, was als Sprache der Engel verstanden wurde.[16] Interessanterweise handelt es sich hierbei um Frauen und nicht um Männer. Vor seinem Tod hatte Hiob seinen Töchtern geheimnisvoll leuchtende, magische Bänder übergeben, die sie als Gürtel oder Schärpen um ihre Brust tragen sollten. Einst hatten diese Bänder Hiob selbst von seinen Leiden befreit, und sie verliehen die Fähigkeit, prophetisch in die Zukunft zu schauen. Wahrscheinlich galten diese Schnüre als Ausrüstungsstükke, die Engel und andere Geistwesen im Himmel zusätzlich zu ihren weißen Gewändern tragen. Als sich die Töchter diese Bänder umlegten, wurde ihr Herz verwandelt und sie konnten in himmlischer Sprache sprechen:

> Also stand die erste [der Töchter], Hemera genannt, auf und legte sich ihr Band um, wie der Vater gesagt hatte. Da bekam sie ein anderes Herz, so daß sie nicht mehr irdische Dinge dachte. Sie redete begeistert in engelhafter Sprache und schickte ein Lied zu Gott empor gleich dem Gesang der Engel. (Testament des Hiob 48)

Die beiden anderen Töchter Hiobs teilten die ekstatische Erfahrung ihrer Schwester. In der Sprache der Engel priesen sie die Herrlichkeit des Himmels und die ihnen zuteil gewordene Gnade. Anders als im Kult des Dionysos werden die jüdischen Ekstatikerinnen dazu befähigt, eine unbekannte Sprache zu sprechen, deren Worte der Gemeinde übersetzt werden müssen.

In der Geschichte von den Bändern Hiobs spiegeln sich zweifellos bestimmte rituelle Bräuche.[17] Im Judentum haben magische Kleidungsstücke eine lange Tradition. Dazu gehört das Efod, das König David trug, als er vor der heiligen Lade Gottes tanzte und hüpfte, und der besonders wertvolle Brustschmuck, der zum Ornat des Hohenpriesters gehörte und offenbar die göttlichen Worte vermittelte, die er zu bestimmten Gelegenheiten sagen mußte.[18] Am bekanntesten sind freilich die Gebetsriemen *(tefillin)*, die jüdische Männer zu bestimmten rituellen Anlässen anlegen. Wahrscheinlich war ein magisches Band von der Art, wie es Hiob seinen Töchtern vermacht hatte, in einer jüdischen Ekstatikergemeinschaft in Gebrauch. Während der Kulthandlung erhielt ein Mitglied ein besonderes, mit «Geist» beschriebenes Band oder Gewand (falls dies die richtige Deutung des vorstehend angeführten Textes ist). Dieses Gewand verband die Trägerin mit dem göttlichen Geist und ermöglichte ihr, in Ekstase zu geraten und sich der Sprache der Engel zum Lobpreis Gottes zu bedienen. Wie wir sehen werden, konnte das in bestimmten Gemeinden des Paulus geübte ekstatische Ritual an solche Vorbilder anknüpfen. Paulus und seine Gemeinden verwendeten keine magischen Bänder, sondern genossen eine geisterfüllte Speise – Brot und Wein. Hier galt Jesus, nicht Hiob, als Urheber einer rituellen Handlung.

Eine zweite Beschreibung eines ekstatischen Kultes finden wir bei Philo von Alexandria in dessen Schrift über die Therapeuten, einer auf einem Land-

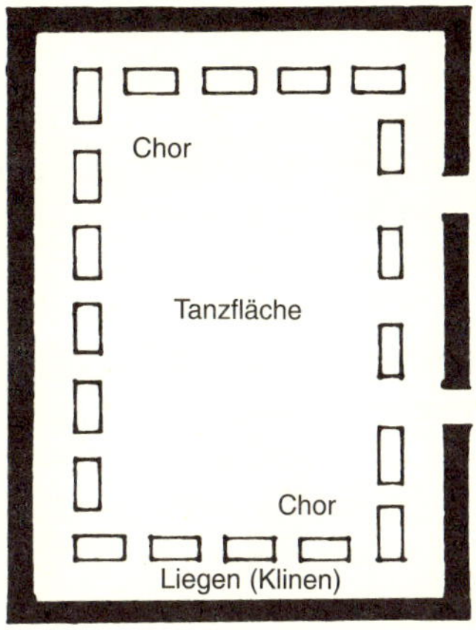

38 Antiker Tanzsaal. Die jüdische Sekte der Therapeuten feierte im 1. Jahrhundert n. Chr. ekstatische Rituale, bei denen sich eine männliche und eine weibliche Gruppe zu einem einzigen Chor verbanden. Die Therapeuten hatten eigene Räume für solche Feiern. Dieser moderne Plan beruht auf der Beschreibung Philos von Alexandria. Plan eines antiken jüdischen Tanzsaals.

gut in der Nähe von Alexandria in Ägypten lebenden jüdischen Sekte. Philo, dessen Werk zwischen 10 und 40 n. Chr. entstand, berichtet über eine die ganze Nacht dauernde Feier, in welcher die Therapeuten das Pfingstfest begingen. Die aus Männern, Frauen und Novizen (als Dienern) bestehende feiernde Gemeinde versammelt sich am Abend zu einem Gottesdienst, der aus Gebet, Schriftauslegung und Gesang besteht. Anschließend wird eine einfache Mahlzeit aus Brot, Wasser, Salz und Ysop gereicht. Die Nacht wird mit Gesang und Tanz verbracht (Abb. 38). Am Morgen endet das Fest mit einer Begrüßung der aufgehenden Sonne. Zwar betont Philo, wie ruhig und geordnet es auf dem Fest zugeht; trotzdem wird deutlich, daß der Tanz ekstatische Züge aufweist:

> Alle erheben sich gemeinsam. In der Mitte des Speisesaales bilden sie zunächst zwei Chöre, den einen von Männern, den anderen von Frauen. Jeder Chor wird von der geachtetsten und musikalischsten Person angeführt. Sie singen in vielen Versmaßen und Melodien abgefaßte Hymnen auf Gott, wobei sie teils ihre Stimmen zusammen erschallen lassen, teils im Wechselgesang die Harmonie aufnehmen, wobei sie die Hände im Takt bewegen und tanzen. Bald singen sie voller Begeisterung Lieder, die für feierliche Aufzüge bestimmt sind, bald Lieder, welche vom Chor vorgetragen werden, wenn er stillsteht, sowie die bei Wendung und Gegenwendung im Chortanz üblichen Liedteile. Wenn dann jeder der beiden Chöre allein für sich seinen Anteil am Fest erhalten hat und sie wie bei Bacchusfesten den ungemischten Wein der Gottesliebe in vollen Zügen genossen haben, vermischen sie sich untereinander und werden ein einziger Chor aus zweien. (...) Der Dis-

kant der Frauen mischt sich mit dem Baß der Männer und bewirkt so einen harmonischen und wahrhaft musischen Einklang.[19]

Der Tanz soll den Tanz des Propheten Mose und der Prophetin Miriam nach dem Marsch durch das Rote Meer nachahmen. Dabei gilt die Nachahmung nicht nur dem Tanz, sondern auch der prophetischen Raserei und der «gotterfüllten» Begeisterung.[20] Diese an Bacchusfeste erinnernde göttliche Trunkenheit kommt erst gegen Morgen zur Ruhe. Offenbar haben manche jüdischen Kreise durch ihre Feste an Ekstase Gefallen gefunden, und die «voller Begeisterung» gesungenen Lieder könnten sogar den Charakter von Zungenrede gehabt haben. Das Pfingstfest betrachteten die Therapeuten als ihr größtes Fest. Ihre Vorliebe für ekstatisches Verhalten scheint dazu geführt zu haben, daß sie das die ganze Nacht dauernde Fest nicht nur am Vorabend des Pfingstfestes feierten, sondern alle fünfzig Tage und das heißt: siebenmal im Jahr. So jedenfalls meinen manche Gelehrte, Philos Ausführungen verstehen zu können.[21] Trifft dies zu, so könnte man als weitere Vermutung anschließen, daß sich die Therapeuten an einem alten, bis vor kurzem noch gebräuchlichen palästinischen Bauernkalender orientierten, der das Jahr in sieben fünfzig-Tage-Perioden einteilte.[22]

Die Nacht hindurch währende Feiern waren in der hellenistischen Welt nichts Ungewöhnliches. Einige der griechischen Feste wie die Panathenäen gipfelten in einer Pannychis («Wache»), einem Freudenfest, bei dem Chöre Hymnen vortrugen, im Reigen getanzt und enthusiastische Rufe laut wurden.[23] Nach Plutarch gehörten Pannychis und Tanz auch zu den Bacchusfesten.[24] Bezeichnenderweise vergleicht Philo die nächtliche Feier der Therapeuten mit einer bacchischen Orgie (was nur ein anderer Name für eine zu Ehren des Dionysos gefeierte Schwelgerei ist), also mit dem bekanntesten ekstatischen Kult der alten Welt. Offenbar waren die Tänze, der Gesang und die kultischen Rufe vergleichbar. Die ältere Forschung stellte das dionysische Ritual der Frauen als ein jährlich stattfindendes Ereignis dar, das außerhalb der Stadt auf freiem Feld gefeiert wurde und im mänadischen Rasen in den Bergen gipfelte.[25] Neuere Arbeiten dagegen heben hervor, daß die Mitglieder dionysischer Gruppen auch Symposien in der Stadt und in den Häusern abhielten.[26] Manche griechischen Vasenmalereien stellen ein etwas weniger wildes Ritual dar: Einige der Mänaden liegen auf bequemen Lagern, während andere tanzen (Abb. 39). In einem der folgenden Abschnitte werden wir sehen, daß der christliche Gottesdienst in der Stadt Korinth einige Züge aufweist, die an das dionysische Symposion erinnern.

Theorien der Ekstase

Feiern wie die der griechischen Mänaden und solche, die im *Testament des Hiob* erwähnt sind, werden ekstatische oder Trance-Rituale genannt.[27] Solche Rituale dienen dazu, einen besonderen, nichtalltäglichen Bewußtseinszustand zu erzeugen, der sich nicht von allein einstellt. Trance begegnet in einer «mil-

39 Tanz der Mänaden. Heidnische Mänaden, hier auf einem attischen Gefäß dargestellt, bildeten das Vorbild für jene der frühen Christen, welche die Gegenwart des Herrn in ähnlicher Begeisterung und mit ähnlichen Tänzen feierten. Die sitzende Frau schlägt eine Pauke, nach deren Rhythmus eine andere Frau tanzt. Eine weitere Frau ist sichtlich erschöpft. Antike Ritualszene, Athen, ca. 420 v. Chr.

den» und einer «wilden» Spielart und ist ein erlerntes Verhalten. Bei der Erzeugung der milden Spielart bleibt der Ekstatiker passiv. Schon eine bestimmte Melodie kann ihn berühren und sein Bewußtsein verändern, was sich als eine Art nervöser Krise beschreiben läßt. Die wilde Spielart ist eine Art manischer Zustand, der durch aktive Beteiligung des Ekstatikers entsteht. Typisch sind:[28] (1) lang andauerndes Tanzen, gewöhnlich zu Musik, in einem zunehmend geistesabwesenden Zustand; (2) Verrenkungen des Körpers, vor allem ruckartige Bewegungen des Halses und Beugen des Rumpfs und der Beine; (3) zu Boden fallen, wobei entweder Zuckungen auftreten oder der Körper wie bei einer Ohnmacht ruhig bleibt. Verrenkungen, Tanz und Ohnmacht treten auch unabhängig voneinander auf. Oftmals fließen Tränen. Manchmal werden fremdartige Laute ausgestoßen, die von anderen nicht als Sprache wahrgenommen werden. Während solcher Rituale oder als deren Höhepunkt ist nach einer verbreiteten religiösen Deutung ein übernatürliches Wesen anwesend. Die Teilnehmer gehen ein enges Verhältnis mit einem Gott oder einem Geist ein, wobei dieser auch in einen Ekstatiker «herabsteigen» und diesen «erfüllen» kann. In diesem Falle ist jemand von einem göttlichen Wesen «besessen» – einem Geist, einem Gott oder Dämon. Der Besessene ist nicht mehr Herr seiner selbst, sondern ein anderes Wesen bedient sich seines Körpers, um sich durch ihn zu bewegen, zu tanzen, zu singen oder sich sprachlich zu äußern.

«Besessenheit» durch einen Geist, einen Gott oder eine Göttin kann auf verschiedene Weise herbeigeführt werden, zum Beispiel durch Fasten, durch das Trinken eines besonders präparierten Weines, den Verzehr einer stimulierenden Pflanze oder einer magischen Speise, und natürlich durch wildes Tanzen zum Klang von Musik oder zum monotonen Rhythmus von Trommeln. Auch das Hören einer aufregenden Predigt kann dazu beitragen. Nicht nur einzelne – ein Schamane, ein Prophet oder ein Medium – können besessen sein, sondern auch ganze Gruppen, vor allem Frauen, wie Ethnologen beobachten konnten. Wenn sich das übernatürliche Wesen in einer Form von Sprache äußert, kann diese Äußerung entweder ein klar artikuliertes Orakel sein oder der ungeformten Sprache der Glossolalie (Zungenrede) angehören. Besessenheit, Ekstase und Glossolalie gelten meist als Züge «primitiver» Religion. Jedoch sind sie auch aus Kulturen bekannt, die wie das alte Griechenland[29] gewöhnlich nicht den archaischen zugerechnet werden. Im 20. Jahrhundert hat uns die christliche Pfingstbewegung mit dem ekstatischen Ritual besser vertraut gemacht. Wer Glossolalie noch nie erlebt hat, findet in den als «scat» bekannten, halbartikulierten Vokalpartien des Jazz etwas Vergleichbares – man denke an Louis Armstrong und Cab Calloway als die Meister des scat-Singens oder an «Sportin' Life», eine Gestalt in George Gershwins Musical *Porgy and Bess*.

Herausgefordert durch dieses fremdartige rituelle Verhalten, das allen westlichen Vorstellungen von Normalität widerspricht, haben Psychologen und Ethnologen viel dazu beigetragen, ekstatisches Ritual verständlich zu machen, wenn nicht zu erklären. Psychologen haben den Begriff der Dissoziation geschaffen, um Zustände zu beschreiben, in denen der gewöhnliche Wachzustand des Bewußtseins aufhört, das Verhalten, Fühlen und Umwelterleben eines Menschen zu steuern. Diese Zustände gelten zwar als «anomal», können aber von fast jedermann erlebt werden und sind keineswegs Symptom einer Krankheit. Ethnologen haben die sozialen und kulturellen Zusammenhänge untersucht, in denen Dissoziation auftritt und, rituell hervorgerufen, als eine besondere religiöse Erfahrung geschätzt und gepflegt wird. Besonders jene Deutungen drängten sich auf, die das rituelle Verhalten als schichtspezifisches Sozialverhalten und therapeutische Technik interpretierten.

Ekstatische Rituale sind *schichtspezifisch*. Nach den Ergebnissen ethnologischer Forschung werden ekstatische Rituale zumeist von armen und unterdrückten Bevölkerungsschichten gepflegt, denen die Teilnahme erlaubt, sich wenigstens für einen kurzen Augenblick dem auf ihnen lastenden Druck zu entziehen.[30] Menschen, denen keine fest umschriebenen, gesellschaftlich anerkannten Rollen zukommen, scheinen für Trance und Besessenheit besonders offen zu sein. Sie schätzen solche Erfahrungen, da sie ihnen ein hohes Maß an Befriedigung bieten. Da Frauen oft zu den benachteiligten Mitgliedern der Gesellschaft gehören, fehlen sie nie bei ekstatischen Kulten, sondern bilden häufig die Mehrheit ihrer Mitglieder, so beispielsweise im antiken orgiastischen Kult des Weingottes Dionysos.[31] Die Fachleute sind allerdings der Ansicht, daß die Mänaden genannten Mitglieder der dionysischen Vereine aus der Oberschicht kamen, denn nur diese konnten es sich erlauben, sich für einige Tage in die Berge zu begeben und die Versorgung von Familie und

Kindern ihren Sklaven zu überlassen. Die ekstatische Feier ermöglichte ihnen, der täglichen Routine und der Beschränkung auf den häuslichen Lebensraum vorübergehend zu entkommen. Waren die Tage der Tänze und Trancen vorüber, kehrten sie in ihre häusliche Umgebung zurück, um ihre Alltagsgeschäfte wieder aufzunehmen.

Zwar war das griechische Mänadentum Frauensache, aber ekstatisches Verhalten als solches kann ohne Rücksicht auf Geschlecht, soziale Klasse und ethnische Zugehörigkeit auftreten. Im Zustand der Ekstase sind alle Frauen und Männer gleich und vermögen jenseits ihrer Herkunft und sozialen Stellung ihr gemeinsames Menschsein zu entdecken. «Es gibt nicht mehr Juden und Griechen, nicht Sklaven und Freie, nicht Mann und Frau, denn ihr alle seid einer», schreibt Paulus über die von Christus besessenen Gläubigen (Gal 3,28). In ekstatischen Tänzen und Trancen verschwinden alltägliche Rollen und Unterschiede. Alle sind gleich, so daß elementare Bande der Freundschaft und des Teilens entstehen können – zumindest will es so eine bei Ethnologen beliebte Theorie.[32] Gleichgültig, ob dies zutrifft oder nicht, stimmen die Forscher darin überein, daß die Teilnahme an rituellen Feiern unter den Beteiligten ein Gefühl der Zusammengehörigkeit und der Gemeinschaft bewirkt oder fördert. Diese Solidarität schafft moralische Unterstützung und, wenn nötig, auch wirkliche Hilfe. Sie gibt den Heimatlosen Heimat und kann sogar zum Ausgangspunkt sozialen Protests werden. «Ganz gleich, wie befriedigend das Spiel solcher Kulte auch scheinen mag, die Grundlage für tiefergehendes und radikaleres Ausbrechen angestauten Widerwillens ist stets vorhanden», heißt es bei Ioan Lewis in einer Untersuchung des Zusammenhangs von ekstatischer Religion und politischen Protestbewegungen.[33]

Die Anziehungskraft ekstatischer Kulte hat eine weitere Deutung erhalten, die ergänzend neben diejenige tritt, die schichtspezifische Kompensation und Protest in den Vordergrund stellt. Ekstatische Rituale wirken *therapeutisch*. Nach dem Hören von Musik, nach Gesang und Ekstase fühlen sich viele emotional erleichtert und in gewissem Sinne geheilt. Hat nicht schon Davids Harfenspiel die Schwermut von König Saul gelindert? Wenn David spielte, «dann fühlte sich Saul erleichtert, es ging ihm wieder gut, und der böse Geist wich von ihm» (1 Sam 16,23). Im 3. Jahrhundert n. Chr. hat der Grieche Aristides Quintilianus eine geradezu modern klingende Erklärung vorgeschlagen: «Die bacchischen und ähnliche Weihen, so sagt man, haben einen vernünftigen Sinn: Sie dienen dazu, die depressiven Angstgefühle der weniger Gebildeten, wie sie sich aus Lebensweise und Schicksal ergeben, durch die Melodien und Tänze in diesen Ritualen zugleich mit Spiel und Scherz reinigend zu beseitigen.»[34] Enthusiastische Kulte entfalten eine kathartische Wirkung, reinigen das Bewußtsein und führen zu Ruhe und Ausgeglichenheit. Wie die Psychotherapie, so kann auch die ekstatische Erfahrung des Heiligen Geistes neue Kraft und Freude schenken und dem Leben eine neue Richtung geben. Gläubige Christen selbst greifen heute zu Ausdrücken wie «therapeutisch befreiend»[35] oder nennen ihre Kirche «eine Klinik der Seele».[36] Nach einer bestimmten ethnologischen Theorie ist Trance nicht nur die Vorbedingung für psychologische Neuorientierung, sondern auch für die Heilung mancher physischer Krankheiten.[37] Trance hilft dem Gehirn, den Status quo zu überwinden und vitale Funktionen des Körpers neu zu organisieren. Ob nun solche weitgehenden Behauptungen für richtig zu halten sind oder nicht, sei dahingestellt; der therapeutische Wert der Trance scheint jedoch festzustehen.

Forscher, die den therapeutischen Wert von Tranceerfahrungen hervorheben, erörtern auch die Glossolalie oder «Zungenrede». Nach Wayne Oates handelt es sich bei Glossolalie um die Sprache der Kleinkinder oder genauer um Lallen, das dem eigentlichen Sprechen vorausgeht und dies ankündigt.[38] In dieser primären Sprache sind die Laute noch keiner festen, Bedeutung erzeugenden Struktur unterworfen. Der «regressive Rückfall» in einen Zustand ohne Sprachkompetenz ist an bestimmte Bewußtseinszustände geknüpft, die es erlauben, Erlerntes wieder zu verdrängen. Ist dieser Zustand erreicht, zeigt Glossolalie die Befreiung von Spannung, persönlicher Belastung und den Schäden traumatischer Erfahrung an.

Ekstatisches Ritual wird nicht nur als Kult der Unterdrückten und als Therapie verstanden. Außer der soziologischen und der therapeutischen gibt es noch eine dritte, *historische* Theorie. Diese stützt sich auf die von Max Weber beobachtete Instabilität charismatischer Gruppen. Solche Gruppen scheinen eine typische Geschichte zu haben. In einer Anfangsphase herrscht große Begeisterung. Die Mitglieder sind von einem Hunger nach außergewöhnlichen Erfahrungen getrieben und befriedigen diesen durch ein reges rituelles Leben. Die Phase der Begeisterung ist häufig nur von kurzer Dauer. Viele Menschen verlieren nach einiger Zeit das Interesse daran. Im selben Maße, wie die außerordentliche Erfahrung zurückgeht, nimmt die ekstatische Sekte institutionelle, kirchenartige Züge an. An die Stelle von Spontaneität und Charisma treten Ordnung und beamtete Leitung. Anders als nicht-westliche Kulturen scheint das Christentum besonders starke Mechanismen zu entwikkeln, die die ekstatische Unordnung unterdrücken und so den Geist «auslöschen». Eines Tages jedoch beginnt der Zyklus von neuem: Einzelne Gläubige entdecken wieder den Wert der Ekstase, vermitteln anderen ihre Begeisterung und leiten sie an, diese in einem Ritual zu erzeugen und zu erneuern.

Im Christentum ist ekstatischer Kult tiefer verwurzelt, als es der Protestantismus mit seinem ruhigen, intellektuell ausgerichteten Gottesdienst erwarten läßt. Wenn der bürgerliche Gottesdienst die apollinische Seite des Christentums verkörpert, dann offenbaren ekstatische Rituale dessen dionysische Möglichkeit. Der ekstatische Kult der Christen besitzt eine lange Geschichte sowie eine feste biblische Grundlage. Die folgenden Ausführungen werden nur einen Teil dieser Geschichte wiedergeben, aber ausführlich auf die neutestamentlichen Anfänge eingehen.

2. Paulus der Besessene und das Herrenmahl in Korinth

Im Frühjahr des Jahres 55 n. Chr., als der christliche Missionar Paulus in der Stadt Ephesus in Kleinasien wirkte, empfing er Besucher aus der christlichen Gemeinde von Korinth in Griechenland. Diese Gemeinde hatte er einige Jahre zuvor selbst gegründet. Die Besucher überbrachten ihm nicht nur ein Schreiben, das einige Mitglieder der korinthischen Gemeinde aufgesetzt hatten, sondern sprachen mit ihm auch über Schwierigkeiten in ihrer Kirche. Es gab Parteiungen und Auseinandersetzungen, und einige Mitglieder hatten den Eindruck, der Gottesdienst sei außer Kontrolle geraten. Als Stephanas, Fortunatus und Achaikus nach Hause reisten, führten sie einen Antwortbrief des Paulus mit sich.[39] Es handelte sich um den ersten Korintherbrief, der uns einen gewissen Einblick in die Probleme der korinthischen Gemeinde mit der wichtigsten christlichen Kulthandlung vermittelt. Auf diese Weise erhalten wir eine Vorstellung vom Gottesdienst der Korinther, dem frühesten christlichen Gottesdienst, von dem wir Kunde haben. Wir können beobachten, wie sich im «Herrenmahl» (*to deipnon kyriakon* – so nennt Paulus diese Kulthandlung) griechische und jüdisch-christliche Elemente miteinander verbinden; das zeigt sich vor allem an seinem auffälligsten Merkmal: der Ekstase.

Das ekstatische Mahl (1): Was uns der Brief des Paulus lehrt

Das in Korinth gefeierte Herrenmahl folgt dem Vorbild eines Gastmahls, das im Hause eines Mannes gehalten wird, der Freunde und Gäste einlädt, die entweder bewirtet werden oder ihr Essen selbst mitbringen.[40] Da sich das griechische Wort *deipnon* auf die am Abend eingenommene Hauptmahlzeit bezieht, dürfen wir annehmen, daß man sich am Abend versammelte, wahrscheinlich am Sonntagabend nach der Arbeit.[41] (Damals gab es noch keinen arbeitsfreien Sonntag; dieser wurde erst im 4. Jahrhundert n. Chr. eingeführt.) In Griechenland pflegte man bei Einbruch der Dunkelheit zu Abend zu essen. Die Feier verlief nach griechischem Muster in zwei Abschnitten.[42] Bei einem formellen Gastmahl lagen die Gäste zuerst zu Tisch und aßen. Während des Essens wurde nicht getrunken. Der Wein wurde erst nachher, im zweiten Abschnitt, dem Symposion, angeboten. Die Anwesenden tranken und unterhielten sich in einer entspannten Atmosphäre. Dabei kam es auch zu den ekstatischen Äußerungen: zu Prophetie und Glossolalie.

Einige der Gemeindemitglieder verfügten über die Gabe der *Prophetie.* Ein Mann oder eine Frau[43] erhob sich und sprach ein Wort Christi, vielleicht angekündigt und eingeleitet durch die Wendung: «So spricht der heilige

Geist». Diese Formel verwendet ein frühchristlicher Prophet in der Apostelgeschichte.[44] Auf diese Ankündigung folgte ein Wort der Belehrung, Ermahnung oder des Trostes, und man glaubte, daß sich dabei der auferstandene Herr des Propheten als seines Boten oder Sprechers bediente. Es konnten auch andere Themen angesprochen werden. Der Prophet konnte den besonderen seelischen Zustand eines Anwesenden offenbaren, vielleicht auf eine unbekannte Sünde hinweisen oder, sich an einen ungläubigen Besucher wendend, «das Verborgene seines Herzens» aufdecken (1 Kor 14,25). Leider bleiben die einschlägigen Mitteilungen unbestimmt, so daß es verständlich ist, wenn die Forscher mit immer neuen Deutungsvorschlägen hervortreten. Nach Thomas Gillespie etwa enthält der erste Korintherbrief die ausgeführte Skizze für eine ungefähr zehnminütige prophetische Ansprache.[45] In dieser Ansprache erklärt Paulus, warum die Leugner der Auferstehung unrecht haben. Seiner Begründung fügt er noch einen Gedanken hinzu, den er göttlicher Eingebung verdankt: Nicht alle derzeit lebenden Gläubigen werden sterben; einige werden die herrliche Wiederkunft Christi erleben. Wäre Paulus in Korinth anwesend gewesen, hätte er diese prophetische Rede mündlich vorgetragen. Aufgrund seiner Abwesenheit hielt er sie schriftlich fest, um sie auf einer Gemeindeversammlung dort vorlesen zu lassen. Nach der Vermutung Witheringtons[46] legten einige der Gemeindemitglieder den prophetisch Begabten allerlei persönliche Fragen vor: Soll ich eine Ehe eingehen, eine Reise unternehmen, Geld ausleihen, einen Sklaven kaufen? Wird mein Kind ein Junge oder ein Mädchen? Stammt das Kind vom Ehemann oder von einem anderen? Solche Fragen wurden üblicherweise an heidnische Orakel gestellt.[47] Die in der Genesis überlieferte Geschichte von Rebekkas an ein Orakel gerichtete Frage nach den Zwillingen, die sie im Leibe trug,[48] mag Christen als Rechtfertigung gedient haben, ebenfalls solche Fragen zu stellen.

Die Propheten genossen zwar ein gewisses Ansehen, aber ihre Äußerungen wurden nicht ohne weiteres als authentisch akzeptiert. Der Prophet wurde von jenen überprüft, die sich auf die «Unterscheidung der Geister» verstanden (1 Kor 12,10, vgl. 1 Joh 4,1).[49] Diese stellten vermutlich besondere Fragen, um festzustellen, ob der aus den Propheten Redende der Geist Christi war oder ein anderer, fremder, sich einschleichender Geist, vielleicht der Geist irgendeines Verstorbenen. Der Geist des Herrn würde niemals von sich aus oder nach Aufforderung «Verflucht sei Jesus» sagen (1 Kor 12,3).[50] Sobald jemand als Prophet auftrat, wurde er einer entsprechenden Untersuchung unterzogen.

Das Prüfungsverfahren, dessen Einzelheiten wir dem Brief des Paulus nicht entnehmen können, zeigt uns die hohe Schätzung des Wortes Christi. Aber es zeigt auch, daß Propheten den frühchristlichen Gottesdienst nicht dominierten. Offenbar genossen sie nicht die fraglose Autorität, die Apostel wie Paulus für sich in Anspruch nahmen. Sie bekleideten kein besonderes, mit Autorität ausgestattetes Amt. Vielleicht hatten die frühen Gemeinden ein differenziertes Verständnis des prophetischen Charismas. Während das Wort eines Apostels als wörtliche Botschaft Christi galt, äußerte der Prophet nur menschliche Worte, die ihm Christi Geist eingegeben haben mag.[51] Auch wenn nach dem Prüfungsverfahren ein prophetisches Wort als wahr und echt anerkannt wurde, kam ihm nur wenig Gewicht zu. Die Propheten konnten keinesfalls die Würde und die mächtige Stellung der Apostel erlangen. Darauf beschränkt, sich nur im Gottesdienst äußern zu dürfen, blieben sie unter der Kontrolle der Apostel (in unserem Falle: des Paulus) und der Gemeinde. Sie genossen zwar ein gewisses Ansehen, besaßen aber nur geringe Autorität in der Gemeinde.

In der ekstatischen Versammlung waren nicht nur prophetische Stimmen und die Stimmen derer, die Orakel prüften, zu hören. Der ekstatische Charakter trat vor allem bei denen deutlicher hervor, die Christus «in Zungen» priesen, d. h. durch Singen oder Schreien in einer unartikulierten und für die Anwesenden – auch den Zungenredner selbst – unverständlichen Sprache. Die Bedeutung der *Glossolalie* wird erst deutlich, wenn wir bedenken, daß für Juden und Christen die Besessenheit durch den göttlichen Geist mit dem Aussetzen des menschlichen Bewußtseins verbunden war. «Das menschliche Bewußtsein wird ausquartiert», heißt es bei Philo, «sobald der göttliche Geist ankommt.»[52] Dann setzt die erlernte menschliche Sprache aus. «Wer in Zungen redet, redet nicht zu Menschen, sondern zu Gott», erklärt Paulus; «keiner versteht ihn. Im Geist redet er geheimnisvolle Dinge» (1 Kor 14,2).

Zungenredner priesen Gott in der Sprache der Engel, die manchmal in verständliche Worte übersetzt werden konnte. Diesen Vorgang muß man sich wohl so vorstellen, daß die Loblieder paarweise vorgetragen wurden: Zuerst sang jemand in Ekstase ein glossolalisches Lied, worauf ein begabtes Gemeindemitglied mit einem weiteren Loblied in gewöhnlicher Sprache antwortete. Das zweite Lied galt als die Übersetzung des ersten. Wir wissen nicht, ob der «Übersetzer» den Text neu schaffen mußte oder ob er auf Vorlagen wie die biblischen Psalmen oder christliche Hymnen zurückgreifen konnte. Die Versammlung scheint auf den ihnen verständlichen Vortrag mit «Amen» («das ist wahr») geantwortet zu haben: das war Zustimmung und Applaus zugleich (1 Kor 14,16). Übersetzung und Deutung gehörten in der damaligen Zeit zum Kult. Offenbarungen erfolgten, wie man meinte, oft in archaischer oder schwer verständlicher Sprache. In der Synagoge wurden die hebräischen Lesungstexte in die aramäische oder griechische Volkssprache übertragen. Griechische Orakel waren für ihre Unverständlichkeit bekannt und wurden, wie Platon versichert, regelmäßig von *prophêtai* genannten Fachleuten beurteilt und übersetzt.[53]

Das ekstatische Mahl (2): Die Füllung der Lücken

Was wir bisher über das Herrenmahl gesagt haben, ergibt sich mehr oder weniger unmittelbar aus dem Brief des Paulus. Dennoch bleiben Lücken und Fragen. Gab es, späterem Brauch entsprechend und diesen ankündigend, eine Art Weihe von Brot und Wein? Warum meinten zumindest einige der korinthischen Christen, daß das Herrenmahl den geeigneten Rahmen zum Vortrag von Prophezeiungen und Äußerungen in Zungenrede darstellte? Die Forschung hat versucht, Antworten zu finden. Einige verdienen unsere Aufmerksamkeit.

Beim antiken Gastmahl steht dessen abschließender Teil, das Symposion, unter dem besonderen Schutz der Götter. Diese werden zu Beginn des Symposions herbeigerufen und mit einer Weinspende (Libation) bedacht. «*Adsit laetitiae Bacchus dator et bona Iuno*!» ruft bei Vergil die einem Symposion vorstehende Dido: Bacchus, komm, o du Spender der Lust, komm, gütige Juno![54] Die Gegenwart der Götter verleiht dem Symposion einen sakralen Charakter. Wenn Paulus die Korinther an den sakralen Charakter ihres gemeinsamen Mahls eigens erinnern muß,[55] so schließt das nicht aus, daß es, wie beim antiken Symposion, eine Art Tischsegen gab. Jemand muß einen solchen rituellen Akt vollzogen haben, vermutlich einer der älteren Gemeindemitglieder oder der Besitzer des Hauses, in dem die Feier stattfand. Er sprach den Segen über einem großen Laib Brot, der anschließend zerteilt wurde,[56] so daß jeder Anwesende ein Stück davon bekam. Später,[57] beim Symposion, teilte man sich einen großen Becher Wein, über den ebenfalls ein Segensspruch gesprochen wurde. Leider teilt uns Paulus den Wortlaut des Segens nicht mit. Er nimmt an, daß ihn alle kennen: «Ist der Becher des Segens, über den wir den Segen sprechen, nicht Teilhabe am Blut Christi?» (1 Kor 10,16). Offenbar gab es also eine Weihehandlung oder eine Anrufung des göttlichen Geistes. Vielleicht bedienten sich die Korinther eines Gebets, das den Herrn bat, seinen Geist auf Brot und Wein herabzusenden;[58] später jedenfalls sind solche Eucharistiegebete üblich geworden.

Den Korinthern galt das Brot als «geistliche Speise» und der Wein als «geistlicher Trank»,[59] was besagt, daß sich dem, der davon ißt und trinkt, die Gegenwart Christi – eben dessen Geist – mitteilt. Christus wurde als lebendiges Geistwesen vorgestellt – daß ein Toter als Geist lebendig sein und wirken kann, war dem antiken Menschen geläufig. Nach semitischem (aber nicht auch griechischem[60]) Glauben kann ein Mensch von einem Geist besessen sein. Deshalb konnte ihn der Verzehr der geistlichen Speise mit dem Geist des Herrn erfüllen. Solche Vermittlung der Präsenz eines Geistes ist keine singuläre Erscheinung. Eine aufschlußreiche Analogie bildet ein in altkoptischer Sprache überlieferter Zauberspruch vermutlich jüdischer Herkunft.[61] Der Spruch richtet sich an den Geist Davids: «Komm herab in diesen Becher, der vor mir steht! Fülle ihn mit Gnade und einem heiligen Geist, damit er für mich eine neue Pflanzung werde in mir.» Der lange Zauberspruch, von dem wir nur einen kleinen Ausschnitt angeführt haben, betrachtet David (hier als Davithea Eleleth bezeichnet) als einen mächtigen Geist, der in der himmlischen Rangordnung nur wenig unterhalb des Vaters steht. Der das Ritual ausführende Magier bittet David, seinen Geist in einen Becher mit Getränk zu geben, damit der Bittsteller trinken und dadurch vom Geist erfüllt sein kann. Erwartet wird, daß der trinkende Magier «eine Stimme ohne Rauheit [bekommt], die sich nicht überschlägt und grell ist, die alle Höhen erreicht, und eine Zunge, die mit jedem Instrument harmoniert (...) eine, die einen musikalischen Laut von sich gibt». Der Bittsteller hofft, so harmonisch wie

David und die himmlischen Chöre singen zu können. Das Beispiel macht deutlich, daß ein Getränk als Träger eines himmlischen Geistes (David oder Jesus) in der religiösen Welt des Paulus keineswegs unbekannt war. Wein und Brot dienen in magischer Weise als Träger übernatürlicher Kräfte.

Nicht nur die sakramentale, eucharistische Seite des Herrenmahls, sondern auch die ekstatische läßt sich detaillierter beschreiben, als es eine erste Lektüre des Paulusbriefes zuzulassen scheint. Antike Quellen vermitteln uns ein anschauliches Bild von der Unterhaltung, die ein Hausherr seinen Gästen beim Symposion bot. Schon bei Homer heißt es:

> Aber nachdem sich die Freier am Essen erquickt und am Trinken,
> Da stand ihnen der Sinn nach anderem, das sie begehrten:
> Reigentanz und Gesang; das sind die Zierden des Mahles.[62]

Bei einem griechischen Gastmahl waren keine ehrbaren Frauen anwesend. Wenn der Gastgeber reich und freigebig war, mochte er Sängerinnen und Hetären mieten.[63] Zwar reichten Wein und Frauen aus, ein Symposion zu einem Erfolg zu machen, aber manchmal entgleiste das Gelage zu einer bacchischen Orgie. In diesem Fall hätte man es mit Frauen zu tun, die wie in mänadischer Wildheit tanzten und herumtollten. Dabei trugen sie keinen Schleier und ließen das Haar offen nach dem Vorbild der Verehrerinnen des Dionysos und der Isis: «Jede verläßt ihr Haus, gibt Haar und Nacken den Winden; manche erfüllen die Luft mit wildem, jauchzendem Heulen», lautet eine typische Beschreibung von Frauen, die ausschwärmen, um Dionysos zu verehren.[64] «Ihr Haar löste sich und flog wild umher, während sie nicht aufhörte, ihren Kopf herumzuwirbeln», heißt es in einem Bericht über weibliche Besessenheit in Indien.[65] Im Zustand von Raserei oder Besessenheit «verrenken Männer» – und nicht nur Frauen – «wie wild ihren Körper und stoßen Weissagungen hervor *(vaticinari)*».[66] Das mänadische Symposion füllt den größten Teil der Nacht, wobei die Gäste mit Wein, Weib, Gesang und prophetischen Stimmen unterhalten werden.

Das heidnische Symposion und der Gottesdienst der Korinther weisen ähnliche Züge auf. In der Bibel wird das Trinken von Wein geschildert, und Paulus weiß sogar von Betrunkenen.[67] Besonders auffällig ist die Beteiligung von Frauen am ekstatischen Kult der Korinther. Sie beten und prophezeien: ein Beleg dafür, daß sie an der ganzen Feier – einschließlich der ekstatischen Teile – gleichberechtigt teilnahmen.[68] Vermutlich begleiteten Musikinstrumente den Vortrag von glossolalischen wie sprachlich gefaßten Dankes- und Lobeshymnen. Die rhythmischen Klänge sollten die Erregung steigern. Der paulinische Hinweis auf das «dröhnende Erz» (vermutlich eine Art Gong) und die «lärmende Zimbel», aber auch auf Flöte und Harfe lassen sich als Hinweis auf instrumentelle Begleitung verstehen.[69] Wie die alten Tempelsänger spielten offenbar auch die Christen auf «Zithern, Harfen und Zimbeln».[70] Wenn Paulus darauf besteht, daß Frauen beim Vortragen eines Gebets und beim Prophezeien einen Schleier tragen sollen, dann weist das gewiß darauf hin, daß zumindest einige Frauen mit offenem Haar redeten, wobei sie mänadischem Brauch folgten. Das Auftreten von Raserei unter den Anhängerinnen und Anhängern des Dionysos und denen Christi macht den Schluß unausweichlich, daß der frühe Gottesdienst der griechischen Christen Züge einer dionysischen Feier aufwies.[71] Der Weinkonsum[72] erleichterte und beförderte das Lautwerden charismatischer Äußerungen wie Zungenrede und Prophetie. Die alten Griechen sahen im Rausch einen prophetischen Zustand, und wer voll des Weines war, galt als von Dionysos erfüllt. Die Übereinstimmung des paulinischen Berichts mit der antiken Beschreibung mänadischen Verhaltens wirft die Frage auf, ob vielleicht einige der Christen von Korinth als frühere Mitglieder eines dionysischen Vereins mit dessen Bräuchen vertraut waren. Zumindest waren ihnen diese Bräuche nicht fremd. Tatsächlich verwendet Paulus den griechischen Terminus für die in dionysischen Kreisen gepflegte rituelle Raserei: *mainesthai*, «in einem manischen Zustand sein, d. h. von Sinnen sein, besessen sein, rasen».[73]

Wie das griechische Symposion, so konnte auch die christliche Versammlung einen großen Teil der Nacht in Anspruch nehmen. Doch schließlich verstummten Pauken, Zimbeln und Zungenrede, so daß die Menschen aus ihren Trancen erwachten. Spät abends oder früh am Morgen des folgenden Tages gingen sie erbaut und seelisch gestärkt, aber auch erschöpft und müde nach Hause.

Die Antwort des Paulus

Paulus hatte keine prinzipiellen Einwendungen gegen die Art und Weise, wie die Korinther Gottesdienst feierten. Wahrscheinlich hat er selbst die Gemeinde mit dem ekstatischen Ritual vertraut gemacht. Allerdings gab es neuere, im Beschwerdebrief mitgeteilte Entwicklungen, mit denen er nicht einverstanden war und die seine Weisung erforderten. Der Apostel wandte sich gegen gewisse Mißbräuche, die den letzten, ekstatischen Teil betrafen. Über ekstatische Exzesse empört, drängte er auf größere Ordnung. Frauen sollen ihre Haare nicht lösen, sondern verhüllt lassen. «Wenn man in Zungen reden will, so sollen es nur zwei tun, höchstens drei, und zwar einer nach dem andern», wobei sich stets eine Deutung anschließen sollte (1 Kor 14,27). «Vor der Gemeinde will ich lieber fünf Worte mit Verstand reden, um auch andere zu unterweisen, als zehntausend Worte in Zungen stammeln» (14,19). Paulus wertet das Prophezeien als eine Gabe, die der Zungenrede überlegen ist; aber auch in diesem Fall sollte dieselbe Regel gelten: Zwei oder drei sollen der Gemeinde das Wort des Herrn mitteilen, doch sollen die Anwesenden das Gesagte sorgfältig beurteilen. Stets sollen sich die Sprecher oder Sänger große Zurückhaltung auferlegen und keinesfalls einem anderen ins Wort fallen.

Im Brief des Paulus läßt sich eine gewisse Konkurrenz zwischen zwei Formen ekstatischer Äußerung feststellen: Zungenrede und Prophetie. Obwohl beide als von Christi Geist eingegeben galten, unterscheiden sie sich. Glossolalisches Beten oder Singen mag zwar zur Schaffung einer besonderen Stimmung beitragen, aber da es in unverständlichen Lauten geschieht, ergibt sich keine verständliche, der Erbauung dienende Botschaft. Zungenredner geben Laute von sich, nicht Wörter und Sätze. Dagegen wendet sich die Prophetie mit einer klaren, verständlichen Botschaft an die Gemeinde. Die Fachleute sind sich einig, daß das Prophezeien in diesem Zusammenhang nichts anderes als Belehrung und Ermahnung im Namen Christi meint. Wir dürfen sie uns jedoch nicht als den Vortrag einer vorher verfertigten Predigt vorstellen, wenn auch das Gegenüber von Sprecher und Gemeinde eine predigtartige Atmosphäre schafft. Die höhere Schätzung, die Paulus der Prophetie entgegenbringt, hängt zweifellos mit seiner eigenen Biographie zusammen: Er war ein gebildeter Lehrer und trat vermutlich selbst mit prophetischer Rede hervor. Die Zungenredner dürften der Mehrzahl nach nicht die gebildeten, sondern die ungebildeten Gemeindemitglieder gewesen sein, vielleicht Sklaven und Hafenarbeiter, die in dieser Gabe eine ihnen angemessene Ausdrucksweise fanden, die es ihnen ermöglichte, zum Gottesdienst beizutragen. Paulus wollte die Zungenrede nicht unterdrücken – ein Unterfangen, das ihm wohl nicht geglückt wäre. Offenbar bestand der ekstatische Gottesdienst aus einer Mischung von Prophetie und Zungenrede, wobei die Zungenrede oft überwog und der Feier ihren eigentümlichen Charakter verlieh.

Paulus warnte vor einer Überbewertung der ekstatischen Äußerungen des «Geistes». Christi Gegenwart in Zungenrede und Prophetie war etwas Unvollständiges und Vorläufiges. Das Herrenmahl wird gefeiert «bis er kommt», d. h. bis der Herr selbst kommt, um in eigener Person zu herrschen (1 Kor 11,26). Dann wird man das ekstatische Symposion nicht mehr feiern: «Prophetisches Reden hat ein Ende, Zungenrede verstummt, Erkenntnis vergeht. Denn Stückwerk ist unser Erkennen, Stückwerk unser prophetisches Reden. Wenn aber das Vollendete kommt, vergeht alles Stückwerk» (1 Kor 13,8–10).

Das Herrenmahl stellte für Paulus den Höhepunkt des christlichen Lebens dar, denn beim Abendmahl ist Christus selbst gegenwärtig und herrscht. Sein Geist verkörpert sich in Brot und Wein, seine Stimme ist in Glossolalie und Prophetie zu hören, seine Herrschaft zeigt sich in Trance und Ekstase. Die sich zur Feier Versammelnden stellen Christi sichtbaren Leib dar, der von seinem Geist – also von ihm selbst – belebt wird. «Nicht mehr ich lebe, sondern Christus lebt in mir», so beschreibt Paulus sein religiöses Ideal (Gal 2,20). Die Gegenwart Christi verschlingt sein weltliches Ich, so daß allein der göttliche Geist in ihm herrscht. Während der gottesdienstlichen Feier kann jeder Anwesende dieser Erfahrung teilhaftig werden und seinen eigenen Leib als «Tempel des heiligen Geistes, der in euch wohnt» erfahren (1 Kor 6,19). Daß diese Art der Anwesenheit des Herrn in seinen Gläubigen nicht die höchste und endgültige Form der Herrschaft Christi ist, gibt Paulus nur beiläufig zu bedenken. Für den Augenblick genießt auch die Ekstase die volle Billigung des Paulus: «Strebt also nach der Prophetengabe, meine Brüder, und hindert niemand daran, in Zungen zu reden» (1 Kor 14,39). Und noch einmal betont er: «Löscht den Geist nicht aus! Verachtet prophetisches Reden nicht!» (1 Thess 5,19–20).

Nach Paulus: Das Ende der Ekstase oder Von Paulus dem Besessenen zu Timotheus dem Lehrer

Der 1. Korintherbrief des Paulus ist nicht leicht verständlich. Sowohl sein unsystematischer Aufbau als auch der Bezug zu einer uns unbekannten Situation erschweren den Zugang. Dennoch wurde der Brief offenbar sehr oft gelesen und als eine Art Anleitung zum rechten Verhalten im Gottesdienst gebraucht. Zumindest an einem Punkt können wir sehen, daß eine spätere Generation einen Satz hinzugefügt hat, um ihr eigenes Anliegen in diesen Text einzubringen. Es handelt sich um die vielzitierte Stelle, welche den Frauen Schweigen gebietet: «Wie es in allen Gemeinden der Heiligen üblich ist, sollen die Frauen in der Versammlung schweigen; es ist ihnen nicht gestattet zu reden [schreien]. Sie sollen sich unterordnen.»[74] Sollte der Abschnitt echt paulinisch sein, könnte man ihn als eine Warnung vor übertriebenem mänadischen Verhalten verstehen: Anders als die Mänaden sollen die Christinnen keine Schreie ausstoßen. Vielleicht ist jedoch ein anderes Verständnis nicht nur möglich, sondern sogar vorzuziehen. Es geht davon aus, daß es sich um einen nachträglichen Einschub handelt.

Der nachträgliche Charakter des Abschnitts geht nicht nur aus dem Widerspruch zu einer früheren Aussage im selben paulinischen Brief hervor (Frauen dürfen öffentlich beten und prophezeien: 1 Kor 11,5), sondern auch aus der uneinheitlichen Plazierung in der Manuskriptüberlieferung (einige Manuskripte kennen ihn als 1 Kor 14,34–35, andere ordnen ihn nach V. 40 desselben Kapitels ein). Der Abschnitt scheint eher die Meinung von Pseudo-Paulus als von Paulus selbst wiederzugeben, was auch der Vergleich mit dem pseudopaulinischen 1. Timotheusbrief nahelegt: «Daß eine Frau lehrt, erlaube ich nicht, auch nicht, daß sie über einen Mann herrscht; sie soll sich still verhalten» (1 Tim 2,12). Der Einschub ist der Forschung schon lange bekannt; nicht erst christliche Feministinnen haben die Fälschung entdeckt. Die Interpolation offenbart nicht nur die Autorität, die Paulus in der frühen Kirche genoß, sondern auch das sich immer neu stellende Problem von Ordnung und Anstand im ekstatischen Gottesdienst der Christen. Die Erforschung ekstatischer Rituale hat zu der Erkenntnis geführt, daß solche Kulte hauptsächlich Frauen anziehen; das ist im antiken Dionysos-Kult Griechenlands nicht anders als bei den jüdischen Therapeuten, in afrikanischen Sâr-Gemeinden und zahlreichen vergleichbaren Gruppen.[75] Wenn die ekstatische Gemeinschaft im Korinth des Paulus keine Ausnahme bildet, dann zeugt die den Frauen das Wort verbietende Interpolation von einer Entwicklung, die auf zunehmende männliche Beteiligung und Zurückdrängung des ekstatischen Elements hinweist. Die häufige Darstellung von schleiertragenden, mit ausgebreiteten Armen betenden Frauen (Abb. 40) in der christlichen Kunst des 3. und 4. Jahrhunderts mag der nachpaulinischen Situation entsprechen. Diese Frauen folgen der paulinischen Mahnung, das Haupt zu verhüllen und sich keinen ekstatischen Äußerungen hinzugeben. Dennoch sind sie anwesend, wenn die Gemeinde ihren Gottesdienst feiert, und sie tragen ihre Gebete und Prophe-

40 Frühchristliche Frauen im Gottesdienst. Während Paulus die Teilnahme von Frauen im Gottesdienst einschränkt, erzählt die frühchristliche Kunst eine andere Geschichte. Die im Mittelpunkt stehende Frau spricht mit ausgebreiteten Armen; ihr Haupt ist verhüllt, um einer von Paulus erhobenen Forderung zu entsprechen (1 Kor 11,5). Sie betet und spricht wahrscheinlich auch prophetisch. Die ebenfalls einen Schleier tragende, sitzende Frau hält eine Buchrolle, um daraus vorzulesen, vermutlich nicht anders als das Männer vor der Gemeinde zu tun pflegten. Die mit ausgebreiteten Armen betende Frau stellt eines der häufigsten Motive frühchristlicher Kunst dar. Das früheste Beispiel ist ein Fresko in der römischen Callistus-Katakombe (ca. 190/220 n. Chr.). Die am besten ausgeführten Beispiele – wie das abgebildete – sind Sarkophagreliefs aus dem 3. und 4. Jahrhundert. Frühchristlicher Sarkophag, Rom, ca. 270 n. Chr.

tenworte nicht anders als die Männer vor.[76] Eine dieser Frauen, die im 4. Jahrhundert lebende «Prophetin» *(prophêtissa)* Nanas, erhielt eine Grabinschrift, die in blumigem Griechisch ihr Gebet und ihren Lobpreis, ihre Engelvisionen und ihre kräftige Stimme rühmte.[77] Wie die interpolierte Paulusstelle zeigt, waren die Frauen jedoch nicht gleichberechtigt. Die Männer hatten im Gottesdienst die Führung übernommen, eine Rolle, die sie in der ursprünglichen paulinischen Gemeinde noch nicht besaßen. Diese Männer hinderten die Frauen daran, Führungsrollen zu übernehmen: daher die interpolierte Weisung, Frauen sollten schweigen – entweder ganz oder, wie Grudem und Witherington vorschlagen, nur bei der Prüfung vorgetragener Prophezeiungen.[78] Die Zurückdrängung der Frauen war wahrscheinlich nur in einer Zeit möglich, in der ekstatische Prophetie und Glossolalie, ursprünglich vor allem von Frauen gepflegt, nicht mehr den Ablauf des Gottesdienstes bestimmten. Was immer die genaue Bedeutung des interpolierten Abschnitts auch sein mag, christliche Künstler hatten keine Bedenken, in Fresken und auf Sarkophagen im Gottesdienst auftretende Frauen darzustellen und auf diese Weise die Interpolation zu ignorieren. Wie die Frauen selbst orientierten sie sich an 1 Kor 11,5 und nicht an dem Textzusatz zu 1 Kor 14.

Aus nachpaulinischer Zeit gibt es nicht viele Spuren für die ekstatische Eucharistiefeier. Dennoch wäre es verfehlt zu meinen, sie sei nach Paulus verschwunden. In verstreuten Quellen lassen vereinzelte Hinweise erkennen, daß einige der ekstatischen Elemente eine Zeitlang fortlebten oder doch zumindest nicht ganz in Vergessenheit gerieten. Der gegen Ende des 1. Jahrhunderts schreibende und der paulinischen Tradition zuzurechnende Evangelist Lukas kennt Lobpreis, Gebet und Prophetie als vom göttlichen Geist eingegebene Äußerungen.[79] In der Apostelgeschichte berichtet Lukas davon, wie der Geist über die Apostel kam, als sie fünfzig Tage nach Christi Auferstehung in Jerusalem versammelt waren. Er verbindet die glossolalische Ekstase der Apostel mit der erhofften und erwarteten «Ausgießung des Geistes», wofür er ein Wort aus dem alttestamentlichen Buch Joël als Beweis anführt: «In den letzten Tagen wird es geschehen, so spricht Gott: Ich werde von meinem Geist ausgießen über alles Fleisch. Eure Söhne und Töchter werden Propheten sein» (Apg 2,17, nach Joël 3,1; man beachte die Erwähnung der Töchter!). Diese bekannte Pfingstlegende wird als einmaliges Ereignis berichtet, doch scheint sie in einer regelmäßigen Feier zu wurzeln. Die Nacht des Pfingstfestes wurde, wie wir gesehen haben, von den jüdischen Therapeuten als eine heilige Nacht begangen, in der man in fast bacchischer Ausgelassenheit sang und tanzte. Wahrscheinlich kannten auch frühchristliche Gruppen eine solche ekstatische Pfingstnacht. So finden wir bei Lukas zwar noch einzelne Spuren von Ekstase, aber keine kultisch gepflegte Ekstase mehr. Auch scheint Lukas den Geist nicht mit dem Herrenmahl zu verbinden.[80]

Die *Didache*, ein zwischen 110 und 160 n. Chr. entstandenes Handbuch der Kirchenordnung, kennt noch christliche Propheten. Dementsprechend heißt es: «Den Propheten aber erlaubt», nach der Eucharistiefeier «Dank zu sagen, soviel sie wollen» (oder «wie immer sie wollen»).[81] Hier ist also freies und vielleicht sogar ekstatisches Gebet immer noch eine Möglichkeit, wenn auch keine von allen geschätzte. Ein interessanter ikonographischer Beleg für eine solche ekstatische Danksagung findet sich im Codex Purpureus von Rossano (Abb. 41), einer illuminierten griechischen Evangelienhandschrift aus dem 6. Jahrhundert. In der Darstellung der Apostelkommunion – Christus reicht den Jüngern die heilige Speise beim Abendmahl – wirft einer der Apostel nach Empfang des Brotes in einer begeisterten Geste Arme und Haupt empor. Zwar läßt sich der genaue Sinn dieser Szene schwer ausmachen, doch scheint es vor dem aufgezeigten Hintergrund möglich, hier an eine prophetische Danksagung zu denken. Vom göttlichen Geist erfüllt, zeigt der Apostel seine Dankbarkeit in Bewegung, Lied und prophetischem Wort. In der Illumination bilden die aufrechte Haltung und freudige Geste des dankbaren Apostels einen deutlichen Gegensatz zur Haltung der anderen, die sich dem Herrn in ehrfurchtsvoller Haltung und geneigten Hauptes nähern. Nach dem Empfang der heiligen Speise lösen sich Demut und Schweigen in Gesang und tanzartiger Bewegung. Die Illumination wird von einem Bibelzitat als Beischrift begleitet: «Da flog einer der Serafim zu mir. Er trug in seiner Hand eine glühende Kohle und sagte: Dies hat deine Lippen berührt: Deine Schuld

41 Jubel nach Empfang der Kommunion. Christus reicht die Kommunion einem Apostel, während ein anderer, der sie bereits erhalten hat, Arme und Kopf in einer begeisterten Geste der Danksagung emporwirft. Die meisten Darstellungen des Abendmahls zeigen Jesus und die Apostel am Tisch; diese illuminierte Handschrift zeigt jedoch, wie das Abendmahl in der frühen Kirche gefeiert wurde. Codex Purpureus Rossanensis, Konstantinopel oder Antiochia, 6. Jahrhundert n. Chr.

ist getilgt, deine Sünde gesühnt» (Jes 6,6–7). Dieses Jesajawort wird in der traditionellen griechischen Liturgie erwähnt, um auf die reinigende Wirkung der Kommunion hinzuweisen.[82] Der Illustrator des Codex Purpureus geht einen Schritt weiter, indem er den Apostel, ähnlich wie den entsühnten Jesaja, prophetisch reden läßt. Die griechische Handschrift stammt aus dem Osten, vielleicht aus Konstantinopel, Antiochia oder Jerusalem, und steht wohl in einer alten ikonographischen Tradition, die ihrerseits auf liturgischem Brauch beruht.

Die in Nordafrika um das Jahr 200 gefeierte Eucharistie weist noch deutlichere paulinische Züge auf als die Didache und der Codex Purpureus. So beschreibt der Kirchenvater Tertullian, was auf das heilige Mahl folgt: «Wenn die Hände gewaschen und die Lichter angezündet sind, wird jeder aufgefordert, vorzutreten und Gott zu preisen, wie er es aus der heiligen Schrift oder nach seinen eigenen Fähigkeiten vermag – wodurch auch deutlich wird, wie [zurückhaltend] er getrunken hat. Ebenso schließt ein Gebet das Mahl ab.»[83] Die korinthische Abfolge von Mahl und gottesdienstlicher Feier ist beibehalten, und der Aufruf, einen Hymnus vorzutragen, ist dem ersten Korintherbrief unmittelbar entnommen.[84] Dennoch hat sich viel verändert. Die spontanen und ekstatischen Erscheinungen sind verschwunden. Frauen singen nicht mehr ihre Lieder, keiner fällt in Trance oder verkündet ein prophetisches Wort. Niemand ist betrunken oder verhält sich so, als wäre er es. Tertullian berichtet von einer Frau, einer Prophetin, die des öfteren während des Gottesdienstes Visionen hat, aber davon erst nach dem Gottesdienst spricht. «Nach Ende der heiligen Handlung, wenn die Leute entlassen waren», offenbart sie nur wenigen, was sie geschaut hat.[85] Tertullians nordafrikanische Zeitgenossen erfüllen sowohl den paulinischen Wunsch nach Ordnung als auch den Wunsch des Interpolators nach dem Schweigen der Frauen in der Versammlung.

Leider ist nur wenig über die Entwicklung des gottesdienstlichen Lebens in den von Paulus gegründeten oder stark beeinflußten Gemeinden in Korinth, Thessalonich, Philippi und Ephesus bekannt. Zunächst scheinen die heidenchristlichen Gemeinden neben den judenchristlichen bestanden zu haben,[86] wobei der Gottesdienst der Heidenchristen mehr dem ekstatischen, die Liturgie der Judenchristen jedoch mehr dem intellektuellen Ritual mit Schriftlesung und Predigt zuneigte. Die heidenchristlichen Gemeinden haben sich offenbar bald aufgelöst oder mit den judenchristlichen Gemeinden vereinigt. Alle verfügbaren Quellen[87] lassen erkennen, daß die demokratische Führungsstruktur der paulinischen Zeit durch eine bischöfliche, judenchristlicher Tradition verpflichtete Führung ersetzt wurde.[88] Zumindest für die Gemeinden in Korinth und Ephesus ist dies klar belegt. Die Hauptaufgabe des Bischofs besteht in der Lehre. Ein pseudo-paulinischer Brief ermahnt Timotheus, Bischof von Ephesus, öffentlich aus der Heiligen Schrift vorzulesen und seine Gemeinde zu belehren und zu ermahnen.[89] Ein bezahlter Stab von Ältesten steht dem Bischof zur Seite.[90] Der Glaube an die göttliche Würde der heiligen Schriften spielte eine große Rolle. Nicht mehr die Gläubigen, sondern die Bücher galten als vom Heiligen Geist inspiriert. Die hohe Schätzung von Schriftgelehrsamkeit[91] und Fähigkeit zur Auslegung, verbunden mit dem Fehlen jeglichen Hinweises auf ekstatische Inspiration,[92] lassen einen von Lehre und Predigt beherrschten Gottesdienst erwarten. Zwar finden wir darüber bei Paulus nichts, aber es ist wohl anzunehmen, daß seine Gemeinden auch Gottesdienstformen kannten, in deren Mittelpunkt ein Lehrvortrag stand. Wahrscheinlich gab es in den paulinischen Gemeinden selbst zwei Arten von Gottesdienst: das ekstatische Herrenmahl und den Lehrgottesdienst; zumindest entspräche das dem liturgischen Leben der Therapeuten, einer (schon erwähnten) zeitgenössischen jüdischen Gruppe in Ägypten.[93] Sollte dies so gewesen sein, ist mit einem allmählichen Verblassen des charismatischen Gottesdienstes bei gleichzeitiger Höherbewertung des Lehrgottesdienstes zu rechnen. Gegen Ende des 1. Jahrhunderts war der charismatische Gottesdienst aus den paulinischen Gemeinden restlos verschwunden. Paulus der Besessene diente nicht mehr als Vorbild für rechtes Verhalten im Gottesdienst; Timotheus der Lehrer war an seine Stelle getreten.

Obwohl nun Timotheus der Lehrer und nicht mehr Paulus der Besessene bei der Mehrzahl der Christen den Ton angab, schwand die Ekstase nie vollständig. In der Antike entwickelte sich die bekannteste ekstatische Bewegung in Phrygien in Kleinasien. Dort wurde die um 200 n. Chr. lebende Generation Zeuge der von dem Propheten Montanus und den beiden Prophetinnen Maximilla und Priscilla begründeten «montanistischen» Bewegung. Aus dem Blickwinkel der Gegner beschrieb Bischof Epiphanius deren Gottesdienst wie folgt: «In ihrer Versammlung geschieht es oft, daß sieben Fackeln tragende und weiß gekleidete Jungfrauen auftreten und den Leuten prophetische Worte sagen. Sie stellen eine Art von Raserei zur Schau und bringen es so zuwege, die Anwesenden zu betrügen. Alle Anwesenden rühren sie zu Tränen und bringen sie dazu, aus Bußgesinnung zu klagen. Sie vergießen Tränen und tun so, als würden sie das menschliche Leben beweinen.»[94] Gegen diese Praxis beruft sich der Bischof auf (Pseudo-)Paulus: «Daß eine Frau lehrt, erlaube ich nicht» (1 Tim 2,12). Für Epiphanius und viele andere sprachen Paulus und Timotheus mit einer Stimme – gegen Ekstase.

3. Die Wiedergeburt des Pfingstgottesdienstes im Amerika des 20. Jahrhunderts

In den ersten Jahren des 20. Jahrhunderts entstand an verschiedenen Orten in Europa und vor allem in den Vereinigten Staaten eine mächtige Pfingstbewegung, die bald auf die ganze christliche Welt übergreifen sollte. Sie begann in «Heiligkeitskirchen» methodistischer und baptistischer Prägung und unterschied sich zunächst kaum von früheren Erweckungsbewegungen. Bald traten jedoch zwei besondere Merkmale hervor. Das erste war die «Zungenrede», die zwar auch schon früher vorgekommen sein mag, aber praktisch unbeachtet geblieben war. Jetzt wurde sie zum hervorstechendsten Kennzeichen der neuen Bewegung. Das zweite, nicht weniger erstaunliche und sichtbare (aber vielleicht weniger wunderhafte) Merkmal war alsbald nicht mehr zu übersehen: die Entstehung neuer Kirchen und kirchlicher Gemeinschaften, die den neuen ekstatischen und charismatischen Stil des Gottesdienstes aufnahmen und pflegten. Am Ende des 20. Jahrhunderts ist das Pfingstlertum von einer Randerscheinung zu einer wichtigen Richtung innerhalb des Christentums aufgestiegen. Schon allein die Mitgliederzahlen belegen, daß sie etwa ein Viertel des organisierten Christentums ausmachen. Ein Bericht spricht von 332 Millionen, das wären etwa 21,4 % aller Christen (1988);[95] eine neuere Quelle gibt 23,2 % an (1990).[96] Neuerdings liest man von einer fast unvorstellbaren Zunahme der Mitgliederzahlen, die 1995 mit 410 Millionen angegeben wird.[97] Seit den 1960er Jahren haben Lehre und Gottesdienstformen der Pfingstkirchen auch auf die traditionellen Kirchen einen immensen Einfluß ausgeübt. Inzwischen gibt es auch bei Katholiken, Lutheranern, Baptisten, Presbyterianern und anderen eigene charismatische Bewegungen. Katholizismus und Protestantismus allein können nicht mehr als die einzigen Hauptrichtungen des Christentums bezeichnet werden. Es gibt nun eine «dritte Kraft»: die Pfingstbewegung.

Das vorliegende Kapitel berichtet von den Gottesdienstformen, die sich in der neuen Bewegung herausbildeten. Dabei müssen wir zunächst auf zwei Traditionen eingehen, die, als sie aufeinandertrafen, den Pfingstgottesdienst hervorbrachten. Es sind dies der Emotionalismus der Protestanten des 18. und 19. Jahrhunderts und die ekstatischen Rituale, welche die schwarzen Christen Amerikas seit der Kolonialzeit pflegten.

Die weißen und die schwarzen Wurzeln der Pfingstbewegung

In der nachpaulinischen Zeit trat der ekstatische Gottesdienst immer mehr in den Hintergrund. Allerdings blieb die ekstatische Erfahrung als solche bekannt und lebte weiter. Männer und Frauen wie Meister Eckhart, Mechthild von Magdeburg, Teresa von Avila und andere Mystiker des Mittelalters und der Neuzeit praktizierten diese Form der Religion. Anders als in den Gemeinden des Paulus war die Ekstase der Mystiker nicht öffentlich, sondern privat. In der Einsamkeit der Zelle eines Mönchs oder einer Nonne erlebt, wurde von ihr im Beichtstuhl geflüstert und nicht in der Gemeinde gesprochen. Nur selten erfahren wir von Gemeinden, in denen Frauen und Männer unter Anleitung ihrer christlichen Propheten bis zur Erschöpfung Wirbeltänze ausführten und vom Heiligen Geist eingegebene Laute von sich gaben; solches für die russische Sekte der Chlysten im 19. Jahrhundert belegte Gebaren galt als abwegig, wenn nicht häretisch.[98] Weder die orthodoxen Kirchen des Ostens noch die katholische Kirche des Westens gewährte ekstatischen Ritualen eine Heimat. Das sollte sich mit dem Aufkommen des Protestantismus ändern, denn in ihm machte sich ein neues Suchen nach religiöser Erfahrung bemerkbar. Im 17. Jahrhundert fanden einige der radikalen Puritaner und Quäker zum Glauben an die nahezu greifbare Wirklichkeit des Heiligen Geistes, eine Wirklichkeit, die sich ohne besondere Bibelkenntnis und Anleitung durch kirchliche Amtsträger erfahren läßt. Trotz ihrer sprichwörtlichen Zurückhaltung haben die Puritaner durch ihre Suche nach «Unmittelbarkeit zu Gott» einer neuen charismatischen Bewegung und einem neuen ekstatischen Gottesdienst den Weg bereitet.[99] Als der Engländer George Fox in den 1650er Jahren die Mitglieder seiner «Gesellschaft der Freunde» dazu einlud, mit ihm Gottesdienst zu feiern, kam es zu einem eigenartigen «Zittern».[100] Die Anwesenden erlebten oft, wie sie sagten, schreckliche «Seelenqual», die sich auch körperlich ausdrückte. Die von solcher Qual Befallenen schüttelten sich unter «Stöhnen, Seufzen und Tränen». Diese äußeren Zeichen wiesen auf einen inneren Kampf zwischen den Mächten der Finsternis und des Lichts, der mit einem sieghaften «süßen Klang von Dank und Lobpreis» endete. Es gab so viel ekstatische Verwirrung und «Zittern», daß Fox selbst zur Zurückhaltung mahnte. Wie Paulus wollte er, daß seine Jünger «Ernst, Nüchternheit und Weisheit lieben». Dennoch waren charismatische Erscheinungen wie Heilungen, Zungenrede und Bekanntgabe von Prophezeiungen im Kreis um Fox nichts Ungewöhnliches, und Fox selbst scheint sie gefördert zu haben. Dem «Zittern» (englisch: *to quake*) verdankt die Bewegung ihre volkstümliche Bezeichnung: die Quäker.[101]

Die auffälligste Gruppe, welche die geistliche Ekstase als ihre bevorzugte gottesdienstliche Form wählte, waren die Shaker, eine Bewegung, die im 18. Jahrhundert in England entstand, aber erst nach ihrer Übersiedelung in die Neue Welt in den 1770er Jahren an Bedeutung gewann. Ihre Führerin und Prophetin, Mutter Ann Lee (1736–1784), förderte Gesang und Tanz im Gottesdienst. William Haskett, ein früher Apostat, hat uns einen anschaulichen Bericht über eine Feier hinterlassen, an der er selbst nicht mehr teilnehmen wollte. Der Älteste – so berichtet er – eröffnete einen bestimmten Abschnitt der Feier mit dem Hinweis, daß jeder gute Gläubige an seinen Gaben zu erkennen sei. Dann rief er «schüttelt das Fleisch ab» und begann, auf den

Boden zu stampfen und sich wild zu bewegen. Sogleich ergriff der Geist die ganze Gemeinde. Alle trampelten und schrien. Später hörte man auch, wie Frauen in unbekannten Sprachen redeten, während andere damit fortfuhren, sich unter lautem Schreien zu drehen und zu stampfen.

> Bald hörte man die lauten Rufe der Brüder, bald die weichen, aufgeregten Stimmen der Schwestern, deren «Gaben» die apostolische Gabe der Zungenrede war. Sie brachten ihre Laute mit sanfter Gebärde hervor, beugten sich nach rückwärts wie ein Schiff auf den Wogen eines abklingenden Sturmes, schüttelten den Kopf, faßten ihre Kleider und stampften dann heftig auf den Boden.[102]

Gruppentanz und Ekstase kennzeichneten den Gottesdienst der Vereinigten Gesellschaft der Gläubigen *(United Society of Believers)*; ihre Bezeichnung als Shaker geht auf das «Abschütteln des Fleisches» *(to shake off the flesh)* im Tanz zurück. Im Jahre 1828, als Haskett diesen Bericht veröffentlichte, hatte die Bewegung noch nicht den Höhepunkt ihrer Entwicklung erreicht.

In den späten 1830er Jahren wurden die Shakergemeinden von einer Erweckungsbewegung erfaßt, die von Watervliet, Ohio, ausging und etwa ein Jahrzehnt anhielt. Männer, Frauen und Kinder schauten Visionen, redeten mit Menschen, die bereits im Himmel waren, und verkündeten inspirierte Botschaften. Der ekstatische Charakter des Gottesdienstes trat nun noch stärker hervor. Wir hören von «kraftvollem Schütteln und Zittern, von Zeugnisgeben, Verheißen, Drohen, Warnen, Voraussagen, Prophezeien, von Trancen, Offenbarungen, Visionen, Singen und Tanzen».[103] Wenn die Geister der anderen Welt – nämlich die Seelen der Verstorbenen und nun im Himmel Lebenden – die Führung der Feier übernahmen, dann ging es hoch her. Einige der Brüder und Schwestern hatten die Gabe des ständigen Gelächters. Andere spielten heiliges Theater, wobei sie unter der Eingebung von Geistern alltägliches Tun mimten: Trinken, Waschen oder Kämpfen. Wiederum andere sangen wie die Indianer Amerikas oder führten sich wie die Wilden auf, angeblich unter dem Einfluß von «Geistern der Eingeborenen». Wöchentlich besuchten ungewöhnliche Geister die Versammlungshäuser – Engel mit fremdartigen Namen, Eingeborene mit fremder Sprache, Gestalten aus der biblischen Welt, politische Führer aus der Geschichte Amerikas. Mehr als ein Jahrzehnt lang erlebte man in den Versammlungen der Shaker die Bekanntgabe prophetischer Botschaften, das Singen neuer, vom Geist eingegebener Lieder und das Aufführen neuer Tänze (Abb. 42).

Obwohl die Erweckungszeit der Shaker bald ein Ende fand, zeigte sie auf ebenso anschauliche wie dramatische Weise, daß der Gottesdienst weißer Amerikaner nicht weniger fremdartig sein konnte als die Kulte der Eingeborenen.

Die Emotionalität der Shaker ist keine singuläre Erscheinung. Gegen Ende des 19. Jahrhunderts hatte der Protestantismus bereits mehrere «Erweckungen» erlebt, von denen die Erweckung der Shaker nur eine war. Zwischen 1800 und 1835 – also während der Generation vor der Shaker-Erweckung –

42 Ekstatischer Tanz der Shaker. Bereits vor der Pfingstbewegung des 20. Jahrhunderts kannten einige christliche Gruppen ekstatischen Gottesdienst. Ein Beispiel dafür sind die Shaker, eine in England im 18. Jahrhundert entstandene Sekte, die von ihrer Gründerin Ann Lee im Jahre 1774 nach Amerika verpflanzt wurde. Einige Shaker besaßen die Gabe des «Wirbelns»: sie drehten sich so lange um die eigene Achse, bis sie erschöpft zu Boden sanken. Amerikanischer Stich, 19. Jahrhundert.

erlebten Methodisten, Presbyterianer und Kongregationalisten jeweils ihre eigene Erweckung, die mit stark emotionaler Predigt unter freiem Himmel und dem Singen bestimmter Lieder verbunden war. Weitere Erweckungen fanden in den Vereinigten Staaten in den Jahren 1857/58 und in den 1880er Jahren ihren Höhepunkt. Maria Woodworth-Etter, im ausgehenden 19. Jahrhundert eine bekannte Predigerin, erinnerte sich an ihre Kindheit im Staate Ohio: «Als ich ein kleines Mädchen war, galt die methodistische Kirche als die lebendigste. Dort war der Heilige Geist zu Hause. Menschen brachen unter der Kraft Gottes zusammen, schrien, tanzten, wurden von Krankheiten geheilt und erlebten noch viel mehr.»[104] Als erwachsene Predigerin wollte sie diese erregende Atmosphäre auf ihren Predigtreisen wieder erneuern. Es gelang ihr. Auf dem Podium von Mrs. Woodworth fielen oft Menschen in Ohnmacht. Solches «Niedergestrecktsein vom Geist» oder «Stehen unter der Kraft des Geistes» galt als typisch für ihre Versammlungen.[105] Die im Jahre 1890 in einer Zeitung in St. Louis veröffentlichte Zeichnung zeigt ein solches aufregendes Ereignis (Abb. 43).

Nicht nur die weißen, angelsächsischen Christen hatten ihre emotionale und ekstatische religiöse Tradition. Trance, Emotionalismus und Besessenheit

43 «Niedergestreckt vom Heiligen Geist.» Während Maria Woodworth-Etter aufrecht steht und ihre Arme emporhält, liegen eine Frau und drei Kinder auf dem Podium der amerikanischen Zeltmissionarin. Seit etwa 1883 fielen manche Besucher ihrer Veranstaltungen in tranceähnliche Zustände, die sie als Taufe mit dem Heiligen Geist auffaßte. Auch Heilungen sollen sich ereignet haben. Pfingstler sehen in ihren Versammlungen bereits alle Merkmale der Pfingstbewegung mit Ausnahme der Zungenrede. Skizze eines Journalisten von einer Erweckungsveranstaltung, St. Louis 1890.

durch Geister waren in der Kultur der schwarzen Bevölkerung Amerikas noch tiefer verwurzelt und traten, anders als in den «weißen» Erweckungsbewegungen, nicht nur gelegentlich auf. Als sie im ausgehenden 17. und im 18. Jahrhundert als Sklaven in die amerikanischen Kolonien verschleppt wurden, brachten die Westafrikaner (besonders die Yoruba und die Fante-Ashanti) ihre Besessenheitskulte mit. In der Neuen Welt lebten diese Kulte im Verborgenen weiter. Während die Christen der westlichen Länder Besessenheit gewöhnlich mit bösen Geistern und satanischen Mächten in Verbindung bringen und durch Gebet und priesterlichen Exorzismus bekämpfen, gilt Besessenheit bei den Westafrikanern als etwas Gutes. Einige ihrer Rituale dienen dazu, freundliche Geister mit Menschen zu verbinden, damit sie übernatürlicher Kräfte teilhaftig werden. Wie in den paulinischen Gemeinden ist für sie ekstatische Trance Zeichen der Gegenwart göttlicher Mächte. Aus dem 19. Jahrhundert besitzen wir die Schilderung einer typischen geheimen Versammlung, wie sie in den Plantagen der Südstaaten nicht ungewöhnlich war. Peter Randolph, ein ehemaliger Sklave, berichtet, wie sich die Sklaven gewöhnlich vor Sonnenaufgang trafen: «Zuerst befragen sie einander, wie sie sich fühlen, was ihr seelischer Zustand ist, usw. Die Männer wählen dann bestimmte Plätze aus, wo sie sich in verschiedenen Gruppen niederlassen. (... Dann beten und singen sie) so lange, bis sie ganz zufrieden sind. Der Sprecher nennt sich zuerst unwürdig und redet ganz langsam, bis er dann, wenn er den Geist fühlt, immer erregter wird, und in kurzer Zeit stürzen zwanzig oder dreißig Männer und Frauen unter dem Einfluß des Geistes zu Boden.»[106] Während ein Besucher diese Art des Gottesdienstes für befremdlich, wenn nicht lächerlich erachtet hätte, «war es den Feiernden, die aus jeder Pore schwitzten, völlig ernst».[107] Natürlich betrachteten sich die Sklaven, über die Randolph schreibt, nicht mehr als Heiden; mit dem Christentum hatten sie den Glauben an den Heiligen Geist angenommen. So ergab sich eine verchristlichte Form eines afrikanischen Kults, der die Feiernden in den Zustand der Besessenheit durch den Heiligen Geist führte. Die christliche Deutung der «Erregung» und des «zu-Boden-Stürzens» übernahmen die Sklaven und ehemaligen Sklaven wie Peter Randolph von den weißen Methodisten. Diese pflegten eine Religion des Gefühls und enthusiastisches Singen und vertraten um das Jahr 1800 wie ihr Begründer John Wesley die Meinung, eine wahre Bekehrung könne sich darin zeigen, daß jemand, von Gott überwältigt, zu Boden stürzt.[108]

Die Verbindung von afrikanischen und methodistischen Elementen führte zur Bildung neuer ritueller Formen, deren auffälligste unter dem Namen «Shouting» (Schreien, Lärmen) bekannt ist.[109] Sowohl Weiße als auch Schwarze haben über diesen verbreiteten christlichen Sklavenkult berichtet. Zwar ist «Shouting» nicht dasselbe wie Geschrei, aber die so bezeichnete Feier enthielt Elemente wie Singen, Klatschen und Lärmen. Als Shouting pflegt man das Tanzen von Männern und Frauen zum Rhythmus von Klatschen, Stampfen mit den Füßen und Singen von Spirituals zu bezeichnen. Dabei durften sich die Füße nicht kreuzen und den Boden verlassen, denn das hätte als weltliches und damit sündhaftes Tanzen gegolten. Daher wurden die Füße praktisch nicht vom Boden gehoben und die Fortbewegung geschah durch ruckartiges Hin- und Herbewegen. Gewisse Körperbewegungen wurden in einer an den «Charleston» erinnernden Weise beschrieben. Die Tänzer bildeten einen Kreis und bewegten sich heftig, oft mehrere Stunden lang, wobei es zu Trancen und Besessenheit kam. Ethnologen haben nachgewiesen, daß es sich um eine Version des westafrikanischen Reigentanzes handelt. Rhythmisches Klatschen und Stampfen mit den Füßen mußte den dumpfen Klang der Trommeln ersetzten. Auftretende Trancen galten als Besessenheit durch den Heiligen Geist und erhielten so eine christliche Deutung. Der ekstatische Kult der Schwarzen ist älter als die Pfingstbewegung und darf als deren Wegbereiter gelten.

Die Anfänge der eigentlichen amerikanischen Pfingstbewegung führen in das Jahr 1906. Damals kam es in schwarzen und weißen Kirchen der Stadt

Los Angeles zu einer großen Erweckungsbewegung, wobei den schwarzen Kirchen offenbar die führende Rolle zukam. Aufschlußreich ist ein Blick auf das Verhältnis der schwarzen und weißen Pfingstler in den Anfangstagen. Im Jahre 1906 hatte die Mission an der Azusa-Street – die als der Ursprungsort der Bewegung gilt – in William Joseph Seymour (1870–1922) einen schwarzen Führer.[110] Seymour hatte bei einem weißen Pastor, Charles Fox Parham, in einer Bibelschule in Houston, Texas, studiert. Unter Parhams Studenten war bereits im Jahre 1900 Ekstase und Glossolalie aufgetreten, und daher sehen manche Historiker in Parham den eigentlichen Begründer der Pfingstbewegung. Als Parham jedoch Seymours Missionskirche besuchte, war er schokkiert. Er glaubte, sein Schüler habe sich dem Spiritismus, der Hypnose und dem Satanismus zu- und vom Christentum abgewandt. Parham hatte keinen Sinn für die wilden, ekstatischen Züge der neuen Gottesdienstform und die Heilungen, die Seymour durchführte. Kam hier Seymours afrikanische Seele zum Vorschein und ist ihr deshalb die einzigartige Verbindung afrikanischer Formen und christlicher Inhalte zuzuschreiben?

Tatsächlich ergibt ein genaues Studium der einschlägigen Quellen, daß das Erweckungsereignis der Azusa-Street eine Sache der Schwarzen war. «Als die Weißen kamen, gab es die Erweckung in der Azusa-Street bereits», schreibt der Historiker Leonard Lovett.[111] Nach Frank Bartleman, einem weißen Augenzeugen, trafen sich unter der Führung Seymours Schwarze und Weiße zum Gebet; es gab keine Rassentrennung. «Das Blut [Christi] löschte die Rassengrenze aus», erklärte Bartleman.[112] Später erinnerte sich ein schwarzer Teilnehmer: «In Los Angeles (...) gingen alle zusammen zum Altar. Zwischen Weißen und Farbigen gab es keinen Unterschied.»[113] Jedoch ließ sich Seymours Traum von einer beide Rassen übergreifenden Pfingstbewegung nicht verwirklichen. Trotz seiner Bemühungen machte sich bald eine Trennung bemerkbar. Im Jahre 1914, als der Erste Weltkrieg ausbrach, war seine Mission an der Azusa-Street eine schwarze Gemeinde geworden, in der es nur noch selten weiße Besucher gab.

Kürzlich hat Harvey Cox von der Harvard-University auf den Ursprung der Pfingstbewegung im Milieu der schwarzen Amerikaner besonders hingewiesen.[114] Die Pfingstbewegung der Schwarzen, meint er, hat das Christentum in einer ähnlichen Weise erneuert wie der Jazz die musikalische Kultur bereichert hat. Um das Jahr 1900 in zwei amerikanischen Großstädten – in New Orleans und Los Angeles – entstanden, haben Jazz und die Pfingstbewegung zwei Dinge gemeinsam: ihre Bevorzugung von Spontaneität und ihre Liebe zu Trance und Ekstase. Ihnen verdankt die amerikanische Kultur und darüber hinaus die ganze Welt einen neuen und bleibenden kulturellen Impuls.

Der frühe Pfingstgottesdienst: Frank Bartlemans Bericht

Einer der frühen weißen Führer der Pfingstbewegung war Frank Bartleman (1871–1935). Seine Traktate, Zeitungsberichte und Broschüren bilden das wichtigste Quellenmaterial über die Anfänge der Bewegung und deren Gottesdienst in Amerika. Im Jahre 1909 begann er, eine Reihe autobiographischer Schriften zu verfassen, die er nicht anders als seine Traktate verkaufte oder verschenkte.[115] Darin erzählt er von seinem Leben als Reisender, als Missionar und führender Kopf in einer Bewegung, die nichts auf äußere Organisation und Führertum gab. In seiner Broschüre *Wie Pfingsten nach Los Angeles kam* (*How Pentecost Came to Los Angeles*, 1925) schreibt Bartleman über die charismatische Erfahrung, die er im Jahre 1906 zusammen mit anderen machen durfte. Obwohl man erwarten könnte, daß er die «wahrhaft wundervollen Tage» nachträglich in romantisches Licht taucht, ist sein Bericht von solcher Verklärung frei.[116] Bartleman stützt sich auf sein Tagebuch und auf zahlreiche Zeitungsausschnitte, die er jahrelang gesammelt hatte. Er ist ein Augenzeuge, der uns seine Erinnerungen mitteilt, Quellen zitiert und uns vor allem seine Begeisterung spüren läßt.

In Los Angeles befreundete sich Bartleman mit dem Engländer Joseph Smale (1867–1926), dem weißen Pfarrer der First Baptist Church. Wie dieser begeisterte er sich für die häufigen Gebetsstunden, die Massenbekehrungen und die erregende Atmosphäre, die in den Jahren 1904–1906 in den Kirchen von Wales herrschte. Smale war eigens nach Wales gereist, um mit Evan Roberts (1878–1951) zu sprechen, einem einfachen Bergarbeiter, der zu den Führern der walisischen Erweckungsbewegung gehörte.[117] Durch diese Kontakte beschaffte sich Bartleman fünftausend Broschüren über «Die Erweckung in Wales», die er in den Kirchen von Los Angeles verteilte.[118] Er forderte die Gläubigen auf, «für eine Erweckung wie die in Wales» zu beten (*PLA* 18). In diesem Zusammenhang kam es auch zu einem Briefwechsel zwischen Bartleman und Roberts.[119]

Bartleman besuchte oft die Gebetsstunden in der Baptistenkirche, denn er bewunderte Smales Fähigkeit, seine Gemeinde für den Erweckungsgedanken zu begeistern. Über Smale verfaßte er einen Zeitungsartikel für die *Daily News* von Pasadena. Unter der Überschrift «Was ich in einer Kirche in Los Angeles erlebte» beschrieb Bartleman einen typischen Erweckungsgottesdienst des Jahres 1905:

> Die Gebetsstunde, von der ich berichte, begann von selbst, noch bevor der Pfarrer dazukam. Eine Handvoll Leute hatten sich schon früh eingefunden, und das genügte für den Heiligen Geist. Also fing die Gebetsstunde an. (...) Als der Pfarrer kam, war die Feier schon in vollem Gang. Pastor Smale nahm seinen Platz ein, aber niemand schenkte ihm besondere Beachtung. Die Aufmerksamkeit galt allein Gott. (...) Der Pfarrer erhob sich, las einen Abschnitt aus der Bibel vor und fand einige passende Worte der Hoffnung und Erbauung, und dann war es mit seiner Leitung aus. Die Leute bestimmten selbst und es ging alles wie zuvor. Zeugnisgeben, Gebet und Lobpreis wechselten sich ab. Alles schien wie von selbst zu gehen. (*PLA* 23)

Bartleman war von der Gebetsstunde sehr beeindruckt, vor allem von ihrem gemeinschaftlichen Charakter. Smale, der die Veranstaltung weder eröffnete noch die zentrale Kulthandlung leitete, trat unter den Gläubigen nicht besonders hervor: «Der Pfarrer war einer von ihnen» (*PLA* 23). Gemeindemitglieder ergänzten die kurze Ansprache des Pfarrers durch ihr eigenes Zeugnis, wobei sie von ihrer eigenen religiösen Erfahrung sprachen. Für Bartleman bedeutete das Fehlen einer förmlichen Leitung, daß «der Heilige Geist selbst führte». Der Heilige Geist gab alles ein, was gesagt, gebetet, gesungen und getan wurde. Wie alle anderen Anwesenden überläßt sich auch der Pfarrer dem Geist. Zustimmend zitiert Bartleman ein Wort des walisischen Erweckungspredigers Evan Roberts: «Man fragt mich nach meiner Methode. Die gibt es nicht. Ich bereite meine Worte nie vor, sondern überlasse es Ihm», dem Heiligen Geist (*PLA* 36). Weder Vorbereitung noch Führung spielen eine Rolle, da alles unmittelbar vom Himmel bestimmt wird. «Die Gebetsstunde macht den Eindruck eines Himmels auf Erden. Man spürt es richtig, daß es das Übernatürliche gibt, und zwar ganz deutlich» (*PLA* 23).

Smale hielt solche Gebetsstunden in der First Baptist Church fünfzehn Wochen lang täglich ab.[120] Der Kirchenvorstand war mit dieser Neuerung nicht einverstanden, und so gab Smale seine Pfarrstelle auf. Seine Erweckungsgemeinde versammelte er an einem anderen Ort in Los Angeles – für Bartleman kein Problem. «Kalte Intellektualität, kirchlicher Formalismus und Priesterherrschaft haben mit dem Geist des Evangeliums nichts zu tun.» Eines weiteren Kommentars war ihm die Sache nicht wert (*PLA* 29).

Die Trennung von den traditionellen Gemeinden bedeutete nicht das Ende der Begeisterung. Vielmehr glaubte man sich nun erst recht für eine besondere Aufgabe auserwählt. Als mehrere Erweckungsprediger in Los Angeles ihre eigenen Kirchen gründeten, erhöhte sich die Hoffnung auf die Entstehung einer starken Erweckungsbewegung. Smale nannte seine neue Gemeinde die «Kirche des Neuen Testaments»; sie traf sich in der Burbank-Hall. Damals verließ auch der schwarze Baptistenprediger William Seymour seine Kirche, um einen Gebetsraum in einer früheren, als Holzlager dienenden Methodistenkirche an der Azusa-Street einzurichten. Bartleman selbst mietete eine Kirche an der Ecke der Achten und der Maple-Street. Diese Kirchen standen in engem Kontakt untereinander. Bartleman «ging Tag und Nacht zu den anderen Missionen und ermahnte, für eine Erweckung zu beten und daran zu glauben» (*PLA* 38).

Im selben Maße, wie das Gebet intensiviert wurde, stieg auch die Erwartung. Im Jahre 1906 traten ekstatische Erscheinungen in allen drei Gemeinden auf. Die Gläubigen fingen an, «in Zungen» zu reden, und zwar von «fünfzehn Minuten» bis zu «fünf vollen Stunden» (*PLA* 76.102). Mit dieser außerordentlichen Manifestation des Heiligen Geistes erreichte die Erweckung ihren Höhepunkt. Ein neues Pfingsten schien die aus der Apostelgeschichte bekannte Ekstase und Begeisterung zu wiederholen. Wie in der Apostelgeschichte, so versuchten auch jetzt manche Beobachter den religiösen Fanatismus und die Wundersucht lächerlich zu machen. Um die neue Gottesdienstgestalt der Lächerlichkeit preiszugeben, schlichen sich einige Leute in die Gebetsstunden und setzten dort junge Katzen aus, die «überall herumliefen und überall gesehen wurden».[121] Die Katzen sollten unterstreichen, was für die Gegner längst ausgemacht war: Die ganze Angelegenheit ist nicht ernst zu nehmen. Bartleman und seine Freunde aber frohlockten, denn «Pfingsten war nach Los

Angeles gekommen, dem amerikanischen Jerusalem», wie es einige Jahre zuvor nach Wales gekommen war (*PLA* 63). Die Gläubigen wußten, daß «in Wales während der Erweckung des öfteren bunte Lichter gesehen wurden, wie Feuerbälle» (*PLA* 38). Zwar wurden in Los Angeles keine «Feuerzungen» erlebt, aber einige glaubten, über der Kirche an der Azusa-Street des nachts die lichtvolle Herrlichkeit Christi wahrgenommen zu haben (*PLA* 60). Als weiteres Zeichen für Gottes Gegenwart galt das schreckliche Erdbeben, das Kalifornien im April 1906 traf und in San Francisco viele Todesopfer forderte. Von panischer Angst getrieben, kamen die Menschen in Scharen in die Gebetsstunden. Durch viele Zeichen schien Gott die Menschen aufzufordern, ihr Leben zu ändern und sich endlich zu bekehren.

Wie sah ein regelmäßiger Gottesdienst in der pfingstlichen Atmosphäre aus, einer Atmosphäre «die fast zu heilig und weihevoll war, um darin seines Amtes zu walten» (*PLA* 69)? Bartleman beschreibt mehrmals den Gottesdienst, wie er ihn in seiner Kirche an der Achten und der Maple-Street feierte. Der ausführlichste Bericht findet sich im *Way of Faith*, einer der frühen Zeitschriften der Pfingstler, und stammt aus der Feder eines Besuchers. «Gestern abend hatte ich das seltene Vergnügen, an einer der Gebetsstunden von Pfarrer Bartleman teilzunehmen, oder, genauer gesagt, wo er und Pfarrer Pendleton tätig sind, aber die Führung in den Händen des Heiligen Geistes selbst liegt. Jesus gilt als das Haupt, und der Heilige Geist ist sein ausführendes Organ» (*PLA* 86). Dr. W. C. Dumble aus Los Angeles, der Verfasser des Berichts, verhehlt nicht seine Bewunderung für die von Pfarrer Bartleman an einem Abend im September des Jahres 1906 gehaltene Gebetsversammlung. Er vergleicht die Gebetsstunde mit den üblichen protestantischen Gottesdiensten anderer Kirchen. Anders als dort «gibt es hier keine Predigt, keinen Kirchenchor, keine Orgel, keine Kollekte, es sei denn, es legt jemand etwas von sich aus auf den Tisch oder in den Opferkasten an der Wand» (PLA 86). Dr. Dumble berichtet:

Gesang	Jemand fängt an zu singen. Drei oder vier Lieder werden gesungen, von Halleluja- und Amen-Rufen unterbrochen.
Zeugnis eines Laien	Dann erhebt sich ein von einer Bürde Geplagter und ruft «Gelobt sei Jesus!» und erzählt unter Schluchzen von einem großen Kampf und einer großen Befreiung.
Niederfallen	Dann liegen drei oder vier auf dem Boden mit leuchtendem Gesicht.
freies Gebet, Zungenrede	Jemand fängt an, Gott zu loben und geht dann mit ausgebreiteten Armen dazu über, in «Zungen» zu reden.
Zeugnis eines Pfarrers	Pfarrer Pendleton ergreift nun das Wort und erzählt davon, wie er das Bedürfnis hatte, die «[Geist-]Taufe» zu empfangen und wie Gott ihm dann eine Erfahrung seiner Gegenwart, seiner Liebe und seines Muts schenkte, die er noch niemals gehabt hatte. Deshalb wollten die Kirchenräte, daß er geht, und eine Anzahl von Leuten gingen mit ihm und schlossen sich Pfarrer Bartleman an.

Zeugnis eines Laien

Dann berichtet eine reizende ältere Dame aus Deutschland davon, wie sie sich verwunderte, als sie andere in «Zungen» Gott lobpreisen hörte, und wie sie danach begann, Gott um die Geisttaufe zu bitten. Als sie zu Bett ging, war die Zungenrede plötzlich in ihrem Mund. Sie pries den Herrn die ganze Nacht lang, zur Verwunderung ihrer Kinder.

Zungenrede, Altargang

Schließlich gab es eine in Zungenrede erfolgende Ermahnung aus dem Munde von Pfarrer Bartleman, und einer nach dem andern ging schnell zum Altar vor, bis der Chorraum voll von suchenden Menschen war. (*PLA* 86–87)

Dr. Dumbles Bericht enthält alle typischen Bestandteile des frühen Pfingstgottesdienstes. Am Anfang steht der Gesang, mit dem der Gottesdienst gewöhnlich beginnt. Dies geschieht ohne Gesangbücher,[122] und die eingeworfenen Halleluja- und Amen-Rufe zeugen von der Freiheit und der Freude der Teilnehmer. «Alle alten, wohlbekannten Lieder wurden auswendig gesungen, wobei der Geist Gottes dem Gedächtnis nachhalf» (*PLA* 57). Gebräuchliche Lieder wie «Der Tröster ist gekommen» und «Das Leben ist im Blute» wurden gemeinsam gesungen, aber es gab auch von einzelnen vorgetragene Lieder (*PLA* 57). «Eine junge Frau aus besserem Hause lag stundenlang auf dem Boden», berichtet Bartleman; «ab und zu gab sie den herrlichsten, himmlischen Gesang von sich. Er schwoll an und ging zu Gottes Thron empor und erstarb dann in einer fast nicht mehr irdischen Melodie. Sie sang ‹Lobet Gott! Lobet Gott›. In der ganzen Kirche sah man, wie Männer und Frauen weinten» (*PLA* 61).

Auch das Gebet erfolgte spontan, ohne vorgefertigte Texte oder Gebetbücher. «Gebetstexte waren damals nicht festgelegt. Gott selbst gab die Worte ein. Sie drängten sich uns auf und überwältigten uns. Nichts brauchten wir zu erfinden» (*PLA* 35).

Zungenrede galt als Prophezeihung oder Gotteslob in fremder Sprache. Bartleman erzählt von der Frau eines Methodistenpredigers, die «eine mächtige Taufe erhielt und so etwas wie Chinesisch sprach» (*PLA* 70). Eine andere junge Frau soll «eine eigenartige Sprache flüssig gesprochen» haben (*PLA* 87). «Eine farbige Schwester hat in Zungen gesprochen und gesungen» (*PLA* 52). «Zungenrede», eine meist Frauen und seltener Männern verliehene Gabe des Heiligen Geistes, galt als das spürbarste Zeichen für den Kontakt eines Menschen mit Gott oder Christus. In der Glossolalie erlebte die Gemeinde göttliches Wirken.

Kurze Wortmeldungen von Laien – «wirkliche Zeugnisse, von der Erfahrung des Herzens kommend» – nahmen einen großen Raum ein. Dabei hörte man einen kurzen, spontan vorgetragenen Bericht über die eigene Bekehrung, die geistliche Erfahrung oder eine im eigenen Leben erfahrene große Tat Gottes. Sprecher «konnte ein Kind, eine Frau oder ein Mann sein. Gesprochen wurde vom hintersten Sitz oder von ganz vorne – das spielte keine Rolle» (*PLA* 59). Solche Zeugnisse traten an die Stelle, die der Predigt im sonst üblichen protestantischen Gottesdienst zukam. Die Pfingstler brauchten keinen Prediger, keine vorbereiteten Ansprachen, keine Bibel. Religiöse Erfahrung galt nicht als auf biblische Zeiten beschränkt. Voll von Wundern und bewegenden geistlichen Überraschungen, bot das Leben der Gläubigen selbst genügend Substanz.

Das Sich-zu-Boden-Werfen und der Gang zum Altar bildeten regelmäßige Bestandteile der Gebetsversammlung. Beides bedeutet die vollständige Selbstübergabe an Gott. «Der Altar[raum] war den ganzen Tag voll von suchenden Seelen», heißt es bei Bartleman. «Der Dienst am Altar kannte keine Unterbrechung. Seelen kamen und gingen, während die Gebetsstunde weiterging. Den ganzen Tag lagen Männer und Frauen um den Altar herum, von der Kraft [des Heiligen Geistes] überwältigt» (*PLA* 70). «In der ganzen Kirche fielen Männer um; es sah aus wie auf einem Schlachtfeld. (...) So etwas gibt es kein zweites Mal» (*PLA* 60). «Auf uns lag die göttliche Glorie so schwer, daß wir nur noch auf dem Gesicht liegen konnten. Wir konnten nicht mehr aufrecht sitzen. Alle lagen mit dem Gesicht auf dem Boden, manchmal während des ganzen Gottesdienstes» (*PLA* 69).

Das Vortreten zur Altarschranke, um dort niederzuknien, war nicht erst in der Pfingstbewegung entstanden. Schon lange hatten Erweckungsprediger reuige «Sünder» aufgefordert, zum Altar, zum Abendmahlstisch oder einfach vor die Gemeinde zu treten.[123] Indem sie nach vorne kamen, zeigten «Sünder» ihre Reue oder Bekehrung und erneuerten ihre Selbstübergabe an Jesus. Bei den Pfingstlern galt das Vortreten darüber hinaus als besondere Frömmigkeitsübung. Obwohl dem Altarraum keine dauernde sakrale Qualität zukam, galt er dennoch mehr und mehr als Ort der Begegnung mit dem Göttlichen und gleichzeitig als Bühne, auf der die Unterwerfung unter Gott inszeniert wurde.

Ein festgelegter Ablauf des Gottesdienstes war nicht vorgesehen. Zwar wurden bestimmte Elemente wiederholt – Singen, Beten, Sich-Niederwerfen und Zeugnisgeben –, aber «keine zwei Gottesdienste waren einander gleich», denn alles sollte spontan, und das heißt: unter der Führung des Heiligen Geistes bleiben (*PLA* 103).

Bartleman hielt seine Betstunden jeden Abend ab, am Sonntag ganztägig. «Am vergangenen Sabbat [d. h. Sonntag] dauerte die Versammlung vom frühen Morgen bis um Mitternacht», berichtet Dr. Dumble (*PLA* 87). Manchmal blieben die Leute in der Kirche, statt nach Hause zu gehen, und Bartleman fand sie «völlig in Gott versunken» (*PLA* 102). Bei wahrer Anbetung ging der Zeitsinn verloren, und die ganze Nacht schien wie eine halbe Stunde.[124] Bartleman beschreibt nie das Ende eines Gottesdienstes. In der enthusiastischen und charismatischen Gemeinde hört das Gebet nie auf.

Für Bartleman und die frühen Pfingstler war der Gottesdienst streng theozentrisch auf die Dreieinigkeit von Gott, Christus und den Heiligen Geist ausgerichtet. Wie Dr. Dumble berichtet: «Jesus gilt als das Haupt, und der Heilige Geist ist sein ausführendes Organ» (*PLA* 86). Während des Gottesdienstes fühlten die Gläubigen oft die Anwesenheit Gottes oder seiner Herrlichkeit. Mehr als einmal nennt Bartleman die Gebetsstunde den «Himmel auf Erden». «Der ganze Ort war vom Gebet getränkt. Gott war in seinem heiligen Tempel. Der Mensch mußte schweigen [Hab 2,20]. Die Herrlichkeit der Schechinah war da», erklärte er unter Verwendung eines gelehrten hebräischen Begriffs zur Bezeichnung der göttlichen Gegenwart (*PLA* 60). «Der Herr scheint fast sichtbar zu sein. Er war so wirklich» (*PLA* 70). «Die Gegenwart des Herrn war auf wunderbare Weise wirklich. (...) Und dieser Zustand hielt sehr lange an» (*PLA* 83). Als wolle er die Anwesenheit des Herrn anschaulich machen, berichtet Bartleman noch folgenden Vorfall: Eines Abends, als die Gemeinde in der Kirche versammelt war, «kam uns der Herr plötzlich so nahe, daß wir ihn spüren konnten; er umschloß die Anwesenden von allen Seiten. Zwei Drittel der Leute sprangen bestürzt auf. Einige rannten aus der Kirche, ihre Hüte zurücklassend – so sehr hatte sie die Angst gepackt» (*PLA* 38). Eines Tages, als Bartleman und einer seiner Freunde in einer Kirche in Pasadena für die Erweckung beteten, hatten sie ein besonderes Jesuserlebnis. «Plötzlich und ohne vorherige Ankündigung offenbarte sich Jesus. Er schien unmittelbar zwischen uns zu stehen, so nahe, daß wir ihn mit unseren Händen hätten berühren können. Aber wir trauten uns nicht, uns auch nur zu bewegen. Ich konnte nicht einmal aufblicken. (..) Seine Anwesenheit schien noch wirklicher, als wenn ich ihn auf natürliche Weise hätte sehen und berühren können» (*PLA* 19–20).

Die Ausrichtung auf Gott bedeutete, daß die anderen Gottesdienstbesucher kaum beachtet wurden.[125] Mit seiner eigenen Seele beschäftigt, betete jeder Gott gleichsam alleine an. Gewiß: einmal erhob sich ein Mann und, von Liebe erfüllt, «lief er umher und umarmte alle Brüder, derer er habhaft werden konnte» (*PLA* 61). Doch war das die Ausnahme. Gewöhnlich blieb die Aufmerksamkeit allein auf Gott gerichtet und nicht auf die versammelten Gläubigen. «Wenn wir zur Betstunde kamen, vermieden wir menschlichen Kontakt so gut wir konnten und begrüßten auch keinen. Wir wollten zuerst Gott. Wir versteckten uns irgendwo in einer Ecke unter einer Bank und beteten. Andere Menschen kannten wir nur noch ‹im Geiste›; ‹im Fleisch› kannten wir sie nicht mehr» (*PLA* 59). Je deutlicher die göttliche Gegenwart zu spüren war, um so weniger wurden andere Menschen wahrgenommen.

Der Kampf der Seele mit sich selbst zielte auf die völlige Offenheit für Gott, wobei das «alte Ich» zu begraben und zu vergessen war (Röm 6,6). Dieser Kampf hatte gewöhnlich zwei Stufen. Die erste bestand darin, sich in einem stark emotional geprägten Bekehrungserlebnis völlig Gott hinzugeben. Wer lange genug allein betet, sich demütigt, sich zu Boden wirft, weint und stöhnt und dann oft zum Altar geht, um sich dort Christus zu übereignen und sich selbst gleichsam zu opfern, der kann das Ziel des ersten Abschnitts erreichen. Die zweite Stufe dient nicht mehr der Bekehrung, sondern der Öffnung für Gott und gipfelt gewöhnlich in einem als «Geisttaufe» bezeichneten Erlebnis. Der Beter fühlt sich von großer Freude und Kraft erfüllt. Vom göttlichen Geist überwältigt, spricht oder singt er in «Zungenrede». Das «alte Ich» ist abgetan; nun kann das neue Geschöpf dem Geist keinen Widerstand mehr leisten. Der verwandelte Mensch dient als Gefäß des Geistes.

Zwar wird der Kampf der sich demütigenden Seele gewöhnlich allein durchgestanden, aber manchmal konnte ein anderer dabei behilflich sein. Pfarrer Bartleman entwickelte ein gewisses Geschick dafür. In einer Gebetsstunde bemerkte er eine Frau, die früher einmal als freiwillige Helferin seiner Mission tätig gewesen war. Die junge Frau «hatte mehrere Jahre lang einen Rückfall erlebt», d. h. sie war ihrer Bekehrung untreu geworden. Nach elf Uhr abends, als sich die Gebetsversammlung auflöste, saß sie immer noch unbeweglich auf ihrem Platz. Bartleman sprach sie an und forderte sie auf, die Chance einer Neubekehrung wahrzunehmen; es könnte die letzte Gelegenheit sein. Als sie weiterhin unbeweglich blieb, begann er, auf sie einzureden. Eine ganze Stunde lang kämpfte er um sie, wobei andere Anwesende ihn daran zu hindern suchten, zu streng mit ihr umzugehen. Schließlich hatte er selbst keine Kraft mehr und warf sich zu Boden, «bewegt von einem echten Schmerz um ihre Seele». Das half. Nun fiel auch die Frau zu Boden, kämpfte mit sich und weinte fast drei Stunden lang. Um etwa drei Uhr morgens erhob sie sich «mit dem Leuchten eines Engels im Gesicht» (*PLA* 94). Der Kampf war gewonnen.

Für die nächste Stufe, die «Geisttaufe», liegt uns Bartlemans Bericht über sein eigenes Erlebnis vor. Er verspürte eine große Sehnsucht, die Gabe der Zungenrede zu erhalten. Nachdem er wiederholt erlebt hatte, wie andere in Zungen redeten, fühlte er eines Tages, daß «der Geist den himmlischen Chor in meine Seele gelegt hatte» (*PLA* 56). Da stimmte er in den Gesang derer ein, die in Ekstase sangen. Dies geschah am Freitag, den 15. Juni 1906 – Bartleman hält das für ihn wichtige Datum fest. Damals verfügte er jedoch noch nicht über die volle Gabe der Zungenrede. Diese wurde ihm erst zwei Monate später zuteil, «am Nachmittag des 16. August» in seiner Kirche an der Achten und der Maple-Street in Los Angeles (*PLA* 71). Während einer Gebetsstunde mit nur sieben Teilnehmern sprach er «vielleicht fünfzehn Minuten lang» in Zungen (*PLA* 76). Später schildert er sein Erlebnis:

> Nach einer Zeit des Zeugnisgebens und des Lobpreises war alles still. Ich ging ruhig durch die Kirche, Gott in meinem Innern preisend. Plötzlich schien es mir, als vernehme ich in meiner Seele – nicht mit dem natürlichen Ohr – eine reiche Stimme, deren Sprache ich nicht kannte. (Später habe ich ähnliche Laute in Indien gehört.) Die Stimme war mitreißend und schien dem in mir angestauten Lobpreis zu entsprechen. Einige Augenblikke später geschah es ohne mein Zutun, daß meine eigenen Stimmorgane dieselben Laute erzeugten. (*PLA* 71)

Bartleman hatte nicht den Eindruck, selber zu sprechen oder zu singen, sondern glaubte, bei dieser aufregenden und erfreulichen Erfahrung völlig passiv zu bleiben. Das Erlebnis läßt sich nur schwer in Worten ausdrücken: «Man muß das selbst erlebt haben, um es beurteilen zu können» (*PLA* 71). Der Geist Gottes, so überlegte er später, hatte ihn durch eigenes Gebet und die Fürbitte anderer langsam vorbereitet. Eines Tages war er bereit, so daß der Geist durch ihn sprechen und tätig werden konnte. Er besaß keinen eigenen Willen mehr, sondern war zu einem Werkzeug des Heiligen Geistes geworden.

Wer die beiden Entwicklungsstufen – den inneren Kampf und die Geisttaufe – durchlaufen hat, ist noch kein Heiliger, der stets vom Heiligen Geist erfüllt bleibt. Geistliche Erfahrungen dieser Art kommen und gehen. So muß jeder Gläubige immer wieder denselben Prozeß durchlaufen, indem er sich zuerst vor Gott demütigt, um schließlich wieder die Erfahrung von Ekstase, Verzükkung und Zungenrede zu erreichen. Hat ein Gläubiger aber die «Taufe mit dem Heiligen Geist» (d. h. die Zungenrede) schon einmal erlebt, so verkürzt sich der Vorgang und wird wohl auch leichter durchlaufen. Wer mit der Erfahrung einmal vertraut ist, kann sie wiederholen, vor allem in der anstekkenden Atmosphäre einer ekstatischen Gebetsversammlung.

Die pfingstliche Begeisterung, von der Bartleman berichtet, hielt nicht lange an. Zu seiner Enttäuschung mußte Bartleman erleben, wie die Erregung allmählich abflaute und sich geregeltere Gottesdienstformen herausbildeten. Manche versuchten, die früheren, spontaneren Formen beizubehalten, jedoch ohne großen Erfolg. Das Ergebnis war unechtes Pfingstlertum mit «vorgespielter Zungenrede» und «nachgemachtem» glossolalischen Singen (*PLA* 160). Solche nostalgischen Versuche, die ursprüngliche Atmosphäre wieder zurückzubringen, konnte nur zu Gottesdiensten führen, die leer und «ohne den Geist» blieben (*PLA* 160). Jetzt, als die Erfahrung des Geistes nicht mehr im Herzen der Gläubigen ihren Anfang nahm, um von dort nach außen zu dringen, wurde sie mehr und mehr durch Musik und Gesang künstlich erzeugt. Wie Evan Roberts, der Führer der Erweckungsbewegung in Wales, kämpfte auch Bartleman gegen «zu viel Singen» (*PLA* 36). Früher war das Singen seltener, spontan und ohne Instrumentalbegleitung.[126] Jetzt wurde das spontane Singen durch Gesangbuchlieder ersetzt. Wo war die ursprüngliche «Gabe» des «neuen Liedes» geblieben, die im freien Singen nach Eingebung des Heiligen Geistes bestand? «Sie haben diese Gabe durch Gesangbücher und durch die Liedwahl des Pfarrers erstickt. So wurde der Geist gleichsam ermordet» (*PLA* 57). Nach Bartleman gibt es in den neuen Gesangbuchliedern wenig wirklich Erbauliches, denn diese Lieder «bewegen nur die Füße, aber nicht das Herz» (*PLA* 57). Die Zeit, in der man in der Kirche kaum zu flüstern wagte, war vorbei. Jetzt versuchten die Pfarrer, die Suchenden durch «aufgeregte Musik» möglichst schnell zu einer angeblich geistlichen Erfahrung zu führen (*PLA* 55).

Während einige Kirchen den alten Erweckungsgeist zu erhalten suchten, gaben ihn andere ganz auf und kehrten zu traditionelleren Formen des Gottesdienstes zurück (Abb. 44). Bartleman selbst berichtet, daß er den Heiligen Geist in der alten Mission an der Azusa-Street von Los Angeles nicht mehr antraf. Von den glorreichen Anfängen war nichts mehr zu spüren, denn die dort tätigen Pfarrer unterdrückten jede Spontaneität rücksichtslos:

> Die alte Azusa-Mission war wie gefesselt. Die Gottesdienste verliefen nach einem festgelegten Plan. Der Heilige Geist versuchte noch, sich durch arme, der Schrift unkundige Mexikaner bemerkbar zu machen. Diese hatten sich bekehrt und die «Geisttaufe» erhalten. Aber die Leiter ließen sie beim Zeugnisgeben nicht zu und wiesen sie kaltschnäuzig zu-

44 Der Götzendienst des organisierten Christentums. Nach der Auffassung der Pfingstler verehren die traditionellen Kirchen zwei Götzen: die ausgebaute Organisation und die geregelte Liturgie. König Jerobeam von Nordisrael hatte Heiligtümer mit goldenen Stierbildern angelegt, um zu verhindern, daß die Leute zum Gottesdienst nach Jerusalem ziehen. «Es ist zuviel für euch, nach Jerusalem zu ziehen – deine Götter sind hier», erklärt der Kirchenmann, um die Gläubigen von der am Horizont liegenden, strahlenden Stadt der «Kraft des Heiligen Geistes» fernzuhalten. Karikatur aus der Pfingstbewegung, 1939.

> rück. (...) Jede Gebetsstunde hatte ihren genauen Plan, vom Anfang bis zum Schluß. (*PLA* 100)

In einigen der Armen, zu denen Bartleman selbst gehörte, wirkte der Geist immer noch. Aber für die meisten Gemeindeleiter hatte die ekstatische Gottesdienstform ihre Anziehungskraft verloren. Die Pfingstbewegung nahm neue, kirchenartige Züge an.

Charismatischer Gottesdienst heute

Seit dem Jahre 1906 – den Tagen von Frank Bartleman – hat sich die Pfingstbewegung stark verändert. Sie hat nicht nur festere organisatorische Formen angenommen, sie anerkennt und pflegt heute auch eine größere Zahl geistlicher Gaben. Bei Bartleman und einigen seiner Zeitgenossen stand die Abfolge von intensivem Gebet und Auftreten spontaner Zungenrede im Mittelpunkt des Interesses. Bereits in der Frühzeit der Pfingstbewegung war Zungenrede nicht die einzige Weise, in welcher sich der Heilige Geist manifestierte. Sarah Covington, eine Augenzeugin der Erweckung in der Azusa-Street, spricht von «Prophezeiungen, die sich erfüllten, Heilungen, Offenbarungen und Wundern».[127] Außer der Zungenrede gelten heute folgende, meist von Anfang an sichtbare Gaben des Geistes als charakteristisch: wirksames Gebet, vor allem solches, das Kranke heilt; prophetische Rede im Namen Gottes; das In-Ohnmacht-Fallen, zu dem die Pfingstler gerne «niedergestreckt vom Heiligen Geist» sagen. Damit sind die häufigsten Wirkungen des Geistes aufgeführt, doch bei weitem nicht alle. Tanzen, Springen und Lachen sind gang und gäbe, und neuere Berichte nennen noch das Imitieren von Tierstimmen – Brüllen, Bellen, Muhen usw.[128]

Die Pfarrer der Pfingstkirchen und charismatischen Gemeinden gestalten den Gottesdienst nicht nach einer bestimmten Vorlage, die von einer kirchlichen Behörde vorgeschrieben ist. Wie Bartleman halten sie nichts von einer starr festgelegten, unveränderlichen Liturgie. Sie würde nur dem Heiligen Geist im Wege stehen und ihn daran hindern, die Gemeindeversammlung selbst zu leiten und die Gläubigen neue Wege gehen zu lassen. Das heißt allerdings nicht, daß die Gemeinde den Ablauf des Gottesdienstes nicht kennt. Es gibt einen ungefähren und erprobten, sehr offenen, eher mündlich als schriftlich überlieferten Verlaufsplan des Gottesdienstes.[129] In vielen charismatischen Gemeinden besteht die Feier aus drei Teilen: Lobpreis, Predigt und Altardienst. Zum ersten, einleitenden Teil gehört das Singen von Liedern, das Sprechen spontan formulierter Gebete und das Ablegen öffentlichen Zeugnisses durch Laien, die sich oft schon vorher zur Verfügung gestellt haben und vorbereitet sind. Dabei erklingt rhythmische Instrumentalmusik, und ein Chor unterstützt den Gemeindegesang oder wechselt sich mit diesem ab. Unter den vielen, die zum Gelingen des ersten Teils beitragen – der Prediger, der ein Gebet zur Eröffnung spricht; mehrere Laien, die ein Zeugnis ablegen; Instrumentalisten und Mitglieder des Chores – kommt dem Chorleiter eine besondere Stellung zu. Er trägt Sorge für den harmonischen Ablauf des Gottesdienstes.

Die Predigt, der zweite Teil, bildet das Mittelstück des Gottesdienstes. Gewöhnlich liest der Prediger einen kurzen Schrifttext vor, den er frei wählt und nicht einem Lektionar entnimmt. Dann folgt seine extemporierte Ansprache. Der Prediger mag zwar ab und zu die Bibel öffnen und daraus zitieren, doch bleibt sie seine einzige schriftliche Vorlage; schriftlich vorbereitete, abgelesene Predigten hört man bei den Pfingstlern nicht. Gelegentlich entsteht eine Art Zwiegespräch zwischen Prediger und Gemeinde: «Jawohl» und «Amen» wird dem Prediger zugerufen, Applaus unterbricht seine Rede, oder die Zuhörer antworten im Chor auf seine Fragen. Dann folgt ein frei formuliertes Gebet. Der dritte und abschließende Teil des Gottesdienstes beginnt mit dem «Ruf zum Altar». Der Prediger oder Leiter bittet einzelne der Anwesenden und vielleicht sogar die ganze Gemeinde, zu ihm auf das Podium zu kommen – dorthin, wo in traditionellen Kirchen der Chorraum und der Altar sind. Dort versammelt, singen sie besondere Lieder, erhalten einen besonderen Segen, lassen für sich beten oder beten für andere – was immer der Prediger ankündigt oder was ein Anwesender wünscht. Gebete und Lieder beenden den Gottesdienst.

Der so verlaufende Gottesdienst kennt keinen sakramentalen Höhepunkt. Zwar kann der letzte Teil für einige Gläubigen der bedeutungsvollste Teil sein, die Zeit, in der sie das Wirken des Geistes am unmittelbarsten spüren. Aber allgemein gilt der gesamte Gottesdienst als Vorbereitung auf das zentrale Ereignis: das Erleben des Heiligen Geistes durch den einzelnen. Dieses Erlebnis kann jederzeit eintreten, beim eröffnenden Lobpreis ebenso wie bei der Ansprache oder beim Altardienst. Es ist auf keinen bestimmten Teil beschränkt. Der Gottesdienst soll stets flexibel und für spontane Einfälle offen bleiben, denn der Geist wirkt, so glaubt man, vor allem in spontanen Äußerungen. Gewöhnlich stehen geplante und nicht geplante Teile in einem Gleichgewicht, von dem angenommen wird, daß es am ehesten zur Geisterfahrung führt. In allen seinen Formen bedeutet Geisterfahrung stets dasselbe: vom Heiligen Geist «besessen» oder «erfüllt» zu sein. Eine «schwache» Form der Besessenheit läßt sich als eine erhöhte Form von Begeisterung und Konzentration beschreiben, bei welcher der Gläubige die Kontrolle über sich selbst behält (mit Ausnahme vielleicht der Tränen, die fließen mögen). Eine «starke» Form dagegen bringt einen echten Trancezustand mit sich, in dem sich das Bewußtsein so verändert, daß eine göttliche Kraft die Selbstkontrolle ersetzt. Gewöhnlich dauert ein solcher Trancezustand nicht allzu lange und ebbt nach einer Viertelstunde wieder ab.

Im charismatischen Gottesdienst der Gegenwart lassen sich vier wichtige Formen der Manifestation des Heiligen Geistes unterscheiden. (1) Die Besucher des Gottesdienstes werden plötzlich von Freude und *Erregung* überwältigt, was sich in Singen, Tanzen, Zungenrede oder einer Mischung dieser Elemente äußert. (2) Eine weitere Form der Erfahrung des Geistes ist das *wirksame Gebet*. Das von einem einzelnen oder von der geisterfüllten Gemeinde gesprochene Gebet bringt bestimmte Wirkungen hervor, von denen die Heilung die auffälligste, wenngleich wohl seltenste ist. (3) Eine dritte Form der Manifestation des Geistes ist die *Offenbarung*. Jemand folgt einer Eingebung und teilt der Gemeinde oder einem der Anwesenden eine prophetische Botschaft oder einen Traum mit. (4) Schließlich kann sich der Kontakt eines Anwesenden mit der göttlichen Kraft auch darin zeigen, daß er «*vom Geist niedergestreckt wird*», d. h. er in einen veränderten, ohnmachtsähnlichen Bewußtseinszustand gerät und dabei zu Boden sinkt. Eine nähere Beschreibung dieser Formen wird ein lebendiges Bild dessen erzeugen, was in Pfingstgottesdiensten geschieht.

Die erste Manifestation des Heiligen Geistes ist die *Erregung*, die oftmals in Zungenrede gipfelt. Charismatische Gottesdienste beginnen gewöhnlich mit einer langen, vielleicht eine halbe Stunde dauernden Zeit des Singens. [130] Ein von Sängern und einer Instrumentalgruppe begleiteter Gottesdienstleiter führt von Lied zu Lied in einer teils geplanten, teils spontanen Abfolge. Er fordert die Gemeinde auf, sich beim Singen, Klatschen und manchmal auch Tanzen dem Geist zu überlassen. Der Gottesdienst beginnt eher ruhig. Die

Instrumente spielen nur leise und die Gemeinde sitzt. Allmählich wird es lauter, die Musik wird rhythmischer, und bald springt die Gemeinde auf, klatscht und bewegt sich. Manchmal folgt ein längeres Klatschen, Rufen und Pfeifen auf ein vom Chor vorgetragenes und von allen mitgesungenes Lied. Schließlich weicht die laute Musik einem leisen Summen oder der Stille, die zum persönlichen Gebet dient. Die Anwesenden werden aufgefordert, Gott so zu lobpreisen, wie es ihnen der Geist eingibt. Meist wird ruhigeres Gebet von allgemeinem Lobpreis abgelöst, bei dem alle die Arme ausbreiten und individuelles Gebet so vernehmbar sprechen, daß sich alles zu einem gewaltigen, vielstimmigen Chor zusammenschließt. Dabei verwenden die meisten Betenden ihre eigene Sprache, aber manche bedienen sich dessen, was sie «Gebetssprache» nennen, wobei sie scheinbar beliebige Laute von sich geben und ihr verständliches Gebet mit heiligen, glossolalischen Worten vermischen. «Für den vom Geist erfüllten Gläubigen bildet die Gebetssprache eine wichtige Hilfe beim Gottesdienst. Wer sich ihrer bedient, vermag Gott besser zu verehren als nur mit dem menschlichen Verstand», erklären die Verfasser eines Handbuchs der Pfingsttheologie.[131] Das von allen gesprochene spontane Gemeindegebet kann in Gesang übergehen, so daß sich eine eindrucksvolle Verbindung von Melodien und Harmonien ergibt. Solches «Singen im Geist» kann von überwältigender Schönheit sein.

Vor allem in schwarzen Gemeinden mag sich der Heilige Geist in noch intensiverer Weise bemerkbar machen. Vom Prediger aufgefordert und von rhythmischer Musik und dem dumpfen Klang der Trommeln eingeladen, führen die Anwesenden einen «heiligen Tanz» auf, gewöhnlich am Ende des Gottesdienstes.[132] Erwachsene, junge Leute, Kinder und sogar einige der Alten erheben sich, werfen die Arme empor und beginnen, allerlei Bewegungen auszuführen. Allmählich tanzen viele und verlassen die Bänke oder Stuhlreihen. Manche klatschen, andere singen «yes, yes» und wieder andere sprechen oder singen in Glossolalie, einige mit verlorenem, tranceähnlichem Blick. Nach einiger Zeit des Tanzens kehren manche zu den Bänken zurück und setzen sich erschöpft. Das von Instrumentensolos, Pauke, Trompete, Gitarre und Saxophon begleitete Tanzen setzt sich länger fort und kann bis zu einer Stunde andauern.

Sprechen und Singen in «Zungen», Bewegung, Musik und Tanz: das alles gilt als Feier der Gegenwart des Heiligen Geistes. Vom Geist berührt, können die Gläubigen nicht anders reagieren. Sie machen, wie sie sagen, *a joyful noise* – «einen fröhlichen Lärm». (Dieser Ausdruck entstammt der englischen King-James-Bibel; die deutschen Bibeln sprechen an den betreffenden Stellen schlicht von «Jauchzen».[133])

Die Zungenrede gilt in der Tradition der Pfingstbewegung auch heute noch als eine vorzügliche, von der Bibel angeregte Form gottesdienstlichen Verhaltens. Wenn die Gläubigen von einer ihnen widerfahrenen göttlichen Gunst berichten und so Zeugnis geben, haben wir es mit der Abfolge von Ereignis und Lobpreis zu tun. Ein Ereignis (zum Beispiel das Überstehen einer Krankheit) wird in Erinnerung gerufen und durch den Bericht von Gottes helfendem

Eingreifen gepriesen. Bei der Zungenrede fallen dagegen das Ereignis – nämlich die Gegenwart des Heiligen Geistes – und der Lobpreis zeitlich zusammen. Daher gilt die Zungenrede als reine Form des Gotteslobes, die den Blick ganz auf Gott richtet, während alle irdische Erinnerung zurücktritt. In den Worten des Pfarrers einer Pfingstgemeinde: «Das Gebet in Zungenrede ist das einzige, bei dem wir menschliche Gedanken ausschließen können.»[134]

Während die Pfingstler der Generation von Frank Bartleman an der Echtheit der Geisterfahrung niemals zweifelten, sind heutige Charismatiker eher selbstkritisch veranlagt. «Manche unserer Gottesdienste sind völlig erdgebunden, fast ganz aufs Fleisch gegründet» (statt auf den Geist), meint ein Pfarrer der *Assemblies of God*, der größten amerikanischen Pfingstkirche.[135] Er will nicht nur das Gefühl der Menschen ansprechen, denn Emotionalismus braucht nicht als Erfahrung des Heiligen Geistes verstanden zu werden. Eine Gemeinde, so meint er, mag durchaus «zur wahren geistlichen Gottesverehrung gelangen, ohne daß sie aufgefordert wird, die Arme hochzuwerfen und ohne Anregung durch Musik».[136] Wahrer Gottesdienst kann völlig ruhig verlaufen; geistliche Erregung ist nicht auf Singen und Musik angewiesen. Ein anderer Pfarrer der *Assemblies of God* schlägt eine neue Sicht der Zungenrede vor. Während es die älteren Pfingstler als eine spontane, in tranceartigem Zustand geschehende Äußerung verstanden, gilt es heute als ein erlerntes Verhalten. Den Gläubigen macht es keine Mühe, in Zungen zu reden.[137] Übereinstimmend sind beide Pfarrer der Ansicht, daß sich der Geist auch in einer ruhigen Atmosphäre manifestieren kann. Zumindest bei den *Assemblies of God* scheint sich der Gottesdienst vom Lärm und den Trancen der frühen Pfingstbewegung und der schwarzen Gemeinden allmählich zu entfernen.

Die emotionale Musik, der heute manche Pfingstler zurückhaltend gegenüberstehen, hat tiefe, in den Methodismus des 18. Jahrhunderts zurückreichende Wurzeln. In seinen «Gedanken über die Macht der Musik» lobt John Wesley einfache, melodische, gemütvolle Musik und zieht diese den kalten, wenig fruchtbaren Kompositionen vor, die auf akademischen Begriffen von Harmonie beruhen.[138] Nach Wesley und der klassischen Tradition der Pfingstler soll Musik eine bestimmte Atmosphäre schaffen, das Gefühl ansprechen und so das Herz der Menschen für Gott öffnen. Eine andere Tradition, die in der Pfingstbewegung lebendig ist, gründet im deutschen Pietismus: das geistliche Singen.[139] Vom Geist erfüllt oder sogar «trunken», beginnt das Herz mit Hingabe zu singen – daher die traditionellen Singstunden der Pietisten: die dem geistlichen Singen gewidmeten Laienversammlungen.

Das zweite hervorstechende Merkmal des charismatischen Gottesdienstes ist das *wirksame Gebet*. Charismatiker glauben an die Kraft des Gebets. Eine von einem geisterfüllten Gläubigen ausgesprochene Bitte kann nicht ohne Antwort bleiben. Dafür beruft man sich gewöhnlich auf den Jakobusbrief des Neuen Testaments: «Viel vermag das wirksame Gebet eines Gerechten» (Jak 5,16). Dabei werden unter «Gerechten» alle Christen verstanden, insbesondere jene, welche die «Geisttaufe» empfangen haben. Ähnlich der Prophetie gibt es auch das wirksame Gebet in zwei Formen, die sich als «stark» und «schwach» charakterisieren lassen. Einzelne Gläubige besitzen die besondere Gabe des «starken», besonders wirksamen Gebets. Ihr Gebet steht im Ruf, nie ohne Erhörung zu bleiben, und manche wirken als Heiler oder Exorzisten. Diese Gaben sind allerdings selten, beruhen sie doch, wie es scheint, auf hypnotischem Geschick.[140] Da es wenige Glaubensheiler wie Oral Roberts (geb. 1918) und einige andere in den Medien Amerikas häufig auftretende Männer gibt, sind sensationelle Heilungen im gewöhnlichen Gottesdienst kaum zu verzeichnen. Alle Gläubigen, welche die «Geisttaufe» erfahren haben und so mit übernatürlichen Kräften ausgestattet sind, können jedoch zumindest die «schwache» Form des wirksamen Gebets ausüben. Sie vermögen zwar keine sofortigen Wunderheilungen oder Befreiungen von dämonischer Besessenheit vorzunehmen, doch wird ihr Gebet als wirksam und unentbehrlich betrachtet.

Nicht alle während eines Gottesdienstes gesprochenen Gebete gelten als «wirksam». Drei besondere Merkmale dieser Art des Gebets lassen sich anführen: (1) Es handelt sich um Bittgebete, in denen etwas bestimmtes erbeten wird – Befreiung von einem Leiden, Kraft für eine Aufgabe, Überwindung cincr Krise in der Familie, ein gutes Examen für einen Studenten und dergleichen; (2) der Empfänger der göttlichen Hilfe stellt sich oft für alle sichtbar auf das Podium, um dort von einigen der Beter durch Handauflegung berührt zu werden; (3) das Gebet wird besonders eindringlich vorgebracht und dazu gehören auch Zungenrede sowie der Gebrauch von Öl und Tuch. Soll physische Heilung erzielt werden, salben viele Prediger den Kranken «im Namen des Herrn» mit Öl, wobei sie einer Anweisung des Neuen Testaments (Jak 5,14–17) folgen. Ist der zu heilende Patient nicht anwesend, wird das Gebet über einem Stück Tuch gesprochen. Durch gemeinsames Gebet und vielleicht noch durch die Berührung eines besonders begabten Heilers geweiht, glaubt man, das Tuch sei Träger der Heilkraft. Das bereits erwähnte Handbuch der Pfingsttheologie zitiert die biblische Grundlage des «Gebetstuches»: «Auch ungewöhnliche Wunder tat Gott durch die Hand des Paulus. Sogar seine Schweißtücher und Schürzen nahm man ihm vom Körper weg und legte sie den Kranken auf; da wichen die Krankheiten und die bösen Geister fuhren aus» (Apg 19,11–12).[141] Wenn ein Tuch in den Tagen des Paulus Heilkräfte vermitteln konnte, warum nicht auch heute?

Die Gabe des wirksamen Gebets soll von der Gemeinde ausgeübt werden und ihr zugute kommen. Gebetet wird gewöhnlich im dritten, abschließenden Teil, dem sogenannten «Ruf zum Altar». Der Prediger bittet die Kranken oder jene, die ein besonderes Anliegen haben, zu sich aufs Podium. Dort stehen oder knien sie mit dem Rücken zur Gemeinde, und ihre besonderen Anliegen werden bekanntgegeben, damit alle wissen, wofür sie beten sollen. Die Gemeinde folgt der Einladung, einige Minuten lang «konzertiert» zu beten. Wie beim gemeinsamen Gotteslob wendet sich auch jetzt jeder Anwesende mit den zuvor angegebenen Bitten an Jesus oder Gott. Das Gebet wird zunächst halblaut gesprochen, doch dann schwellen die Stimmen an, um in lauten Rufen zu enden. Auf ein Zeichen verstummt das gemeinsame Gebet.

Als Alternative zum gemeinsamen Gebet kann sich die Gemeinde auch in kleinere Gruppen von vielleicht sechs oder acht Personen aufteilen. In diesen Gruppen nennen die einzelnen ihre Anliegen, für die dann gebetet wird. Oft sieht man, wie ein einzelner von einigen der Anwesenden umringt wird; während sie für ihn in gewöhnlicher oder glossolalischer Gebetssprache beten, legen sie ihm die Hand auf Schulter oder Kopf. Auch Salbung wird praktiziert.[142] Der Prediger gibt einen Tropfen Öl auf die Stirn dessen, der darum bittet; anschließend bilden andere um ihn einen Ring und beten laut, oft in Zungenrede.

Üblicherweise wird die Gabe des wirksamen Gebets nicht von einem einzelnen, sondern von der ganzen Gemeinde oder einer Gruppe ausgeübt. Auch dafür berufen sich die Pfingstler auf eine Schriftstelle: «Alles, was zwei von euch auf Erden gemeinsam erbitten, werden sie von meinem himmlischen Vater erhalten» (Mt 18,19). In der Gemeinde herrscht ein hohes Maß an Solidarität, so daß sich die Mitglieder die Anliegen der anderen zu eigen machen. Wenn sie einander im Augenblick intensiven Gebets berühren, tritt die Einheit der Gemeinde besonders deutlich hervor. «Die Handauflegung dient nicht so sehr der Übertragung heilender Kräfte», meint Steven Land, «als der Identifizierung der Gruppe mit dem leidenden Menschen oder dem Anliegen dessen, der gesalbt wird. Alle empfangen die Heilung gemeinsam und jubeln gemeinsam.»[143] Offenbar kommt der Heilige Geist lieber zu einer Gruppe als zu einem einzelnen.

Bei charismatischen Christen gilt das wirksame Gebet als die wichtigste «priesterliche» Handlung, die von allen ausgeübt wird. Obwohl einzelne über besondere Gaben (etwa die des Heilens) verfügen mögen, sind doch alle grundsätzlich gleich. Sie verlassen keinen Gottesdienst mit dem Gefühl, nur Segen empfangen zu haben; nein, jeder ist davon überzeugt, mit seinem Gebet auch einen eigenen Beitrag geleistet zu haben.

Der Heilige Geist manifestiert sich nicht nur in der Erregung und im wirksamen Gebet, sondern auch in *Offenbarungen*, die von einzelnen bekanntgegeben werden. Diese bilden die dritte Form der gottesdienstlichen Manifestation des Geistes. Offenbarungen können auf zweifache Weise geschehen. Im Idealfall ist die Ansprache des Predigers immer «salbungsvoll», was heißt, daß er unter der Führung des Heiligen Geistes steht. Die Gemeinde erwartet, daß er «eine göttliche Botschaft oder ein Gotteswort verkündet, irgendein Wort der Schrift, das zum Träger dessen gemacht wird, was Gott hier und jetzt zu ganz bestimmten Menschen sagen will».[144] Dementsprechend spricht der Prediger nie im eigenen Namen, sondern nimmt sich zurück, «damit der Herr sein Wort für die Gegenwart selbst sagt». In einer noch intensiveren Weise mag sich der Geist Gottes an die Gemeinde oder an einzelne wenden, indem der Prediger oder ein anderes Gemeindemitglied besondere Offenbarungen mitteilt. Durch einen dafür begabten Gläubigen sprechend, kann der Geist seine eigene prophetische Botschaft mitteilen.

Nach der herrschenden protestantischen Auffassung stellt die Bibel das unabänderlich gültige Wort Gottes dar, dem persönliches Denken und besondere Eingebungen unterzuordnen sind. Manche charismatischen Kreise denken ebenso und sprechen daher von einer zweifachen prophetischen Autorität: Während der Bibel universale, ewige und objektive Autorität eignet, kommt nachbiblischen Prophetenworten ein begrenzter, subjektiver und somit nur eingeschränkter Wert zu.[145] Viele Pfingstler lassen diese Ansicht jedoch nicht ohne weiteres gelten. Ihrer Meinung nach stellt die Schrift *ein* Wort Gottes unter anderen dar, ein wenn auch wichtiges Beispiel aus einer langen Reihe göttlicher Offenbarungen. Diese Reihe darf und kann nicht abbrechen. Sie setzt sich in Menschen fort, die eine besondere Begabung dafür besitzen. Sowohl den Propheten selbst als auch die angesprochene Gemeinde vermag die aktuelle prophetische Botschaft mehr zu beeindrucken als die Bibel. Eine Katholikin, Mutter von mehreren Kindern und Mitglied einer prophetischen Gruppe, sagte das in den 1970er Jahren so: «Anders als beim bloßen Bibellesen dringt Gottes Wort wirklich durch Mark und Bein und verschafft sich Gehör.»[146]

Eine Prophezeiung kann sich an die ganze Gemeinde wenden und ein Ereignis ankündigen, manchmal in der Sprache alttestamentlicher Propheten. Ein typisches Beispiel ist das folgende Heilswort, das sich an Ezechiel orientiert:

> Schreibe diesen Tag auf und halte ihn fest. (...) Lerne es auswendig, trage es öffentlich vor. Fürchte dich nicht, denn ich bleibe meinem Wort treu und erfülle es. Ich werde mein Volk wiederherstellen und zusammenführen. Ich werde meinem Volk die Herrlichkeit wiedergeben, die ich besitze, auf daß die Welt es nicht verlacht und nicht verachtet, sondern auf daß die Welt erkennt, daß ich gekommen bin, die Welt zu erlösen und zu retten. (...) Ich stelle mein Volk wieder her und lasse ihm Ehre und Ruhm zuteil werden. Ich gebe ihnen die Herrlichkeit zurück, die meinem Volk gehört, ich mache sie wieder zu einer Art Königreich, zum Reich Gottes auf Erden.[147]

Manche Pfingstler feiern solche Gottesworte als die Wiederkehr der alttestamentlichen Prophetie und ihrer Sprache (obwohl die neuen Orakel, anders als die der Bibel, selten Unheil ankündigen). Allerdings sind solche allgemein gehaltenen und in Bibelsprache abgefaßten Offenbarungen eher ungewöhnlich und erfreuen sich keiner großen Beliebtheit. Die Gemeinden interessieren sich kaum für «allgemeine» Prophezeiungen; sie wollen Worte hören, die sich an einzelne wenden und ihnen Gottes Hilfe zusagen. Tatsächlich richten sich die meisten Offenbarungen, die der Pfarrer, ein Gemeindemitglied oder ein Gastprediger bekanntgeben, an anwesende Gottesdienstbesucher und beziehen sich auf deren alltägliches Leben. Eine geläufige Art der Prophezeiung ist das «Wort der Erkenntnis».[148] Dabei drängt sich dem prophetisch Begabten die Erkenntnis auf, daß jemand unter den Anwesenden ein ganz bestimmtes Problem hat, das Gott durch besonderes Eingreifen lösen wird. Ein typisches «Wort der Erkenntnis» lautet:

> Gott zeigt mir eine Frau irgendwo in den ersten drei Reihen links in der Kirche. Sie leidet an einer Magenkrankheit. Gott will dich heilen.

> Ich sehe ein Paar auf der Empore. Gott hat mir geoffenbart, daß sie in einer schweren Ehekrise stecken. Gott will eure Beziehung wiederherstellen.[149]

Der Prediger bittet solche Menschen, zum Gebet nach vorne zu kommen, oder er bittet die Gemeinde, sie durch ihre Fürbitte zu heilen oder ihnen beizustehen.

Wer über die Gabe der Prophetie verfügt, braucht seine offenbarten Botschaften der Hilfe oder des Zuspruchs nicht öffentlich auszusprechen. Die lockere Gestaltung des Gottesdienstes wie auch die Sitzordnung erlaubt es einem Propheten in vielen Fällen, sich unmittelbar an den Betroffenen selbst zu wenden. Eine vierzigjährige weiße Amerikanerin, eine vom Autor dieses Buches interviewte erfahrene Prophetin, vermeidet es, öffentlich aufzutreten. Da sie nur Botschaften für einzelne erhält, zieht sie es vor, diese den Betreffenden während des Gottesdienstes persönlich mitzuteilen. Sie tut dies keineswegs mit großer Begeisterung. «Wenn der Geist einmal angefangen hat, durch mich Botschaften zu schicken, dann hört er nicht mehr auf», erklärt sie. Leicht von einer weihevollen Atmosphäre in der Kirche erregt, steckt sich Deborah oft Watte in die Ohren, um vom Heiligen Geist verschont zu bleiben. Um nicht aufdringlich zu wirken oder sich lächerlich zu machen, versucht sie, ihre prophetische Tätigkeit einzuschränken. Sie hält das Prophezeien für eine wertvolle Gabe, möchte von dieser jedoch möglichst sparsamen Gebrauch machen.

Manche Pfarrer der *Assemblies of God* begrüßen das Auftreten von Prophetie in ihrem Gottesdienst und ermutigen die Gemeinde, sich dieser wichtigen Gabe des Heiligen Geistes nicht zu verschließen. Andere ziehen die Predigt vor. Sie lehnen Prophetie als solche nicht ab und halten es für grundsätzlich möglich, daß sie auch in ihrer Gemeinde auftritt, doch mahnen sie zu einem zurückhaltenden Gebrauch dieser Gabe. Sobald Prophetie eine Routineangelegenheit wird, wirkt sie nicht mehr echt und fördert die Meinung, charismatischer Gottesdienst sei eine Versammlung von Menschen, die vielleicht etwas verrückt sind. Manche Gemeinden haben deshalb ein besonderes Verfahren entwickelt, das die Bekanntgabe von beleidigenden oder inhaltslosen Prophezeiungen verhindern soll.[150] Sie lassen eine Prophezeiung zunächst einem dafür verantwortlichen Gemeindevertreter mitteilen, der sie mit dem Gemeindeleiter bespricht. Der Leiter wählt jene Prophezeiungen aus, die der ganzen Gemeinde bekanntgegeben werden dürfen.

Eine ähnliche Entwicklung läßt sich auch in katholischen charismatischen Gemeinden beobachten. Ähnlich wie die *Assemblies of God*, so hat auch die «Word of God»-Gemeinde in Ann Arbor, Michigan, die Prophetie unter die Kontrolle ihrer Leiter gestellt.[151] Die Gemeinde schätzt diese Gabe, läßt aber deren spontane Ausübung nicht zu. Bevor jemand eine Prophezeiung im Gottesdienst vorträgt, muß er sich der prophetischen Arbeitsgruppe anschließen und sich dort einer besonderen Schulung unterziehen.[152] Kleine Gruppen interessierter Laien machen Übungen, damit jeder seine Begabung richtig kennen und einschätzen lernt. Dabei können sie sich auf die Erfahrung, Führung und den Rat ihres Prophetenmeisters Bruce Yocum stützen, der auch ein einschlägiges Handbuch veröffentlicht hat: *Prophetie: Wie man in der heutigen Kirche die Geistesgabe der Prophetie ausübt* (*Prophecy: Exercising the Prophetic Gifts of the Spirit in the Church Today*, 1976, 2. Auflage 1993). Auch geschulte Propheten und Prophetinnen müssen vor einem Gottesdienst den Leiter in Kenntnis setzen, wenn sie auftreten wollen. Offenbarung muß durch Regeln genau begrenzt werden, damit sie nicht beleidigend, unecht oder wertlos wird. Wahrscheinlich entwickeln katholische Charismatiker einen Sinn für Kontrolle schneller als ihre protestantischen Brüder. Die katholische charismatische Gemeinde von Ann Arbor entstand in den ausgehenden 1960er Jahren; schon um die Mitte der 1970er Jahre war die Prophetengabe unter der Kontrolle der Leiter und konnte nur noch mit deren ausdrücklicher Erlaubnis und nach bestimmten, schriftlich festgelegten Regeln ausgeübt werden.

Regeln und deren strenge Befolgung bilden ein Problem für Charismatiker, auch für katholische. In der katholischen Zeitschrift *New Covenant* beschwert sich eine anonyme Leserzuschrift darüber, daß «Gläubige, die nur selten eine Prophezeiung vortragen, diese einem Mitglied der zuständigen Gruppe schriftlich vorlegen müssen. Diese Regel hat schon viele daran gehindert, ihr prophetisches Amt auszuüben». Der darauf antwortende Priester räumt ein, daß die Aufstellung von zu vielen Regeln unangemessen ist: «Ganz allgemein glaube ich, man sollte den Gläubigen mehr Freiheit geben, die Gabe der Prophetie zu entfalten.»[153] Pfarrer Bertolucci meint, die ganze Gemeinde soll die prophetische Botschaft hören und prüfen, um dann über Echtheit und Wert zu entscheiden. Gewöhnlich haben Priester und Laien keine Einwände gegen Worte, die trösten und Mut machen. Sobald sich aber ein Prophetenwort an einen einzelnen wendet, zu einem bestimmten Handeln und sofortigem Gehorsam auffordert, fühlen sie sich unwohl. Schwester Nancy Keller schreibt darüber: «An einen einzelnen gerichtete Prophetie ist sehr, sehr gefährlich. Ich habe erlebt, wie Menschen eine Prophezeiung zur Richtschnur ihres Lebens genommen haben – und die dann, in die falsche Richtung gehend, ihr ganzes Leben zerstörten.»[154] Die Offenbarung einer prophetischen Botschaft stellt für Propheten und Adressaten ein großes Risiko dar.

Eine um 1990 in Kansas City wirkende Prophetengruppe empfiehlt, die öffentliche Bekanntgabe von Prophezeiungen auf Worte der Erbauung, Tröstung und Ermutigung zu beschränken.[155] Andere Botschaften, zum Beispiel solche, die eine Sünde aufdecken oder die Zukunft der Kirche betreffen, sollen den Leitern mitgeteilt werden, die dann über den Vortrag entscheiden. Wer kein ausgebildeter Prophet ist, soll seine Offenbarungen stets bescheiden und hinter den Kulissen einem der Verantwortlichen mitteilen und diesen zum Berater wählen. Der Verantwortliche hilft ihm auch, die Bedeutung unklarer Worte oder Bilder zu erkennen, etwa in der Art, wie ein Therapeut einem Patienten hilft, einen Traum zu verstehen. Einer der Prophetenpfarrer in Kansas City läßt sich alle Offenbarungen im vollen Wortlaut schriftlich vorlegen. Dazu gibt er genaue Anweisungen: Die Niederschrift soll mit der Schreibmaschine erfolgen, das Datum des Offenbarungsempfangs tragen sowie Name, Anschrift und Telefonnummer des Propheten enthalten. Eine beigelegte Seite soll die Offenbarung kurz zusammenfassen. «Ist eine Offenbarung den Pfarrern übergeben, dann hat der Prophet seine Pflicht getan. Jetzt tragen andere die Verantwortung. Sie werden sich melden, wenn sie noch Fragen haben.»[156] Die Führer der prophetischen Gruppe wollen das ganze Offenbarungswesen fest in der Hand behalten und kontrollieren; ohne ihre Zustimmung dringt nichts in die Öffentlichkeit der Gemeinde. Trotz der modernen und repressiven Vorschriften läßt sich das in Kansas City befolgte Verfahren in einem der Paulusbriefe wiederfinden: «Verachtet prophetisches Reden nicht! Prüft alles, und behaltet das Gute!» (1 Thess 5,20–21)

In den 1970er und 1980er Jahren sagten sich bestimmte charismatische Gruppen von der traditionellen Betonung der Zungenrede als einer der wichtigsten Manifestationen des Heiligen Geistes los. Statt dessen schätzen sie nun eine Erfahrung, die sie als «vom Geist Niedergestreckt-Sein» *(being slain in the Spirit)* oder «Ruhen im Heiligen Geist» *(resting in the Spirit)* bezeichnen. Das ist die vierte und letzte Erscheinung, die wir erörtern. Obwohl sie in Pfingstgottesdiensten schon lange bekannt war, wurde sie wenig beachtet. Nun schenkt man ihr besondere Aufmerksamkeit.[157]

Von göttlicher Kraft überwältigt, werden einzelne Gläubige halb ohnmächtig, wobei sie zu Boden stürzen oder auf einen Stuhl sinken. In diesem Zustand verharren sie meist einige Minuten, manchmal sogar einige Stunden. Manche fallen bereits um, wenn der Pfarrer durch die versammelte Gemeinde schreitet, so daß von einer spontanen Erscheinung gesprochen werden kann. Häufiger aber wird die Erfahrung ausdrücklich inszeniert und bildet Teil eines Gebetsrituals, das einen veränderten Bewußtseinszustand hervorruft. Der Pfarrer und aus der Gemeinde willkürlich ausgewählte Helfer bilden einen Kreis um einen Gläubigen, den sie berühren und für den sie beten. Manchmal wird die Stirn des Gläubigen mit Öl gesalbt. Die ganze Gruppe steht, auch der, für den gebetet wird. Plötzlich verliert der im Mittelpunkt Stehende die Kontrolle über sich und fällt mit steifen Knien nach hinten – nicht auf den Boden, sondern in die Arme eines «Auffängers», der verhindert, daß sich der Umfallende verletzt. Der Auffänger legt den Umfallenden auf den Boden, wo er eine Weile liegenbleibt und ausruht. Die Umgefallenen können bei vollem Bewußtsein bleiben, doch läßt sich auch völlige Ohnmacht beobachten. Gewöhnlich wird der Zustand des «Ruhens im Heiligen Geist» als ein angenehmes, ruhiges, entspanntes Gefühl beschrieben. Wärme, Frieden und Liebe durchfluten den Körper.

Wer sich der göttlichen Kraft überläßt, «fällt in die unsichtbaren, mütterlichen Arme der Gottheit» und gibt seinen eigenen Willen und Widerstand auf.[158] Während die Charismatiker bei prophetischer Inspiration mit Kraft zum Handeln in der Gemeinde und der Welt ausgerüstet werden, stellt das «Ruhen im Heiligen Geist» die passive Seite der geistlichen Erfahrung dar. Die «umgefallenen» Mitglieder der Gemeinde dienen nicht anderen Mitgliedern, sondern werden bedient – von der Gemeinde und vom Heiligen Geist.

Sie werden von der verändernden Kraft des Geistes berührt. Zustände von Mystikern wie Johannes Tauler und Teresa von Avila können als vergleichbar gelten. Jedoch ist nach Auffassung der Pfingstler die Herrlichkeit der mystischen Vereinigung nicht einigen wenigen Heiligen vorbehalten, sondern jedem Gläubigen zugänglich. In der neueren Geschichte kennt vor allem der frühe Methodismus die Erfahrung des Niedersinkens und der geistlichen Ohnmacht. Die erste Erwähnung findet sich in John Wesleys Tagebuch aus dem Jahre 1739.[159] Im 19. Jahrhundert begleitete die Ohnmacht von einzelnen Gläubigen das Auftreten der amerikanischen Erweckungspredigerin Maria Woodworth-Etter (1844–1924).[160] Diese Umfallenden, sagte sie, seien «vom Heiligen Geist niedergestreckt» (s. oben, Abb. 43).

Der nüchterne Beobachter schließt nicht aus, daß es sich beim Umfallen oder Niedersinken um eine Erscheinung handelt, die einen hypnotischen Zustand verrät. Schon im 19. Jahrhundert berichtete der französische Arzt Lucien Mouton in seinem Buch *Le nouvel hypnotisme* (1887) vom Niedersinken und schlug vor, es als leicht durchzuführenden Test einzusetzen.[161] Dabei stellt sich der behandelnde Arzt hinter den Patienten und legt beide Hände flach auf dessen Schulterblätter (Abb. 45). Empfindet der Patient Wärme oder Kälte und neigt er dazu, nach hinten zu fallen, so beweist das seine leichte Hypnotisierbarkeit. Auch bei Niedersinken und geistlicher Ohnmacht im charismatischen Gottesdienst bedient sich der göttliche Geist natürlicher, dem Hypnosespezialisten bekannter Vorgänge.

Die neuere Geschichte der Pfingstbewegung zeigt, daß nicht immer alle vier Gaben – Erregung durch den Heiligen Geist (mit Tanz und Zungenrede), wirksames Gebet, Prophetie und Ruhen im Geist – in gleicher Weise geschätzt und anerkannt werden. In den 1940er und 50er Jahren trat das Heilen in den Vordergrund, in den 1970er und 80er Jahren kam es zu einer Wiederentdeckung der Prophetie.[162] Das heilige Lachen scheint ein besonderes Kennzeichen der 1990er Jahre zu sein. Bestimmte Gaben erfreuen sich wechselnder Beliebtheit. Sie alle haben im charismatischen Gottesdienst ihre Spuren hinterlassen und bereichern ihn auf vielfältige Weise.

Die lehrmäßige Grundlage des charismatischen Gottesdienstes

Pfingstler haben nie viel Zeit darauf verwendet, ihre Glaubenslehren systematisch darzustellen. Sie beschäftigen sich vorrangig mit der Biographie ihrer Gründer und Vorbilder oder stellen Lebenszeugnisse von Mitgliedern ihrer Kirche zusammen. Gelebtes Leben und Gemeindegottesdienst werden theologischer Systematik vorgezogen. Es wäre allerdings falsch, anzunehmen, der Pfingstgottesdienst entbehre einer lehrmäßigen Grundlage. Zwar mag die Theologie der Pfingstler unentwickelt sein und der großen Werke ermangeln, die andere christliche Gruppen besitzen, aber die Pfingstbewegung hat doch klare Vorstellungen von der Lehre, die ihrem Gottesdienst zugrunde liegt. Die Grundlage bildet der erste Korintherbrief, der eine Vorstellung davon vermittelt, wie die ersten Christen Gottesdienst gefeiert haben. Ihre Kultfeiern waren lebendig und von frohem Lärm erfüllt. In den Feiern der paulinischen Gemeinden waren Zungenrede und Prophetie üblich.

Im Vergleich zwischen dem paulinischen Gottesdienst und dem einer heutigen Pfingstkirche tritt allerdings ein grundlegender Unterschied zutage. Anders als die Gemeinde in Korinth bringen die Pfingstgemeinden dem Abendmahl kein großes Interesse entgegen. Im korinthischen Gottesdienst wurde der göttliche Geist in Brot und Wein gegenwärtig. Die Pfingstler dagegen glauben nicht an die Notwendigkeit sakramentaler Vermittlung. Wenn die Gemeinde in einem Erinnerungsmahl Jesu Tod gedenkt, bezieht sie sich auf ein in der Vergangenheit liegendes Ereignis. Die Pfingstgemeinden wollen kein historisches Ereignis feiern, sondern die Gegenwart des Heiligen Geistes heute neu erleben und nicht das schwache, im sakramentalen Gedächtnismahl eingefangene Echo einer vergangenen Erfahrung. Die Heiligkeitsbewegung im amerikanischen Protestantismus, aus dem die Pfingstbewegung hervorging, war jedem «Sakramentalismus» abgeneigt.[163] Frank Bartlemans ausführliche Berichte über den frühen Gottesdienst der Pfingstler enthalten nur einen einzigen und dazu noch beiläufigen Hinweis auf das Abendmahl. Als reisender Missionar auf Besuch in einer indischen Pfingstgemeinde half

45 Der Rückwärtsfall-Test. Das im charismatischen Gottesdienst oft vorkommende Rückwärtsfallen ist auch der Medizin bekannt. Seit dem ausgehenden 19. Jahrhundert gilt der Rückwärtsfall-Test als eine leicht zu handhabende Methode, die Hypnotisierbarkeit eines Patienten zu testen. Dabei legt der Arzt beide Hände auf dessen Schulterblätter. Neigt der Patient dazu, nach hinten zu fallen, so gilt der Versuch als erfolgreich und eine Therapie unter Hypnose als möglich. Die Skizze ist einem medizinischen Lehrbuch entnommen. Uros J. Jovanovic, Demonstration des Rückwärtsfall-Tests, 1988.

Bartleman dem dort amtierenden Pfarrer «am Nachmittag, den Mädchen die Kommunion auszuteilen» (*WF* 68). Zwar feiern gelegentlich auch Pfingstgemeinden das Abendmahl, aber diesem kommt längst nicht die zentrale Stellung wie im Katholizismus zu.[164]

Neben dem ersten Korintherbrief ist noch eine zweite neutestamentliche Quelle für die Pfingstbewegung maßgeblich: die Apostelgeschichte. Der Name «Pfingsten» ist dieser Schrift entnommen.

Wörtlich den «fünfzigsten (Tag)» bezeichnend, ist Pfingsten der griechische Name für eines der großen religiösen Feste, das die biblischen Juden im Juni begingen. Fünfzig Tage nach einem anderen Fest, dem Passa, feierte man die Ernte des Weizens – des Getreides, das in Palästina als letztes reift. Auf diese Weise wurde die Zeit der Getreideernte durch ein fröhliches Dankfest abgeschlossen. Für die Christen wurde das Pfingstfest zu einem wichtigen Datum ihrer frühen Geschichte. Nach der Apostelgeschichte versammelten sich einige der Anhänger Jesu kurz nach dem Tod ihres Meisters. In einem überwältigenden Erlebnis erfuhren sie die Begabung mit dem Heiligen Geist. Die Apostelgeschichte berichtet:

> Als der Pfingsttag gekommen war, befanden sich alle am gleichen Ort. Da kam plötzlich vom Himmel her ein Brausen, wie wenn ein heftiger Sturm daherfährt, und erfüllte das ganze Haus, in dem sie waren. Und es erschienen ihnen Zungen wie von Feuer, die sich verteilten; auf jeden von ihnen ließ sich eine nieder. Alle wurden mit dem Heiligen Geist erfüllt und begannen, in fremden Sprachen zu reden, wie es der Geist ihnen eingab. (...) Alle [die das Ereignis beobachtet hatten] gerieten außer sich und waren ratlos. Die einen sagten zueinander: «Was hat das zu bedeuten?» Andere aber spotteten: «Sie sind vom süßen Wein betrunken.» (Apg 2,1–4.12–13)

In der Apostelgeschichte beginnt mit Pfingsten ein neuer Abschnitt in der Entwicklung der jungen christlichen Gemeinde. Vor Pfingsten gab es nur etwa 120 Mitglieder, nun aber schlossen sich mehr als 3000 der rasch wachsenden Bewegung an.

Das Pfingstgeschehen war kein isoliertes Ereignis. Als sich später eine Gruppe von Christen zum Gottesdienst versammelte, ereignete sich Ähnliches: «Als sie gebetet hatten, bebte der Ort, an dem sie versammelt waren, und alle wurden mit dem Heiligen Geist erfüllt, und sie verkündeten freimütig das Wort Gottes» (Apg 4,31). Vom göttlichen Geist erfüllt zu sein und in Zungen zu reden, zählte zu den Kennzeichen der ersten Christen.[165] Lukas, der Verfasser der Apostelgeschichte, versteht den göttlichen Geist als eine prophetische Gabe, die Gott einzelnen Gläubigen zur Erfüllung einer besonderen Aufgabe verleiht. Obwohl gelegentlich auch Ungläubige vom Geist ergriffen werden, handelt es sich in der Regel um eine zum Glauben und zum Christsein hinzukommende, besondere Befähigung.[166]

Die Pfingstbewegung zieht aus ihrem bevorzugten biblischen Buch, der Apostelgeschichte, eine besondere Konsequenz. Sie begegnet hier einem Christentum, in welchem spiritueller Erfahrung eine größere Bedeutung zukommt als theoretischer Lehre. Die in der Apostelgeschichte dokumentierte Erfahrung des Heiligen Geistes kann immer wieder aufs neue geschehen und stellt einen entscheidenden Schritt innerhalb der geistlichen Entwicklung eines Gläubigen dar.

Bewußt gepflegte religiöse Erfahrung fehlte nie im Christentum. Mystikerinnen wie Teresa von Avila, puritanische Denker wie Jonathan Edwards, deutsche Pietisten wie Graf Zinzendorf und Methodisten wie die Brüder Wesley stimmen darin überein, daß Religion an ein inneres Gefühl gebunden ist. Ihrer Überzeugung nach ist jedoch nicht jeder zu einem solchen Gefühl fähig, sondern findet sich vor allem bei der Elite. Die katholische Tradition erkennt diese Elite in ihren kanonisierten Heiligen und hält ein asketisches, klösterliches Leben für eine besonders aussichtsreiche Grundlage, auf der sich religiöse Erfahrung ausbilden kann. Echte religiöse Erfahrung ist selten und vor allem in Klöstern beheimatet. Für Protestanten ist die geistliche Elite wesentlich größer. Ihrer Meinung nach kann eigentlich jeder dazugehören. Im 17. Jahrhundert haben die amerikanischen Puritaner großen Wert darauf gelegt, nur «erfahrene» Gläubige in ihre Gemeinden aufzunehmen – solche nämlich, die ein besonderes Bekehrungserlebnis vorzuweisen hatten. Als Kennzeichen der Echtheit galt ein heiligmäßiges Leben. Allerdings war den Puritanern bewußt, daß Heiligkeit äußerlich unsichtbar bleibt. In den Worten von Samuel Willard (1640–1706), dem großen Puritanertheologen: «Zur jetzigen Zeit tragen sie ihre Herrlichkeit in sich selbst. Von außen besehen unterscheiden sie sich von anderen Menschen nicht – sie essen, trinken, arbeiten und gehen wie andere ihren weltlichen Geschäften nach. Die Verbindung, die sie in alledem mit Gott haben, bleibt verborgen.»[167]

Wie aber lassen sich die wahrhaft Bekehrten unter so schwierigen Umständen erkennen? Die amerikanischen Puritaner sahen keinen anderen Weg, als auf die ihnen von den Bewerbern mündlich vorgetragenen Bekehrungsberichte zu vertrauen. Nur jene, deren Bericht eine authentische religiöse Erfahrung erkennen ließ, wurden Mitglieder der Gemeinde.

Die Pfingstbewegung teilt die puritanische Wertschätzung religiöser Erfahrung und möchte, daß ihre Mitglieder eine Bekehrung erlebt haben, bevor sie durch die Taufe volle Mitgliedschaft erhalten. Die Bekehrung bildet allerdings lediglich den ersten Schritt innerhalb einer geistlichen Entwicklung. Eine zweite und entscheidende Stufe muß erlangt werden, und diese wird durch die «Taufe mit dem Heiligen Geist» erworben. Wie die Bekehrung, so beruht auch die Geisttaufe auf Gottes Eingreifen und nicht auf dem persönlichen Entschluß eines Menschen. Beides, Bekehrung und Geisttaufe, muß vom Gläubigen erlebt und ausdrücklich anerkannt werden. Aber anders als die Bekehrung ist die Geisttaufe äußerlich sichtbar, denn das Ausbrechen in Zungenrede bildet ihr objektives, allen zugängliches Kennzeichen. In diesem Zeichen, so versichern die Pfingstler, «können wir Gottes eigenes Wirken klar und unmißverständlich erkennen».[168]

Zungenrede, wenn sie von einem Gläubigen zum ersten Mal geübt wird, gilt als ein echtes Wunder. Wie die Katholiken, so lehnen auch die Pfingstler den typisch protestantischen Rationalismus ab, der meint, Wunder seien auf die Zeit der Apostel beschränkt gewesen. Nach dieser Auffassung hätte sich Gott der Wunder nur bedient, um seine Botschaft den ungeübten frühen Gläubigen einzuprägen. Später, als das Christentum seiner Anfangszeit entwachsen war, habe es keiner Wunder mehr bedurft. Eine solche Sicht ruft unter Pfingstlern und Charismatikern Unverständnis hervor. Sie glauben, daß sich auch heute noch Wunder ereignen. Es besteht zwar die Möglichkeit, daß sich Gottes Geist über lange Zeit hinweg nur noch selten bemerkbar gemacht hat, aber das darf nicht als Zeichen seiner Inaktivität gewertet werden. Wunder, wovon Zungenrede nur ein Beispiel ist, können auch heute noch geschehen, und sie tun es auch, nicht anders als zu biblischen Zeiten. Das Glaubensbekenntnis der *Assemblies of God* hält die bleibende Bedeutung der Zungenrede ausdrücklich fest. Glossolalie ist nicht nur das «physische Zeichen» der «Taufe der Gläubigen mit dem Heiligen Geist»; sie bleibt ihnen auch als «notwendiger Bestandteil ihres gottesdienstlichen Verhältnisses zu Gott» erhalten.[169] Wie ein Pfarrer der Assemblies erklärt, soll «Zungenrede eine Erfahrung bleiben, die persönlich und öffentlich gepflegt wird».[170]

Wie wir sahen, ist Zungenrede nicht die einzige und oft auch nicht die auffälligste Form der Manifestation des Heiligen Geistes. Der Prophetie kommt ebenfalls eine bedeutende Rolle zu. Die Apostelgeschichte erwähnt ausdrücklich Offenbarungen, die von Gläubigen empfangen wurden. Am Tag des Pfingstwunders soll Petrus zur Menge gesprochen haben. In seiner Ansprache zitiert er eine alttestamentliche Verheißung, von der er glaubt, sie habe sich nun erfüllt: «In den letzten Tagen wird es geschehen, so spricht Gott: Ich werde von meinem Geist ausgießen über alles Fleisch. Eure Söhne und Töchter werden Propheten sein, eure jungen Männer werden Visionen haben, und eure Alten werden Träume haben. Auch über meine Knechte und Mägde werde ich meinen Geist ausgießen in jenen Tagen, und sie werden Propheten sein» (Apg 2,17–18). Nach Auffassung der Pfingstler ist die Gabe der Prophetie oft mit der Gabe der Heilung verbunden. Zwar spricht der biblische Pfingstbericht nicht unmittelbar von einer Krankenheilung, aber das Thema findet indirekte Erwähnung, wenn es heißt, daß durch die Apostel «viele Wunder und Zeichen» geschahen (2,43). Tatsächlich wird dieser Zusammenhang in der Apostelgeschichte wiederholt aufgegriffen. Im 3. Kapitel heilen die Apostel Petrus und Johannes einen Lahmen in Jerusalem, im 4. Kapitel sagen die Gläubigen in einem Gebet, daß die christliche Verkündigung von Heilungen, Zeichen und Wundern begleitet ist, die im Namen Jesu vollbracht werden. Nach dem Bericht der Apostelgeschichte ist jeder Christ zum Heiler und Propheten berufen.

Nichtcharismatische Christen behaupten, Gott habe an einem bestimmten Punkt der frühchristlichen Geschichte beschlossen, seinen Willen den Menschen nicht mehr zu offenbaren. Es bestand kein Bedarf an neuen Offenbarungen mehr, da die Gläubigen auf frühere, in der Bibel gesammelte Prophezeiungen zurückgreifen konnten. Pfingstler nennen dies den «Irrtum des Aufhörens», denn ihrer Meinung nach hat Gott niemals damit aufgehört, seinen

Willen durch prophetisch begabte Männer und Frauen kundzutun. Die irrtümliche Auffassung argumentiert wie eine Frau, die zu ihrem Mann sagen würde: «Du brauchst von heute an nichts mehr zu sagen. Auf jeden Fall werde ich dir nicht mehr zuhören, denn ich habe ja die Briefe, die du mir vor Jahren einmal geschrieben hast.»[171] Wenn die Bibel von der Gegenwart des Heiligen Geistes in Zungenrede, Ekstase, prophetischer Offenbarung und wirksamem Gebet berichtet, dann dokumentiert sie den Anfang und nicht das Ende einer langen Geschichte.

Die Öffentlichkeit, in der Zungenrede und andere Gaben des Geistes ausgeübt werden, ist die des Gottesdienstes:

> Wenn eine Kirche glaubt, daß sich Gott durch den Heiligen Geist offenbart, daß Menschen bekehrt und verwandelt werden können, daß er die Menschen heilt, daß Menschen die Taufe mit dem Heiligen Geist empfangen können, daß Liebe und Vergebung möglich sind – dann muß diese Kirche auch erwarten, daß alles dies in ihrem Gottesdienst geschieht. Und dafür sorgen, daß dies möglich ist.[172]

Jan Hattingh gibt die Auffassung der Pfingstkirchen treffend wieder. «Unsere Existenz steht auf dem Spiel», fügt er hinzu, «wenn wir diese wichtigen Taten Gottes verkünden, und dann in unseren Versammlungen nichts davon geschieht.»[173] Für ihn, wie für alle Pfingstler, ist das Bild einer «toten» Gemeinde, in der «nichts geschieht», in welcher der Heilige Geist die Mitglieder nicht mehr erfüllt, in ihnen nicht mehr tanzt, spricht, lacht, heilt, lobpreist und singt, nichts anderes als die letzte Drohung Satans.

4. Schluß: Eine Geschichte mit doppeltem Ausgang – Substitution und Veralltäglichung des Charismas

Die Soziologie hat die Geschichte von Gruppen untersucht und stieß dabei auf bestimmte Regelmäßigkeiten und Gesetze, die uns erklären, was geschieht, wenn eine Gruppe größer wird und deutlichere Strukturen annimmt. Häufig ist Gruppen ein «charismatischer» Anfang zu eigen. In dieser Phase fehlen feste organisatorische Formen; alles ist mehr oder weniger flexibel. Erst später stellen sich Stabilität und Ordnung ein, vor allem bei zunehmender Mitgliederzahl. Nach einem der «Gesetze» sozialer Entwicklung, die zuerst Max Weber beschrieben hat, ist die Zeit charismatischer Strukturlosigkeit nicht von langer Dauer. Im Lichte von Webers Gesetz würde man erwarten, daß sich der charismatische und ekstatische Gottesdienst der paulinischen Gemeinden nicht lange halten konnte. Dieselbe Erwartung würde auch für den modernen Gottesdienst der Pfingstgemeinden gelten. Charismatische Gruppen sind instabil und oft kurzlebig. Sofern sie sich nicht auflösen, treten früher oder später straffer organisierte und weniger spontane Gruppen an ihre Stelle. Die charismatische Phase wird nach den Erkenntnissen der Sozialwissenschaft von einer ruhigeren abgelöst, und aus der ekstatischen Bewegung oder Sekte wird allmählich eine etablierte Kirche – ähnlich wie ein Liebespaar den Weg zur Ehe findet und einen geregelten Haushalt gründet. Was in der frühen Kirche und in der Pfingstbewegung des 20. Jahrhunderts geschah, entspricht dem von der Soziologie beobachteten typischen Verlauf.

Ihrer äußeren Gestalt nach sind sich der Kult der paulinischen Gemeinden und der Gottesdienst der Pfingstkirchen recht ähnlich. Obwohl die Geschichten beider Rituale den gleichen Anfang nehmen, haben sie einen unterschiedlichen Ausgang, da sie jeweils nur eine der beiden Möglichkeiten der «zweiten Phase» realisieren, die auf das Verebben der zunächst starken charismatischen Erregung folgt. Die «zweite Phase» besteht *entweder* darin, daß das Charisma allmählich, aber vollständig durch etwas anderes verdrängt wird; *oder* daß sich das Charisma in einer verwandelten, «veralltäglichten» (M. Weber) und nicht mehr rein spontanen Weise fortsetzt. Bei der *Substitution* werden die älteren rituellen Formen als primitiv und unzureichend erachtet und deshalb durch neue, angemessenere, zeitgemäßere und «authentischere» ersetzt. Neue Zeiten und neuer Geschmack verlangen nach neuer Form. Bei der *Veralltäglichung* liegen die Dinge anders: Hier soll alles so bleiben, wie es in der idealen, charismatischen Zeit des Anfangs war. Eingeführte Bräuche werden bewußt unverändert beibehalten und jede Neuerung wird gemieden, da sie nur eine Entfernung vom Ursprung mit sich bringen würde. Indem die Gläubigen nachahmen, was die Väter und Mütter *in illo tempore* des Anfangs taten, drücken sie den Wunsch aus, an der Kraft des Ursprungs und der ursprünglichen Begeisterung teilzuhaben – und tatsächlich können sie bei der Feier noch etwas davon spüren. Die Substitution kennzeichnet die frühchristliche Entwicklung: Die paulinische Ekstase trat zurück, erlosch und wurde schließlich durch den Lehrgottesdienst ersetzt. In der modernen Pfingstbewegung dagegen finden wir den Vorgang der Veralltäglichung mit seinem beharrlichen Versuch, die ursprüngliche Form auch unter den Bedingungen des eintretenden Alltags aufrechtzuerhalten.

Die wenigen Quellen – eine Interpolation im Paulustext, einige Zeilen in Tertullians *Apologeticum* und die mögliche Darstellung ekstatischen Verhaltens in frühchristlicher Kunst – geben nur wenig Einblick in das unmittelbare Nachleben des neutestamentlichen Enthusiasmus in der frühen Kirche. Auch das Auftreten des nichtekstatischen Gottesdienstes bleibt dunkel. Im pseudopaulinischen Timotheusbrief und im Werk von Justin dem Märtyrer ist der Wortgottesdienst bereits vorhanden und stellt wohl keine Neuerung dar.

Die Eucharistie hat sich während der ersten drei Jahrhunderte nicht wesentlich verändert, wohl aber der rituelle Rahmen, in dem sie gefeiert wurde. Die auffälligste Veränderung bildet die Hinzufügung von Schriftlesung und Predigt. Bei Paulus ging das heilige Mahl der Ekstase und der Glossolalie voraus und rief diese hervor. Christus mußte zuerst rituell gegenwärtig gesetzt werden, um seine Gegenwart sichtbar und hörbar kundzutun. Gegen Ende des 1. Jahrhunderts (Timotheus) und, besser bezeugt, in der Mitte des 2. Jahrhunderts (Justin) war das ekstatische Ritual bereits durch den ruhiger verlaufenden Wortgottesdienst ersetzt. Auf diese Weise können wir die beiden rituellen Abfolgen vergleichen:

Paulus	heiliges Mahl – heiliges Wort (inspirierte Äußerung)
Justin	heiliges Wort (Schriftlesung) – heiliges Mahl

Vom Ende der Feier an den Anfang verlegt, veränderte das heilige Wort seinen Charakter: Die Ekstase wurde durch rationale Rede ersetzt. Auf Paulus den Besessenen folgten die Lehrer Timotheus und Justin. Um es mit Nietzsche zu sagen: Auf das Dionysische folgte das Apollinische. In den paulinischen Gemeinden war Christi Herrschaft vor allem in der Ekstase von Trance, Besessenheit und Zungenrede sichtbar und erlebbar. Bei Justin hatte Christi Herrschaft einen anderen Charakter. Für ihn ist Christus «das mächtige Wort, das seine Apostel, von Jerusalem ausgehend, überall gepredigt haben und das wir (...) überall verehren und lehren.»[174] Christus herrscht durch das die Heilige Schrift erklärende Wort seiner Lehrer – daher die beherrschende Stellung der Bibel in der intellektuellen Spielart des Gottesdienstes. Im paulinischen ekstatischen Gottesdienst war die Schriftlesung nicht naheliegend. Warum sollte man sich auf etwas Schriftliches berufen, das Christus nur indirekt bezeugt, wenn der Geist des Herrn selbst anwesend ist, um durch die von ihm Besessenen selbst zu sprechen?

Wenn sich die Gemeinde von Korinth versammelte, mußte sie einige Zeit warten, bis sich der Herr durch einige der Anwesenden in ekstatischer Rede zu Wort meldete. In Justins Gemeinde dagegen war das Wort Gottes bereits anwesend, bevor die Gemeinde kam. In der Heiligen Schrift niedergelegt, war es von ekstatischer Stimmung unabhängig. Das göttliche Wort galt nicht mehr als eine lebendige Wirklichkeit, die sich spontan ereignet, sondern war in einem Buch fixiert. Es war nicht mehr der vom göttlichen Geist besessene Laie, der das heilige Wort aussprach, sondern der Lehrer, der es vorlesen ließ und der Gemeinde erklärte. In den Worten von Charles Chauncy (1705–1787), einem Feind des religiösen Emotionalismus im 18. Jahrhundert: «Wenn Gott durch seinen Geist wirklich auf ihre Herzen wirkt», erhalten die Gläubigen «einen erleuchteten Verstand und nicht ein aufgeregtes Gemüt».[175] Als in der Zeit des Hippolyt (um 220 n. Chr.) biblische Kommentare entstanden und zumindest Origenes exegetische, den Text erklärende Predigten hielt, trat der intellektuelle Charakter des Gottesdienstes verstärkt hervor. Hier sehen wir die Entstehung des christlichen Wortgottesdienstes, wie er heute in vielen Kirchen üblich ist.

Es ist eigentümlich, daß Paulus, obwohl er den ekstatischen Kult in neutestamentlicher Zeit verteidigte und wohl auch förderte, gleichzeitig zu seinem Verfall beitrug. Er bestand nämlich darauf, daß Zungenrede von einer «Auslegung» zu begleiten sei: Die unverständliche Sprache der Engel sollte stets in verständliche menschliche Sprache übersetzt werden. Er schätzte zwar die Glossolalie als solche, doch duldete er nicht ihre Autonomie und Unabhängigkeit und gestand ihr deshalb keinen selbständigen Ort im Repertoire gottesdienstlicher Äußerungen zu. Prophetische, in verständlicher Sprache gehaltene Äußerungen galten ihm als wertvoller. Der die wortlose Ekstase liebende französische Essayist Georges Bataille kann uns an dieser Stelle behilflich sein, die Spannung, wenn nicht den Widerspruch zwischen rationaler Sprache und der ihrem Wesen nach unübersetzbaren ekstatischen Äußerung zu verstehen. Er meint, daß es dem Christentum schwerfällt, sich von seiner ursprünglichen Bindung an die Sprache freizumachen und zur archaischen Ekstase zurückzufinden: «Einige Christen haben mit der Sprache des Wortes gebrochen und die Sprache der Ekstase entdeckt. In diesem Fall ist eine Anlage anzunehmen, welche die mystische Erfahrung unausweichlich macht, trotz der grundsätzlichen Neigung des Christentums, sich auf Sprache zu stützen.»[176] Christen wie Paulus sind dem Bann der Sprache verfallen und ordnen ihr daher Ekstase und Zungenrede unter. Paulus neigte sogar dazu, die Zungenrede auf den privaten Bereich zu beschränken, so daß in der Öffentlichkeit – «vor der Gemeinde» – die gewöhnliche Sprache vorherrschte: «Ich danke Gott, daß ich mehr als ihr alle in Zungen rede. Doch vor der Gemeinde will ich lieber fünf Worte mit Verstand reden, um andere zu unterweisen, als zehntausend Worte in Zungen stammeln» (1 Kor 14,18–19).[177] Paulus darf darüber hinaus als Begründer der christlichen Schriftstellerei gelten. Innerhalb eines kurzen Zeitraums – etwa 55–57 n. Chr. – schrieb Paulus die meisten seiner Briefe, die er von Ephesus aus an die Christen in Galatien und Korinth und von Korinth aus an die Gemeinde Roms schickte und vermutlich alsbald auch als Sammlung herausgab. Paulus der charismatische Missionar war zu

Paulus dem Pastor geworden, der sein Werk festigen und vor dem Untergang bewahren wollte. Die Herausgabe seiner Briefe als Sammlung machte ihn zum Autor des ersten christlichen Buchs.[178] Eine Generation nach Paulus entstanden die vier Evangelien; die christliche Buchkultur blühte. Die pseudopaulinische Literatur trifft wohl das Richtige, wenn sie Paulus als einen mit einer transportablen Bibliothek reisenden Gelehrten darstellt.[179] Wenn er auf der «Übersetzung» der Zungenrede besteht und sich um Ordnung im Gottesdienst bemüht – «alles soll in Anstand und Ordnung geschehen» (1 Kor 14,40) –, dann ebnet er jenen den Weg, die den charismatischen Gottesdienst unterdrücken und ihn durch festere Formen und Inhalte wie Schriftlesung und Predigt ersetzen wollen. So ist dem Werk des Paulus ein eigenartiges Schicksal beschieden: Der von Paulus gepflegte und geförderte ekstatische Gottesdienst ging zusammen mit den von ihm gegründeten heidenchristlichen Gemeinden unter,[180] doch wurden seine Briefe in den Gemeinden judenchristlicher Tradition bewahrt und alsbald als Heilige Schrift im Wortgottesdienst gelesen. Das Buch setzte sich gegen das Charisma durch.

Während das Charisma in der frühen Kirche bald durch die stabileren, institutionell besser verankerten Formen des intellektuellen Gottesdienstes ersetzt wurde, sollte die moderne Pfingstbewegung eine andere Entwicklung nehmen. Obwohl diese Bewegung nicht weniger anfällig und zerbrechlich war als der frühchristliche Enthusiasmus, wurde in ihrem Gottesdienst die Ekstase durch keine intellektuellen Formen verdrängt und abgelöst. Statt dessen wurde das ursprüngliche, wilde Charisma gleichsam konserviert; um weiterleben zu können, wurde es «gezähmt», veralltäglicht und institutionellen Regeln und Erfordernissen unterworfen. Obwohl der Gottesdienst der Pfingstkirchen etwas von seiner ursprünglichen Spontaneität eingebüßt hat, ist sein Charisma auch in der dritten Generation noch lebendig. Er bietet die Möglichkeit zu neuer religiöser Erfahrung, da er zumindest einigen der Anwesenden erlaubt, vom Heiligen Geist erfüllt zu werden und die übernatürlichen Gaben von Prophetie, Heilung, Zungenrede oder wirksamem Gebet auszuüben.

Veralltäglichte Züge sind im charismatischen Gottesdienst der Gegenwart leicht erkennbar. Tranceähnliche Zustände – Kennzeichen der Frühzeit – sind selten geworden. Die Leichtigkeit, mit der manche zur Zungenrede überwechseln und diese wieder verlassen, läßt deutlich erkennen, daß sich für sie «das Verständnis dessen, was ‹Beten im göttlichen Geist› bedeutet, gewandelt hat».[181] Zungenrede gilt nicht mehr als die spontane Äußerung im dissoziierten Zustand der Trance, sondern als ein erlerntes Verhalten, das dem Willen unterworfen ist und daher stets ausgeübt werden kann. Gewöhnlich ist der Trancezustand durch den gemäßigten Zustand der Begeisterung ersetzt. Emotionale Predigt, laute Instrumentalmusik und das Singen eines Chors tragen zu einer begeisternden Stimmung bei. Selbst das wirksame Gebet zeigt Spuren einer Beschränkung, so daß das Übernatürliche und Auffällige vollständig zurücktritt. Wirksames Gebet, Handauflegung und Salbung vermitteln den Gläubigen «ein gutes Gefühl», ohne daß sofort eine Wunderheilung erwartet wird. «Therapie» tritt an die Stelle von «Heilung». Zwar bedauern manche der charismatischen Pfarrer das Abnehmen der spektakulären Wirkungen des Geistes, aber viele ermuntern zur Übung der ruhigeren, bürgerlicheren Formen. Die ekstatischen, für die Frühzeit charakteristischen «Afrikanismen»[182] werden heute kaum mehr geschätzt. «Zungenrede hat nichts mit Spuk zu tun», erklärte Jean Stone im Jahre 1964:

> Sie ist heilsam, gut, rein, schön. Bei uns verkünstelt sich niemand und es gibt keine Verbalgymnastik. Wenn du es darauf anlegst, daß es eigentümlich klingt, dann werden alle blaß vor Schreck. (...) Bitte kein Stöhnen oder Kreischen. (...) Und trage ja keine Prophetie vor, die einen einzelnen betrifft oder eine Katastrophe voraussagt. Wenn wir für die Außenstehenden zu verrückt aussehen, kommt keiner mehr zu uns. Dann kommen nur noch verzweifelte Menschen. [183]

Hier ist der charismatische Stil dem bürgerlichen Geschmack angepaßt und schreckt keinen mehr ab.

Im selben Maße, wie typisch charismatische Züge aus dem Gottesdienst verschwinden oder verharmlost werden, treten gewisse Züge der institutionalisierten, bürgerlichen Liturgie wieder hervor. So gibt es die anfängliche, in der Heiligkeitsbewegung des 19. Jahrhunderts wurzelnde Zurückhaltung gegenüber der Eucharistie heute nicht mehr. Bei frühen Führern der Pfingstbewegung wie Frank Bartleman waren die Sakramente in den Hintergrund getreten. Jede Vermittlung durch sorgfältig erdachte Liturgien, geweihten Klerus und Sakramente galt als verdächtig. Solche Dinge gehörten zu den «alten» Kirchen, die nichts vom Heiligen Geist und seinem lebendigen Wirken wußten. Heute hört man solche Urteile kaum mehr. Obwohl die Eucharistie in der Theologie der Pfingstler immer noch von untergeordneter Bedeutung ist, hat sie dennoch einen Platz im charismatischen Gottesdienst gefunden. Die *Assemblies of God* beispielsweise halten viermal im Jahr einen Abendmahlsgottesdienst. Der Gottesdienst der Pfingstkirchen hat sich dem der nichtcharismatischen Kirchen stark angenähert.

Trotz aller Veralltäglichung und aller Kompromisse mit traditionellen, nichtekstatischen Formen gilt nach wie vor, daß der Geist Gottes aus den charismatischen Versammlungen nicht verschwunden ist. Die Gläubigen spüren seine Anwesenheit oft. Immer noch geisterfüllt, preisen sie ihren Herrn, der durch sie Wunder wirkt.

Unsere Analyse ging von zwei möglichen Entwicklungen des ekstatischen Gottesdienstes aus. Die ekstatischen Züge können völlig unterdrückt werden, so daß ruhige, intellektuelle Formen an ihre Stelle treten. Werden die ekstatischen Züge jedoch befürwortet, so müssen ihnen durch bestimmte Maßnahmen Ordnung und Dauer verliehen werden. Beide Entwicklungen verbindet derselbe Ausgangspunkt: die mächtige Selbstbezeugung des göttlichen Geistes im und durch den Gottesdienst. An jedem Punkt der Entwicklung, die vom charismatischen Anfang wegführt, kann ein neuer Anfang gesetzt werden. Zumindest auf dem Gebiet der Religion gibt es kein Gesetz der Entropie und daher auch kein Abnehmen spiritueller Energie. Der Geist läßt sich nie völlig auslöschen. Offenbar bleibt stets ein kleines, unscheinbares Quantum geistlicher Glut erhalten, gleichsam unter kalter Asche verborgen. Aus dieser Glut kann das Feuer wieder entfacht werden und der Kreis der Entwicklung wieder von vorne beginnen.

EPILOG

Göttliche Milde – göttliche Majestät

Der nahe und der unnahbare Gott

> Bin ich nur ein Gott der Nähe – Spruch des Herrn – und nicht auch ein Gott der Ferne?
>
> *Jeremia 23,23*

Die vorstehende Studie galt den sechs Grundmustern, die das gottesdienstliche Leben der Christen gestalten: Lobpreis, Bittgebet, Predigt, Opfer, Sakrament und geistliche Ekstase. Dies sind die Elementarformen des Gottesdienstes, die «heiligen Spiele», aus denen sich der christliche Kult zusammensetzt und mittels derer der Kontakt zu Gott aufgenommen und gepflegt wird. Was aber läßt sich über Gott sagen, den Adressaten, dem dieser Kult gilt?

Zwei grundlegende Arten der Gotteserfahrung spiegeln sich im Gottesdienst, um ihn gleichzeitig zu gestalten. Gott ist als überlegene, majestätische Macht oder als vertrautes und liebendes Gegenüber erfahrbar; als Gott der Vater oder Christus der Sohn. Diese Erfahrungen verraten geradezu entgegengesetzte religiöse Weltbilder. Die eine Sicht betont die Überlegenheit des «Königs der Könige und Herrn der Herren, der allein Unsterblichkeit besitzt, der in unzugänglichem Licht wohnt, den kein Mensch gesehen hat noch je zu sehen vermag» (1 Tim 6,16). Die andere Sicht kann sich auf die Verheißung Christi berufen: «Ich nenne euch nicht mehr Knechte (...) sondern Freunde» (Joh 15,15).

Unter den Theologen des 20. Jahrhunderts hat insbesondere Rudolf Otto (1869–1937) die majestätische Seite Gottes hervorgehoben. Aus der gesamten Religionsgeschichte trug er Beispiele für die Begegnung mit der fremden, erhabenen und schrecklichen Seite Gottes zusammen, um deren Verständnis er warb. In seinem Buch *Das Heilige* schlug er vor, diesen Aspekt Gottes als den «numinosen» zu bezeichnen und ihm in theologischer Forschung wie im Gottesdienst größere Aufmerksamkeit zu schenken. Unter den Attributen Gottes, die in theologischen Handbüchern erörtert werden, gelten ihm Unbegreiflichkeit, Allmacht und Heiligkeit als die hervorragendsten. Er verdichtet sie in dem lateinischen Begriff *tremendum* – die Macht, die uns erzittern läßt. Der biblische Gott ist für ihn eine Schrecken erregende, überlegene Macht, die sich dem menschlichen Verstand und allem rationalen Erfassen entzieht. Selbst zwischen Gott und den ihn umgebenden Engeln besteht eine unüberbrückbare Kluft. «Heilig, heilig, heilig» rufend, anerkennen sie den Abstand, der sie vom Schöpfer trennt. Der Prophet Jesaja, in einer Vision vor den göttlichen Thron entrückt, stammelt: «Weh mir, ich bin verloren. Denn ich bin ein Mann mit unreinen Lippen (...) und meine Augen haben den König, den Herrn der Heere, gesehen» (Jes 6,5). Vor Gott muß die menschliche Seele erzittern: «Das Grauen kehrt hier wieder in der unendlich geadelten Form jenes zutiefst innerlichen Erzitterns und Verstummens der Seele bis in ihre letzten Wurzeln hinein. Es packt auch im christlichen Kult in voller Gewalt das Gemüt bei den Worten: heilig, heilig, heilig.»[1] Für Otto ist das Erschauern des Propheten mehr als nur eine Erzählung aus fernen biblischen Tagen. Als er das Wort der Engel – *kadosch, kadosch, kadosch* – in einer Ghetto-Synagoge in Mogador (Marokko) hörte, fuhr ihm «ein feierlicher Schreck» in die Glieder. Das war im Mai 1911. Zeit seines Lebens sollte dieses Erlebnis seine Auffassung vom rechten Lobpreis Gottes bestimmen:

> Ich habe das Sanctus, Sanctus, Sanctus von den Kardinälen in Sankt Peter, und das Swiat, Swiat, Swiat in der Kathedrale des Kreml und das Hagios, Hagios, Hagios vom Patriarchen in Jerusalem gehört. In welcher Sprache immer sie erklingen, diese erhabensten Worte, die je von Menschenlippen gekommen sind, immer greifen sie in die tiefsten Gründe der Seele, aufregend und rührend mit mächtigem Schauer das Geheimnis des Überweltlichen, das dort unten schläft.[2]

Otto bezeichnet Gott als *mysterium tremendum*, als erhabenes, schauererregendes Geheimnis. «Ungreifbar und unbegreiflich ist der wirklich mysteriöse Gegenstand nicht nur, weil mein Erkennen in Bezug auf ihn gewisse unaufhebbare Schranken hat», erklärt Otto, «sondern weil ich hier auf ein überhaupt ‹ganz anderes› stoße, das durch Art und Wesen meinem Wesen inkommensurabel ist und vor dem ich deshalb in erstarrendem Staunen zurückpralle.»[3] Christlicher Gottesdienst muß das Heilige in den Vordergrund stellen. An der Erneuerung des Kultes seiner lutherischen Kirche interessiert, entwikkelte Otto neue gottesdienstliche Formen, die der Wiederentdeckung der majestätischen Seite Gottes Rechnung tragen sollten. Die katholische Messe diente ihm als Vorbild, jedoch nahm er eine bezeichnende Änderung vor. Er verzichtete auf die Eucharistie, um an ihre Stelle die schweigende Verehrung Gottes zu setzen.[4] Die Gemeinde sollte schweigend und kniend verharren und dabei, wie es scheint, ein großes Bleiglasfenster mit der Inschrift «Vater unser» anblicken, ein Fenster, das an das Rosenfenster einer gotischen Kathedrale erinnert (s. oben, Abb. 4). Historisch betrachtet, ersetzt Ottos Fensterbild die *maiestas Domini*, den thronenden Christus, dessen Bild die Apsis der byzantinischen Kirchen beherrscht. Aber bezeichnenderweise gilt Ottos Kult Gott dem Vater, nicht Christus, denn letzterer wäre zu menschenähnlich und damit für sein Gefühl zu wenig erhaben. Knien und Schweigen scheinen als Gesten bedingungsloser Unterwerfung besonders geeignet, die Anbetung von Gottes Majestät kultisch zu inszenieren. In Anwesenheit eines Höhergestellten ist auch unter Menschen zurückhaltendes Schweigen üblich. Auf eine kurze Zeit des Schweigens folgt in Ottos Liturgie das Vaterunser. Die Anrede

Gottes als «Vater», oft als Zeichen von Vertrautheit gewertet, wird hier zum Spiegel alttestamentlicher Vorstellungen von Gottes königlicher Majestät, überlegener Macht und Ferne.

Schwester Ann und Luise Rinser – eine englische Nonne und eine deutsche katholische Schriftstellerin – denken über Gott und Gottesdienst anders als Rudolf Otto. Von einer Forscherin zu Beginn der 1970er Jahre befragt, berichtet Schwester Ann von einer religiösen Krise, die sie jüngst durchlebt hatte, und wie sie von einem kindlichen Glauben zu einer neuen, reiferen Auffassung von Gott fand. «Als Kind hatte ich große Angst vor Gottes Strafe. Ich glaube, die Gottesbeziehung hängt wirklich davon ab, ob er eine erhabene und zürnende Gestalt ist oder ob er freundlich ist und verzeihen kann.»[5] Schwester Ann gehört zu einer Gruppe von Ordensfrauen, die nicht in einem Kloster leben, sondern in gewöhnlichen Wohnungen, häufig in heruntergekommenen Stadtteilen. Sie besitzen keine Kapelle, sondern laden einen Priester ein, für sie in ihrer Wohnung die Messe zu feiern. Auf eine einfache Mahlzeit folgt ein improvisiertes, aller steifen Feierlichkeit lediges «Herrenmahl». Als Altar dient ein gewöhnlicher Tisch. Man trinkt konsekrierten Wein aus dem herumgereichten Kelch und nimmt die Hostie in die Hand. Dabei wird das Gespräch nicht unterbrochen. Alles verläuft zwanglos, denn die Ordensfrauen sind mit dem Priester per Du. Sie spüren, daß er – wie übrigens auch der Bischof – für ihre moderne Auffassung Verständnis zeigt. Niemals käme ihnen in den Sinn, im Priester eine Persönlichkeit höheren Ranges zu sehen. In dieser Auffassung spiegelt sich, so vermutet die Sozialanthropologin Susan Campbell, das Verhältnis der Schwestern «zu einem menschenfreundlichen, nahen Gott. Sie haben ein reifes Gottesverhältnis entwickelt. Vor dem Vater haben sie jetzt keine Angst mehr».[6]

Hier wird ein einfaches und gleichwohl eindrucksvolles Weltbild sichtbar. Der wohlwollende Gott steht an der Spitze einer langen Reihe freundlicher Wesen. Auf ihn folgt ein brüderlicher Christus, ein verständnisvoller Bischof, ein guter Priester und schließlich die Ordensfrauen selbst, die ihrerseits mitten unter den Kranken und Schwachen leben und ihrer caritativen Arbeit nachgehen. Wie alle Glieder dieser Reihe sind auch die Ordensfrauen bestrebt, Gottes väterliches Wohlwollen nachzuahmen.

In Deutschland durchlebte Luise Rinser eine ähnliche religiöse Entwicklung wie Schwester Ann. Der Gedanke an Gott hatte in ihr das Bild eines «Abgrundes» beschworen, in welchen sie hineinzustürzen drohte und vor dem sie in Furcht erzitterte. Erst die Einsicht, daß Christus mit seiner menschlichen Natur den Abgrund überbrückt, erlaubte es ihr, die Angst zu verlieren und in Christus einen Bruder zu entdecken.[7] An ihren geistlichen Berater und Freund, den Jesuiten Karl Rahner, schrieb sie über die beglückende Nähe zu Christus, die sie bei der Kommunion erleben durfte. Von Glücksgefühlen überwältigt, traten ihr Tränen in die Augen – «aber diese Tränen sah niemand».[8]

In den 1960er Jahren waren Luise Rinser und Schwester Ann nicht die einzigen, die zu einer veränderten Glaubensauffassung fanden. Damals war die katholische Kirche in Bewegung geraten. Offizielle Verlautbarungen legen davon ebenso Zeugnis ab wie neue Katechismen und Umfragen unter Gläubigen. Nach einer 1964 veröffentlichten Verlautbarung des 2. Vatikanischen Konzils sitzt Christus zwar «zur Rechten des Vaters» im Himmel; aber er «wirkt beständig in der Welt», indem er die Gläubigen führt und durch sein Sakrament nährt.[9] Die Entdeckung der Nähe Christi hat die katholische Frömmigkeit tiefgreifend verändert. «Die Schrift spricht nicht nur von Gottes unzugänglicher Ferne; häufiger noch spricht sie von seiner Nähe. ‹Er ist nicht fern von einem jeden von uns. Denn in ihm leben wir, bewegen wir uns und sind wir› (Apg 17,28)», erklärt der Holländische Katechismus (1967).[10] In den frühen 1980er Jahren ließ der amerikanische Jesuit und Soziologe Andrew Greeley Katholiken aus einer Liste jene göttlichen Eigenschaften auswählen, die der persönlichen Auffassung der Befragten am ehesten entsprechen. Dabei zeigte sich derselbe neue Stil der Frömmigkeit: Der Gott der Katholiken erschien durchweg als wohlwollend, gnädig und von geradezu herzlicher Menschenfreundlichkeit. Verschwunden war der «vorkonziliare» Legalismus mit seinem Bild vom strengen Richter. Das Gottesbild hatte weichere Züge angenommen. Nun galt Gott als «Mutter, Geliebter, Ehepartner und Freund».[11] Der Gott der Katholiken glich jetzt eher dem jovialen, demokratisch gesinnten Papst Johannes XXIII. als dem strengen, aristokratischen Pius XII. Der fundamentale Wandel des katholischen Glaubensbewußtseins ist gleichzeitig Bestandteil und Echo einer umfassenden Bewegung, die das Ende des Vietnamkrieges erzwang, sich für die Gleichheit der schwarzen Bürger Amerikas einsetzte, die Werte nichtwestlicher Religionen und Philosophien entdeckte und mehr Demokratie in Schulen, Universitäten und Kirchen forderte. In Politik, Gesellschaft und nicht zuletzt in der Religion sollten – nach der Auffassung vieler Zeitgenossen der 1960er Jahre – neue Werte verwirklicht werden. Zusammen mit den veralteten gesellschaftlichen Hierarchien verlor auch der alte Vatergott seine beherrschende Stellung im Weltbild vieler Christen.

Rudolf Ottos Verehrung der göttlichen Majestät steht in schroffem Gegensatz zu Luise Rinsers und Schwester Anns Vorliebe für den freundlichen, milden Gott. Im folgenden werden wir diese zwei Weisen der Gotteserfahrung von vier verschiedenen Seiten her beleuchten. Ein Bericht aus der Geschichte des Christentums wird ebenso erhellend sein wie ein religionsgeschichtlicher Vergleich, eine psychologische Analyse und, zum Schluß, ein Blick in die Welt der Kunst.

Distanzierender Byzantinismus gegen mystische und volkstümliche Nähe

Mit seiner Verehrung eines Verachteten, der den Tod eines Kriminellen am Kreuz erlitten hatte, stand der christliche Kult des 1. Jahrhunderts in auffälligem Kontrast zum feierlichen Opferkult des Jerusalemer Tempels und der heidnischen Tempel der griechisch-römischen Welt. Christus war zwar von seinem göttlichen Vater auferweckt und erhöht worden, aber die Auferstehung entfremdete ihn nicht seinen Gläubigen. In magischen Mählern und ekstatischen Ritualen war er ihnen nahe. Der himmlische Vater blieb im Hintergrund; dennoch konnte er als naher Gott erscheinen, denn die Christen glaubten, Christi besondere Nähe zum Vater zu teilen. Sie verstanden sich als Kinder des göttlichen Vaters.

Für die ersten christlichen Generationen gibt es kaum Hinweise auf ängstigende, numinose Gefühle, die sich beim Gottesdienst einstellten. Einer der vereinzelt dastehenden Belege findet sich im Hebräerbrief. Dort ist von Gottesverehrung in Furcht und Ehrfurcht die Rede, ohne daß indes ein gottesdienstlicher Zusammenhang deutlich wäre. «Darum wollen wir dankbar sein (...) und wollen Gott so dienen, wie es ihm gefällt, in ehrfürchtiger Scheu; denn unser Gott ist ein verzehrendes Feuer» (Hebr 12,28–29). Der Gott der frühen Christen ist hier der alttestamentliche Gott, den das Buch Deuteronomium ein «verzehrendes Feuer» nennt (Dtn 4,24). «Die Grundstimmung des Hebräerbriefs ist (...) das Erschrecken vor der göttlichen Majestät, vor jener dunklen und lodernden Gewalt, die er gerne im Bilde des Feuers beschwört.»[12]

Einer der ersten Theologen, die sich für liturgische Feierlichkeit einsetzten, war Johannes Chrysostomus (ca. 350–407). Auch Rudolf Otto versäumt es nicht, ihn als Autorität anzuführen. Bei Johannes Chrysostomus ist die Forderung nach einer majestätischen, numinosen Liturgie, gefeiert zu Ehren einer göttlichen Majestät, eng mit der Klerikalisierung des Gottesdienstes verknüpft, d. h. mit dessen Organisierung und Leitung durch ein berufsmäßiges Priestertum. Nach Johannes Chrysostomus ist die volle Gottheit Christi nicht nur im konsekrierten Brot und Wein gegenwärtig, sondern auch in den der Feier vorstehenden Priestern. Als göttliche Person ist Christus der Hauptzelebrant des eucharistischen Kults. Die sichtbaren, menschlichen Priester verkörpern den unsichtbaren, göttlichen Hohenpriester – Christus. Wer die Kommunion empfängt, muß sich verhalten, als reiche ihm der Herr selbst die heilige Speise: «Wenn dir der Priester die Eucharistie reicht, dann denke nicht, der Priester tue das, sondern bedenke, daß es Christus selbst ist, dessen sichtbare Hand sich zu dir ausstreckt.»[13]

Die Gleichsetzung von Priester (oder Bischof) und Christus bei Johannes Chrysostomus ist das Ergebnis einer liturgischen Entwicklung, die in das 2. Jahrhundert zurückreicht. Während die ersten Christen die Eucharistie noch ohne förmlichen Vorsteher feierten, glaubte man bald, ohne eine solche Rolle nicht auskommen zu können. Der *presbyteros* («Ältester») oder *episkopos* («Aufseher») genannte Vorsteher, stets ein Mann und keine Frau, galt schließlich als Inhaber eines ständigen, mit Würde ausgestatteten Amtes. Gott näherstehend als die gewöhnlichen Gläubigen, konnte nur er den Kult sachgemäß vollziehen. Durch besondere Weihen erhielt der Bischof einen höheren, gleichsam göttlichen Rang. Die Laiengemeinde war zwar beim Kult anwesend und beteiligte sich gelegentlich durch ein Wort der Zustimmung am Gebet des Vorstehers, doch wurde sie immer mehr in eine Zuschauerrolle gedrängt. Der klerikalisierte Gottesdienst trug wesentlich dazu bei, die Vorstellung von Christi sakramentaler Gegenwart mit Begriffen wie Würde, Distanz und Ehrfurcht zu verbinden. Da das Göttliche am Ende einer kosmischen Hierarchie steht, entzieht es sich leichter Zugänglichkeit. Der Abstand zu Christus kann nur unter großen Vorsichtsmaßnahmen von besonders ausgebildeten und geweihten Mittlern überbrückt werden – von Priestern und Bischöfen. Diese schützen das Heilige vor dem Zugriff gewöhnlicher Männer und Frauen, die als Laien von den göttlichen Geheimnissen (angeblich) zu wenig verstehen.

Im 4. Jahrhundert finden wir erstmals numinoses Vokabular in der Beschreibung des christlichen Kults. So spricht Cyrill von Jerusalem von «jener furchterregenden Stunde» der eucharistischen Liturgie.[14] Johannes Chrysostomus wurde in seinen Predigten nie müde, auf den numinosen, Furcht einflößenden Charakter des Gottesdienstes hinzuweisen. Bei Chrysostomus unterstützen sich Theologie und liturgische Praxis gegenseitig, um dem Kult einen hochfeierlichen, numinosen Glanz zu verleihen. Die Belege sprechen eine mehr als deutliche Sprache. Der Kult gilt insgesamt als numinoses Geschehen: Der Priester bringt «das Furcht und Schrecken erregende Opfer» dar; er vollzieht «dieses höchst furchterregende Ritual», und die Laien sind gehalten, «unseren furchterregenden Mysterien mit Andacht beizuwohnen».[15] Wenn bei Chrysostomus der Priester das Opfer darbringt, ist er von Engeln umgeben, die den gesamten Altarraum füllen. Der Kirchenvater versichert uns, einem zuverlässigen Zeugen sei einmal die Ehre zuteil geworden, die sonst unsichtbaren Geister zu sehen – «eine Schar von Engeln in leuchtenden Gewändern, den Altar umstehend und das Haupt neigend, wie Soldaten das Haupt in Gegenwart ihres Königs neigen».[16] Während eines Teils der Feier wurde der Altar durch Zuziehen eines Vorhangs unsichtbar gemacht, wahrscheinlich, um den heiligen Ritus vor profanen Blicken zu schützen. Das Öffnen des Vorhangs war ein dramatischer Augenblick: «Wird der Vorhang geöffnet, so bedenke, daß sich der Himmel von oben herabläßt, daß die Engel herniedersteigen.»[17] Chrysostomus legt großen Wert auf die Vorbereitung der Kommunikanten, denn der Genuß der heiligen Speise in «unwürdigem» Zustand kann schreckliche Folgen haben. «Nahe dich in aller Ehrfurcht und Reinheit», schärft er ein, denn «wer unwürdig kommuniziert, wird die schlimmsten Qualen erleiden» – in der Hölle.[18] Bischof Chrysostomus will lieber als Märtyrer sterben, als einem Unwürdigen Christi «furchterregendes Blut» zu reichen.[19] Auch Laien sollen den Klerus in seinem Bemühen unterstützen, die Profanierung der ehrwürdigen Mysterien zu verhindern: «Siehst du einen, der, obgleich Mitglied [der Gemeinde], Unzucht begeht und sich dennoch den Mysterien naht, dann sage zum Diakon: Dieser ist des Empfangs der Mysterien nicht würdig. Weise seine unwürdigen Hände zurück!»[20]

Nach Johannes Chrysostomus dürfen die Gläubigen die Göttlichkeit Christi nicht in Zweifel ziehen. Niemals darf der Herr als Geschöpf bezeichnet werden, wie es der Häretiker Arius (ca. 260–336) getan hatte. Die Betonung der Göttlichkeit Christi und der Aufstieg der Eucharistie zum Staatskult des spätrömischen Reiches verliehen dem Gottesdienst eine zunehmend numinose Qualität.[21] Um das Jahr 400 wurde im Osten wie im Westen das Sanctus – das dreimalige «heilig» – am Beginn des zentralen Opferaktes gesungen: ein deutlicher Hinweis auf den majestätischen, göttlichen Charakter des Kults.[22]

Von den Priestern des 4. Jahrhunderts eingeführt, bestimmt die numinose Qualität noch heute den christlichen Gottesdienst, besonders in den liturgischen Traditionen des Katholizismus, der orthodoxen Kirchen des Ostens, des hochkirchlichen Anglikanismus und des Episkopalismus. Hier finden wir die exponierte Stellung des Priesters, das Tragen liturgischer Gewänder, das Verbrennen von Weihrauch, den Gebrauch kostbarer Kelche, die Ehelosigkeit des katholischen Priesters, die feierliche und archaische Sprache (auch nach der Ablösung der lateinischen Liturgiesprache durch moderne Volkssprachen nach dem 2. Vatikanischen Konzil), die Bezugnahme auf dem Laien unverständliche theologische Lehren wie z. B. die Transsubstantiationslehre. Erst kürzlich hat ein Befürworter liturgischer Feierlichkeit betont, daß Kniebeugungen, Verneigungen des Hauptes, das Küssen des Altars und das demütige Falten der Hände keineswegs überflüssig seien; angesichts der göttlichen Majestät sei dies das einzig angemessene Verhalten.[23] Solche Befürwortung mag heute weltfremd klingen, doch ist sie einer altehrwürdigen Tradition verpflichtet, die mit Johannes Chrysostomus beginnt und im 17. Jahrhundert im heiligen Franz von Sales einen beredten Verteidiger gefunden hat. Bei der Feier der Liturgie «stehen wir vor demselben Gott, vor dem die Engel zittern».[24] Rudolf Otto hätte dem katholischen Heiligen gewiß zugestimmt. Der Sinn für liturgische Feierlichkeit übersteigt zeitliche und konfessionelle Grenzen.

Theozentrische Auffassungen wie die von Rudolf Otto betonen die beeindruckende und majestätische Distanz der göttlichen Wirklichkeit. Sie können sich auf alte Lehrtradition ebenso berufen wie auf vielfältiges liturgisches Brauchtum. Selbst das Sakrament der Eucharistie, das einen sehr intensiven und geradezu physischen Kontakt zu Christus schafft, konnte «minimalistisch» interpretiert werden. Transzendent und unnahbar, verbindet sich Christus nicht mit dem Menschen. Nur kurzen und «minimalen», oft rein geistig (statt körperlich) verstandenen Kontakt gewährend, bleibt er ihnen fern. Auch belehrende Predigt ist oftmals derselben Lehre vom fernen, majestätischen Gott verpflichtet, besonders bei Karl Barth. Gottes Kommen zum Gläubigen und sein Handeln an ihm kann vom Prediger angekündigt und angesagt werden, aber er kann es nicht selbst herbeiführen. Wenn Gott sich des Wortes der Heiligen Schrift und der Predigt bedient, um einen Menschen zum Glauben zu bringen, dann greift er selbständig aus dem Jenseits ins Diesseits ein. Er handelt, wie Karl Barth sagt, «senkrecht von oben» und ist weder auf die Bibel noch auf den Prediger angewiesen.[25] Schließlich kann auch das Gotteslob auf einer solchen Anschauung vom unabhängigen, fernen Gott beruhen. Wenn die Engel Gott mit ihrem dreimaligen «Heilig» preisen, ohne dabei für einen Akt göttlicher Hilfe zu danken oder die Menschen überhaupt zu erwähnen, verehren sie ein von menschlicher Not unberührt bleibendes Wesen. Sie preisen Gott «an sich», als die höchste Kraft im Universum. Im theozentrischen Kult ist Gott zwar anwesend, aber er bleibt zugleich verborgen. Sich seiner Majestät nicht würdig wissend, anerkennen die Gläubigen demütig ihren untergeordneten Ort in der Hierarchie des Seins.

So verbreitet die theozentrische Auffassung vom christlichen Kult auch ist, sie ist selten beherrschend und unwidersprochen geblieben. Erst kürzlich haben deutsche Theologen den liturgischen Ausschüssen ihrer Kirchen vorgeworfen, den Gemeinden am Sonntagmorgen zuviel Feierlichkeit und zuviel klerikalen «Byzantinismus» zuzumuten.[26] Der Gottesdienst müsse volkstümlicher sein. Es könne nicht darum gehen, die Gemeinde in den himmlischen Chor der Engel zum Zwecke des Lobs der göttlichen Majestät einzureihen. Mit diesem Ziel Rudolf Ottos sei die Gemeinde überfordert. Der Gottesdienst habe für die Gemeinde nur dann einen Sinn, wenn er Gott in ihr alltägliches Leben bringe. Zweifellos würden Schwester Ann und Luise Rinser dieser Kritik zustimmen.

Während klerikale Theologien den Abstand zwischen Schöpfer und Geschöpf betonen, heben andere Gottes Nähe zum Menschen hervor. Er ist kein zurückgezogener, ferner Herrscher, sondern eine stets gegenwärtige, lebendige Macht. Gott greift ständig in seine Schöpfung ein, sorgt für seine Geschöpfe und steht ihnen als Helfer zur Seite. Nicht nur die Existenz Gottes, sondern auch seine Intervention in Geschichte und persönliches Leben gelten als Tatsachen der Erfahrung. In der Tat ist die frühchristliche Auffassung von der Nähe Gottes in der Geschichte nie verlorengegangen. Oft hat sie die klerikale Lehre von der göttlichen Majestät gemildert, wenn nicht sogar unterlaufen. Besonders vier Bewegungen lassen sich namhaft machen, die die Milde und Nähe des väterlichen Gottes und seines Sohnes in den Vordergrund rücken: die mittelalterliche Mystik, die Reformation des 16. Jahrhunderts, die Pfingstbewegung des 20. Jahrhunderts mit ihrem weitreichenden ökumenischen Einfluß und die katholische Reformbewegung, die gewöhnlich mit dem 2. Vatikanischen Konzil (1962–1965) in Zusammenhang gebracht wird.

In ihren Entrückungen und Ekstasen haben männliche und weibliche Mystiker Gott oder Christus stets als liebenden Vater oder als süßen Freund und Bräutigam der Seele erfahren. Im 12. Jahrhundert hielt Bernhard von Clairvaux seine berühmten mystischen Predigten über das Hohelied. Er versteht es als eine Allegorie über die Liebesbeziehung zwischen Gott und Seele, eine Beziehung, die durch Christi Lehre noch verstärkt wird. Nach Auffassung des Zisterzienserabts gehört Gottes Majestät ins Alte Testament, während uns das Neue Testament seine väterliche Nähe offenbart: «Wo ist nun jenes Donnerwort, das bei den Alten so schrecklich wie häufig erklang: Ich, der Herr, ich, der Herr? Hier wird ein Gebet vorgesagt, das mit dem süßen Namen ‹Vater› beginnt und so die Zuversicht schenkt, daß die folgenden Bitten erhört werden.»[27] In Bernhards Mystik beschwört das Vaterunser Gottes väterliche Liebe und nicht seinen patriarchalischen Rang. Die Mystiker schätzten Gott als «Vater des Erbarmens und Gott allen Trostes» (2 Kor 1,3).

Besonders in der Form der *devotio moderna* hat die volkstümliche Mystik des 14. und 15. Jahrhunderts Bernhards Theologie fortgeführt und den Reformen der Folgezeit den Weg bereitet. In den Niederlanden entstanden, legte die neue Frömmigkeit wenig Wert auf die Kirche der Kleriker, um statt dessen die unmittelbare Beziehung zu Christus zu betonen. Das bekannteste Werk der *devotio moderna* ist die *Nachfolge Christi*, zwischen 1420 und 1427 in einem Kloster in der Nähe der holländischen Stadt Zwolle entstanden. Als Verfasser gilt der Augustinerchorherr Thomas von Kempen. Er empfiehlt seinen Lesern, das Sakrament mit «Ehrfurcht und Verehrung» *(cum timore et reverentia)* zu feiern und meint: «Gott, der Ewige, Unermeßliche und unendlich Mächtige, tut Großes und Unerforschliches im Himmel und auf Erden. Seine wunderbaren Werke sind unergründlich».[28] Dennoch treten die privilegierte Stellung des Klerus und die damit verbundene Idee der göttlichen Majestät bei ihm in den Hintergrund. Die *Nachfolge Christi* leitet dazu an, die demütige Lebenshaltung Christi nachzuahmen und mit Christus als ständig anwesendem Beschützer Freundschaft zu pflegen. Es gilt, diese geistliche Freundschaft durch den Empfang der Kommunion zu erneuern und zu vertiefen. Christus, der Freund, bedeutet der *devotio moderna* mehr als Gott, der allmächtige Vater.

Im 16. Jahrhundert haben die protestantischen Reformatoren das «allgemeine Priestertum» aller Gläubigen betont und die Bibel in volkssprachlichen Übersetzungen zugänglich gemacht. Sie setzten sich für die Verehrung eines Gottes ein, der jedem Menschen nahe ist und keiner priesterlichen Vermittlung bedarf. Obwohl Luther und Calvin einen majestätischen Gott predigten, verwiesen sie stets auch auf dessen Liebe zur Menschheit, denn letztlich ist er liebend und verzeihend. Nach Luthers *Kleinem Katechismus* (1529) versorgt «Gott, der allmächtige Vater» seine Gläubigen täglich mit allem, was sie zum Leben brauchen, schützt sie vor Gefahr und bewahrt sie vor Übel – «und das alles aus lauter väterlicher, göttlicher Güte und Barmherzigkeit».[29] Auch Luthers Rechtfertigungslehre setzt ein mütterliches, fürsorgendes Gottesbild voraus: Gott handelt wie eine Mutter, die ihre ungehorsamen Kinder in Liebe annimmt. In Amerika finden wir eine ähnliche Auffassung bei dem großen Puritanertheologen Jonathan Edwards. Er konnte über «Sünder in der Hand des zornigen Gottes» (1741) predigen und wollte «sich vor Gott erniedrigen und wie im Staube liegen».[30] In einem Augenblick mystischer Ergriffenheit erlebte er jedoch Gottes Hoheit und Gnade «in süßer Verbindung: Majestät und Milde miteinander verknüpft. Es war eine süße, sanfte und heilige Majestät; zugleich eine furchterregende Süße; eine hohe, große und heilige Sanftmut».[31] Immer wenn Edwards auf Gottes Majestät zu sprechen kam, fügte er sogleich eine abmildernde Wendung hinzu. Gott «besitzt in der Tat eine unendliche Majestät, die uns Ehrfurcht einflößt und zur Anbetung führen soll; aber diese Majestät braucht uns nicht in Schrecken zu versetzen, denn sie erscheint uns mit Demut, Milde und süßer Herablassung gepaart.» Edwards hält Gottes Überlegenheit zwar stets fest, doch liegt der Nachdruck auf Milde und Wohlwollen. In der protestantischen Theologie des 20. Jahrhunderts trat Karl Barth als ein Verfechter der «Menschlichkeit Gottes» und der Nähe Christi als «unseres Bruders» hervor.[32] Der späte Barth korrigierte damit die Einseitigkeit, mit der er als ungestümer junger Mann allein Gottes

Majestät verfochten hatte. Er war zu weit gegangen. In seinen reifen Jahren übte Barth Kritik sogar an Calvins einseitiger Betonung von Gottes Strenge und Allmacht. Ein milderes Gottesbild hätte das von Calvin beherrschte Genf nicht zu einer so düsteren Stadt gemacht.[33]

Klerikale Theologien unterscheiden oft unausgesprochen zwischen der heiligen Zeit Christi und der Apostel einerseits und der nachapostolischen Zeit andererseits. Während der ersten Periode offenbarte sich Gott und ließ Wunder geschehen, um sich in der zweiten zurückzuziehen und nur noch im Verborgenen zu wirken. Diese Unterscheidung lehnt die Pfingstbewegung ab. Für sie handelt Gott auch heute noch so wie in biblischen Zeiten, und Wunder geschehen nach wie vor. Gott läßt seine Gläubigen nie im Stich; vielmehr sendet er seinen Geist, der in der Gemeinde wirkt.

Während der Begriff der fernen Gottheit streng theozentrische Kultformen erfordert, begünstigt die alternative Vorstellung vom nahen Gott einen Gottesdienst, in welchem der Mensch die Rolle eines Partners einnimmt. Im entsakralisierten Kult werden theozentrische Formen durch anthropozentrische ersetzt. Diese bringen Gott dem Menschen nahe und unterscheiden sich grundlegend von jenen, die auf einer liberalen, deistischen Theologie beruhen. Wie ihre Gegner können sich auch die biblischen Realisten auf eine lange Tradition berufen und eine Reihe gottesdienstlicher Formen anführen, die ihrem Ansatz entsprechen. In der Beziehung zwischen Gott und Mensch herrscht gegenseitiges Geben und Nehmen. Christus hat seinen Vater mit den Menschen versöhnt, so daß er ihnen mit Wohlwollen und sogar mit Nachsicht begegnet. Da Christus sein Leben hingegeben hat, können seine Freunde nun auf Gottes unerschöpflichen Schatz zugreifen, besonders bei der Feier des Meßopfers. Auch der im 20. Jahrhundert in der katholischen Kirche mehr als je zuvor empfohlene häufige Empfang der Kommunion bringt Christus den Gläubigen nahe. Wie Susan Campbell bei «modern» eingestellten Ordensfrauen beobachten konnte, bewirkt die Eucharistie «die Verbindung zu einem menschenfreundlichen, nahen Gott».[34] Auf einen ähnlichen Sachverhalt treffen wir bei den ekstatischen Ritualen, wo das Göttliche mit dem Menschlichen fast verschmilzt, wo Christus anwesend ist und durch Männer und Frauen spricht und handelt – hier, heute und zu jeder Zeit. Christi Gegenwart ist für jene, die seine «Realpräsenz» feiern, geradezu mit Händen greifbar. Ungeachtet seiner göttlichen Natur erscheint Christus als Bruder, Freund und beschützender Geist. So können sich die Gläubigen mit kindlich vertrauendem Gebet an ihn wenden. Auch in der Predigt, besonders der erweckenden und therapeutischen, erreicht Gottes Wort alle Gläubigen. Jeder kann – so heißt es – die verwandelnde, existentielle Qualität von Gottes Ruf zur Bekehrung erleben. Jeder kann die heilende Kraft des göttlichen Wortes erfahren, wenn es der therapeutische Prediger auslegt und dem einzelnen zuspricht. Lobpreis, als Dank für besondere göttliche Hilfe verstanden, beruht auf derselben Voraussetzung: auf einer lebendigen Beziehung zu einem liebenden und freundlichen Gott, der immer bereit ist, dem einzelnen beizustehen.

Es steht außer Zweifel, daß die beiden Ideen – die Auffassung vom fernen, majestätischen und vom nahen, menschenfreundlichen Gott – den christlichen Kult bestimmen. Gibt es eine Erklärung für ihren tiefgreifenden und die Zeit überdauernden Einfluß? Die vergleichende Religionsgeschichte verspricht zumindest eine teilweise Erklärung.

Hochgott und persönlicher Gott

Das Christentum entstand in einer Welt voller Götter und Göttinnen, religiöser Gruppen, Tempel, Lehren und Traditionen. Obgleich es in vieler Hinsicht einen neuen Anfang setzte und manchen frühen Beobachtern als eine «atheistische» Bewegung erschien, die sich nicht an den herkömmlichen polytheistischen Kulten beteiligte, waren ihm doch überlieferte Vorstellungen von «nahen» und «fernen» Göttern geläufig. Offenbar haben zwei Erfahrungen den christlichen Gottesdienst bestimmt: die hebräische Erfahrung eines Hochgottes, der als Schöpfer und Herrscher des Alls gesehen wird, und die polytheistische Erfahrung des persönlichen Gottes, der jedem einzelnen Menschen als Helfer und Schutzgeist zugeordnet ist. Auf der Grundlage dieser Traditionen haben die Christen den Gottesbegriff entwickelt, der ihrer Frömmigkeit und ihrem gottesdienstlichen Leben zugrunde liegt.

Rudolf Ottos Gottesdienst gilt dem Hochgott. Dem Himmel zugeordnet, stehen Hochgötter entweder einem Pantheon vor (so etwa Jupiter und Zeus in der klassischen Antike), oder sie entwickeln sich zum einzigen Gott einer monotheistischen Religion (so Ahura Mazda in Persien und Jahwe im biblischen Israel). Hochgötter sind Herrscher des Weltalls und oft wird ihnen das Werk der Schöpfung zugeschrieben. Israel nennt seinen Hochgott «den Allerhöchsten, Besitzer von Himmel und Erde» (Gen 14,19).[35] Manche Überlieferungen kennen seine widersprüchlichen Eigenschaften. Enlil, der Hauptgott der alten Sumerer, läßt Pflanzen wachsen und stellt das Gerät des Bauern her; an ihn wird das Gebet um reiche Ernte und Wohlstand gerichtet. Aber er kann auch Hungersnot, Zerstörung und Chaos senden. Auch Jahwe ist ein ambivalenter Gott. Er ist Retter und Beschützer, aber auch Feind. Er gilt als «barmherzig und gnädig, langmütig und reich an Güte. (...) Wie ein Vater sich seiner Kinder erbarmt, so erbarmt sich Jahwe über alle, die ihn fürchten» (Ps 103,8.13). Derselbe Gott kann zornig und geradezu bösartig sein; wie ein Löwe reißt er seine Beute.[36] Als einmal zwei Priester Jahwe ein Opfer darbrachten, das nicht vorgeschrieben war, mußten sie mit dem Leben büßen. «Da ging von Jahwe ein Feuer aus, das sie verzehrte, und sie kamen vor Jahwe um» (Lev 10,2). Es überrascht daher nicht, wenn Jahwes Majestät Furcht und Zittern hervorruft. «Weh mir, ich bin verloren», stammelt der Prophet Jesaja, als er in einer Vision den Herrn sieht (Jes 6,5). Derselbe Prophet ruft seinen Zeitgenossen zu: «Verkriecht euch in Felshöhlen und Erdlöchern vor dem Schrecken Jahwes und vor seiner strahlenden Pracht» (Jes 2,19). Manchmal nennt die Bibel Gottes Majestät und seine Milde im selben Kapitel oder sogar im selben Satz, als wolle sie die Ambivalenz eigens hervorheben. Jahwe spricht mit Mose «von

Angesicht zu Angesicht, wie man mit einem Freunde redet», aber keiner kann ihn sehen und weiterleben (Ex 33,11.20). «Zweierlei habe ich gehört: Bei Gott ist die Macht; Jahwe, bei dir ist die Huld» (Ps 62,12–13). «Er gewährte seinem Volk Erlösung und bestimmte seinen Bund für ewige Zeiten. Furchtgebietend ist sein Name und heilig» (Ps 111,9). Warum heißt es nicht: «milde und barmherzig ist sein Name»? Gewiß, das Paradox entspricht gelegentlich einer erkennbaren Logik: «Wen Jahwe liebt, den züchtigt er, wie ein Vater seinen Sohn, den er gern hat» (Spr 3,12). Interessanterweise finden wir in manchen Teilen der Bibel zwei Namen des monotheistischen Gottes.[37] Der Name Jahwe wird im Zusammenhang mit Gottes persönlichem Charakter und seiner Beziehung zu Menschen, besonders zu Israel als dem erwählten Volk, genannt. Die Bezeichnung Elohim wird dagegen bevorzugt, wenn vom Schöpfer der Welt die Rede ist, einem transzendenten, außerhalb und über der Natur stehenden Wesen. So verwendeten die Hebräer zwei Namen für die verschiedenen Seiten des einen Gottes.

Kein Zweifel: Rudolf Otto steht im Banne der majestätischen Seite des alttestamentlichen Gottes, für dessen kultische Verehrung er sich einsetzt.

Wie wir gesehen haben, ist das von Schwester Ann und Luise Rinser bevorzugte und im Katholizismus des 2. Vatikanischen Konzils verbreitete Gottesbild von anderer Art. Die Religionsgeschichte ist mit «nahen» Göttern wohl vertraut, sind sie doch grundlegender Bestandteil persönlicher und volkstümlicher Frömmigkeit. Obgleich prinzipiell alle Götter und Göttinnen als persönliche Beschützer in Frage kommen, handelt es sich bei den Göttern der persönlichen Frömmigkeit zumeist um wohlwollende Geister niederen Ranges, die als Beschützer und Fürsprecher bei höheren Göttern dieselbe Stellung einnehmen wie die Schutzengel und Namenspatrone in der katholischen Frömmigkeit. Im alten Zweistromland und im alten Israel war jedem Menschen ein solcher göttlicher Beschützer zugeordnet. Typische Bezeichnungen für ihn lauten «mein Gott, dein Gott, der Gott deines Vaters» und ähnliche Ausdrücke. Der «persönliche Gott», wie die Religionshistoriker diesen Typ von Gottheit nennen, ist aus dem Buch der Psalmen bekannt.[38] An Psalm 91 wird deutlich, was der alte Israelit empfindet, wenn er an seinen persönlichen Gott denkt. Er verbringt die Nacht im Schutz seines Gottes und sagt: «Du bist für mich Zuflucht und Burg, mein Gott, dem ich vertraue.» An anderer Stelle singt der Psalmist: «Du bist es, der mich aus dem Schoß meiner Mutter zog, mich barg an der Brust der Mutter. Von Geburt an bin ich geworfen auf dich, vom Mutterleib an bist du mein Gott» (Ps 22,10–11). Einige der biblischen Autoren sahen in Jahwe den persönlichen Gott des ganzen Volkes, verstanden als eine korporative Person. Der persönliche Gott, so heißt es dann, habe Israel im Mutterschoß gebildet, genau so, wie er den einzelnen Menschen im Schoß seiner Mutter forme. Er liebe Israel mehr als eine Mutter ihr Kind. Im 19. Jahrhundert hob Ernest Renan zu Recht hervor, daß die christliche Gebetssprache auf dieselbe Vorstellung zurückgreift: «Hinter der Dreifaltigkeit [der theologischen Spekulation] steht ein anderes, viel konkreteres Gottesbild – ein Gott, der sein Volk wie eine Amme auf dem Schoß hält und mit ihm wie mit einem Kind spricht. Wäre das nicht so, dann hätte die christliche Gebetssprache niemals die ihr eigene Zärtlichkeit erreicht.»[39] Wie Renans Einsicht, so kommt auch der berühmteste Hinweis auf den persönlichen Gott der Bibel aus Frankreich. Er steht im sogenannten Mémorial, einem Stück Pergament, das nach dem Tod des Philosophen Blaise Pascal in dessen Jacke eingenäht gefunden wurde. Dort beschreibt Pascal seine Bekehrung vom abstrakten Gott der Philosophen zum lebendigen Gott der Bibel. Dieser ist «Gott Abrahams, Gott Isaaks, Gott Jakobs, nicht Gott der Philosophen und Gelehrten (...) Gott Jesu Christi (...) mein Gott.»[40] Anders als die deistischen *philosophes et savants*, deren Gott die Welt erschuf und sie dann sich selbst überließ, hatten die biblischen Patriarchen und Jesus ein enges, persönliches Verhältnis zu Gott, ein Verhältnis, das Pascal nachempfand und sich zu eigen machte.

Im Judentum des 1. Jahrhunderts n. Chr. verehrten einige Gruppen neben dem Schöpfergott noch eine zweite, dem Menschen näherstehende göttliche Gestalt.[41] In dieser «duotheistischen» Theologie beantwortet der Glaube an den Schöpfer die Frage nach der Herkunft der Welt und befriedigt so ein intellektuelles Anliegen. Der persönliche Gott als Helfer im Alltagsleben befriedigt dagegen ein emotionales Bedürfnis. Das Buch der Weisheit bezeichnet die beiden Gestalten als Gott und Sophia, das Neue Testament als Gott und Christus, wobei Sophia und Christus die dem Menschen nahe Gottheit darstellen. Als nach dem Tod Christi sein Geist den Jüngern erschien, nahm ihn selbst der zweifelnde Thomas als seinen persönlichen Gott an; das ist der Sinn der Anrede «mein Herr und mein Gott» (Joh 20,28).[42] Unter den Schriftstellern der frühen Kirche hat besonders Justin der Märtyrer (gest. um 165 n. Chr.) Christus als nahen Gott vom fernen, himmlischen Vater unterschieden.[43]

Die weit verbreiteten, fast universalen Vorstellungen vom fernen und vom nahen Gott haben den religiösen Kult vieler Völker auf mannigfache Weise geprägt. Der Unterschied zwischen den beiden Gottestypen kann auch bestimmte Auffassungen erklären, die dem christlichen Gottesdienst zugrunde liegen. Das gilt vor allem für die Anwesenheit Christi als persönlicher Gott, der neben einem Hochgott steht und die Stellung eines Mittlers und Fürsprechers einnimmt. Während der christliche Kult in gleicher Weise Gott und Christus gilt, kann die Religionsgeschichte bestimmte Schwerpunktbildungen feststellen. Gewöhnlich bevorzugt die gebildete Elite die Verehrung von Hochgöttern, während sich die Masse der Bevölkerung eher an die niederen, zugänglicheren Gottheiten wendet. So spielten im alten Griechenland die Staatsgötter im Leben des Volkes keine Rolle. Kultische Verehrung und Gebet richteten sich vielmehr an die kleinen Götter, die ihrem Alltag näher standen.[44] In den alltäglichen Nöten wandte man sich an Herakles und Asklepios, nicht an Zeus oder Apollon – etwa in derselben Weise, wie sich katholisches Volk eher an einen Heiligen oder die Jungfrau Maria wendet als an Gott den Vater.

In der Eucharistie begegnen die Gläubigen Christus. Diese Begegnung kann unterschiedliche Qualität haben – sie kann als «numinos» und Ehrfurcht einflößend oder lediglich als «feierlich» erfahren werden, ohne daß sich dabei

Gefühle der Scheu oder der Unwürdigkeit einstellen. Bei einem «feierlichen» Gottesdienst wird die Kommunion zwar als etwas Besonderes erlebt, doch bleibt ein Gefühl der Vertrautheit mit dem Göttlichen vorherrschend. Die numinose, priesterliche Liturgie hingegen feiert Christus als erhabenes, schauererregendes Mysterium. Diese beiden Formen gottesdienstlicher Erfahrung lassen sich im Anschluß an den Sprachgebrauch der Ethnologie mit den Ausdrücken «gelehrte Tradition» und «kleine Tradition» beschreiben. Während intellektuelle, rationale, gebildete Formen des Christentums eher Christi Majestät und Mysterium betonen, bezieht sich die «kleine Tradition» der Volksfrömmigkeit eher auf die erlebnismäßig zugängliche Seite, auf die als wirklich empfundene Gegenwart Christi. Bei der Kommunion erwarten die Gläubigen, eine das Leben fördernde heilige Speise zu empfangen, nicht etwas, das lediglich zum Denken und religiösen Spekulieren anregt. In der Volksfrömmigkeit gilt der anwesende Christus als eine nahezu immanente Kraft, die erfahren, geliebt, ohne Scheu angeredet und sogar beeinflußt werden kann. Alle diese konkreten Wirkungen erwarten die Gläubigen von der Messe. Während Theologen über die geheimnisvolle Weise der Gegenwart Christi in einem Stück Brot und in einem Becher Wein diskutieren, machen andere von der Möglichkeit Gebrauch, sich mit bestimmten Bitten und Anliegen an Christus zu wenden oder sich einfach der Gegenwart ihres göttlichen Freundes zu erfreuen. Erzählungen von eucharistischen Wundern haben einen festen Platz in der katholischen Volksfrömmigkeit. Durch seine geheimnisvolle Anwesenheit bei der Messe kann Christus seine biblischen Heilungen wiederholen. Er kann Gläubigen helfen und Ungläubigen durch ein Wunder seine Gegenwart beweisen.

Nicht nur in der volkstümlichen Erfahrung der Kommunion, sondern auch in charismatischen Ekstasen schwindet der Abstand zwischen Mensch und Gott. Im ekstatischen Gottesdienst kann der Geist Christi von seinen Anhängern Besitz ergreifen, so daß sie «besessen» sind. Um zu verstehen, daß es sich dabei um Christi Geist oder den Heiligen Geist handeln muß, der von einem menschlichen Leib Besitz ergreift, ist ein Blick auf den Hinduismus hilfreich. Dort ist Besessenheit der Gläubigen auf die kleinen Dämonen und Götter beschränkt und schließt die großen Göttergestalten des hinduistischen Pantheons aus.[45] Auch im Christentum bezeichnen jene, die sich von einer göttlichen Macht besessen fühlen, diese als Christus oder den Heiligen Geist, aber niemals als Gott den Vater. Christen und Hindus wissen, daß sich ein Hochgott nur selten eng mit einem Menschen verbindet. Vergleichenden Studien zufolge gehören die von einem Gott besessenen Menschen in allen Religionen mehrheitlich zu den armen und minder privilegierten Bevölkerungsschichten.[46] Nur selten beteiligen sich Angehörige der Führungsschicht an ekstatischen Kulten. Ekstatisches Verhalten gilt ihnen als unwürdig und unangemessen.

Die Religionsgeschichte verhilft uns also zum Verständnis kultischer Formen und Stile. Aber es gibt noch eine weitere Disziplin, die Einsicht in diese Phänomene verspricht: die Psychologie.

Vaterverehrung und Mutterkult

Das Bild, das sich ein Mensch von Gott macht, entsteht in der Kindheit und spiegelt in gewissem Sinne die Erfahrung mit den Eltern. Nach dieser gängigen Überzeugung der Psychologie läßt sich die Doppelheit von nahem und fernem Gott aus der Erfahrung verstehen, die kleine Kinder mit ihrer Mutter und ihrem Vater machen. Gewöhnlich haben sie schon aus biologischer Notwendigkeit sehr engen Kontakt mit der Mutter. Der außerhalb der Wohnung arbeitende und oft abwesende Vater ist dem Kind weniger zugänglich und bleibt so eine der unmittelbaren Wahrnehmung entzogene Gestalt. Häufig fällt dem Vater die Rolle des starken und allwissenden Helden zu, der zu Hilfe eilt und die bösen Mächte vertreibt. Tatsächlich findet sich das Bild eines Ehrfurcht einflößenden Gottes eher bei Menschen, die sich mit dem strengen Vater ihrer Kindheit auseinandersetzen. Andere bevorzugen eher die mütterliche, nahe Seite Gottes und verehren daher Christus.

Die psychologische Erforschung des Gottesbildes setzte mit der Behauptung Sigmund Freuds ein, das Gottesbild orientiere sich an der Gestalt des eigenen Vaters. In seinen Schriften *Eine Kindheitserinnerung des Leonardo da Vinci* (1910) und *Totem und Tabu* (1913) legte Freud dar, daß die von ihm im Judentum erlebte und im Christentum seiner Umwelt wahrgenommene Religion nur im Zusammenhang mit der göttlichen Vaterfigur verständlich sei. Er meinte, in jeder Religion spiegele sich, wie kleine Kinder ihren Vater sehen – ihre Bewunderung für ihn und seine Macht, mit welcher er sie schützt. «Für die religiösen Bedürfnisse scheint mir die Ableitung von der infantilen Hilflosigkeit und der durch sie geweckten Vatersehnsucht unabweisbar, zumal da sich dies Gefühl nicht einfach aus dem kindlichen Leben fortsetzt, sondern durch die Angst vor der Übermacht des Schicksals dauernd erhalten wird. Ein ähnlich starkes Bedürfnis aus der Kindheit wüßte ich nicht anzugeben.»[47] Freud hält Religion für eine vaterorientierte infantile Haltung: die Sehnsucht nach dem Vater.

Freuds Schüler sahen im Gottesbild weniger die kindliche Sehnsucht nach dem Vater, als die Sehnsucht nach der ursprünglichen, symbiotischen und als Glück erlebten Beziehung zur Mutter.[48] Sie können darauf hinweisen, daß Freud selbst – wenn auch spät in seinem Leben – dieses Glück beobachtet hatte.[49] Des Säuglings «Hauptinteresse ist, wie Sie wissen, auf die Nahrungsaufnahme gerichtet; wenn er an der Brust gesättigt einschläft, zeigt er den Ausdruck einer seligen Befriedigung.» Freud meinte: «Wenn der Säugling sich äußern könnte, würde er gewiß den Akt des Saugens an der Mutterbrust als das weitaus Wichtigste im Leben anerkennen»,[50] denn durch diesen lustvollen Akt befriedigt das Kind seine beiden Grundbedürfnisse: Nahrungsaufnahme und liebevolle Zuwendung. Einige von Freuds Anhängern haben gesehen, daß das Gottesbild nicht in jedem Fall die Züge des Vaters trägt, sondern oft auch die der Mutter. Nach Lou Andreas-Salomé ist Gott «die Erinnerung an die engste, allerengste Menschenzärtlichkeit, deren Süße ein Kind zuerst zu kosten bekam».[51] Im religiösen Menschen entsteht eine große Sehnsucht nach Rückkehr in die Mutter-Kind-Beziehung. Hatte Freud solche «Regression» als Ausweichen vor der Realität des Lebens angesehen, entdeckten seine Schüler den therapeutischen Wert solchen Verhaltens. Regression ermöglicht vielen Menschen, ihr «Grundvertrauen» ebenso wie ihre ursprüngliche Kraft und Sicherheit wiederzufinden.[52] «Wenn ihr nicht umkehrt und wie die Kinder werdet, könnt ihr nicht in das Himmelreich kommen» (Mt 18,3). Oskar Pfister, ein mit Freud befreundeter Schweizer Pfarrer, zögerte nicht, diesen Satz Jesu in diesem Zusammenhang anzuführen.[53] Jesus selbst, so wollte ihm scheinen, hat die Regression empfohlen.

Ist die Doppelheit des von Vater- und Muttererfahrung geprägten Gottesbildes einmal erkannt, eröffnet sie vielfältige Einblicke in die Geschichte von Theologie und Gottesdienst.

Die zornige Gottheit, die Gerechtigkeit sucht und auf Vergeltung beharrt, und der wohlwollende Gott, der vergibt, liebt und zur ewigen Seligkeit vorherbestimmt: Dieser Gegensatz scheint grundlegende Haltungen widerzuspiegeln, die wir an Vätern und Müttern wahrnehmen. Von Augustinus[54] bis Luther haben ängstliche Seelen unter dem Gedanken der göttlichen Gerechtigkeit gelitten und in Angst vor Strafe gelebt – solange, bis sie ein anderes, wohlwollendes, freundliches und in der Tat mütterliches Antlitz Gottes entdeckten. Das bedeutete zugleich das Heil im vollen Sinne des Wortes; Erlösung von Angst und Zweifel; Gewinn von Mut zum Leben und Zuversicht, den Lebenskampf zu bestehen; Finden von seelischem Gleichgewicht und Gewißheit über das ewige Schicksal. Luthers Wille, die ursprüngliche biblische Idee des Glaubens als Vertrauen auf Gottes bedingungslose mütterliche Liebe wiederherzustellen, spiegelt nach Erikson seinen Wunsch nach Rückkehr zum Grundvertrauen seiner frühen Kindheit wider und damit zur Einheit des Kindes mit der Mutter.[55]

Die Feier des Sakraments der Eucharistie läßt sich als rituell durchgeführte Regression auffassen. Das Schreien des Säuglings und dessen anschließendes Stillen wird gleichsam nachgespielt. Wenn das Kleinkind schreit, kommt die Mutter und stillt es mit ihrer eigenen Brust, d. h. mit sich selbst, mit ihrem eigenen Leib. Wird Christus angerufen, kommt er und gibt seinen Leib im Sakrament. «Ich muß mich an Gott wie das Kind an der Mutterbrust festsaugen», lautet der Wunsch des nach dem Sakrament verlangenden Menschen.[56] Der Vergleich zwischen Kommunikant und Säugling ist nicht neu und keinesfalls eine Erfindung moderner Psychologen; tatsächlich findet er sich schon in antiken und mittelalterlichen Quellen. In der frühen Kirche wurde den Neugetauften bei der Kommunion nicht nur Brot und Wein gereicht, sondern auch Milch und Honig. Auf diese Weise wurden sie, wie Bischof Hippolyt erläutert, «wie kleine Kinder ernährt» *(sicut parvuli nutriuntur)*.[57] Während die «Milchkommunion» im koptischen und abessinischen Christentum beibehalten wurde, verschwand sie aus der westlichen Liturgie. Die ihr zugrundeliegende Auffassung geriet jedoch nicht in Vergessenheit. Aelred von Rievaulx (1110–1167), Zisterzienserabt in Yorkshire, empfiehlt seinen Lesern, das Altarkreuz zum Gegenstand folgender Meditation zu machen: Christi «ausgebreitete Arme wollen dich umfangen, seine bloßen Brüste wollen dich trösten, indem sie dich mit süßer Milch ernähren.»[58] Christus ist eine mütterliche Figur. Wie sich (nach der Meinung des Mittelalters) das Blut der Mutter in die Milch der Brüste verwandelt, so ist Christi eucharistisches Blut die Milch, mit der er die Kommunikanten ernährt. Keine andere Logik als diese verbirgt sich hinter Aelreds uns fremd erscheinender Formulierung.

Was Aelred als Gegenstand frommer Betrachtung empfiehlt, wird in der Liturgie nachgespielt, sogar im heutigen Christentum. Wenn die Priester der Christengemeinschaft den Gläubigen (wie bis vor kurzem die katholischen Priester) die eucharistische Speise unmittelbar in den Mund legen, dann folgen sie mittelalterlicher Praxis. Dem Kommunikanten wird wie einem kleinen Kind die Speise gereicht. Auch der «Backenstreich», die zärtliche Segensgeste, mit welcher der Priester die Wange des Kommunikanten berührt (vgl. Abb. 46), erinnert an die Mutter, die ihr Kind streichelt.[59] Auf diese Weise kehren die Kommunikanten symbolisch in die frühe Kindheit zurück. Auch andere liturgische Berührungsgesten – etwa die Handauflegung bei charismatischem Gebet und bei Heilungen – erlauben eine ähnliche Deutung. Wenn es zutrifft, daß körperliche Berührung für eine gesunde Entwicklung wichtig ist und die Kinder westlicher Länder zu wenig taktile Stimulierung erhalten, dann mag es stimmen, daß rituelle Berührungsgesten «einen Entwicklungsmangel ausgleichen».[60]

Nicht nur sakramentaler Kontakt zur mütterlichen Gottheit läßt sich als regressive Erneuerung religiöser Kräfte verstehen. Das Opfer führt ebenfalls zur Regression des Ichs zu früheren Stufen seiner Entwicklung. Carl Gustav Jung deutete und schätzte die katholische Messe als einen vorbildhaften Vorgang, bei dem das sich selbst überschätzende Ich des Erwachsenen geopfert und wieder in größere Nähe zum mütterlichen Bereich des Unbewußten geführt wird.[61] Auch Jean-Jacques Oliers Betonung der «Vernichtung» des Ichs beim Meßopfer lädt zu einer Jungschen Lesart ein. Augustins neuplatonische Meinung, das Opfer verbinde den Gläubigen mit seinem göttlichen Ursprung, läßt sich ebenso als Regression zu einem Zustand lustvoller Einheit mit der (idealisierten) Mutter verstehen. Es überrascht nicht, daß Gott bei Augustinus oft mütterliche Züge trägt. Einmal schreibt er, er fühle sich wie ein Säugling, der an Gottes Brust liegt und Milch saugt.[62] In der kultischen Hinwendung zu Gott als dem Ursprung spiegelt sich offenbar der Wunsch nach Rückkehr in die symbolische Einheit mit der Mutter als der Urheimat jedes Menschen.

Dasselbe gilt vom vertrauenden, kindlichen Gebet zum liebenden himmlischen Vater und vom ekstatischen Gottesdienst. Auch hier läßt sich von ritueller Regression sprechen. Besonders die spontan auftretende Zungenrede legt ein solches Verständnis nahe. Wenn der Zungenredner lallt, spricht nicht mehr das erwachsene Ich in strukturierter und artikulierter Sprache, sondern der Säugling in seinen ersten, vorsprachlichen Lauten. Wie alle Eltern wissen, bedarf ein Säugling keiner Sprache, um sich mit ihnen zu verständigen. Entsprechend darf man auch das verstehen, was charismatische Christen als «Ruhen in Gott» bezeichnen, d. h. den Verlust des Bewußtseins. Menschen, für die

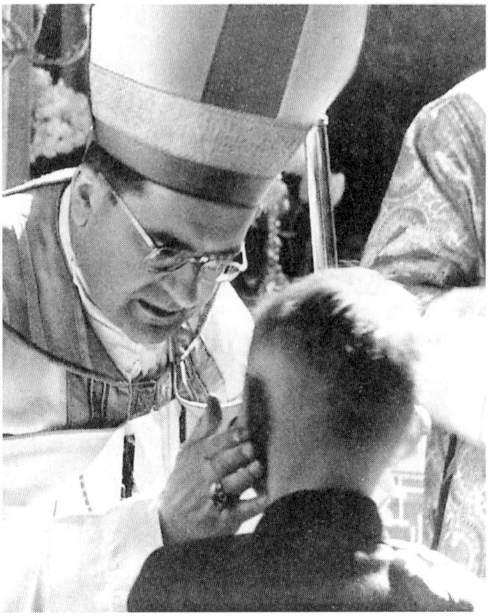

46 Der «Backenstreich». Die Priester der Christengemeinschaft geben jedem, der die Kommunion empfängt, einen «Backenstreich». Da Fotografieren während des Gottesdienstes der Christengemeinschaft unerwünscht ist, wird ein katholischer Bischof dokumentiert, der sich derselben traditionellen Geste bei der Firmung bedient. Die sanfte Segensgeste, die sich aus einer Umarmung herleitet, erinnert an die Mutter, die ihr Kind streichelt. Die so Berührten kehren symbolisch in die frühe Kindheit zurück. Katholischer Bischof bei der Firmung, 1950er Jahre.

unter Handauflegung gebetet wird, fallen manchmal in Ohnmacht und können nicht mehr aufrecht stehen. Gewöhnlich fallen sie in die Arme eines «Auffängers», der verhindert, daß sie sich verletzen. Gleichzeitig fallen sie «in die unsichtbaren, liebevollen Arme Gottes».[63] Dabei verschmelzen die Arme des Auffängers, die unbewußte Erinnerung an die alles umfassenden Arme der Mutter und die Arme Gottes. Die Mutter-Kind-Beziehung ist im Gottesdienst fast immer gegenwärtig. Bei Opfer, Gebet, Sakrament und geistlicher Ekstase stoßen wir immer wieder auf denselben psychologischen Sachverhalt.

Jüngst hat Deborah Tannen, eine amerikanische Sprachforscherin, einen nüchternen Blick auf die Verhaltensweisen von Männern und Frauen gerichtet.[64] Mit allen Mitteln, die der modernen Soziolinguistik zur Verfügung stehen (verborgene Tonbänder, versteckte Videokameras) untersuchte sie, wie Menschen westlicher Gesellschaften miteinander umgehen. Ihre Beobachtungen sind von großer Bedeutung für das Verständnis von Gottesbildern. Sie zeigen, daß wir nicht auf die schwer beweisbaren Annahmen über Regression und frühkindliche Prägung des Gottesbildes angewiesen sind. Männliches Verhalten ist nach Tannen vom Wunsch nach Überordnung, Distanz und Hierarchie geleitet. Sobald zwei Männer miteinander zu tun haben, pflegt der eine die dominierende Stellung einzunehmen, während sich der andere mit seiner untergeordneten Position abfindet; das reicht bis in freundschaftliche Beziehungen hinein. Für Männer ist es auf die Dauer unerträglich, sich unterordnen zu müssen. Schon Freud hat richtig beobachtet: «Männer können nicht mit ihresgleichen zusammenleben, wenn sie nicht ein hohes Maß von passiver Gefügigkeit entwickeln.»[65] Weibliches Verhalten weist ganz andere Eigenschaften auf. Gleichgültig, ob Frauen mit Männern oder anderen Frauen interagieren, sie suchen Vertrauen, Verständnis und Freundschaft. Bei ihnen spielt der Wunsch nach Distanzierung von anderen und Beherrschung anderer eine weit geringere Rolle. Frauen lieben es, einander Geheimnisse anzuvertrauen und andere als Freundinnen und Vertraute zu gewinnen.

Tannens Studie läßt sich zur Deutung gottesdienstlichen Verhaltens und liturgischer Präferenzen heranziehen. Eine in Belgien in den 1970er Jahren gemachte religionspsychologische Untersuchung von katholischen Mädchen und Jungen hat Gottesbilder zutage gefördert, die Tannens Beobachtungen überraschend bestätigen.[66] Die belgischen Knaben sehen in dem eucharistischen Christus eine ferne, Ehrfurcht einflößende Gestalt. Sie suchen nicht seine Freundschaft, sondern wollen mit ihm als der überlegenen Macht eine Art geschäftliches Verhältnis aufbauen. Weil Knaben nicht anders als erwachsene Männer in einer von Hierarchie – und damit von Unter- und Überordnung geprägten – Welt leben, gilt es, in dieser Welt seinen Platz zu finden. Da es gegenüber Gott keine Überordnung geben kann, hat der Mann seine untergeordnete Stellung anzuerkennen und den majestätischen Christus zu verehren. Ganz anders die belgischen Mädchen. Bei der Kommunion erleben sie Christus als eine beschützende, liebende Gestalt. Ihre Beziehung zu ihm erinnert an die Beziehung zur Mutter oder einer gleichaltrigen Freundin. Dem belgischen Beispiel lassen sich viele Zeugnisse an die Seite stellen, die männliche und weibliche Gottesbilder belegen. Wenn zum Beispiel Rudolf Otto als Theologe die Verehrung einer majestätischen Gottheit fordert, so folgt er lediglich männlicher Verhaltensweise. Die Frau, die ein angenehmes Gefühl bei dem Gedanken empfindet, sie «könne sich jederzeit an Gott anschmiegen», bestätigt auf ihre Weise, daß sie der weiblichen Suche nach Nähe und Freundschaft verpflichtet ist.[67] Männliche und weibliche, väterliche und mütterliche Gottesbilder lassen sich nicht nur in der menschlichen Psyche aufspüren. Auch in den Zeugnissen der bildenden Kunst haben sie deutliche Spuren hinterlassen.

Hieratische und idyllische Kunst

Die katholische Kunst greift das Thema Messe häufig auf. Das Jesuskind mit dem Kelch und die Darstellung des zelebrierenden Priesters vermitteln einen ersten Eindruck von den Mentalitäten, die solcher Kunst ihre unverwechselbare Gestalt geben. Die meisten Kritiker würden das französische Jesuskind der 1950er Jahre (Abb. 47) als «Kitsch» bezeichnen; eine objektivere Wertung wird lediglich von Volkskunst sprechen. Der am Altar stehende, von Mönchen der deutschen Benediktinerabtei Beuron um 1900 gemalte Priester

47 Jesuskind mit Kelch. Katholische Volkskunst stellt Jesus oft als «niedliches» Kind dar. Während Kritiker den volkstümlichen Stil oft als «Kitsch» ablehnen, ist der Begriff des Idyllischen eher angemessen. Das religiöse Idyll vermeidet die feierliche Steifheit hieratischer Formen, um das Gefühl der Distanz zwischen dem Heiligen und dem Betrachter erst gar nicht aufkommen zu lassen. Den Vorzug genießen Kindliches, Vertrautes und Häusliches. Kleines französisches Andachtsbild, 1950er Jahre.

(Abb. 50) verrät ein anderes Kunstverständnis. Das Meßopfer darbringend, feiert er das heilige Geheimnis in Gegenwart von Engeln.

Das «niedliche», wie ein Mädchen wirkende Jesuskind mit seinem Kelch erinnert eher an katholische Kinder, die «Messe» spielen, als an wirkliche, die Messe lesende Priester. Der Priester zelebriert in der Kirche, das Kind spielt im Freien auf einer Wiese. Kinder spielen «Messe», wie sie Cowboy oder Räuber und Polizist spielen und so die sonderbare Welt der Erwachsenen in ihre eigene Phantasiewelt aufnehmen. Das fromme Kinderspiel blieb den Erwachsenen nicht verborgen, und tatsächlich haben katholische Spielwarengeschäfte im 19. und im frühen 20. Jahrhundert Meßspiele angeboten, bei denen nichts fehlte – weder der Hausaltar aus Pappe noch Kelch, Meßgewand und Birett des Priesters.[68] Manche Seelsorger warnten vor diesen Spielen, die, wie sie meinten, die Messe verunehren und der Lächerlichkeit preisgeben.[69] In den 1920er Jahren empfahl Maria Montessori, die große italienische Pädagogin und Gründerin von Modellschulen, den Gebrauch von Spielen, um Kinder mit der kirchlichen Liturgie vertraut zu machen (Abb. 48). Bei Kindern erfreute sich das Messespielen großer Beliebtheit. Knaben sind gewöhnlich die Anführer, aber auch Mädchen können mitwirken, wie uns Luise Rinser in ihren Kindheitserinnerungen schildert.[70] Im Film *Peppermint-Frieden* (Marianne Rosenbaum, 1983) sieht man bayrische Knaben, wie sie im elterlichen

48 Die Messe lernen. Im Montessori-Kindergarten erzogene Kinder sollen religiöse Spiele nicht mit profanen verwechseln. Daher haben sie einen besonderen, «Atrium» genannten Raum, in dem Kinder in die Liturgie eingeführt werden. Das Foto zeigt, wie sich die vierjährige Christina mit dem Mischen von Wasser und Wein bei der katholischen Messe vertraut macht. Die von Maria Montessori (1870–1952) gegründeten Kindergärten arbeiten nach dem Prinzip «Lernen durch Tun», und das gilt nach Auffassung der Gründerin auch für die religiöse Erziehung. Privates Montessori-Atrium, Rom, 1978.

Schlafzimmer «Kirche» spielen; ein alter Vorhang und Unterwäsche dienen als liturgische Gewänder. Messe spielende Kinder wurden auch fotografiert, vermutlich sogar in gewerblichen Ateliers. *De Engelbewaarder* (Der Schutzengel), eine religiöse Zeitschrift für holländische Kinder, hat solche Aufnahmen wiederholt abgedruckt (Abb. 49). Vor der Pubertät ist jeder katholische Junge ein kleiner Priester und, wie der Herausgeber des *Engelbewaarder* versichert, sein heiliges Spiel mag das erste Zeichen priesterlicher Berufung sein. Das Foto des kleinen Priesters und die französische Zeichnung des Jesuskindes entsprechen nicht jedermanns Geschmack. Der Einwand, es handle sich um Kitsch oder «schlechte Kunst für Kinder», liegt nahe. Dennoch wird keinem Betrachter die ungezwungene Vertrautheit mit dem Göttlichen entgehen, die diese Bilder einfangen.

Eine ähnliche Vertrautheit und häusliche Atmosphäre zeichnet jene Darstellungen aus, die in der Kunstgeschichte als «religiöses Idyll» bezeichnet

49 «Messe» spielen. Katholische Kinder spielen nicht nur «Schule» oder «Hochzeit», sondern auch «Messe». Das vermutlich im Studio eines gewerblichen Fotografen aufgenommene Bild zeigt einen in liturgische Gewänder gekleideten Knaben (links), begleitet von einem Altardiener (rechts). Vor der Pubertät kann jeder katholische Junge als kleiner Priester gelten, denn kindliche Unschuld entspricht priesterlicher Ehelosigkeit. Aus einer niederländischen Zeitschrift für katholische Kinder, 1914.

werden.[71] Der Begriff wurde von Goethe angeregt und begegnet erstmals in einem Essay über die Ölbilder seines Freundes Wilhelm Tischbein. Goethe ergötzt sich an den dargestellten Männern, Frauen und mythischen Tieren, die, in friedlichen, idyllischen Szenen zusammengeführt, an das Goldene Zeitalter des antiken Mythos erinnern. Über die Qualität solcher Kunst nachdenkend, erklärt Goethe ihre Eigenart:

> Alle kunstreichen idyllischen Darstellungen erwerben sich deshalb die größte Gunst, weil menschlich natürliche, ewig wiederkehrende, erfreuliche Lebenszustände einfach wahrhaft vorgetragen werden, freilich abgeson-

> dert von allem Lästigen, Unreinen, Widerwärtigen, worein wir sie auf Erden gehüllt sehen. Mütterliche, väterliche Verhältnisse zu Kindern, besonders zu Knaben, Spiel und Naschlust der Kleinen, Bildungstrieb, Ernst und Sorge der Erwachsenen, das alles spiegelt sich gar lieblich gegeneinander. Diesem Sinne gemäß finden wir in der sogenannten heiligen Familie einen idyllischen Gegenstand, erhoben zu frommer Würde, und deshalb doppelt und dreifach ansprechend.[72]

Ob Goethe wirklich glaubte, religiöse Idyllen seien ihren antiken und profanen Entsprechungen überlegen? Wenngleich diese Frage offen bleiben muß, ist doch deutlich, daß er den Stil, die Botschaft und die Anziehungskraft volkstümlicher Andachtsbilder trefflich erfaßte.

Das in Beuron entstandene Bild (Abb. 50) ist von ganz anderer Art als die Darstellung des Jesuskindes und das Foto des als Priester posierenden Knaben. Hier sind nicht der mädchenhafte kleine Jesus oder spielende Kinder dargestellt, sondern ein erwachsener Priester, der die heilige Handlung der Messe für die Verstorbenen vollzieht. Wir verlassen die idyllische Welt des Jesusknaben (ein kleiner, in sich geschlossener Garten) und sehen eine symbolische Darstellung des unermeßlichen Weltalls, dessen lichtvoller Himmel über das Gemälde hinausreicht. Die wie auf einer Bühne plazierte Handlung wird durch ein jenseitiges Panorama gerahmt. Große Sorgfalt ist darauf verwendet, daß der Meßdiener, die armen Seelen im Fegefeuer, die zum Himmel aufsteigenden Seligen und die sie Erwartenden – Petrus und die Engel – würdig und «maskulin» erscheinen. Die Beuroner Künstler orientieren sich an byzantinischer und altägyptischer Kunst, deren archaische Strenge, zeitlose Schönheit, kanonisches Gleichmaß, religiöse Würde, nichtsentimentale Qualität und Desinteresse am Individuellen ihr Meister Desiderius Lenz schätzte und zu erneuern suchte.[73] Nach Lenz sollte katholische Kunst objektiv und nicht subjektiv sein, strengen Regeln statt Einfällen des Augenblicks folgen und Majestät anstelle von Familiarität ausdrücken. Kurz, sie sollte hieratisch sein. Ein hieratisches religiöses Bild oder Ritual weist bestimmte Eigenschaften auf, die es von allem Profanen trennen, in den Bereich des Sakralen rücken und verhindern, daß es sentimental oder idyllisch wirkt. Der hieratische Stil gilt als majestätisch, entrückt und von geradezu religiöser Feierlichkeit. Voraussetzung ist eine bestimmte Formensprache, die sich zur Darstellung speziell priesterlicher Inhalte und Werte eignet. Einige dieser Merkmale sind Frontalität, Ruhe oder jedenfalls gemessene, würdige Bewegung, Strenge und bewußte Einschränkung anschaulicher Bildlichkeit, die wir von byzantinischen Ikonen kennen. Wie im Falle der Beuroner Malereien entsteht hieratische Kunst gewöhnlich im strengen, asketischen Milieu des Klosters. Von einer religiösen Elite hergestellt, spiegelt sie deren besondere theologische Werte. Während die Beuroner Kunst in den 1960er Jahren ihre Popularität einbüßte und als mißlungener Versuch galt, eine spezifisch katholische Kunst zu schaffen, ist der sie hervorbringende Geist noch heute lebendig und genießt weite Unterstützung. Einflußreiche

50 Das Requiem. Während der Priester die Messe liest, werden arme Seelen aus dem Fegefeuer befreit und steigen zum Himmel auf. Mit dem einfachen, hieratischen Stil wollte der deutsche Benediktiner Desiderius Lenz eine spezifisch christliche Kunst schaffen. Zwar haben selbst Zeitgenossen von Lenz den Beuroner Stil als Irrweg abgelehnt, doch galt er bei Katholiken lange Zeit als vorbildlich und wurde der Ausmalung von Kirchen, der Illustration von Meßbüchern und der Gestaltung von Andachtsbildern zugrunde gelegt. In den 1960er Jahren kam er im deutschen Katholizismus aus der Mode. Schule von Desiderius Lenz, Beuron, um 1900.

katholische Autoren des 20. Jahrhunderts wie Romano Guardini (1885–1968) in Deutschland und der amerikanische Trappistenmönch Thomas Merton (1915–1968) haben jenen Künstlern ihre Anerkennung gezollt, die eine «authentische» religiöse Kunst schufen. Guardini hob die besondere Eigenart des Kultbildes hervor: Im Unterschied zum lediglich der Andacht dienenden schönen Bild verleiht es dem *tremendum* der göttlichen Majestät selbst sichtbare Gestalt.[74] Auch Merton schätzte hieratische Kunst aufgrund «ihrer

51 Predigt in einer reformierten Kirche. Ein beliebtes Thema niederländischer Künstler des 17. Jahrhunderts war die Innenansicht von Kirchen. Hier sieht man einen Prediger, der von der Kanzel zur Gemeinde spricht. Das Innere der Kirche ist von größter Schlichtheit, denn in der Zeit der Reformation wurde die gesamte künstlerische Ausstattung entfernt. Unter dem Einfluß Calvins wurde die mittelalterliche Kirche in einen Vortragssaal verwandelt, in dem kein Kunstwerk die Aufmerksamkeit der Gemeinde ablenkt. Pieter Saenredam, Odolphuskerk in Assendelft. Niederländisches Gemälde, 1649.

Macht, etwas vom furchterregenden Charakter der unsichtbaren göttlichen Wirklichkeit spürbar zu machen, den Betrachter mit Ehrfurcht und dem Gefühl der geheimnisvollen göttlichen Gegenwart zu erfüllen.»[75] Der *Grand Larousse* verbindet den Begriff hieratisch speziell mit dem Gottesdienst; er bedeutet «seine Form von liturgischer Tradition herleitend: die hieratischen Gesten des zelebrierenden Priesters».[76] In sakraler Architektur, beim Wandschmuck, liturgischem Gerät und Gewändern, aber auch bei Gesten und Worten dient der Stil dazu, die Ehrfurcht gebietende Seite des Göttlichen auszudrücken. Theozentrische Theologien, ganz gleich ob von Katholiken wie Guardini und Merton oder von Protestanten wie Rudolf Otto vertreten, haben stets eine Affinität zu hieratischer Umgebung und hieratischen Formen der Liturgie.

Ein weiteres Beispiel für hieratische Kunst ist die Darstellung der Odolphuskirche von Assendelft (1649; Abb. 51). Pieter Saenredams Gemälde liegt eine theozentrische Auffassung des Gottesdienstes zugrunde, die in diesem Falle auf der strengen, bilderfeindlichen Theologie des Reformators Johannes Calvin beruht. Durch einfache, klare Linien und Kontraste vermittelt der Künstler die Erhabenheit des heiligen Ortes. Menschliche Gestalten sind kaum zu erkennen. Von Architektur übermächtigt, kann das Gegenüber von lauschender Gemeinde und Prediger nicht ausgemalt, sondern nur angedeutet werden. Saenredams kompromißlos hieratischer Stil findet sich nicht bei allen niederländischen Künstlern des 17. Jahrhunderts. Als sein jüngerer Zeitgenosse Rutger van Langevelt im Jahre 1669 die Innenansicht einer imaginären Kirche malte, legte er eine andere theologische Konzeption zugrunde (Abb. 52). Prediger und Gemeinde verlieren sich hier nicht in der überwältigenden Größe des sakralen Raums, der sich über ihnen öffnet, sondern treten in den Vordergrund und bilden das eigentliche Thema der Darstellung. Der Architektur kommt im Unterschied zu Saenredams Bild eine dienende Funktion zu. Sie bildet den Rahmen für etwas anderes – für Menschen. Über vierzig Personen, auch ein Hund, lassen sich erkennen: Frauen, Männer und Kinder in allen Altersstufen sind vertreten.

Mit Bedacht hat der Künstler den Beginn des Gottesdienstes für seine Darstellung ausgewählt. Noch ist die Gemeinde in Bewegung, blättert in Büchern und sucht nach Sitzplätzen. Während eine dem sakralen Ort angemessene Stille das Verhalten in vielen Kirchen bestimmt, unterhalten sich Niederländer auch heute noch vor Beginn des Gottesdienstes ungezwungen. Sie begrüßen einander und tauschen ihre Neuigkeiten aus. Die beiden Gestalten, die unter dem Bogen – rechts im Bild – sichtbar werden, schließen sich gerade der Gemeinde an. Die meisten haben bereits in den Bänken Platz genommen, die Frauen unmittelbar vor der Kanzel und die Männer rechts und links. Wir erkennen zwei Merkmale der niederländischen Calvinisten: die für die Stadträte reservierten Bänke *(herenbanken)* und das Aufbehalten der Kopfbedekkung auch bei Männern (außer beim liturgischen Gebet).[77] Einige schauen sich um oder unterhalten sich. Einer stehenden Frau wird eine Bibel gereicht. Unterhalb der hohen Kanzel kündigt der Vorleser die Tageslesung an. Während die Anwesenden ihre Bibeln aufschlagen, besteigt der Prediger die Kanzel. Die Gemeinde richtet ihre Aufmerksamkeit immer mehr dorthin. Der Gottesdienst kann beginnen.

Anders als Saenredams Darstellung strahlt dieses Bild eine gewisse wohltuende Wärme aus. Wir kennen die dargestellten Menschen nicht, doch erscheinen sie uns vertraut. Es sind Menschen mit individuellen Zügen. Einige Männer tragen das Haar lang, ein Zeichen ihrer liberalen Einstellung (manche strengen Calvinisten lehnten solche Haartracht ab). Die Wirklichkeit dieser Welt macht sich in dem Gemälde auch in der Gestalt eines kleinen Hundes bemerkbar. Im 17. Jahrhundert besaßen niederländische Gemeinden einen *houndenslager*, einen Mann, der Hunde aus der Kirche zu vertreiben hatte[78] – offenbar war er hier seiner Aufgabe nicht ganz gewachsen. Indem van Langevelt stillschweigend ein Haustier anwesend sein läßt, domestiziert er den sakralen Ort. Er macht ihn alltäglich, häuslich. Er zeigt uns «eine Welt, in der die abstrakte Ordnung des Staates, des gesellschaftlichen Lebens (dargestellt durch den immensen Raum) so selbstverständlich und unbestritten gültig ist, daß mit ihr gespielt werden kann. Das geschieht durch kleine Nebenszenen, in denen das Individuelle, das Menschliche zum Ausdruck kommt. Die öffentliche Ordnung verliert ihre Strenge und kann sogar ein klein wenig

52 Vor der Predigt. Diese niederländische Innenansicht einer Kirche lädt zum Vergleich mit Saenredams Odolphuskerk ein (Abb. 51). Entstehungszeit und Herkunft beider Darstellungen sind ähnlich, doch haben die Künstler verschiedene Stimmungen festgehalten. Der hieratischen Atmosphäre von Saenredams Kirche steht eine lebendige Szene gegenüber, deren idyllische Eigenart der kleine Hund (rechts unten) unterstreicht. Rutger van Langevelt, niederländisches Gemälde, 1669.

entstellt werden. Das Sakrale und Feierliche erträgt ein gewisses Maß an Profanierung.»[79] Zusammen mit einem oder zwei unaufmerksamen Kindern und der noch nicht zur Ruhe gekommenen Gemeinde mildert der Hund die strenge Atmosphäre und verleiht ihr einen eigenen Reiz.

Obwohl die Prediger des 17. Jahrhunderts streng waren und etwa gegen langes Haar und Alkoholkonsum wetterten, suchten sie doch, das Interesse der Zuhörerschaft zu gewinnen.

> Nach der am Pult erfolgenden Lesung eines Bibeltextes besteigt der Prediger die Kanzel. Er beginnt mit allerlei Bekanntmachungen, bei denen die weltlichen Dinge nicht fehlen: das Unwesen von Straßenhändlern, Neuigkeiten aus der Stadt. Dann folgt die Predigt. Den Bibeltext zum Ausgang nehmend, trägt der Prediger seine Morallehren in einer bilderreichen Sprache vor, für deren Lebendigkeit Wortspiele und Sprichwörter sorgen. Wie ein Zeitgenosse lachend bemerkte: Das Wort des Predigers bleibt haften wie eine Klette im Fell eines Schafs.[80]

Paul Zumthors Beschreibung des niederländischen Sonntagsgottesdienstes kommentiert van Langevelts Bild aufs trefflichste. Wir blicken in die sonntägliche Lebenswelt von Menschen, die sich an diesem Ort zu Hause fühlen, und wenn sie zuhören, kommt ihnen Gottes Wort nahe und berührt ihr Herz. «Das Wort ist ganz nah bei dir, es ist in deinem Mund und in deinem Herzen» – und natürlich in der Bibel, die du in der Hand hältst (Dtn 30,14). Saenredam scheint zu sagen: «Dies ist der Ehrfurcht heischende Ort, an dem Gottes Wort gelehrt wird.» Van Langevelt dagegen stellt die Menschen in den Vordergrund: «Dies sind Männer und Frauen und Kinder – Menschen wie du und ich –, die ihre Bibel aufschlagen und ihrem Prediger lauschen.» Vielleicht machen sich einige von ihnen sogar an Ort und Stelle Notizen, um das Wort des Predigers festzuhalten; jedenfalls machte Samuel Pepys im zeitgenössischen London solche Aufzeichnungen.[81] Andere mögen schlafen oder eigenen Gedanken nachhängen, wenn ihnen die Predigt zu lang und zu wenig fesselnd scheint. Mit unübertroffener Offenheit schildert uns Pepys, was er eines Sonntagnachmittags auf der Empore der Kirche von St. Margaret tat. «Ich nahm mein Fernglas und betrachtete alles, was in der Kirche vor sich ging. Mit größtem Vergnügen ergötzte ich mich an einer großen Zahl sehr eleganter Damen. (...) Auch schlief ich ein bißchen. So vertrieb ich mir die Zeit, bis die Predigt zu Ende war.»[82]

Je genauer wir hinsehen, um so menschlicher erscheint uns der Gottesdienst. Das zeigt van Langevelts Gemälde, und das geht aus vielen in diesem Buch erörterten Quellen klar hervor. Zu manchen Zeiten neigen die Gläubigen zur Anbetung des majestätischen, erhabenen Gottes. Zu anderen Zeiten ziehen es dieselben Gläubigen vor, sich dem Göttlichen als einem liebenden, mütterlichen Christus zu nähern. Als ein gemeinschaftliches, öffentliches, geregeltes und zielgerichtetes, auf Gott bezogenes und von ihm gelenktes Handeln ist der Kult zutiefst menschlich und spiegelt alle Stimmungen der Seele. Wir mögen historische Quellen untersuchen, vergleichende Religionswissenschaft betreiben, Psychologie und Kunst befragen – immer finden wir unser eigenes Gesicht, unsere eigene Seele, unsere eigene Kultur, kurz: uns selbst im Mittelpunkt des heiligen Spiels. «Denn, um es endlich auf einmal herauszusagen, der Mensch spielt nur, wo er in voller Bedeutung des Wortes Mensch ist, und er ist nur da ganz Mensch, wo er spielt.»[83]

Anhang

Abkürzungen

CC	Jean-Jacques Olier, «Catéchisme chrétien pour la vie intérieure». In: Olier, *Catéchisme chrétien et Journée chrétienne*, hg. François Amiot. Paris: Le Rameau, 1954, 9–92.
CCCM	Corpus Christianorum, continuatio mediaevalis
CCSL	Corpus Christianorum, series latina
CR	Corpus Reformatorum
CSEL	Corpus Scriptorum Ecclesiasticorum Latinorum
CWS	The Classics of Western Spirituality
DH	Heinrich Denzinger und Peter Hünermann (Hg.), *Kompendium der Glaubensbekenntnisse und kirchlichen Lehrentscheidungen*, 37. Aufl., Freiburg: Herder, 1991.
EC	Jean-Jacques Olier, «Explication des cérémonies de la grand'messe de paroisse.» In: *Œuvres complètes de M. Olier*, hg. Jacques-Paul Migne. Petit-Montrouge: Migne, 1856, 281–455.
EÜ	*Einheitsübersetzung der Heiligen Schrift* (1980)
FC	*Fontes Christiani* (Freiburg: Herder, 1990ff.).
GCS	*Die griechischen christlichen Schriftsteller der ersten drei Jahrhunderte*. Berlin
IVV	Jean-Jacques Olier, *Introduction à la vie et aux vertus chrétiennes*, hg. François Amiot. Paris: Le Rameau, 1954, 7–159.
JC	Jean-Jacques Olier, «La Journée chrétienne.» In: Olier, *Catéchisme chrétien et Journée chrétienne*, hg. François Amiot. Paris: Le Rameau, 1954, 93–247.
KD	Karl Barth, *Die kirchliche Dogmatik*. Zürich: EVZ-Verlag, 1932–67.
L	Jean-Jacques Olier, *Lettres*, neue Ausgabe von E. Levesque (Paris: J. de Gigord, 1935).
LCL	The Loeb Classical Library
Mansi	Johannes Dominicus Mansi (Hg.), *Sacrorum conciliorum nova et amplissima collectio*
NRSV	New Revised Standard Version of the Bible (1989)
PG	*Patrologiae cursus completus, series graeca*, hg. Jacques-Paul Migne
PGM	*Papyri Graecae Magicae: Die griechischen Zauberpapyri*, hg. Karl Preisendanz u. a., 2. Aufl. Stuttgart: Teubner, 1973–74. 2 Bde.
PL	*Patrologiae cursus completus, series latina*, hg. Jacques-Paul Migne
PLA	Frank Bartleman, «How Pentecost Came to Los Angeles» (1925). Repr. in: *Witness to Pentecost: The Life of Frank Bartleman*, hg. Cecil M. Robeck. New York: Garland, 1985.
SC	*Sources Chrétiennes*, Paris: Cerf, 1941ff.
STh	Thomas von Aquin, *Summa theologiae*
WA	Martin Luther, *Werke. Kritische Gesamtausgabe* («Weimarer Ausgabe»)
WA Br	Martin Luther, *Werke. Kritische Gesamtausgabe; Briefwechsel*
WA DB	Martin Luther, *Werke. Kritische Gesamtausgabe; Deutsche Bibel*
WA TR	Martin Luther, *Werke. Kritische Gesamtausgabe; Tischreden*
WF	Frank Bartleman, *Around the World by Faith* (n. d.). Repr. in: *Witness to Pentecost: The Life of Frank Bartleman*, hg. Cecil M. Robeck. New York: Garland, 1985.

Anmerkungen

Vorwort

1 Platon, Gesetze (Nomoi) 803 D/E; 803 C (übers. Otto Apelt). Der Philosoph stellt sich eine aristokratische Gesellschaft vor, in der die jungen Menschen beiderlei Geschlechts auf dem Höhepunkt ihrer Entwicklung stehen und, frei von jeglicher Arbeit, «ihr Leben lang nur an Opfer, Feste und Chorreigen zu denken brauchen» (835 E).
2 Huizinga (1987), 35.
3 Guardini (1957), 57–58.
4 Jensen (1992), 80.
5 Lévi-Strauss (1962), 47.
6 Huizinga (1987), 19.

Lobpreis

1 Jan van Ruusbroec, Die Zierde der geistlichen Hochzeit 2,14 = CCCM 103, 319.
2 Luther, Von den guten Werken (1520), WA 6, 217.219.
3 Westermann (1954), 16.
4 Zum Thema des «Dankens» im Altgriechischen: Versnel (1981), 46–63.
5 Homer, Ilias 1, 473–474 (übers. nach J. J. C. Donner).
6 Aischylos, Die Schutzflehenden 692–699 (übers. von Ludwig Wolde).
7 Platon, Gesetze 800 C/D (übers. nach Otto Apelt).
8 Käppel (1992).
9 Aelius Aristides, Reden 50, 31–45 = (1981), I, 324–327.
10 Kleinig (1993).
11 2 Chr 29,30.
12 Zur Übersetzung «singt *von ihm*»: de Boer (1981).
13 Bitte, gefolgt von Amen und Lobpreis: 1 Chr 16,35–36. «Ja, er ist gütig»: 2 Chr 7,3 nach der Übersetzung von Kleinig (1993), 117; das hebräische Wort *ki*, gewöhnlich «denn» wiedergegeben, kann auch als selbständiges Wort dienen, vgl. Miller (1994), 358–362. Niederwerfen: 2 Chr 25,29–30.
14 Thomas Hobbes, Leviathan (1651), Kap. 31.
15 Epiktet, Dissertationes 1,16 (übers. nach J. G. Schultheiß und R. Mücke).
16 Voltaire (1972), 176.
17 Origenes, Vom Gebet 33,1 = GCS Origenes 2, 401.
18 Babylonischer Talmud, Berachot 32a.
19 Luther, Vorlesung über 1 Mose, WA 43, 81.
20 Calvin, Unterricht in der christlichen Religion III, 20, 8 = (1986), 570.
21 P. Brunner (1977), 173.
22 Pseudo-Basilius, PG 31, 1328.
23 Vgl. Hirsch (1928), 39–40: «Manche wollen das Bittgebet ganz aus dem Christenleben streichen und nur den Dank, am liebsten allein den Dank für geistliche Güter, übrig lassen.»
24 Ri 1,12–13.
25 Jdt 13,18 ff.
26 1 Makk 3,1–9; 14,4–15.
27 Sir 44–50.

28 Ps 47,2.
29 2 Makk 10,7.
30 Ps 105 = 1 Chr 16. Zum «Ladefest»: Kraus (1972), 879–883.
31 Luther, WA 31/I, 247–248.
32 P. D. Miller (1986), 68.
33 Röm 15,11 mit Zitat von Ps 117,1.
34 Die übliche Übersetzung der Einleitung zu Jes 6,3 («sie riefen einander zu») ist irreführend. Weinfeld (1983).
35 Ps 29,11 ist keine Bitte, sondern eine Feststellung: «Der Ewige gibt Macht seinem Volke (usw.)» (übers. Leopold Zunz). Für die Ausstrahlung des göttlichen *schalom* auf die Erde, vgl. auch Lk 2,14.
36 Der Qumrantext trägt die Bezeichnung 4Q 405,20; übers. nach Maier (1995), II, 406.
37 Westermann (1978), 188.
38 Johannes Chrysostomus, Predigten über den Kolosserbrief 9,2 = PG 62, 363.
39 Edwards (1959), 262–263, angeregt von Thomas von Aquin, STh I 5,6 *(bonum utile, bonum delectabile)*. Zum «absoluten» Gotteslob vgl. noch Brueggemann (1988), 89–121; Guthrie (1981), 1–30.
40 Norden (1913), 222–223.
41 Stewart (1988), 85.
42 Offb 19,3.4.6.
43 Werner (1959; 1984) betont die liturgische «Brücke», die Juden und Christen verbindet; sein Werk gilt allerdings nicht in allen Einzelheiten als zuverlässig. Über den Gebrauch der Psalmen bei Juden und Christen: Maier (1983); Füglister (1988). Randhofer (1995) betont die Unabhängigkeit jüdischer und christlicher Psalmodie.
44 Gelineau (1992), 494.
45 Taft (1986), 357.
46 Söhngen (1961), 133.
47 Taft (1986), 345.
48 Römisches Meßbuch Pauls VI. (1970), 4. Hochgebet.
49 Didache 10 = FC 1, 124.
50 Apostolisches Glaubensbekenntnis, DH Nr. 30.
51 P. Brunner (1954), I, 261.
52 Apostolische Konstitutionen 8,12,6–37 = SC 336, 180–196.
53 Guéranger (1878), I, 2–4.
54 Kongregation für den Gottesdienst, «Allgemeine Einführung in das Stundenbuch» (1971), Nr. 146 = Rennings (1983), 1026.
55 Kongregation für den Gottesdienst, «Allgemeine Einführung in das Stundenbuch» (1971), Nr. 152 = Rennings (1983), 1027.
56 Lk 1,68–79; 1,46–55.
57 Flusser (1988), 131. Über die Vorgeschichte des Benedictus und des Magnificat: Vielhauer (1952), Winter (1954); über das Benedictus auch Radl (1996), 128–131. Die targumische Fassung von 1 Sam 2, dem Vorbild des Magnificat, ist ein nationalistisches Lied und enthält den Satz: «Die Stadt Jerusalem, die wie eine unfruchtbare Frau war, wird von ihren exilierten Menschen voll sein. Die Stadt Rom, die von vielen Menschen bewohnt war – ihre Heere werden verzweifelt und besiegt sein» (spätes 1. Jahrhundert n. Chr.); Harrington u. a. (1987), 106.
58 Taft (1986), 357.
59 Apostolische Überlieferung 41 = FC 1, 300/302; Cyprian, Das Gebet des Herrn 35 = CCSL 3A, 112; Johannes Cassianus, De institutis coenobiorum 3,3 = PL 49, 116–126.
60 Jacobus von Voragine, Legenda aurea Nr. 182 (De dedicatione ecclesiae) = (1846), 847–848. Über solche Erinnerungen vgl. de Reynal (1978), 47–53.
61 Bonhoeffer (1987), 35.
62 Pius XII., Enzyklika «Mediator Dei» Nr. 142 = (1948), 66; Tanqueray (1931), Nr. 514.
63 Konstitutionen der Regulierten Chorfrauen (1933), 88.

64 Gertrud von Helfta, Gesandter der göttlichen Liebe 3,9 = SC 143, 42.
65 Franz von Sales (1895/1902), IX, 333; vgl. IX, 49–50.
66 Kongregation für den Gottesdienst, «Allgemeine Einführung in das Stundenbuch» (1971), Nr. 270 = Rennings (1983), 1045. Über neuere Versuche, das Tagzeitengebet wieder in den Gemeinden durchzuführen: Kohlschein (1987).
67 Kongregation für den Gottesdienst, «Allgemeine Einführung in das Stundenbuch», Nr. 23 = Rennings (1983), 1000.
68 Regel des heiligen Augustinus (1986), 33.
69 Hippolyt, Apostolische Überlieferung 41 = FC 1, 304/306.
70 Schneider (1901), 967.
71 Apostolische Überlieferung 41 = FC 1, 298/300.
72 Eusebius, Kommentar zu Ps 64 = PG 23, 630. Zur frühen Geschichte des Stundengebets vgl. Taft (1986).
73 Johannes Chrysostomus, Predigten über die Apostelgeschichte 18,4 = PG 60, 147.
74 Egeria, Reisebericht 24 = FC 20, 224/234.
75 De Voguë (1966).
76 Benedikt, Regel 16 = SC 182, 524.
77 Benedikt, Regel 43 = SC 182, 586.
78 Das ist der Wechsel vom «responsorischen» zum «antiphonalen» Singen. Basilius, Brief 207,3 = PG 32, 764 nennt beide Arten nebeneinander, vgl. McKinnon (1987), 10 und McKinnons Quellentext Nr. 139. Bradshaw (1995), 16–21.78–81 hebt den asketischen Charakter des frühen monastischen Gebets hervor.
79 Didache 8 = FC 1, 120.
80 Origenes, Vom Gebet 33,1 = GCS Origenes 2, 401.
81 Jungmann (1925), 151–168. Auf jüdische Vorbilder der Doxologie weist Werner (1959), I, 273–312; (1970) hin.
82 Butler (1919), 68–69. Nach Thomas von Aquin, STh II II 83,13 (und 91,2 zu 5) genügt ein allgemeines Wissen um den Sinn eines Gebets, um dessen Rezitation verdienstvoll zu machen. Johannes Chrysostomus, Über Psalm 41,2 = PG 55, 185, meint, man solle einen Psalm auch dann singen, wenn man den Sinn der Worte nicht begreift.
83 Verheul (1990), Dyer (1989, 1989a).
84 Paulus Diaconus, angeführt bei Lackner (1972), 52.
85 Butler (1919), 30.
86 Butler (1919), 31.
87 Johannes von Salerno, PL 133, 57, erwähnt, daß in Cluny 138 Psalmen rezitiert wurden.
88 Hallinger (1977). Über die Hinzufügung immer weiterer Psalmen: Lackner (1972), 53–54.
89 Petrus Damiani, PL 145, 873–874.
90 Möbius (1984), 35.
91 Leuenberger (1986), 168–169.
92 Der Gedenkgottesdienst fand am 23. September 1993 statt und wurde im Guardian (London), 18. September 1993, angekündigt.
93 Augustinus, Gottesstaat 22, 8 = CCSL 48, 825–826.
94 Der Wortlaut des Berichts findet sich bei Augustinus, Predigt 322 = PL 38, 1443–1445.
95 So in einem der frühen Vierteljahresberichte, die Jesuitenhäuser an den Ordensgeneral Ignatius von Loyola schickten: Litterae Quadrimestres (1895) II, 212–213 – 6. April 1553.
96 Spangenberg (1971), 447.
97 J. Wesley (o. J.), IV, 439 – 1. März 1761.
98 J. Wesley (o. J.), IV, 471 – 19. Juli 1761.
99 John Dungett, angeführt bei Church (1949), 240.
100 W. R. Ward (1976), 21; F. Baker (1957), 29.
101 Jonathan Crowther 1813, angeführt bei H. Davies (1962/75), IV, 262.
102 Burdon (1988).

103 Punshon (1990), 19.
104 Knapp (1868), 136. Zur Tradition der protestantischen Laienpredigt vgl. Adams (1981), 98–99.
105 Wheatley (1881), 238–257.
106 A. G. Schneider (1997), 271–272.
107 E. G. White (1948), I, 35–37.
108 E. G. White (1920), 114–116.
109 E. G. White (1948), II, 579 (aus dem Zeugnis Nr. 20, 1871).
110 E. G. White, Brief vom 7. April 1889. Der ungedruckte Brief befindet sich in den «Ellen G. White 1888 Materials», S. 287.
111 Eddy (1960), 47.
112 Caldwell (1983), 45–80; Adams (1981), 40–50. C. Mather (1853), II, 244 datiert die Anfänge ins Jahr 1634.
113 C. Mather (1853), II, 226 – Text der «Platform».
114 C. Mather (1853), II, 244.
115 C. Mather (1853), II, 246.
116 C. Mather (1853), II, 346.
117 Caldwell (1983), 76–79.
118 Wigglesworth (1970), 113.
119 Pettit (1966), 202–203.
120 Edwards (1959), 416.
121 Finney (1989), 136. Auf die Bedeutung der Methodisten für die Erweckung in De Kelb verweist Hardman (1987), 66–67.
122 Bruce (1974), 83.
123 McLean u. a. (1869), bes. 106–114.155.
124 Sundén (1982), 33–66.
125 R. W. Tyson (1988), 110–111.
126 Hambrick-Stowe (1982), 248–253; Zaret (1985); Tripp (1969).
127 Albanese (1992), 420.
128 Spinks (1991).
129 Mt 21,9.
130 Augustinus, De doctrina christiana 2,11 [16] = CCSL 32, 42.
131 Evangelisches Gesangbuch (1994), Lied Nr. 180, 3.
132 Johannes Chrysostomus, PG 56, 138.
133 Sicard von Cremona, Mitrale 3 = PL 213, 122, benützt von Durandus, Rationale 4,33,2 = CCCM 140, 401. Zur Gemeinschaft von Engeln und Menschen im Gottesdienst: Hofius (1992).
134 Augustinus, Predigt 252, 9 = PL 38, 1176–1177.
135 Jan van Ruusbroec, Die Zierde der geistlichen Hochzeit 2,14 = CCCM 103, 319.
136 Price (1956), 223–224.
137 Kabasilas, Kommentar über die göttliche Liturgie, SC 4bis, 102.
138 Otto (1924), 63. Eine katholische Fassung desselben Gedankens findet sich bei de Puniet (1921).
139 C. S. Lewis (1977), 80.
140 C. S. Lewis (1977), 81.
141 C. S. Lewis (1977), 82.
142 2. Vatikanisches Konzil, Konstitution über die heilige Liturgie 84 = Lexikon für Theologie und Kirche, 2. Aufl. (Freiburg: Herder, 1966), Bd. 12, 76.
143 Schlink (1961), 82.
144 Kendrick (1984), 17.
145 Ratzinger (1987), 21: «Rechte Liturgie erkennt man daran, daß sie kosmisch ist, nicht gruppenmäßig.»
146 Hammerstein (1962), 37.
147 Zur Geschichte der Orgel: Schuberth (1968), Williams (1993).

148 Hammer (1964), 3.
149 Hammer (1964), 407.
150 C. M. Brand (1941), 317–320.416–417.461.
151 «Messe à 4 voix (...) composée par Joseph Haydn», Allgemeine musikalische Zeitung 6 (1803/04), 1–10, Zitat 4; der Artikel wird Friedrich Rochlitz zugeschrieben.
152 White (1995), 43.
153 Merz (1791), 8/1,15–16 in einer «Schutzschrift für die Pracht beym Gottesdienste».
154 Großgebauer (1667), 208. Zum Autor: Irwin (1993), 79–88.
155 Großgebauer (1667), 209.
156 Großgebauer (1667), 209.
157 Mithobius (1665), 180. Zum Autor: Irwin (1993), 89–98.
158 Arnold (1995).
159 Gatens (1986), 18–32.
160 Kock (1989), Howe (1994).
161 Wainwright (1992), 522.
162 Buchanan (1977), 10.
163 Hofmann (1957), 10.
164 Martin (1982), 28.
165 Barth (1979), 10 – Brief vom 6. Juli 1961 an Werner Rüegg.
166 Drewermann (1989), 179.
167 Referiert bei Douglas (1973), 40–58.
168 Adey (1988), 242. In der angelsächsischen Tradition unterscheiden sich die erfahrungsbezogenen Bekehrungslieder des 18. Jahrhunderts von den belehrenden, einem Adelsideal verpflichteten Lieder des 19. Jahrhunderts: Bradley (1997), 108–111.
169 Freud (1975), 73.
170 Nikolaus Kabasilas, Kommentar über die göttliche Liturgie, SC 4bis, 102.
171 Raffalt (1978), 238.
172 Bob Farrell und Billy Smiley, «Because of Who You Are», angeführt bei Hustad (1992), 4.

Gebet

1 Luther, Von den guten Werken, WA 6, 236.
2 Peale (1992), 51.
3 1 Kön 8,33–53.
4 Strack u. a. (1928), IV, 212.
5 Aischylos, Die Schutzflehenden 650ff. (übers. J. G. Droysen).
6 Trombley (1993), I, 4.
7 Mark Aurel, Selbstbetrachtungen 5,7 = (1930), 105.
8 Aubriot-Sévin (1992), 59–65; Pulleyn (1997), 7–15.
9 Achtzehngebet, palästinische Fassung: Strack u. a. (1928), IV, 212. Über das Achtzehngebet als Gebet eines hellenistischen Staates: Bickerman (1962).
10 Königsbitte: Ps 2,8; 1 Kön 3,9.
11 Eaton (1976), 71–72.177–181.
12 Kleanthes, «Zeushymnus», Fragment 535, überliefert bei Stobaios, Anthologie I, 25–27 (übers. W. Nestle).
13 Klemens von Alexandrien, Stromateis 7,38,4; 7,44,3–5 = SC 428, 138.152/154.
14 Sektenregel (1QS) 1,24–2,3 = Maier (1995), I, 169–170.
15 Hodayot 8, 11–12 = Maier (1995), I, 59; Vermes (1995), 232 (übers. nach Vermes).
16 Knohl (1996).
17 Proklos, Kommentar zum Timaios 206–217 = (1967), II, 27–39 mit Kommentar von Esser (1967).
18 Wilhelm von St.-Thierry, Hoheslied (Vorwort) = SC 82, 84–102.

19 Baeck (1960), 158.
20 Westermann (1968).
21 Philo, Über das betrachtende Leben 27 und 89; Josephus, Jüdischer Krieg 2, 128; beide Texte in Vermes u. a. (1989).
22 Heinemann (1977), 14–15. Vgl. Talmon (1978), Chazon (1994) über die Entstehung regelmäßigen öffentlichen Gebets.
23 Behr (1968).
24 «Große Liebe», nach Bamberger (1972), 35–36.
25 Strack u. a. (1928), IV, 212 – palästinische Fassung.
26 Über priesterliches und schriftgelehrtes Gebet: Zahavy (1990), 87–101. Bestimmte Anliegen werden von Priestern und Schriftgelehrten geteilt: Urman (1993).
27 Dan 3,17–18.
28 Mell (1994).
29 Lk 11,1–2.
30 Elliott (1973) hat diese Deutung als erster vorgeschlagen. Unsere Erklärung greift auf Elliott zurück und auf die Arbeiten von drei Forschern, die den Taufkontext des Vaterunsers erörterten, auch wenn sie das Gebet nicht dem Täufer zuschreiben: Klein (1906), Swetnam (1972), Popkes (1990). Über den historischen Zusammenhang von Jesus und dem Täufer: Murphy-O'Connor (1990).
31 Vgl. Sir 48,10; Elija steht bereit, in der Endzeit «Jakobs Stämme wieder aufzurichten».
32 Lk 1,47–55. Winter (1954); ähnlich Bammel (1984), 112–113; Flusser (1988).
33 Jos 7,9.
34 Mischna, Yoma 8,9.
35 Ez 36,28.
36 Unklar bleibt, ob die Beziehung zu Gott in einer Taufformel ausgesprochen wurde oder nicht. Von Campenhausen (1971) meint, auch die christliche Taufe sei ursprünglich wie in Apg 8,38 durchgeführt worden – ohne Anrufung des Namens Jesu.
37 Ez 9,4.
38 Zur abweichenden Lesart in Lk 11,2 vgl. Gregor von Nyssa, Das Gebet des Herrn, Predigt 3 = PG 44, 1157. Leaney (1956) hält diese Lesart für die ursprüngliche.
39 Ez 36,26.33.
40 3 Makk 6,4; Mk 14,36.
41 Ez 37,22–24.
42 Sir 7,14.
43 Josephus, Jüdische Altertümer 18, 116; vgl. Lk 3,10–14.
44 «Große Liebe» (Ahava rabba): Bamberger (1972), 35.
45 Lk 7,29.
46 Josephus, Jüdische Altertümer 18, 117. Die neutestamentliche Angabe über die johanneische «Taufe zur Vergebung der Sünden» scheint dem Täufer ein christliches Taufverständnis zuzuschreiben.
47 Zum Beispiel Dtn 8,2.
48 Baumann (1993) untersucht öffentliches Fasten im 1. Jahrhundert n. Chr.
49 Origenes, Vom Gebet I, 2,4 = GCS Origenes 2, 202–203.
50 Didache 7–8 = FC 1, 118 (ca. 110/160 n. Chr.). Vgl. Rordorf (1980/81), 4; Popkes (1990).
51 Lk 3,21.
52 Joh 3,22.
53 Bei Matthäus läßt die Trennung von Mt 7,7–11 vom Vaterunser und die Einfügung von 6,14–15 die unbedingte Verheißung des Vaterunsers nicht so deutlich erkennen.
54 Joh 10,41.
55 «Johannes der Täufer erwartete einen kriegerischen Führer, nicht einen sanften Lehrer, der mit charismatischen Kräften zur Heilung von Leib und Seele begabt war.» Ford (1975), 53.
56 Safrai (1994), 6–7.
57 Mischna, Taanit 3,8.

58 S. L. Davies (1995), 107–112.
59 M. Smith (1978), 132.
60 2 Kön 5.
61 Cyprian, Das Gebet des Herrn 12 = CCSL 3A, 96.
62 Cyprian, Das Gebet des Herrn 12 = CCSL 3A, 96.
63 Ps 22,29. Vgl. auch Ps 91, und zur Interpretation Vorländer (1975a).
64 M. Smith (1978), 133.
65 Lk 3,11–14.19.
66 Mk 16,17–18.
67 Lindemann (1989), 91–100 untersucht die Beziehungen zwischen Mt 4 und dem Vaterunser.
68 Origenes, Vom Gebet 30,1–2 = GCS Origenes 2, 545/548; Tertullian, Das Gebet des Herrn 8,3–4 = CCSL 1, 262; Cyprian, Das Gebet des Herrn 27 = CCSL 3A, 107.
69 Oden Salomos 14,5 = FC 19, 140. Über Satan als den «Bösen» in frühjüdischen Quellen: Black (1990).
70 J. Smith (1990), 121–143. Vgl. auch Cohn (1993), der auf den Unterschied zwischen den beiden Weltauffassungen in anderer Terminologie hinweist. Allerdings dürfte Cohn irren, wenn er bei Jesus mit utopischer Weltsicht rechnet.
71 Wilson (1973), 24–25.
72 Cyprian, Das Gebet des Herrn 8 = CCSL 3A, 93.
73 Benedikt, Regel 13 = SC 182, 520.
74 Klinghardt (1996), 452–456.
75 Cyprian, Das Gebet des Herrn 18 = CCSL 3A, 101–102; Augustinus, Bergpredigt 2,7 (25–27) = PL 34, 1279–1281.
76 Augustinus, Predigt 227,64 = SC 116, 240. Der Nachdruck auf der Vergebungsbitte findet sich in zahlreichen Vätertexten: Furberg (1968), 50–56.104.109.
77 (Pseudo-)Augustinus, Predigt 6 (Supplement) = PL 46, 836. Derselbe Gedanke bei Augustinus, Predigt 17,5 = PL 38, 127.
78 Meßordnung (Ordo missae) vom 6. April 1969, Nr. 56 = Rennings (1983), 679 (Nr. 1451).
79 Meßordnung (Ordo missae) vom 6. April 1969, Nr. 56 = Rennings (1983), 679 (Nr. 1451).
80 Augustinus, Predigt 59 = SC 116, 186–199.
81 Apostolische Konstitutionen 7, 45 = SC 336, 106. Zu dieser Quelle: M. Metzger in SC 320, 55–57.
82 Otto (1925).
83 Baumgarten (1914).
84 Heiler (1920), 107.
85 Bonhoeffer (1961), IV, 271.
86 Cyprian, Das Gebet des Herrn 9 = CCSL 3A, 94.
87 Cyprian, Das Gebet des Herrn 28 = CCSL 3A, 107.
88 Alle antiken Heilungskulte enthalten Reinigungsriten; für das hellenistische Altertum vgl. Ferguson (1993), 210, für das Judentum Sir 38,9–12.
89 Es handelt sich in diesem Fall um eine «kleine Geschichte» *(historiola)*, die einen magischen Präzedenzfall erzählt und so magische Kräfte in Bewegung setzt. Vgl. dazu Frankfurter (1995).
90 Leben Adams und Evas 36 und 40–42 = Merk u. a. (1998), 817–818.821–823.
91 Aune (1996); von älteren Autoren sind Heitmüller (1903), 257–265 und Dibelius (1903), 14–17 als Vertreter der «religionsgeschichtlichen Schule» zu nennen.
92 Josephus, Jüdische Altertümer 8, 47. Vgl. Duling (1975).
93 Tosefta, Hullin 2,22–23, vgl. M. Smith (1978), 48–49 und Maier (1978), 182–192.
94 Apg 19,3.
95 Irenäus, Gegen die Häresien 2, 32,5 = FC 8/2, 280. Simon ist auch Apg 8,9 erwähnt.
96 Mt 7,22; Apg 2,38; Jak 5,14.
97 Betz (1992), I, 62 = PGM 4, 1230ff.
98 Dillon (1985); Shaw (1995), 181; Clerc (1995), 249–252.

99 Origenes, Gegen Celsus 1, 25 = SC 132,142.
100 Origenes, Gegen Celsus 1, 24 = SC 132,136/38.
101 Lk 1,9ff. Der Brandopferaltar ist ein kleiner Tisch im Tempelhaus (Ex 30,6–7; Hebr 9,4), auf dem ein Priester jeden Morgen Räucherwerk verbrennt. Die Szene spielt also innerhalb des Tempelhauses und konnte von keinem Zuschauer beobachtet werden.
102 Apg 22,17–21.
103 Ex 34,29; Lk 9,29. Vgl. Reid (1994); Barker (1995), 57.
104 2 Kor 12,7–9; dazu Price (1980).
105 Crump (1992), 115.
106 Lk 9,28–36. Dazu unten, Kap. V, S. 324.
107 Lk 9, 18–20.
108 Achtzehngebet, palästinische Fassung: Strack u. a. (1928), IV, 211.
109 1 Klem 61,3 = Lindemann (1992), 164.
110 Barker (1992), Scroggs (1993).
111 Vorländer (1975; 1975a).
112 Ps 95,3.
113 Apg 9,14.21; 1 Kor 1,2; Röm 10,2; 2 Tim 2,22.
114 Bultmann (1961), 130 (§ 12). Über an Jesus gerichtetes Gebet: Jungmann (1925); Hurtado (1988), 104–108.
115 Derrett (1979/80), 86.
116 Dieser etwas schroffe Satz ist jedoch einzuschränken. Derrett scheint zwar den Sinn von Mt 18,19–20 nach dessen Kontext im Matthäusevangelium richtig zu bestimmen, aber für sich genommen mag der Satz einen anderen Sinn gehabt haben. Er könnte die Erhörung einer theurgischen Bitte um Christi wahrnehmbare Gegenwart verheißen (vergleichbar mit Joh 14,12–14; 16, 23–24).
117 Jungmann (1949), I, 470–472.
118 Schleiermacher (1984), § 147,1.
119 Origenes, Vom Gebet 15,1 = GCS Origenes 2, 334.
120 Origenes, Vom Gebet 15,4 = GCS Origenes 2, 335.
121 Apg 7,59; Jungmann (1925); Hamman (1989), XX–XXII.
122 Jungmann (1925); Hamman (1989), XX–XXI; Magne (1986).
123 Breviarium Hipponense 21 = CCSL 149, 39.
124 Melanchthon, CR 21, 956.974; 22, 565.
125 Melanchthon, CR 21, 956–957.
126 Melanchthon, CR 21, 974.
127 Agende (1960), II, 95.
128 Micklem (1936), 201.
129 Vergil, Aeneis VIII, 492–497 (übers. nach Ludwig Neuffer). Weitere Beispiele bei Frankfurter (1995).
130 Norden (1913), 220–232.
131 Agende (1960), II, 99.
132 Spectator (1965), III, 514–515. Zur Geschichte der Wertschätzung der King-James-Bibel: Norton (1993).
133 Seiler (1801), Vorrede (ohne Seitenzahl).
134 Coffin (1972), 82–83.
135 Agende (1980), II, 17.
136 Berger (1991).
137 1 Kön 1,36.
138 Seybold (1992).
139 Hieronymus, Kommentar über den Galaterbrief, PL 26, 355.
140 Hieronymus, Brief 75,3,1 = CSEL 55, 32.
141 1 Kor 14,16.
142 Jüdische Gebete finden sich in den Apostolischen Konstitutionen: Charlesworth (1983/85), II, 671–697.

143 Justin, Erste Apologie 65 = (1994), 126.
144 Offb 3,14.
145 Augustinus, De doctrina christiana 2,11[16] = CCSL 32, 42. Brashear (1995), 3429 gibt Beispiele für den Gebrauch unverständlicher Worte und Laute in der Magie, vom Altägyptischen und Hebräischen bis zu Goethe (Reineke Fuchs, 11. Gesang).
146 Corpus Hermeticum 16,2 = (1960), 232.
147 Stuiber (1985), 321–322.
148 Preisendanz (1973/74), II, 219 = PGM Christlicher Papyrus Nr. 10.
149 H. Davies (1962/75), II, 233.
150 Lawrence (1976) und Rowell (1993) schildern den Gebrauch der Krankensalbung und das Wiederaufleben von Krankengottesdiensten in der Kirche von England.
151 Goodnews, Sonderheft (1992), 31–32.
152 Luther, WA Br 8, 623 – Brief 3420 vom 4. Dezember 1539 an Kurfürst Joachim II. von Brandenburg.
153 Calvin, Unterricht in der christlichen Religion IV, 19,19 = (1986), 1020.
154 Ruthven (1993).
155 Agende (1993), III, 34.
156 1 Joh 5,14–17. Schwere Sünde («Sünde, die zum Tod führt») ist von dem Verfahren ausdrücklich ausgeschlossen.
157 Zur Frühgeschichte des Gebets für die Toten: Jungmann (1949), II, 288–300; M. McLaughlin (1994), 178–249.
158 Calvin, Unterricht in der christlichen Religion III, 5,10 = (1986), 440.
159 Luther, WA 10/3, 195.
160 Duffy (1992), 124.
161 Zum «solaren» Element in Num 6,24–26 vgl. Lev 9,22–24, wo sich die göttliche «Herrlichkeit» zeigt, nachdem der priesterliche Segen gesprochen ist. Vgl. auch Keel und Uehlinger (1992), 420, die meinen, der Segen verweise vielleicht auf das milde Licht des Mondes.
162 Num 6,27.
163 Auf die magische Bedeutung des Segens verweisen auch die Amulette aus dem 6. Jahrhundert v. Chr., die mit dem Text des priesterlichen Segens beschrieben sind. Yardeni (1991).
164 Voltaire, «Questions sur l'Encyclopédie», Artikel «Prières» (1772) = (1879), XX, 275–276. Kant, Die Religion innerhalb der Grenzen der bloßen Vernunft, B 265 = (1963), IV, 844–845.
165 Thomas von Aquin, STh II II 83,2.
166 Thomas von Aquin, Quaestiones disputatae de veritate 6,6.
167 Liber de causis 5 = Bardenhewer (1882), 168.
168 Liber de causis 1 = Bardenhewer (1882), 163.
169 Pittenger (1969), 155.
170 Schleiermacher (1970), I, 173 – «Die Kraft des Gebets, gerichtet auf äußere Begebenheiten» (1801).
171 Schleiermacher, (1984), § 147, 2.
172 Schleiermacher, (1970), I, 177.
173 Schleiermacher, (1970), I, 176–177.
174 Franklin (1961), 95 – Liste der Haupttugenden.
175 C. Brown (1988), 122–123.
176 Pittenger (1974), 27.
177 Pittenger (1974), 29.
178 Pittenger (1974), 47.
179 Polkinghorne (1994), 9.
180 Cooper (1976), 422.
181 Polkinghorne (1994), 7.
182 Johannes Cassianus, Collationes 9,27–28 = SC 54, 63–64.

183 Bonaventura, Leben des Hl. Franziskus (Legenda maior) 2,1–2 = (1988), 18.20.
184 Wilms (1923), 197–198.
185 Law, A Serious Call to a Devout and Holy Life (1728), Kap. 11 = (1978), 158.
186 Ignatius von Loyola, Exerzitien Nr. 315 = (1962), 82.
187 Bossuet in Le Brun (1972), 239.
188 Thomas von Kempen, Nachfolge Christi 2,8,4 = (1987), 136.
189 Bremond (1928), VII, 16–47.
190 Pascal, Pensées Nr. 930 [513] = (1937), 230.
191 Über die Versuche, im ausgehenden 19. Jahrhundert das Christentum Amerikas von dem Ruf zu befreien, es sei «sentimental» und «nur Frauensache», jedoch nichts für Männer, vgl. Bederman (1989).
192 James (1958), 359 – Vorlesung XIX.
193 James (1958), 394 (Nachwort).
194 James (1958), 361.
195 James (1958), 352.
196 James (1958), 394.
197 James (1958), 396.
198 James (1920), II, 214.
199 D. Meyer (1988), 264.
200 Peale (1992), 53 – Kap. 4: «Try Prayer Power».
201 George (1993), 86–87.134–135.
202 Exoo u. a. (1995).
203 Vgl. die polemische Darstellung von McConnell (1995).
204 James ([1902] 1958), 88–89 (4. und 5. Vorlesung).
205 James (1958), 88.
206 George (1993), 78–79.118–119.
207 Tucholsky (1969), 109–126.
208 Goodman (1988), 14–24.
209 Thipgen u. a. (1957).
210 Neal (1992), 117; vgl. auch Coons (1988).
211 Messadié (1994).
212 Peale (1992), 59 – Kap. 4.
213 Yungblut (1991), 38.
214 Ulanov (1982), 20.
215 Ulanov (1982), 43.
216 Ulanov (1982), 43.
217 Ulanov (1982), 103.
218 Ulanov (1982), 104.
219 Tillich (1969), 138 – «Der Mut zum Sein».
220 Tillich (1967), 148.
221 D. F. Strauß (1841), II, 390 (ß 79).
222 M. Smith (1978), 131–132.
223 Bammel (1958).

Predigt

1 Hippolyt, Apostolische Überlieferung 41 = FC 1, 298/300.
2 Barth (1982), I, 51.
3 Plutarch, Vergleichende Lebensbeschreibungen: Numa 22.
4 Dtn 31,24–26.
5 2 Kön 22–23.
6 Stock (1983), 522.
7 Lang (1990).

8 Josephus, Gegen Apion 2, 175.
9 Esra 7,1.
10 Lang (1986), 92–101.
11 Dtn 31,9–13.
12 Nach van der Kooij (1991) bezieht sich *meforasch* auf deutliche Aussprache beim Vorlesen, jedoch scheint der letzte Teil von Neh 8,8 auf «Erklärung» hinzuweisen. Nach Veltri (1993) ist an erklärende Darlegung zu denken.
13 Westermann (1994), 125–145 über Dtn 1–11.
14 Esra 10.
15 Edelman (1991), 23.
16 Blenkinsopp (1987).
17 Pfeiffer u. a. (1936), 103, Nr. 51.
18 Beckman (1996), 86.
19 Holladay (1970); Weinfeld (1972), 64–65.
20 Philo, Über die Einzelgesetze 2,62 (übers. I. Heinemann).
21 Philo, Hypothetica, zitiert bei Eusebius, Wegbereitung des Evangeliums 8,7,12–13 = SC 369, 74.
22 Philo, Quod omnis probus liber sit 81–82; Über das betrachtende Leben (De vita contemplativa) 30–31 = Vermes u. a. (1989), 22.84.
23 Josephus, Gegen Apion 2, 175.
24 Babylonischer Talmud, Menahot 110a.
25 Morenz (1950), 714.
26 Justin, Erste Apologie 67 = (1994), 129. Bei den «Denkwürdigkeiten der Apostel» scheint es sich um eine Evangelienharmonie zu handeln: Boismard (1992).
27 Clarke (1971), 87–88.123.
28 Aulus Gellius, Die attischen Nächte 17,20 = (1927), III, 268–269.
29 Grasberger (1971), II, 144–148.
30 Vgl. die Diskussion bei Klinghardt (1996), 502–503.
31 Sueton, Cäsarenleben: Tiberius 32.
32 Lampe (1989), 301–345; Brent (1995), 408.455. Brent tritt gegenüber der traditionellen Bezeichnung «Hauskirche» für «Schulgemeinschaft» ein.
33 Märtyrerakten Justins 3,1–3/Fassung A = Musurillo (1972), 44.
34 Apg 28,30.
35 Wilken (1971); Brent (1995), 401–405.
36 Stock (1983), 522.
37 Stock (1983), 524.
38 Lk 10,38–42.
39 Mansi 29, 163.
40 Hooker (1907), II, 77–78 (Buch 5, Nr. 21).
41 1 Kor 4,20.
42 Gregor der Große, Moralia in Job 11,10,14 = CCSL 143, 593.
43 R. E. McLaughlin (1991).
44 Barth (1982), I, 51.
45 Gregor von Nazianz, Rede gegen Julian 4,23.97.111 = SC 309, 118.244.266. Julians Reformprogramm wurde offenbar durch eine Schrift des Philosophen Salustius unterstützt, der den heidnischen Mythos verteidigte. Das Werk sollte in den Schulen gelesen und wohl auch in den Tempeln erklärt werden: Salustius (1926).
46 Vovelle (1988), 160.
47 Emerson (1903/04), I, 150.
48 2 Klem 19,1 = Lindemann u. a. (1992), 172.
49 Spurgeon (1954), 336. In ähnlicher Weise erklärte das Konzil von Trient im Jahre 1563 (23. Sitzung, Kanon 14), die Priester sollten «instand gesetzt werden, das zu lehren, was für alle zu wissen heilsnotwendig ist» *(docendo ea, quae scire omnibus necessarium est ad salutem)*; Concilium Tridentinum (1911), 242.

50 Horbury u. a. (1992), Nr. 22 und 117.
51 Von israelischen Archäologen im März 1998 gefunden. Eine Publikation ist von Ehud Netzer zu erwarten.
52 Die frühe Geschichte der Synagoge und der von manchen Historikern in die Zeit nach 70 n. Chr. verlegte Beginn eines regelmäßigen Synagogen-Gottesdienstes ist in der Forschung umstritten; vgl. McKay (1994), Riesner (1995), Urman (1995), Atkinson (1997).
53 Theodotos-Inschrift, ausgestellt im Rockefeller-Museum, Jerusalem: Schrage (1964), 811 Anm. 85. Die Datierung ist umstritten, doch ist das 1. Jahrhundert n. Chr. wahrscheinlich.
54 Es gibt gute Gründe zur Annahme, daß das lukanische Werk zuerst nur aus der Apostelgeschichte bestand und diesem Buch dann das Lukasevangelium vorgeschaltet wurde. Wehnert (1996).
55 Vgl. Downing (1987).
56 Apg 8,3; 9,1–2.
57 Lang (1987), Stegemann (1991).
58 Smallwood (1976), 120–143.
59 In Texten wie Apg 4,42 und Lk 24 läßt sich dieselbe grundlegende Struktur des christlichen Gottesdienstes erkennen: Predigt und Eucharistie.
60 Homer, Odyssee 10, 552–560; vgl. McDonald (1994).
61 Bereits Apg 2,46 weist auf das Ideal eines täglichen Gottesdienstes hin: «Tag für Tag verharrten sie einmütig im Tempel, brachen in ihren Häusern das Brot und hielten miteinander Mahl.» Dieser Gottesdienst hatte einen eucharistischen Schwerpunkt. Der davon zu unterscheidende Wortgottesdienst der lukanischen Gemeinde wurde wöchentlich, nicht täglich gefeiert.
62 Pierre Nautin in SC 232, 100–191.
63 Zur Herkunft von Origenes aus einem Milieu der Forschung und der Lehre in Alexandria vgl. Scholten (1995), van den Hoek (1997).
64 Origenes, Gegen Celsus 3, 58 = SC 136, 137.
65 Marrou (1981), II, 253.
66 Marrou (1958), 530 Anm. 2: «Wollten wir die Homilie im Rahmen der antiken Textgattungen definieren, dann müßten wir auf die Texterklärung verweisen, wie sie der *grammaticus* praktiziert.» Zum «schulischen» Hintergrund der Predigt des Origenes: Nautin in SC 232, 132–136; Lang (1995); Scholten (1995).
67 Origenes, Homilien über Exodus 12,2 = SC 16, 246–247.
68 Sokrates, Kirchengeschichte 3,16 = PG 67, 417–424.
69 Julian, «Reskript über christliche Lehrer» 423 D = (1923), III, 120.
70 Haarhoff (1958), 189.
71 Junilius Africanus, PL 68, 15; Cassiodor, PL 70, 1105–1106.
72 Marrou (1931).
73 Es handelt sich um Gregorios Choiroboskos (der oft in eine zu frühe Zeit datiert wird); vgl. Glück (1967), 44–46; Kaster (1988), 234.394. Zur Entwicklung der Schule im Westen: Riché (1979).
74 Origenes, Kommentar zum Johannesevangelium 10,28 (173) = SC 157, 488 mit Bezug auf Lk 8, 42–48.
75 Origenes, Kommentar zum Johannesevangelium 10,28 (175) = SC 157, 490.
76 Origenes, Homilien über Josua 20,1 = SC 71, 404/06.
77 Origenes, Homilien über Josua 19,4 = SC 71, 402.
78 Origenes, Homilien über Josua 20,1 = SC 71, 406–412.
79 Kaczynski (1974), 69.126.
80 Gregor der Große, Pastoralregel 3, Vorwort = SC 382, 258.
81 Gregor der Große, Pastoralregel 3,1 = SC 382, 262/266.
82 Humbertus de Romanis, De eruditione praedicatorum (1982).
83 Humbertus de Romanis, De eruditione praedicatorum (1982), 338.
84 Humbertus de Romanis, De eruditione praedicatorum (1982), 330.

85 Humbertus de Romanis, De eruditione praedicatorum (1982), 251; Gregor der Große, Moralia 18,39 = CCSL 143A, 910.
86 Tugwell (1989).
87 Gregor der Große, Pastoralregel 2, 10; 3 (Vorwort); 3,2 = SC 381, 240; 382, 258.270.
88 Augustinus, Johannesevangelium 3,6 = CCSL 63, 23.
89 Ambrosius, Brief 36, 5–7 = CSEL 82/2, 5–6.
90 Gregor von Nazianz, Rede über das Priestertum 2, 16–30 = SC 247, 110–128.
91 Malherbe (1989), 121–136; Nussbaum (1994), 13–16.51–53.
92 Richards (1980), 47.
93 Humbertus, De eruditione praedicatorum (1982), 189.
94 Humbertus, De eruditione praedicatorum (1982), 315.
95 Bowsma (1987), 238.
96 Dockhorn (1974).
97 Rössler (1983).
98 Luther, WA TR 4, 479, Nr. 4765.
99 Luther in einem Tischgespräch von 1532 = WA TR 2, Nr. 2408b.
100 N. Müller (1911), 282–283.316.
101 Vorbild des Holzschnitts ist ein früherer Holzschnitt, der Christus als Prediger dargestellt hatte (Cranach, Passional Christi und Antichristi, 1521), vgl. die Abbildung bei Groll (1990), 327 und was Groll (72–77) über Luther als zweiten Christus schreibt.
102 Grüneisen (1938), 32.
103 Burke (1984), Abb. 23: «Henricus de Alemannia liest über Ethik» (14. Jahrhundert), Kupferstichkabinett, Berlin.
104 Mk 4,3–8.
105 Jonathan Swift sprach über «die Ausschweifung, der sich die Menschen gewöhnlich an diesem Tag [dem Sonntag] hingeben, wodurch sie die Hälfte des Gottesdienstes sündigen. Sie widmen sich teils Gott und teils ihrem Bauch, wenn sie nach einem reichlichen Mahl, abgeschlafft und betäubt, sich in die Kirche zurückziehen, um dort den Nachmittag schlafend zu verbringen», nämlich während der Predigt am Sonntagnachmittag. Swift (1968), 218.
106 «Lauheit» ist ein biblischer Begriff: Offb 3,16.
107 I. Mather (1978), 40.47.
108 Edwards (1834), II, 12.
109 Clapper (1989), 136–149.
110 Wesley (1984), I, 107.
111 Stone (1977).
112 Edwards, Distinguishing Marks (1741) = (1972), 247.
113 Finney (1989), 83–86.
114 Hambrick-Stowe (1996), 38.55.
115 Finney (1989), 306.
116 Finney (1994), 303–321; Hardman (1987), 279.
117 J. E. Smith (1992).
118 Finney (1989), 266–267; Packer (1995), 186–187.
119 Finney (1960), 206.
120 Stackhouse (1992), 343–344.
121 Hardman (1987), 75.93–94.102–103; Hambrick-Stowe (1996), 40.108.213.
122 Keller (1924), II, 171–183; (1905), 11.
123 Spurgeon (1954), 346.
124 Keller (1910).
125 Keller (1910), II, 236.
126 Dolan (1978), 82–83; Day (1990), 6–34.
127 Meyer (1988), 354 über Oral Roberts.
128 Noll (1992), 92.95; Packer (1995), 188.
129 Lambert (1994), 97.

130 Sweet (1976), 219.
131 Barth (1971), 171.
132 Mitgeteilt von Asendorf (1988), 20.
133 Barth (1990), 90.
134 Barth (1979a), 206.
135 Barth (1986), 30; ähnlich und mit Verweis auf den Heiligen Geist: KD I/2, 845; (1990), 455–457.
136 Barth (1986), 63.
137 Barth in Godsey (1962), 87.
138 Ähnlich: Barth (1986), 30.
139 Barth, KD IV/3, 996.
140 Barth (1933), 3–4.
141 Barth (1986), 95.
142 Barth (1986), 98.
143 Barth (1979a), 208.
144 Barth (1985), I, 38–39.
145 Barth (1986), 33.
146 Lambert (1994) erörtert die Entstehung dieser Propagandatechnik im 18. Jahrhundert.
147 Bowden (1983), 27.
148 Calvin, Kommentar zu den Psalmen, Vorwort, CR 59[31], 21.
149 Barth (1993), 181–183; vgl. (1956), 4.
150 Barth (1986), 33.
151 Barth (1986), 34.
152 Barth (1986), 50.
153 Barth, KD IV/1, 858.
154 «Das Wort Gottes macht selig, nicht der Glaube.» Barth (1985), I, 37.
155 Barth (1967), 153.
156 Dingemans (1992), 25.
157 Thomas von Aquin, Über die Wahrheit 27,3 ad 12 = (1980), III, 169 – «*praedicator se habet sicut disponens exterius ad fidem*»; vgl. Moos (1993), 52–58.
158 Jüngst hat ein reformierter Theologe diese Auffassung als die des Paulus zu erweisen gesucht: Hofius (1991).
159 Günthör (1963), 25.
160 Barth (1986), 62.
161 Barth (1979), 489.
162 Barth (1979a), 283.
163 Barth (1984), 294–297.
164 Barth (1984), 467–468. Barth folgt hier Calvins Ablehnung aller «Bilder»; vgl. Calvin, Unterricht in der christlichen Religion I, 11, 13 = (1986), 48–49; für Calvins Widerspruch gegen die Anwendung sakraler Kategorien auf den Kirchenraum: Calvin, Unterricht in der christlichen Religion III, 20,30 = (1986), 594–595.
165 Barth (1979), 380 – Brief vom 24. Januar 1967 an Otfried Hofius.
166 Busch (1975), 69.
167 Busch (1975), Abb. 82; Marquard (1995).
168 Barth, KD IV/1, 379–380.
169 Barth (1984), 32.
170 Barth (1960), 106.
171 Barth, KD I/2, 275–280.
172 Barth, KD IV/1, 55.
173 Barth (1990), 75.
174 Barth (1984), 296.
175 Barth, berichtet von Marquard (1995), 59.
176 Barth (1991), I, 33–34.

177 Zahrnt (1966), 150.
178 Harnack in von Zahn-Harnack (1995), 59.
179 Tillich (1967), 240.
180 Schleiermacher (1970), I, 219.
181 Schleiermacher (1860), I, 295 – Brief an Georg Reimer vom 30. April 1802.
182 R. M. Miller (1985), 52; Fosdick (1924), 264.
183 Abgedruckt in Holland (1971), 338–348.
184 R. D. Clark (1955), 425.
185 Fosdick (1924), 206.
186 Fosdick (1924), 205.
187 Schenkel (1995), 121–196.
188 Riverside Church (1931), 40 und R. M. Miller (1985), 233. Die Geschichte der Verwendung von Lautsprecheranlagen in Kirchen ist ungeschrieben, aber ich konnte die Namen einiger Kirchen in Erfahrung bringen, die schon früh über solche Anlagen verfügten: die swedenborgianische Kathedrale in Bryn Athyn, PA (1921); die Park Avenue Baptist Church in New York (1926 oder früher), der Kölner Dom (1926 oder 1927), Notre Dame in Paris (1936 oder früher).
189 Fosdick (1956), 191.
190 Scotford (1930), 890.
191 Emerson, Tagebucheintrag vom 16. Februar 1833 = (1882), 95.
192 Fosdick in R. M. Miller (1985), 240.
193 Fosdick (1956), 202; vgl. auch R. M. Miller (1985), 240.
194 Fosdick (1956), 49–50.
195 Fosdick (1956), 72–74.
196 Fosdick (1956), 75
197 Fosdick (1956), 94.
198 Fosdick (1956), 94.
199 Fosdick (1956), 95.
200 Fosdick (1943), X.
201 Fosdick (1956), 213.
202 Fosdick (1956), 287.
203 Fosdick (1943), VIII–IX.
204 Fosdick (1956), 214–215.
205 Fosdick (1956), 215.
206 Fosdick (1949), 131, vgl. Lk 5,31.
207 Fosdick (1956), 216.
208 Fosdick (1956), 218.
209 Fosdick (1943), 262.
210 R. M. Miller (1985), 69; vgl. Voltaires Roman *Candide*.
211 George (1993).
212 Fosdick (1943), 263.
213 Fosdick bei R. M. Miller (1985), 251.
214 Rieff (1966), 25.
215 Rieff (1966), 27.
216 Bonhoeffer (1958), I, 94–95 im Bericht, den Bonhoeffer über seinen Aufenthalt am Union Theological Seminary erstattete.
217 Bonhoeffer (1961), IV, 269.
218 Hierokles, Über die goldenen Worte (1974), 118; vgl. O'Meara (1994), 159.
219 Swift (1968), 213.
220 Apg 17,21.
221 Diakonoff (1991), 62. Wie die ethnologische Forschung weiß, ist traditionelle Rede zeitenthoben, vermeidet Dialog und stützt sich auf die Autorität der Ahnen: M. Bloch (1974), Kuipers (1990).
222 Origenes, Von den Prinzipien, Vorwort 2 = (1976), 84.

223 Origenes, Predigten über Lukas 1,2 = SC 87,100. Zum Interesse des Origenes am biblischen Kanon vgl. Eusebius, Kirchengeschichte 6,25 = SC 41,125–128.
224 Barth in Godsey (1962), 97.
225 Alanus ab Insulis, Kunst der Predigt 1 = PL 210, 111.
226 Alanus ab Insulis, Kunst der Predigt 1 = PL 210, 113.
227 Humbertus de Romanis, De eruditione praedicatorum (1982), 217.
228 Humbertus de Romanis, De eruditione praedicatorum (1982), 218.
229 Alanus ab Insulis, Kunst der Predigt 1 = PL 210, 111.
230 Shepherd (1924), 28.
231 Niebuhr (1953), 657.

Opfer

1 Chateaubriand, Génie du Christianisme, IV,1,5.
2 Ambrosius, Über die Pflichten 1,239 = PL 16,94.
3 Livius, Römische Geschichte 3,7,7 und 30,13,6.
4 Platon, Staatsmann 290 C/D (übers. nach Otto Apelt).
5 Bowlby (1969), 352 über einen knapp zweijährigen Jungen. Vgl. auch Montagner (1988), 301–303.308.
6 Die spätrömische Jurisprudenz kennzeichnet Tausch- und Handelsgeschäfte mit dem Ausdruck «*do ut des*», um auf den zugrundeliegenden gegenseitigen Vertrag hinzuweisen. Corpus Iuris Civilis, Digesten 19,5,5.
7 Josephus, Gegen Apion 2,196 (übers. Heinrich Clementz).
8 Homer, Ilias 1,37–43 (übers. Roland Hampe).
9 Herodot, Historien 1,132 (übers. Josef Feix).
10 Lukian von Samosata, Von den Opfern 2 (übers. nach Christoph M. Wieland).
11 Salustius, Über die Götter und die Welt 16,1 = (1960), 21. Umgekehrt gilt ein Opfer, das ohne Gebet dargebracht wird, als unwirksam; Plinius, Naturgeschichte 28,3[10].
12 Tibull, Elegien I,1,24.
13 Marcus Cato, Vom Landbau 134 (übers. nach Otto Schönberger).
14 Laktanz, Über den Zorn Gottes 8,2 = SC 289, 116.
15 Van Baal (1976), 165 ff.
16 Vgl. Latte (1968), 51–52 über den Unterschied der Gottesbeziehung von Römern und Griechen.
17 Lawson (1910), 338.
18 Van Baal (1976), 178.
19 J. Z. Smith (1987), 197–202.
20 Apg 14,13.
21 Aristeasbrief 95–96 = SC 89, 150 (übers. nach Norbert Meisner).
22 Vgl. Billerbeck (1964), Milgrom (1976).
23 Lev 22,23.
24 Platon, Gesetze 828 B.
25 Platon, Eutyphron 14 B.
26 Gese (1977), 107–127; Chilton (1992; 1994).
27 Lev 3,2; 7,12–13; Mischna, Pesahim 5,2; Mischna, Menahot 9,8.
28 Lev 1,11; Mischna, Zebahim 2,1; Mischna, Pesahim 5,5.
29 Lev 3,2.
30 Lev 3,3–4; 7,12–14.30; 8,25–29; Num 15,8. Die Präsentierung eines lebenden Tieres vor Gott (d. h. am Altar) ist die Ausnahme: Lev 16,10.
31 Zur *tenufa* genannten Darbietungsgeste vgl. Milgrom (1990), 425–426.
32 Num 15,10; Ps 116,13; Sir 50,15. Ps 116 scheint vorauszusetzen, daß der opfernde Laie selbst, und nicht der Priester, den Wein darbrachte; das war in neutestamentlicher Zeit nicht mehr der Fall.

33 Lev 7,15.
34 Hebr 13,11.
35 Allerdings setzt 2 Chr 30,21–22 voraus, daß solche Worte gesprochen wurden. Das Fehlen jeglicher die Opferdarbringung begleitender Worte wird manchmal aufgrund von Aristeasbrief 95 = SC 89, 148 behauptet, wo vom schweigenden Dienst der Priester am Tempel die Rede ist. Diese Notiz bezieht sich aber wohl kaum auf die Abwesenheit aller verbalen Elemente bei der Opferdarbringung, sondern konstatiert die Abwesenheit des dem Griechen vertrauten rituellen Schreiens der Frauen beim Töten des Opfertiers (Homer, Odyssee 3, 450). Das Schweigen von Semiten bei der Opferdarbringung an den höchsten Gott (Zeus = Adad) ist bei Pseudo-Lukian, De dea Syria 44 = Clemen (1938), 23–24 für Hierapolis belegt, bezieht sich dort allerdings auf das Fehlen von Musik (die es beim Opfer in Jerusalem gab: 2 Chr 29,27–28): «Dem Zeus opfern sie still, ohne dabei zu singen oder die Flöte zu blasen; aber sobald sie der Hera [Atargatis] opfern, singen sie, blasen die Flöte und schlagen Castagnetten dazu.»
36 Wein – Brot: Lk 21,17–19. Brot – Wein: Mk 14,22–23; Mt 26,26–28.
37 Ein früher Beleg ist Didache 9,1 = FC 1,129, ca. 110/160 n. Chr. Vgl. auch das Verb «danksagen» im neutestamentlichen Abendmahlsbericht, Mt 26,27.
38 Evans-Pritchard (1956), 203.
39 Bonnet (1952), 425.
40 2 Sam 12,3.
41 Lev 5,11; 12,8. Vgl. Brin (1994), 74–81.
42 Haran (1988), 22.
43 Midrasch Tanhuma (Buber), Tsaw 8,9B = Montefiore u. a. (1974), 346.
44 Marx (1994), 143–165.
45 Koch (1988). Die früher verbreitete Meinung, Zarathustra habe das Tieropfer abgelehnt, wird heute nicht mehr vertreten.
46 Chilton (1992), 129 über Mt 17,26.
47 Lev 14.
48 Ps 24,3: «an der heiligen Stätte stehen» scheint ein Fachausdruck für die Anwesenheit des opfernden Laien im Tempel zu sein.
49 Mt 21,12–13; Mk 11,15–19; Lk 19,45–48; Joh 2,13–17.
50 Eppstein (1964).
51 Chilton (1992), 91–111; (1994), 57–63.
52 Sklaven und Frauen durften den Ritus der «Handaufstemmung» nicht vollziehen; Mischna, Menahot 9,8. Doch durften Frauen während der priesterlichen Darbringung ihres Opfers den «Vorhof der Israeliten» betreten; Tosefta, Arachin 2,1.
53 Lev 3,2. Nach der Mischna (Zebahim 3,1) und Josephus (Jüdische Altertümer 3, 226–227) könnte man damit rechnen, daß die Laien auch im 1. Jahrhundert n. Chr. das Opfertier selbst schlachteten, aber Philo verneint dies ausdrücklich (Über den Dekalog 159); vielleicht war die Praxis uneinheitlich.
54 2 Chr 30,17.
55 Mk 7,14–23.
56 Mischna, Taanit 4,2.
57 Babylonischer Talmud, Betsa/Yom tov 20a. Jacob Milgrom machte mich darauf aufmerksam, daß sich die Vernachlässigung der Handaufstemmung nur auf einen ganz bestimmten Fall bezieht: die Darbringung von vorgeschriebenen Privatopfern zur Zeit der Wallfahrtsfeste.
58 Ex 12,3.6.
59 Mk 2,7; 14,64.
60 Man darf sich nicht vorstellen, im Tempelbezirk habe man «schweigend» gebetet: van der Horst (1994), 25 Anm. 7.
61 Apg 21,23–26.
62 1 Petr 2,24; Joh 1,29. Vgl. McLean (1996), 88–100 über menschliche«Sündenböcke» im griechischen Kult. Der Tod des am Versöhnungstag geopferten Bocks mag den Tod des

amtierenden Hohenpriesters symbolisiert haben: Barker (1996), 73.80. Nach Rabbi Abbay (4. Jahrhundert n. Chr.) hatte der Tod des Hohenpriesters Sühnewirkung, wenn auch nur für fahrlässigen Todschlag (Babylonischer Talmud, Makkot 11b), doch gibt es Forscher, die meinen, man habe jedem Tod eines Priesters Sühnewirkung zugeschrieben, vgl. Nicolsky (1930), 170–171.

63 Röm 3,25. Vgl. 2 Makk 6,28–29.

64 Hebr 9,25–26.

65 Eusebius, Kirchengeschichte 2,23,6 = SC 31,86.

66 Ebionäerevangelium, Fragment 6 = Schneemelcher (1987), I, 142. Viele Judenchristen lehnten den Opferkult ab; außer dem Ebionäerevangelium lassen sich die pseudoklementinischen Rekognitionen nennen, ein auf ca. 220 n. Chr. datiertes Werk; diesem zufolge kam Christus, um das Opfer abzuschaffen und durch die Taufe zu ersetzen: Rekognitionen 1,37,3; 1,39,1; 1,54,1 = F. S. Jones (1995), 67.69.87.

67 Über das endgültige Ende des jüdischen Opferkults gibt es verschiedene Ansichten. Hörte er im Jahre 70 n. Chr. auf (Schwier 1989, bes. 335 Anm. 17)? Wurde er bis 135 n. Chr. fortgeführt (K. W. Clark 1980)? Konnten nur Privatopfer für einige Zeit nach 70 n. Chr. dargebracht werden (Guttmann 1967)?

68 Josephus, Gegen Apion 2,39.

69 «Das ist mein Blut, das Blut des Bundes, das für viele vergossen wird.» Mk 14,24

70 Lev 16.

71 Vgl. Lev 4,1–5,13 für das «Sündopfer», das in der Forschung auch «Reinigungsopfer» genannt wird.

72 Barnabasbrief 7,4 = SC 172, 130; Mischna, Menahot 11,7.

73 Irenäus, Gegen die Häresien 4,18,4 = SC 100, 608.

74 Irenäus, Gegen die Häresien 4,17,5 = SC 100, 590/92.

75 Irenäus, Gegen die Häresien 4,17,5 = SC 100, 590.

76 Irenäus, Gegen die Häresien 4,17,5 = SC 100, 592.

77 Irenäus, Gegen die Häresien 4,18,6 = SC 100, 614.

78 Bei den alten Hebräern zum Beispiel wurde das Tieropfer gewöhnlich von Brot- oder Mehlgaben und einer Weinspende begleitet (Lev 23,13; 2 Kön 16,13), und bei feierlichen Anlässen pflegte man eine ganze Reihe sorgfältig disponierter Tieropfer darzubringen (Lev 9).

79 Wetter (1922), 92–95; Gamber (1982), 32–37.

80 Irenäus, Gegen die Häresien 4,18,1 = SC 100,596.

81 Irenäus, Gegen die Häresien 4,18,2 = SC 100,598.

82 Irenäus, Gegen die Häresien 4,18,2 = SC 100,598.

83 Jungmann (1949), II, 12.

84 Irenäus, Gegen die Häresien 4,18,2 = SC 100,598.

85 Stengel (1920), 111 – *euphêmein*.

86 Theodor von Mopsuestia, Predigt 15, 28–29 = Mingana (1933), 87–88.

87 *Suscipe, sancte Pater* (Messe von Pius V., 1570): Jungmann (1949), II, 64.68–69.

88 Thomas von Aquin, STh III 83,4.

89 A. Clark (1950), 323.

90 Durst (1963), 277–278.

91 Deutsche Ausgabe: Katechismus (1993), Nr. 1350.

92 Suárez (1866), XXI, 860 (Nr. 16).

93 Calvin, Unterricht in der christlichen Religion IV,18,1 = (1986), 991.

94 Johannes Chrysostomus, 33. Homilie über den Hebräerbrief, PG 63, 230.

95 Celsus bei Origenes, Gegen Celsus 8,24 = GCS Origenes 2, 240.

96 Sozomenos, Kirchengeschichte 5,19,2 = GCS Sozomenus 223; vgl. Scholl (1994), 154.159–162.

97 Libanius, Rede 30,33–34 = (1977), II, 131.

98 Speyer (1989), 140–159.

99 Pleket (1981), 172.

100 R. L. Fox (1986), 38.
101 Kirk (1981), 74.
102 Bradbury (1995).
103 Eusebius, Kirchengeschichte X,4,1.23.44.68 = SC 55, 81.88.96.102.
104 Wilkinson (1981), 298–310.
105 Eusebius, Leben Konstantins 4,45 = PG 20, 1196. Eusebius ist einer der ersten Theologen, der den später vielgebrauchten Ausdruck «unblutiges Opfer» verwendet: Gesteira Garza (1989), Stevenson (1991).
106 Eusebius, Kirchengeschichte 10,7 = SC 55, 112–113.
107 Eusebius, Leben Konstantins 2,45 = PG 20, 1021. Aus der Sicht des Eusebius waren heidnische Opfer nie rechtmäßig gewesen; das christliche Opfer löste die (legitimen) jüdischen Blutopfer ab, nicht die Opfer der Heiden: Eusebius, Demonstratio evangelica 1,10 = PG 22, 83–94. Auch Cyprian meinte, «das alte [jüdische] Opfer sollte vernichtet und ein neues gefeiert werden»: Testimoniorum libri 1,16 = CSEL 3, 49.
108 Codex Theodosianus 16,10,10 = Mommsen (1905), 1/2, 899. Zur opferfeindlichen Gesetzgebung und zum Fortleben heidnischer Kulte: Trombley (1993), I, 1–97.
109 Codex Theodosianus, Novellen 3,8 = Mommsen/Meyer (1905), II, 10.
110 Augustinus, Gottesstaat 10,20 = CCSL 47, 294.
111 Micha 6,7.
112 Speyer (1989), 154–155.
113 Johannes Chrysostomus, Homilien über den Hebräerbrief 16 = PG 63, 123.
114 Johannes Chrysostomus, Kommentar über den Galaterbrief 2,8 = PG 61, 646.
115 Johannes Chrysostomus, Homilien über 1 Timotheus 5 = PG 62, 530. Vgl. die Meinung des Cyrill von Jerusalem, die Eucharistie «aktiviere» das am Kreuz vollzogene Sühnopfer Christi: Mystagogische Katechesen 5,10 = FC 7, 152/154.
116 Cyrill von Jerusalem, Mystagogische Katechesen 5, 8–10 = FC 7, 152/154.
117 Zum traditionellen christlichen Gebet für den Staat vgl. 1 Tim 2,2 sowie den Bericht über Cyprians Martyrium in den Acta Proconsularia = CSEL 3/3, CX und Eusebius, Kirchengeschichte 7,11,8 = SC 41, 181 mit Anm. 15.
118 Um ihren Ahnen helfen zu können, ließen sich manche Christen «für die Toten» taufen, vgl. 1 Kor 15,29.
119 Augustinus, Enarrationes in Psalmos 129,7 = PL 37, 1701 – *accepit sacerdos a te quod pro te offerat, quando vis placare Deo pro peccatis tuis.*
120 Das Gebet «Memento, Domine» nach der Erklärung und Rekonstruktion von Stuiber (1954). Die Übersetzung von *pro redemptione animarum suarum* mit «für die Läuterung ihrer Seelen» entspricht der von Stuiber gegebenen Erklärung.
121 Vgl. Gramaglia (1991), bes. 242 ff. über Gregors Opfertheologie der Messe.
122 Gregor der Große, Homilien über die Evangelien II, 37,7–10 = PL 76, 1278–1281 zu Lk 14,31–32.
123 Straw (1988), 20.179–193.
124 Gregor der Große, Dialoge 4,60,1 = SC 265, 200.
125 Gregor der Große, Dialoge 4,60,2 = SC 265, 200/202.
126 Gregor der Große, Dialoge 4,59 = SC 265, 196–200.
127 Augustinus, Gottesstaat 22,8 = CCSL 48, 820.
128 Augustinus, Enchiridion 110[29] = CCSL 46, 108–109.
129 Gregor der Große, Dialoge 4,57,14 = SC 265, 192.
130 Gregor der Große, Dialoge 4,57,15 = SC 265, 192.
131 Gregor der Große, Dialoge 4,60,2 = SC 265, 200.
132 Num 29,29; Dtn 34,8. Weitere antike Parallelen zu dreißigtägiger Trauerzeit bei Freistedt (1928), 160–171.
133 Jungmann (1949), I, 165; Amiet (1987); vgl. Franz (1902), 115–291.
134 Thomas von Aquin, STh Suppl. 71,9, 5.
135 Franz (1902), 265.271–272.291.
136 Angenendt (1983), 167–174.

137 Vgl. Angenendt (1983) über die Anfänge der Privatmesse.
138 Die folgenden statistischen Angaben entstammen den Werken von Vogel (1986) und I. Müller (1962), 131.
139 Poenitentiale Vindebonense «A» in Wasserschleben (1851), 240.
140 Bandmann (1962); I. Müller (1962), 129–134; Möbius (1984).
141 Synode von Auxerre: Mansi 9, 913.
142 Gewährt unter König Edgar von England (Regentschaft 959–975): Mansi 18, 516.
143 Gregor der Große, Briefe, in: Monumenta Germaniae Historica (Epistolae) 1, 422–423.
144 Karl der Große, PL 97, 283.
145 Wehr (1972), 20.
146 Vogel (1986), 273.
147 Den Meßstiftungen wurden jüngst mehrere Untersuchungen gewidmet: Chiffoleau (1980) untersucht Avignon, ca. 1320–1480; Eire (1995), 168–231 Madrid im 16. Jahrhundert; Kreider (1979) England mit Abschaffung der Meßstiftungen durch Parlamentsbeschluß 1545/47.
148 Wood-Leigh (1965), Avril (1993). «Die meisten Stifter (...) stellten dem Priester oder den Priestern als Teil der Stiftung ein Wohnhaus zur Verfügung»: Wood-Leigh (1965), 235.
149 Biel (1963/76), I, 277/Vorlesung 28 D.
150 Papst Gregor XIII.: Göttler (1994); (1996), 54–88.
151 McHardy (1987).
152 Walafrid Strabo, PL 114, 943; Sicard von Cremona, PL 213, 148.
153 Yvo von Chartres, Decretum, PL 161,178 = Gratian, Decretum, PL 187, 1723. Über Versuche, die Anzahl der von einzelnen Priestern gelesenen Messen zu beschränken, vgl. auch Franz (1902), 73–77.
154 Cranmer (1846), I, 359.
155 Ignatius von Loyola, Konstitutionen der Gesellschaft Jesu VI,2,7; VII, 4,4 = (1908), 187.216.
156 Franz (1902), 294. Noch im 17. Jahrhundert gab es ein Klerikerproletariat: Venard (1980); Bremond (1932), IX, 236.
157 Augustinus, Gottesstaat 22,8,6 = CCSL 48, 220; Gregor der Große, Dialoge 4,59 = SC 265, 196–200; Beda, Kirchengeschichte des englischen Volks 4,22 = PL 95, 206–207; Caesarius von Heisterbach, Dialogus miraculorum 12,32–33 = (1851), II, 342–344.
158 Das «Verdienst Christi» ist ein geläufiges Thema mittelalterlicher Theologie; dazu finden sich Ausführungen im Handbuch der Scholastik, den «Sentenzen» (Buch 3,18–19 = PL 192, 792–798) des Petrus Lombardus und in Biels Kommentar zu diesem Werk: Biel (1979), III, 310–329. Die Idee des «Schatzes» *(thesaurus)* leitet sich aus Weish 7,14 her und hat auch in offizielle kirchliche Verlautbarungen Eingang gefunden: DH Nr. 1025–1027.
159 «*Quicquid christus salvator noster meruit se offerens in cruce pro omnibus generaliter (...) hoc sacrificio applicetur particulariter singulis.*» Biel (1963/76), IV, 106/Vorlesung 85 L. – Bei der Messe kann Gnade nicht nur durch das Opfer, sondern auch durch die Kommunion erworben werden. Diese alternative und gesteigerte Form des Gnadenerwerbs ist Gegenstand des folgenden, 5. Spiels: «Sakrament».
160 Biel (1963/76), I, 265/Vorlesung 27 K. Der begrenzte Wert des Meßopfers ist ein im Spätmittelalter vielverhandeltes Thema: Iserloh (1961).
161 Biel (1963/76), IV, 101/Vorlesung 85 F. Der Hinweis auf die Cicerostatue ist traditionell: Augustinus, Ad Simplicianum 2,3,2 = CCSL 44, 83; Thomas von Aquin, STh III 83,1.
162 Biel (1963/76), I, 246/Vorlesung 26 J.
163 Biel (1963/76), IV, 103/Vorlesung 85 G.
164 Biel (1963/76), I, 245/Vorlesung 26 G.
165 Johannes Duns Scotus, Quodlibeta 20,1,4 = (1895), XXVI, 299–300. Zum traditionellen Charakter der Lehre von den «drei Früchten»: Amalarius von Metz, PL 105, 1138 (9. Jahrhundert); zur Geschichte dieser Lehre: Iserloh (1961), Kilmartin (1966), 50–53.

166 Biel (1963/76), I, 246–247.250/Vorlesung 26 K. P.
167 Biel (1963/76), I, 250–251/Vorlesung 26 P.
168 Biel (1963/76), I, 248/Vorlesung 26 M.
169 Biel (1963/8), II, 403/Vorlesung 57 K; die gesamte Vorlesung 57 ist dem Thema «Messen für Verstorbene» gewidmet.
170 Biel (1963/76), IV, 106–107/Vorlesung 85 M.
171 Biel (1963/76), I, 251/Vorlesung 26 Q.
172 Biel (1963/76), I, 263–264/Vorlesung 26 J.
173 Biel (1963/76), I, 278/Vorlesung 28 E.
174 Biel (1963/76), I, 282/Vorlesung 28 L.
175 Biel (1963/76), I, 277/Vorlesung 28 E.
176 Biel (1963/76), I, 276/Vorlesung 28 C.
177 Biel (1963/76), I, 278/Vorlesung 28 F.
178 Columbus (1982), 327.
179 Biel (1963/76), I, 255/Vorlesung 26 T.
180 Biel (1963/76), I, 255/Vorlesung 26 T.
181 Gregor der Große, Dialoge 4,58,1 = SC 265, 194.
182 Tob 12,12 (Vulgata); Justin, Dialog mit Trypho 90,5 = PG 6, 692.
183 Gregor der Große, Dialoge 4,58,1 = SC 265, 194.
184 Gertrud von Helfta, Messe, vom Herrn selbst gefeiert 9 = SC 331, 296/298; Thomas von Kempen, Nachfolge Christi 4,7,3 = (1987), 365–366; P. Pius XII., Mediator Dei (1947) = (1948), 43.46–47.51–53; 2. Vatikanisches Konzil, Dienst und Leben der Priester (1965), Nr. 5: In der Eucharistiefeier werden die Gläubigen «ermuntert und angeleitet, sich selbst, ihre Arbeit und die ganze Schöpfung mit ihm [Christus] darzubringen».
185 Frend (1982), 154; Carcopino (1932).
186 Cyprian, Brief 63 = CCSL 3C, 389–417.
187 Cyprian, Brief 63, 15 = CCSL 3C, 411, abweichende Lesart.
188 Cyprian, Über die Abtrünnigen 25–26 = CCSL 3, 234–235.
189 Cyprian, Brief 63,9 = CCSL 3C, 401.
190 Cyprian, Brief 63,17 = CCSL 3C, 413.
191 Cyprian, Brief 63, 13 = CCSL 3C, 407.
192 Cyprian, Brief 63,9 = CCSL 3C, 401 in Aufnahme von Mt 26,2.
193 Cyprian, An Demetrian 3 = CCSL 3A, 36–37. Das Thema von der alternden Welt ist stoischer Herkunft; Cyprian übernimmt es von Seneca, vgl. Koch (1926), 286–313.
194 Cyprian, Brief 58,1 = CCSL 3C, 320.
195 Cyprian, Brief 63,2 = CCSL 3C, 391.
196 Offenbar war es der Nordafrikaner Tertullian, der als erster die Wichtigkeit der Rezitation der Herrenworte in der Eucharistiefeier hervorhob: Tertullian, Gegen Markion 4,40,3 = CCSL 1, 656. Dieser Beleg läßt vermuten, daß es zur Zeit Cyprians in Nordafrika die Meinung gab, man müsse die Herrenworte bei der Feier sprechen. Zwar nennt Cyprian Tertullian nie beim Namen, aber er gilt als Autorität, auf die Cyprian zurückgriff. Nach Hieronymus soll Cyprian täglich mit den Worten: *Da magistrum*! Reiche mir den Meister! nach den Schriften Tertullians verlangt haben. Hieronymus, Über berühmte Männer 53 = PL 23, 698.
197 Über Cyprians Offenbarungen vgl. die Andeutungen in Cyprian, Brief 63,1 und 63,19 = CCSL 3C, 390.416–417.
198 Cyprian verwendet das Wort *sacerdos* meist für den Bischof, seltener für Presbyter, vgl. Bévenot (1979), 413–429; Laurance (1984), 198–200.
199 Cyprian, Brief 75,10 = CCSL 3C, 591–592.
200 Cyprian, Über das Gebet des Herrn 23 = CCSL 3A, 105.
201 Cyprian, Über die Abtrünnigen 25–26 = CCSL 3, 234–235.
202 Cyprian, Über das Gebet des Herrn 18 = CCSL 3A, 101.
203 Hippolyt, Apostolische Tradition 36–37 = FC 1, 292/294; Cyprian, Über die Abtrünnigen 26 = CCSL 3, 235.

204 Tägliche Eucharistiefeier belegen Cyprian, Brief 57,3 und 58,1 = CCSL 3B, 303; 3C, 320. Zeitgenössische Quellen erörtert Klinghardt (1996), 521.
205 Frend (1984), 334 Anm. 85.
206 Cyprian, Brief 63,15 = CCSL 3C, 411.
207 Cyprian, Brief 76,3 = CCSL 3C, 611.
208 Die Passion der Perpetua und Felicitas 15,5–6 = PL 3, 48.
209 Cyprian, Über das Gebet des Herrn 24 = CCSL 3A, 105.
210 Cyprian, Brief 58,1 = CCSL 3C, 320.
211 Cyprian, Brief 76,3 = CCSL 3C, 611.
212 Cyprian, Brief 76,3 = CCSL 3C, 611–612.
213 Offb 7,9–17.
214 Cyprian, Brief 39,3 = CCSL 3B, 189; vgl. Frend (1982), 156–158; Jungmann (1925), 234–237.
215 Cyprian, Über die Einheit der katholischen Kirche 20 = CCSL 3, 264.
216 Gebet für die Toten: Cyprian, Brief 1,2 = CCSL 3B, 4.
217 Cyprian, Über die Einheit der katholischen Kirche 14 = CCSL 3, 259–260.
218 Augustinus, Predigt 159,1 = PL 38,868: «*iniuria est enim pro martyre orare*».
219 Cyprian, Brief 42 = CCSL 3B, 199.
220 Cyprian, Brief 18,1 = CCSL 3B, 101.
221 Cyprian scheint die Stellung eines «Patriarchen», nämlich des Führers der Kirche Nordafrikas innegehabt zu haben. Sein Titel war *papa* oder *papas*. Vgl. Cyprian, Brief 18,1 = CCSL 3B, 101 und die Anschrift der Briefe 23 und 30 = CCSL 3B, 120.139 usw; vgl. noch die Acta proconsularia Cyprians 3 = CSEL 3/3, CXII.
222 Pontius, Cyprians Leben, CSEL 3/3, XC-CX.
223 «Wenn wir unseren Leib durch Mäßigung in Zucht halten ... ist es ein Opfer.» Augustinus, Gottesstaat 10,6 = CCSL 47, 278; so versteht Augustinus Röm 12,1.
224 Augustinus, Gottesstaat 19,23,5 = CCSL 48, 694–695.
225 Augustinus, Predigt 229 = PL 38, 1103.
226 Vgl. Lécuyer (1955).
227 Vgl. Augustins Verständnis von 1 Kor 10,17, «ein Leib, ein Brot sind wir viele» *(unus panis, unum corpus multi sumus)* in Gottesstaat 21,25 = CCSL 48, 794.
228 Augustinus, Predigt 227 = PL 38, 1099–1101; Predigt Denis 6 und Guelf. 7 = Augustinus (1930), 30.463.
229 Augustinus, Über die Psalmen 27 (Vulgata 26), 2. Erklärung 2 = CCSL 38, 155: «Da er außer sich selbst kein angemessenes und reines Opfer finden konnte, erlöste er, das makellose Lamm, uns, indem er sein Blut vergoß und uns als seine Glieder sich einverleibte, so daß auch wir der Christus sind.»
230 Augustinus, Über die Psalmen 131 (Vulgata 130), 4 = CCSL 40, 1900.
231 Augustinus besteht auf der Reinheit der Opfergabe: Augustinus, Über die Psalmen 149,6 = CCSL 40, 2182; Gottesstaat 20,26 = CCSL 48, 748–751.
232 Gregor der Große, Homilien über das Evangelium 37,9 = PL 76, 1279; wiederholt in Dialoge 4,58,1 = SC 265, 194.
233 Augustinus, Gottesstaat 10,6 = CCSL 47, 278 – *Verum sacrificium est omne opus quod agitur, ut sancta societate inhaereamus Deo.*
234 Salustius, Über die Götter 16,2 = (1960), 21.
235 Augustinus, Gottesstaat 20,26,1 = CCSL 48, 749.
236 Augustinus, Gottesstaat 10,7 = CCSL 47, 279.
237 Ackerman (1992), 117–143 und Brown (1991) erörtern die Quellen; eine Deutung versucht Levenson (1993).
238 Tertullian, Apologeticum 9,2–3 = CCSL 1, 102.
239 Philo von Byblos bei Eusebius, Wegbereitung des Evangeliums 1,10,44 = SC 206, 204.
240 Tatsächlich wird die in Nordafrika blühende frühchristliche Märtyrerverehrung von der Forschung vor dem Hintergrund des punischen Menschenopfers gesehen, bei dem das geopferte Kind zu einem göttlichen Wesen wird: Leglay (1966), 490.

241 Philo von Byblos bei Eusebius, Wegbereitung des Evangeliums 1,10,33 = SC 206, 198. – Eine verbreitete Form der Selbsthingabe des opfernden Laien war das Verbrennen von eigenem Haar auf dem Opferaltar. Das Haar vertrat dabei symbolisch die menschliche Person: «Der Nasiräer schneidet (...) sein geweihtes Haupthaar ab, nimmt das geweihte Haar und wirft es in das Feuer, das unter dem Heilsopfer brennt» (Num 6,18). Außerbiblische Parallelen bei Diamond (1997).

242 Vgl. Leglay (1966), 487–488, der auch darauf hinweist, daß sich die nordafrikanische Mentalität von der Frühgeschichte bis in die Spätantike nicht gewandelt habe (492).

243 Thomas von Kempen, Nachfolge Christi 4,7,3 = (1987), 366.

244 Bremond (1932), IX, 135–155; Galy (1950).

245 Catéchisme (1679), 320.

246 Faillon (1873), II, 150.

247 Dupuy (1982), 240ff.

248 Vgl. Lang u. a. (1990), 230–231.

249 Galy (1950), 331–332.

250 Olier, JC 97.

251 Faillon (1873), I, 175; vgl. III, 125 – Geißelung in Oliers Priesterseminar.

252 Galy (1950), 302–308.

253 Zum «weltlosen» Himmel vgl. Fénelon, *Instruction sur la morale et la perfection* = (1851/52), VI, 138; Lang u. a. (1990), 231–245. Fénelon hatte seine theologische Ausbildung in Oliers Priesterseminar erhalten.

254 Augustinus, Gottesstaat 10,20 = CCSL 74, 294.

255 Der an Hebr 4,12 anknüpfende Gedanke ist traditionell: Gregor von Nazianz, PG 37, 281.

256 Olier, EC 396; CC 59. Vgl. den mittelalterlichen Gedanken: «*corpus transfiguratum offerimus*», Decretum Gratiani, PL 187, 1778.

257 Olier, EC 404.

258 Honorius Augustodunensis, Sacramentarium 88 = PL 172, 793; Elevationsgebete bei Heinz (1988), 333–334; Letourneux (1680), 130–131.

259 Olier, EC 289.

260 Frühe (westliche) Quellen sind Paschasius Radbertus, PL 120, 1315; Hinkmar von Reims, PL 125, 912; historische Darstellungen Lécuyer (1949), Symonds (1966). Die heutige Bibelwissenschaft liest die einschlägigen Texte aus dem Hebräerbrief anders: An Christi einmaliges Opfer schließen sich keine erneuten Opferhandlungen an, sondern weitere Akte der Fürbitte für die Gläubigen, vgl. Hebr 4,16; 7,24–25 und Loader (1981), 142–160.

261 Taylor, Rule and Exercises of Holy Living 4,10,3 = (1900), II, 123. Vgl. McAdoo (1994).

262 Olier, EC 430.

263 Faillon (1873), II, 91–92; Monier (1914), 530–531.

264 Die nachstehend erörterten zwei Stufen eucharistischer Erfahrung stellen den Versuch dar, Oliers Gedanken zu systematisieren. Vgl. Oliers unveröffentlichte Aussagen bei Glendon (1979).

265 Oliers geistliches Tagebuch, angeführt von Chaillot (1984), 87.

266 Faillon (1873), II, 61.

267 Oliers geistliches Tagebuch, zitiert von Chaillot (1984), 76.

268 Das Original des Mellan-Stichs befindet sich in der Bibliothèque nationale, Paris; die Abbildung bei Faillon (1873), II, gegenüber S. 124 enthält sekundäre Hinzufügungen. Vgl. Simard (1976), 186–189; Préaud (1988), 89–90.

269 Monier (1914), 343–345.

270 Wenn sich Christus dem Vater opfert, betet er stets auch für die «armen Seelen» im Fegefeuer. Diesem Vorbild folgend, sollen auch die Gläubigen bei der Kommunion an die Verstorbenen denken. Olier, L II, 121–125 Nr. 238; Faillon (1873), II, 80.

271 Faillon (1873), III, gegenüber S. 176. Abb. 26b ist ein nach dieser Vorlage gefertigtes Andachtsbild.

272 «Au moment de la communion, le vrai, le parfait communiant se met tout entier avec Jésus sur la croix comme une seule et même hostie», Grimal (1911), 330 im Kapitel «La communion immolante».
273 Pius XII., Mediator Dei = (1948), 53.
274 Katechismus der katholischen Kirche (1993), Nr. 1372.
275 Pius XII., Mediator Dei = (1948), 46.
276 Pius XII., Mediator Dei = (1948), 46.47.
277 Pius XII., Mediator Dei = (1948), 53.
278 Stevenson (1989), 80.
279 Jung (1971a), 280 – «Das Wandlungssymbol der Messe».
280 Thurian (1983), 232 in der sog. Lima-Liturgie.
281 Stevenson (1989), 78.
282 Stevenson (1989), 79.
283 Stevenson (1989), 73, Zitat aus Isaac Watts, «When I survey the wondrous cross» (1707/09).
284 Gerhard Tersteegen, «Nun schläfet man» (Lied, 1745).

Sakrament

1 Hildegard von Bingen, Scivias II,6 (Vorwort) = CCCM 43, 230 (übers. Walburga Storch).
2 Chateaubriand (1951), I, 66 (Buch 2,6).
3 Über die Toten in der antiken Magie: Bernand (1991), 131–155.259–282.399–402.
4 Frazer (1922), 52.
5 Cox (1965), 21–22.
6 Apg 19,19.
7 Brashear (1995).
8 Des Places (1971), dazu Potter (1991) und R. Smith (1995), 92–96.
9 Jamblich = Des Places (1966); vgl. Shaw (1995).
10 Meyer u. a. (1994).
11 Richardson (1974), 576–577.
12 Shaw (1985), 7 ff.; Graf (1991).
13 «Gebet des Jakob», PGM XXII b, 1–26 = H. D. Betz (1992), 261; zur Datierung vgl. M. Smith (1986), 461.
14 Assmann (1995).
15 Clerc (1995), 155.172–192.
16 Das ist die heidnische Einschätzung, die Augustinus, Gottesstaat 10,9,1 = CCSL 47, 281 kritisiert. Zur Zeit Augustins hatte der christliche Staat die Theurgie verboten: Clerc (1996).
17 Jamblich, Ägyptische Mysterien 10,7 [293] = des Places (1966), 214.
18 Johnstone (1990), 76–89.147 und (1992); Markus (1994), Shaw (1995) und Clerc (1995), 248–296.
19 Homer, Odyssee 19, 457.
20 Tertullian, Arznei gegen den Skorpionstich 1,3 = CCSL 2, 1069.
21 Josephus, Jüdische Altertümer 8,45–46.
22 Augustinus, Gottesstaat 22,8,8 = CCSL 48, 821.
23 Edward Gibbon, The Decline and Fall of the Roman Empire (1776/88), Kap. 15.
24 Von Harnack (1924), I, 129–150. Zum heutigen Forschungsstand: Flint (1991).
25 Diese Feststellung läßt sich auch ikonographisch erhärten: Auf den frühen christlichen Bildern überwiegen bei weitem die Darstellungen von Wundertaten, vgl. Zanker (1995), 279–280.
26 Frazer (1922), 45.
27 J. Z. Smith (1978), XIII–XV.

28 «Antike Nachrichten und Fundstücke lassen erkennen, daß die Magie ein Grundbestandteil der griechischen Mysterienrituale war.» H. D. Betz (1991), 250.

29 Nach Plinius, Naturgeschichte 30,6 [17], wurde Kaiser Nero von einem armenischen Zauberer in «magische Gastmähler» eingeführt *(magicis enim cenis eum initiaverat).* Klauck (1986), 91–233 gibt eine Übersicht über Mysterienmähler.

30 Angus (1925), 61.

31 Die klassische Darstellung bietet Goodenough (1935). Koester (1995), I, 189–196 betrachtet das frühe Christentum und Teile des Judentums als Mysterienkulte.

32 Lev 16,12–13; H.-P. Müller (1964). Denkbar ist auch, daß der ältere Kult Israels eine Statue Jahwes kannte und diese bei bestimmten Kultfeiern durch Lichteffekte zu einem lebendigen Bild werden ließ; Niehr (1997).

33 Von Rad (1958), 239–240.

34 Sänger (1980), 174–187.

35 Josef und Asenat 16,14.16 (übers. nach Christoph Burchard).

36 Josef und Asenat 8,5.

37 Burchard (1987), 117. Dschulnigg (1989) möchte den heiligen und magischen Charakter der Speise auf das Passamahl im Verständnis des Diasporajudentums eingrenzen. Zur Speise als Träger übernatürlicher Kraft vgl. Jeremias (1960), 225–228; Klauck (1986), 166–205.

38 Mischna, Berachot 6,1; 7,3.

39 Mk 1,28.

40 Oegema (1994), 147 hat die exorzistische Bedeutung dieser Überlieferung erkannt.

41 Zum Beispiel Mk 1,23.26.27; 3,11.

42 Lk 3,21–22; Geheimes Markusevangelium = Schneemelcher (1990), I, 92. Zu Jesus als Täufer vgl. Joh 3,22.

43 Mk 9,2–8 und Parallelbericht Mt 17,1 ff. Vorbereitungszeit: Mk 9,2.

44 Lk 22,43.

45 Lk 9,32; 22,43 erwähnen Schlaf und Schlaftrunkenheit.

46 Pilch (1995); M. Smith (1996), II, 79–86.

47 Sulpicius Severus, Das Leben des heiligen Martinus 23 = SC 133, 302/306.

48 Jacques Fontaine, SC 135, 994–995.

49 Lk 4,1–13; 14,43–44 (Jesus); 2 Kor 12,7–8 (Paulus); Sulpicius Severus, Dialoge 2,13 = CSEL 1, 195–197 (Martinus).

50 Joh 14,10 (Jesus); M. Smith (1996), II, 68–78 über den Qumrantext 4Q 491.

51 Die klassischen Darstellungen von Jesus als Theurgen sind M. Smith (1973), 220–237; (1978), 96–104.120–122.134 ff. und Barker (1996), 1–55.

52 Murphy-O'Connor (1990).

53 Burkert (1990), 31–53.

54 1 Kor 12,2–4.

55 Joh 16,19; Offb 4–5.

56 Ex 12.

57 Die «zehn ägyptischen Plagen» (Ex 7–12) können sich wiederholen: Apokalypse Abrahams 29,15 = Charlesworth (1983/85), II, 704; Ex 15,29; Dtn 28,60; Offb 9 und 16.

58 Lev 3,17; Mischna, Para 4,3 = Mayer (1964), 59.

59 Mk 14,23.

60 Mk 13,12; Mt 24,10.

61 Origenes, Matthäuskommentar = GCS Origenes 11, 21.

62 Justin der Märtyrer, Dialog mit Trypho 40 = PG 6, 561. Vgl. Dölger (1932), III, 231–244.

63 1 Kor 11,20, vgl. Kremer (1996).

64 1 Kor 10,3–4 wird gewöhnlich auf die Eucharistie bezogen.

65 Van der Toorn (1988), 444–445.

66 H. D. Betz (1992), I, 5 = PGM I, 90 und oft.

67 H. D. Betz (1992), I, 28–29 = PGM III, 410–423.

68 Goodenough (1953), II, 166 = Meyer u. a. (1994), 279 Nr. 129, ein koptischer Text des London Oriental Manuscript 6794 (ca. 600 n. Chr.). Es handelt sich um eine privatisierte Eucharistie (Smith), die sich eines älteren jüdischen Zauberspruchs bedient: Richard Smith in Meyer u. a. (1994), 276.

69 Ignatius, An die Epheser 20,2 = Lindemann u. a. (1992), 190. Antike Parallelen erörtern Schoedel (1990), 174–177; Wehr (1987), 106–111.

70 Ignatius, An die Epheser 13,1 = Lindemann u. a. (1992), 186.

71 Diodorus Siculus, Bibliothek 1,25,6 (1. Jahrhundert v. Chr.).

72 Jungmann (1949), II, 548–551.

73 Augustinus, Contra litteras Petiliani 3,16[19] = PL 43, 357.

74 M. Smith (1978), 111.122–123. Der magische Text, den Smith S. 111 zitiert, stammt aus dem 3. Jahrhundert n. Chr.; Dölger (1922), II, 502 Anm. 2 hielt den Text für eine Nachahmung der christlichen Eucharistie. Smith hat die umgekehrte Beziehung als plausibel erwiesen: Der magische Gedanke bildet die Grundlage des christlichen Rituals. In PGM 122, einem Liebeszauber aus dem 1. Jahrhundert n. Chr., sagt ein verliebter Mann: «Ich habe dein Blut gekostet», d. h. das Blut der Geliebten: H. D. Betz (1992), I, 317; Daniel u. a. (1992), 109.

75 Demotischer magischer Papyrus von Leiden und London: H. D. Betz (1992), I, 220–221. Datierung: Griffiths u. a. (1904), I, 10–13.

76 Lk 24,13ff hat mit Joh 19,25 den Namen Klopas/Kleopas gemeinsam, mit Joh 20,11–18; 21,1–14 das Motiv des Wiedererkennens.

77 Crump (1992), 98–107 zeigt, daß bei Lukas das «Brotbrechen» stets mit einem Gebet verbunden ist, das einen Zugang zur göttlichen Welt schafft.

78 M. Smith (1978), 122; Shaw (1995), 219–222.

79 1 Sam 28.

80 Lk 9,28–36.

81 Rudolph (1990), 230–233.

82 Justin, Erste Apologie 66 = (1994), 127–128.

83 Der ursprüngliche Text der Apostolischen Überlieferung ist verloren; die von B. Botte in SC 11bis gegebene Rekonstruktion liegt auch der Ausgabe FC 1 zugrunde. Die Rekonstruktion erreicht vielleicht nicht den Urtext, sondern eine bearbeitete Fassung des 4. Jahrhunderts, vgl. Edward C. Ratcliffe im *Journal of Theological Studies* NS 15 (1964), 402–407 und Brent (1995).

84 Apostolische Überlieferung 4 = FC 1, 222.

85 Apostolische Überlieferung 4 = FC 1, 222/226.

86 In seinem *Danielkommentar* 1,20 = SC 14, 108 nennt Hippolyt das Kirchengebäude «Haus Gottes». Das griechische *ekklêsia* bedeutet in der *Apostolischen Überlieferung* 21.39.41 = FC 1, 264.296.298 «Kirchengebäude»; nach Klauck (1983), 74–77 kam dieser Sprachgebrauch um 200 n. Chr. auf. P. C. Finney (1988) weist darauf hin, daß es vor 200 keinen Hinweis auf christliche Versammlungen in Gebäuden gibt, die nicht zugleich Wohnhäuser waren.

87 Klinghardt (1996), 513.

88 Bobertz (1993).

89 Zum mit Bischof Novatian (ca. 250) beginnenden «Monepiskopat» vgl. Brent (1995).

90 Die Syrische Didaskalie = Achelis u. a. (1904) nennt Hippolyts *eulogia* ein «Freundschaftsmahl» (Agape); es habe keinen sakralen Charakter und diene der Verteilung von Speise, die in der Gemeinde gesammelt wurde. Cyprian kennt eine ähnliche Einrichtung, ohne diese jedoch mit einem bestimmten Namen zu benennen; Cyprian, Brief 63,16 = CSEL 3, 714.

91 Santos Yanguas (1981/82); Cleve (1988), 196–206.

92 Shiner (1995), 103–111.

93 Koskenniemi (1994).

94 Frend (1984), 275.

95 Eusebius, Kirchengeschichte 6,21 = SC 41, 121.

96 Hippolyt, Predigt über die Auferstehung, der Kaiserin Mamaea gewidmet, GCS Hippolytus 1/2, 251.
97 Hippolyt, Danielkommentar 4,8,7 = SC 14, 276.
98 Neusner (1987), 213; vgl. 54–70.207–230. Vgl. Lesses (1998).
99 Frend (1984), 272.
100 Apg 8,18–19.
101 Hippolyt, Widerlegung aller Häresien 6,20 = GCS Hippolytus 3, 148.
102 Hippolyt, Widerlegung aller Häresien 6,39–40 = GCS Hippolytus 3, 170–172, eine Mitteilung, die auf Irenäus, Häresien 1, 13,2 = FC 8/1, 218 beruht. Der gnostische Magier Markus wirkte um 150 n. Chr.
103 Hippolyt, Widerlegung aller Häresien 4,34–35 = GCS Hippolytus 3, 61–62.
104 West (1995), 292.
105 Burkert (1981), 133.
106 Frazer (1922), 49.
107 Frankfurter (1995), mit vielen Beispielen von mythischen Episoden, die im Zauberspruch als Präzedenzfälle angeführt werden.
108 Malinowski (1954), 83 (vgl. 141–142). In der Religionsethnologie ist das von Frazer und Malinowski entwickelte Magieverständnis nicht unumstritten; hier jedoch vermag es Hippolyts Ritual zu erklären.
109 Tertullian, Gegen Markion 4,40,3 = CCSL 1, 656 (208 n. Chr.).
110 Taft (1992), 497–498 meint, der Geist werde nicht so sehr auf die eucharistischen Elemente als auf die Gemeinde herabgerufen.
111 McKenna (1975), 20.
112 Lietzmann (1955), 161 und Easton (1934), 36 verweisen auf die magische Bedeutung der «Grenze», die an Ijob 38,10; Spr 8,29 erinnert.
113 Der häusliche Verzehr des geweihten Brotes wird auch bei Tertullian (An seine Gemahlin 2,5,3 = SC 237, 138–139) erwähnt. Er rät seiner Frau, im Falle seines Todes Witwe zu bleiben und keinesfalls einen Heiden zu heiraten, da ein Nichtchrist ihr nächtliches Gebet und den Verzehr des heiligen Brotes am Morgen nicht billigen würde.
114 Fögen (1993).
115 Über Magie im 3. und 4. Jahrhundert vgl. McMullen (1966), 95–127; Benko (1984), 103–139; Potter (1994).
116 Apg 17,34.
117 Platonopolis sollte in Süditalien errichtet werden. Der Tod des Kaisers Gallienus im Jahre 268 n. Chr. ließ den Plan des Philosophen Plotin nicht zur Ausführung kommen.
118 Die Theurgen revidierten Plotins Philosophie: Trouillard (1983), Berchman (1989), Shaw (1995).
119 Jamblich, Die ägyptischen Mysterien 2,11[96] = des Places (1966), 96–97.
120 Vgl. Latte (1968), 48–59; Vorländer (1975a).
121 Das Ritual ist im Werk eines Kirchenvaters überliefert: Eusebius, Vorbereitung des Evangeliums 5,12 = SC 262, 312–315, wobei ein Teil als Fragment 224 der Chaldäischen Orakel gezählt wird.
122 Jamblich, Die ägyptischen Mysterien 5,23[232–233] = des Places (1966), 178; Shaw (1995), 45–57.
123 Majercik (1989), Potter (1991).
124 Marinus, Leben des Proklos 28.
125 Marinus, Leben des Proklos 32.
126 Trombley (1993), I, 307–332.
127 Rorem (1993), 51.63.
128 Kritische Ausgabe: Dionysius, *Corpus Dionysiacum* (1991), Bd. 2. Unsere Übersetzungen orientieren sich an der Ausgabe von Günter Heil. Im Text werden (wie in der kritischen Ausgabe und den Übersetzungen) die Seitenzahlen der alten Migne-Ausgabe (PG 3) angegeben.
129 Chaldäische Orakel Nr. 108 = Majercik (1989), 90.

130 Jamblich, Die ägyptischen Mysterien 2,11[97] = des Places (1966), 96.
131 Jamblich, Die ägyptischen Mysterien 1,15[48] = des Places (1966), 66.
132 Dionysius, Kirchliche Hierarchie 429 A.
133 Dionysius, Kirchliche Hierarchie 425 B/C.
134 Jamblich, Die ägyptischen Mysterien 1,15[48] = des Places (1966), 66.
135 Vgl. Louth (1986).
136 Jamblich, Die ägyptischen Mysterien 5,23[232] = des Places (1966), 178 schreibt «die heiligen Riten der Hierourgien».
137 Zur «Elevation» vgl. Leipoldt (1961), 256–257; Taft (1996), 26–32. Der früheste ausdrückliche Beleg für diesen Ritus findet sich in einem Kommentar zur *Kirchlichen Hierarchie* des Dionysius: Johannes Scholasticus, Bischof von Skythopolis (ca. 535–550), PG 4, 137.
138 Dionysius, Kirchliche Hierarchie 505 D, 536 D.
139 Cyrill von Jerusalem, Mystagogische Katechesen 5[23],20 = FC 7, 162.
140 Wir wissen nicht, wann und wo der Altar zuerst durch einen Vorhang verborgen wurde; vgl. Braun (1924), II, 159–167; van de Paverd (1970), 41–47.340–344.
141 Augustinus, Über die Dreieinigkeit 11,1 = CCSL 50, 333.
142 Hippolytus, Widerlegung aller Häresien 5,8,39 = GCS Hippolytus 3, 96; vgl. Fascher (1962). Auch der Neuplatoniker Proklos benutzt das Wort: Proklos, Platonische Theologie 4,9[193] = (1981), IV,30.
143 Eliade (1958), 43.
144 Paschasius Radbertus, De corpore et sanguine Domini 4 = CCCM 16, 27.
145 Vgl. Jung (1971), 23–25 über «introvertierte» und «extravertierte» Auffassungen der Eucharistie.
146 Jorissen (1965), Goering (1991).
147 DH Nr. 802.
148 Thomas von Aquin, Sentenzenkommentar IV,10,1,4 – «*sensus non habet iudicare de substantia sed de formis sensibilibus*».
149 Thomas, STh I 8,1.
150 Thomas, Sentenzenkommentar IV,10,1 (Antwort auf den 8. Einwand).
151 Thomas, STh II II 1,8 (letzter Satz).
152 Robert Holcot, *Fragen zu den vier Sentenzenbüchern*, angeführt bei Macy (1992), 113.
153 Johannes Calvin, Unterricht in der christlichen Religion IV,17,24 = (1986), 962.
154 Thomas, STh III 75,1.
155 Thomas, STh III 77,1.
156 Thomas, STh III 77,6.
157 Thomas, STh III 77,4.
158 Thomas, STh III 76,5.
159 Thomas, STh III 76,4.
160 Megivern (1963), 228–229. Davon abweichend glaubt Gy (1990), 263–283 zu erkennen, daß Thomas stets von einer «vollständigen» Gegenwart Christi ausgeht.
161 Thomas, STh III 76,8.
162 Schmaus (1952), IV/1,279.
163 Wilhelm von Ockham, Quaestiones quodlibetales (1991), I, 300 (Frage 4,13). Nach Ockham «vermag Christus in der Eucharistie durch geistiges Schauen das auf natürliche Weise zu erblicken, was auf dem Altar vor sich geht».
164 In der biblischen Welt wurde dem Wein stets unmittelbar vor dem Trinken Wasser zugesetzt. Dieser Brauch hat sich im Gottesdienst erhalten.
165 Thomas, STh III 74,8.
166 Joh 2.
167 Juan de Lugo, angeführt bei Pohle u. a. (1960), III, 275.
168 Landgraf (1952); Snoek (1995), 48.
169 Thomas, STh III 80,3, 3.
170 Thomas, STh III 74,2. Andere Ansichten notiert Mangenot (1913), 1315–1316.

171 Voltaire, Philosophisches Wörterbuch (1767), Art. »Transsubstantiation« = (1967), 411.
172 Thomas, STh III 80,8.
173 Den Vorfall dokumentiert Haym (1857), 509–512.
174 Viva (1757), IV/1, 77.
175 Jone (1938), 404.
176 Joh 15,15.
177 Thomas, STh III 75,1, dazu I II 31,6.
178 Foster (1959), 46.55.
179 Weisheipl (1974), 322.
180 Calvin, Harmonia evangelica, CR 73[45], 706 – «*sane magica incantatio est, cum ad mortuum elementum dirigitur consecratio*».
181 Calvin, Petit traité de la sainte Cène, CR 33[5], 450.
182 Calvin, Unterricht in der christlichen Religion IV, 17 = (1986), 940–990.
183 Calvin, CR 77[49], 489.
184 Calvin, Unterricht in der christlichen Religion IV,17,21 = (1986), 959.
185 Boisset (1959); McDonnell (1967), 32–39.231; Partee (1977), 105–116.
186 Boehme (1957), VI, 96–97 – «De testamentis Christi» (1624).
187 Von Baader (1854), VII, 13 Anmerkung (1815).
188 Rahner (1960), IV, 357–385 – «Die Gegenwart Christi im Sakrament des Herrenmahles».
189 Rahner (1960), IV, 88 (3. Vorlesung).
190 FitzPatrick (1991), 133.
191 FitzPatrick (1993), 37 Anm. 9.
192 Zusammenfassung bei FitzPatrick (1993), 49–107.
193 Smits, zitiert bei FitzPatrick (1993), 58.
194 Smits (1965), 52.
195 Calvin, CR 73[45], 706.
196 Paul VI., «Mysterium fidei», DH Nr. 4410–4413.
197 P. H. Jones (1994), 197–242.
198 Vergöttlichung als Wirkung der Kommunion: Dionysius, Kirchliche Hierarchie 436 C.
199 Jamblich, Die ägyptischen Mysterien 5,23[232] = des Places (1966), 177–178.
200 Jamblich, Die ägyptischen Mysterien 2,6[81] = des Places (1966), 86.
201 Meyendorff (1974), 201–211; (1974a), 13. Aufsatz.
202 Dionysius, Kirchliche Hierarchie 504 B, 536 D. Vgl. Louth (1981), 57–59; Riedweg (1987), 127–130.142–143.
203 Dionysius, Kirchliche Hierarchie 508 C: der Bischof kann die Gläubigen durch die Eucharistie läutern, erleuchten und vollenden.
204 Kabasilas, Leben in Christus 4,70 = SC 355,322.
205 Kabasilas, Leben in Christus 4,52 = SC 355,310.
206 Brightman (1896), I, 395, nach Jes 6,7, ein seit der Väterzeit auf die Kommunion bezogener Text, vgl. Eschenbach (1927).
207 Kabasilas, Leben in Christus 4,12 = SC 355, 272.
208 Kabasilas, Leben in Christus 4,88 = SC 355, 338.
209 Kabasilas, Leben in Christus 4,88 = SC 355, 338.
210 Kabasilas, Leben in Christus 4,35 = SC 355, 294.
211 Kabasilas, Leben in Christus 4,99 = SC 355, 348.
212 Irenäus, Häresien 4,18,5 = FC 8/4, 146–147.
213 Gregor von Nyssa, Katechetische Rede 37 = PG 45, 93–97.
214 Kabasilas, Leben in Christus 4,89 = SC 355, 338.
215 Kabasilas, Leben in Christus 4,7 = SC 355, 268.
216 Kabasilas, Leben in Christus 4,8 = SC 355, 268.
217 Kabasilas, Leben in Christus 4,8 = SC 355, 270.
218 Kabasilas, Leben in Christus 4,34 = SC 355, 294.
219 Kabasilas, Leben in Christus 4,46 = SC 355, 304/306.

220 Kabasilas, Leben in Christus 4,27 = SC 355, 288.
221 Kabasilas, Leben in Christus 4,37 = SC 355, 298, vgl. Augustinus, Bekenntnisse 7,10 = CCSL 27, 104.
222 Kabasilas, Leben in Christus 4,27–28 = SC 355, 288.290.
223 Kabasilas, Leben in Christus 4,2 = SC 355, 264.
224 2 Petr 1,4, den biblischen Hauptbeleg für die Vergöttlichungsverheißung, nennt z. B. Cyrill von Jerusalem, Mystagogische Katechesen 4[22],3 = FC 7, 136 in eucharistischem Zusammenhang.
225 Kabasilas, Leben in Christus 4,2 = SC 355, 264.
226 Kabasilas, Leben in Christus 4,3 = SC 355, 264.
227 Kabasilas, Leben in Christus 4,31 = SC 355, 292.
228 Von Harnack (1977), 138 – 13. Vorlesung.
229 Thomas von Aquin, STh III 79,4.
230 Thomas von Aquin, STh III 80,4.
231 Thomas von Aquin, STh III 61,1.
232 Bynum (1987), 73.
233 Stein (1995), 88.
234 Suger, Leben Ludwigs des Dicken 21 = PL 186, 1338.
235 Zu dem bei Katholiken und Protestanten des deutschen Sprachraums beliebten ikonographischen Motiv vgl. Hein (1974); (1994), 421–429. Nicht alle bei Hein abgebildeten Darstellungen zeigen auch die Hostie, die offenbar nur auf katholischen Bildern begegnet. «Christus der Apotheker» bietet den Protestanten nicht das Sakrament, sondern sein Wort an: Luther, WA 48, 153–154.
236 Thomas von Kempen, Nachfolge Christi IV,1,7 = (1987), 345. Der zitierte Bibeltext Mt 11,28 bildet das Motto von Buch IV und wird ständig paraphrasiert, vgl. Nachfolge Christi IV,1,2 und IV,4,5 = (1987), 339.357–358.
237 Thomas von Kempen, Nachfolge Christi IV,1,6 = (1987), 344.
238 Thomas von Kempen, Nachfolge Christi IV,4,2 = (1987), 355–356.
239 Num 21,8.
240 Duffy (1992), 189.
241 Zu diesem traditionellen Motiv vgl. Snoek (1995), 326–328.
242 Haesele (1968), 240.
243 Jungmann (1949), II, 259 Anm. 78.
244 Andrea Pisano in der Kathedrale von Florenz, vgl. Schmitt (1990), 351 Abb. 38.
245 Sulpicius Severus, Dialoge 3,9 = CSEL 1, 207.
246 Wilhelm von Tocco, Leben des heiligen Thomas, angeführt von Weisheipl (1974), 347.
247 Kunkel (1953), 37.
248 Mt 26,28.
249 Vgl. auch Luther, WA 6, 358.
250 Zwingli, CR 92[5], 754 – «*corpus Christi naturaliter commanducatum peccata remittit*».
251 Thomas von Aquin, STh III 79,4.
252 Woher haben die Engel die Hostien: vom himmlischen Altar, aus dem Kelch des Priesters oder aus dem Mund der Gläubigen, die für die Verstorbenen stellvertretend kommunizieren? Gertrud von Helfta zerkleinert die Hostie in ihrem Mund, um möglichst vielen armen Seelen zu helfen; Gertrud von Helfta, Gesandter der göttlichen Liebe 3,18,26 = SC 143, 102/104. Vgl. Jungmann (1949), 377–378; Browe (1938), 165–174.
253 DH Nr. 1655.
254 Bunyan (1965), 280.
255 Bunyan (1965), 281.
256 Bunyan (1965), 281.
257 Hadewijch (1980), 281 – 7. Vision.
258 Gertrud von Helfta, Gesandter der göttlichen Liebe 3,36 = SC 143, 176.

259 Gertrud von Helfta, Messe, vom Herrn selbst gefeiert 13 = SC 331, 302/304.
260 Gertrud von Helfta, Gesandter der göttlichen Liebe 1,14,23 = SC 139, 198.
261 Bynum (1984) über eucharistische Mystik; Thomas von Aquin, STh III 80,7 über männlichen Samen als Blut.
262 Brief der Äbtissin Tengswich von Andernach an Hildegard, PL 197, 336.
263 Delumeau (1987).
264 Taylor (1900), II, 132 – Kap. IV,10,14.
265 Vgl. Gerland (1992), 103–104; Seidel (1983), 217–229.
266 Edwards (1974), I, 459 – «An Humble Enquiry into the Rules of the Word of God».
267 Vgl. L. E. Schmidt (1989), 162–166.
268 Nevin (1966), 172. Nevin nimmt an, daß Eph 5,30–32 die Kommunion mit ehelichem Verkehr vergleicht (265).
269 Eph 5,32.
270 Seidel (1983), 219.
271 Johann Rist (1607–1667), «O Lebensbrot, Herr Jesu Christ», zitiert bei: Buchrucker (1987), 133.
272 Teilhard de Chardin (1968), 253–254 = (1965), 315.
273 Teilhard de Chardin (1962), 145 = (1957), 152.
274 Teilhard de Chardin (1962), 146 = (1957), 153.
275 De Lubac, angeführt von MacPartlan (1993).
276 Augustinus, Bekenntnisse 7,10[16] = CCSL 27, 104.
277 Auer (1962), 153–159.
278 Fink (1990), 446.
279 Die Christengemeinschaft hat in Deutschland etwa 30000 eingetragene Mitglieder, zu denen noch zahlreiche Interessenten hinzukommen. Mitgliederzahlen aus anderen Ländern (England, Frankreich, Niederlande, Skandinavien, Schweiz, Südafrika, USA) sind nicht verfügbar.
280 Die Christengemeinschaft verwendet keinen Wein beim Abendmahl.
281 Schroeder (1990), 137.
282 Schroeder (1986), 260.
283 Schroeder (1990), 137.
284 Grundlegende Texte: Steiner (1984), 279–281; (1982), 203–205; (1965), 98–103.
285 Steiner (1993), 472.
286 Zum Gebet «Corpus tuum, Domine» vgl. Jungmann (1949), II, 487 und Steiner (1993), Supplement 126.
287 Steiner (1965), 98–103.
288 Althaus (1972), 544.
289 Luther, WA 2, 743.
290 Heidelberger Katechismus (1563), Frage 66 = (1963), 37.
291 Gerhard (1606), 20. Meditation (ohne Seitenzahl) – «*Hoc sanctissimum promissionum divinarum sigillum est quod coram judicio divino ostendere possumus*».
292 Gerhard, Loci theologici (1867), V, 213.
293 Rahner (1960), IV, 385.
294 Rahner (1960), IV, 396.
295 Eymard (1887), 382; Tanqueray (1931), 219–220 – Nr. 285.
296 Landgraf (1952), 49.
297 Rahner (1960), IV, 365.
298 Rinser (1994), 82 – Brief vom 14. Juli 1962. Vgl. auch Rinser (1994a), 142.
299 Zwingli, CR 91[4], 218.
300 Baker (1971), 540.
301 Kaufman (1968), 489–492.496.
302 Malinowski (1954), 79–84 – «Magic and Experience».
303 Fox (1988), 214.
304 Markus (1994), 376.

305 Paul VI., Mysterium Fidei (1965), Nr. 46 – «*conversionem, plane mirabilem et singularem*», Acta Apostolicae Sedis 57 (1965), 766.
306 Acta Apostolicae Sedis 56 (1964), 751–757.
307 Thomas von Kempen, Nachfolge Christi IV,3,1–2 = (1987), 351.
308 Zwei römische Dokumente kritisieren und untersagen die experimentelle Liturgie: Kongregation für die Sakramente und den Gottesdienst, «Inestimabile donum» vom 17. April 1980 und Kongregation für die Glaubenslehre, «Über einige Fragen bezüglich des Dieners der Eucharistie» vom 6. August 1983 = DH Nr. 4720–4723; vgl. Acta Apostolicae Sedis 72 (1980), 331–343; 75 (1983), 1001–1009.
309 Milet (1981), 177 mit Anm. 14.
310 Pius XII., Mediator Dei (1947) = (1948), 23; DH Nr. 3841.

Geistliche Ekstase

1 Oropeza (1995), 83.
2 Sanders (1996), 63.
3 Jamblich, Die ägyptischen Mysterien 3,25 = (1966), 133.
4 Platon, Phaidros 265 A.
5 Jamblich, Die ägyptischen Mysterien 3,25 = (1966), 133.
6 Platon, Phaidros 244 A.
7 Plutarch, Moralia 671 C (übers. Werner Dresken). Über weibliche Dionysosverehrung: Kraemer (1992), 36–49.
8 Euripides, Die Bakchen, Zeile 582.
9 Strabo, Geographie X,3,7 (übers. A. Forbiger).
10 Livius, Römische Geschichte 39,13.
11 Deiss (1966), 135.
12 Herter (1957), 103.
13 Friedrich Nietzsche, Die Geburt der Tragödie (1872).
14 Aristoteles, Fragment 15 = PG 66, 1131 und (1955), 84, über Mysterienkulte.
15 1 Sam 10,5–13; 19,18–24.
16 Testament des Hiob 46–50 = Schaller (1979), 366–371.
17 Van der Horst (1989).
18 Ex 28,30, dazu Houtman (1990) und Van Dam (1997); vgl. auch das Stirnband des Hohenpriesters: Bammel (1997), 133–139.
19 Philo, Über das betrachtende Leben (De vita contemplativa) 83–85.88 = Vermes u. a. (1989), 97/99 (übers. Karl Bormann).
20 Philo, Über das betrachtende Leben 87 = Vermes u. a. (1989), 98.
21 Philo, Über das betrachtende Leben 65 = Vermes u. a. (1989), 90; dazu Klinghardt (1996), 188–190.
22 Dalman (1928), I, 49–50.
23 Klinghardt (1996), 198–199.
24 Plutarch, Moralia/De curiositate 3/517 A.
25 Bremmer (1984).
26 Bérard und Bron (1986).
27 Rouget (1985) ist für die Beschreibung der Ekstasetechniken grundlegend. Einige Forscher wollen von Tranceritualen sprechen, weil sie den Ekstasebegriff für die Erlebnisse von Mystikern und Menschen reservieren, die sich auf die einsame Suche nach visionärer Erfahrung begeben. Rouget (1985), 3–12 schlägt vor, zwischen der ohne Musik und allein erlebten «Ekstase» als hypnotischem Zustand und der in Gruppe erfahrenen und durch äußere Stimulation (Musik) hervorgerufenen «Trance» begrifflich zu unterscheiden.
28 Alland (1962).
29 Garcia Teijeiro (1992).

30 I. M. Lewis (1971); M. Douglas (1973), Kap. 4–5.
31 Bremmer (1984), 285–286.
32 Victor Turner, vgl. B. C. Alexander (1989).
33 I. M. Lewis (1971), 116–117.
34 Aristides Quintilianus 3,25; übers. nach Burkert (1990), 96.
35 M. S. Clark u. a. (1989), 150.
36 Kliewer (1975), 124. Allgemeine Hinweise auf den therapeutischen Wert ekstatischer Rituale geben Wilson (1961), 346; Hollenweger (1968), 67ff., letzterer unter dem Titel «Ersatz für Gruppentherapie».
37 Goodman (1988).
38 Oates (1967).
39 1 Kor 16,15–17.
40 Lampe (1994), 38–39; Philo, Über das betrachtende Leben 46.
41 1 Kor 16,2 läßt an den Sonntag denken: Salzmann (1994), 76; der Abend wird durch die Bezeichnung «*deipnon* (Abendmahlzeit) des Herrn» 1 Kor 11,20 nahegelegt.
42 Platon, Symposion 176 A.
43 Prophetinnen: Apg 21,9; Wire (1990).
44 Apg 21,11.
45 1 Kor 15; vgl. Gillespie (1994), 199–235.
46 Witherington (1995), 279–289. Vgl. die Befragung christlicher Propheten im Hirten des Hermas 43,5–6 = Lindemann u. a. (1992), 412.
47 Reiling (1973), 83–84.
48 Gen 25,22.
49 Nach Grudem (1988), 217–224 verbietet Paulus 1 Kor 14,34–35 einer Frau, die Echtheit eines prophetischen Wortes anzuzweifeln, besonders, wenn es sich um das Wort ihres Mannes handelt.
50 Die Bedeutung, die ich der Verfluchung Jesu beilege, ist nicht gesichert. Eine andere Möglichkeit wäre, an aus Griechenland bekannte Bräuche zu denken. Nach diesen wurden Götter verflucht, damit sie durch ihre Anwesenheit keinen Schaden anrichten; oder sie wurden geschmäht, um Kameraderie mit ihnen zu demonstrieren; vgl. Farnell (1909), V, 104.211–212; (1921), 156–159.
51 Grudem (1988).
52 Philo, Quis rerum divinarum heres sit 265.
53 «Es ist Brauch, die Gilde der Propheten (Deuter) zu Richtern über die gottbegeisterten Weissagungen zu bestellen», Platon, Timaios 72 A/B. Fontenrose (1978), 196–232 weist nach, daß Plato hier nicht das gewöhnliche Vorgehen des delphischen Orakels beschreibt, denn dort äußerte die Pythia verständliche Gottesworte, und der Prophet war Vorsteher der Séance. In der Bibel gibt es kein Beispiel für die «Auslegung» eines glossolalischen Lobpreises, doch erwähnt das Testament des Hiob 49–50 = Schaller (1979), 370–371 Sammlungen von Hymnen, die als Auslegungen glossolalischer Rede galten.
54 Vergil, Aeneis I, 734 (übers. Wilhelm Plankl).
55 1 Kor 11,23–29.
56 1 Kor 10,17.
57 Die beiden Weihehandlungen (Weihe des Brotes, Weihe des Weines) gehörten offenbar zu zwei verschiedenen Teilen des Mahles und waren noch nicht, wie in späterer Praxis, zu einem einzigen rituellen Akt vereint. Von Christus selbst wird berichtet, daß er den Becher «nach dem Mahl» nahm (1 Kor 11,25), da das Trinken zum zweiten Teil der Veranstaltung, dem Symposion, gehörte. Übrigens bezieht sich der Ausdruck «Speise des Herrn» (11,20, vgl. Kremer, 1996) nicht nur auf das geweihte Brot, sondern auf alle Speisen, die beim gemeinsamen Mahl verzehrt wurden.
58 Hofius (1988), 403–405.
59 1 Kor 10,3–4; 12,13.
60 Kotansky (1995), 246.
61 Goodenough (1953), II, 166 = Meyer u. a. (1994), 279–280 (Nr. 129). Ähnliche, deutli-

cher christianisierte Fassungen dieses vermutlich jüdischen Zauberspruchs finden sich bei Meyer u. a. (1994), 244–248 (Nr. 121, 122).

62 Homer, Odyssee 1,150–152 (übers. Roland Hampe).

63 Corley (1989; 1993).

64 Vergil, Aeneis 7,394–395 (übers. nach Wilhelm Plankl). Über offenes Frauenhaar im griechischen Kult: Schüssler Fiorenza (1988), 283.

65 Erndl (1993), 122.

66 Livius, Römische Geschichte 39,13.

67 1 Kor 11,21.

68 1 Kor 11,5.

69 1 Kor 13,1; 14,7.

70 1 Chr 25,1. Zum Einsatz von Musikinstrumenten im heidnischen und jüdischen Kult: Quasten (1930); Peterson (1933), I, 228; Schmidt (1938), III, 1037.

71 Kroeger (1978, 1978a, 1987).

72 Aune (1978), 78.92.

73 1 Kor 14,23.

74 1 Kor 14,34–35. Den interpolierten Charakter der Stelle untersucht Fee (1987), 699–705; davon abweichend tritt Witherington (1990), 172–177 für die paulinische Echtheit des Textes ein.

75 I. M. Lewis (1971); Kraemer (1979).

76 Torjesen (1998).

77 Eisen (1996), 65–73.

78 Grudem (1988), 217–224; Witherington (1990), 172 ff.

79 Lk 1,67–79; Apg 10,44–46; 19,6.

80 Zum lukanischen Verständnis des göttlichen Geistes vgl. Menzies (1991).

81 Didache 10,7 = FC 1, 126.

82 Eschenbach (1927).

83 Tertullian, Apologie 39,18 = CCSL 1, 153.

84 1 Kor 14,26.

85 Tertullian, Über die Seele 9,4 = CCSL 2, 792. Vgl. Robeck (1992).

86 O'Neill (1997).

87 1/2 Tim und Ignatius von Antiochia für Ephesus, 1 Klemens für Korinth, alle von ca. 90–110 n. Chr. datierend.

88 1 Tim 1,3; 3,1ff; Ignatius, Brief an die Epheser 1,1; 1 Klem 42.44.

89 1 Tim 3,16.

90 1 Tim 5,17.

91 1 Klem 53,1.

92 2 Tim 3,16; 1 Klem 45,2.

93 Philo, Über das betrachtende Leben 30–31.83–89 = Vermes u. a. (1989), 84–85.96–99.

94 Epiphanius, Panarion 49,2 = GCS Epiphanius 2, 243.

95 Burgess u. a. (1989), 816.

96 Suurmond (1990), 172.

97 Cox (1995), XV.

98 Grass (1907), I, 381–402.

99 Nuttall (1992), bes. 134.

100 Ingle (1994), 59–60. Als die Quäker nach dem Tode ihres Gründers dessen Schriften drucken ließen, drängten sie die bizarren und wunderhaften Züge zurück; vgl. Bailey (1992), 53–54 Anm. 4. Sie unterstützten damit den Wandel vom Enthusiasmus zur Respektabilität.

101 G. Fox (1975), 58 selbst führt die Bezeichnung «Quäker» allerdings auf den Umstand zurück, daß ein Richter, der Fox und einige seiner Genossen inhaftiert hatte, von ihnen sagte, sie «zitterten» nur vor Gott, nicht aber vor Menschen.

102 William J. Haskett, *Shakerism Unmasked* (1828), zitiert nach Andrews (1963), 144–145.

103 Zitiert bei Stein (1992), 171. Stein berichtet ausführlich über die «spiritualistische Erweckungsbewegung» der Shaker (165–200).
104 Zitiert bei Warner (1986), 20–21.
105 Über das «Fallen» bei den Methodisten: Taves (1993), 203–213.
106 Randolph (1855), 68.
107 Randolph (1855), 106.
108 Taves (1993).
109 Taves (1993), 209–219; Joyner (1994), 29–31.
110 Synan (1989).
111 Lovett (1975), 136.
112 Bartleman, PLA 54.
113 Lovett (1975), 133.
114 Cox (1993).
115 Bartlemans Schriften liegen in einem Reprintband gesammelt vor: Bartleman (1985); ich zitiere die Einzeltitel in Abkürzungen.
116 Bartleman, PLA 50–60.
117 Über die Erweckung in Wales vgl. Schmieder (1982), 358–367.
118 Bartleman, PLA 22.
119 Bartleman, PLA 18.24.33.
120 Bartleman, PLA 28.
121 Los Angeles Daily Times, 18. April 1906; Faksimile in J. L. Tyson (1992), 90.
122 Bartleman, PLA 57.
123 Cawardine (1978), 13.120; Finney (1989), 115.306.
124 Bartleman, PLA 20.
125 Bartleman, PLA 20.
126 Bartleman, PLA 57.
127 Christenson (1975), 27 interviewte Sarah Covington.
128 Oropeza (1995), 89–90. Seit der Antike gilt das Nachahmen von Tierstimmen durch Menschen als Zeichen von Verrücktheit oder Besessenheit, vgl. Plato, Staat 396 B; Speyer (1989), 193–98.497.
129 Sanders (1996), 42–63 erörtert typische Verlaufsformen des Gottesdienstes von Pfingstgemeinden.
130 Hustad (1992), 4.
131 Duffield u. a. (1983), 433.
132 Shopshire (1975), 180–183; Sanders (1996), 64–67.
133 Ps 66,1; 95,1.
134 Poloma (1989), 190.
135 Poloma (1989), 189.
136 Poloma (1989), 189.
137 Poloma (1989), 191.
138 Wesley (1856), XIII, 443–450.
139 Eine frühe Quelle ist Heinrich Müller, Geistliche Seelenmusik (1659), vgl. Bunners (1966), 153.
140 Zur Hypnose vgl. oben, Kap. II «Gebet», S. 149–150.
141 Duffield u. a. (1983), 398. Bei den «Schürzen» (Apg 19,12 in der King-James-Bibel) handelt es sich in Wirklichkeit um Gürtel: Leary (1990).
142 Lawless (1988), 67.
143 Land (1989), 484–485.
144 Marshall (1991), 109.
145 Cartledge (1994), 90–91.
146 Angeführt bei Sneck (1981), 134.
147 Poloma (1982), 58.
148 Die Bezeichnung leitet sich von 1 Kor 12,8 her.
149 Poloma (1989), 194.

150 Poloma (1982) 84 Anm. 6.
151 Über diese Gemeinde informiert Csordas (1997), 80–96.
152 Sneck (1981), 43–51.133.148–153. Sneck stützt sich auf Yocum (1976). Der Gedanke an eine besondere Gruppe scheint biblisch zu sein, denn die Apostelgeschichte spricht von einer Gruppe der «Propheten und Lehrer» in der Gemeinde von Antiochia in Syrien (Apg 13,1).
153 New Covenant (Steubenville, Ohio) 21, Nr. 9, April 1992, S. 8.
154 N. Keller in *Return to the Upper Room* (1992), 87.
155 Pytches (1991), 116–129.
156 Pytches (1991), 127.
157 Csordas (1994), 230–259.
158 Csordas (1994), 235.
159 Wesley (1984 ff.), XIX, 49–51.60–61; dazu Taves (1993), 203–208.
160 Warner (1986), P. H. Alexander (1989).
161 Jovanovic (1988), 353–356.
162 Pytches (1991).
163 Regmire (1990).
164 Zum fehlenden Interesse an den traditionellen christlichen Sakramenten in der heutigen amerikanischen Pfingstbewegung vgl. McDonnell (1973), 19. McDonnell berichtet, daß Pfingstkirchen gewöhnlich viermal im Jahr einen Kommuniongottesdienst anbieten.
165 Vgl. auch Apg 19,6.
166 Es besteht ein bedeutender Unterschied zwischen dem paulinischen und lukanischen Geistverständnis. Nach Paulus besitzen alle Christen gleichermaßen den Geist, und zwar von der Bekehrung an; der Geist ist die sie verwandelnde Kraft. Lukas und die moderne Pfingstbewegung verstehen den Geist als eine besondere prophetische Gabe, die einzelnen Christen verliehen wird. Vgl. Menzies (1991).
167 Samuel Willard, *The Child's Portion* (1648), in Auswahl wiedergegeben von P. Miller u. a. (1963), 369.
168 Tugwell (1976), 151.
169 Melton (1988), 359–360.
170 Poloma (1989), 192.
171 Herrgen (1993), 27.
172 W. Jan Hattingh, in Clark u. a. (1989), 73.
173 Hattingh, in Clark u. a. (1989), 73.
174 Justin, Erste Apologie 45 = (1994), 96, zu Ps 110,2.
175 Chauncy (1975), 326–327.
176 Bataille (1973), V, 274 – «l'inclination discursive essentielle au christianisme».
177 Vgl. Smit (1994).
178 Trobisch (1994).
179 2 Tim 4,13.
180 O'Neill (1997).
181 Poloma (1989), 191. Poloma widmet ein ganzes Kapitel ihres Buches dem «institutionalisierten» Gottesdienst der von ihr untersuchten Pfingstkirche (184–206).
182 Quebedeaux (1983), 184.
183 Jean Stone, angeführt bei Quebedeaux (1983), 184–185.

Göttliche Milde – göttliche Majestät

1 Otto (1924), 17.
2 Otto (1911), 709.
3 Otto (1924), 29.
4 Otto (1932), 228. Offenbar betrachtete Otto das «Schweigen» als ein Sakrament für die

ganze Gemeinde; dagegen sollte das Abendmahl als bedeutenderes Sakrament nur wenigen zugänglich sein. Wiefel-Jenner (1997), 238–239; Dienst (1989), 82–83.

5 Campbell-Jones (1980), 98–99.

6 Campbell-Jones (1980), 98.

7 Rinser (1994), 200 – Brief vom 15. Juni 1964.

8 Rinser (1994), 40 – Brief vom 30. April 1962.

9 «Lumen Gentium», Nr. 48 = DH Nr. 4168.

10 Glaubensverkündigung (1968), 544.

11 Greeley (1985), 199.

12 Theißen (1969), 86.

13 Johannes Chrysostomus, PG 58, 507.

14 Cyrill von Jerusalem, Fünfte mystagogische Katechese 4 = FC 7, 148.

15 Johannes Chrysostomus, Predigten über den 1. Korintherbrief 24,3 = PG 61, 203; Über das Priestertum 3,4 = SC 272, 146; Über die Unbegreiflichkeit Gottes 3,375 = SC 28bis, 218.

16 Johannes Chrysostomus, Über das Priestertum 6,4 = SC 272, 316/18.

17 Johannes Chrysostomus, Predigten über den Epheserbrief 3,5 = PG 62, 29 (Ende); van de Paverd (1970), 41–47.340–344.

18 Johannes Chrysostomus, Predigten über den 1. Korintherbrief 24,4 und 3 (Ende) = PG 61, 203.

19 Johannes Chrysostomus, Predigten über das Matthäusevangelium 82,6 = PG 58, 746.

20 Johannes Chrysostomus, Auslegung des 49. Psalms 8 = PG 55, 253.

21 Jungmann (1925), 217–224; Davies (1971/72); Gessel (1970), 101–122; Quasten (1951).

22 Spinks (1991), 95–96.

23 Hoeres (1994), 23.

24 Franz von Sales (1895–1902), VI, 346.

25 Barth (1971), 171.

26 Von Grethlein (1989), 68–75 vorgetragen als Kritik an P. Brunner, dessen Beziehungen zu Otto von Dienst (1989) hervorgehoben worden sind.

27 Bernhard von Clairvaux, Predigten über das Hohelied 15,2 = PL 183, 844.

28 Thomas von Kempen, Nachfolge Christi IV,5,2 und IV,18,3 = (1987), 360.404.

29 Martin Luther, Kleiner Katechismus, WA 30/I, 292/95.

30 Edwards (1970), 35.

31 Edwards (1974), I,cxxxix – Brief vom 28. November 1751 an Lady Pepperell.

32 Barth (1956), 9–10.

33 Barth (1956), 13.

34 Campbell-Jones (1980), 98.

35 Die richtige Wiedergabe von Gen 14,19 – «Eigner des Himmels und der Erde» – findet sich in der jüdischen Bibelübersetzung von Leopold Zunz. Vgl. Lipiński (1993), 67–69.

36 Hos 5,14.

37 Cassuto (1961), I, 87.

38 Vorländer (1975a).

39 Renan (1953), VI, 984; vgl. Jes 44,2; 49,15.

40 Pascal (1938), 126 – das Mémorial.

41 Barker (1992), Scroggs (1993).

42 Vorländer (1975).

43 Henne (1997).

44 Nilsson (1948), 68–72.

45 Erndl (1993), 111.

46 Lewis (1971).

47 Freud (1948), XIV, 430 – «Das Unbehagen in der Kultur».

48 Erikson (1958).

49 Bowlby (1969), 361–365.

50 Freud (1940), XI, 324 – «Vorlesungen zur Einführung in die Psychoanalyse», 20. Vorlesung.
51 Andreas-Salomé (1913), 465–466.
52 Erikson (1958), 98–99.257–258.
53 Pfister (1927), 22.
54 Brändle u. a. (1984).
55 Erikson (1958), 258.
56 Horneffer (1912), II, 133.
57 Hippolyt, Apostolische Überlieferung 21 = FC 1, 268.
58 Aelred von Rievaulx, CCCM 1, 658, mit Kommentar von Bynum (1982), 123.132.
59 Die Priester der Christengemeinschaft führen diese Segensgeste nur bei Kommunionempfängern aus, und zwar unmittelbar nach der Kommunionausteilung. Sie sprechen dabei die Worte «Der Friede sei mit dir». Backenstreich und Segenswort entstammen der katholischen Liturgie der Firmung und gelten als Überbleibsel und Ersatz für Umarmung und Friedenskuß. – Manche anglikanische Priester und methodistische Pastoren laden nicht-kommunizierende Kinder und Erwachsene dazu ein, bei der Kommunion an die Altarschranke zu treten und einen Segen zu empfangen. Ihre Handauflegung erinnert an die Weise, wie Jesus Kinder segnete (Mk 10,10). Nach Colin Buchanan scheint der Brauch Ende der 1940er Jahre in England entstanden zu sein (Brief vom 14. August 1996).
60 Csordas (1994), 55.
61 Jung (1971a), 219–323 – «Das Wandlungssymbol in der Messe».
62 Augustinus, Bekenntnisse IV, 1[1] = CCSL 27, 40. Vgl. Brändle u. a. (1984), 166–167.
63 Csordas (1994), 235.
64 Tannen (1991).
65 Freud (1982), I, 547 – «Neue Folge der Vorlesungen zur Einführung in die Psychoanalyse», 33. Vorlesung.
66 Dumoulin u. a. (1973), 131–262.
67 James (1958), 78 Anm. 3 – Vorlesung IV/V.
68 Post (1995).
69 Parsch (1930/31).
70 Rinser (1986), 48–51.
71 Bernhard (1977).
72 Goethe (1954), 893–894.
73 Siebenmorgen (1983), 82–84.
74 Guardini (1939), 15–16.
75 Merton (1964), 15.
76 «Qui tient sa forme d'une tradition liturgique: gestes hiératiques du prêtre officiant»: Grand Larousse (1973), III, 2428. Zum Begriff «hieratisch» vgl. Kreitmaier (1921), 69–94.
77 Haley (1972), 85.
78 Haley (1972), 90.
79 Sontag (1987), 130.
80 Zumthor (1959), 103.
81 Pepys (1970/83), IV, 268.278.
82 Pepys (1970/83), VIII, 236 – 26. Mai 1667. Ein Jahrhundert nach Pepys schrieb James Boswell (1950), 68 in sein Londoner Tagebuch: «Dann ging ich in St. George zur Kirche und hörte eine gute Predigt. (...) Ehrenwort – meiner Anlage nach war ich ein frommer Christ. Aber mit meiner Andacht war es nicht weit her. Der Anblick der Gräfin von Grafton lenkte mich viel zu sehr ab» (Eintrag vom 5. Dezember 1762).
83 Friedrich Schiller, Über die ästhetische Erziehung des Menschen (1795), 15. Brief.

Abbildungsnachweis

1a. Reinhard Rohlf, Paderborn.
1b. Reinhard Rohlf, Paderborn.
2. Hector Mithobius, *Psalmodia Christiana* (Jena, 1665), Frontispiz. British Library, London.
3. Bildarchiv Foto Marburg, 1995.
4. Rudolf Otto, *Zur Erneuerung und Ausgestaltung des Gottesdienstes* (Gießen: Töpelmann, 1925), nach S. 98.
5. *Vie de Saint Denis.* Paris, Bibliothèque nationale, n. a. fr. 1098, fol. 35 verso.
6. Berlin, Ägyptisches Museum 14145. Adolf Erman, *Die Religion der Ägypter* (Berlin: de Gruyter, 1934), 120.
7a. Martin Luther, *WA* 30/I, 143.
7b. St. Maria, Wittenberg. Bildarchiv Foto Marburg.
8. St. Maria zur Höhe, Soest. Ansgar Hoffmann, Paderborn.
9. The Minneapolis Institute of Art, Minneapolis, Minnesota.
10. British Museum, London. BMC 2425.
11. Paolo Segneri, *Pratica delle missioni* (Venice: Giuseppe Rosa, 1763), Bd. I. Bibliothèque des Fontaines, Chantilly, Frankreich.
12. British Museum, London. BMC 13107.
13. Evangelisch-reformierte Kirchengemeinde Eiserfeld, 1991.
14. *Schönere Zukunft* (Wien), 16. Juni 1929.
15. John Frederick Herrold, New York, 1996. Mit Genehmigung der Riverside Chuch. Die Zitate sind aus *The Riverside Church in the City of New York: A Handbook* (New York, 1931), 10 und 37.
16. *The New Yorker*, 7. April 1986.
17a. Ägyptisches Museum, Kairo. Othmar Keel, *Die Welt der altorientalischen Bildsymbolik und das Alte Testament* (Zürich: Benziger, 1972), 190.
17b. Revelations of St. Bridget of Sweden, Manuscript 498, fol. 4 verso (Ausschnitt). Pierpont Morgan Library, New York.
18. Nach Josephus, *The Jewish War*, hg. Gaalyahu Cornfeld (Grand Rapids: Zondervan Publishing House, 1982).
19a. Othmar Keel, *Die Welt der altorientalischen Bildsymbolik und das Alte Testament* (Zürich: Benziger, 1972), 250.
19b. Heinrich Kunkel, *Das heilige Meßopfer* (Fulda: Familienverlag, 1953), 24.
20. Louvre, Paris. Umzeichnung: August Baumeister, *Denkmäler des klassischen Altertums* (München: Oldenbourg, 1889), Bd. 3, Abb. 1799.
21. Yorkshire Carthusian Religious Miscellany. British Library, London. Additional Ms. 37049. Zur Almosengabe nach der Messe vgl. Franz (1902), 291.
22. *Architektur des Mittelalters*, hg. Friedrich Möbius (Weimar: Böhlau, 1984), 40.
23. Heinrich Kunkel, *Der Ordensstand* (Fulda: Familienverlag, 1955), Abb. 20.
24. Bayerische Staatsbibliothek, München, Manuskript Clm. 2640. Das Zitat ist aus dem *Leben der Alpais von Cudot*, Stein (1995), 155–156.
25. Charles Wheatley, *A Rational Illustration of the Book of Common Prayer* (London, 1720), Frontispiz. British Library, London.
26a. Charles Le Brun und Claude Mellan. Bibliothèque Nationale (Département des Estampes), Paris.
26b. *Nouveau Catéchisme en Images*, par un Vicaire de Saint-Sulpice (Paris: Lethielleux, 1927), 97.

27. *Le estoire de sent Adward le rei.* Cambridge University Library, Cambridge, England. Manuskript Ee. 359, S. 37. Textquelle: Aelred von Rievaulx, PL 195,760.
28. Augustinushandschrift. Kapitelbibliothek Prag, Codex A 21, fol. 153a.
29. Deutsches Apotheken-Museum im Heidelberger Schloß, Heidelberg. Birgit von Ritter-Zahony, Münzenberg.
30. Maria Haesele, *Eucharistische Wunder aus aller Welt* (Zürich: Verlag Ave Maria, 1968), 241. Zeichnung von Francisco Garcia Estragues.
31a. Bibliothèque Nationale, Paris (manuscrit latin 10484, fol. 86).
31b. Martinskapelle in San Francesco, Assisi, Italien. Stefan Diller, Eisenheim.
32. Dom zu Monreale bei Palermo, Italien. Alinari, Florenz.
33. Charles W. Leadbeater, *The Science of the Sacraments* (London: St. Alban Press, 1920), 449.
34. St. Michaelskapelle, Niederolang, Tyrol (Norditalien). Tiroler Landesmuseum Ferdinandeum, Innsbruck.
35a. Charles Letaille & E. Boumard, Paris. Bibliothèque Nationale, Département des Estampes, Paris.
35b. *La Première Communion,* hg. Jean Delumeau (Paris: Desclée de Brouwer, 1987), nach S. 160. Zitat: Thérèse de l'Enfant Jésus, *Histoire d'une âme* (Paris: Cerf, 1972), 91.
36. *Le Follet, journal des modes,* Nr. 1068, Paris, 4. Mai 1850.
37a. *Dictionnaire de la Bible,* hg. F. Vigouroux. Paris: Letouzey & Ané, 1926, Bd. 2, 1165.
37b. W. Corswant, *Dictionnaire d'archéologie biblique* (Neuchâtel: Delachaux & Niestlé, 1956), 106.
38. G. Peter Richardson, «Philo and Eusebius on Monasteries and Monasticism», *Origins and Methods: Towards a New Understanding of Judaism and Christianity,* hg. Bradley H. McLean (Sheffield: Sheffield Academic Press, 1993), 334–357, Abb. 7.
39. Lekythus, bemalt vom Eretria-Künstler. Staatliche Museen, Berlin. Nr. F 2471. *Dictionnaire des Antiquités grecques et romaines,* hg. Charles Darembourg u. a. (Paris: Hachette, 1904), Bd. III/2, 1489.
40. In der Nähe der Via Salaria gefundener Sarkophag. Arme und Hände der Frau sind ergänzt. Vatikanische Museen/Museo Pio Cristiano. Hirmer, München.
41. Museo del Arcovescovado, Rossano, Italien. Foto nach *Codex Purpureus Rossanensis: editione integrale in facsimile del manoscritto* (Graz: Akademische Druck- und Verlagsanstalt, 1985), fol. 3 verso.
42. David R. Lamson, *Two Years' Experience among the Shakers* (West Boylston, MA: published by the author, 1848), 85.
43. St. Louis Post-Dispatch, Sommer 1890. Wayne E. Warner, *The Woman Evangelist: The Life and Times of Charismatic Evangelist Maria B. Woordworth-Etter* (Metuchen, NJ: Scarecrow Press, 1986), 144.
44. *The Pentecostal Evangel,* 5. August 1939, S. 12. Oral Roberts University Library, Tulsa, Oklahoma.
45. Uros J. Jovanovic, *Methodik und Theorie der Hypnose* (Stuttgart: G. Fischer, 1988), 353.
46. Ernst Schnydrig und Ernst W. Roetheli (Hg.), Die Sakramente (Freiburg: Lambertus, 1957): «Die Firmung».
47. Sammlung des Autors.
48. Sofia Cavalletti, Rom.
49. *De Engelbewaarder* 30 (1914), 27.
50. Beuroner Kunstverlag, Beuron.
51. Rijksmuseum, Amsterdam.
52. Statens Museum for Kunst, Kopenhagen.

Literatur

Achelis, Hans und Johannes Flemming (Übers.): *Die syrische Didaskalia*. Texte und Untersuchungen 25/2; Leipzig: Hinrichs, 1904.

Ackerman, Susan: *Under Every Green Tree: Popular Religion in Sixth-Century Judah*. Atlanta: Scholars Press, 1992.

Adams, Doug: *Meeting House to Camp Meeting: Toward a History of American Free Church Worship*. Austin: Sharing Company, 1981.

Adey, Lionel: *Class and Idol in the English Hymn*. Vancouver: University of British Columbia Press, 1988.

Agende für evangelisch-lutherische Kirchen und Gemeinden. Hg. Kirchenleitung der Vereinigten Evangelisch-lutherischen Kirche Deutschlands. Berlin: Lutherisches Verlagshaus, 1960, Bd. II.

Agende für evangelisch-lutherische Kirchen und Gemeinden. Band III: Die Amtshandlungen; Teil 3: Die Beichte, neu bearbeitete Ausgabe. Hg. Kirchenleitung der Vereinigten Evangelisch-Lutherischen Kirche Deutschlands. Hannover: Lutherisches Verlagshaus, 1993.

Albanese, Catherine L.: *America: Religions and Religion*. 2. Aufl. Belmont, CA: Wadsworth, 1992.

Alexander, Bobby C.: «Pentecostal Ritual Reconsidered». *Journal of Ritual Studies* 3 (1989), 109–128.

Alexander, Patrick H.: «Slain in the Spirit». Burgess u. a. (1989), 789–791.

Alland, Alexander: «Possession in a Revivalistic Negro Church». *Journal for the Scientific Study of Religion* 1 (1962), 204–213.

Althaus, Paul: *Die christliche Wahrheit*. 8. Aufl. Gütersloh: Mohn, 1972.

Amiet, Robert: «Masses, votive». *Dictionary of the Middle Ages*, hg. Joseph R. Strayer. New York: Scribner, 1987, Bd. VIII, 200–201.

Andreas-Salomé, Lou: «Vom frühen Gottesdienst». *Imago* 2 (1913), 457–467.

Andrews, Edward D.: *The People Called Shakers*. Neue Ausg. New York: Dover, 1963.

Angenendt, Arnold: «Missa specialis: Zugleich ein Beitrag zur Entstehung der Privatmessen». *Frühmittelalterliche Studien* 17 (1983), 153–221.

Angus, S.: *The Mystery-Religions and Christianity*. 2. Aufl. London: Murray, 1925.

Aristides, P. Aelius: *The Complete Works*. Übers. Charles A. Behr. Leiden: Brill, 1981, Bd. II.

Aristoteles: *Fragmenta selecta*. Hg. W. D. Ross. Oxford: Clarendon, 1955.

Arnold, Richard: *The English Hymn: Studies in a Genre*. New York: Lang, 1995.

Asendorf, Ulrich: *Die Theologie Martin Luthers in seinen Predigten*. Göttingen: Vandenhoeck & Ruprecht, 1988.

Assmann, Jan: «Unio liturgica». *Secrecy and Concealment*, hg. Hans G. Kippenberg u. a. Leiden: Brill, 1995, 37–60.

Atkinson, Kenneth H.: «On further Defining the First-Century CE Synagogue: Fact or Fiction?» *New Testament Studies* 43 (1997), 491–502.

Aubriot-Sévin, Danièle: *Prière et conceptions religieuses en Grèce ancienne*. Lyon: Maison de l'Orient Méditerranéen, 1992.

Auer, Alfons: *Weltoffener Christ*. 2. Aufl. Düsseldorf: Patmos, 1962.

Augustinus: *Sancti Augustini Sermones post Maurinos reperti*, hg. Germain Morin; Miscellanea Agostiniana 1. Rom: Tipographia Poliglotta Vaticana, 1930.

Aune, David E.: «Septem sapientium convivium». *Plutarch's Ethical Writings and Early Christian Literature*, hg. Hans Dieter Betz. Leiden: Brill, 1978, 51–105.

–: «Jesus (im Zauber)». *Reallexikon für Antike und Christentum*, hg. Ernst Dassmann u. a. Stuttgart: Hiersemann, 1996, Bd. XVII, 821–837.

Avril, Joseph: «En marge du clergé paroissal: les chapelains de chapellenies (fin XII–XIIIe siècles)». *Le clerc séculier au moyen age*, hg. Société des historiens médiévistes de l'enseignement supérieur public. Paris: Publications de la Sorbonne, 1993, 121–133.

Baader, Franz von: *Sämtliche Werke*. Hg. Franz Hoffmann u. a. (1854). Reprint: Aalen: Scientia, 1963, Bd. VII.

Baal, Jan van: «Offering, Sacrifice and Gift». *Numen* 23 (1976), 161–178.

Baeck, Leo: *Das Wesen des Judentums*. 6. Aufl. Köln: Melzer, 1960.

Bailey, Richard: *New Light on George Fox and Early Quakerism*. San Francisco: Mellen Research University Press, 1992.

Baker, Charles F.: *A Dispensational Theology*. Grand Rapids: Grace Bible College, 1971.

Baker, Frank: *Methodism and the Love-Feast*. London: Epworth, 1957.

Bamberger, Seligmann: *Siddur sefat emet*. Mit deutscher Übersetzung. Basel: Goldschmidt, 1972.

Bammel, Ernst: «Is Luke 16: 16–18 of Baptist's Provenience?» *Harvard Theological Review* 51 (1958), 101–106.

–: «The Poor and the Zealots». *Jesus and the Politics of His Day*, hg. Ernst Bammel und C. F. D. Moule. Cambridge: Cambridge University Press, 1984, 109–128.

–: *Judaica et Paulina: Kleine Schriften II*. Tübingen: Mohr, 1997.

Bandmann, Günter: «Früh- und hochmittelalterliche Altaranordnung als Darstellung». *Das erste Jahrtausend*, hg. Joseph Hoster. Düsseldorf: Schwann, 1962, Bd. I, 371–411.

Bardenhewer, Otto: *Die pseudo-aristotelische Schrift über das reine Gute, bekannt unter dem Namen Liber de causis*. Freiburg: Herder, 1882.

Barker, Margaret: *The Great Angel: A Study of Israel's Second God*. London: SPCK, 1992.

–: *On Earth as It Is in Heaven*. Edinburgh: Clark, 1995.

–: *The Risen Lord*. Edinburgh: Clark, 1996.

Barth, Karl: *Die kirchliche Dogmatik*. Zürich: EVZ–Verlag, 1932–67, Bde. I/1–IV/4 [= *KD*]

–: *Die Kirche Jesu Christi*. München: Kaiser, 1933.

–: *Die Menschlichkeit Gottes*. Zollikon: Evangelischer Verlag, 1956.

–: «How my mind has changed». *Evangelische Theologie* 20 (1960), 97–106.

–: *How I Changed My Mind*. Hg. John D. Godsey. Richmond: John Knox Press, 1966.

–: *Das Glaubensbekenntnis der Kirche*. Zürich: Evangelischer Verlag, 1967.

–: «Die Gemeindemässigkeit der Predigt». *Aufgabe der Predigt*, hg. Gert Hummel. Darmstadt: Wissenschaftliche Buchgesellschaft, 1971, 165–178.

–: *Briefe 1961–1968*. Hg. Jürgen Fangmeier u. a. 2. Aufl. Zürich: Theologischer Verlag, 1979.

–: *Predigten 1954–1967*. Hg. Hinrich Stoevesandt. Zürich: Theologischer Verlag, 1979a.

–: *Die christliche Dogmatik im Entwurf. Erster Band* [1927]. Hg. Gerhard Sauter. Zürich: Theologischer Verlag, 1982.

–: *Offene Briefe 1945–1968*. Hg. Diether Koch. Zürich: Theologischer Verlag, 1984.

–: *Unterricht in der christlichen Religion*. Zürich: Theologischer Verlag, 1985, Bd. I.

–: *Homiletik*, 3. Aufl. Zürich: Theologischer Verlag, 1986.

–: *Vorträge und kleinere Arbeiten 1922–1925*. Hg. Holger Finze. Zürich: Theologischer Verlag, 1990.

–: *Die Theologie Calvins 1922*. Zürich: Theologischer Verlag, 1993.

Bartleman, Frank: *Witness to Pentecost: The Life of Frank Bartleman*. Hg. und Vorw. Cecil M. Robeck; The Higher Christian Life 5. New York: Garland, 1985. [Enthält Nachdrucke von Bartlemans Schriften, alle mit Seitenangaben des Originals.]

Bataille, Georges: *Œuvres complètes*. Paris: Gallimard, 1973, Bd. V.

Baumann, Arnulf H.: «Fasttage in der Darstellung des Josephus». *Begegnung zwischen Christentum und Judentum in Antike und Mittelalter*, hg. Dietrich-Alex Koch u. a. Göttingen: Vandenhoeck & Ruprecht, 1993, 41–49.

Baumgarten, Otto: «Vaterunser: II. Praktisch-theologisch». *Die Religion in Geschichte und Gegenwart*, hg. Friedrich M. Schiele u. a. Tübingen: Mohr, 1914, Bd. V, 1557–1558.

Beckman, Gary: *Hittite Diplomatic Texts*. Atlanta: Scholars Press, 1996.
Bederman, Gail: «The Women Have Had Charge of the Church long enough: The Men and Religion Forward Movement of 1911–1912 and the Masculinization of Middle-Class Protestantism». *American Quarterly* 41 (1989), 432–465.
Behr, Charles A.: *Aelius Aristides and the Sacred Tales*. Amsterdam: Hakkert, 1968.
Benko, Stephen: *Pagan Rome and the Early Christians*. Bloomington, IN: Indiana University Press, 1984.
Bérard, Claude und Christiane Bron: «Bacchos au coeur de la cité: le thiase dionysiaque dans l'espace politique». *L'association dionysiaque dans les sociétés anciennes*. Actes de la table ronde organisée par l'École française de Rome. Rom: École française de Rome, 1986, 13–30.
Berchman, Robert M.: «Arcana Mundi between Balaam and Hecate». *Society of Biblical Literature Seminar Papers Series* 28 (1989), 107–185.
Berger, Klaus: «Amen». *Neues Bibel-Lexikon*, hg. Manfred Görg u. a. Zürich: Benziger, 1991, Bd. I, 86–87.
Bernand, André: *Sorciers grecs*. Paris: Fayard, 1991.
Bernhard, Klaus: *Idylle: Theorie, Geschichte, Darstellung in der Malerei, 1750–1850*. Köln: Böhlau, 1977.
Betz, Hans D.: «Magic and Mystery in the Greek Magical Papyri». *Magika Hiera: Ancient Greek Magic and Religion*, hg. Christopher A. Faraone u. a. New York: Oxford University Press, 1991, 244–259.
–: (Hg.): *The Greek Magical Papyri in Translation*. 2. Aufl. Chicago: University of Chicago Press, 1992, Bd. I.
Bévenot, Maurice: «*Sacerdos* as Understood by Cyprian». *Journal of Theological Studies* NS 30 (1979), 413–429.
Biblia Hebraica Stuttgartensia. Hg. Karl Elliger u. a. Stuttgart: Deutsche Bibelstiftung, 1977.
Bickerman, Elias J.: «The Civic Prayer for Jerusalem». *Harvard Theological Review* 55 (1962), 165–185.
Biel, Gabriel: *Canonis misse expositio*. Hg. Heiko A. Oberman u. a. Wiesbaden: Steiner, 1963–1976, 5 Bde.
–: *Collectorium circa quattuor libros sententiarum*. Hg. Wilfrid Werbeck u. a. Tübingen: Mohr, 1979, Bd. III.
Billerbeck, Paul: «Ein Tempelgottesdienst in Jesu Tagen». *Zeitschrift für die neutestamentliche Wissenschaft* 55 (1964), 1–17.
Black, Matthew: «The Doxology of the Pater Noster with a Note on Matthew 6.13B». *A Tribute to Geza Vermes*, hg. Philip R. Davies u. a. Sheffield: Sheffield Academic Press, 1990, 327–338.
Blenkinsopp, Joseph: «The Mission of Udjahorresnet and Those of Ezra and Nehemiah». *Journal of Biblical Literature* 106 (1987), 409–421.
Bloch, Maurice: «Symbols, Song, Dance and Features of Articulation». *Archives européennes de sociologie* 15 (1974), 55–81.
Bobertz, Charles A.: «The Role of Patron in the Cena Dominica of Hippolytus' *Apostolic Tradition*». *Journal of Theological Studies* 44 (1993), 170–184.
Boehme, Jacob: *Sämtliche Schriften. Faksimile der Ausgabe von 1730*. Stuttgart: Fromann-Holzboog, 1957, Bd. VI.
Boer, P. A. H. de: «Cantate Domino: An Erroneous Dative?» *Remembering All the Way*, hg. A. S. van der Woude. Leiden: Brill, 1981, 55–67.
Boismard, Marie-Emile: *Le Diatessaron: de Tatien à Justin*. Paris: Gabalda, 1992.
Boisset, Jean: *Sagesse et sainteté dans la pensée de Jean Calvin*. Paris: Presses Universitaires de France, 1959.
Bonaventura: *Das Leben des heiligen Franz von Assisi*. Hg. Annuntiata Lagier. Freiburg: Herder, 1988.
Bonhoeffer, Dietrich: *Gesammelte Schriften*. Hg. Eberhard Bethge. München: Kaiser, 1958/61, Bde. I und IV.

–: *Gemeinsames Leben.* 23. Aufl. München: Kaiser, 1987.
Bonnet, Hans: *Reallexikon der ägyptischen Religionsgeschichte.* Berlin: de Gruyter, 1952, 424–426: «Libation».
Book of Common Worship ... for the Presbyterian Church (USA) and the Cumberland Presbyterian Church. Louisville: Westminster/John Knox Press, 1993.
Boswell, James: *Boswell's London Journal, 1762–1763.* Hg. Frederick A. Pottle. New Haven: Yale University Press, 1950.
Bowden, John: *Karl Barth, Theologian.* London: SCM Press, 1983.
Bowlby, John: *Attachment and Loss.* London: Hogarth Press, 1969, Bd. I.
Bowsma, William J.: «The Spirituality of Renaissance Humanism». *Christian Spirituality: High Middle Ages and Reformation,* hg. Jill Raitt. London: Routledge & Kegan Paul, 1987, 236–251.
Bradbury, Scott: «Julian's Pagan Revival and the Decline of Blood Sacrifice». *Phoenix* 49 (1995), 331–356.
Bradshaw, Paul: *Two Ways of Praying.* London: SPCK, 1995.
Bradley, Ian: *Abide with Me: The World of Victorian Hymns.* London: SCM, 1997.
Brand, Carl M.: *Die Messen von Joseph Haydn.* Würzburg: Triltsch, 1941.
Brändle, Rudolf und Walter Neidhart: «Lebensgeschichte und Theologie: Ein Beitrag zur psychohistorischen Interpretation Augustins». *Theologische Zeitschrift* 40 (1984), 157–180.
Brashear, William: «The Greek Magical Papyri: An Introduction and Survey». *Aufstieg und Niedergang der römischen Welt,* hg. Wolfgang Haase. Berlin: de Gruyter, 1995, Bd. II. 18/5, 3380–3684.
Braun, Joseph: *Der christliche Altar in seiner geschichtlichen Entwicklung.* München: Koch, 1924, Bd. II.
Bremmer, Jan N.: «Greek Maenadism Reconsidered». *Zeitschrift für Papyrologie und Epigraphik* 55 (1984), 267–286.
Bremond, Henri: *Histoire littéraire du sentiment religieux en France.* Paris: Bloud & Gay, 1928–32, Bde. VII und IX.
Brent, Allen: *Hippolytus and the Roman Church in the Third Century.* Leiden: Brill, 1995.
Brightman, F. (Hg.): *Liturgies Eastern and Western.* Oxford: Clarendon, 1896, Bd. I.
Brin, Gershon: *Studies in Biblical Law.* Sheffield: Sheffield Academic Press, 1994.
Browe, Peter: *Die häufige Kommunion im Mittelalter.* Münster: Regensberg, 1938.
Brown, Colin: *Jesus in European Protestant Thought 1778–1860.* Grand Rapids: Baker Book House, 1988.
Brown, Shelby: *Late Carthaginian Child Sacrifice.* Sheffield: Sheffield Academic Press, 1991.
Bruce, Dickson D.: *And They All Sang Hallelujah: Plain-Folk Camp-Meeting Religion, 1800–1845.* Knoxville: University of Tennessee Press, 1974.
Brueggemann, Walter: *Israel's Praise.* Philadelphia: Fortress, 1988.
Brunner, Peter: «Zur Lehre vom Gottesdienst der im Namen Jesu versammelten Gemeinde». *Leiturgia: Handbuch des evangelischen Gottesdienstes,* hg. Karl F. Müller u. a. Kassel: Stauda, 1954, Bd. I, 83–364.
–: *Bemühungen um die einigende Wahrheit.* Göttingen: Vandenhoeck & Ruprecht, 1977.
Buchanan, Colin: *Encountering Charismatic Worship.* Bramcote: Grove Books, 1977.
Buchrucker, Armin-Ernst: *Theologie der evangelischen Abendmahlslieder.* Erlangen: Luther-Verlag, 1987.
Bultmann, Rudolf: *Theologie des Neuen Testaments.* 4. Aufl. Tübingen: Mohr, 1961.
Bunners, Christian: *Kirchenmusik und Seelenmusik.* Göttingen: Vandenhoeck & Ruprecht, 1966.
Bunyan, John: *The Pilgrim's Progress.* Hg. Roger Sharrock. Harmondsworth: Penguin Books, 1965.
Burchard, Christoph: «The Importance of Joseph and Aseneth for the Study of the New Testament». *New Testament Studies* 33 (1987), 102–134.
Burdon, Adrian: «The Lovefeast in Methodism». *Epworth Review* 15/2 (1988), 36–43.

Burgess, Stanley M. u. a. (Hg.): *Dictionary of Pentecostal and Charismatic Movements*, 3. Aufl. Grand Rapids: Zondervan, 1989.
Burke, Peter: *Die Renaissance in Italien*. Übers. R. Kaiser. Berlin: Wagenbach, 1984.
Burkert, Walter: «Glaube und Verhalten». *Le sacrifice dans l'antiquité*, hg. Jean Rudhardt u. a. Genf: Fondation Hardt, 1981, 91–133.
–: *Antike Mysterien*. München: Beck, 1990.
Busch, Eberhard: *Karl Barths Lebenslauf*. 2. Aufl. Munich: Kaiser, 1975.
Butler, Cuthbert: *Benedictine Monasticism*. London: Longmans, Green & Co., 1919.
Bynum, Caroline W.: *Jesus as Mother: Studies in the Spirituality of the High Middle Ages*. Berkeley: University of California Press, 1982.
–: «Women Mystics and Eucharistic Devotion in the Thirteenth Century». *Women's Studies* 11 (1984), 179–214.
–: *Holy Feast and Holy Fast*. Berkeley: University of California Press, 1987.
Cabasilas, Nikolaus: siehe Kabasilas.
Caesarius von Heisterbach: *Dialogus miraculorum*. Hg. Joseph Strange. Köln: Heberle, 1851, 2 Bde.
Caldwell, Patricia: *The Puritan Conversion Narrative*. Cambridge: Cambridge University Press, 1983.
Calvin, Johannes: *Unterricht in der christlichen Religion*. Übers. Otto Weber. 4. Aufl. Neukirchen-Vluyn: Neukirchener Verlag, 1986.
Campbell-Jones, Susan: «Ritual in Performance and Interpretation: The Mass in a Convent Setting». *Sacrifice*, hg. M. F. C. Bourdillon u. a. London: Academic Press, 1980, 89–106.
Campenhausen, Hans von: «Taufen auf den Namen Jesu?» *Vigiliae Christianae* 25 (1971), 1–16.
Carcopino, Jérôme: «Survivances par substitution des sacrifices d'enfants». *Revue de l'Histoire des Religions* 106 (1932), 592–599.
Cartledge, Mark J.: «Charismatic Prophecy: A Definition and Description». *Journal of Pentecostal Theology* 5 (1994), 79–120.
Carwardine, Richard: *Transatlantic Revivalism: Popular Evangelicalism in Britain and America, 1790–1865*. Westport: Greenwood, 1978.
Cassuto, Umberto: *A Commentary on the Book of Genesis*. Übers. Israel Abrahams. Jerusalem: Magnes Press, 1961, Bd. I.
Catéchisme ou doctrine chrétienne, 2. Aufl. Paris: A. Dezallier, 1679.
Chaillot, Gilles: «L'expérience eucharistique de J.-J. Olier: Le témoignage des ‹Mémoires›». *Bulletin de Saint-Sulpice* 10 (1984), 63–106.
Charlesworth, James H. (Hg.): *The Old Testament Pseudepigrapha*. Garden City, NY: Doubleday, 1983–85, 2 Bde.
Chateaubriand, François-René de: *Mémoires d'outre-tombe*. Hg. Maurice Levaillant u. a. Paris: Gallimard, 1951, Bd. I.
–: *Génie du Christianisme* [1802]. Hg. Pierre Reboull. Paris: Garnier-Flammarion, 1966.
Chauncy, Charles: *Seasonable Thoughts on the State of Religion in New England* (1743). Reprint: Hicksville, NY: Regina Press, 1975.
Chazon, Esther G.: «Prayers from Qumran and Their Historical Implications». *Dead Sea Discoveries* 1 (1994), 265–284.
Chiffoleau, Jacques: *La comptabilité de l'au-delà*. Rom: Ecole française de Rome, 1980.
Chilton, Bruce D.: *The Temple of Jesus: His Sacrificial Program within a Cultural History of Sacrifice*. University Park: Pennsylvania State University Press, 1992.
–: *A Feast of Meanings: Eucharistic Theologies from Jesus through Johannine Circles*. Leiden: Brill, 1994.
–: *Judaic Approaches to the Gospels*. Atlanta: Scholars Press, 1994a.
Christenson, Larry: «Pentecostalism's Forgotten Forerunner». *Aspects of Pentecostal-Charismatic Origins*, hg. Vinson Synan. Plainfield: Logos International, 1975, 15–37.
Church, Leslie F.: *More about the Early Methodist People*. London: Epworth, 1949.
Clapper, Gregory S.: *John Wesley on Religious Affections*. Metuchen: Scarecrow Press, 1989.

Clark, Alan: «The Function of the Offertory Rite in the Mass». *Ephemerides Liturgicae* 64 (1950), 309–344.
Clark, Kenneth W.: *The Gentile Bias*. Leiden: Brill, 1980.
Clark, Mathew S. und Henry I. Lederle: *What Is Distinctive about Pentecostal Theology?* Pretoria: University of South Africa Press, 1989.
Clark, Robert D.: *A History and Criticism of American Public Address*. New York: Speech Association of America, 1955.
Clarke, Martin L.: *Higher Education in the Ancient World*. London: Routledge & Kegan Paul, 1971.
Clemen, Carl: *Lukians Schrift über die syrische Göttin*. Leipzig: Hinrichs, 1938.
Clerc, Jean-Benoît: *Homines Magici: Etude sur la sorcellerie et la magie dans la société romaine impériale*. Bern: Lang, 1995.
–: «Theurgica legibus prohibita: à propos de l'interdiction de la théurgie». *Revue des Etudes Augustiniennes* 42 (1996), 57–64.
Cleve, Robert L.: «Some Male Relatives of the Severan Women». *Historia* 37 (1988), 196–206.
Coffin, Henry Sloane: *The Public Worship of God* (1946). Reprint: Freeport, NY: Books for Libraries, 1972.
Cohn, Norman: *Cosmos, Chaos and the World to Come*. New Haven: Yale University Press, 1993.
Concilium Tridentinum. Hg. Görres-Gesellschaft. Freiburg: Herder, 1911, Bd. V.
Coons, Philip M.: «Psychophysiologic Aspects of Multiple Personality Disorder». *Dissociation: The Official Journal of the International Society for the Study of Multiple Personality and Dissociation* 1 (1988), 47–53.
Cooper, Robert M.: «God as Poet and Persons at Prayer». *Religious Experience and Process Theology*, hg. Harry James Cargas u. a. New York: Paulist Press, 1976, 411–427.
Corley, Kathleen E.: «Were the Women around Jesus Really Prostitutes? Women in the Context of Greco-Roman Meals». *Society of Biblical Literature Seminar Papers Series* 28 (1989), 487–521.
–: *Private Women, Public Meals: Social Conflict in the Synoptic Tradition*. Peabody, MA: Hendrickson, 1993.
Corpus Hermeticum. Hg. A. D. Nock, übers. A.-J. Festugière. Paris: Les Belles Lettres, 1960, Bd. II.
Cox, Harvey: *The Secular City: Secularization and Urbanization in Theological Perspective*. London: SCM Press, 1965 (dt.: *Stadt ohne Gott*. 4. Aufl. Stuttgart: Kreuz, 1968).
–: «Jazz and Pentecostalism». *Archives de Sciences Sociales des Religions* 38, Nr.84 (1993), 181–189.
–: *Fire from Heaven: The Rise of Pentecostal Spirituality and the Reshaping of Religion in the Twenty-First Century*. Reading: Addison-Wesley, 1995.
Cranmer, Thomas: *Works*. Cambridge: Cambridge University Press, 1846, Bd. I.
Crump, David M.: *Jesus the Intercessor*. Tübingen: Mohr, 1992.
Csordas, Thomas J.: *The Sacred Self: A Cultural Phenomenology of Charismatic Healing*. Berkeley: University of California Press, 1994.
–: *Language, Charisma, and Creativity: The Ritual Life of a Religious Movement*. Berkeley: University of California Press, 1997.
Cuming, Geoffrey J.: *Hippolytus: A Text for Students*. Bramcote: Grove Books, 1976.
Dalman, Gustaf: *Arbeit und Sitte in Palästina*. Gütersloh: Bertelsmann, 1928, Bd. I.
Daniel, Robert W. und Franco Maltomini (Hg.): *Supplementum Magicum II*. Opladen: Westdeutscher Verlag, 1992.
Davies, Horton: *Worship and Theology in England*. Princeton: Princeton University Press, 1962–75, 5 Bde.
Davies, John G.: «The Introduction of the Numinous into the Liturgy». *Studia Liturgica* 8 (1971/72), 216–223.
Davies, Stevan L.: *Jesus the Healer: Possession, Trance, and the Origins of Christianity*. London: SCM Press, 1995.

Day, Thomas: *Why Catholics Can't Sing*. Crossroad: New York, 1990.
Deiss, Joseph J.: *Herculaneum: Italy's Buried Treasure*. New York: Crowell, 1966.
Delumeau, Jean (Hg.): *La première communion*. Paris: Desclée de Brouwer, 1987.
Denifle, Heinrich (Hg.): «Die Constitutionen des Prediger-Ordens vom Jahre 1228». *Archiv für Litteratur- und Kirchengeschichte des Mittelalters* 1 (1885), 165–227.
Derrett, J. Duncan M.: «Where two or three are convened in my name ...: A Sad Misunderstanding». *Expository Times* 91 (1979/80), 83–86.
Diakonoff, I. M. (Hg.): *Early Antiquity*. Übers. Alexander Kirjanov. Chicago: University of Chicago Press, 1991.
Diamond, Eliezer: «An Israelite Self-Offering in the Priestly Code». *Jewish Quarterly Review* 88 (1997), 1–18.
Dibelius, Otto: *Das Vaterunser*. Gießen: Rickert, 1903.
Dienst, Karl: «Die Religionsphilosophie Rudolf Ottos in ihrer Bedeutung für Peter Brunners Gottesdienstverständnis». *Luther* 60 (1989), 78–86.
Dillon, John: «The Magical Power of Names in Origen and Later Platonism». *Origeniana Tertia: The Third International Colloquium for Origen Studies*, hg. Richard Hanson u. a. Rom: Edizione dell'Ateneo, 1985, 203–216.
Dingemans, Gijsbert D. J.: «Gottesdienst und Predigt als einzigartiger Raum der Begegnung zwischen Gott und Mensch». *Theologia practica* 27 (1992), 23–30.
Dionysius: siehe Pseudo-Dionysius.
Dockhorn, Klaus: «Rhetorica movet: protestantischer Humanismus und karolingische Renaissance». *Rhetorik: Beiträge zu ihrer Geschichte in Deutschland*, hg. Helmut Schanze. Frankfurt: Athenaion, 1974, 17–42.
Dolan, Jay P.: *Catholic Revivalism: The American Experience, 1830–1900*. Notre Dame: University of Notre Dame Press, 1978.
Dölger, Franz Joseph: *Ichtys*. Münster: Aschendorff, 1922, Bd. II.
–: *Antike und Christentum*. Münster: Aschendorff, 1932, Bd. III.
Douglas, Mary: *Natural Symbols*. 2. Aufl. Harmondsworth: Penguin, 1973.
Downing, F. Gerald: «The Social Contexts of Jesus the Teacher». *New Testament Studies* 33 (1987), 439–451.
Drewermann, Eugen: *Kleriker: Psychogramm eines Ideals*. Olten: Walter-Verlag, 1989.
Dschulnigg, Peter: «Überlegungen zum Hintergrund der Mahlformel in JosAs». *Zeitschrift für die neutestamentliche Wissenschaft* 80 (1989), 272–275.
Duffield, Guy P. und Nathaniel M. Van Cleave: *Foundations of Pentecostal Theology*. Los Angeles: Life Bible College, 1983.
Duffy, Eamon: *The Stripping of the Altars: Traditional Religion in England, c. 1400–c. 1580*. New Haven: Yale University Press, 1992.
Duling, Denis C.: «Solomon, Exorcism, and the Son of David». *Harvard Theological Review* 68 (1975), 235–252.
Dumoulin, Anne und Jean-Marie Jaspard: *Les médiations religieuses dans l'univers de l'enfant*. Löwen: Peeters, 1973.
Dupuy, Michel: *Se laisser à l'Esprit: Itinéraire spirituel de J.-J. Olier*. Paris: Cerf, 1982.
Durst, Bernhard: «Inwiefern ist die Eucharistiefeier ein wahres Opfer Christi und der Gläubigen?» *Theologie und Glaube* 53 (1963), 268–287.
Dyer, Joseph: «The Singing of Psalms in the Early-Medieval Office». *Speculum* 64 (1989), 535–578.
–: «Monastic Psalmody in the Middle Ages». *Revue bénédictine* 99 (1989a), 41–74.
Easton, Burton S. (Übers.): *The Apostolic Tradition of Hippolytus*. Cambridge: Cambridge University Press, 1934.
Eaton, John: *Kingship and the Psalms*. London: SCM Press, 1976.
Eddy, Mary Baker: *The First Church of Christ Scientist* (1895). 89. Aufl. Boston: Trustees under the Will of M. B. G. Eddy, 1960.
Edelman, Diana V.: *King Saul in the Historiography of Judah*. Sheffield: Sheffield Academic Press, 1991.

Edwards, Jonathan: *The Works*. Hg. Edward Hickman (1834). Reprint: Edinburg: Banner of Truth Trust, 1974, 2 Bde.
–: *Religious Affections*. Hg. John E. Smith. New Haven: Yale University Press, 1959.
–: *Selected Writings*. Hg. Harold P. Simonson. New York: F. Ungar, 1970.
–: *The Great Awakening*. Hg. C. C. Goen. New Haven: Yale University Press, 1972.
Eire, Carlos M. N.: *From Madrid to Purgatory*. Cambridge: Cambridge University Press, 1995.
Eisen, Ute E.: *Amtsträgerinnen im frühen Christentum*. Göttingen: Vandenhoeck & Ruprecht, 1996.
Eliade, Mircea: *Birth and Rebirth*. Übers. Willard R. Trask. London: Sheed & Ward, 1958.
Elliott, James K.: «Did the Lord's Prayer Originate with John the Baptist?» *Theologische Zeitschrift* 29 (1973), 215.
Emerson, Ralph W.: *Emerson in His Journals*. Hg. Joel Porte. Cambridge, MA: Belknap Press, 1882.
–: *The Complete Works*. Hg. Edward W. Emerson. Boston: Houghton, Mifflin & Co., 1903/04, Bde. I und XI.
Epiphanius: *The Panarion of St. Epiphanius*. Übers. Philip R. Amidon. Oxford: Oxford University Press, 1990.
Eppstein, Victor: «The Historicity of the Gospel Account of the Cleansing of the Temple». *Zeitschrift für die neutestamentliche Wissenschaft* 55 (1964), 42–58.
Erikson, Erik: *Young Man Luther: A Study in Psychoanalysis and History*. London: Faber & Faber, 1958.
Erndl, Kathleen M.: *Victory to the Mother: The Hindu Goddess of Northwest India*. New York: Oxford University Press, 1993.
Eschenbach, Johann E.: *Die glühende Kohle: Die Auffassung der Stelle Isaias, Kap. 6 Vers 6 und 7 bei den Kirchenvätern und ihre Verwendung in der Liturgie*. Würzburg: V. Bauch, 1927.
Esser, Hans Peter: *Untersuchungen zu Gebet und Gottesverehrung der Neuplatoniker*. Diss. Köln. Köln: Gouder & Hansen, 1967.
Evangelisches Gesangbuch. Hg. Evangelische Kirche in Deutschland. Hannover: Lutherisches Verlagshaus, 1994.
Evans-Pritchard, Edward E.: *Nuer Religion*. Oxford: Oxford University Press, 1956.
Exoo, George D. und John G. Tweed: «Peale's Secret Source». *Lutheran Quarterly* new series 9 (1995), 151–175.
Eymard, Pierre-Julien: *La divine eucharistie. Première série*. 9. Aufl. Paris: Bureau des œuvres eucharistiques, o. J. [1887].
Faillon, Étienne-Michel: *Vie de M. Olier*. 4. Aufl. Paris: Wattelier, 1873, 3 Bde.
Farnell, Lewis R.: *The Cults of the Greek States*. Oxford: Clarendon Press, 1909, Bd. V.
–: *Greek Hero Cults*. Oxford: Clarendon Press, 1921.
Fascher, Erich: «Epoptie». *Reallexikon für Antike und Christentum* , hg. Theodor Klauser. Stuttgart: Hiersemann, 1962, Bd. V, 973–983.
Fee, Gordon D.: *The First Epistle to the Corinthians*. Grand Rapids: Eerdmans, 1987.
Fénelon, François de: *Œuvres complètes*. 10 Bde. Paris 1851–52. Reprint: Genf: Slatkine, 1971, Bd. VI.
Ferguson, Everett: Backgrounds of Early Christianity. 2. Aufl. Grand Rapids: Eerdmans, 1993.
Ferris, Paul W.: *The Genre of Communal Lament in the Bible and in the Ancient Near East*. Atlanta: Scholars Press, 1992.
Fink, Peter E.: «Eucharist, Theology of». *The New Dictionary of Sacramental Worship*, hg. Peter E. Fink. Collegeville: Liturgical Press, 1990, 431–447.
Finney, Charles G.: *Lectures on Revivals of Religion*. Hg. William G. McLoughlin. Cambridge, MA: Harvard University Press, 1960.
–: *The Memoirs of Charles G. Finney*. Hg. Garth M. Rosell u. a. Grand Rapids: Zondervan, 1989.
–: *Finney's Systematic Theology*. Hg. Dennis Carroll u. a. Minneapolis: Bethany House, 1994.
Finney, Paul C.: «Early Christian Architecture: The Beginnings». *Harvard Theological Review* 81 (1988), 319–339.

FitzPatrick, P. J.: «On Eucharistic Sacrifice in the Middle Ages». *Sacrifice and Redemption*, hg. S. W. Sykes. Cambridge: Cambridge University Press, 1991, 129–156.

–: *In Breaking of Bread: The Eucharist and Ritual*. Cambridge: Cambridge University Press, 1993.

Flint, Valerie I. J.: *The Rise of Magic in Early Medieval Europe*. Princeton: Princeton University Press, 1991.

Flusser, David: *Judaism and the Origins of Christianity*. Jerusalem: Magnes Press, 1988, 126–149: «The Magnificat, the Benedictus and the War Scroll».

Fögen, Marie Theres: *Die Enteignung der Wahrsager: Studien zum kaiserlichen Wissensmonopol in der Spätantike*. Frankfurt: Suhrkamp, 1993.

Fontenrose, Joseph: *The Delphic Oracle*. Berkeley: University of California Press, 1978.

Ford, Josephine M.: *Revelation*. The Anchor Bible. Garden City: Doubleday, 1975.

Fosdick, Harry E.: *The Modern Use of the Bible*. New York: Macmillan, 1924.

–: *On Being A Real Person*. New York: Harper, 1943.

–: *The Man from Nazareth*. New York: Harper, 1949.

–: *The Living of These Days: An Autobiography*. New York: Harper, 1956.

Foster, Kenelm: *The Life of Saint Thomas Aquinas: Biographical Documents*. Baltimore: Helicon, 1959.

Fox, George: *The Journal*. Hg. John L. Nickalls. London: Religious Society of Friends, 1975.

Fox, Matthew: *The Coming of the Cosmic Christ*. San Francisco: Harper & Row, 1988.

Fox, Robin L.: *Pagans and Christians*. London: Penguin Books, 1986.

François de Sales: *Œuvres. Édition complète*. Annecy: J. Niérat, 1897–1902, Bde. VI, IX und XII.

–: *Philothea: Einführung in das religiöse Leben*. Übers. Franz Reisinger. Eichstätt: Franz-Sales-Verlag, 1961.

Frankfurter, David: «Narrating Power: The Theory and Practice of the Magical *historiola* in Ritual Spells». M. Meyer u. a. (1995), 457–467.

Franklin, Benjamin: *The Autobiography and Other Writings*. Hg. L. Jesse Lemisch. New York: New American Library, 1961.

Franz, Adolph: *Die Messe im deutschen Mittelalter*. Freiburg: Herder, 1902.

Frazer, James G.: *The Golden Bough*. Gekürzte Ausg. London: Macmillan, 1922.

Freistedt, Emil: *Altchristliche Totengedächtnistage und ihre Beziehung zum Jenseitsglauben und Totenkultus der Antike*. Münster: Aschendorff, 1928.

Frend, William H. C.: «The North African Cult of Martyrs». *Jahrbuch für Antike und Christentum. Ergänzungsband* 9 (1982), 154–167.

–: *The Rise of Christianity*. London: Darton, Longman & Todd, 1984.

Freud, Sigmund: *Gesammelte Werke*. Hg. Anna Freud u. a. London: Imago Publishing Co., 1940/48. Bde. XI und XIV.

–: *Der Mann Moses und die monotheistische Religion*. Frankfurt: Fischer, 1975.

–: *Studienausgabe*. Frankfurt: Fischer Taschenbuch Verlag, 1982. Bd. I.

Füglister, Notker: «Die Verwendung und das Verständnis der Psalmen und des Psalters um die Zeitenwende». *Beiträge zur Psalmenforschung*, hg. Josef Schreiner. Würzburg: Echter, 1988, 319–394.

Furberg, Ingemar: *Das Pater noster in der Messe*. Lund: Gleerup, 1968.

Galy, J.: *Le sacrifice dans l'école française*. Paris: Nouvelles Éditions Latines, 1950.

Gamber, Klaus: *Das Opfer der Kirche*. Regensburg: Pustet, 1982.

Garcia Teijeiro, Manuel: «Langage orgiastique et glossolalie». *Kernos* 5 (1992), 59–69.

Gatens, William J.: *Victorian Cathedral Music in Theory and Practice*. Cambridge: Cambridge University Press, 1986.

Gelineau, Joseph: «Music and Singing in the Liturgy». *The Study of Liturgy*, hg. Cheslyn Jones u. a., revidierte Ausg. London: SPCK, 1992, 493–507.

George, Carol V. R.: *God's Salesman: Norman Vincent Peale and the Power of Positive Thinking*. New York: Oxford University Press, 1993.

Gerhard, Johann[es]: *Meditationes sacrae* (Jena, 1606). Engl. Übers.: *Gerard's Meditations.* Übers. Ralph Winterton. Cambridge, 1635.
–: *Loci theologici.* Berlin: G. Schlawitz, 1867, Bd. V.
Gerland, Manfred: *Wesentliche Vereinigung: Untersuchungen zum Abendmahlsverständnis Zinzendorfs.* Hildesheim: Olms, 1992.
Gese, Hartmut: *Zur biblischen Theologie.* München: Kaiser, 1977.
Gessel, Wilhelm: «Resakralisierungstendenzen in der christlichen Spätantike». *Probleme der Entsakralisierung,* hg. Hartmut Bartsch. München: Kaiser, 1970, 101–122.
Gesteira Garza, Manuel: «La eucaristía como sacrificio incruento en la tradición patrística». *Estudios eclesiasticos* 64 (1989), 401–431.
Gillespie, Thomas W.: *The First Theologians: A Study in Early Christian Prophecy.* Grand Rapids: Eerdmans, 1994.
Glaubensverkündigung für Erwachsene. Deutsche Ausgabe des Holländischen Katechismus. Übers. Josef Dreißen. Nijmegen: Dekker & van de Vegt, 1968.
Glendon, Lowell M.: «Jean-Jacques Olier's Shifting Attitude toward the Human». *Bulletin de Saint-Sulpice* 5 (1979), 43–49.
Glück, M.: *Priscians Partitiones.* Hildesheim: Olms, 1967.
Godsey, John D.: *Karl Barth's Table Talk.* Richmond, VA: John Knox Press, 1962.
Goering, Joseph: «The Invention of Transubstantiation». *Traditio* 46 (1991), 147–170.
Goethe, Johann Wolfgang von: «Wilhelm Tischbeins Idyllen» (1822). Goethe, *Gedenkausgabe,* hg. Ernst Beutler. Zürich: Artemis, 1954, Bd. XIII, 887–906.
Goodenough, Erwin R.: *By Light, Light: The Mystic Gospel of Hellenistic Judaism.* New Haven: Yale University Press, 1935.
–: *Jewish Symbols in the Greco-Roman Period.* New York: Pantheon Books, 1953, Bd. II.
Goodman, Felicitas D.: *How about Demons? Possession and Exorcism in the Modern World.* Bloomington: Indiana University Press, 1988.
Göttler, Christine: «Jede Messe erlöst eine Seele aus dem Fegefeuer: Der privilegierte Altar und die Anfänge des barocken Fegefeuerbildes in Bologna». *Himmel, Hölle, Fegefeuer,* hg. Peter Jezler. Zürich: Verlag Neue Zürcher Zeitung 1994, 149–164.
–: *Die Kunst des Fegefeuers nach der Reformation.* Mainz: Zabern, 1996.
Graf, Fritz: «Prayer in Magical and Religious Ritual». *Magika Hiera: Ancient Greek Magic and Religion,* hg. Christopher A. Faraone u. a. Oxford: Oxford University Press, 1991, 188–213.
Graff, Paul: *Geschichte der Auflösung der alten gottesdienstlichen Formen in der evangelischen Kirche Deutschlands.* 2. Aufl. Göttingen: Vandenhoeck & Ruprecht, 1937–39, 2 Bde.
Gramaglia, Pier Angelo: «Linguaggio sacrificiale ed eucarestia in Gregorio Magno». *Gregorio Magno e il suo tempo. XIX Incontro di studiosi dell'antichità cristiana, Roma 1990.* Rom: Institutum Patristicum «Augustinianum,» 1991, Bd. II, 223–265.
Grand Larousse de la langue française. Paris: Librairie Larousse, 1973, Bd. III.
Grasberger, Lorenz: *Erziehung und Unterricht im klassischen Altertum.*1875. Reprint: Aalen: Scientia, 1971, Bd. II.
Grass, Karl K.: Die russischen Sekten. Leipzig: Hinrichs, 1907, Bd. I.
Greeley, Andrew M.: *American Catholics since the Council: An Unauthorized Report.* Chicago: Thomas Moore, 1985.
Grethlein, Christian: *Abriß der Liturgik.* Gütersloh: Güthersloher Verlagshaus, 1989.
Griffith, Francis L. und Herbert Thompson (Hg.): *The Demotic Magical Papyrus of London and Leiden.* London: Grevel, 1904, Bd. I.
Grimal, J.: *Le sacerdoce et le sacrifice.* 2. Aufl. Paris: Beauchesne, 1911.
Groll, Karin: *Das «Passional Christi und Antichristi» von Lucas Cranach d. Ä.* Frankfurt: Lang, 1990.
Großgebauer, Theophilus: *Drey geistreiche Schrifften.* 2. Aufl. Rostock: J. Keylen, 1667.
Grudem, Wayne: *The Gift of Prophecy in the New Testament and Today.* Eastbourne: Kingsway, 1988.

Grüneisen, Ernst: «Grundlegendes für die Bilder in Luthers Katechismen». *Luther-Jahrbuch* 20 (1938), 1–44.
Guardini, Romano: *Kultbild und Andachtsbild.* Würzburg: Werkbund-Verlag, 1939.
–: *Vom Geist der Liturgie.* 19. Aufl. Freiburg: Herder, 1957.
Guéranger, Prosper: *Institutions liturgiques.* 2. Aufl. Paris: Société générale de librairie catholique, 1878, Bd. I.
Günthör, Anselm: *Die Predigt.* Freiburg: Herder, 1963.
Guthrie, Harvey H.: *Theology as Thanksgiving.* New York: Seabury, 1981.
Guttmann, Alexander: «The End of the Jewish Sacrificial Cult». *Hebrew Union College Annual* 38 (1967), 137–148.
Gy, Pierre-Marie: *La liturgie dans l'histoire.* Paris: Cerf, 1990.
Haarhoff, Theodore J.: *Schools of Gaul: A Study of Pagan and Christian Education in the Last Century of the Western Empire.* 2. Aufl. Johannesburg: Witwatersrand University Press, 1958.
Hadewijch: *The Complete Works.* Übers. Columba Hart. New York: Paulist Press, 1980.
Haesele, Maria: *Eucharistische Wunder aus aller Zeit.* Zürich: Verlag Ave Maria, 1968.
Haley, Kenneth H. D.: *The Dutch in the Seventeenth Century.* London: Thames & Hudson, 1972.
Hallinger, Kassius: «Das Phänomen der liturgischen Steigerungen Klunys (10./11. Jh.)». *Studia historico-ecclesiastica. Festgabe L. G. Spätling,* hg. Isaac Vásquez. Rom: Pontificium Athenaeum Antonianum, 1977, 183–236.
Hambrick-Stowe, Charles E.: *The Practice of Piety: Puritan Devotional Disciplines in Seventeenth-Century New England.* Chapel Hill: University of North Carolina Press, 1982.
–: *Charles G. Finney and the Spirit of American Evangelicalism.* Grand Rapids: Eerdmans, 1996.
Hamman, Adalbert G.: *Das Gebet in der Alten Kirche.* Übers. A. Spoerri. Bern: Lang, 1989.
Hammer, Karl: *W. A. Mozart: Eine theologische Deutung.* Zürich: EVZ-Verlag, 1964.
Hammerstein, Reinhold: *Die Musik der Engel.* Bern: Francke, 1962.
Hänggi, Anton und Irmgard Pahl (Hg.): *Prex eucharistica.* Freiburg: Universitätsverlag, 1968.
Hanhart, Robert (Hg.): *Esther.* Septuaginta Gottingenis. Göttingen: Vandenhoeck & Ruprecht, 1966.
Haran, Menahem: «Temple and Community in Ancient Israel». *Temple in Society,* hg. Michael V. Fox. Winona Lake: Eisenbrauns, 1988, 17–25.
Hardman, Keith J.: *Charles Grandison Finney, 1792–1875.* Syracuse: Syracuse University Press, 1987.
Harnack, Adolf von: *Das Leben Cyprians von Pontius.* Texte und Untersuchungen 39,2. Leipzig: Hinrichs, 1913.
–: *Die Mission und Ausbreitung des Christentums.* 4. Aufl. Leipzig: Hinrichs, 1924, Bd. I.
–: *Das Wesen des Christentums.* Gütersloh: Mohn, 1977.
Harrington, Daniel J. und Anthony J. Saldarini (Übers.): *Targum Jonathan of the Former Prophets.* Edinburg: Clark, 1987.
Haym, Rudolf: *Hegel und seine Zeit.* Berlin: Gaertner, 1857.
Heidelberger Katechismus, Der. Hg. Otto Weber. Hamburg: Furche, 1963.
Heiler, Friedrich: *Das Wesen des Katholizismus.* München: Reinhardt, 1920.
Hein, Wolfgang-Hagen: *Christus der Apotheker.* Frankfurt: Govi-Verlag, 1974.
Heinemann, Joseph: *Prayer in the Talmud.* Berlin: de Gruyter, 1977.
–: und Jakob J. Petuchowski: *Literature of the Synagogue.* New York: Behrman House, 1975.
Heinz, Andreas: «Opus et meditatio simul peragantur: Priesterliche Meßfrömmigkeit im benediktinischen Reformmönchtum des 15. Jahrhunderts». Anselm Rosenthal (Hg.), *Itinera Domini.* Münster: Aschendorff, 1988, 319–340.
Heitmüller, Wilhelm: *Im Namen Jesu: Eine sprach- und religionsgeschichtliche Untersuchung.* Göttingen: Vandenhoeck & Ruprecht, 1903.
Henne, Philippe: «Pour Justin, Jésus est-il un autre Dieu?» *Revue des Sciences philosophiques et théologiques* 81 (1997), 57–68.

Herrgen, Markus: «Prophetie heute». *Idea-Spektrum* 1993, Nr. 39, S. 27.

Herter, Hans: «Bacchus am Vesuv». *Rheinisches Museum für Philologie* NF 100 (1957), 101–114.

Herzog, Markwart: «Christus medicus, apothecarius, samaritanus, balneator: Motive einer medizinisch-pharmazeutischen Soteriologie». *Geist und Leben* 67 (1994), 414–434.

Hestrin, Ruth u. a.: *Inscriptions Reveal*. Jerusalem: Israel Museum, 1973.

Hierocles: *In Aureum Pythagoreorum Carmen commentarius*. Hg. Friedrich W. Koehler. Stuttgart: Teubner, 1974.

Hill, David: *New Testament Prophecy*. Atlanta: Knox, 1979.

Hippolyt von Rom: siehe Cuming; Easton.

Hirsch, Emanuel: *Der Sinn des Gebets*. 2. Aufl. Göttingen: Vandenhoeck & Ruprecht, 1928.

Hoek, Annewies van den: «The Catechetical School of Early Christian Alexandria and Its Philonic Heritage». *Harvard Theological Review* 90 (1997), 59–87.

Hoeres, Walter: «Die Rechtfertigung des Triumphalismus: philosophisch-theologische Reflexionen zur Verödung von Kirche und Kult». *Sinfonia sacra* 2/2 (1994), 7–32.

Hofius, Otfried: «Herrenmahl und Herrenmahlparadosis». *Zeitschrift für Theologie und Kirche* 85 (1988), 371–408.

–: «Wort Gottes und Glaube bei Paulus». *Paulus und das antike Judentum*, hg. Martin Hengel u. a. Tübingen: Mohr, 1991, 379–408.

–: «Gemeinschaft mit den Engeln im Gottesdienst der Kirche». *Zeitschrift für Theologie und Kirche* 89 (1992), 172–196.

Hofmann, Friedrich: *Die Gemeinde lernt singen*. Kassel: Bärenreiter, 1957.

Holladay, John S.: «Assyrian Statecraft and the Prophets of Israel». *Harvard Theological Review* 63 (1970), 29–51.

Holland, DeWitte T. (Hg.): *Sermons in American History*. Nashville: Abingdon, 1971.

Hollenweger, Walter J.: «Funktionen der ekstatischen Frömmigkeit der Pfingstbewegung». *Beiträge zur Ekstase*, hg. Th. Spoerri. Bibliotheca psychiatrica et neurologica 134. Basel: Karger, 1968, 53–72.

Hooker, Richard: *Of the Laws of Ecclesiastical Polity*. London: J. M. Dent, 1907, Bd. II.

Horbury, William und David Noy: *Jewish Inscriptions of Graeco-Roman Egypt*. Cambridge: Cambridge University Press, 1992.

Horneffer, August: *Der Priester*. Jena: Diederichs, 1912, Bd. II.

Horst, Pieter W. van der: «Images of Women in the Testament of Job». *Studies on the Testament of Job*, hg. Michael A. Knibb u. a. Cambridge: Cambridge University Press, 1989, 93–116.

–: «Silent Prayer in Antiquity». *Numen* 41 (1994), 1–25.

Houtman, C.: «The Urim and Thummim: A New Suggestion». *Vetus Testamentum* 40 (1990), 229–232.

Howe, Mark A. DeW.: «Wine and Skins: On the Use and Disuse of Choral Music in the Liturgy». *Anglican Theological Review* 76 (1994), 71–83.

Huizinga, Johan: *Homo Ludens: Vom Ursprung der Kultur im Spiel*. Übers. H. Nachod. Reinbek: Rowohlt, 1987.

Humbertus de Romanis: «De eruditione praedicatorum». Tugwell (1982), 179–370.

Humphreys, Fisher: «Altar call (invitation)». *Encyclopedia of Religion in the South*, hg. Samuel S. Hill. Macon, GA: Mercer University Press, 1984, 24.

Hurtado, Larry W.: *One God, One Lord: Early Christian Devotion and Ancient Jewish Monotheism*. Philadelphia: Fortress, 1988.

Hustad, Donald P.: «Doxology: A Biblical Triad». *Ex Auditu* 8 (1992), 1–16.

Ignatius von Loyola: *Constitutiones Societatis Iesu*. Rom: Officina typographica Vaticana, 1908.

–: *Die Exerzitien*. Übers. Hans Urs von Balthasar. 4. Aufl. Einsiedeln: Johannes Verlag, 1962.

Ingle, H. Larry: *First Among Friends: George Fox and the Creation of Quakerism*. New York: Oxford University Press, 1994.

Irwin, Joyce L.: *Neither Voice nor Heart Alone: German Lutheran Theology of Music in the Age of the Baroque*. New York: Lang, 1993.

Iserloh, Erwin: «Der Wert der Messe in der Diskussion der Theologen vom Mittelalter bis zum 16. Jahrhundert». *Zeitschrift für katholische Theologie* 83 (1961), 44–79.

Jacobus von Voragine: *Legenda aurea*. Hg. Theodor Graesse. Dresden: Libreria Arnoldiana, 1846.

Jamblich: *Über die Geheimlehren*. Übers. Theodor Hopfner. Leipzig: Theosophisches Verlagshaus, 1922.

–: Jamblique, *Les mystères d'Egypte*. Übers. Edouard des Places. Paris: Les Belles Lettres, 1966.

James, William: *The Varieties of Religious Experience* (1902). New York: New American Library, 1958.

–: *The Letters*. Hg. Henry James. Boston: Atlantic Monthly, 1920, Bd. II.

Jensen, Adolf E. Jensen: *Mythos und Kult bei den Naturvölkern*. München: Deutscher Taschenbuch Verlag, 1992.

Jeremias, Joachim: *Die Abendmahlsworte Jesu*. 3. Aufl. Göttingen: Vandenhoeck & Ruprecht, 1960.

Johannes Duns Scotus: *Opera omnia*. Hg. L. Wadding. Paris: Vivès, 1895, Bd. XXVI.

Johnston, Sarah I.: *Hekate Soteira*. Atlanta, GA: Scholars Press, 1990.

–: «Riders in the Sky: Cavalier Gods and Theurgic Salvation in the Second Century A. D.». *Classical Philology* 87 (1992), 303–321.

Jone, Heribert: *Katholische Moraltheologie*. 10. Aufl. Paderborn: Schöningh, 1938.

Jones, F. Stanley: *An Ancient Jewish Christian Source on the History of Christianity*. Atlanta, GA: Scholars Press, 1995.

Jones, Paul H.: *Christ's Eucharistic Presence: A History of the Doctrine*. New York: Lang, 1994.

Jorissen, Hans: *Die Entfaltung der Transsubstantiationslehre bis zum Beginn der Hochscholastik*. Münster: Aschendorff, 1965.

Jovanovic, Uros J.: *Methodik und Theorie der Hypnose*. Stuttgart: G. Fischer, 1988.

Joyner, Charles: «Believer I Know: The Emergence of African-American Christianity». *African-American Christianity: Essays in History*, hg. Paul E. Johnson. Berkeley: University of California Press, 1994, 18–46.

Julian [Apostata]: *The Works of the Emperor Julian*. Mit Übers. von Wilmer C. Wright; LCL. London: Heinemann, 1923, Bd. III.

Jung, Carl Gustav: *Psychologische Typen*. 9. Aufl. Gesammelte Werke. Bd. 8. Olten: Walter-Verlag, 1971.

–: *Zur Psychologie westlicher und östlicher Religion*. Gesammelte Werke. Bd. 11. Olten: Walter-Verlag, 1971a, 219–323: «Das Wandlungssymbol in der Messe».

Jungmann, Josef A.: *Die Stellung Christi im liturgischen Gebet*. Münster: Aschendorff, 1925.

–: *Missarum Sollemnia: Eine genetische Erklärung der römischen Messe*. 2. Aufl. Wien: Herder, 1949, 2 Bde.

Justin: *Iustini Martyris Apologiae pro Christianis*. Hg. Miroslav Marcovich. Patristische Texte und Studien 38. Berlin: de Gruyter, 1994.

Kaczynski, Rainer: *Das Wort Gottes in Liturgie und Alltag der Gemeinden des Johannes Chrysostomus*. Freiburg: Herder, 1974.

Kant, Immanuel: *Werke in sechs Bänden*. Hg. Wilhelm Weischedel. Darmstadt: Wissenschaftliche Buchgesellschaft, 1963, Bd. 4.

Käppel, Lutz: *Paian*. Berlin: de Gruyter, 1992.

Kaster, Robert A.: *Guardians of Language: The Grammarian and Society in Late Antiquity*. Berkeley: University of California Press, 1988.

Katechismus der katholischen Kirche. Hg. Johannes Paul II. München: Oldenbourg, 1993.

Kaufman, Gordon C.: *Systematic Theology: A Historicist Perspective*. New York: Scribner, 1968.

Keel, Othmar und Christoph Uehlinger: *Göttinnen, Götter und Göttersymbole*. Freiburg: Herder, 1992.

Keller, Samuel: *In der Furche.* Hagen: Rippel, 1905.
–: «Wie bringen wir Menschenseelen zu Christo?» *Auf Dein Wort* 8 (1910), 234–239.
–: *Aus meinem Leben.* Meiringen: Loepthien, 1924, Bd. II.
Kendrick, Graham: *Worship.* Eastbourne: Kingsway, 1984.
Kilmartin, Edward J.: «The One Fruit or the Many Fruits of the Mass». *Proceedings of the Catholic Theological Society of North America* 21 (1966), 37–69.
Kirk, Geoffrey S.: «Some Methodological Pitfalls in the Study of Ancient Greek Sacrifice (in particular)». *Le Sacrifice dans l'antiquité,* hg. Jean Rudhardt u. a. Genf: Fondation Hardt, 1981, 41–90.
Klauck, Hans-Josef: *Hausgemeinde und Hauskirche im frühen Christentum.* Stuttgart: Katholisches Bibelwerk, 1983.
–: *Herrenmahl und Hellenistischer Kult.* 2. Aufl. Münster: Aschendorff, 1986.
Klein, G.: «Die ursprüngliche Gestalt des Vaterunsers». *Zeitschrift für die neutestamentliche Wissenschaft* 7 (1906), 34–50.
Kleinig, John W.: *The Lord's Song: The Basis, Function and Significance of Choral Music in Chronicles.* Sheffield: Sheffield Academic Press, 1993.
Kliewer, Gerd Uwe: *Das neue Volk der Pfingstler.* Frankfurt: Lang, 1975.
Klinghardt, Matthias: *Gemeinschaftsmahl und Mahlgemeinschaft: Soziologie und Liturgie frühchristlicher Mahlfeiern.* Tübingen: Francke, 1996.
Knapp, Jacob: *Autobiography of Elder Jacob Knapp.* New York: Sheldon & Co., 1868.
Knohl, Israel: «Petitionary Prayer in the Qumran Writings». *Journal of Biblical Literature* 115 (1996), 29–30.
Koch, Heidemarie: «Zur Religion der Achämeniden». *Zeitschrift für die alttestamentliche Wissenschaft* 100 (1988), 393–405.
Koch, Hugo: *Cyprianische Untersuchungen.* Bonn: Marcus & Weber, 1926.
Kock, Gerard: «Zwischen Altar und Orgel- und Sängerempore». *Concilium* 25 (1989), 102–107.
Koester, Helmut: *Introduction to the New Testament. Bd. I: History, Culture, and Religion of the Hellenistic Age.* 2. Aufl. Berlin: de Gruyter, 1995.
Kohlschein, Franz: «Die Tagzeitenliturgie als ‹Gebet der Gemeinde› in der Geschichte». *Heiliger Dienst* 41 (1987), 12–40.
Kolumbus, Christoph [Colón, Cristobál]: *Textos y documentos completos,* hg. Consuelo Varela. Madrid: Alianza, 1982.
Konstitutionen der Regulierten Chorfrauen des hl. Augustinus der Congregatio B. M. V., Die. Essen: Fredebeul & Koenen, 1933.
Kooij, Arie van der: «Nehemiah 8: 8 and the Question of the Targum-Tradition». *Tradition of the Text,* hg. Gerard J. Norton u. a. Fribourg: Universitätsverlag, 1991, 79–90.
Koskenniemi, Erkki: *Apollonios von Tyana in der neutestamentlichen Exegese.* Tübingen: Mohr, 1994.
Kotansky, Roy: «Greek Exorcistic Amulets». M. Meyer u. a. (1995), 243–277.
Kraemer, Ross S.: «Ecstasy and Possession: The Attraction of Women to the Cult of Dionysos». *Harvard Theological Review* 72 (1979), 55–80.
–: *Her Share of the Blessings: Women's Religions among Pagans, Jews, and Christians in the Greco-Roman World.* Oxford: Oxford University Press, 1992.
Kraus, Hans-Joachim: *Psalmen.* 2. Teilband. 4. Aufl. Neukirchen-Vluyn: Neukirchener Verlag, 1972.
Kreider, Alan: *English Chantries.* Cambridge, MA: Harvard University Press, 1979.
Kreitmaier, Josef: *Beuroner Kunst.* 3. Aufl. Freiburg: Herder, 1921.
Kremer, Jacob: «Herrenspeise – nicht Herrenmahl». *Schrift und Tradition,* hg. Knut Backhaus u. a. Paderborn: Schöningh, 1996, 227–242.
Kroeger, Catherine (mit Richard Kroeger): «An Inquiry into Evidence of Maenadism in the Corinthian Congregation». *Society of Biblical Literature Seminar Papers Series* 14 (1978), 331–338.
– (mit Richard Kroeger): «Pandaemonium and Silence at Corinth». *The Reformed Journal* 28 (Juni 1978a), 6–11.

–: «The Apostle Paul and the Greco-Roman Cults of Women». *Journal of the Evangelical Theological Society* 30 (1987), 25–38.

Kuipers, Joel C.: *Power in Performance: The Creation of Textual Authority in Weyewa Ritual Speech*. Philadelphia: University of Pennsylvania Press, 1990.

Kunkel, Heinrich: *Das heilige Meßopfer*. Fulda: Familienverlag, 1953.

Lackner, Bede K.: *The Eleventh-Century Background of Cîteaux*. Washington: Cistercian Publications, 1972.

Lambert, Frank: *«Pedlar in Divinity»: George Whitefield and the Transatlantic Revival, 1737–1770*. Princeton: Princeton University Press, 1994.

Lampe, Peter: *Die stadtrömischen Christen in den ersten beiden Jahrhunderten*. 2. Aufl. Tübingen: Mohr, 1989.

–: «Das korinthische Herrenmahl». *Zeitschrift für die neutestamentliche Wissenschaft* 82 (1991), 183–213.

–: «The Eucharist». *Interpretation* 48 (1994), 36–49.

Land, Steven J.: «Pentecostal Spirituality: Living in the Spirit». *Christian Spirituality: Post-Reformation and Modern*, hg. Louis Dupré und Don E. Saliers. New York: Crossroad, 1989, 479–499.

Landgraf, Artur M.: «Die in der Frühscholastik klassische Frage *Quid sumit mus*». *Divus Thomas* 30 (1952), 33–50.

Landon, H. C. Robbins: *Haydn Chronicle and Works*. London: Thames & Hudson, 1977, Bd. IV.

Lang, Bernhard: «Vom Propheten zum Schriftgelehrten». *Theologen und Theologien in verschiedenen Kulturkreisen*, hg. Heinrich von Stietencron. Düsseldorf: Patmos, 1986, 89–114.

–: «Das früheste Christentum im Konflikt mit dem jüdischen Strafrecht». *Toleranz und Repression*, hg. Johannes Neumann u. a. Frankfurt: Campus, 1987, 155–169.

–: «Buchreligion». *Handbuch religionswissenschaftlicher Grundbegriffe*, hg. Hubert Cancik u. a. Stuttgart: Kohlhammer, 1990, Bd. II, 143–65.

–: «The Eucharist: A Sacrificial Formula Preserved». *Bible Review* 10/6 (1994), 44–49.

–: «Homiletische Bibelkommentare der Kirchenväter». *Text und Kommentar*, hg. Jan Assmann u. a. München: Fink, 1995, 199–218.

– und Colleen McDannell: *Der Himmel: Eine Kulturgeschichte des ewigen Lebens*. Frankfurt: Suhrkamp, 1990.

Latte, Kurt: *Kleine Schriften*. München: Beck, 1968.

Laurance, John D.: *‹Priest› as a Type of Christ: The Leader of the Eucharist in Salvation History According to Cyprian of Carthage*. New York: Lang, 1984.

Law, William: *A Serious Call to a Devout and Holy Life* (1728). Hg. Paul G. Stanwood; CWS. New York: Paulist Press, 1978.

Lawless, Elaine J.: *God's Peculiar People. Women's Voices and Folk Tradition in a Pentecostal Church*. Lexington: University of Kentucky Press, 1988.

Lawrence, Roy: *Christian Healing Rediscovered*. London: Coverdale House, 1976.

Lawson, John C.: *Modern Greek Folklore and Ancient Greek Religion*. Cambridge: Cambridge University Press, 1910.

Leaney, R. H.: «The Lucan Text of the Lord's Prayer». *Novum Testamentum* 1 (1956), 103–111.

Leary, T. J.: «The ‹Aprons› of St Paul – Acts 19: 12». *Journal of Theological Studies* 41 (1990), 527–529.

Le Brun, Jacques: *La Spiritualité de Bossuet*. Paris: Klincksieck, 1972.

Lécuyer, Joseph: «Le sacerdoce chrétien et le sacrifice eucharistique selon Théodore de Mopsueste». *Recherches de science religieuse* 36 (1949), 481–512.

–: «Le sacrifice selon saint Augustin». *Augustinus magister: Congrès international augustinien, Paris 1954*. Paris: Études Augustiniennes, 1955, 905–914.

Lederle, Henri I.: *Treasures Old and New: Interpretations of ‹Spirit-Baptism› in the Charismatic Renewal Movement*. Peabody, MA: Hendrickson, 1988.

Leglay, Marcel: *Saturne africain: histoire*. Paris: de Boccard, 1966.
Leipoldt, Johannes: *Von den Mysterien zur Kirche*. Leipzig: Koehler & Amelang, 1961.
Lesses, Rebecca M.: *Ritual Practices to Gain Power: Angels, Incantations, and Revelation in Early Jewish Mysticism*. Harrisburg: Trinity Press International, 1998.
Letourneux, Nicolas: *De la meilleure manière d'entendre la sainte messe*. Paris: Roulland, 1680.
Leuenberger, Samuel: *Cultus Ancilla Scripturae: Das Book of Common Prayer als erweckliche Liturgie*. Basel: Reinhardt, 1986.
Levenson, Jon D.: *The Death and Resurrection of the Beloved Son: The Transformation of Child Sacrifice in Judaism and Christianity*. New Haven: Yale University Press, 1993.
Lewis, C. S.: *Reflections on the Psalms*. London: Fount, 1977.
Lewis, Ioan M.: *Ecstatic Religion: An Anthropological Study of Spirit Possession and Shamanism*. Harmondsworth: Penguin, 1971.
Lévi-Strauss, Claude: *La Pensée sauvage*. Paris: Plon, 1962.
Libanius: *Selected Works*. Hg. und übers. A. F. Norman; LCL. London: Heinemann, 1977, Bd. II.
Lietzmann, Hans: *Messe und Herrenmahl*. 3. Aufl. Berlin: de Gruyter, 1955.
Lindemann, Andreas: «Die Versuchungsgeschichte Jesu nach der Logienquelle und das Vaterunser». *Jesu Rede von Gott und ihre Nachgeschichte im frühen Christentum*, hg. Dietrich-Alex Koch u. a. Gütersloh: Mohn, 1989, 91–100.
–: *Die Clemensbriefe*. Tübingen: Mohr, 1992.
– und Henning Paulsen (Hg.): *Die apostolischen Väter*. Tübingen: Mohr, 1992.
Lipiński, Edward: «Qânâh». *Theologisches Wörterbuch zum Alten Testament*, hg. Heinz-Josef Fabry u. a. Stuttgart: Kohlhammer, 1993, Bd. VII, 63–71.
Litterae Quadrimestres ex universis ... locis in quibus aliqui de Societate Jesu versabantur (Monumenta Historica Societatis Jesu). Madrid: Avrial, 1895, Bd. II.
Loader, William R. G.: *Sohn und Hoherpriester*. Neukirchen-Vluyn: Neukirchener Verlag, 1981.
Louth, Andrew: *The Origins of the Christian Mystical Tradition*. Oxford: Clarendon, 1981.
–: «Pagan Theurgy and Christian Sacramentalism in Denys the Areopagite». *Journal of Theological Studies* NS 37 (1986), 432–438.
Lovett, Leonard: «Black Origins of the Pentecostal Movement». *Aspects of Pentecostal-Charismatic Origins*, hg. Vinson Synan. Plainfield: Logos International, 1975, 123–141.
McAdoo, Henry R.: «A Theology of the Eucharist: Brevint and the Wesleys». *Theology* 97 (1994), 245–256.
McConnell, Dan R.: *A Different Gospel*. Revidierte Ausg. Peabody: Hendrickson, 1995.
MacDonald, Dennis R.: «Luke's Eutychus and Homer's Elpenor». *Journal of Higher Criticism* 1 (1994), 5–24.
McDonnell, Kilian: *John Calvin, the Church, and the Eucharist*. Princeton: Princeton University Press, 1967.
–: «Eucharistic Celebrations in the Catholic Charismatic Movement». *Studia Liturgica* 9 (1973), 19–44.
McHardy, A. K.: «Ecclesiastics and Economics: Poor Priests, Prosperous Laymen and Proud Prelates in the Reign of Richard II». *The Church and Wealth*, hg. William J. Shiels u. a.; Studies in Church History 24. Oxford: Blackwell, 1987, 129–137.
McKay, Heather A.: *Sabbath and Synagogue: The Question of Sabbath Worship in Ancient Judaism*. Leiden: Brill, 1994.
McKenna, John H.: *Eucharist and Holy Spirit*. Great Wakering: Mayhew-McCrimmon, 1975.
McKinnon, James (Hg.): *Music in Early Christian Literature*. Cambridge: Cambridge University Press, 1987.
McLaughlin, Megan: *Consorting with Saints: Prayer for the Dead in Early Medieval France*. Ithaca: Cornell University Press, 1994.
McLaughlin, R. Emmet: «The Word Eclipsed? Preaching in the Early Middle Ages». *Traditio* 46 (1991), 77–122.

McLean, Alexander u. a. (Hg.): *Penuel; or, Face to Face with God.* New York: Palmer, 1869.
McLean, B. Hudson: *The Cursed Christ.* Sheffield: Sheffield Academic Press, 1996.
McManus, Frederick R.: *Thirty Years of Liturgical Renewal: Statements of the Bishops' Committee on the Liturgy.* Washington: United States Catholic Conference, 1987.
MacMullen, Ramsay: *Enemies of the Roman Order.* Cambridge, MA: Harvard University Press, 1966.
MacPartlan, Paul: «Ihr werdet euch in mich verwandeln: Kirche und Eucharistie im Denken Henri de Lubacs». *Internationale katholische Zeitschrift* 22 (1993), 141–153.
Macy, Gary: *The Banquet's Wisdom.* New York: Paulist Press, 1992.
–: «The Dogma of Transubstantiation in the Middle Ages». *Journal of Ecclesiastical History* 45 (1994), 11–41.
Magne, Jean: «Carmina Christo». *Ephemerides liturgicae* 100 (1986), 3–27.113–37.386–90.
Maier, Johann: *Jesus von Nazareth in der talmudischen Überlieferung.* Darmstadt: Wissenschaftliche Buchgesellschaft, 1978.
–: «Zur Verwendung von Psalmen in der synagogalen Liturgie». *Liturgie und Dichtung,* hg. Hansjakob Becker u. a. St. Ottilien: Eos, 1983, Bd. I, 55–90.
–: *Die Qumran-Essener: Die Texte vom Toten Meer.* München: Reinhardt, 1995, Bde. I–II.
Majercik, Ruth: *The Chaldean Oracles.* Leiden: Brill, 1989.
Malherbe, Abraham J.: *Paul and the Thessalonians.* Philadelphia: Fortress, 1987.
–: *Paul and the Popular Philosophers.* Minneapolis: Fortress, 1989.
Malinowski, Bronislaw: *Magic, Science and Religion.* Garden City: Doubleday, 1954, 79–84: «Magic and Experience».
Mangenot, Eugène: «Eucharistie du XIIIe au XVe siècle». *Dictionnaire de Théologie catholique,* hg. Alfred Vacant u. a. Paris: Letouzey & Ané, 1913, Bd. V, 1302–26.
Marinus: «Proclus or About Happiness». In: Laurence J. Rosán, *The Philosophy of Proclus.* New York: Cosmos, 1949, 13–35.
Markus, Robert A.: «Augustine on Magic». *Revue des études augustiniennes* 40 (1994), 375–388.
Marquard, Reiner: *Karl Barth und der Isenheimer Altar.* Stuttgart: Calwer, 1995.
Marrou, Henri-Irénée: «Autour de la bibliothèque du pape Agapit». *Mélanges d'archéologie et d'histoire* 48 (1931), 124–169.
–: *Saint Augustin et la fin de la culture antique.* 4. Aufl. Paris: E. de Boccard, 1958.
–: *Histoire de l'éducation dans l'antiquité.* 6. Aufl. Paris: Seuil, 1981, Bd. II.
Marshall, Howard: «Preaching from the New Testament». *Scottish Bulletin of Evangelical Theology* 9 (1991), 104–117.
Martin, Ralph P.: *The Worship of God.* Grand Rapids: Eerdmans, 1982.
Marx, Alfred: *Les offrandes végétales dans l'Ancien Testament.* Leiden: Brill, 1994.
Mather, Cotton: *Magnalia Christi Americana.* Hg. Thomas Robbins. Hartford: Andrus, 1853, 2 Bde.
Mather, Increase: «The Day of Trouble Is Near» (1674). *Sermons for Days of Fast, Prayer, and Humiliation and Execution Sermons,* hg. Ronald A. Bosco. Delmar, NY: Scholars' Facsimiles & Reprints, 1978, 17–49.
Mayer, Günter: *Para: Die rote Kuh.* Die Mischna, hg. G. Beer u. a. Berlin: Töpelmann, 1964.
Megivern, James J.: *Concomitance and Communion.* Fribourg: Universitätsverlag, 1963.
Meisner, Norbert (Übers.): «Aristeasbrief». In: Werner G. Kümmel (Hg.), *Jüdische Schriften aus hellenistisch-römischer Zeit.* Gütersloh: Mohn, 1973. Bd. 2, 35–87.
Mell, Ulrich: «Gehört das Vater-Unser zur authentischen Jesus-Tradition?». *Berliner theologische Zeitschrift* 11 (1994), 148–180.
Melton, J. Gordon: *The Encyclopedia of American Religions: Religious Creeds.* Detroit: Gale, 1988.
Menzies, Robert P.: *The Development of Early Christian Pneumatology.* Sheffield: JSOT Press, 1991.
Merk, Otto und Martin Meisner (Übers.), «Das Leben Adams und Evas». In: Werner G. Küm-

mel (Hg.), *Jüdische Schriften aus hellenistisch-römischer Zeit.* Gütersloh: Gütersloher Verlagshaus, 1998. Bd. 2, 737–870.

Merton, Thomas: «Seven Qualities of the Sacred». *Good Work* 27 (1964), 15–20.

Merz, Aloys (Hg.): *Gesammelte Schriften unserer Zeiten zur Vertheidigung der Religion und Wahrheit.* Augsburg: J. B. B. Merz, 1791, Bd. VIII/1.

Messadié, Gerald: «Placebo ... Le cerveau qui guérit». *Science & Vie* 920 (Mai, 1994), 64–69.

Meyendorff, John: *Byzantine Theology.* New York: Fordham University Press, 1974.

–: *Byzantine Hesychasm.* London: Variorum Reprints, 1974a.

Meyer, Donald: *The Positive Thinkers.* Revidierte Ausg. Middletown: Wesleyan University Press, 1988.

Meyer, Marvin und Richard Smith (Hg.): *Ancient Christian Magic: Coptic Texts of Ritual Power.* San Francisco: Harper, 1994.

– und Paul Mirecki (Hg.): *Ancient Magic and Ritual Power.* Leiden: Brill, 1995.

Micklem, E. Romilly: «Psychological Considerations». *Christian Worship,* hg. Nathaniel Micklem. London: Oxford University Press, 1936, 189–206.

Milet, Jean: *God or Christ? A Study in Social Psychology.* Übers. John Bowden. London: SCM Press, 1981.

Milgrom, Jacob: «Israel's Sanctuary». *Revue biblique* 83 (1976), 390–399.

–: *Numbers: The JPS Torah Commentary.* Philadelphia: Jewish Publication Society, 1990.

Miller, Patrick D.: *Interpreting the Psalms.* Philadelphia: Fortress, 1986.

–: *They Cried to the Lord: The Form and Theology of Biblical Prayer.* Minneapolis: Fortress, 1994.

Miller, Perry und Thomas H. Johnson (Hg.): *The Puritans: A Sourcebook of Their Writings.* New York: Harper & Row, 1963.

Miller, Robert M.: *Harry Emerson Fosdick – Preacher, Pastor, Prophet.* New York: Oxford University Press, 1985.

Mingana, A.: *Woodbrooke Studies: Christian Documents Edited and Translated.* Cambrigde: Heffer, 1933, Bd. VI.

Mithobius, Hector: *Psalmodia Christiana: das ist gründliche Gewissensbelehrung, was von der Christen Musica ... zu halten?* Bremen: E. Berger, 1665.

Möbius, Friedrich: «Die Chorpartie der westeuropäischen Klosterkirche zwischen 8. und 11. Jahrhundert». *Architektur des Mittelalters,* hg. Friedrich Möbius u. a. Weimar: Böhlau, 1984, 9–41.

Mommsen, Theodor (Hg.): *Theodosiani libri XVI.* Berlin: Weidmann, 1905, Bd. 1/2.

–: und Paul M. Meyer (Hg.): *Theodosiani libri XVI.* Berlin: Weidmann, 1905, Bd. 2.

Monier, Frédéric: *Vie de Jean-Jacques Olier.* Paris: J. de Gigord, 1914, Bd. I.

Montagner, Hubert: *L'attachement, les débuts de la tendresse.* Paris: Odile Jacob, 1988.

Montefiore, C. G. u. a.: *A Rabbinic Anthology.* New York: Schocken, 1974.

Monumenta Germaniae Historica. Epistolae, Bd. I, hg. Paul Ewald. Berlin: Weidmann, 1887.

Moos, Alois: *Das Verhältnis von Wort und Sakrament in der deutschsprachigen Theologie des 20. Jahrhunderts.* Paderborn: Bonifatius, 1993.

Morenz, Siegfried: «Entstehung und Wesen der Buchreligion». *Theologische Literaturzeitung* 75 (1950), 709–716.

Müller, Iso: «Die Altar-Tituli des Klosterplanes». *Studien zum St. Galler Klosterplan,* hg. Johannes Duft. St. Gallen: Fehr'sche Buchhandlung, 1962, 129–176.

Müller, Hans-Peter: «Die kultische Darstellung der Theophanie». *Vetus Testamentum* 14 (1964), 183–191.

Müller, Nikolaus: *Die Wittenberger Bewegung 1521 und 1522.* 2. Aufl. Leipzig: Heinsius, 1911.

Murphy-O'Connor, Jerome: «John the Baptist and Jesus». *New Testament Studies* 36 (1990), 359–374.

Musurillo, Herbert: *The Acts of the Christian Martyrs.* Oxford: Clarendon, 1972.

Neal, Emily Gardiner: *Celebration of Healing.* Cambridge, MA: Cowley, 1992.

Neusner, Jacob: *The Wonder-Working Lawyers of Talmudic Babylonia.* Lanham, MD: University Press of America, 1987.

Nevin, John W.: *The Mystical Presence of Christ*. Hg. Bard Thompson u. a. Philadelphia: United Church Press, 1966.

Nicolsky, N. M.: «Das Asylrecht in Israel». *Zeitschrift für die alttestamentliche Wissenschaft* 48 (1930), 146–175.

Niebuhr, Reinhold: «Fosdick: Theologian and Preacher». *The Christian Century* 70 (1953), 657–658.

Niehr, Herbert: «In Search of Yhwh's Cult Statue in the First Temple». *The Image and the Book*, hg. Karel van der Toorn. Löwen: Peeters, 1997, 73–95.

Nilsson, Martin P.: *Greek Piety*. Übers. Herbert J. Rose. Oxford: Clarendon, 1948.

Noll, Mark A.: *A History of Christianity in the United States and Canada*. Grand Rapids: Eerdmans, 1992.

Norden, Eduard: *Agnostos Theos: Untersuchungen zur Formengeschichte religiöser Rede*. Leipzig: Teubner, 1913.

Norton, David: *A History of the Bible as Literature*. Cambridge: Cambridge University Press, 1993, Bd. II.

Nussbaum, Martha C.: *A Therapy of Desire*. Princeton: Princeton University Press, 1994.

Nuttall, Geoffrey F.: *The Holy Spirit in Puritan Faith and Experience*. 2. Aufl. Chicago: University of Chicago Press, 1992.

Oates, Wayne E.: «A Socio-psychological Study of Glossolalia». *Glossolalia: Tongue-Speaking in Biblical, Historical, and Psychological Perspective*, hg. Frank Stagg u. a. Nashville: Abingdon, 1967, 76–99.

Oegema, Gerbern S.: *Der Gesalbte und sein Volk*. Göttingen: Vandenhoeck & Ruprecht, 1994.

Olier, Jean-Jacques: *Œuvres complètes de M. Olier*. Hg. Jaques-Paul Migne. Petit-Montrouge: Migne, 1856, 281–455: «Explication des cérémonies de la grand'messe de paroisse» [= *EC*].

–: *Lettres de M. Olier*. Neu hg. von E. Levesque. Paris: J. de Gigord, 1935 [= *L*].

–: *Catéchisme chrétien et Journée chrétienne*. Hg. François Amiot. Paris: Le Rameau, 1954, 9–92: «Catéchisme chrétien pour la vie intérieure» [= *CC*]; 93–247: «La journée chrétienne» [= *JC*].

–: *Introduction à la vie et aux vertus chrétiennes*. Hg. François Amiot. Paris: Le Rameau, 1954, 7–159 [= *IVV*].

O'Meara, Dominic: «Political Life and Divinization in Neoplatonic Philosophy». *Hermathena* 157 (1994), 155–164.

O'Neill, John C.: «Paul's Missionary Strategy». *Irish Biblical Studies* 19 (1997), 174–190.

Origenes: *Vier Bücher von den Prinzipien*. Übers. Herwig Görgemans und Heinrich Karpp. Darmstadt: Wissenschaftliche Buchgesellschaft, 1976.

Oropeza, B. J.: *A Time to Laugh*. Peabody: Hendrickson, 1995.

Otto, Rudolf: «Vom Wege». *Die christliche Welt* 25 (1911), 705–710.

–: *Das Heilige*. 12. Aufl. Gotha: Perthes, 1924.

–: *Zur Erneuerung und Ausgestaltung des Gottesdienstes*. Gießen: Töpelmann, 1925.

–: *Sünde und Urschuld*. München: Beck, 1932.

Packer, J. I.: «The Spirit with the Word: The Reformational Revivalism of George Whitefield». *The Bible, the Reformation and the Church*, hg. W. Peter Stephens. Sheffield: Sheffield Academic Press, 1995, 166–189.

Parsch, Pius: «Liturgische Spielsachen». *Bibel und Liturgie* 5 (1930/31), 431.

Partee, Charles: *Calvin and Classical Philosophy*. Leiden: Brill, 1977.

Pascal, Blaise: *Über die Religion (Pensées)*. Übers. Ewald Wasmuth. Berlin: Schneider, 1937.

–: *Vermächtnis eines großen Herzens: Die kleineren Schriften*. Übers. Wolfgang Rüttenauer. Leipzig: Dieterich, 1938.

Paverd, Frans van de: *Zur Geschichte der Messliturgie in Antiocheia und Konstantinopel gegen Ende des 4. Jahrhunderts*. Rom: Pontificio Istituto Orientale, 1970.

Peale, Norman Vincent: *The Power of Positive Thinking*. 15. Aufl. New York: Fawcett Crest, 1992.

Pepys, Samuel: *The Diary*. Hg. Robert Latham und William Matthews. London: Bell, 1970–83, 11 Bde.
Peterson, Erik: «Alalazô». *Theologisches Wörterbuch zum Neuen Testament*, hg. Gerhard Kittel. Stuttgart: Kohlhammer, 1933, Bd. I, 228.
Pettit, Norman: *The Heart Prepared: Grace and Conversion in Puritan Spiritual Life*. New Haven: Yale University Press, 1966.
Pfeiffer, Robert H. und E. A. Speiser: *One Hundred New Selected Nuzi Texts*. Annual of the American Schools of Oriental Research, 16. New Haven: American Schools of Oriental Research, 1936.
Pfister, Oskar: *Analytische Seelsorge*. Göttingen: Vandenhoeck & Ruprecht, 1927.
Pharr, Clyde u. a. (Übers.): *The Theodosian Code and Novels*. Princeton: Princeton University Press, 1952.
Philo von Alexandrien: *Die Werke in deutscher Übersetzung*. Hg. Leopold Cohn u. a. Berlin: De Gruyter, 1964. Bd. 7, 44–70: «Über das betrachtende Leben» (übers. Karl Bormann).
Pilch, John J.: «The Transfiguration of Jesus». *Modelling Early Christianity*, hg. Philip F. Esler. London: Routledge, 1995, 47–64.
Pittenger, Norman: *God's Way with Men*. London: Hodder & Stoughton, 1969.
–: *Praying Today*. Grand Rapids: Eerdmans, 1974.
Pius XII.: *Über die heilige Liturgie: Enzyklika Mediator Dei vom 20. September 1947*. Hg. Klaudius Jüssen. Karlsruhe: Badenia, 1948. Lateinischer Text: *Acta Apostolicae Sedis* 39 (1947), 521–600.
Places, Edouard des: *Oracles chaldaïques*. Paris: Les Belles Lettres, 1971.
Pleket, H. W.: «Religious History as the History of Mentality». *Faith, Hope and Worship*, hg. H. S. Versnel. Leiden: Brill, 1981, 152–192.
Plutarch: *Moralia*. Übers. Benedict Einarson u. a.; LCL. Cambridge: Harvard University Press, 1967, Bd. XIV.
Pohle, Joseph und Josef Gummersbach: *Lehrbuch der Dogmatik*. 9. Aufl. Paderborn: Schöningh, 1960, Bd. III.
Polkinghorne, John: «Can a Scientist Pray?» *Colloquium* 26 (1994), 2–10.
Poloma, Margaret M.: *The Charismatic Movement*. Boston: Twayne, 1982.
–: *The Assemblies of God at the Crossroads*. Knoxville: University of Tennessee Press, 1989.
Popkes, Wiard: «Die letzte Bitte des Vater-Unser». *Zeitschrift für die neutestamentliche Wissenschaft* 81 (1990), 1–20.
Post, Paul: «An excellent game ...: On Playing the Mass». *Bread of Heaven: Customs and Practices Surrounding Holy Communion*, hg. Charles Caspers u. a. Kampen: Kok Pharos, 1995, 185–214.
Potter, David: Besprechung von *The Chaldean Oracles*, übers. Ruth Majercik. *Journal of Roman Studies* 81 (1991), 225–227.
–: *Prophets and Emperors: Human and Divine Authority from Augustus to Theodosius*. Cambridge, MA: Harvard University Press, 1994.
Préaud, Maxine: *Inventaire du fonds français. Gravures du XVIIe siècle. Bd. 17: Claude Mellan*, hg. Bibliothèque Nationale/Département des Estampes. Paris: Bibliothèque Nationale, 1988.
Preisendanz, Karl u. a. (Hg.): *Papyri Graecae Magicae: Die griechischen Zauberpapyri*. 2. Aufl. Stuttgart: Teubner, 1973–74, 2 Bde.
Price, Lucien: *Dialogues of Alfred North Whitehead*. New York: Mentor Books, 1956.
Price, Robert M.: «Punished in Paradise». *Journal for the Study of the New Testament* 7 (1980), 33–40.
Proklos: *The Elements of Theology*. Übers. E. R. Dodds. Oxford: Oxford University Press, 1963.
–: *Commentaire sur le Timée*. Übers. A. J. Festugière. Paris: Vrin, 1967, Bd. II.
–: *Théologie platonicienne*. Hg. und übers. H. D. Saffrey und L. G. Westerinck. Paris: Les Belles Lettres, 1981, Bd. IV.

Pseudo-Dionysius: *Über die himmlische Hierarchie – Über die kirchliche Hierarchie.* Übers. Günter Heil. Stuttgart: Hiersemann, 1986.
–: *Die Namen Gottes.* Übers. Beate R. Suchla. Stuttgart: Hiersemann, 1988.
–: *Corpus Dionysiacum.* Bd. 2, hg. Günter Heil u. a. Patristische Texte und Studien, Bd. 36. Berlin: de Gruyter, 1991.
Pulleyn, Simon: *Prayer in Greek Religion.* Oxford: Clarendon, 1997.
Puniet, Jean de: «La louange divine». *La vie spirituelle* 2 (1921), 443–452.
Punshon, John: *Testimony and Tradition: Some Aspects of Quaker Spirituality.* London: Quaker Home Service, 1990.
Pytches, David: *Some Said It Thundered: A Personal Encounter with the Kansas City Prophets.* Nashville: Oliver-Nelson, 1991.
Quasten, Johannes: *Musik und Gesang in den Kulten der heidnischen Antike und christlichen Frühzeit.* Münster: Aschendorff, 1930.
–: «Mysterium tremendum: Eucharistische Frömmigkeitsauffassungen des 4. Jahrhunderts». *Vom christlichen Mysterium,* hg. A. Meyer u. a. Münster: Aschendorff, 1951, 66–75.
Quebedeaux, Richard: *The New Charismatics II.* San Francisco: Harper & Row, 1983.
Rad, Gerhard von: *Gesammelte Studien zum Alten Testament.* München: Kaiser, 1958.
Radl, Walter: *Der Ursprung Jesu.* Freiburg: Herder, 1996.
Raffalt, Reinhard: *Musica eterna.* München: Piper, 1978.
Rahner, Karl: *Schriften zur Theologie.* Einsiedeln: Benziger, 1960. Bd. 4; 51–99: «Über den Begriff des Geheimnisses in der katholischen Theologie»; 357–385: «Die Gegenwart Christi im Sakrament des Herrenmahles»; 387–397: «Über die Dauer der Gegenwart Christi nach dem Kommunionempfang».
Randhofer, Regina: *Psalmen in einstimmigen vokalen Überlieferungen: Eine vergleichende Untersuchung jüdischer und christlicher Traditionen.* Frankfurt: Lang, 1995.
Randolph, Peter: *Sketches of Slave Life.* Boston: James H. Earle, 1855.
Ratzinger, Joseph: *Liturgie und Kirchenmusik.* Hamburg: Sikorski, 1987.
Regel des heiligen Augustinus – Konstitutionen der Augustiner Chorfrauen der Congregatio Beatae Mariae. Essen: Augustiner Chorfrauen, 1986.
Regmire, R. David: *Sacraments and the Salvation Army.* Metuchen, NJ: Scarecrow Press, 1990.
Reid, Barbara E.: «Prayer and the Face of the Transfigured Jesus». *The Lord's Prayer and Other Prayer Texts from the Greco-Roman Era,* hg. James H. Charlesworth u. a. Valley Forge: Trinity Press International, 1994, 39–53.
Reiling, J.: *Hermas and Christian Prophecy.* Leiden: Brill, 1973.
Renan, Ernest: *Œuvres complètes.* Hg. Henriette Psichari. Paris: Calmann-Lévy, 1953, Bd. VI.
Rennings, Heinrich (Hg.): *Dokumente zur Erneuerung der Liturgie.* Kevelaer: Butzon & Bercker, 1983.
Return to the Upper Room: 1992 National Catholic Charismatic Renewal Conference. Steubenville, OH: Franciscan University, 1992.
Reynal, Daniel de: *Théologie de la liturgie des heures.* Paris: Beauchesne, 1978.
Richards, Jeffrey: *Consul of God: The Life and Times of Gregory the Great.* London: Routledge & Kegan Paul, 1980.
Richardson, Cyril C.: Besprechung von Morton Smith, *Clement of Alexandria. Theological Studies* NS 35 (1974), 571–577.
Riché, Pierre: *Les écoles et l'enseignement dans l'occident chrétien.* Paris: Aubier Montaigne, 1979.
Riedweg, Christoph: *Mysterienterminologie bei Platon, Philon und Klemens von Alexandrien.* Berlin: de Gruyter, 1987.
Rieff, Philip: *The Triumph of the Therapeutic: Uses of Faith after Freud.* New York: Harper & Row, 1966.
Riesner, Rainer: «Synagogues in Jerusalem». *The Book of Acts in Its Palestinian Setting,* hg. Richard Bauckham. Grand Rapids: Eerdmans, 1995, 179–211.
Rinser, Luise: *Die gläsernen Ringe.* Frankfurt: S. Fischer, 1986.

–: *Gratwanderung: Briefe der Freundschaft an Karl Rahner 1962–1984*. München: Kösel, 1994.

–: *Saturn auf der Sonne*. Frankfurt: Fischer, 1994a.

Riverside Church in the City of New York, The. A Handbook. Philadelphia: Franklin Printing Company, 1931.

Robeck, Cecil M.: *Prophecy in Carthage: Perpetua, Tertullian, and Cyprian*. Cleveland: Pilgrim Press, 1992.

Rordorf, Willy: «The Lord's Prayer in the Light of Its Liturgical Use in the Early Church». *Studia Liturgica* 14 (1980/81), 1–19.

Rorem, Paul: *Pseudo-Dionysius*. New York: Oxford University Press, 1993.

Rössler, Dietrich: «Beispiel und Erfahrung: Zu Luthers Homiletik». *Reformation und Praktische Theologie*, hg. Hans Martin Müller u. a. Göttingen: Vandenhoeck & Ruprecht, 1983, 202–215.

Rouget, Gilbert: *Music and Trance*. Übers. Brunhilde Biebuyck. Chicago: University of Chicago Press, 1985.

Rowell, Geoffrey: «The Sacramental Use of Oil in Anglicanism and the Churches of the Reformation». *The Oil of Gladness: Anointing in the Christian Tradition*, hg. Martin Dudley u. a. London: SPCK, 1993, 134–153.

Rudolph, Kurt: *Die Gnosis: Wesen und Geschichte einer spätantiken Religion*. 3. Aufl. Göttingen: Vandenhoeck & Ruprecht, 1990.

Ruthven, Jon: *On the Cessation of the Charismata: The Protestant Polemic on Postbiblical Miracles*. Sheffield: Sheffield Academic Press, 1993.

Safrai, Shmuel: «Jesus and the Hasidim». *Jerusalem Perspective* 42/44 (1994), 3–22.

Salustius [Saturnius Secundus Salutius]: *Des dieux et du monde*. Hg. Gabriel Rochefort. Paris: Les Belles Lettres, 1960.

Salzmann, Jorg C.: *Lehren und Ermahnen: Zur Geschichte des christlichen Wortgottesdienstes in den ersten drei Jahrhunderten*. Tübingen: Mohr, 1994.

Sanders, Cheryl J.: *Saints in Exile: The Holiness-Pentecostal Experience in African American Religion and Culture*. New York: Oxford University Press, 1996.

Sänger, Dieter: *Antikes Judentum und die Mysterien*. Tübingen: Mohr, 1980.

Santos Yanguas, Narciso: «La Dinastía de los Severos y los Cristianos». *Euphrosyne* 11 (1981/82), 149–171.

Schaller, Berndt (Übers.): «Das Testament Hiobs». In: Werner G. Kümmel (Hg.), *Jüdische Schriften aus hellenistisch-römischer Zeit*. Gütersloh: Mohn, 1979. Bd. 3, 299–387.

Schenkel, Albert F.: *The Rich Man and the Kingdom: John D. Rockefeller, Jr., and the Protestant Establishment*. Minneapolis: Fortress, 1995.

Schleiermacher, Friedrich: *Aus Schleiermacher's Leben. In Briefen*. 2. Aufl. Berlin: Reimer, 1860, Bde. I–II.

–: *Kleine Schriften und Predigten*. Hg. Hayo Gerdes u. a. Berlin: de Gruyter, 1970, Bd. I.

–: *Der christliche Glaube*. Hg. Hermann Peiter. Berlin: de Gruyter, 1984. 2 Bde.

Schlink, Edmund: *Der kommende Christus und die kirchlichen Traditionen*. Göttingen: Vandenhoeck & Ruprecht, 1961.

Schmaus, Michael: *Katholische Dogmatik*. Munich: Hueber, 1952, Bd. IV/1.

Schmidt, Karl Ludwig: «Kymbalon». *Theologisches Wörterbuch zum Neuen Testament*, hg. Gerhard Kittel. Stuttgart: Kohlhammer, 1938, Bd. III, 1037–1038.

Schmidt, Leigh E.: *Holy Fairs: Scottish Communions and American Revivals in the Early Modern Period*. Princeton: Princeton University Press, 1989.

Schmidt, Martin: *Wiedergeburt und neuer Mensch*. Witten: Luther-Verlag, 1969.

Schmieder, Lucida: *Geisttaufe*. Paderborn: Schöningh, 1982.

Schmitt, Jean-Claude: *La raison des gestes dans l'Occident médiéval*. Paris: Gallimard, 1990.

Schneemelcher, Wilhelm (Hg.): *Neutestamentliche Apokryphen*. 6. Aufl. Tübingen: Mohr, 1990, Bd. I.

Schneider, A. Gregory: «A Conflict of Associations: The National Camp-Meeting Association versus the Methodist Episcopal Church». *Church History* 66 (1997), 268–283.

Schneider, Ceslaus M.: *Die Ordensschwester.* Nach dem Französischen [von Adrien Sylvain] frei bearbeitet. 4. Aufl. Regensburg: Coppenrath, 1901.
Schoedel, William R.: *Die Briefe des Ignatius von Antiochien.* Übers. Gisela Koester. München: Kaiser, 1990.
Scholl, Reinhold: *Historische Beiträge zu den julianischen Reden des Libanios.* Stuttgart: Steiner, 1994.
Scholten, Clemens: «Die alexandrinische Katechetenschule». *Jahrbuch für Antike und Christentum* 38 (1995), 16–37.
Schrage, Wolfgang: «Synagogê». *Theologisches Wörterbuch zum Neuen Testament,* hg. Gerhard Kittel u. a. Stuttgart: Kohlhammer, 1964, Bd. VII, 798–839.
Schroeder, Hans-Werner: *Dreieinigkeit und Dreifaltigkeit.* Stuttgart: Urachhaus, 1986.
–: *Die Christengemeinschaft.* Stuttgart: Urachhaus, 1990.
Schuberth, Dietrich: *Kaiserliche Liturgie: Die Einbeziehung von Musikinstrumenten, insbesondere der Orgel, in den frühmittelalterlichen Gottesdienst.* Göttingen: Vandenhoeck & Ruprecht, 1968.
Schüssler Fiorenza, Elisabeth: *Zu ihrem Gedächtnis: Eine feministisch-theologische Rekonstruktion der christlichen Ursprünge.* Übers. Christine Schaumberger. München: Kaiser, 1988.
Schwier, Helmut: *Tempel und Tempelzerstörung.* Fribourg: Universitätsverlag, 1989.
Scotford, John R.: «Can the Preacher Be Saved?». *The Christian Century* 47 (1930), 889–890.
Scroggs, Robin: «Christ the Cosmocrator and the Experience of Believers». *The Future of Christology,* hg. Abraham J. Malherbe u. a. Minneapolis: Fortress, 1993, 160–175.
Seidel, Margot: *Novalis' Geistliche Lieder.* Frankfurt: Lang, 1983.
Seiler, Georg Friedrich: *Allgemeine Sammlung liturgischer Formulare der evangelischen Kirchen.* Dritter Teil, 1. Abteilung. Erlangen: J. J. Palm, 1801.
Seybold, Klaus: «Zur Vorgeschichte der liturgischen Formel *Amen*». *Theologische Zeitschrift* 48 (1992), 109–117.
Shaw, Gregory: «Theurgy: Rituals of Unification in the Neoplatonism of Iamblichus». *Traditio* 41 (1985), 1–28.
–: *Theurgy and the Soul: The Neoplatonism of Iamblichus.* University Park: Pennsylvania State University Press, 1995.
Shepherd, William G.: *Great Preachers as Seen by a Journalist.* New York: Revell, 1924.
Shiner, Whitney T.: *Follow Me! Disciples in Markan Rhetoric.* Atlanta: Scholars Press, 1995.
Shopshire, James M.: *A Socio-Historical Characterization of the Black Pentecostal Movement in America.* Diss. Northwestern University, Evanston 1975.
Siebenmorgen, Harald: *Die Anfänge der «Beuroner Kunstschule».* Sigmaringen: Thorbecke, 1983.
Simard, Jean: *Une iconographie du clergé français au XVIIe siècle.* Quebec: Presses de l'Université Laval, 1976.
Smallwood, E. M.: *The Jews under Roman Rule.* Leiden: Brill, 1976.
Smit, Joop F. M.: «Tongues and Prophecy: Deciphering 1 Cor 14,22». *Biblica* 75 (1994), 175–190.
Smith, Jay E.: «The Theology of Charles Finney: A System of Self-Reformation». *Trinity Journal* 13 (1992), 61–93.
Smith, Jonathan Z.: *Map Is Not Territory.* Leiden: Brill, 1978.
–: «The Domestication of Sacrifice». *Violent Origins: Ritual Killing and Cultural Formation,* hg. Robert G. Hamerton-Kelly. Stanford: Stanford University Press, 1987, 191–205.
–: *Drudgery Divine: On the Comparison of Early Christianities and the Religions of Late Antiquity.* London: School of Oriental and African Studies, 1990.
Smith, Morton: *Clement of Alexandria and a Secret Gospel of Mark.* Cambridge, MA: Harvard University Press, 1973.
–: *The Secret Gospel.* New York: Harper & Row, 1973.
–: *Jesus the Magician.* San Francisco: Harper & Row, 1978.

–: «The Jewish Elements in the Magical Papyri». *Society of Biblical Literature Seminar Papers Series* 25 (1986), 455–462.
–: *Studies in the Cult of Yahweh*. Hg. Shaye J. D. Cohen. Leiden: Brill, 1996, Bd. II.
Smith, Rowland: *Julian's Gods*. London: Routledge, 1995.
Smits, Luchesius: *Actuele vragen rondom de transsubstantiatie en de tegenwoordigkeit des Heren in de Eucharistie*. Roermond: Romen & Zonen, 1965.
Sneck, William J.: *Charismatic Spiritual Gifts: A Phenomenological Analysis*. Washington: University Press of America, 1981.
Snoek, G. J. C.: *Medieval Piety from Relics to the Eucharist*. Leiden: Brill, 1995.
Söhngen, Oskar: «Theologische Grundlagen der Kirchenmusik». *Leiturgia: Handbuch des evangelischen Gottesdienstes*, hg. Karl F. Müller u. a. Kassel: Stauda, 1961, Bd. IV, 1–267.
Sontag, Susan: «The Pleasure of the Image». *Art in America* 75 (November 1987), 122–131.
Spangenberg, August G.: *Leben des Herrn Nicolaus Ludwig Grafen und Herrn von Zinzendorf und Pottendorf* [1773/75]. Reprint: Hildesheim: Olms, 1971, Bd. 3/4.
Spectator, The. Hg. Donald F. Bond. Oxford: Clarendon Press, 1965, Bd. III.
Speyer, Wolfgang: *Frühes Christentum im antiken Spannungsfeld*. Tübingen: Mohr, 1989.
Spinks, Bryan D.: *The Sanctus in the Eucharistic Prayer*. Cambridge: Cambridge University Press, 1991.
Spurgeon, Charles H.: *Lectures to My Students*. Grand Rapids: Zondervan, 1954.
Stackhouse, John G.: «Billy Graham and the Nature of Conversion». *Studies in Religion* 21 (1992), 337–350.
Stegemann, Wolfgang: *Zwischen Synagoge und Obrigkeit*. Göttingen: Vandenhoeck & Ruprecht, 1991.
Stein, Elisabeth: *Leben und Visionen der Alpais von Cudot*. Tübingen: Narr, 1995.
Stein, Stephen J.: *The Shaker Experience in America*. New Haven: Yale University Press, 1992.
Steiner, Rudolf: *Das Johannesevangelium im Verhältnis zu den drei anderen Evangelien* [1910]. Dornach: R. Steiner Verlag, 1984.
–: *Die Grundimpulse des weltgeschichtlichen Werdens der Menschheit*. 2. Aufl. Dornach: Verlag der Rudolf Steiner-Nachlaßverwaltung, 1965.
–: *Von Jesus zu Christus* [1911]. 6. Aufl. Dornach: R. Steiner Verlag, 1982.
–: *Vorträge und Kurse über christlich-religiöses Wirken II*. Dornach: R. Steiner Verlag, 1993; mit Ergänzungsband.
Stengel, Paul: *Die griechischen Kultusaltertümer*. München: Beck, 1920.
Stevenson, Kenneth: *Accept this Offering: The Eucharist as Sacrifice Today*. London: SPCK, 1989.
–: «The Unbloody Sacrifice: The Origins and Development of a Description of the Eucharist». *Fountain of Life*, hg. Gerard Austin. Washington: Pastoral Press, 1991, 103–130.
Stewart, James S.: «Our Duty of Praise». *Classic Sermons on Worship*, hg. Warren K. Wiersbe. Grand Rapids: Kregel, 1988, 84–93.
Stock, Brian: *The Implications of Literacy*. Princeton: Princeton University Press, 1983.
Stone, Lawrence: *The Family, Sex and Marriage in England, 1500–1800*. New York: Harper & Row, 1977.
Strack, Hermann L. und Paul Billerbeck: *Kommentar zum Neuen Testament aus Talmud und Midrasch*. München: Beck, 1928, Bd. IV.
Strauß, David Friedrich: *Die christliche Glaubenslehre*. Tübingen: Osiander, 1841, Bd. II.
Straw, Carole: *Gregory the Great*. Berkeley: University of California Press, 1988.
Stuiber, Alfred: «Die Diptychon-Formel für die *nomina offerentium* im römischen Meßkanon». *Ephemerides liturgicae* 68 (1954), 127–146.
–: «Amen». *Reallexikon für Antike und Christentum, Supplementband*, hg. Theodor Klauser u. a. Stuttgart: Hiersemann, 1985, 310–323.
Suárez, Francisco de: *Opera omnia*. Hg. Charles Berton. Paris: Vivès, 1866, Bd. XXI.
Sundén, Hjalmar: *Religionspsychologie*. Stuttgart: Calwer Verlag, 1982.
Suurmond, Jean-Jacques: «The Meaning and Purpose of Spirit-Baptism and the Charisms». *Bijdragen* 51 (1990), 172–194.

Sweet, Leonard I.: «The View of Man Inherent in New Measures Revivalism». *Church History* 45 (1976), 206–221.
Swetnam, James H.: «Hallowed Be Thy Name». *Biblica* 52 (1972), 556–563.
Swift, Jonathan: *Irish Tracts and Sermons*. Hg. Herbert Davies u. a. Oxford: Blackwell, 1968.
Sylvain, Adrien: siehe Schneider, Ceslaus M.
Symonds, H. E.: «The Heavenly Sacrifice in the Greek Fathers». *Texte und Untersuchungen* 93 (1966), 280–285.
Synan, H. Vinson: «Seymour, William Joseph.» Burgess u. a. (1989), 778–781.
Taft, Robert: *The Liturgy of the Hours in East and West*. Collegeville, MN: Liturgical Press, 1986.
–: «From Logos to Spirit: On the Early History of the Epiclesis». *Gratias agamus: Studien zum eucharistischen Hochgebet*, hg. Andreas Heinz u. a. Freiburg: Herder, 1992, 489–502.
–: «The Precommunion Elevation of the Byzantine Divine Liturgy». *Orientalia Christiana Periodica* 62 (1996), 15–52.
Talmon, Shemaryahu: «The Emergence of Institutionalized Prayer in Israel in the Light of Qumran Literature». *Qumrân – Sa piété, sa théologie et son milieu*, hg. Mathias Delcor. Paris: Duculot, 1978, 265–284.
Tannen, Deborah: *Du kannst mich einfach nicht verstehen: Warum Männer und Frauen aneinander vorbeireden*. Übers. Maren Klostermann. Hamburg: Kabel, 1991.
Tanquerey, Adolphe: *Grundriß der aszetischen und mystischen Theologie*. Übers. Johannes Sternaux. Paris: Desclée, 1931.
Taves, Ann: «Knowing through the Body: Dissociative Religious Experience in the African- and British-American Methodist Traditions». *Journal of Religion* 73 (1993), 200–222.
Taylor, Jeremy: *The Rule and Exercises of Holy Living* (1650). London: Dent, 1900, Bd. II.
Teilhard de Chardin, Pierre: *Le Milieu divin*. Paris: Seuil, 1957.
–: *Der göttliche Bereich*. Übers. Josef V. Kopp. Olten: Walter, 1962.
–: *Écrits du temps de la guerre, 1916–19*. Paris: Seuil, 1965.
–: *Frühe Schriften*. Übers. G. Télisson u. a. München: Alber, 1968.
Theißen, Gerd: *Untersuchungen zum Hebräerbrief*. Gütersloh: Mohn, 1969.
Thipgen, Corbett H. und Hervey M. Cleckley: *The Three Faces of Eve*. New York: McGraw-Hill, 1957.
Thomas von Aquin: *Opera omnia (ut sunt in indice thomistico)*. Hg. Robert Busa. Stuttgart: Fromann-Holzboog, 1980, Bd. III.
Thomas von Kempen: *Die Nachfolge Christi*. Übers. Wendelin Mayer und Lothar Hardick. Kevelaer: Butzon & Bercker, 1987.
Thurian, Max (Hg.): *Ökumenische Perspektiven von Taufe, Eucharistie und Amt*. Frankfurt: Lembeck, 1983.
Tillich, Paul: *Perspectives on 19th and 20th-Century Protestant Theology*. London: SCM Press, 1967.
–: *Gesammelte Werke*. Stuttgart: Evangelisches Verlagswerk, 1969, Bd. XI, 11–139: «Der Mut zum Sein».
Toorn, Karel van der: «Ordeal Procedures in the Psalms and the Passover Meal». *Vetus Testamentum* 38 (1988), 427–445.
Torjesen, Karen Jo: «The Early Christian Orans: An Artistic Representation of Women's Liturgical Prayer and Prophecy». *Women Preachers and Prophets through Two Millennia of Christianity*, hg. Beverly M. Kienzle u. a. Berkeley: University of California Press, 1998, 42–56.
Towey, Anthony: *«Amicitia» as the Philosophical Foundation and the Principal Analogy of the Eucharistic Theology of Thomas Aquinas*. Rom: Gregorian University, 1995.
Tripp, David: *The Renewal of the Covenant in the Methodist Tradition*. London: Epworth, 1969.
Trobisch, David: *Die Paulusbriefe und die Anfänge der christlichen Publizistik*. Gütersloh: Kaiser, 1994.

Trombley, Frank R.: *Hellenic Religion and Christianization, c. 370–529*. Leiden: Brill, 1993, Bd. I, 1–97: «The Legal Status of Sacrifice to 529 AD».
Trouillard, Jean: «Proclus et la joie de quitter le ciel». *Diotima* 11 (1983), 183–192.
Tucholsky, Kurt: *Ein Pyrenäenbuch*. Berlin: Volk und Welt, 1969.
Tugwell, Simon: «The Speech-Giving Spirit». Simon Tugwell u. a.: *New Heaven? New Earth? An Encounter with Pentecostalism*. London: Darton, Longman & Todd, 1976, 119–159.
–: «Prayer, Humpty Dumpty and Thomas Aquinas». *Language, Meaning and God*, hg. Brian Davies. London: Geoffrey Chapman, 1987, 24–50.
–: «Humbert of Romans's Material for Preachers». *De ore Domini: Preacher and Word in the Middle Ages*, hg. Thomas L. Amos u. a. Kalamazoo: Medieval Institute Publications, 1989, 105–117.
–: (Hg.): *Early Dominicans: Selected Writings*; CWS. New York: Paulist Press, 1982.
Tyson, James L.: *The Early Pentecostal Revival*. Hazelwood, MO: Word Aflame, 1992.
Tyson, Ruel W.: «The Testimony of Sister Annie Mae». *Diversities of Gifts: Field Studies in Southern Religion*, hg. Ruel W. Tyson u. a. Urbana, IL: University of Illinois Press, 1988, 105–125.
Ulanov, Ann B.: «Jung and Prayer.» *Jung and the Monotheisms*, hg. Joel Ryce-Menuhin. London: Routledge, 1994, 91–110.
– und Barry Ulanov: *Primary Speech: A Psychology of Prayer*. Atlanta: John Knox Press, 1982.
Urman, Dan: «The House of Assembly and the House of Study: Are They One and the Same?» *Journal of Jewish Studies* 44 (1993), 236–257 = Urman u. a. (1995), I, 232–255.
– und Paul V. M. Flesher (Hg.): *Ancient Synagogues*. Leiden: Brill, 1995, Bd. I.
Van Dam, Cornelis: *The Urim and Thummim: A Means of Revelation in Ancient Israel*. Winona Lake: Eisenbrauns, 1997.
Veltri, Giuseppe: «Der Aramäische Targumvortrag zur Zeit Esras». *Laurentianum* 34 (1993), 187–207.
Venard, Marc: «Le prêtre, en France, au début du XVIIe siècle». *Bulletin de Saint-Sulpice* 6 (1980), 197–213.
Verheul, Ambroise: «Les Psaumes dans la prière de heures hier et aujourd'hui.» *Questions liturgiques* 71 (1990), 261–295.
Vermes, Geza: *The Dead Sea Scrolls in English*. 4. Aufl. London: Penguin, 1995.
–: u. a. (Hg.): *The Essenes according to Classical Sources*. Sheffield: JSOT Press, 1989.
Versnel, H. S.: «Religious Mentality in Ancient Prayer». *Faith, Hope and Worship: Aspects of Religious Mentality in the Ancient World*, hg. H. S. Versnel. Leiden: Brill, 1981, 1–64.
Vielhauer, Philipp: «Das Benedictus des Zacharias». *Zeitschrift für Theologie und Kirche* 49 (1952), 255–272.
Viva, Domenico: *Opera omnia theologico-moralia*. Ferrara: Remondiniani, 1757, Bd. IV/1.
Vogel, Cyril: «Deux conséquences de l'eschatologie grégorienne: la multiplication des messes privées et les moines-prêtres». *Grégoire le Grand: Actes du colloque de Chantilly 1982*, hg. Jacques Fontaine u. a. Paris: CNRS, 1986, 267–276.
Voguë, Adalbert de: «Le sens de l'office divin d'après la Règle de S. Benoît I». *Revue d'ascétique et de mystique* 42 (1966), 389–404.
Voltaire: *Œuvres complètes*. Hg. Louis Moland. Paris: Garnier, 1879, Bd. XX.
–: *Dictionnaire philosophique*. Hg. Raymond Naves und Julien Benda. Paris: Garnier Frères, 1967.
Vorländer, Hermann: «Christus als persönlicher Gott im Neuen Testament». *Kerygma und Dogma* 21 (1975), 120–146.
–: *Mein Gott: Die Vorstellung vom persönlichen Gott im Alten Orient und im Alten Testament*. Kevelaer: Butzon & Bercker, 1975a.
Vovelle, Michel: *La Revolution contre l'église*. Bruxelles: Éditions Complexe, 1988.
Wainwright, Geoffrey: «The Language of Worship». *The Study of Liturgy*, hg. Cheslyn Jones u. a., revidierte Ausg. London: SPCK, 1992, 519–528.
Ward, W. R. (Hg.): *Early Victorian Methodism*. Oxford: Oxford University Press, 1976.

Warner, Wayne E.: *The Woman Evangelist: The Life and Times of Charismatic Evangelist Maria B. Woodworth-Etter.* Metuchen, NJ: Scarecrow Press, 1986.
Wasserschleben, Hermann: *Die Bußordnungen der abendländischen Kirche.* Halle: Craeger, 1851.
Wehnert, Jürgen: «Das Markus-Evangelium als Quelle der Apostelgeschichte». *Historische Wahrheit und theologische Wissenschaft,* hg. Alf Özen. Frankfurt: Lang, 1996, 21–40.
Wehr, Gerhard: *Thomas Müntzer.* Reinbek: Rowohlt, 1972.
Wehr, Lothar: *Arznei der Unsterblichkeit.* Münster: Aschendorff, 1987.
Weinfeld, Moshe: *Deuteronomy and the Deuteronomic School.* Oxford: Clarendon, 1972.
–: «The Heavenly Praise in Unison». *Meqor Hajjim: Festschrift für Georg Molin,* hg. Irmtraut Seybold. Graz: Akademische Druck- und Verlagsanstalt, 1983, 427–437.
Weisheipl, James A.: *Friar Thomas d'Aquino.* Oxford: Blackwell, 1974.
Wengst, Klaus (Hg.): *Didache, Apostellehre, Barnabasbrief, Zweiter Klemensbrief, Schrift an Diognet.* Darmstadt: Wissenschaftliche Buchgesellschaft, 1984.
Werner, Eric: *The Sacred Bridge: The Interdependence of Liturgy and Music in Synagogue and Church during the First Millennium.* New York: Columbia University Press, 1959 [= Bd. I]; Bd. II: New York: Ktav, 1984.
–: «The Doxology in Synagogue and Church». *Contributions to the Scientific Study of Jewish Liturgy,* hg. Jakob J. Petuchowski. New York: Ktav, 1970, 318–370.
Wesley, John: *The Journal.* Hg. Nehemiah Curnock; Standard Edition. London: Kelly, o. J., Bd. IV.
–: *The Works.* 11. Aufl. London: Mason, 1856, Bd. XIII.
–: *The Works.* Hg. Albert C. Outler. Nashville: Abingdon, 1984ff., Bd. I: Sermons 1–33; Bd. XIX: Journals and Diaries II.
West, David R.: *Some Cults of Greek Goddesses and Female Daemons of Oriental Origin.* Neukirchen-Vluyn: Neukirchener Verlag, 1995.
Westermann, Claus: *Das Loben Gottes in den Psalmen.* Göttingen: Vandenhoeck & Ruprecht, 1954.
–: *Der Segen in der Bibel und im Handeln der Kirche.* München: Kaiser, 1968.
–: *Theologie des Alten Testaments in Grundzügen.* Göttingen: Vandenhoeck & Ruprecht, 1978.
–: *Die Geschichtsbücher des Alten Testaments.* Gütersloh: Kaiser, 1994.
Wetter, Gillis P.: *Altchristliche Liturgien II: Das christliche Opfer.* Göttingen: Vandenhoeck & Ruprecht, 1922.
Wheatley, Richard: *The Life and Letters of Mrs. Phoebe Palmer.* New York: Palmer, 1881.
White, Ellen G.: *Early Writings.* Washington, DC: Review and Herald, 1920.
–: *Testimonies for the Church.* Mountain View, CA: Pacific Press, 1948, 2 Bde.
White, James F.: *Documents of Christian Worship.* Louisville: Westminster John Knox Press, 1992.
–: *Roman Catholic Worship: Trent to Today.* New York: Paulist Press, 1995.
Wiefel-Jenner, Katharina: *Rudolf Ottos Liturgik.* Göttingen: Vandenhoeck & Ruprecht, 1997.
Wigglesworth, Michael: *The Diary.* Hg. Edmund S. Morgan. Gloucester: Smith, 1970.
Wilhelm von Ockham: *Quodlibetal Questions.* Übers. Alfred J. Feddoso u. a. New Haven: Yale University Press, 1991, Bd. I.
Wilken, Robert L.: «Collegia, Philosophical Schools, and Theology». *The Catacombs and the Collosseum: The Roman Empire as the Setting of Primitive Christianity,* hg. Stephen Benko u. a. Valley Forge, PA: Judson Press, 1971, 268–292.
Wilkinson, John: *Egeria's Travels to the Holy Land.* 2. Aufl. Warminster: Aris & Phillips, 1981.
Williams, Peter: *The King of Instruments: How Churches Came to Have Organs.* London: SPCK, 1993.
Wilms, Hieronymus: *Das Beten der Mystikerinnen.* 2. Aufl. Freiburg: Herder, 1923.
Wilson, Bryan R.: *Sects and Society.* London: Heinemann, 1961.

–: *Magic and the Millennium*. New York: Harper & Row, 1973.
Winter, Paul: «Magnificat and Benedictus – Maccabean Psalms?» *Bulletin of the John Rylands Library* 37 (1954), 328–347.
Wire, Antoinette C.: *The Corinthian Women Prophets*. Minneapolis: Fortress, 1990.
Witherington, Ben: *Women and the Genesis of Christianity*. Cambridge: Cambridge University Press, 1990.
–: *Conflict and Community in Corinth*. Grand Rapids: Eerdmans, 1995.
Wood-Leigh, K. L.: *Perpetual Chantries in Britain*. Cambridge: Cambridge University Press, 1965.
Yardeni, Ada: «Remarks on the Priestly Blessing on Two Ancient Amulets from Jerusalem». *Vetus Testamentum* 41 (1991), 176–185.
Yocum, Bruce: *Prophecy: Exercising the Prophetic Gifts of the Spirit in the Church Today*. Ann Arbor: Servant Books, 1976; 2. Aufl., 1993.
Yungblut, John R.: *Rediscovering Prayer*. Rockport: Element, 1991.
Zahavy, Tzvee: *Studies in Jewish Prayer*. Lanham: University Press of America, 1990.
Zahn-Harnack, Agnes von: *Adolf von Harnack*. 2. Aufl. Berlin: de Gruyter, 1951.
Zahrnt, Heinz: *Die Sache mit Gott: Die protestantische Theologie im 20. Jahrhundert*. München: Piper, 1966.
Zanker, Paul: *Die Maske des Sokrates*. München: Beck, 1995.
Zaret, David: *The Heavenly Contract*. Chicago: University of Chicago Press, 1985.
Zumthor, Paul: *La vie quotidienne en Hollande au temps de Rembrandt*. Paris: Hachette, 1959.

Register